Peter E. Fäßler

Durch den »Eisernen Vorhang«

Die deutsch-deutschen
Wirtschaftsbeziehungen
1949–1969

2006

BÖHLAU VERLAG KÖLN WEIMAR WIEN

Bibliografische Information der Deutschen Bibliothek:
Die Deutsche Bibliothek verzeichnet diese Publikation in der
Deutschen Nationalbibliografie; detaillierte bibliografische Daten
sind im Internet über http://dnb.ddb.de abrufbar.

Umschlagabbildung:
Der Spiegel 42/1960, 12.10.1960, S. 23

© 2006 by Böhlau Verlag GmbH & Cie, Köln
Ursulaplatz 1, D-50668 Köln
Tel. (0221) 913 90-0, Fax (0221) 913 90-11
info@boehlau.de
Alle Rechte vorbehalten
Druck und Bindung: MVR Druck GmbH, Brühl
Gedruckt auf chlor- und säurefreiem Papier
Printed in Germany

ISBN-10   3-412-28405-X
ISBN 978-3-412-28405-3

Inhalt

1. Einleitung 1
   1.1. Wirtschaftsbeziehungen als deutschlandpolitisches
        Gestaltungselement 1
   1.2. Konzeption der Untersuchung 6
   1.3. Forschungsstand 8
   1.4. Quellenlage 17

2. Die Entwicklung des Interzonenhandels bis zur ersten Berlinkrise 19
   2.1. Die volkswirtschaftliche Ausgangslage:
        Kriegszerstörungen und zonale Teilungsdisproportionen 19
   2.2. Reparationen als Handicap 28
   2.3. Die Entwicklung des Interzonenhandels 31
        2.3.1. Mühsame Anlaufphase 31
        2.3.2. Die Gründung der Bizone:
               Positionsgewinne für die Westzonen 38
        2.3.3. European Recovery Program (ERP),
               Währungsreform und Berlin-Blockade 41

3. Das Institutionensystem des innerdeutschen Handels 45
   3.1. Die Bundesrepublik Deutschland 45
        3.1.1. Die Alliierte Hohe Kommission –
               eine „Oberregierung" auf Abruf 45
        3.1.2. Internationale bzw. supranationale Organisationen 53
        3.1.3. Die Bundesregierung 54
               3.1.3.1. Der Bundeskanzler und sein Amt 55
               3.1.3.2. Das Bundesministerium für Wirtschaft –
                        federführend im innerdeutschen Handel 56
               3.1.3.3. Die anderen Ministerien und ihr Bemühen
                        um handelspolitischen Einfluss 57
               3.1.3.4. Die Treuhandstelle für den Interzonenhandel –
                        eine inoffizielle Gesandtschaft? 60
        3.1.4. Die Landesregierungen –
               Protagonisten eines föderalen Egoismus? 65
        3.1.5. Unternehmen und Verbände 68
   3.2. Die DDR 72
        3.2.1. Die Sowjetische Kontrollkommission 72
        3.2.2. Der Rat für gegenseitige Wirtschaftshilfe (RGW) 75
        3.2.3. Die SED – Primat der Politik versus
               ökonomische Sachzwänge 75

		3.2.4.	Der zentrale Staatsapparat．．	77
			3.2.4.1. Ministerrat und Staatliche Plankommission．．．．．．．．	77
			3.2.4.2. Ein Ministerium im Kreuzfeuer der Kritik．．．．．．．．．	78
		3.2.5.	„Handel vom Schreibtisch"? Der operative Handelsapparat．．．．．．．．．．．．．．．．．．．．．．．．．．．．．．．．．．．	81
		3.2.6.	Dauerkrise im innerdeutschen Handel．．．．．．．．．．．．．．．．．．．．．	82
4.	Die Etablierung vertraglich geregelter Handelsbeziehungen．．．．．．．．．．．．．．．．．			89
	4.1.	Das „Frankfurter Abkommen"．．		89
		4.1.1.	Die Gespräche kommen in Gang．．．．．．．．．．．．．．．．．．．．．．．．．．．．．	89
		4.1.2.	Ein tragfähiger Kompromiss: Zentrale Bestimmungen des Frankfurter Abkommens ...	96
	4.2.	Mühsamer Auftakt: die deutsch-deutschen Handelsbeziehungen während der Jahre 1949-1951．．．．．．．．．．．．．		99
		4.2.1.	„Freiheit" vor „Einheit": deutschland- und handelspolitischen Zielsetzungen der Bundesregierung ...	99
		4.2.2.	Deutschland- und handelspolitische Zielsetzungen der DDR-Führung．．	104
		4.2.3.	Chancen und Grenzen einer Politik der Stärke: Das westdeutsche Eisen- und Stahlembargo．．．．．．．．．．．．．．	109
		4.2.4.	Interimslösungen: Die Verlängerung des Frankfurter Abkommens, das Kohlen- und das Vorgriffsabkommen.	117
	4.3.	Das Berliner Abkommen．．．		122
		4.3.1.	Das Junktim zwischen Berlinverkehr und innerdeutschem Handel．．．	122
		4.3.2.	Ein dauerhafter Rahmen: Das „Berliner Abkommen"	129
5.	Im Vorfeld des 17. Juni 1953．．			131
	5.1.	Die Suspendierung des Berliner Abkommens．．．．．．．．．．．．．．．．．．．．．．．．．		131
	5.2.	Politische Desintegration – wirtschaftliche Kooperation．．．．．．．．．．．		142
	5.3.	Im Zeichen der Wirtschafts- und Versorgungskrise．．．．．．．．．．．．．．．．．		146
	5.4.	Der 17. Juni 1953 – der innerdeutsche Handel als Element deutschlandpolitischen Krisenmanagements．．．．．．．．．．．．．．．．．．．．．．．．．		153
6.	Handel zwischen zwei souveränen Staaten (1954-1958)．．．．．．．．．．．．．．．．．			156
	6.1.	Die internationalen politischen Rahmenbedingungen．．．．．．．．．．．．．．		156
	6.2	Die Bundesrepublik Deutschland．．．．．．．．．．．．．．．．．．．．．．．．．．．．．．．．．．．．．．		158
		6.2.1	Die politische und ökonomische Situation．．．．．．．．．．．．．．．．．．．	158
		6.2.2	Handelspolitische Zielsetzungen．．．．．．．．．．．．．．．．．．．．．．．．．．．．．．．．	159
	6.3	Die DDR．．．		165
		6.3.1	Die politische und ökonomische Situation．．．．．．．．．．．．．．．．．	165
		6.3.2	Handelspolitische Zielsetzungen．．．．．．．．．．．．．．．．．．．．．．．．．．．．．．．．	166
		6.3.3	Die Strategie der Sonderangebote．．．．．．．．．．．．．．．．．．．．．．．．．．．．	179
	6.4	Zankapfel Straßenbenutzungsgebühr．．．．．．．．．．．．．．．．．．．．．．．．．．．．．．．．．．．		185
	6.5	Entwicklung des innerdeutschen Handels．．．．．．．．．．．．．．．．．．．．．．．．．．．．．		192

7. Ultimatum – Kündigung – Mauerbau: Die innerdeutschen
   Handelsbeziehungen während der Berlinkrise 198
   7.1. Im Kontext des Berlin-Ultimatums:
        handelspolitische Initiativen aus Ost-Berlin 198
        7.1.1. Das Berliner Zusatzabkommen 201
        7.1.2. Minister Raus „Hilfsangebot" 204
   7.2. Westdeutsche Unternehmen – ostdeutsche
        Handelsbürokratie: neue Partner? 210
   7.3. Trotz politischer Krise: business as usual 216
   7.4. Das revidierte Berliner Abkommen 221
   7.5. Kündigung als Eigentor? 223
        7.5.1. Vorgeschichte 223
        7.5.2. Ringen um die Fortführung des Berliner Abkommens 232
        7.5.3. Handel unter erschwerten Bedingungen:
               „Aktion Störfreimachung" 245
   7.6. Der Bau der Berliner Mauer (13.8.1961) –
        politische Ohnmacht, handelspolitische Nadelstiche 252

8. Wandel durch Handel (1962/63-1969) 256
   8.1. Beginn der Entspannungspolitik auf internationaler Ebene 256
   8.2. Herbst 1963 – Wachwechsel in Bonn 259
        8.2.1. Von Adenauer zu Erhard 259
        8.2.2. Neue handelspolitische Akzente der Großen Koalition . 263
   8.3. Die politische und ökonomische Situation der DDR 268
   8.4. Die Entwicklung des innerdeutschen Handels 274
        8.4.1. Die Kreditfrage 276
        8.4.2. Der Mineralölstreit 281

9. Schlussfolgerungen 288
   9.1 Wirtschaftlich unterschiedlich leistungsstarke Handelspartner 288
   9.2 Der innerdeutsche Handel als deutschlandpolitisches
       Instrument aus der Sicht der DDR-Führung 291
   9.3 Der innerdeutsche Handel als deutschlandpolitisches
       Instrument aus der Sicht der Bundesregierung 294
   9.4 Akteure, Interessen und Durchsetzungsvermögen 297
   9.5 Strukturelle Adaptationen im Handel zwischen zwei
       unterschiedlichen Wirtschaftssystemen 300
   9.6 Zur Interdependenz von politischen und wirtschaftlichen
       Interessen in den deutsch-deutschen Handelsbeziehungen 302

Abkürzungsverzeichnis 306

Tabellen und Abbildungsverzeichnis 309

Quellen- und Literaturverzeichnis 310

1. Einleitung

1.1. Wirtschaftsbeziehungen als deutschlandpolitisches Gestaltungselement

Der innerdeutsche Handel[1] „ist das Alleruninteressanteste ...., was es überhaupt gibt"[2], äußerte Bundeswirtschaftsminister Ludwig Erhard Ende September 1960 anlässlich der Kündigung des Handelsabkommens mit der DDR durch die Bundesregierung. Wüsste man nicht um das politisch-taktische Motiv, das ihn zu diesem Ausspruch veranlasste, seine demotivierende Wirkung auf die historische Forschung im Allgemeinen und auf den Autor dieser Studie im Besonderen, sich mit dem Thema auseinanderzusetzen, wäre gewiss. Indes wird Erhards Diktum weder der wirtschafts- noch der politikgeschichtlichen Bedeutung der deutsch-deutschen Handelsbeziehungen gerecht,[3] was folgende Überlegungen und Kriterien verdeutlichen mögen:

➢ Die Wirtschaftsbeziehungen zwischen der Bundesrepublik Deutschland und der DDR bildeten eine Schnittstelle zwischen zwei grundverschiedenen politischen und ökonomischen Ordnungssystemen. Diese befanden sich in einem Konflikt existentieller Natur, der sich als sogenannter „Kalter Krieg" ganz wesentlich in Form eines technologisch-ökonomischen Wettlaufes abspielte. Im Rahmen dieser Konfliktkonstellation kam den intersystemaren Wirtschaftskontakten auf internationaler wie nationaler Ebene eine zentrale politisch-ökonomische Bedeutung zu.

➢ Sowohl Bonn als auch Ost-Berlin bemühten sich, den innerdeutschen Handel gemäß ihrer strategischen und taktischen Zielsetzungen in der Deutschlandpolitik zu instrumentalisieren. Dabei verfolgten die jeweiligen Bundesregierungen eine zwischen den Polen „Restriktion" und „Entgegenkommen"

---

1 Künftig werden die Termini „innerdeutscher Handel" und „deutsch-deutscher Handel" synonym verwandt. Sie bezeichnen den Waren- und Dienstleistungsverkehr zwischen der Bundesrepublik Deutschland einschließlich West-Berlins und – seit dem 1.7.1959 – des Saarlandes mit der DDR. Dagegen bezieht sich der Ausdruck „Interzonenhandel" im Rahmen dieser Studie auf den Waren- und Dienstleistungsverkehr zwischen den drei Westzonen und der Sowjetischen Besatzungszone (SBZ) während der Jahre 1945-1949.
2 Bulletin des Presse- und Informationsamtes der Bundesregierung, 184, 30.9.1960, S. 1769.
3 Diese Auffassung ist in der Literatur unbestritten; u. a. Kupper, Siegfried: Der innerdeutsche Handel. Rechtliche Grundlagen, politische und wirtschaftliche Bedeutung. Köln 1972, S. 66; im gleichen Sinne Zürn, Michael: Geschäft und Sicherheit. Das CoCom-Regime und Theorien über Kooperation in den internationalen Wirtschaftsbeziehungen. Tübingen 1989, S. 1 und Rösch, Franz/Homann, Fritz: 30 Jahre Berliner Abkommen - 30 Jahre innerdeutscher Handel. Ökonomische und politische Dimensionen. In: Zeitschrift für die gesamten Staatswissenschaften 137 (1981) 3, S. 525-555.

pendelnde Handelspolitik. Das restriktive Konzept war ein wichtiger Bestandteil Adenauers „Politik der Stärke"[4] und sah vor, mittels Sanktionen ökonomischen Druck auf die DDR auszuüben, um auf diese Weise politische Zugeständnisse zu erlangen. Demgegenüber setzte das anderen Konzept auf eine Intensivierung der Warenaustauschbeziehungen, welche die ökonomische Abhängigkeit der DDR von der Bundesrepublik steigern sollte. Der sowjetische Diplomat Kwizinskij bemühte für diesen Sachverhalt das Bild vom „goldenen Angelhaken"[5], der für die DDR ausgeworfen wurde. Letztlich strebte Bonn auf diesem indirekten Weg ebenfalls eine politische Einflussnahme im anderen Teil Deutschlands an. Derartige Strategien blieben der politischen Führung in der DDR wegen der eigenen wirtschaftlichen Schwäche nahezu gänzlich verwehrt. Allein das exponierte West-Berlin bot einen Ansatzpunkt, mittels ökonomischen und (macht-)politischen Drucks Zugeständnisse vornehmlich wirtschaftlicher Art von Bonn zu erzielen. „Berlin ist und bleibt der kritische Punkt"[6], drückte ein aufmerksamer westdeutscher Analytiker diesen Sachverhalt pointiert aus. Eine politische Instrumentalisierung der innerdeutschen Handelsbeziehungen im engeren Sinne strebte die DDR dadurch an, dass sie diese hartnäckig als Vehikel für eine Anerkennung der Zwei- bzw. Drei-Staaten-Theorie durch die Bundesregierung zu nutzen trachtete. Verschiedentlich wurde für diese Zweckentfremdung die treffende Metapher vom „trojanischen Pferd"[7] bemüht.

➢ Der innerdeutsche Handel besaß für die Bundesrepublik zumindest während der 1950er Jahre durchaus volkswirtschaftliche Relevanz. Zwar betrug sein Anteil am Gesamtaußenhandel stets weniger als 2 %,[8] aber bei einigen Gütern, beispielsweise Braunkohlebriketts, existierte in den frühen Jahren doch ein hoher Bedarf an entsprechenden Lieferungen aus Ostdeutschland[9]. Beispielsweise wurden das Zonenrandgebiet und West-Berlin zu 100 % aus den ostdeutschen Gruben versorgt. Weiterhin profitierte West-Berlin sowohl absatz- wie bezugsseitig von einem intensiven Warenaustausch mit der DDR.

➢ Für diese wiederum besaß der innerdeutsche Handel während ihrer vierzig Jahre dauernden Existenz einen ungleich höheren ökonomischen Stellenwert

---

4   Schöllgen, Gregor: Die Außenpolitik der Bundesrepublik Deutschland. Von den Anfängen bis zur Gegenwart. München 1999, S. 33.
5   Kwizinskij, Julij A.: Vor dem Sturm. Erinnerungen eines Diplomaten. Berlin 1993, S. 255.
6   Krautwig, Carl: Interzonenhandel. In: Schröder, Gerhard et al. (Hrsg.): Ludwig Erhard. Beiträge zu seiner politischen Biographie. Frankfurt a. M., Berlin, Wien 1972, S. 132-140, hier S. 140. Carl Krautwig war lange Jahre Abteilungsleiter im Bundeswirtschaftsministerium und dort für den innerdeutschen Handel zuständig.
7   Beispielsweise Walter Ulbricht in seiner Rede in Budapest, 11.5.1964, abgedr. in: DzD, R. IV, Bd. 10, S. 555; Ludwig Erhard vor dem Deutschen Bundestag, 9.1.1964, abgedr. in: Verhandlungen des Deutschen Bundestages. Stenogr. Berichte, Bd. 54, S. 4847.
8   Haendcke-Hoppe-Arndt, Maria: Interzonenhandel/Innerdeutscher Handel. In: Deutscher Bundestag (Hrsg.): Enquete-Kommission „Aufarbeitung von Geschichte und Folgen der SED-Diktatur in Deutschland". Bd. V/2, Baden-Baden 1995, S. 1543-1571, hier S. 1553.
9   Künftig wird der Terminus „Ostdeutschland" synonym für „DDR" verwendet.

als für die Bundesrepublik. Immerhin belegte Westdeutschland[10] mit einem Anteil von ca. 10-12 % am Gesamtaußenhandel der DDR Platz zwei hinter der Sowjetunion auf der Rangliste der Außenhandelspartner.[11] Hinzu kam, dass die westdeutsche Industrie bei bestimmten Erzeugnissen, u. a. bei Spezialstählen und Walzstahlprodukten, eine nur schwer zu ersetzende Bezugsquelle darstellte.

➢ Der Handel zwischen beiden deutschen Staaten bewahrte rudimentäre Strukturen gesamtdeutscher Wirtschaftseinheit und fungierte „in hervorragender Weise als eine politische und rechtliche Klammer"[12], welche die auseinanderdriftenden deutschen Teilstaaten miteinander verband. Damit stellte er zugleich „ein Symbol für den Fortbestand Deutschlands"[13] dar.

➢ Während der 1950/60er Jahre konstituierten die Verhandlungen zwischen der westdeutschen „Treuhandstelle für den Interzonenhandel" (TSI) und dem „Ministerium für Außenhandel und Innerdeutschen Handel" (MAI) der DDR den einzigen nahezu kontinuierlich intakten Kommunikationskanal[14] zwischen beiden deutschen Regierungen. Über ihn wurden immer wieder Informationen ausgetauscht, Probleme verhandelt und Projekte vereinbart, die über den engeren Bereich der Wirtschaftskooperation hinausreichten.

Die vorliegende Untersuchung hat zum Ziel, die politische Bedeutung der deutsch-deutschen Handelsbeziehungen, d. h. des Güter-, Dienstleistungs- und Kapitalverkehrs,[15] unter Einbeziehung der west- wie ostdeutschen Perspektive zu ergründen. Dabei schließt der Untersuchungszeitraum, die Jahre 1949 bis 1969, den Wandel im Ost-West-Konflikt von der Konfrontations- zur Entspannungspolitik ein. Dieses komplexe Problemfeld impliziert eine ganze Reihe erkenntnisleitender Fragestellungen. So gilt es zuerst, die politischen Ziele zu benennen, die seitens Bonns und Ost-Berlins mit dem innerdeutschen Handel verknüpft wurden. Des weiteren interessiert die Art und Weise, wie diese Ziele mittels konkreter Handelspolitik erreicht werden sollten und mit welchem Erfolg der Handel in den Dienst der Politik gestellt wurde. Schließlich bleibt zu klären, wie eng die Interdependenzen zwischen innerdeutschen Handelsbeziehungen und politischer Großwetterlage tatsächlich waren. Stellten sie gemäß der „Baro-

---

10 Künftig steht der Terminus „Westdeutschland" synonym für „Bundesrepublik Deutschland" einschließlich West-Berlins und – für die Zeit nach 1957 – des Saarlandes.
11 Statistisches Jahrbuch der Deutschen Demokrat. Republik, 1955-1969. Berlin 1956-1970.
12 Haftendorn, Helga: Die Alliierten Vorbehaltsrechte und die Außenpolitik der Bundesrepublik Deutschland. Eine Einführung. In: Dies./Riecke, Henning (Hrsg.): „...die volle Macht eines souveränen Staates..." Die alliierten Vorbehaltsrechte als Rahmenbedingung westdeutscher Außenpolitik 1949-1990. Baden-Baden 1996, S. 9-26, hier S. 24.
13 Ebda.
14 Zur Begrifflichkeit Deutsch, Karl W.: Political Community at the International Level. Problems of Definition and Measurement. Reprint, Hamden 1970, S. 58.
15 Ambrosius, Gerold: Internationale Wirtschaftsbeziehungen. In: Ambrosius, Gerold/Petzina, Dietmar/Plumpe, Werner (Hrsg.): Moderne Wirtschaftsgeschichte. Eine Einführung für Historiker und Ökonomen. München 1996, S. 305-336.

meterthese"[16] einen feinfühligen Indikator für klimatische Schwankungen dar, oder entwickelten sie ein von politischen Konjunkturen weitgehend losgelöste Eigendynamik?

Bei der Bearbeitung dieser Fragen ist zu vergegenwärtigen, dass weder die Bundesrepublik noch die DDR über ein monolithisches handelspolitisches System verfügten. Vielmehr agierten eine Vielzahl von Akteuren[17] mit sehr unterschiedlichen Interessenlagen auf diesem Gebiet. Sie waren in ein komplexes Institutionengefüge[18] eingebunden, welches den akteursspezifischen handelspolitischen Einfluss innerhalb gewisser Grenzen festlegte. Für das historische Verständnis der innerdeutschen Handelsbeziehungen hinsichtlich ihrer politischen Bedeutung ist die Kenntnis der maßgeblichen Akteure, ihrer Interessenlagen, die Grundzüge des Institutionensystems sowie die daraus resultierenden Interaktionen unerlässlich.[19] Denn nur vor diesem Hintergrund lassen sich Antworten darüber geben, warum bestimmte politische Zielsetzungen angestrebt und mit welcher Effizienz sie mittels der Handelspolitik realisiert werden konnten.

Die politischen Zielsetzungen, die involvierten Akteure als auch das handelspolitische Institutionensystem unterlagen über die Jahre hinweg bedeutsamen Wandlungsprozessen, die in der historischen Analyse zu erfassen sind. So wird vor allem zu fragen sein, ob bzw. in welcher Form sich die Neuorientierung in der globalen und nationalen Ost-West-Politik während der 1960er Jahre, jener Wandel von der Konfrontations- zur Entspannungsstrategie, auf die innerdeutsche Handelspolitik auswirkte. Folgte auf den „bellum mercatorium" die „pax mercatoria"? Aber auch unterhalb dieser Ebene lässt sich eine Fülle interessanter Wandlungsprozesse nachweisen, etwa das akteursspezifische Verhalten unter kurz- bis mittelfristig veränderten Rahmenbedingungen einer politischen oder ökonomischen Krise. Konkret: Welche handelspolitische Maßnahmen ergriff die Bundesregierung in Reaktion auf die gewaltsame Niederschlagung des Aufstandes im Juni 1953 oder auf den Berliner Mauerbau am 13. August 1961?

Der methodische Reiz einer solchen historischen Fallstudie erschöpft sich keineswegs in der detaillierten Rekonstruktion institutioneller Strukturen und

---

16 Diese These vertritt u. a. Töben, Thomas: Die Besteuerung des deutsch-deutschen Wirtschaftsverkehrs. Baden-Baden 1985, S. 35.

17 Es wird eine weit gefaßte, individuelle wie kollektive Akteure einschließende Begrifflichkeit zugrunde gelegt. Eine Differenzierung nach „Akteur" und „Figur", wie sie Czempiel vorschlägt, unterbleibt, da es gerade ein Ziel der Untersuchung ist, die spezifische Bedeutung der verschiedenen Akteure im innerdeutschen Handel zu eruieren; hierzu Czempiel, Ernst-Otto: Internationale Politik. Ein Konfliktmodell. Paderborn 1981, S. 119-191.

18 Zum begrifflich-theoretischen Hintergrund North, Douglass C.: Theorie des institutionellen Wandels. Eine neue Sicht der Wirtschaftsgeschichte. Tübingen 1988, S. 207-216.

19 In seiner Studie hat Tudyka diesen Sachverhalt für die auswärtigen Beziehungen einschließlich der Außenwirtschaftsbeziehungen, die er als Ausdruck gesellschaftlicher Partialinteressen interpretiert. Tudyka, Kurt P.: Gesellschaftliche Interessen und auswärtige Beziehungen. Materialien zur Außenwirtschaftspolitik der Ära Adenauer. Bd. I: Organisation von Interessen und auswärtigen Beziehungen. Strukturen und Arbeitsweisen von Verbänden, Parlament und Administration. Nijmegen 1978, S. VIII.

ereignisgeschichtlicher Vorgänge einschließlich der Kausalanalyse ihrer Zusammenhänge. Vielmehr bietet sie die Chance, von der historischen Empirie zu übergeordneten Problemkomplexen zu gelangen. Im Rahmen dieser Arbeit werden die historisch-empirischen Befunde unter zwei Fragestellungen diskutiert:
➢ Welche Rückschlüsse ergeben sich aus der Entwicklung der innerdeutschen Handelsbeziehungen bezüglich der Kompatibilität von unterschiedlichen Wirtschaftsordnungen mit ihren jeweiligen Steuerungsmechanismen, wenn sie miteinander in Austauschbeziehungen treten?
➢ Wie lässt sich das in den deutsch-deutschen Handelsbeziehungen zu beobachtende Spannungsverhältnis von Politik und Ökonomie in den säkularen Trend einer zunehmend dominanter auftretenden Wirtschaft einbetten?[20] Ist es als Indikator einer sukzessiven Verschmelzung von Politik und Wirtschaft zu interpretieren, ein Prozess, der insbesondere in der zweiten Hälfte des 20. Jahrhunderts an Dynamik gewonnen hat?[21]

Die in der Vergangenheit häufig erörterte Frage, ob der innerdeutsche Handel seinem Wesen nach dem Binnen- oder dem Außenhandel zuzurechnen sei, wird im Rahmen dieser Untersuchung nicht weitergeführt. Nur soviel sei angemerkt: Die weithin akzeptierte Kompromissformel, er stelle einen Handel sui generis dar,[22] der aufgrund der historisch einzigartigen Konstellation eine ebenso einzigartige Mischung aus Außen- und Binnenhandelskomponenten verkörperte, kommt eher deskriptives denn historisch-analytisches Potential zu. Unbestreitbar bildeten die deutsch-deutschen Handelsbeziehungen eine Schnittstelle zwischen zwei getrennten politischen Machtbereichen mit unterschiedlichen Wirtschafts- und Gesellschaftsordnungen und entsprachen damit einem zentralen Kriterium der Außenwirtschaft.[23] Die Warenströme vollzogen sich „auf Grund von Abkommen mit ausgeprägt zwischenstaatlichem Charakter, und die Abrechnung erfolgte unter Bedingungen, die absolut devisenrechtlicher Natur"[24] waren. Daran ändert auch die Tatsache wenig, dass wesentliche außenwirtschaftspolitische, tarifäre Instrumentarien, stellvertretend genannt seien hier Im- und Exportzölle, aus staatsrechtlichen Erwägungen nicht angewandt wurden. Deshalb wird im Rahmen dieser Studie davon ausgegangen, dass die Wirtschaftskontakte zwischen der Bundesrepublik und der DDR ihrem Wesen nach außenwirtschaftspolitischer Natur waren.

---

20 Diese These vertritt u. a. Tudyka, Gesellschaftliche Interessen, S. XI.
21 Zur These Ökonomisierung der Politik bzw. Politisierung der Ökonomie als zentraler Entwicklungstrend des 20. Jh. Ziebura, Gilbert: Weltwirtschaft und Weltpolitik 1922/24-1931. Zwischen Rekonstruktion und Zusammenbruch. Frankfurt a. M. 1984, S. 15-16.
22 Haendcke-Hoppe-Arndt, Interzonenhandel/Innerdeutscher Handel, S. 1543-1544.
23 In diesem Sinne auch Schneider, Beate: Konflikt, Krise und Kommunikation. Eine quantitative Analyse innerdeutscher Politik. München 1976, S. 120. Auch der DIHT vertrat diese Auffassung; DIHT, Tätigkeitsbericht für das Jahr 1952/53, S. 153.
24 Förster, Wolfgang: Interzonenhandel. In: Staatslexikon. Recht – Wirtschaft – Gesellschaft. 6. Aufl., Freiburg 1959, S. 440-444, hier S. 440.

Die bereits recht gut erforschte volkswirtschaftliche Dimension des innerdeutschen Warenverkehrs spielt im Rahmen dieser Studie nur insoweit eine Rolle, als sie die (handels-)politische Entscheidungsfindung in beiden deutschen Teilstaaten beeinflusste. Als statistische Grundlage dienen dabei die Angaben des Statistischen Bundesamtes,[25] ergänzt durch Zahlen der Zentralverwaltung für Statistik der DDR[26]. Eine Neuberechnung des Datenmaterials erübrigt sich, da die westdeutschen Angaben verlässlich sind und die ostdeutschen in der vorliegenden Form den politischen Akteuren als Entscheidungsgrundlage dienten. Es ist mit Blick auf das Erkenntnisinteresse nicht beabsichtigt, die ökonomische Wirkung des innerdeutschen Handels insbesondere auf die DDR-Volkswirtschaft insgesamt oder auf einzelne ihrer Branchen zu quantifizieren.

1.2. Konzeption der Untersuchung

Der engere, weitgehend auf unveröffentlichtem Archivmaterial basierende Untersuchungszeitraum orientiert sich entsprechend des Erkenntnisinteresses an politischen Zäsuren und erstreckt sich über die Jahre 1949 bis 1969. Die Wiederaufnahme des Interzonenhandels im Mai 1949 und seine vertragsrechtliche Einbindung in das wegweisende Frankfurter Abkommen vom 8. Oktober selbigen Jahres begründen den Beginn, der Regierungsantritt Willy Brandts markiert das Ende des analysierten Zeitabschnittes. Denn seit der sozialliberalen Koalition verbanden offizielle politische Kommunikationskanäle West- und Ostdeutschland, infolgedessen beschränkten sich die Gesprächsthemen zwischen der TSI und dem MAI nach 1969 auf wirtschaftliche Probleme.

In der vorliegenden Studie werden ausschließlich die im Rahmen des Frankfurter bzw. Berliner Abkommens erfassten Handelsbeziehungen untersucht.

---

25 Statistisches Bundesamt (Hrsg.): Statistische Berichte/V/22, Interzonenhandel der Bundesrepublik Deutschland mit der Sowjetischen Besatzungszone und dem sowjetischen Sektor von Berlin. Nr. 1a, Wiesbaden 1950; dass. (Hrsg.): Statistische Berichte/V/22, Interzonenhandel der Bundesrepublik Deutschland mit dem Währungsgebiet der DM-Ost. Nr. 2a-4a, Wiesbaden 1950-1951; dass. (Hrsg.): Statistische Berichte/V/30, Warenverkehr im Interzonenhandel zwischen den Währungsgebieten der DM-West und der DM-Ost (anfangs: Der Interzonenhandel des Bundesgebietes mit dem Währungsgebiet der DM-Ost). Nr. 1-155, Wiesbaden 1951 – 1961; dass. (Hrsg.): Fachserie F, Reihe 6, Warenverkehr zwischen den Währungsgebieten der DM-West und der DM-Ost. Stuttgart 1961-1968; dass. (Hrsg.): FS F, R. 6, Warenverkehr mit der Deutschen Demokratischen Republik und Berlin-Ost. Stuttgart 1969-1972; dass. (Hrsg.): Statistisches Jahrbuch für die Bundesrepublik Deutschland. 1952-1969. Stuttgart, Wiesbaden 1952-1969.

26 Ministerrat der Deutschen Demokratischen Republik, Staatliche Zentralverwaltung für Statistik. Die Entwicklung des Außenhandels der Deutschen Demokratischen Republik. Statistisches Jahrbuch Außenhandel (BA Berlin, Außenstelle Dahlwitz-Hoppegarten, Bestand DE 2). Statistisches Jahrbuch der DDR 1955-1969. Berlin 1956-1970.

Sogenannte paraökonomische Transferleistungen[27] finden nur dann Berücksichtigung, wenn sie in unmittelbarem Zusammenhang mit den Verhandlungen zwischen TSI und MAI standen. Gleiches gilt für die retrospektiv so viel Aufmerksamkeit erregenden Aktivitäten des 1966 ins Leben gerufenen „Bereich Kommerziellen Koordinierung" (KoKo) beim MAI unter Leitung von Schalck-Golodkowski. Dieser gesamte Komplex, so interessant er auch sein mag, verfügte in den frühen Jahren seines Bestehens über keine deutschland- bzw. handelspolitische Tragweite.[28]

Die Arbeit weist folgende Gliederung auf: Dem eigentlichen Untersuchungszeitraum wird in Kapitel II die Entwicklung des Interzonenhandels während der Jahre 1945 bis 1949 vorangestellt. Hier sollen die wirtschaftsstrukturellen Rahmenbedingungen der Westzonen und der SBZ ebenso wie die vierjährige handelspolitische Praxis als Erfahrungsgrundlage für die künftige Handelspolitik zwischen den beiden deutschen Staaten dargelegt werden. Kapitel III benennt die maßgeblichen Akteure mit ihren spezifischen Interessen, charakterisiert das politisch-ökonomische Institutionensystem, innerhalb dessen sich die innerdeutsche Handelspolitik abspielte, und geht auf die grundlegenden institutionellen Wandlungsprozesse ein. Kapitel IV bis VII schildern in chronologischer Ordnung die Entwicklung der innerdeutschen Handelsbeziehungen bis zum Bau der Berliner Mauer im Jahre 1961 im Kontext der allgemeinen politischen und wirtschaftlichen Lage. Als wichtige Phasen lassen sich unterscheiden:
➢ die Etablierung eines vertragsrechtlichen Rahmens, 1949 bis 1951 (Kap. IV),
➢ die Handelsbeziehungen im Zeichen der ostdeutschen Existenzkrise, 1951 bis 1953 (Kap. V),
➢ die politische Aufladung des innerdeutschen Handel durch die Erlangung der „Souveränität"[29] beider deutscher Staaten, 1954 bis 1958 (Kap. VI)
➢ sowie die zweite Berlin-Krise, 1958 bis 1961 (Kap. VII).

In Kapitel VIII werden die Auswirkungen des deutschlandpolitischen Paradigmenwechsel während der sechziger Jahre auf die Handelsbeziehungen nachgezeichnet. Das abschließende Kapitel IX ist einer Diskussion der historisch-empirischen Befunde im Kontext der oben formulierten Fragen nach der Kompatibilität von Markt- und Zentralplanwirtschaft sowie dem Spannungsverhältnis von Ökonomie und Politik gewidmet.

---

27 Hierunter fallen u. a. Straßenbenutzungsgebühren, Zwangsumtausch, Visagebühren, private Transferleistungen, Kirchengeschäfte; eine ausführliche Auflistung und politisch-ökonomische Bewertung in Volze, Armin: Innerdeutsche Transfers. In: Enquete-Kommission „Aufarbeitung von Geschichte und Folgen der SED-Diktatur in Deutschland". Bd. V/3, Baden-Baden 1995, S. 2761-2797, hier S. 2764-2786; auch Kuhnle, Gerhard Wilhelm: Die Bedeutung und Vorteile der deutsch-deutschen Wirtschaftsbeziehungen für die DDR. Eine Analyse unter besonderer Berücksichtigung paraökonomischer Aspekte. Diss. oec., Frankfurt a. M. 1993, S. 152-153.
28 Haendcke-Hoppe-Arndt, Maria: Die Hauptabteilung XVIII: Volkswirtschaft. Berlin 1997.
29 Ohne dass der Begriff hier problematisiert werden kann, ist darauf hinzuweisen, dass es sich um unterschiedliche Qualitäten staatlicher „Souveränität" handelte.

1.3. Forschungsstand

Die geschichtswissenschaftliche Auseinandersetzung mit den deutsch-deutschen Wirtschaftsbeziehungen kann sich erst seit der deutschen Wiedervereinigung im Jahre 1990 auf ein hinreichend breites, die Sichtweise beider deutscher Staaten einbeziehendes Quellenfundament stützen. Dies entwertet jedoch keineswegs zwangsläufig die analytischen Qualitäten früherer Schriften. Denn oftmals finden sich in ihnen bereits maßgebliche Fragen und tragfähige Interpretationsmuster zu den deutsch-deutschen Wirtschaftsbeziehungen formuliert. An dieser Stelle soll daher ein knapper Überblick über den Forschungsverlauf während der vergangenen fünfzig Jahre gegeben werden.

Aufgrund des unzureichenden Quellenzugriffs weisen die vor 1990 erschienenen Studien westdeutscher Provenienz vornehmlich wirtschafts-, politik- bzw. rechtswissenschaftlichen Charakter auf. Aus volkswirtschaftlicher Sicht wurde die quantitative und qualitative Entwicklung des innerdeutschen Handels seit langem gründlich analysiert.[30] Spätere Untersuchungen verknüpften zunehmend wirtschaftliche mit politischen Aspekten. Einen sehr guten Überblick der Entwicklung bis in die 1960er Jahre bieten dabei Arbeiten von Berg und Lambrecht.[31] Den gesamten Untersuchungszeitraum 1949-1969 im Überblick berücksichtigen etliche weitere Studien.[32]

---

30 Dahlmann, Heinz: Die Entwicklung des deutschen Interzonenhandels nach dem 2. Weltkrieg. Diss. Köln 1954; Gleitze, Bruno: Die Außenhandelsverflechtungen des mitteldeutschen Raumes. In: Vierteljahreshefte zur Wirtschaftsforschung 3 (1952) 4, S. 345-357; Federau, Fritz: Der Interzonenhandel Deutschlands von 1946 bis Mitte 1953. In: Vierteljahreshefte zur Wirtschaftsforschung 4 (1953) 4, S. 385-410; Klinkmüller, Erich: Die gegenwärtigen Außenhandelsverflechtungen der sowjetischen Besatzungszone Deutschlands. Berlin 1959; Schulz, Hans-Dieter: Entwicklung und Bedeutung des Interzonenhandels. In: EA 1 (1963) 13, S. 481-490.

31 Berg, Michael von: Zwanzig Jahre Interzonenhandel. Wirtschaftliche und politische Bedeutung einer Institution. Bonn 1968; Lambrecht, Horst: Die Entwicklung des Interzonenhandels von seinen Anfängen bis zur Gegenwart. Berlin 1965; Lambrecht, Horst: Die Entwicklung der Wirtschaftsbeziehungen zur Bundesrepublik Deutschland. In: Jacobsen, Hans-Adolf/Leptin, Gerd/Scheuner, Ulrich/Schulz, Eberhard (Hrsg.): Drei Jahrzehnte Außenpolitik der DDR. Bestimmungsfaktoren, Instrumente, Aktionsfelder. 2. Aufl., München, Wien 1980, S. 453-473. Wenig Neues bieten dagegen Pritzel, Konstantin: Der Interzonenhandel - Entwicklung, wirtschaftliche Bedeutung, politische Aspekte. In: APuZ 48 (1967), S. 3-23 und Groß, Karl-Heinz: Entstehung und Bedeutung des innerdeutschen Handels. In: DA 11 (1978) 5, S. 480-490.

32 Lambrecht, Horst: Der Innerdeutsche Handel - ein Güteraustausch im Spannungsfeld von Politik und Wirtschaft. In: APuZ 40 (1982), S. 3-17; Rösch/Homann, 30 Jahre Berliner Abkommen; Haendcke-Hoppe, Maria: Die Wirtschaftsbeziehungen zwischen beiden deutschen Staaten. Legende und Wirklichkeit. In: Dies./Lieser-Triebnigg, Erika (Hrsg.): 40 Jahre innerdeutsche Beziehungen. Berlin 1990, S. 119-140; Gumpel, Werner: Der innerdeutsche Handel in seinen politischen und ökonomischen Auswirkungen. In: Boettcher, Erik (Hrsg.): Wirtschaftsbeziehungen mit dem Osten. Stuttgart, Berlin, Köln, Mainz 1971, S. 78-94; Dean, Robert: West German Trade with the East: The Political Dimension. New York,

Die Einbettung des innerdeutschen Handels in den Gesamtkomplex Ost-West-Handel rückte seit Mitte der sechziger Jahre in den Vordergrund des Interesses.[33] Paul-Calm[34] untersuchte die nach Osteuropa gerichteten Wirtschaftsinteressen der Ära Adenauer intensiver, wohingegen Wörmanns[35] Studie zum Röhrenembargo ein zentrales Problemfeld analysiert, das mehrfach zu Konflikten zwischen der Bundesrepublik und den USA geführt hatte. Thalheim thematisiert speziell die Rückwirkungen der von der sozialliberalen Koalition verfolgten neuen Ostpolitik auf die Handelsbeziehungen zur DDR.[36] Weitere Untersuchungen beleuchten generell den internationalen Kontext der deutsch-deutschen Wirtschaftsbeziehungen.[37] Den Stand der wirtschafts- und politikwissenschaftlichen Forschung bis Anfang der siebziger Jahre fassen die breit angelegte Studie von Kupper[38] sowie das von Kupper, Ehlermann, Lambrecht und Ollig gemeinsam herausgegebene Werk[39] hervorragend zusammen.

Die Quintessenz der wirtschafts- und politikwissenschaftlichen Forschung bis in die siebziger Jahre lag in dem Befund, dass die ökonomische Bedeutung

---

Washington, London 1974; Nehrig, Sighart: Zu den Wirtschaftsbeziehungen zwischen der Bundesrepublik Deutschland und der DDR. In: Weltwirtschaft 2 (1974), S. 61-88.

33 Berg, Michael von: Probleme des Ost-West-Handels. Teil I. Spezielle Aspekte des Handelsverkehrs zwischen BRD - SBZ – UdSSR. Berlin 1963; Berg, Michael von: Die strategische Bedeutung des Ost-West-Handels. Leiden 1966; Berg, Michael von: Ökonomische und politische Aspekte des Ost-West-Handels. Diss., Berlin 1968; Holbik, Karel/Myers, Henry: Postwar Trade in Divided Germany. The Internal and the International Issues. Baltimore 1964; Pentzlin, Heinz: Interzonenhandel – Osthandel – EWG. In: Boettcher (Hrsg.), Wirtschaftsbeziehungen, S. 15-42; Kreile, Michael: Osthandel und Ostpolitik. Baden-Baden 1978.

34 Paul-Calm, Hanna: Ostpolitik und Wirtschaftsinteressen in der Ära Adenauer (1955-1963). Frankfurt a. M. 1981.

35 Wörmann, Claudia: Der Osthandel der Bundesrepublik Deutschland. Politische Rahmenbedingungen und ökonomische Bedeutung. Frankfurt a. M., New York 1983.

36 Thalheim, Karl C.: Die Bedeutung der 'neuen Ostpolitik' für die Wirtschaftsbeziehungen der Bundesrepublik Deutschland und der DDR. In: Bethlen, Stefan Graf (Hrsg.): Osthandel in der Krise. München 1976, S. 29-64.

37 Groß, Karl-Heinz: Der innerdeutsche Handel aus internationaler Sicht. In: DA 19 (1986) 10, S. 1075-1084; Lambrecht, Horst: Der Handel der Deutschen Demokratischen Republik mit der Bundesrepublik Deutschland und den übrigen OECD-Ländern. Eine vergleichende Betrachtung des Westhandels der DDR in den Jahren 1965 bis 1975. Berlin 1977; Haendcke-Hoppe, Maria: Die Außenwirtschaftsbeziehungen der DDR und der innerdeutsche Handel. In: Weidenfeld, Werner/Zimmermann, Hartmut (Hrsg.): Deutschland-Handbuch. Eine doppelte Bilanz. Bonn 1989, S. 639-652.

38 Kupper, Der innerdeutsche Handel. Vom selben Autor liegen weitere Beiträge kleineren Umfanges vor; Bethkenhagen, Jochen/Kupper, Siegfried/Lambrecht, Horst: Die Außenwirtschaftsbeziehungen der DDR vor dem Hintergrund von Kaltem Krieg und Entspannung. In: Beiträge zur Konfliktforschung 10 (1980) 4, S. 39-71; Kupper, Siegfried: Handel ohne Politik? Wirtschaftliche und politische Aspekte des innerdeutschen Handels. DA 10 (1977) 4, S. 376-382; Kupper, Siegfried: Innerdeutsche Wirtschaftsbeziehungen auf bewährter Grundlage. 30 Jahre Berliner Abkommen. In: DDR-Report 12 (1981), S. 766-769.

39 Ehlermann, Claus-Dieter/Kupper, Siegfried/Lambrecht, Horst/Ollig, Gerhard (Hrsg.): Handelspartner DDR – Innerdeutsche Wirtschaftsbeziehungen. Baden-Baden 1975.

des innerdeutschen Handels für die DDR größer war als für die Bundesrepublik, wohingegen seine politische Bedeutung in der Bundesrepublik ein größeres Gewicht hatte als in der DDR. Pentzlin brachte dieses von Berg klar herausgearbeitete Ergebnis[40] in die griffige Formel vom „Interessenparallelogramm"[41], wie es noch heute weithin akzeptiert wird.[42] Nach Groß lag das „'Geheimnis' für das überraschend hohe Maß an Stabilität in der langjährigen Entwicklung des innerdeutschen Handels"[43] in eben diesem „Parallelogramm der Interessen"[44] beider deutscher Staaten begründet. Übrigens entsprach diese Interpretation auch der Auffassung des Bundeswirtschaftsministeriums.[45] Ein weiteres signifikantes Ergebnis verweist auf die Warenstruktur im innerdeutschen Handel, die nicht dem industrialisierten Entwicklungsstand beider Staaten entsprach. Sie wurde von Roh- und Grundstoffen sowie Waren niedriger Verarbeitungsstufen dominiert, der intraindustrielle Güteraustausch auf höherem Verarbeitungsniveau blieb dagegen unterrepräsentiert.[46]

Anknüpfend an die wirtschaftswissenschaftlichen Ergebnisse stellte sich bereits in den fünfziger Jahren die Frage, welche handelspolitischen Konsequenzen aus ihnen zu ziehen seien. Daraus entwickelte sich die nach ihren Protagonisten benannte „Thalheim-Gleitze-Kontroverse"[47], die u. a. im Forschungsbeirat für Fragen der Wiedervereinigung ausgetragen wurde.[48] Kernpunkt der Auseinandersetzung war die These, dass die deutsch-deutschen Wirtschaftsbeziehungen zu einer Stabilisierung des sozialistischen Systems in der DDR führten, damit einer Wiedervereinigung Deutschlands entgegenwirkten und überdies Westdeutschland mitverantwortlich für das verbrecherische Regime in der DDR machten. Während Thalheim diesen Gedankengang bestätigte und als Konsequenz eine massive Reglementierung und Beschränkung des innerdeutschen

---

40 Berg, Zwanzig Jahre Interzonenhandel, S. 20-21.
41 Pentzlin, Interzonenhandel, S. 15-42, hier S. 26-27. Inhaltlich auch vertreten von Volze, Armin: Zu den Besonderheiten der innerdeutschen Wirtschaftsbeziehungen im Ost-Westverhältnis. In: Deutsche Studien 1982, S. 2-14.
42 Heyl, Friedrich von: Der innerdeutsche Handel mit Eisen und Stahl 1945-1972. Deutsch-deutsche Beziehungen im Kalten Krieg. Köln, Weimar, Wien 1997, S. 250; Nakath, Detlef: Zur Geschichte der deutsch-deutschen Handelsbeziehungen. Die besondere Bedeutung der Krisenjahre 1960/61 für die Entwicklung des innerdeutschen Handels. Berlin 1993, S. 36; Roesler, Jörg: Handelsgeschäfte im Kalten Krieg. Die wirtschaftliche Motivationen für den deutsch-deutschen Handel zwischen 1949 und 1961. In: Buchheim, Christoph (Hrsg.): Wirtschaftliche Folgelasten des Krieges in der SBZ/DDR. Baden-Baden 1995, S. 193-220.
43 Groß, Der innerdeutsche Handel, S. 1081.
44 Ebda.
45 Bericht Sts. Langer, BMWi, 10.5.1965 (BA, B 137/3696).
46 Cornelsen, Doris/Lambrecht, Horst/Melzer, Manfred/Schwartau, Cord: Die Bedeutung des Innerdeutschen Handels für die Wirtschaft der DDR. Berlin 1983, S. 19.
47 Karl C. Thalheim (1900-1993), 1951-1970 Leiter der wirtschaftswissenschaftlichen Abteilung des Osteuropa-Instituts der FU Berlin. Bruno Gleitze (1903-1980), 1945-1948 Präsident der Deutschen Verwaltung für Statistik in der SBZ, 1956-1958 Leiter des wirtschaftswissenschaftlichen Instituts des DGB, Köln.
48 Protokoll der Forscherkreissitzung, 27.6.1959 (BA, B 137I/569)

Handels forderte, verwies Gleitze auf die subversive Wirkung von Westkontakten innerhalb der DDR, insbesondere, wenn sie mit den materiellen Segnungen des Kapitalismus einhergingen. Deshalb befürwortete er eine Ausweitung des innerdeutschen Handels.[49] Gleitze befand sich in diesem Punkt im Einklang mit der französischen und englischen Politik, die im Osthandel die Chance zur Infiltration hinter dem „Eisernen Vorhang" erkannte.[50]

Der Diskurs setzte sich, ohne dass eine Einigung erzielt worden wäre, in der sogenannten „Vorteilsdiskussion" während der siebziger Jahren fort. Er transferierte gleichsam die politische Auseinandersetzung um die sozialliberale Ostpolitik in die wissenschaftliche Sphäre. Dabei ging es um die Quantifizierung der vermeintlichen oder tatsächlichen ökonomischen Vorteile, welche die DDR aus westdeutschen Transferleistungen, dem innerdeutschen Handel und einer wie auch immer zu charakterisierenden Anbindung an die EWG zog.[51] Biskup vertrat die These, die DDR wäre innerhalb des sozialistischen Wirtschaftssystems nur deshalb so erfolgreich, weil sie über den innerdeutschen Handel als quasiassoziiertes Mitglied der EWG/EG privilegiert wäre.[52] Dem widersprachen dezidiert Kupper und Lambrecht unter dem Hinweis, dass Reexportbeschränkungen und ein geringes innerdeutsches Handelsvolumen gegen eine Quasiassoziierung der DDR an die EWG sprächen.[53]

Hinzuweisen ist noch auf eine Studie von Schneider, die mit Hilfe eines systemtheoretischen Ansatzes den innerdeutschen Handel einer Transaktionsanalyse auf der Ebene wirtschaftspolitischer und privatwirtschaftlicher Institutionen unterzog und seine beide Teile Deutschlands integrierende bzw. desintegrierende Funktionalisierung prüfte.[54] Beiträge der Rechtswissenschaft befassten sich vor

---

49 Ebda.
50 Mai, Gunther: Das „Trojanische Pferd". Innerdeutsche Handelsbeziehungen zwischen Blockbildung und intersystemarer Symbiose (1945-1989). In: Schmidt, Gustav (Hrsg.): Ost-West-Beziehungen-Konfrontation und Détente 1945-1989. Bochum 1993, Bd. 2, S. 433-448.
51 U.a. Schulz, Hans-Dieter: Handel auf Vorschuß. Warenaustausch und Politik im Verhältnis zwischen den beiden deutschen Staaten. In: EA 26 (1971) 23, S. 815-826; ders.: Handel im Wandel. Perspektiven und Probleme im innerdeutschen Warenverkehr. In: DA 5 (1972) 12, S. 1233-1237.
52 Biskup, Reinhold: Was die DDR heimlich kassiert. In: FAZ, 2.11.1974, S. 15; Biskup, Reinhold: Deutschlands offene Handelsgrenze. Die DDR als Nutznießer des EWG-Protokolls über den innerdeutschen Handel. Berlin, Frankfurt a. M., Wien 1976. Zuletzt Wüstenhagen, Jana: RGW und EWG: Die DDR zwischen Ost- und Westintegration. In: Pfeil, Ulrich (Hrsg.): Die DDR und der Westen. Transnationale Beziehungen 1949-1989. Berlin 2001, S. 135-150, hier S. 135.
53 Kupper, Siegfried/Lambrecht, Horst: Die Vorteile der DDR aus dem innerdeutschen Handel. In: DA 10 (1977) 11, S. 1204-1208. Die Autoren schließen ihre kritische Replik mit dem Urteil: „Es gibt Bücher, die besser nicht geschrieben worden wären. Biskups gehört dazu." (S. 1208). Schon Ehlermann wies die These vom Quasi-EWG-Mitglied DDR zurück; Ehlermann, Claus-Dieter: Die Entwicklung des Innerdeutschen Handels aus der Sicht der Europäischen Gemeinschaft. In: DA 6 (1973) 10, S. 89-96.
54 Schneider, Konflikte, S. 119.

allem mit handelsrechtlichen Verfahrensfragen sowie mit völkerrechtlichen Implikationen. Weiterhin liegen juristische Studien zum Problem der westeuropäischen Integration und der deutsch-deutschen Wirtschaftsbeziehungen vor.[55]

Die zeit- und wirtschaftsgeschichtliche Forschung schenkte vor 1990 den deutsch-deutschen Wirtschaftsbeziehungen wohl auch wegen des eingeschränkten Quellenzugriffs wenig Beachtung. Abelshauser geht in seiner Wirtschaftsgeschichte Westdeutschlands nur knapp auf den Interzonenhandel 1945-1949 ein,[56] Koerfer interpretiert die Kündigung des Handelsabkommen mit der DDR Ende 1960 als Teil der Auseinandersetzung zwischen Adenauer und Erhard,[57] und Kleßmann handelt die deutsch-deutschen Wirtschaftsbeziehungen mit nur wenigen Bemerkungen ab.[58] Petzina zog – freilich ohne es ahnen zu können – Ende der 80er Jahre ein Fazit der westdeutschen zeitgeschichtlichen und politikwissenschaftlichen Forschung zum Thema. Seiner Ansicht nach wurde der Handel bis Ende der sechziger Jahre „primär als politisches Instrument"[59] genutzt, um gesamtdeutsche Ansprüche zu untermauern. Allerdings hätten sich die hochgesteckten Erwartungen der fünfziger Jahre, nach denen eine wirtschaftliche Verflechtung als Vorstufe dem politischen Zusammenschluss zuarbeiten sollte, nicht erfüllt. Das Konzept der „Wirtschaft als Stellvertreterin der Politik"[60] sei gescheitert.

Seitens der DDR-Geschichtsforschung liegen insbesondere Arbeiten von Nakath zum Thema vor.[61] Sein von der marxistisch-leninistischen Ideologie

---

55 Bopp, Helmut: Wirtschaftsverkehr mit der DDR. Alliierte Rechtsgrundlagen, Warenverkehr, Dienstleistungen und Kapitalverkehr. Baden-Baden 1983; Herter, Karl-Heinz: Probleme des Interzonenhandels, vorwiegend aus der Perspektive des westdeutschen Handelspartners gesehen. Diss., Freiburg 1958; Rudolph, Helga/Enderlein, Fritz: Die rechtliche Regelung der intersystemaren Wirtschaftsbeziehungen der DDR. Ein Grundriß. Karlsruhe 1982.; Wenig, Fritz Harald: Rechtsprobleme des innerdeutschen Handels. Eine Untersuchung über die Wirtschaftsprobleme der Bundesrepublik Deutschland und der Deutschen Demokratischen Republik aus verwaltungs-, staats- und völkerrechtlicher Sicht. Frankfurt a. M. 1975; Morawitz, Rudolf: Der innerdeutsche Handel und die EWG nach dem Grundlagenvertrag. In: EA 28 (1973), S. 353-362; Scharpf, Peter: Europäische Wirtschaftsgemeinschaft und Deutsche Demokratische Republik. Tübingen 1973; Scharpf, Peter: Die Bedeutung des innerdeutschen Handels für die Beziehungen der EWG zur DDR. DA 7 (1974) 3, S. 260-266.
56 Abelshauser, Werner: Wirtschaftsgeschichte der Bundesrepublik Deutschland 1945-1980. Frankfurt a.M. 1983.
57 Koerfer, Daniel: Kampf ums Kanzleramt. Erhard und Adenauer. Berlin 1998, S. 507-542.
58 Kleßmann, Christoph: Die doppelte Staatsgründung. Deutsche Geschichte 1945-1955. 5. Aufl., Bonn 1991, S. 209; Kleßmann, Christoph: Zwei Staaten, eine Nation. Deutsche Geschichte 1955-1970. 2. überarb. Aufl., Bonn 1997, S. 456-457.
59 Petzina, Dietmar: Deutsch-deutsche Wirtschaftsbeziehungen nach dem Zweiten Weltkrieg – eine Bilanz. In: Jeismann, Karl-Ernst (Hrsg.): Einheit - Freiheit - Selbstbestimmung. Die Deutsche Frage im historisch-politischen Bewußtsein. Frankfurt, New York 1988, S. 179-201, hier S. 179.
60 Ebda.
61 Nakath, Detlef: Die Gestaltung der Außenhandelstätigkeit der DDR zur Abwehr des imperialistischen Wirtschaftskrieges der BRD gegen die DDR in den Jahren 1955 bis 1961.

geprägtes Interpretationsmuster der innerdeutschen Wirtschaftsbeziehungen basierte auf der These, dass sich der Imperialismus seit Ende des Zweiten Weltkrieges in einer historisch determinierten Defensivphase gegenüber einem erfolgreichen und offensiven Sozialismus befände.[62] Um diese für sie missliche Lage zu ändern, entfachten die imperialistischen Staaten einen „Wirtschaftskrieg"[63] gegen das sozialistische Lager mit dem strategischen Ziel der Zerstörung des Sozialismus und der Reetablierung der globalen Herrschaft der Ausbeuterklasse.[64] Der „Wirtschaftskrieg" stellte das Kernstück des „Kalten Krieges" und der US-amerikanischen „policy of containment and roll back" dar.[65] Zu seinen wichtigsten Instrumenten zählte das Handelsembargo, die Ausnutzung von ökonomisch-technischen Entwicklungsunterschieden, die Diskriminierung und öffentliche Diskreditierung der sozialistischen Länder sowie Sabotage und Wirtschaftsspionage. In dem großen Ringen der Systeme bildete die DDR mit ihrer Volkswirtschaft den „Hauptkriegsschauplatz"[66]. Sie sei aufgrund der Frontlage und spezifisch deutschen Situation in besonderem Maße kapitalistisch-imperialistischen Störmanövern ausgesetzt. Menschenhandel, Waren- und Markenzeichenprozesse, Dumpingvorwürfe, Spionage, Sabotage, Währungsspekulationen, „Schiebertum", „Förderung von Konzernideologie in ehemaligen Konzernbetrieben in der DDR", Behinderungen des innerdeutschen Handels, Behinderung der DDR an Messebeteiligung und am Beitritt zu internationalen Organisationen – die Liste der angeblichen westdeutschen Aktivitäten gegen die

---

Diss. phil., Berlin 1981, S. XVI-XVII; ders./Prokop Siegfried: Der imperialistische Wirtschaftskrieg gegen die DDR 1947 bis Ende der sechziger Jahre. In: ZfG 29 (1981) 4, S. 326-338; ders.: Zur Geschichte der Handelsbeziehungen zwischen der DDR und der BRD in der Endphase der Übergangsperiode 1958 bis 1961. Die Rolle des Handels bei der Zuspitzung des imperialistischen Wirtschaftskrieges gegen die DDR. In: JfG 31 (1984), S. 299-331; ders.: Zur Geschichte der Handelsbeziehungen zwischen der DDR und der BRD in den Jahren 1961-1975. Diss. B. (unveröff.), Berlin 1988; ders.: Zur Geschichte der Handelsbeziehungen zwischen der DDR und der BRD (1961 bis 1968). In: Wiss. Zeitschrift der Humboldt-Universität zu Berlin. 38 (1989) 10, S. 1050-1058.

62 Nakath, Außenhandelstätigkeit, S. VIII. Möschner, Günter: Die Politik der SED zur Gestaltung und Nutzung des Außenhandels als einer Kommandohöhe der politischen und wirtschaftlichen Macht der Arbeiterklasse (1949 bis 1955). Diss. phil., Berlin 1974, S. II.

63 Dieser in der Wirtschaftshistoriographie durchaus geläufige Terminus wird von westlichen Autoren nicht auf die innerdeutschen Wirtschaftsbeziehungen angewandt, findet jedoch weite Verbreitung bei marxistischen Autoren: Falk, Waltraud: Die Schaffung der ökonomischen Grundlagen des Sozialismus in der DDR. In: ZfG 10 (1979), S. 915-925; Prokop, Siegfried: Entwicklungslinien und Probleme der Geschichte der DDR in der Endphase der Übergangsperiode und beim beginnenden Aufbau des entwickelten Sozialismus (1957-1963). Diss. B, Berlin 1978; Roesler, Jörg: Die Herausbildung der sozialistischen Planwirtschaft in der DDR. Berlin 1978; Teller, Hans: Der kalte Krieg gegen die DDR. Von seinen Anfängen bis 1961. Berlin 1979.

64 Nakath, Außenhandelstätigkeit, S. VIII.
65 Ebda., S. VI.
66 Ebda., S. VIII

DDR war lang.⁶⁷ Im Rahmen der – selbstredend erfolgreichen – Abwehrmaßnahmen kam dem staatlichen Außenhandelsmonopol die Funktion einer „Kommandohöhe" und damit eine strategische Bedeutung im Konflikt mit den kapitalistischen Staaten zu.⁶⁸

Mehr noch als der eingeschränkte Quellenzugang beeinträchtigten die offenkundig einzuhaltenden politisch-ideologischen Vorgaben den wissenschaftlichen Wert ostdeutscher Historiographie. Daher sind ihre Beiträgen zu den deutsch-deutschen Wirtschaftsbeziehungen heute aus wissenschaftsgeschichtlicher, nicht aber aus geschichtswissenschaftlicher Sicht, von Interesse.

An dieser Stelle sei noch auf einige Arbeiten mit wissenschaftlichem Anspruch hingewiesen, die aufgrund der Involvierung ihrer Autoren in den historischen Vorgang eher Quellencharakter besitzen. Dies gilt für die Schriften von Selbmann, Orlopp und Freund für die ostdeutsche Seite sowie für Hoffmann, Krautwig, Woratz und Kleindienst für die westdeutsche Seite.⁶⁹ Memoirenliteratur zum engeren Themengebiet existiert nicht.

---

67 Ebda., S. VI-VII.
68 Möschner, Politik der SED, S. II. Der Terminus „Kommandohöhe" geht auf Lenin zurück und weist auf die übergeordnete Funktion bestimmter Schlüsselpositionen hin.
69 Selbmann, Fritz: Interzonenhandel und Wirtschaftseinheit. Ost-Berlin 1949. Fritz Selbmann war u. a. stv. Vorsitzender der Deutschen Wirtschaftskommission (DWK) (1948-1949), Minister für Industrie (1949), Minister für Schwerindustrie bzw. Bergbau und Hüttenwesen (1950-1955), stv. Vorsitzender der Staatlichen Plankommission (1953-1961) und des Volkswirtschaftsrates (VWR) (1961-1964); Orlopp, Josef: West und Ost im deutschen Außenhandel. Ost-Berlin 1948; ders.: Der Handel zwischen der sowjetischen Besatzungszone und den westlichen Besatzungszonen Deutschlands. Ost-Berlin 1949; ders.: Eine Nation handelt über Zonengrenzen. Streifzug durch die Geschichte des innerdeutschen Handels. Berlin 1957. Josef Orlopp war u. a. Präsident der Deutschen Zentralverwaltung für Interzonen- und Außenhandel (1947), Präsident der Hauptverwaltung für Interzonen- und Außenhandel bei der DWK (1948), Leiter der Hauptabteilung Innerdeutscher Handel (HA IDH) im MAI von 1949-1951 und anschließend Regierungsbevollmächtigter für den innerdeutschen Handel (bis 1953). Freund, Erich: Keine Handelsgrenze durch Deutschland. Ost-Berlin 1956; ders.: Die Entwicklung des Handels der Deutschen Demokratischen Republik mit Westdeutschland und Westberlin, seine Hauptprobleme und Westdeutschlands Ausnahmerecht. – ein Ausdruck des Grundwiderspruchs in Deutschland. Diss. Ost-Berlin, 1963; ders.: Der Handel zwischen beiden deutschen Staaten der DDR mit West-Berlin. In: Deutsche Außenpolitik 9 (1964), S. 816-829. Erich Freund war Leiter der HA IDH im MAI (1951-1956), anschließend Rektor an der Hochschule für Außenhandel (1956-1958). Hoffmann, Emil: Die Zerstörung der deutschen Wirtschaftseinheit. Interzonenhandel und Wiedervereinigung. Hamburg 1964. Das Buch entspricht zwar nicht wissenschaftlichem Standard, ist aber aufgrund der Insiderkenntnisse des Autors wertvoll. Hoffmann, ein Westberliner Geschäftsmann, der im Ost-West-Handel tätig war, hatte beste Kontakte ins MAI, BMWi und zur Wirtschaftspresse. Nach Einschätzung des BMWi gehöre das Buch „zu den nicht ungeschickten Infiltrationsschriften", nehme die Interessen der DDR im „kommunistischen Sinne" wahr und zeichne sich durch geschicktes Einsetzen von Zitaten westdeutscher Politiker aus (BA, B 137/8565; BA, DL 2, 1326, Bl. 33-34). Krautwig, Interzonenhandel. Woratz, Gerhard: Der Interzonenhandel mit dem sowjetisch besetzten Gebiet. Bonn 1957. Gerhard Woratz war Referent für innerdeutschen Handel im BMWi. Kleindienst, Willi: Abwicklung und Praxis der Handelsbeziehungen zur DDR. In:

Erstaunlicherweise hält sich seit der Wiedervereinigung 1990 das Forschungsinteresse an den deutsch-deutschen Wirtschaftsbeziehungen in Grenzen. Denn obwohl nunmehr der methodisch so reizvolle Zugriff auf das Untersuchungsfeld aus west- wie ostdeutscher Perspektiven möglich wurde, liegen bislang nur von Heyl und Kruse umfassendere Studie vor.[70] Heyls lesenswerte, gleichwohl kritisch beurteilte Arbeit[71], sieht sich dem property rights-Ansatz verpflichtet und hat zum Ziel, wirtschaftliche Entwicklungen in ihrem politisch-institutionellen Kontext zu erklären. Die von ihm gewählte Eingrenzung auf das „politischste Gut"[72] im innerdeutschen Warenaustausch, gemeint ist der Handel mit Eisen und Stahl, ist dabei problematisch. Zum einen rückt sie die Bundesrepublik notwendigerweise in eine stärkere Position als die DDR, da letztere aufgrund wirtschaftsstruktureller Disproportionen Eisen- und Stahl-Lieferungen zumindest in den 1950er Jahren in hohem Maße benötigte. Zum anderen engt sie die Position der westdeutschen Wirtschaft auf die Interessen dieser Branche ein, blendet somit gegensätzliche Interessen anderer Branchen aus. Heyls These, am Eisen- und Stahlhandel entfalte sich das ganze Kaleidoskop des innerdeutschen Handels,[73] ist sehr zu bezweifeln; einen hinreichenden empirischen Beleg vermag er nicht zu erbringen. Auch eine adäquate Bearbeitung der von ihm formulierten Frage nach Handlungsinteressen und -spielräumen der beteiligten Akteure erfolgt nur in eingeschränktem Maße.

Neben zahlreichen Arbeiten zur Nachkriegsgeschichte des geteilten Deutschland, welches die innerdeutschen Handels- und Wirtschaftsbeziehungen am Rande streifen,[74] liegen einige Aufsätze vor, die sich speziell mit dem innerdeutschen Handel beschäftigen. Während die Beiträge von Burmester, Haendcke-Hoppe-Arndt, Volze, und Petzina als Überblicksdarstellungen keine neuen Quellen heranziehen, stützen sich Mai, Nakath und Roesler – wenn auch sehr selektiv

---

Boettcher (Hrsg.), Wirtschaftsbeziehungen, S. 61-77. Kleindienst leitete in Personalunion das Interzonenhandelsreferat im BMWi und die TSI von 1968-1976.
70 Heyl, Handel; Kruse, Politik. Letztere Studie wurde nur noch bibliographisch erfasst.
71 Rezension von Hanns-Jürgen Küsters in Historische Zeitschrift 268 (1999), S. 272. Küsters moniert vor allem die Ausblendung der internationalen Ebene.
72 Heyl, Handel, S. 249.
73 Ebda., S. 250.
74 Neebe, Reinhard: Optionen westdeutscher Außenwirtschaftspolitik. 1949-1953. In: Herbst, Ludolf/Bührer, Werner/Sowade, Hanno (Hrsg.): Vom Marshallplan zur EWG. Die Eingliederung der Bundesrepublik Deutschland in die westliche Welt. München 1990, S. 163-225; Mai, Gunther: Osthandel und Westintegration 1947-1957. Europa, die USA und die Entstehung einer hegemonialen Partnerschaft. In: Herbst/Bührer/Sowade (Hrsg.), Marshallplan, S. 203-226; Mai, Gunther: Der Alliierte Kontrollrat 1945 - 1948. Alliierte Einheit - deutsche Teilung? München 1993; Schlarp, Karl-Heinz: Das Dilemma des westdeutschen Osthandels und die Entstehung des Ostausschusses der deutschen Wirtschaft 1950-1952. In: VfZ 41 (1993), S. 223-276; ders.: Zwischen Konfrontation und Kooperation. Die Anfangsjahre der deutsch-sowjetischen Wirtschaftsbeziehungen in der Ära Adenauer. Münster, Hamburg, London 2000; Lemke, Michael: Die Berlin-Krise von 1958-1963. Interessen und Handlungsspielräume der SED im Ost-West-Konflikt. Berlin 1995, speziell S. 58-62.

– auf Quellen sowohl west- wie ostdeutscher Provenienz.[75] Vier neuere Arbeiten vom Autor dieser Untersuchung beleuchten Fallbeispiele deutsch-deutschen Interessenausgleiches im Rahmen der Wirtschaftsbeziehungen.[76] Des weiteren liegt noch eine politikwissenschaftlich angelegte Studie von Zürn vor, in der er die Tragfähigkeit des dem Forschungsgebiet „Internationale Beziehungen" entlehnten „situationsstrukturellen Ansatzes" am Fallbeispiel der innerdeutschen Wirtschaftsbeziehungen überprüft.[77]

Abschließend lässt sich festhalten, dass eine umfassende Auswertung der west- und ostdeutschen Quellenbestände bislang fehlt. Weiterhin wurden in den bisherigen Studien die äußerst vielschichtigen und heterogenen Interessenlagen der unterschiedlichsten Akteure nur unzureichend analysiert, ebenso ihre Einflüsse auf politische Entscheidungsfindungsprozesse in Bonn und Ost-Berlin. Daher ist Küsters nur zuzustimmen, wenn er die deutsch-deutschen Wirtschaftsbeziehungen als eines jener Felder der Deutschlandpolitik bezeichnete, die es noch aufzuarbeiten gilt.[78]

---

75 Burmester, Siegfried: Kooperation, Kalter Krieg und Konkurrenz im Handel zwischen beiden deutschen Staaten und deren Wechselbeziehungen zur Politik der DDR-Führung. In: Elm, Ludwig/Keller, Dietmar/Mocek, Reinhard (Hrsg.): Ansichten zur Geschichte der DDR, Bd. IV. Bonn 1994, S. 165-242. Burmester verzichtet nahezu ganz auf unveröffentlichte Quellen und bringt auch in der Sache keine neuen Aspekte. Überdies weisen seine Ausführung erhebliche Verzerrungen auf. Haendcke-Hoppe-Arndt, Interzonenhandel; Volze, Transferleistungen. Petzina, Dietmar: Deutschland und die wirtschaftlichen Folgen des Ost-West-Konfliktes nach dem Zweiten Weltkrieg. In: Eckart, Karl/Roesler, Jörg (Hrsg.): Die Wirtschaft im geteilten und vereinten Deutschland, Berlin 1999, S. 153-168. Mai, „Trojanische Pferd". Nakath, Geschichte der deutsch-deutschen Handelsbeziehungen; ders.: Bref historique des relations commerciales RFA-RDA de 1949 à 1975. In: Connaissance de la RDA 1 (1989), S. 55-72; ders.: Zur politischen Bedeutung des Innerdeutschen Handels in der Nachkriegszeit (1948/49-1960). In: Buchheim, Christoph (Hrsg.): Wirtschaftliche Folgelasten des Krieges in der SBZ/DDR. Baden-Baden, 1995, S. 221-246. Roesler, Jörg: Zum Einfluß von Kaltem Krieg und Entspannung auf die Entwicklung des Handels zwischen beiden deutschen Staaten Mitte der 40er bis Anfang der 70er Jahre. In: Timmermann, Heiner (Hrsg.): Deutschland und Europa nach dem 2. Weltkrieg. Saarbrücken 1990, S. 571-593; ders., Handelsgeschäfte; ders., Die Ökonomie als Bremser bzw. Beschleuniger von Einheitsbestrebungen und Spaltungstendenzen in Deutschland. In: Timmermann, Heiner (Hrsg.): Die DDR – Erinnerungen an einen untergegangenen Staat. Berlin 1999, S. 137-158.
76 Fäßler, Peter E.: „Diversanten" oder „Aktivisten"? Westarbeiter in der DDR. In: VfZ 49 (2001) 4, S. 613-642; Fäßler, Peter E.: Der „Brückenschlag". Der Bau der Autobahnbrücke Saale/Hirschberg als Paradigma deutsch-deutschen Interessenausgleiches. In: ZfG 49 (2001) 11, S. 981-999; Fäßler, Peter E.: Probelauf für eine „Politik der Bewegung". Die Auseinandersetzung um den Firmennamen „Deutsche Lufthansa" (1954-1963). In: ZfG 53 (2005) 3, S. 236-261; Fäßler, Peter E.: Westarbeiter im Dienste der Staatssicherheit? Eine Fallstudie zu Sinn und Unsinn der MfS-Überwachungspraxis. In: DA 37 (2004) 6, 22-29.
77 Zürn, Michael: Interessen und Institutionen in der internationalen Politik. Grundlegung und Anwendung des situationsstrukturellen Ansatzes. Opladen 1992.
78 Küsters, Hanns Jürgen: Der Integrationsfrieden. Viermächteverhandlungen über die Friedensregelung mit Deutschland 1945-1990. München 2000, S. 103.

1.4. Quellenlage

Als zentrale Quellenbestände sind die im Bundesarchiv (BA) Koblenz überlieferten Akten des Bundeswirtschaftsministeriums (BMWi) und der TSI zu benennen. Die herausragende Bedeutung beider Institutionen resultiert aus ihrer Funktion als dreifache Schnittstelle sowohl zwischen den einzelnen Ressorts der Bundesregierung, zwischen Bundesregierung und westdeutschen Wirtschaftsorganisationen sowie zwischen der Bundesrepublik und der DDR. Die Quellenbestände enthalten die maßgeblichen Dokumente zu den politischen Entscheidungsfindungsprozessen, ebenso deren Umsetzung in konkrete Handelspolitik und -tätigkeit. Besonderes historisches Gewicht kommt dabei den Verhandlungsdispositionen zu, die das BMWi in Absprache mit anderen Ministerien erarbeitete und der TSI als Verhandlungsrichtlinie dienten. Des weiteren erwiesen sich die Protokolle der deutsch-deutschen Wirtschaftsverhandlungen als außerordentlich informationsreiche Quellen. Schließlich ergeben Anfragen und Initiativen der Privatwirtschaft beim BMWi wie bei der TSI ein differenziertes Bild von der heterogenen Interessenlage innerhalb der westdeutschen Wirtschaft. Ausgehend von den Beständen des BMWi und der TSI lassen sich wichtige Entscheidungs- und Handlungsstränge in die benachbarten Ressorts verfolgen. Zunächst ist hier das Bundeskanzleramt als Machtzentrale zu nennen. Weiterhin galt die Aufmerksamkeit dem Bundesministerium für gesamtdeutsche Fragen (BMGF). Letzteres besaß als klassisches Querschnittsressort zwar wenig politische Macht, aber eine hohe Informationskompetenz. Die Akten der Handelspolitischen Abteilung des Auswärtigen Amtes, die im Politischen Archiv des Auswärtigen Amtes in Berlin (PA/AA Berlin) zu finden sind, runden das regierungsinterne Bild ab. Des weiteren wurden die Nachlässe von Konrad Adenauer, Ludwig Erhard, Karl Schiller, Karl Carstens, Jakob Kaiser, Ernst Lemmer, Franz Thedieck und Hans Dichgans ausgewertet.[79] Über die Sonderrolle West-Berlins geben die im Landesarchiv (LA) Berlin liegenden einschlägigen Bestände Auskunft.

Eine hilfreiche Ergänzung der archivalischen Überlieferung stellen die edierten Protokolle des Bundeskabinetts, des Kabinettsausschusses für Wirtschaft sowie des Bundestagsausschusses für gesamtdeutsche Fragen dar, ebenso verschiedene Quelleneditionen zur Deutschland- und Außenpolitik und zu einzelnen Parteien.[80] Die Haltung der befreundeten Staaten, in erster Linie der USA,

---

79 Stiftung Konrad-Adenauer-Haus (StKAH) Rhöndorf, Nachlass Adenauer. Archiv der Ludwig-Erhard-Stiftung (ALES) Bonn, Nachlass Erhard (NE). Die Nachlässe der anderen Personen liegen im Bundesarchiv Koblenz.
80 Die Kabinettsprotokolle der Bundesregierung. Bd. 1-14, Boppard a. Rh., München 1982-2004. Protokolle des Kabinettsausschuss für Wirtschaftsfragen. Bd. 1-3, Boppard a. Rh, 1999-2001. Der Gesamtdeutsche Ausschuß. Sitzungsprotokolle des Ausschusses für gesamtdeutsche Fragen des Deutschen Bundestages 1949-1953. Düsseldorf 1998. Ergänzend hierzu die noch nicht veröffentlichen Sitzungsprotokolle der Jahre 1954-1969, die im Parlamentsarchiv des Deutschen Bundestages (PADtBt) in Bonn liegen. Küsters, Hanns Jürgen (Bearb.): DzD. II. R./Bd. 2 u. 3. München 1996; Buchstab, Günter (Hrsg.): Adenauer:

Großbritanniens und Frankreichs lassen sich anhand der Überlieferung in bundesdeutschen Archiven hinreichend umreißen. Eine Einsicht in die unveröffentlichte regierungsamtliche Überlieferung unterblieb, da die Entscheidungsfindungsprozesse in Washington, London und Paris für die Fragestellung dieser Untersuchung nicht von maßgeblicher Bedeutung sind.

Als zentraler Quellenbestand für die Haltung der Wirtschaftsverbände sind die Protokolle der Arbeitsgemeinschaft Interzonenhandel (AG IZH) beim Deutschen Industrie- und Handelstag (DIHT) zu benennen, die im Rheinisch-Westfälischen Wirtschaftsarchiv (RWWA) in Köln einzusehen sind. Entsprechende Überlieferungen des Arbeitskreises Interzonenhandel (AK IZH) beim Bundesverband der Deutschen Industrie (BDI) und des Bundesverbandes des Deutschen Groß- und Außenhandels (BDGA) existieren nach Auskunft der Verbände nicht mehr. Allerdings lassen sich deren handelspolitische Initiativen anhand der behördlichen Unterlagen wie auch der einschlägigen Publikationen rekonstruieren. Weiterhin wurden die Bestände der IHK Berlin genutzt, deren Berliner Absatzorganisation (BAO) im deutsch-deutschen Handel engagiert war.

Bezüglich der ostdeutschen Seite stützt sich die Untersuchung auf die umfangreiche Überlieferung der SED, deren Bestände in der Stiftung Archiv der Parteien und Massenorganisationen der DDR im Bundesarchiv (SAPMO-BA) vorliegen, sowie auf die im Bundesarchiv Berlin (BA Berlin) einzusehenden Überlieferungen der staatlichen Behörden. Als informativ erwiesen sich die Protokolle der Politbürositzungen und die Akten der Wirtschaftskommission beim Politbüro. Ebenfalls ergiebig waren die Protokolle der Sitzungen des Sekretariats des Zentralkomitees (ZK) der SED und die Akten der ZK-Abteilungen „Handel, Versorgung, Außenhandel" sowie „Planung und Finanzen". Die Bestände „Büro Walter Ulbricht", „Büro Erich Apel" und „Büro Günter Mittag" enthielten weitere wichtige Quellen. Unter den ergänzend herangezogenen Nachlässen erwies sich der von Heinrich Rau, dem zeitweiligen Vorsitzenden der Staatlichen Plankommission (SPK) und Minister für Außenhandel und Innerdeutschen Handel, als besonders informativ.

Zentraler Bestand der staatlichen Überlieferung auf seiten der DDR war derjenige des MAI. Auch die Sitzungsprotokolle des Ministerrats einschließlich seines Präsidiums erwiesen sich für die Untersuchung als ergiebig, ebenso die Akten des Sekretariats von Otto Grotewohl, Willi Stoph und Walter Ulbricht. Einen zusätzlichen wichtigen Fundus stellt die Überlieferung der SPK dar, wohingegen der Bestand „Volkswirtschaftsrat" wenig einschlägiges Material enthält. Eine Überprüfung der Bestände des Ministeriums für Auswärtige Angelegenheiten (MfAA) ergab keinen relevanten Einfluss auf die Handelspolitik gegenüber der Bundesrepublik.

„Es muß alles neu gemacht werden." Die Protokolle des CDU-Bundesvorstandes 1950-1953. Stuttgart 1986; Buchstab, Günter (Hrsg.): Adenauer: „... Um den Frieden zu gewinnen". Die Protokolle des CDU-Bundesvorstandes 1957-1961. Düsseldorf 1994; Die SPD-Fraktion im Deutschen Bundestag. Sitzungsprotokolle 1949-1957, 1. Halbband: 1.- 181. Sitzung 1949-1953. Düsseldorf 1993.

2. Die Entwicklung des Interzonenhandels[81] bis zur ersten Berlinkrise

Der legale Warenverkehr zwischen den Westzonen und der SBZ kam im Zuge der ersten Berlin-Krise 1948/49 beinahe vollständig zum Erliegen. Erst nach Beilegung des Konfliktes im Mai 1949 konnten Verhandlungen über einen Vertrag aufgenommen werden, der die Modalitäten des wiederzubelebenden Interzonenhandels regeln sollte. Die Verhandlungsspielräume, die taktischen und strategischen Zielsetzungen beider deutscher Delegationen sowie die Stärke ihrer jeweiligen Positionen waren durch ökonomische, politische und daraus abzuleitende handelspolitische Rahmenbedingungen eingegrenzt. Hierzu zählten die zonenspezifischen Wirtschaftsstrukturen ebenso wie die aktuelle volkswirtschaftliche Situation des Jahres 1949. Politisch steckten die deutschland- bzw. wirtschaftspolitischen Planungen und Maßnahmen der Siegermächte, bis zu einem gewissen Grade auch der deutschen Zonenverwaltungen das Handlungsfeld ab. Des weiteren flossen die Erfahrungen einer knapp vierjährigen Interzonenhandelspraxis in die Verhandlungen mit ein. Alle diese Faktoren prägten das abschließend vereinbarte „Abkommen über den Interzonenhandel" (Frankfurter Abkommen)[82] vom 8.10.1949, ja sie drückten bis in die 1960er Jahre hinein den deutsch-deutschen Wirtschaftskontakten ihren Stempel auf.

2.1. Die volkswirtschaftliche Ausgangslage: Kriegszerstörungen und zonale Teilungsdisproportionen

Im Mai 1945 kapitulierte die deutsche Wehrmacht, das „Dritte Reich" war nach sechs langen Kriegsjahren in Schutt und Asche gesunken. Trotzdem ist Abelshauser zuzustimmen, wenn er das besiegte Deutschland zwar als arm, aber in wirtschaftlicher und technischer Hinsicht keineswegs unterentwickelt charakterisiert.[83] Denn im Gegensatz zu den städtischen Wohngebieten und infrastrukturellen Einrichtungen, beides Hauptangriffsziele der alliierten Luftstreitkräfte, wiesen die deutschen Industrieanlagen einen erstaunlich geringen Zerstörungs-

---

81 Die Terminus „Interzonenhandel" trifft auf grenzüberschreitende ökonomische Transaktionen zwischen allen vier Besatzungszonen zu. Im Jessup-Malik-Abkommen vom 4.5.1949 wurde der Begriff „interzonal trade" erstmals ausschließlich für den Warenverkehr zwischen den drei Westzonen und der SBZ angewandt; abgedr. in: Münch, Ingo von (Hrsg.): Dokumente des geteilten Deutschland. Bd. 1, Stuttgart 1976, S. 155-156.
82 Abgedr. in BAnz. Nr. 8, 11.10.1949, S. 1-8.
83 Abelshauser, Werner: Kriegswirtschaft und Wirtschaftswunder. In: VfZ 47 (1999) 4, S. 503-538, hier S. 536.

grad auf. Aufgrund der hohen Investitionsraten während der Jahre 1936 bis 1944 zeichneten sie sich bei Kriegsende im internationalen Vergleich durch moderne Technik, niedriges Durchschnittsalter und relativ große Produktionskapazitäten aus.[84] Dies ist eine von mehreren Erklärungen, weshalb die deutsche Industrieproduktion trotz einer sich zuspitzenden Kriegslage bis Sommer 1944 anstieg, ehe sich die Auswirkungen der Bombenangriffe und der zurückweichenden militärischen Front negativ bemerkbar machten.[85]

Wenn am Ende des II. Weltkrieges das deutsche Wirtschaftsleben, neben der industriellen Produktion insbesondere der überregionale Waren-, Dienstleistungs- und Kapitalverkehr, dennoch weitgehend paralysiert war, so lag das vor allem an dem infrastrukturellen „knock-out" aufgrund systematischer Bombenangriffe: „The attack on transportation was the decisive blow that completely disorganized the German economic"[86], urteilten amerikanische Militärexperten völlig zurecht. Das Eisenbahnnetz, Haupttransportweg im deutschen Binnenhandel, wies schwere Schäden auf. Betroffen waren vor allem neuralgische Punkte wie Bahnhöfe, Stellwerke und Brücken. Gesunkene Schiffe sowie beschädigte Hafen- und Schleusenanlagen blockierten die für Massenstückguttransporte, für Kohle- und Kiestransporte so wichtigen Flüsse und Kanäle. Selbstverständlich war auch das Fernstraßennetz von erheblichen Zerstörungen gezeichnet, ebenso die Flughäfen.[87] Des weiteren mangelte es an Vehikeln aller Art, an Schiffen, Zügen, Lastkraftwagen und Transportflugzeugen.[88] Mit der Zerstörung des Telefonnetzes und der Behinderung des Postwesens war zudem die überregionale Kommunikation, unerlässliche Voraussetzung jedes großräumigen Handels,

---

84 Abelshauer, Werner: Der „Wirtschaftshistorikerstreit" und die Vereinigung Deutschlands. In: Bauerkämper, Arnd/Sabrow, Martin/Stöver, Bernd (Hrsg.): Doppelte Zeitgeschichte. Deutsch-deutsche Beziehungen 1945-1990. Bonn 1998, S. 404-416, hier S. 412. Petzina geht davon aus, dass im Jahre 1945 das Bruttoanlagevermögen in der amerikanischen und britischen Besatzungszone 20 % über dem des Jahres 1936 gelegen habe; Petzina, Rekonstruktion, S. 65. Dieser Befund wird durch branchenspezifische Studien bestätigt; Baar, Lothar/Petzina, Dietmar (Hrsg.): Deutsch-deutsche Wirtschaft 1945 bis 1990. Strukturveränderungen, Innovationen und regionaler Wandel. Ein Vergleich. St. Katharinen 1999.
85 Buchheim, Christoph: Kriegsfolgen und Wirtschaftswachstum in der SBZ/DDR. In: GG 25 (1999), S. 515-529, hier S. 515; Abelshauer, „Wirtschaftshistorikerstreit", S. 412. Daneben trug auch der rücksichtslose Einsatz von Zwangsarbeitern zur Aufrechterhaltung des Produktionsniveaus bei.
86 The United States Strategic Bombing Survey: The effects of strategic bombing on the German war economy, October 31, 1945, S. 12; dagegen konstatiert Hackenberg für Sachsen ein relativ intaktes Verkehrsnetz; Hackenberg, Gerd R.: Wirtschaftlicher Wiederaufbau in Sachsen 1945-1949/50. Köln u.a. 2000, S. 327-334.
87 Zank, Wolfgang; Wirtschaft und Arbeit in Ostdeutschland 1945-1949. Probleme des Wiederaufbaus in der Sowjetischen Besatzungszone Deutschlands. München 1987, S. 191. Zur Situation in der britischen und amerikanischen Zone Abelshauer, Werner: Wirtschaft in Westdeutschland 1945-1948. Rekonstruktion und Wachstumsbedingungen in der amerikanischen und britischen Zone. Stuttgart 1975, S. 151-153.
88 Weimer, Wolfram: Deutsche Wirtschaftsgeschichte. Von der Währungsreform bis zum Euro. Hamburg 1998, S. 19. Für Sachsen Hackenberg, Wiederaufbau, S. 327-334.

nahezu gänzlich ausgeschaltet. Die Rekonstruktion der deutschen Volkswirtschaft und speziell des Binnenhandels hing somit weniger vom Wiederaufbau der Produktions-, als vielmehr der Transportkapazitäten und Kommunikationsnetze ab.

Tab. 1: Kriegssachschadensquote (Schätzwerte) in Deutschland, 1945[89]

	Kriegssachschadensquote (%)	
	Gebiet der späteren Bundesrep. Deutschland einschl. West-Berlins	Gebiet der späteren DDR einschl. Ost-Berlins
Industrie, darunter	22	k.A.
reproduzierbares Vermögen	18	12
Lagervermögen	40	30
Landwirtschaft	2	2
Verkehrswesen	10*	10*
Handel u. Banken	15	15
Wohnungsbauten	24	14
Öffentliche Hand	15	15

k.A.: keine Angaben; *: Angaben sind nicht mit dem neuesten Forschungsstand in Einklang zu bringen.

Ein Vergleich zwischen den Westzonen und der SBZ fördert keine signifikanten Unterschiede hinsichtlich des industriellen bzw. infrastrukturellen Zerstörungsgrades sowie des produktionstechnischen Standards zu Tage, welche die nach 1948 so divergierende ökonomische Entwicklung erklären könnten.[90] Tendenziell wird der SBZ für das Jahr 1945, bedingt durch höhere Investitionsraten und geringere Bombenschäden während der Kriegszeit, sogar die günstigere Ausgangsposition beim anstehenden Wiederaufbau zugeschrieben.[91] Dennoch geriet sie in wirtschaftlicher Hinsicht seit 1948 ins Hintertreffen. Als Ursachen hierfür benennt die Forschung neben den volkswirtschaftlichen Teilungsdisproportionen vor allem die unterschiedlichen Reparationspraktiken und wirtschafts- bzw. ordnungspolitischen Weichenstellungen der Siegermächte, die Einbindung der Westzonen in das „European Recovery Program" (ERP) sowie den in der SBZ zu verzeichnenden kontinuierlichen Verlust an Humankapital.[92]

---

89 Cornelsen, Doris/Ruban, Maria Elisabeth/Teichmann, Dieter: Kriegsschäden und Nachkriegsbelastung in der Bundesrepublik Deutschland und in der DDR. Berlin 1972, S. 97
90 Ebda.; Karlsch, Rainer: Allein bezahlt? Die Reparationsleistungen der SBZ/DDR 1945-1953. Berlin 1993, S. 239, Fisch, Jörg: Reparationen nach dem Zweiten Weltkrieg. München 1992, S. 148. Die Angaben weichen erheblich voneinander ab; beispielsweise geht Matschke für die SBZ von rund 8 % zerstörten Bruttoanlagenvermögens aus; Matschke, Werner: Die industrielle Entwicklung in der Sowjetischen Besatzungszone Deutschlands (SBZ) von 1945 bis 1948. Berlin 1988, S. 64; Abelshauser nimmt für die amerikanische und britische Zone 12,6 % zerstörten Buttoanlagenvermögens an; Abelshauser, Wirtschaft in Westdeutschland, S. 117. Allen Schätzungen gemein ist die generelle Tendenz, dass die Werte für die SBZ unter denen für die Westzonen liegen.
91 Buchheim, Christoph: Kriegsschäden, Demontagen und Reparationen. Deutschland nach dem Zweiten Weltkrieg. In: Materialien der Enquete-Kommission „Aufarbeitung von Geschichte und Folgen der SED-Diktatur in Deutschland", II/2. Baden-Baden 1995, S. 1030-1069, S. 1032-1034; Buchheim, Kriegsfolgen, S. 517; Fisch, Reparationen, S. 184.
92 Abelshauser, „Wirtschaftshistorikerstreit", S. 414-415. Buchheim hebt besonders den Faktor „Wirtschaftsordnung" hervor, Buchheim, Christoph: Die Wirtschaftsordnung als

Die politische und ökonomische Aufteilung des deutschen Reichsgebietes im Jahre 1945 in vier Besatzungszonen zerriss eine Volkswirtschaft mit ausgeprägtem inneren Verflechtungsgrad, d. h. Rohstoffvorkommen, Produktionsstandorte, Weiterverarbeitungsstätten und Absatzmärkte lagen räumlich oft weit voneinander entfernt.[93] Folgerichtig kam dem deutschen Binnenhandel vor 1945 wie auch dem Interzonenhandel nach 1945 ein hoher ökonomischer und funktionaler Stellenwert innerhalb der deutschen Volkswirtschaft zu. Ergänzen lassen sich diese Aspekte durch die quantitativ schwer fassbaren, gleichwohl wirkungsmächtigen interregionalen Strukturen bei Handwerk, Banken und Versicherungen, in der Energie- und Wasserversorgung sowie in der öffentlichen Verwaltung.[94]

Die wirtschaftsstrukturellen Teilungsdisproportionen stellten für jede der vier Besatzungszonen eine erhebliche Beeinträchtigung ihrer wirtschaftlichen Lebens- und Leistungsfähigkeit dar, die durch interzonalen Güteraustausch gemindert werden sollten.[95] Allerdings vermochten die drei Westzonen ihre zonalen Inhomogenitäten durch zunehmende wirtschaftliche und politische Kooperation bis hin zur Vereinigung 1949 sukzessive zu kompensieren, ein Weg, den die SBZ nur in Ansätzen beschreiten konnte. Zugleich wurde auf diese Weise ein westdeutscher Binnenmarkt beachtlichen Ausmaßes mit rund 63 Mio. Einwohnern geschaffen, wohingegen die hochindustrialisierte und traditionell exportorientierte SBZ-Wirtschaft angesichts der nur ca. 17,3 Mio. Personen in der SBZ ein weitaus größeres Interesse am Interzonenhandel zeigen musste, als die drei miteinander kooperierenden Westzonen.[96] Hier bestätigt sich einmal mehr die Beobachtung, dass die Exportquote hochindustrialisierter Volkswirtschaften negativ korreliert mit der Größe des Binnenmarktes.[97]

Barriere des gesamtwirtschaftlichen Wachstums in der DDR. In: VSWG 82 (1995) 2, S. 194-210, hier S. 200. Für Sachsen, Hackenberg, Wiederaufbau, S. 344.
93 Besonders ausgeprägte verlfechtung in der als „Verbundwirtschaft" charakterisierten chemischen Industrie; Eine Denkschrift des Verbands der chemischen Industrie, 1.4.1951 (BA, B 102/5599). Auf Unternehmensebene Karlsch, Rainer: Zwischen Partnerschaft und Konkurrenz. Das Spannungsfeld in den Beziehungen zwischen den VEB Filmfabrik Wolfen und der Agfa Leverkusen. In: ZfU 36 (1991), S. 245-281. Zum innerdeutschen Verflechtungsgrad vor 1945 allgemein Gleitze, Bruno: Ostdeutsche Wirtschaft. Industrielle Standorte und volkswirtschaftliche Kapazitäten im ungeteilten Deutschland. Berlin 1956 sowie Grünig, Ferdinand: Die innerdeutsche Wirtschaftsverflechtung. In: DIW (Hrsg.): Wirtschaftsprobleme der Besatzungszonen. Berlin 1948, S. 65-95.
94 Grünig, Innerdeutsche Wirtschaftsverflechtung, S. 88.
95 Analoge Probleme ergaben sich für die Nachfolgestaaten Österreich-Ungarns nach 1918; Nautz, Jürgen: Die österreichische Handelspolitik der Nachkriegszeit 1918-1923. Die Handelsvertragsbeziehungen zu den Nachbarstaaten. Wien, Köln, Graz 1994, S. 33-115; Meyer, Christian: Exportförderungspolitik in Österreich. Von der Privilegienwirtschaft zum objektiven Fördersystem. Wien, Köln, Weimar 1991, S. 121-129.
96 Heyl, Handel, S. 250; Winkel, Harald: Die Wirtschaft im geteilten Deutschland 1945 bis 1970. Wiesbaden 1974, S. 170; Petzina, Wirtschaftsbeziehungen, S. 181.
97 Zweifel, Peter/Heller, Robert: Internationaler Handel. Theorie und Empirie. 2. überarb. Aufl., Würzburg, Wien 1992, S. 6-7; Meyer, Exportförderungspolitik, S. 121-129.

Abb. 1: Anteil der Westzonen/SBZ an Förderung/Produktion ausgewählter Produkte, 1937[98]

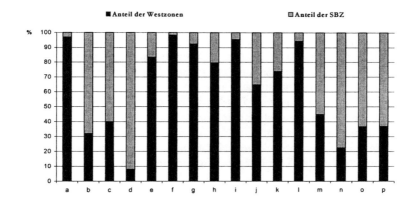

a) Steinkohle	e) Zement	i) Stahlröhren	m) Benzin
b) Braunkohle	f) Roheisen	j) Lkw	n) Büromaschinen
c) Kali	g) Rohstahl	k) Pkw	o) Textilmaschinen
d) Kupfererz	h) Eisen-, Stahlguß	l) Reifen	p) Papiermaschinen

Bedeutsamer als der Größenunterschied waren jedoch die gravierenderen wirtschaftsstrukturellen Disproportionen der SBZ im Vergleich zu den westlichen Besatzungszonen. Analysiert man das industrielle Branchenspektrum ihres Gebietes vor dem II. Weltkrieg, fällt die schmale Grundstoffindustriebasis gegenüber einer leistungsstarken, exportorientierten Halbfertig- und Fertigwarenindustrie höherer Verarbeitungsstufen auf.[99]

Als Primärenergieträger fand sich in nennenswertem Umfange nur Braunkohle, die bei den gegebenen Abbaukapazitäten von 28 Mio. t rund 66 % der gesamtdeutschen Förderung ausmachte. Hiervon gingen ca. 11 % in Zielgebiete des späteren Interzonenhandels. Weitaus dürftiger waren dagegen die Steinkohlevorkommen, sie trugen nur ca. 4 Mio. t (3,5 %) zur gesamtdeutschen Förderung des Jahres 1936 bei. Weitere 13 Mio. t (= 77 %) Steinkohle wurden aus andere deutschen Regionen, überwiegend aus Schlesien, bezogen. Insgesamt vermochte das Gebiet der späteren SBZ seinen Gesamtenergiebedarf schätzungsweise bis zu 70 % aus eigenen Quellen zu decken.[100]

---

98 Grünig, Wirtschaftsverflechtungen; Barthel, Die wirtschaftlichen Ausgangsbedingungen; Gleitze, Ostdeutsche Wirtschaft. Bezugsgröße ist das Gebiet der vier Besatzungszonen ohne Berlin; herausgerechnet wurden die Angaben für die ehemaligen deutschen Ostgebiete; dadurch ergeben sich geringfügige Abweichungen.

99 Am ausgeprägtesten gestaltete sich die Situation im hochindustrialisierten Sachsen; Hackenberg, Wiederaufbau, S. 21-60.

100 Grünig, Wirtschaftsverflechtungen, S. 67-70. Die Angaben wie auch die folgenden beziehen sich auf das Jahr 1937.

An weiteren Rohstoffen sind vor allem Kali- und Steinsalz zu nennen,[101] daneben Kupfererz im Mansfelder Gebiet. Das ebenfalls in großen Mengen vorliegende und seit 1947 abgebaute Uranerz erwies sich eher als ein volkswirtschaftlicher Hemmschuh, weil die entsprechenden „property rights" ausschließlich der UdSSR zustanden.[102] Im Bereich der für den wirtschaftlichen Neuaufbau so wichtigen Eisen- und Stahlproduktion verfügte die SBZ mit einer anfänglichen Jahresproduktion von 1,2 Mio. t, das entsprach 6,6 % der Reichsproduktion vor dem Kriege, ebenfalls nur über geringe Kapazitäten. Rund 52 % des mitteldeutschen Bedarfs musste aus anderen Regionen bezogen werden. In der Eisenwarenproduktion gab es Produktlinien, bei denen sie bis zu 100 % auf Lieferungen aus Westdeutschland angewiesen war.[103]

Auf diesem relativ schmalen Roh- und Grundstofffundament basierte eine umfangreiche, hochentwickelte Halbfertig- und Fertigwarenindustrie mit Schwerpunkten in der Textilbranche, in den Bereichen Keramik und Glas, Optik, Elektrotechnik, Feinmechanik, in der Papier- und Pappeindustrie sowie im Büro-, Textil-, Papier und Druckmaschinenbau sowie im Fahrzeugbau.[104] Hervorzuheben ist zudem die chemische Industrie mit regionalem Schwerpunkt im mitteldeutschen Dreieck Halle – Leipzig – Bitterfeld, die wichtige Vorprodukte für das weiterverarbeitende Gewerbe herstellte.[105]

Vergleichsweise günstig gestaltete sich die Situation in der Landwirtschaft und der Nahrungsmittelerzeugung. Die agrarischen Gebiete im Norden versorgten den dichtbesiedelten Süden. Entgegen weitläufiger Annahmen war Mitteldeutschland[106] aber kein Agrarüberschussgebiet, sieht man von einigen wenigen Gütern wie Zucker, Kartoffeln und Roggen einmal ab.[107]

Einen Sonderfall stellte die infrastrukturelle Teilungsdisproportion im Bereich der Verkehrsanbindung beim Überseehandel dar, den Mitteldeutschland

---

101 In der Kaliproduktion stieg die DDR später zum weltweit drittgrößten Produzenten auf; DIW (Hrsg.): Handbuch DDR-Wirtschaft. 4. erw. u. akt. Aufl., Berlin 1984, S. 50.

102 Hinzu kamen ausgedehnte Gebietssperrungen sowie ein exorbitanter Arbeitskräftebedarf. Das lief darauf hinaus, dass die SBZ/DDR enorme Kosten für die Förderung tragen mußte und die UdSSR die Produktion für sich beanspruchte. Erst seit 1962 verblieb ein Teil der Förderung als Kernbrennstoff in der DDR. Karlsch, Allein bezahlt?, S. 136-151, ders.: Ungleiche Partner – Vertragliche und finanzielle Probleme der Uranlieferungen der DDR. In: Ders./Schröter Harm G. (Hrsg.): „Strahlende Vergangenheit". Studien zur Geschichte des Uranbergbaus der Wismut. St. Katharinen 1996, S. 263-300.

103 Z. B. nahtlose Rohren und Walzstahlerzeugnisse; Berg, Probleme, Teil I, S. 88.

104 Grünig, Wirtschaftsverflechtung, S. 76-86. Franke, Eva Susanne: Netzwerke, Innovationen und Wirtschaftssystem. Eine Untersuchung am Beispiel des Druckmaschinenbaus im geteilten Deutschland (1945-1990). Stuttgart 2000.

105 Zur Chemieindustrie Karlsch, Rainer: „Wie Phönix aus der Asche?". Rekonstruktion und Strukturwandel in der chemischen Industrie in beiden deutschen Staaten bis Mitte der sechziger Jahre. In: Baar/Petzina (Hrsg.), Wirtschaft, S. 262-303.

106 Damit ist für die Zeit vor 1945 das Gebiet der späteren SBZ/DDR ohne Ost-Berlin gemeint. Diese Begrifflichkeit lehnt sich an die Literatur der Nachkriegszeit an.

107 Grünig, Wirtschaftsverflechtungen; 70 % der gesamtdeutschen Zuckerproduktion entstammte 1937 aus Mitteldeutschland.

wie auch die spätere SBZ vornehmlich über Hamburg und Lübeck abwickelte. Zweifellos handelte es sich hierbei um eine reziproke Abhängigkeit, denn die Handelszentren Hamburg, Lübeck und mit Abstrichen auch Bremen, verloren wesentliche Teile ihrer traditionellen Einzugsgebiete in Mitteldeutschland bzw. in der Tschechoslowakei.[108] Lübeck beispielsweise bestritt vor dem Krieg 80 % seines Hafenumschlages mit Aufträgen von mitteldeutschen Unternehmen und unmittelbar nach Kriegsende waren es immerhin noch 50.000 t pro Monat.[109]

Tab. 2: Bruttoindustrieproduktion in Teilgebieten Deutschlands 1939/44 (1936 = 100) [110]

	1939			1944		
	spätere SZB	Berlin	Westdeutschland	spätere SZB	Berlin	Westdeutschland
Grundstoffe	130	131	116	147	97	129
Bau und Investitionsgüter	149	145	135	204	143	171
Verbrauchsgüter	128	113	115	92	46	83
Gesamt	137	134	123	148	103	131

Sowohl die wirtschaftlichen Kriegsvorbereitungsmaßnahmen als auch die Kriegswirtschaft selbst erhöhten den in den dreißiger Jahren ohnehin beachtlichen Entwicklungs- und Spezialisierungsgrad der mitteldeutschen Industrie.[111] Dabei übertraf die Zunahme der Bruttoindustrieproduktion in Mitteldeutschland deutlich diejenige Westdeutschlands.[112] Die größten Zuwächse verzeichneten der kriegsrelevante Maschinen-, Stahl- und Fahrzeugbau, die Elektroindustrie sowie die feinmechanische und optische Industrie.[113] Zu nennen sind weiterhin der Ausbau des mitteldeutschen Industriezentrums Halle – Leipzig - Bitterfeld einschließlich der Hydrierwerke in Zeitz zur Herstellung synthetischer Treibstoffe, und damit zusammenhängend, die Ausweitung der Braunkohleabbaukapazitäten.[114] Die zunehmende Verlagerung kriegswichtiger Industrie von West- nach

---

108 Ehmcke, Ulrich: Ein Beitrag zur Untersuchung des Hamburger Hafenhinterlandes. Hamburg 1953, S. 60; Hagel, Jürgen: Auswirkung der Teilung Deutschlands auf die deutschen Seehäfen. Eine statistisch-verkehrsgeographische Untersuchung. Marburg 1957.
109 Schreiben von Preller, Wirtschaftsminister von Schleswig-Holstein, an Erhard, 13.6.1950 (BA, B 102/19867). Hierzu auch Böttcher, Holger: Hansestadt im Interzonenhandel. Lübecks Beziehungen zu Mecklenburg 1947-1950. In: Zeitschrift des Vereins für Lübeckische Geschichte und Altertumskunde 68 (1988), S. 181-214.
110 Buchheim, Kriegsschäden, S. 1034.
111 Gleitze, Ostdeutsche Wirtschaft, S. 11; Karlsch, Allein bezahlt?, S. 36.
112 Hardach, Karl: Wirtschaftsgeschichte Deutschlands im 20. Jahrhundert. Göttingen 1976; Gleitze, Ostdeutsche Wirtschaft, S. 346; Mühlfriedel, Wolfgang/Wiesner, Klaus: Die Geschichte der Industrie der DDR. Berlin 1989; Wagenführ, Industrie, S. 191; Buchheim, Kriegsfolgen, S. 1-2. Schätzungen für die Steigerung des BIP in Mitteldeutschland während der Jahre 1936-1944 liegen zwischen 54 % und 80 %.
113 Baar, Lothar/Karlsch, Rainer/Matschke, Werner: Kriegsschäden, Demontagen und Reparationen. In: Materialien der Enquete-Kommission „Aufarbeitung von Geschichte und Folgen der SED-Diktatur in Deutschland". Bd. II/2. Baden-Baden 1995, S. 868-988, S. 890.
114 Wagenführ, Industrie, S. 19; Karlsch, „Phönix", S. 264-271.

Mitteldeutschland, das aufgrund seiner geographischen Lage einen gewissen Schutz vor den alliierten Fliegerverbänden bot, trug ebenfalls zum überproportionalen Wachstum der mitteldeutschen Industrie bei.

Gegenüber der SBZ wies die gemeinsame Wirtschaftsstruktur aller drei Westzonen in sich deutlich homogenere Züge auf. Die Steinkohlevorkommen an der Ruhr bildeten eine hinreichend breite Primärenergieträgerbasis, im Bereich der Grundstoffindustrie waren vor allem die Sektoren Eisen- und Stahlerzeugung sowie die chemische Industrie stark vertreten. Auch in der Fertigwarenproduktion verfügten die drei Westzonen über zahlreiche Branchenschwerpunkte. Die infrastrukturelle Anbindung an den Welthandel gewährleisteten die großen Hafenstädte an Nord- und Ostsee.

Tab. 3: Prozentualer Anteil der Lieferungen/Bezüge an der Gesamtproduktion zwischen den deutschen Regionen und mit dem Ausland, 1936[115]

Lieferungen / Bezüge	Westdeutschland	Mitteldeutschland	Ostdeutschland	Berlin
An andere dt. Regionen	18	43	43	66
Aus anderen dt. Regionen	18	45	39	66
Export	13	11	5	k. A.
Import	12	8	10	k. A.

k. A.: keine Angabe

Die binnenwirtschaftlichen Handelsströme zwischen West- und Mitteldeutschland entsprachen hinsichtlich Quantität und Warenzusammensetzung den Erwartungen, die sich aus den skizzierten wirtschaftsgeographischen und -strukturellen Rahmenbedingungen ableiten lassen.[116] Der Güteraustausch zwischen West- und Mitteldeutschland belief sich im Jahr 1936 auf ca. 4,7 Mrd. RM,[117] was einen Anteil von 33 % am gesamtdeutschen Binnenhandel entsprach. Für Mitteldeutschland stellte das westliche Reichsgebiet quantitativ wie qualitativ einen wesentlich gewichtigeren Partner dar, als es umgekehrt der Fall war. Insgesamt lieferte es Güter in Höhe von 43 % seiner Gesamtproduktion in andere Landesregionen und bezog Güter in Höhe von 45 % seines Gesamtverbrauchs von dort. Bei Grundstoffen wie Steinkohle, Roheisen, Walzwerkerzeugnissen

---

115 Baar/Karlsch/Matschke, Kriegsschäden, S. 896
116 Zur Rekonstruktion des deutschen Binnenhandels läßt sich die Gütertransportstatistik der Deutschen Reichsbahn aus dem Jahre 1936 als geeigneter Orientierungsmaßstab heranziehen. Grünig, Wirtschaftsverflechtung, S. 65-95; weitere statistische Angaben zum Abgleichen in: Die innere Verflechtung der deutschen Wirtschaft. Verhandlungen und Berichte des Unterausschusses für allgemeine Wirtschaftsstruktur. 2 Bde., Berlin 1930; Grünig, Ferdinand: Die Wirtschaftstätigkeit nach dem Zusammenbruch im Vergleich zur Vorkriegszeit. Die Deutsche Wirtschaft zwei Jahre nach dem Zusammenbruch. Tatsachen und Probleme. Berlin 1947, S. 49-71.
117 Kurzprotokoll der 28. Sitzung des Ausschusses für Gesamtdeutsche und Berliner Fragen, 9.2.1955 (DtBt/PA); Referat Woratz, BMWi, 26.6.1956 (BA, B 137I/592). Berechnungen des Hochschulinstituts Leipzig gingen von 4 Mrd. RM aus; Denkschrift „Innerdeutscher Handel" von Josef Orlopp, 20.9.1950 (BA, DL 2, 1875, Bl. 75-81); bei all diesen Angaben handelt es sich um Schätzwerte.

und Zement lagen die Bezugswerte noch wesentlich höher.[118] Auch Groß-Berlin wies mit einem Warenverkehr von 66 % der eigenen Produktion bei Lieferungen und Bezügen einen außerordentlich hohen Verflechtungsgrad mit dem übrigen Reichsgebiet auf. Demgegenüber wickelten die westlichen Reichsgebiete ihren liefer- wie bezugsseitigen Warenverkehr nur in Höhe von 18 % der Gesamtproduktion bzw. des Gesamtverbrauchs mit dem übrigen Reichsgebiet ab.[119] Sie waren demnach bereits vor 1945 weitaus weniger auf den Binnenhandel mit dem Gebiet der späteren DDR fixiert, als dies umgekehrt der Fall war.

Die Teilung des Deutschen Reiches im Jahre 1945 führte zwangsläufig zu Problemlagen, die in der SBZ-„Rumpfwirtschaft"[120] aufgrund der strukturellen Disproportionen und der geringeren volkswirtschaftlichen Größe weitaus schwerer ins Gewicht fallen mussten als in den Westzonen.[121] Diese unverrückbaren Rahmenbedingungen eröffneten drei Handlungsoptionen für die wirtschaftspolitischen Akteure in der SBZ: Zum einen konnte versucht werden, die Defizite im industriellen Produktionsspektrum durch den Aufbau neuer Kapazitäten in der eigenen Zone zu überwinden. Diese Teilautarkisierung führte in gesamtdeutscher Perspektive zu Dopplungseffekten im industriellen Produktionsspektrum, die im Falle der Wiedervereinigung als „volkswirtschaftliche Kapitalfehlleitungen"[122] Probleme bereiten würden. Zum anderen bot sich der Außenhandel, hier vor allem der Handel mit den sozialistischen Staaten Osteuropas, als alternative Bezugsquelle an. Dabei ist zu beachten, dass diese Länder aufgrund ihrer technischen und wirtschaftlichen Rückständigkeit nur bedingt die Handelsbedürfnisse der SBZ befriedigen konnten. Als dritte Option war an eine Reetablierung und Intensivierung traditioneller Liefer- bzw. Absatzbeziehungen mit dem Westen Deutschlands zu denken. Diese Option war natürlich im höchsten Maße von den politischen Entwicklungen im West-Ost-Verhältnis abhängig.

Auf der anderen Seite wird deutlich, dass die Westzonen a.) in wesentlich geringerem Umfange Waren aus der SBZ benötigten als umgekehrt und b.) diese Waren relativ einfach entweder durch eigene Produktion oder durch Importe aus den technisch hochentwickelten Staaten Westeuropas bzw. Nordamerikas substituieren konnten, vorausgesetzt man verfügte über die entsprechenden Devisenbestände. Daraus folgt, dass sich Westdeutschland allein aufgrund wirtschaftsstruktureller Gegebenheiten gegenüber der SBZ/DDR in einer starken handelspolitischen Position befand.

---

118 Grünig, Wirtschaftsverflechtung, S. 67-76; die Angaben schließen die deutschen Ostgebiete mit ein. Indes erfolgte der Steinkohlebezug überwiegenden aus Oberschlesien.
119 Vgl. Hardach, Wirtschaftsgeschichte, S. 133; Baar/Karlsch/Matschke, Kriegsschäden, S. 896; die Angaben schließen die deutschen Ostgebiete mit ein.
120 Baar/Karlsch/Matschke, Kriegsschäden, S. 897.
121 Karlsch, Alleine bezahlt?, S. 40-44; Structural Adaption in Eastern and Western Germany. In: UN Economic Bulletin for Europe, Vol. 8, No. 3, Geneva 1956.
122 Bauer, Wirtschaftliche Charakter, S. 21.

2.2. Reparationen[123] als Handicap

Die strukturell bedingten handelspolitischen Nachteile der SBZ gegenüber den Westzonen sollten sich aufgrund der harten sowjetischen Reparationspraxis weiter verstärken. Der sowjetzonale Produktionskapazitätsabbau übertraf den in den Westzonen um ein mehrfaches.[124] Des weiteren konnten dort im Gegensatz zur SBZ die Demontagen vielfach genutzt werden, um veraltete Anlagen durch moderne zu ersetzen. Schließlich vermieden die Westmächte Eingriffe in die Infrastruktur, sorgten vielmehr für die relativ rasche Ingangsetzung des westzonalen Verkehrsnetzes. Die ungleich höheren Reparationsbelastungen haben mit dazu beigetragen, dass die SBZ in wirtschaftlicher Hinsicht gegenüber den Westzonen seit 1948 an Boden verlor,[125] eine Entwicklung, die nur kurzfristig durch positive Wachstumseffekte von Reparationen überlagert worden war.[126] Daher wird im Folgenden der Sonderfaktor „Reparationsleistungen" in seiner Bedeutung für die deutsch-deutschen Wirtschaftsbeziehungen diskutiert.[127]

Zu den wichtigsten Reparationsleistungen der SBZ zählte die bis April 1948 teilweise bzw. vollständige Demontage von rund 3400 wichtigen und gut ausgerüsteten Industriebetrieben.[128] Ein schwerwiegendes Problem stellten die insgesamt sechs zeitlich versetzten Reparationswellen mit wechselnden branchenspe-

---

123 In Anlehnung an Fisch werden unter „Reparationen" Sach-, Kapital- und Dienstleistungstransfers subsumiert: Demontagen von Produktionsanlagen, Zahlungen, Konfiskationen von Auslandsguthaben, Entnahmen aus laufender Produktion, Fachkräftetransfers, SAG, Besatzungskosten; Fisch, Reparationen, S. 17-41.
124 Baar, Lothar/Karlsch, Rainer/Matschke, Werner: Studien zur Wirtschaftsgeschichte. Berlin 1993, S. 100. Die Zahlenangaben schwanken sehr stark; Abelshauser, „Wirtschaftshistorikerstreit", S. 413 geht von 3,1-5,3 % Demontageschäden in Westdeutschland, gemessen am industriellen Vorkriegsvermögen, aus und von einer 3-10fach so hohen Quote für die SBZ. Zank, Wirtschaft, S. 189-191 schätzt, dass 15-25 % des Industrieanlagevermögens der SBZ (Stand vor dem Kriege) demontiert worden sei. Karlsch geht von einem Verlust des SBZ-Bruttoanlagenvermögens in Höhe von 43 % gegenüber 1936 aus; Karlsch, Allein bezahlt?, S. 88-89. Den aktuellen Kenntnisstand bieten Karlsch, Rainer: Die Reparationsleistungen der SBZ/DDR im Spiegel deutscher und russischer Quellen. In: Eckart, Karl/Roesler, Jörg (Hrsg.): Die Wirtschaft im geteilten und vereinten Deutschland. Berlin 1999, S. 9-30 sowie Karlsch, Rainer/Laufer, Jochen: Die sowjetischen Demontagen in der SBZ. Entwicklung der Forschung und neue Fragen. In: Dies. (Hrsg.): Sowjetische Demontagen in Deutschland 1944-1949. Berlin 2002, S. 19-30.
125 Zank, Wirtschaft, S. 21-22, Karlsch, Rainer: Umfang und Struktur der Reparationsentnahmen aus der SBZ/DDR 1945-1953. Stand und Probleme der Forschung. In: Buchheim (Hrsg.), Folgelasten, S. 45-78, hier S. 47.
126 Zu den produktiossteigernden Effekten von Reparationen aus laufender Produktion Buchheim, Kriegsfolgen, S. 515-529.
127 Dabei werden die drei Westzonen und die sowjetische Besatzungszone seit 1945 als zwei getrennte Einheiten behandelt. Fisch, Reparationen, S. 179.
128 Karlsch, Reparationsleistungen, S. 13. Specht, Dieter/Haak, René: Der deutsche Werkzeugmaschinenbau vom Ende des Zweiten Weltkrieges bis zum Beginn der sechziger Jahre. Ausgewählte Ergebnisse einer betriebs- und branchenspezifischen Untersuchung. In: Baar/Petzina (Hrsg.), Wirtschaft, S. 326-348, hier S. 329-334.

zifischen Schwerpunkten dar, weil sie immer wieder im Aufbau befindliche Industriezweige schwächten und so die Planungen unterliefen. Beispielsweise entzog die dritte Demontagewelle im Jahre 1946 wichtige Produktionskapazitäten der Grundstoffchemie, eine weitere führte zu massiven Verlusten in der ohnehin schwach vertretenen Metallurgie.[129] Besonders katastrophal wirkte sich der während der zweiten Demontagewelle einsetzende Abbau von 6.500 km Hauptgleisen, d. h. 30 % des Streckennetzes von 1938, auf ein Gebiet aus, das ohnehin unter einer zerstörten Infrastruktur schwer zu leiden hatte. In der Folge sank die Transportleistung in der SBZ bis 1947 auf 25 % des Standes von 1936, und noch 1950 erreichte sie nur 50 %.[130] Allerdings spielte neben den Eingriffen ins Streckennetz auch die mangelhafte Kohlenversorgung eine erhebliche Rolle. Der Wert aller demontierten Anlagen in der SBZ belief sich auf geschätzte 46 % des Bruttoanlagenvermögens; dem stehen rd. 4 % in den Westzonen gegenüber.[131]

Einen weiteren wichtigen Posten in der Rubrik SBZ-Reparationsleistungen stellten die rund 200 leistungsfähigsten und modernsten Industriebetriebe dar, die 1946 als Sowjetische Aktiengesellschaften (SAG) in den Besitz der Besatzungsmacht übergingen und zum überwiegenden Teil für die Sowjetunion produzierten.[132] Dabei handelte es sich häufig um Schlüsselbetriebe vornehmlich der Maschinenbauindustrie, chemischen Industrie, Energiewirtschaft und Braunkohleindustrie. Mit ca. 15 % der Beschäftigten und einem Anteil von 20 - 30 % an der industriellen Gesamtproduktion bedeuteten die SAG eine schwere Belastung für die wirtschaftliche Erholung der SBZ. Bis Ende 1953 verblieben wichtige Betriebe im Besitz der Sowjetunion, ehe sie – mit Ausnahme der SAG/SDAG Wismut – von der DDR zurückgekauft werden konnten bzw. ohne Bezahlung in deutschen Besitz kamen. Eine analoge Reparationsform fehlte in den Westzonen. Mit Blick auf den Interzonenhandel ist festzustellen, dass die wertvollen und konkurrenzfähigen SAG-Produkte dem Interzonenhandel vorenthalten blieben und zudem für die SAG erhebliche Bezugskontingente aus den Westzonen berücksichtigt werden mussten. Daraus ergab sich eine doppelte Belastung für die SBZ im Handel mit den Westzonen.

Dies galt auch für die Industriegüterentnahme aus laufender Produktion, die umfangreichste Form der Reparationsleistungen, welche die SBZ/DDR bis 1954 zu erbringen hatte.[133] Sie belief sich im Jahre 1946 auf 48 % des BIP, und noch

---

129 Karlsch, Allein bezahlt?, S. 71-78.
130 Kühn, Rüdiger: Reparationsverluste und Sowjetisierung des Eisenbahnwesens in der SBZ 1945-1949. Bochum 1997, S. 361. Kühn korrigierte die bislang in der Forschung diskutierten Angaben sehr deutlich nach unten.
131 Abelshauser, Wirtschaftsgeschichte.
132 Karlsch, Allein bezahlt, S. 112; Fisch, Reparationen, S. 191-192. Einen sehr frühen und dennoch recht zutreffenden Überblick vermittelt Seume, Franz: Organisationsformen der Industrie in der sowjetischen Besatzungszone. In: DIW (Hrsg.): Wirtschaftsprobleme in den Besatzungszonen. Berlin 1948, S. 203-280, hier S. 218-232.
133 Fisch, Reparationen, S. 190.

1953 musste 12,9 % des BIP hierfür aufgewendet werden.[134] Entnahmen aus laufender Produktion spielten in den Westzonen eine untergeordnete Rolle,[135] entsprechende Folgeerscheinungen wie in der SBZ lassen sich nicht nachweisen.

Eine weitere Form der Reparationsleistungen stellte der schwer zu quantifizierende Entzug von Humankapital dar, worunter beispielsweise jene ca. 2700 Wissenschaftler und Ingenieure zu rechnen sind, die u. a. am sowjetischen Atombombenprogramm mitarbeiten mussten. Schließlich waren noch die Besatzungskosten zu tragen, die allerdings hinsichtlich des absoluten Wertes von 16,8 Mrd. DM für die Jahre 1946-1953 deutlich unterhalb dem von den Westzonen aufzubringenden Betrag von 48,9 Mrd. DM lagen.[136]

Analysiert man diese Fülle von volkswirtschaftlichen Belastungen für die SBZ hinsichtlich der Frage, wie sie sich auf ihre wirtschaftliche Entwicklung und auf ihre relative ökonomische Stärke zu den Westzonen auswirkten, so kommt man zu folgendem Ergebnis:

➢ Die Belastungen für die SBZ/DDR waren die höchsten, die ein besiegter Staat im 20. Jahrhundert zu tragen hatte.[137] Die zwischen den Jahren 1945-1953 aufzubringende Gesamtsumme wird nach derzeitigen Schätzungen auf 12-14 Mrd. US $ zu Preisen von 1938 beziffert, was einer pro Kopf Belastung von rd. 800 US $ entspricht.[138] Allein ihr Umfang behinderte eine volkswirtschaftliche Gesundung erheblich. Daran ändert auch die Annahme nichts, dass die ökonomischen Auswirkungen der Reparationen geringer als das Expertenurteil, ganz sicher geringer als das von subjektiver Wahrnehmung geprägte Urteil der Zeitgenossen gewesen wären.[139]

➢ In dem für die deutsch-deutschen Wirtschaftsbeziehungen maßgeblichen Vergleich zu den Westzonen bleibt festzuhalten, dass die Zahl der Demontagen um ein mehrfaches über derjenigen in den Westzonen lag. Auch bei den Entnahmen aus laufender Produktion lässt sich eine ca. dreifach höhere Belastung der SBZ nachweisen.[140] Plumpe nimmt für die Zeit von 1945 bis 1953 eine Gesamtbelastung von 16,8 Mrd. US $ an, was einer Summe von 360 US $ pro Kopf entspricht.[141]

➢ Die Reparationsleistungen entwickelten in der SBZ im Gegensatz zu den Westzonen wirtschaftsstrukturverändernden Charakter, z. B. im Uranbergbau, beim Aufbau einer eigenen Werftindustrie, bei der Ausrichtung des Maschinenbaus als vorrangige Reparationsindustrie auf die Bedürfnisse der

---

134 Für die Jahre 1945 bis 1953 läßt sich ein Durchschnittswert von 22 % errechnen; Baar/Karlsch/Matschke, Wirtschaftsgeschichte, S. 101.
135 Buchheim, Kriegsschäden, S. 1058.
136 Baar/Karlsch/Matschke, Kriegsschäden, S. 923.
137 Fisch, Reparationen, S. 202.
138 Die aktuellsten Berechnungen bei Karlsch, Reparationsleistungen, S. 9-30.
139 Plumpe, Werner: Die Reparationsleistungen Westdeutschlands nach dem Zweiten Weltkrieg. In: Eckart/Roesler (Hrsg.), Wirtschaft, S. 31-46.
140 Karlsch, Allein bezahlt?, S. 232-234.
141 Plumpe, Reparationsleistungen, S. 43.

Sowjetunion u.a.m.[142] Die damit verbundenen Anstrengungen überforderten auf lange Sicht die volkswirtschaftliche Kraft der SBZ/DDR.
➢ Langfristige und gravierende Folgen ergaben sich durch die Ausrichtung der Produktion auf den osteuropäischen Markt, die Strukturveränderungen im Produktionsspektrum sowie die entstehenden Investitionslücken.[143]
➢ Der langjährige Abfluss von Kapital und Waren in die Sowjetunion hatte zur Folge, dass dringend notwendige Reparaturen in den Produktionsanlagen verzögert wurden oder ganz unterblieben. Ebenso ging die Investitionsquote zurück, worunter wiederum das Innovationstempo litt. In längerfristiger Perspektive sank die Produktivität, und die Konkurrenzfähigkeit ostdeutscher Produkte auf dem westdeutschen Markt ließ aufgrund technischer Rückständigkeit mehr und mehr nach.[144]
➢ Diese Entwicklung kontrastierte mit den im Westen günstigeren Verhältnissen. Ein geringeres Ausmaß der Reparationsverpflichtungen sowie die Hilfe beim wirtschaftlichen Wiederaufbau vor allem durch die USA führte dazu, dass 1948 das Bruttoanlagevermögen 11 % über dem des Jahres 1936 lag und die Industrieanlagen hinsichtlich ihres Alters und technischen Standards bessere Werte als 1936 aufwiesen.[145] Im Gegensatz zur SBZ resultierten aus den dem Westen auferlegten Belastungen keine nachhaltigen Wachstumsengpässe.[146]

Abschließend bleibt festzuhalten, dass die SBZ aufgrund der Reparationsleistungen ihre durchaus günstige Ausgangsbasis des Jahres 1945 gegenüber den Westzonen binnen drei Jahre einbüßte. Darunter litt die wirtschaftliche Leistungsfähigkeit, was wiederum ihre Verhandlungsposition in den interzonalen Wirtschaftsgesprächen des Jahres 1949 erheblich schwächte.

2.3. Die Entwicklung des Interzonenhandels

2.3.1. Mühsame Anlaufphase

Zu den ersten Maßnahmen der Siegermächte nach der Besetzung des Deutschen Reiches zählte die Abschottung der jeweils eigenen Zone aus Sicherheitsgründen. Dies implizierte auch die Unterbindung des interzonalen Handels. Rasch entwickelte sich jedoch im Rahmen des kleinen Grenzverkehrs ein kaum zu kontrollierender „Rucksackhandel".[147] Dabei wurde nahezu ausschließlich Ware

---

142 Karlsch, Reparationsleistungen, S. 21-24.
143 Bereits 1952 analysierte das BMWi diese Entwicklung; Vermerk Kroll, BMWi, 11.10.1952 (BA, B 102/5611).
144 Zank, Wirtschaft und Arbeit, S. 21.
145 Abelshauser, „Wirtschaftshistorikerstreit", S. 413.
146 Plumpe, Reparationsleistungen, S. 46.
147 Hoffmann, Zerstörung, S. 17.

gegen Ware getauscht, da die Reichsmark als Zahlungsmittel nur noch auf wenig Akzeptanz stieß. Diese eigentlich illegale Handelstätigkeit fand zumeist Rückendeckung in einer „autarken Landratspolitik"[148] und bei lokalen Besatzungsbehörden, denen das Wohl der ihnen anvertrauten Ortschaften bzw. Regionen am Herzen lag.[149]

Ehe an die Aufnahme eines geordneten Interzonenhandels zu denken war, galt es zuerst, den raschen Wiederaufbau der Infrastruktur als unabdingbare Voraussetzung eines interregionalen Warenverkehrs zu bewerkstelligen. Dies gelang in den westlichen Landesteilen deutlich eher als im Osten. Die Instandsetzung des Transportwesens schritt bis November 1945 soweit voran, dass ein flächendeckender Güterbahnverkehr innerhalb der Westzonen möglich war. Eisenbahnverbindungen in die SBZ kamen für die Privatwirtschaft allerdings erst im Sommer 1946 zustande. Die Binnenschifffahrt konnte in den Westzonen bereits Ende 1945 wieder aufgenommen werden. Es dauerte aber noch bis zum Jahre 1947, ehe Schifftransporte auch in die SBZ möglich wurden.[150] Das Telekommunikationsnetz befand sich im Jahre 1946 wieder auf dem Leistungsstand, den es vor den kriegsbedingten Zerstörungen aufgewiesen hatte, und im Postwesen erlaubten die Behörden seit Ende Oktober 1945 Briefsendungen über alle Zonengrenzen hinweg, Paketsendungen erst ab 1946.[151]

Mit den sich langsam verbessernden interzonalen Transport- und Kommunikationsverbindungen waren zwar die Voraussetzungen für einen Handel zwischen den westlichen Zonen und der sowjetischen Besatzungszone gegeben. Allerdings wirkten sich behördliche Einschränkungen der Reisefreiheit innerhalb Deutschlands auf die Entfaltung einer Handelstätigkeit kontraproduktiv aus. Denn vor allem in der frühen Phase war die persönliche Präsenz der Handelspartner bei Geschäftsabschluss erforderlich. Erst Ende 1946 erließ der Alliierte Kontrollrat eine entsprechende Regelung, die den interzonalen Geschäftsverkehr auf eine praktikablere Grundlage stellte.[152]

Ungeachtet all dieser Hemmnisse zeichnete sich eine allmähliche Wiederbelebung des deutschen Binnenhandels auf der Basis von Kompensationsgeschäften ab.[153] Befördert wurde sie durch die Potsdamer Grundsatzentscheidung der Alliierten, Deutschland als Wirtschaftseinheit zu behandeln: „During the period of occupation Germany shall be treated as a single economic unit. To this end common policies shall be established in regard to a. mining, industrial producti-

---

148 Rede Müller (LDP), hess. Wirtschaftsmin., 13.6.1946 (BA, DY 30/IV 2/6.02/70, Bl. 24).
149 Hoffmann, Zerstörung, S. 17.
150 Dahlmann, Entwicklung, S. 15. Der Rhein war August 1945 wieder durchgehend befahrbar, Winkel, Wirtschaft, S. 3. Eindeutigen Angaben zu Straßentransport, Küstenschifffahrt und Flugverkehr fehlen.
151 Dahlmann, Entwicklung, S. 14.
152 Direktive Nr. 43, 29.10.1946, in: Amtsblatt des Kontrollrats in Deutschland, Nr. 11, 31.10.1946, S. 215-219.
153 Orlopp, Nation, S. 14. Angaben über diese interzonalen Geschäfte liegen nicht vor.

on and allocation [...] g. transportation and communications."[154] Weder die USA noch die Sowjetunion beabsichtigten, den Handel zwischen den Westzonen und der SBZ aus politischen bzw. wirtschaftlichen Gründen völlig zu unterbinden.[155] Vielmehr setzten sie im Alliierten Kontrollrat einige Akzente zur ökonomischen Integration der geteilten Volkswirtschaft. Beispielsweise forderte am 10. September 1945 der Kontrollrat ganz im Sinne des Potsdamer Kommuniqués die vier Militärgouverneure auf, alle nicht notwendigen Beschränkungen im interzonalen Güter- bzw. Dienstleistungsaustausch fallen zu lassen. Lediglich die Ausfuhr von Mangelwaren sollte hiervon ausgenommen bleiben.[156] Im Dezember 1945 erlaubte der Alliierte Kontrollrat, Grundstoffe, Gas und Elektrizität über die Zonengrenzen hinweg zu handeln,[157] sorgte für eine einheitliche Preispolitik bei 13 wichtigen Grundstoffen und gewährleistete so die Grundlage für den interzonalen Handel mit diesen Gütern.[158] Dies kann durchaus als Willensbekundung für die Schaffung handelspolitischer Rahmenbedingungen und Rekonstruktion der wirtschaftlichen Einheit Deutschlands interpretiert werden.

In der Folgezeit freilich ergriffen die zonalen Besatzungsbehörden bzw. die deutschen Landes- und Zonenverwaltungen die Initiative zur Förderung des Interzonenhandels und marginalisierten so den Alliierten Kontrollrat. Vor allem die deutschen Behörden drängten darauf, die seit Sommer 1945 praktizierten Kompensationsgeschäfte zwischen Einzelunternehmen verschiedener Zonen durch Länderabkommen zu ersetzen. Dadurch sollten eine bessere Kontrolle und Steuerung der Warenströme erreicht und Versorgungsengpässe vermieden werden. Tatsächlich gelang es seit Herbst 1945, den Interzonenhandel mittels Vereinbarungen zwischen einzelnen Ländern in geordnetere Bahnen zu lenken. Diese Abkommen wurden zumeist von deutschen Landesbehörden im Auftrage der jeweiligen Besatzungsbehörden vereinbart. Sie zeichneten sich durch beschränkte Warenlisten, geringe Handelsvolumina sowie kurze Laufzeiten aus.

Besonders involviert waren die Länder beiderseits der Demarkationslinie.[159] Am 22. November 1945 schlossen Bayern und die Zentrale Verwaltung Handel und Versorgung der SBZ ein Handelsabkommen über 1 Mio. RM ab,[160] weitere

---

154 Report on the Tripartite Conference of Berlin, 2.8.1945, III.B., Ziff. 14; zit. nach: Münch, (Hrsg.), Dokumente, Bd. 1, S. 37. Zur Genesis des Ausdrucks „Deutschland als Wirtschaftseinheit" Deuerlein, Ernst: Die amerikanischen Vorformulierungen und Vorentscheidungen die Konferenz von Potsdam. In: DA 3 (1970) 4, S. 337-356.
155 Plötz/Bolz, Westhandel, S. 27.
156 Monthly Report of the Military Governor US., No. 3, September 1945, S. 25.
157 Monthly Report of the Military Governor US., No. 6, December 1945, S. 26.
158 O. A.: Die Zonen als Wirtschaftsgebiete – volkswirtschaftliche Desintegration. In: DIW (Hrsg.): Wirtschaftsprobleme der Besatzungszonen. Berlin 1948, S. 1-4, hier S. 2.
159 Zur Rolle Hessens Mohr, Antje: Hessen und der Länderrat des amerikanischen Besatzungsgebietes. Möglichkeiten und Grenzen länderübergreifender Kooperation in den Jahren 1945 bis 1949. Frankfurt a. M. 1999, S. 227-243.
160 Über die Verhandlungen Sitzungsprotokoll des Ausschusses für interzonalen Güteraustausch sowie Ex- und Importfragen, 31.10.1945 (BA, DY 30/IV 276.02/70). Auf den

Kompensationsgeschäfte mit dem Nachbarland Sachsen folgten am 11. Dezember 1945[161] und am 5. Februar 1946[162]. Im März 1946 unterzeichnete Thüringen mit Niedersachsen[163] bzw. Hessen[164] entsprechende Verträge. Zahlreiche weitere Handelsverträge u. a. zwischen Thüringen und Hessen, Württemberg bzw. Bremen[165] flochten ein immer dichter werdendes Netz von Ost-West-Verbindungen. Freilich darf die große Zahl an Vereinbarungen nicht darüber hinwegtäuschen, dass es sich mit Blick auf die Vorkriegszeit um minimale Transaktionsvolumina handelte. Nach wie vor glichen die vier Besatzungszonen „hermetisch abgeschlossenen Gebieten"[166], zwischen denen kein volkswirtschaftlich bedeutsamer Güteraustausch und Personenverkehr stattfand. Dieser Zustand sogenannter „Zwergwirtschaften"[167] rief die Unzufriedenheit deutscher Wirtschaftspolitiker hervor, die einen individuellen Handel mit offenem Zahlungsverkehr anstrebten.[168]

Für das Jahr 1946 lassen sich drei handelspolitische Tendenzen erkennen: erstens lösten Zonenhandelsabkommen jene auf Länderebene ab, zweitens traten deutsche Vertreter als handelspolitische Akteure in den Vordergrund, und drittens sorgte die politische Entfremdung zwischen der Sowjetunion und den Westmächten dafür, dass die Liberalisierungsbestrebungen im Interzonenhandel im Laufe der zweiten Jahreshälfte 1946 zurückgenommen wurden.

Den ersten Rahmenvertrag auf Zonenebene unterzeichneten am 15. Mai 1946 deutsche Vertreter des US-Zonenländerrats mit Vertretern der Deutschen Verwaltung für Handel und Versorgung der SBZ. Die Inhalte waren zuvor von den amerikanischen bzw. sowjetischen Behörden ausgehandelt worden, wobei man einen vierteljährlichen Güteraustausch in Höhe von 18,9 Mio. RM zu Stoppreisen vom 31. Dezember 1944 vereinbart hatte. Auf einer nachfolgenden

---

Warenlisten standen bayerische Hefe-, Graphit- und Bleistiftlieferungen gegen Melasse-, Chemikalien- und Düngemittelbezüge aus der SBZ.

161 Der Vertrag regelte die Lieferung von 5000 t Saatkartoffeln aus Sachsen gegen 1000 Schlachtrinder und 200 t Salzheringe aus Bayern; Halder, Winfrid: Modell für Deutschland? Wirtschaftspolitik in Sachsen 1945-1948. Paderborn u.a. 2001, S. 139.
162 Vereinbart wurde die Lieferung von 942 t Zuckerrüben und Gemüsesaatgut aus Sachsen im Wert von ca. 3 Mio. RM; Federau, Interzonenhandel, S. 386-387.
163 Vorgesehen waren die Lieferung von 600 Autoreifen, Textil-, Lederfarben, Kochöfen und elektrischer Haushaltsartikel an Sachsen gegen Textilgewebe für Reifenherstellung, Gemüsesamen, Haushaltsglas, keramische sowie optische Waren nach Niedersachsen, Federau, Interzonenhandel, S. 387.
164 Mohr, Hessen, S. 228.
165 Vereinbarung Thüringen/Bremen, 12.9.1946; in: Vorgeschichte, Bd. 1/2, S. 897.
166 Clay, Lucius: Entscheidung in Deutschland. Frankfurt a. M. 1950, S. 90/91.
167 So Jakob Kaiser in seiner Ansprache auf der Leipziger Frühjahrsmesse, 6.3.1947, abgedr. in: Kaiser, Jakob: Wir haben Brücke zu sein. Reden, Äußerungen und Aufsätze zur Deutschlandpolitik. Hrsgg. v. Christian Hacke, Köln 1988, S. 191-194, hier: S. 191.
168 Vortrag Gustav W. Harmssen, Bremer Senator für Wirtschaft, über „Wirtschaft und Reichseinheit", gehalten auf der Interzonenkonferenz, 4./5.10.1946, abgedr. in Vorgeschichte, Bd. 1/2, S. 878-941, hier S. 904-912. Auch der hessische Ministerpräsident Geiler forderte eine Ausweitung des Interzonenhandels; Mohr, Hessen, S. 227-228.

Tagung am 13./14. Juni 1946 erhöhte man die Summe um über 150 % auf 50 Mio. RM pro Quartal, was ein Hinweis auf die beachtliche Handelsdynamik ist.[169] Erstmals standen sowohl die Verhandlungen als auch die Vertragsunterzeichnung im Sommer 1946 ganz unter der Regie deutscher Zonenvertreter.[170] Angesichts der konstruktiven Zusammenarbeit wuchs die Hoffnung, mit den Gesprächen das Modell einer Vier-Zonen-Wirtschaftstagung praktiziert zu haben, das möglicherweise den Kristallisationskern für eine gesamtdeutsche Wirtschaftsverwaltung bilden könnte.[171]

Doch der im Sommer 1946 sich abzeichnende Kurswechsel in der amerikanischen Deutschlandpolitik entzog diesen kühnen Plänen jegliche realpolitische Grundlage. In seiner berühmten Stuttgarter Rede unterstrich US-Außenminister Byrnes am 6. September 1946 den politischen Willen seines Landes, die politische und wirtschaftliche Gesundung Deutschlands auch im Rahmen eines bizonalen Weststaates herbeizuführen.[172] Zwar bekräftigten die Amerikaner wie bereits auf der Pariser Außenministerkonferenz im Frühjahr selbigen Jahres auch bei den bilateralen Handelsgesprächen mit Vertretern der SMAD ihren nach wie vor bestehenden Willen zur Liberalisierung des interzonalen Güterverkehrs.[173] Zur gleichen Zeit jedoch begannen sie, die Weiterleitung von Waren in die SBZ, die auf Dollarbasis in die Westzonen importiert worden waren, streng zu kontrollieren.[174] In diesem Kontext lassen sich die beiden Länderratsgeschäfte[175] vom Oktober bzw. November 1946 als Ausdruck zunehmender volkswirtschaftlicher Desintegration interpretieren. Denn während der Warenaustausch mit der britischen Besatzungszone liberalisiert und auf die Ebene der einzelnen Unternehmen verlagert wurde, zementierten die Handelsvereinbarungen mit der SBZ den Status beider Zonen als separate politische Einheiten.[176]

Die Entwicklung der britisch-sowjetischen Interzonenhandelsbeziehungen wies deutliche Parallelen zum amerikanisch-sowjetischen Verhältnis auf. Mittels Abkommen lenkten beide Militärregierungen die Warenströme in geordnete Bahnen, zugleich aber schotteten die Briten ihre Zone und speziell das Ruhrgebiet vor sowjetischen Zugriffswünschen ab. Seit Anfang Mai 1946 verfolgten sie nicht länger die Fiktion einer deutschen Wirtschaftseinheit, sondern setzt auf eine streng reglementierte Handelspraxis mit der SBZ.[177] Einen wesentlichen

---

169 Programm der Interzonenhandelstagung mit der US-Zone in Berlin am 13./14.6.1946 (BA, DY 30/IV 2/6.02/70, Bl. 17-22).
170 Zum 1.6.1946 hatten deutsche Beghörden Genehmigungskompetenz im Interzonenhandel auch für „restricted items"; Mohr, Hessen, S. 237.
171 Protokoll der Länderratssitzung, 2.7.1946 (BA, Z 1/188, Bl. 43).
172 Winkler, Heinrich A.: Der lange Weg nach Westen. Bd. II: Deutsche Geschichte vom „Dritten Reich" bis zur Wiedervereinigung. München 2000, S. 128.
173 Rede Winant, Trade Division, 13.6.1946 (BA, DY 30/IV 2/6.02/70, Bl. 23).
174 Dahlmann, Entwicklung, S. 28.
175 Eine detaillierte Auflistung der Warenlisten in Federau, Interzonenhandel, S. 389-390.
176 Mohr hat diesen Sachverhalt am Beispiel des Handelsabkommens zwischen Thüringen und Hessen vom 26.1.1946 nachgewiesen; Mohr, Hessen, S. 229.
177 Vorgeschichte, Bd. II, S. 38.

Meilenstein bildete das Dyson-Geschäft[178] vom 20. September 1946, welches rückwirkend zum 1. Januar 1946 einen vertragsrechtlichen Rahmen für die Handelsgeschäfte schuf. Befristet war dieses Abkommen, das die Militärregierungen beider Zonen abgeschlossen hatten, auf den 31. August 1946. Die Warenspezifikation wies bereits eine Struktur auf, wie sie im späteren innerdeutschen Handel zwischen beiden deutschen Staaten charakteristisch bleiben sollte. So lieferte die britische Besatzungszone in erster Linie 41.320 t Eisen bzw. Stahl und bezog hierfür 188.000 t Braunkohle sowie 500.000 Raummeter Bau- und Grubenholz.[179] Das am 20. September 1946 zwischen der Britischen Militärregierung und der SMAD vereinbarte „Britengeschäft" sah für die Zeit vom 1. September 1946 bis zum 31. Dezember 1946 ein Handelsvolumen von 65 Mio. RM vor. Erstmals traten bei dieser Handelsvereinbarungen typische Probleme späterer Jahre auf: Aufgrund von sowjetzonalen Lieferschwierigkeiten musste das ursprünglich auf Jahresende datierte Abkommen um drei Monate verlängert werden, und in der Schlussbilanz war ein Saldenüberschuss für die britische Besatzungszone in Höhe von 3,35 Mio. RM nachzuweisen.[180]

Eine untergeordnete Rolle spielte die französische Besatzungszone im Interzonenhandel. Mit einem Gesamthandelsvolumen in Höhe von 7,5 Mio. RM trug sie im Jahre 1946 nur 4 % zum Warenaustausch der Westzonen mit der SBZ bei.[181] Erst die beiden Sofra-Geschäfte vom 20. September 1946 bzw. 2. März 1947 zwischen der französischen Militärregierung und der DVAH steckten ab dem IV. Quartal 1946 den Rahmen etwas weiter.[182] Die SBZ lieferte chemische Produkte, Düngemittel, Saatgut, Zucker, die französische Besatzungszone im Gegenzug chemische Produkte, Textilfarbstoffe, stickstoffhaltige Düngemittel und Rohphosphat marokkanischer Herkunft, landwirtschaftliche Geräte sowie Uhreneinzelteile. Aufgrund des geringen ökonomischen Potentials und der restriktiven Handelspolitik der französischen Militärregierung blieb der Beitrag ihrer Besatzungszone aber eine zu vernachlässigende Größe.[183]

Die SMAD verfolgte grundsätzlich eine Politik der „schnellen Ingangsetzung und Belebung des Interzonenverkehrs"[184], erkannte sie doch die ökonomischen Vorteile für ihre eigene Zone wie auch für die Erfüllung der Reparationsforderungen. „<u>Handel</u> entfalten mit dem Westen u. anderen Ländern"[185] wies sie daher Anfang 1946 die KPD-Führung an. Zu diesem Zwecke ordnete Karlshorst

---

178 Oberst Dyson, Chef der Außenhandelsabteilung der britischen Militärregierung; irrtümlich als erstes interzonales Handelsabkommen bei Kuhnle, Bedeutung, S. 53.
179 Federau, Interzonenhandel, S. 388-389.
180 Ebda., S. 389.
181 Mehnert, Klaus/Schultz, Heinrich: Deutschland-Jahrbuch 1949. Essen 1949, S. 222.
182 Orlopp, Nation, S. 107.
183 Mai, Kontrollrat, S. 189.
184 Niederschrift der Landesverwaltung Sachsen über eine Besprechung mit Oberstleutnant Kusnezow vom 18.4.1946; zit. nach Halder, Modell, S. 184.
185 Vermerk über Besprechung mit Vertretern der SMAD, 23.1.1946; Unterstreichung im Original; zit. nach Badstübner, Rolf/Loth, Wilfried (Hrsg.): Wilhelm Pieck – Aufzeichnungen zur Deutschlandpolitik 1945 – 1953. Berlin 1994, S. 64.

mit dem Befehl Nr. 5 vom 5. Januar 1946 die Errichtung eines Referates Interzonenhandel innerhalb der Zentralverwaltung für Handel und Versorgung an, um auf diese Weise eine einheitliche, zentralisierte und kontrollierbare Handelspraxis zu etablieren. Frühzeitig drängte sie im SMAD-Befehl Nr. 73 darauf, dass bereits zum Frühjahr 1946 die Leipziger Messe stattfinden solle. Tatsächlich konnte die SBZ-Wirtschaft aber viele der dort eingegangenen Lieferverpflichtungen anschließend nicht erfüllen, da primär sowjetische Reparationsforderungen bedient werden mussten. Solche Erfahrungen rückten die ostdeutschen Unternehmen in ein schlechtes Licht, so dass ihnen sehr bald und dauerhaft ein Ruf der Unzuverlässigkeit anhaftete. Die SMAD zog gemeinsam mit den Landeswirtschaftsverwaltungen die Konsequenz und sagte für den Herbst 1946 die Leipziger Messe ab.[186] Erst im Frühjahr 1947 öffnete sie erneut ihre Pforten.

Tab. 4.a: Bezüge der SBZ aus den Westzonen (1.1.1946-30.9.1948)[187]

Warengruppe	1946	1947	1948	1946	1947	1948
	(in Mio. RM)			(in %)		
Landwirtschaftliche Erzeugnisse	10,8	37,6	4,0	12,6	17,1	2,1
Forstwirtschaftliche Erzeugnisse	-	-	-	-	-	-
Steinkohlen und -koks	26,8	27,5	23,4	31,4	12,5	12,2
Eisen und Stahl	15,3	51,3	19,7	17,9	23,3	10,3
Maschinenbauerzeugnisse	2,0	16,7	8,7	2,3	7,6	4,5
Chemische Erzeugnisse	5,5	37,8	48,1	6,4	17,2	25,1
Glaswaren u. keram. Erzeugnisse	-	-	-	-	-	-
Nahrungs- u. Genußmittel	1,4	10,1	43,2	1,7	4,6	22,5
Sonstige Waren	23,7	38,8	44,7	27,7	17,7	23,3
Insgesamt	85,5	219,8	191,8	100,0	100,0	100,0

Tab. 4.b: Lieferungen der SBZ in die Westzonen (1.1.1946-30.9.1948)

Warengruppe	1946	1947	1948	1946	1947	1948
	(in Mio. RM)			(in %)		
Landwirtschaftliche Erzeugnisse	11,9	47,5	3,7	13,1	17,1	2,2
Forstwirtschaftliche Erzeugnisse	0,9	23,5	15,5	1,0	8,5	9,4
Braunkohlen und -koks	33,8	29,2	4,8	37,1	10,6	2,9
Eisen und Stahl[b]	-	-	-	-	-	-
Maschinenbauerzeugnisse	-	-	-	-	-	-
Chemische Erzeugnisse	5,3	38,4	26,2	5,8	13,9	15,8
Glaswaren u. keram. Erzeugnisse	4,8	19,0	16,4	5,3	6,9	9,9
Nahrungs- u. Genussmittel	7,2	26,9	17,0	7,9	9,7	10,3
Sonstige Waren	27,1	92,0	81,9	29,8	33,3	49,5
Insgesamt	91,0	276,5	165,5	100,0	100,0	100,0

Die amtliche interzonale Handelsstatistik weist für das Jahr 1946 ein Gesamtvolumen von 176,5 Mio. RM aus, was rund 4 % des Warenaustausches im Jahre 1936 entspricht. Der tatsächliche Güteraustausch lag mit Sicherheit deutlich höher, da der blühende Schwarzhandel und Geschäfte außerhalb der Länder-

---

186 Zwahr, Hartmut: Die erste deutsche Nachkriegsmesse 1946. Wiedererweckung oder Neubelebung? In: Zwahr, Hartmut/Topfstedt, Thomas/Bentele, Günther (Hrsg.): Leipzigs Messen 1497-1997. Gestaltwandel – Umbrüche – Neubeginn. Teilband 2: 1914-1997. Köln u.a. 1999, S. 583-627, hier S. 583; Halder, Modell, S. 184-185.
187 Federau, Interzonenhandel, S. 403

bzw. Zonenabkommen in den Zahlen nicht enthalten sind. Dennoch lassen sich anhand der amtlichen Angaben einige interessante Rückschlüsse ziehen. Der Positivsaldo über 5,5 Mio. RM für die SBZ resultierte in erster Linie aus der umfangreichen Lieferung von Braunkohle (33,8 Mio. RM). In den folgenden Jahren gingen diese wegen Demontagen, Umwandlung der Braunkohlebetriebe in SAG sowie der schlechten Witterungsbedingungen massiv zurück (1948: 4,8 Mio. RM).[188] Deutlich wird weiterhin die roh- und grundstofflastige Warenstruktur im Interzonenhandel, wie sie auch später den deutsch-deutschen Güterverkehr prägen sollte. Beispielsweise trugen Kohletransfers jeweils mehr als 30 % zum Handelsvolumen bei. Das nahezu gänzliche Ausbleiben von Maschinenlieferungen aus der SBZ erklärt sich mit den hohen Reparationsforderungen der Sowjetunion, die keine Kontingente für den Interzonenhandel mehr zuließen. Infolgedessen konnten wichtige Bezüge bei Steinkohle, Eisen, Stahl und ebenfalls Maschinen nur in umzureichendem Maße realisiert werden.

2.3.2. Die Gründung der Bizone: Positionsgewinne für die Westzonen

Die Gründung der Bizone am 1. Januar 1947 stärkte die handelspolitische Position der amerikanischen und britischen Zone gegenüber der SBZ deutlich. Nunmehr wies das Vereinigte Wirtschaftsgebiet sowohl stark industrialisierte als auch ausgedehnte agrarische Regionen auf. Erstmals verfügte damit ein westdeutscher Verhandlungspartner über deutlich größeres volkswirtschaftliches Potential als die SBZ.[189]

Keineswegs folgte der sich im Laufe des Jahres 1946 abzeichnenden politischen Desintegration des besetzten Deutschlands seine wirtschaftliche Auseinanderentwicklung. Vielmehr bauten beide Seiten das Handelsvertragswesen aus. Bereits vor Gründung des Vereinigten Wirtschaftsgebietes hatten sich am 21. Dezember 1946 die amerikanische, britische und sowjetische Militärregierungen darauf geeinigt, dass deutsche Beauftragte bald Gespräche über ein neues Handelsabkommen führen sollten. Am 17. und 18. Januar 1947 kam es dann zu dem Treffen in Minden, welches mit der Unterzeichnung des Mindener Abkommens[190] erfolgreich abgeschlossen wurde. Befristet auf die Zeit vom 1. Januar bis zum 31. Dezember 1947 sah das Abkommen ein Handelsvolumen von 206 Mio. RM basierend auf Stoppreisen vom 31. Dezember 1944 vor.[191] Aufgrund von Lieferverzögerungen vornehmlich der SBZ wurde die Laufzeit des Mindener

---

188 Über die genauen Hintergründe Halder, Modell, S. 303-308 und S. 502-505.
189 Dokumente und Berichte des Europa-Archivs, Bd. 3, S. 39. Zu den starken Positionen des Vereinigten Wirtschaftsgebietes zählten neben Steinkohle, Eisen und Stahl vor allem Maschinen, -ersatzteile, Chemieprodukte, Reifen, Förderbänder und Vieh. Demgegenüber lieferte die SBZ bevorzugt Lebens- und Futtermittel, Saatgut, Bau- und Grubenholz, Zellulose, Papiererzeugnisse, Kali, Glas und optische Geräte.
190 Bericht:, 20.1.1947 (SAPMO-BA, DY 30/IV 2/6.02/70, Bl. 34-40, Bl. 41-46).
191 Protokoll Sitzung des Exekutivrates, 30.7.1947, in: Vorgeschichte, Bd. 3/1, S. 281-285.

Abkommens bis zum 31. März 1948 verlängert.[192] Retrospektiv bezeichnete das BMWi den Tag der Vertragsunterzeichnung als den „eigentlichen Geburtstag des Interzonenhandels"[193], was die Bedeutung des Abkommens im Bewusstsein der späteren Akteure im innerdeutschen Handel verdeutlicht. Das Urteil gründete sich auf der Tatsache, dass wesentliche Merkmale des späteren deutsch-deutschen Handels bereits in diesem Abkommen vorweggenommen wurden, beispielsweise die Warenlisten[194], die Zulassung von Werk- und Reparaturverträgen, Lohnveredelungsgeschäften und Lohnarbeit. Auch die seit dem 1. Januar 1947 vom Zentralamt für Wirtschaft in Minden verhängte Genehmigungspflicht auf Warenbegleitpapiere für alle Lieferungen des Vereinigten Wirtschaftsgebietes in die französische und sowjetische Besatzungszone und sämtliche Sektoren Berlins sollte sich später im zentralen Ausschreibungs- und Genehmigungsverfahren der Bundesregierung wiederfinden. Hintergrund dieser restriktiven Ausfuhrbestimmungen war die Absicht, zu verhindern, dass subventionierte US-Lieferungen der Sowjetunion zugute kamen.[195] Auf institutioneller Ebene stellte das in Frankfurt eingerichtete SBZ-Handelsbüro ein Kontinuum zum späteren „Büro für den innerdeutschen Handel" dar.[196]

Immer wieder befürworteten deutsche Politiker jeglicher Couleur die Liberalisierung und Ausweitung des Interzonenhandels als wichtigen Schritt zur Wiedervereinigung. Auf der Münchner Ministerpräsidentenkonferenz vom 6. und 7. Juni 1947 forderten die Vertreter der westlichen Besatzungszonen, dass die gesamte Verantwortung im Interzonenhandel auf die deutschen Verwaltungsstellen übergehen solle. Unterstützend müsse die Reisefreizügigkeit in Deutschland wieder hergestellt werden.[197] Im Namen der ostdeutschen Landesbehörden unterstrich der thüringische Ministerpräsidenten Rudolf Paul auf der gleichen Veranstaltung, dass „zur Linderung der Not Vereinbarungen zwischen den Zonen getroffen"[198] werden müssen. Die zuständige Hauptverwaltung Interzonen- und Außenhandel bei der DWK betonte, „vom Gesichtspunkt des Kampfes um die politische und wirtschaftliche Einheit Deutschlands" sei eine Ausweitung des Interzonenhandels „von größter Bedeutung"[199]. Walter Ulbricht bestätigte diese Überlegungen zumindest für den ökonomischen Bereich und betonte den politischen Willen seiner Partei, künftig zu weiterreichenden Abkommen mit den Westzonen zu gelangen, mit dem Ziel, das derzeitige Volumen auf ca. 500 Mio.

---

192 Ebda.
193 Schreiben BMWi, an Bundesverfassungsgericht, 3/1963 (BA, B 137/2993).
194 Deren Zusammensetzung entsprach allerdings nur bedingt den Handelsbedürfnissen der beiden Vertragspartner; Schlemper, Bedeutung, S. 63.
195 Dahlmann, Entwicklung, S. 58.
196 Schreiben des Westberliner Sen. für Bundesangelegenheiten an Schiller, Sen. f. Wirtschaft, 23.11.1967 (LA, B 002, 9868, Bl. 278).
197 Protokoll der Ministerpräsidentenkonferenz, 6./7.6. 1947, abgedr. in: Vorgeschichte, Bd. II, S. 511-587, hier: S. 578.
198 Ebda.
199 Denkschrift „Stand des Interzonen- und Außenhandels der SBZ bei Gründung der DWK und sein weiterer Ausbau", streng vertraulich, 20.4.1948 (BA, DC 15/915).

RM zu verdoppeln.[200] Dementsprechend sah der Zweijahrplan 1949/50 eine „größtmögliche Erweiterung"[201] des interzonalen Warenverkehrs vor, wobei vermehrt Rohstoffe eingeführt und Fertigwaren, deren Produktion mit hoher Wertschöpfung verbunden war, ausgeführt werden sollten.[202]

Das letzte Interzonenhandelsabkommen, das Berliner Abkommen vom 25. November 1947, geriet bereits unter den Einfluss des sich zuspitzenden Ost-West-Konfliktes.[203] Vorgesehen war die beiderseitige Warenlieferung im Wert von 157 Mill. RM; d. h. es wurde eine Steigerung gegenüber dem Mindener Abkommen um 50 % vereinbart. Als Laufzeit legte man das Kalenderjahr 1948 fest, Berechnungsgrundlage bildeten die in den jeweiligen Besatzungszonen behördlich genehmigten Preise. Hinsichtlich der Warenstruktur war bemerkenswert, dass die SBZ-Bezüge sich zu 49 % aus Eisen-, Stahl- und Maschinenbaukontingenten, 27 % aus Textilien und nur 9 % aus chemischen Erzeugnissen zusammensetzten. Die Bizone bezog zu 38 % landwirtschaftliche Produkte, zu 27 % Textilien, 18 % Holz, 11 % chemische Erzeugnisse und 9 % Erzeugnisse des Maschinenbaus. Für Berlin wurde als Sonderregelung vereinbart, dass sowohl die Bizone als auch die SBZ das Recht hatten, die liefer- und bezugsseitige Einbindung des britischen und amerikanischen bzw. sowjetischen Sektors Berlins zu verlangen. Die Übereinkunft fand sich in den späteren Handelsabkommen zwischen der Bundesrepublik und der DDR in Form der Berlinklausel wieder. Ein weiterer Zusatzvertrag vom Februar 1948 regelte Sonderkontingente für die Leipziger Frühjahrsmesse.

Gleich einem „ersten Schatten des Kalten Krieges"[204] wirkte sich die Ablehnung von Bezügen bei Buna, Zucker, Getreide, Textilien und Benzin im Rahmen des Berliner Abkommen durch den westdeutschen Verhandlungsführer aus. Angesichts der Tatsache, dass ein Jahr zuvor noch ein Sonderabkommen über den Bezug von ostdeutschem Buna abgeschlossen worden war, welches nun gegenstandslos wurde, musste diese Kehrtwendung die SBZ-Delegation vor den Kopf stoßen. Die Ursache für diese Entwicklung lag im amerikanischen Interesse begründet, die entsprechenden Exporte aus den USA und Kuba in die Westzonen zu realisieren.[205] Damit zeichnete sich erstmals die außenhandelspolitische Neuorientierung der westzonalen Wirtschaft direkt auf Kosten der deutschen Einheit deutlich ab.

---

200 Ulbricht, Walter: Brennende Fragen des Neuaufbaus Deutschlands. Referat, gehalten auf dem II. Parteitag der SED vom 20. bis 24. September 1947, in: Ders.: Zur sozialistischen Entwicklung der Volkswirtschaft seit 1945. Berlin 1959, S. 52-89, hier S. 59.
201 Sozialistische Einheitspartei Deutschlands (Hrsg.): Der Deutsche Zweijahrplan für 1949-50. Wirtschaftsplan für 1948 und Zweijahrplan 1949-1950 zur Wiederherstellung der Friedenswirtschaft in der sowjetischen Besatzungszone Deutschlands. Berlin 1948, S.178.
202 Ebda.
203 Lambrecht, Interzonenhandel, S. 11.
204 Orlopp, Handel , 15.7.1955 (SAPMO-BA, DY 30/IV 2/6.10/199, Bl. 17).
205 Mai, Kontrollrat, S. 201.

Den Zeitgenossen blieb dies allerdings verborgen, weil das erste Berliner Abkommen nicht wirksam geworden ist. Während der Anfangsphase hemmte die Restlaufzeit des Mindener Abkommens seine Realisierung, anschließend unterbrach die Berliner Blockade den legalen Interzonenhandel für rund zehn Monate. Aufgrund dieser Entwicklung sank das Interzonenhandelsvolumen des Jahres 1948 im Vergleich zum Vorjahr von 496,3 Mio. RM auf 357,3 Mio. RM, was einem Rückgang von 28 % entspricht. Erstmals wiesen die Westzonen einen Positivsaldo auf. Seitens der SBZ war der Rückgang besonders ausgeprägt bei landwirtschaftlichen Erzeugnissen (- 92,2 %), was witterungsbedingte Ursachen hatte, aber auch als Folge von Ertragsrückgänge im Zuge der Bodenreform zu werten ist. Der ebenfalls sehr ausgeprägte Einbruch bei den Braunkohlebrikettlieferungen (- 83,6 %) wurde wie bereits erwähnt durch Demontagen und den harten Winter 1947/48 bedingt. Umgekehrt hielten sich die Westzonen bei der Lieferung landwirtschaftlicher Erzeugnisse (- 94,7 %) zurück, wobei die kritische Versorgungslage im eigenen Gebiet den Ausschlag gegeben haben dürfte. Auch die geringeren Lieferkontingente bei Eisen bzw. Stahl (- 61,6 %) und Maschinenbauerzeugnissen (- 47,9 %) sind auf erhöhten Eigenbedarf zurückzuführen.

2.3.3. European Recovery Program (ERP), Währungsreform und Berlin-Blockade

Die Verkündung des Marshall-Plans am 5. Juni 1947 und seine praktische Umsetzung in Form des ERP seit Frühjahr 1948 wirkte sich ambivalent auf den Interzonenhandel aus. Auf der einen Seite zog er die separaten Währungsreformen in West und Ost nach sich, damit die Blockade der Berliner Westsektoren und die Unterbrechung des Interzonenhandels. Langfristig trug die Integration der Westzonen in die OEEC und die damit verbundene Liberalisierung des Westeuropa- und Nordamerikahandels zu einer Umlenkung traditioneller Osthandelsströme in diese Staaten bei. Auf der anderen Seite verursachte der Marshall-Plan maßgeblich die sogenannte Dollar-Lücke in den Westzonen, die durch die vermehrten Importe aus dem Dollarraum hervorgerufen wurde. Um sie nicht zu umfangreich anwachsen zu lassen, bot es sich an, über den Interzonenhandel bestimmte Güter zu beziehen, ohne dafür wertvolle Dollar auszugeben. Daher zeitigte der Marshallplan neben hemmenden auch fördernde Einflüsse auf den Interzonenhandel.

Letztlich aber wurden diese ökonomischen Faktoren durch die politische Entwicklung überlagert. Das Frühjahr 1948 stand ganz im Zeichen wachsender Ost-West-Spannungen. Die Londoner Beschlüsse vom Februar 1948, die in Richtung eines deutschen Weststaates wiesen, beantwortete die Sowjetunion am 20. März 1948 mit dem Austritt aus dem Alliierten Kontrollrat und der Erhöhung ihres Drucks auf Westberlin. Ende März 1948 ordnete die SMAD Personen- und Gepäckkontrollen in Personenzügen an, die von der Bizone nach Westberlin fuhren, und Anfang April wurde die Genehmigungspflicht für

Frachtgutsendungen auf dem Schienenweg von Westberlin in die Bizone durch die sowjetische Kommandantur eingeführt. Unmittelbar vor der Währungsreform erfolgte die Zurückweisung westdeutscher Güterzüge nach Westberlin.[206]

Neben den Verkehrsbehinderungen traten auch im Interzonenhandel bislang unbekannte Probleme auf. Beispielsweise konnten sich die SBZ und die Westzonen erstmals nicht über den aktuellen Saldenstand verständigen. Während die SBZ von einem Aktivsaldo über 5 Mio. RM zu ihren Gunsten ausging, benannte die Bizone ein Passivsaldo des Ostens über 15 Mio. RM.[207] Diese Abweichung dürfte weniger auf bilanzierungstechnische Unstimmigkeiten zurückzuführen sein, als vielmehr auf den politischen Willen zur Konfrontation. Als weiterer Indikator für die politische Krise und ihre Auswirkungen auf den Interzonenhandel kann der Rückgang der Geschäftsergebnisse sächsischer VEB mit Unternehmen aus der Bizone auf der Leipziger Frühjahrsmesse 1948 auf 5,5 Mio. RM gegenüber 31,5 ein Jahr zuvor (- 83 %) herangezogen werden.[208]

Mit den beiden separaten Währungsreformen, in den Westzonen am 21. Juni 1948 und in der SBZ am 24. Juni 1948, erlangte die wirtschaftliche Desintegration Deutschlands eine neue Dimension. Zwischen beiden „Deutschen Mark" existierte kein verbindliches Kursverhältnis, die Wechselstubenkurse vornehmlich in Berlin verfügten nicht über amtliche Qualität. Es gelang der SBZ nicht, mit der Deutschen Mark der Deutschen Notenbank eine gleichermaßen starke wie akzeptierte Binnenwährung zu etablieren.[209] Die SBZ, deren wirtschaftliche Entwicklung bis zur Währungsreform im Sommer 1948 eine mit den Westzonen vergleichbare Dynamik aufgewiesen hatte, blieb seit Ende dieses Jahres hinsichtlich der Versorgungsleistung der Bevölkerung wie auch der Produktionssteigerungen deutlich hinter der Westdeutschlands zurück.[210]

Mit dem Verlust der einheitlichen Währung ging zugleich die gemeinsame Preisgrundlage verloren. Galten bislang reichsweit die Stoppreise vom 31. Dezember 1944, so hoben nun die Behörden des Vereinigten Wirtschaftsgebietes in ihrem Bereich die zentrale Preisfestlegung nach und nach auf. Das hatte einen inflationären Preisanstieg in Höhe von durchschnittlich 14 % während der zweiten Hälfte des Jahres 1948 zur Folge.[211] Als Konsequenz daraus entstand ein erhebliches Preisgefälle zur SBZ. Der DWK gelang es nicht, mittels Preisanhebungen dieses entscheidend zu verringern und so den nach Ende der Blockade im Mai 1949 einsetzenden Warenabfluss entgegenzuwirken. Nach ihrer Auffassung führte der „Schwindelkurs der Westmark"[212] dazu, dass selbst vergleichs-

---

206 Kleßmann, Doppelte Staatsgründung, S. 191.
207 AdG, 17.4.1948, S. 1467.
208 Halder, Modell, S. 581-584.
209 Zschaler, Frank: Die vergessene Währungsreform. Vorgeschichte, Durchführung und Ergebnisse der Geldumstellung in der SBZ 1948. In: VfZ 45 (1997), S. 191-223, S. 219.
210 Boldorf, Marcel: Sozialfürsorge in der SBZ/DDR 1945-1953. Ursachen, Ausmaß und Bewältigung der Nachkriegsarmut. Stuttgart 1998, S. 62-64.
211 Bank Deutscher Länder (Hrsg.) Monatsbericht Dezember 1949, S. 87.
212 Schreiben Orlopp an ZKK, 12.9.1949 (BA, DL 2, 1864, Bl. 221).

weise teure, in „Freien Läden"[213] angebotene Waren wie Schreibmaschinen, Fotoapparate, Akkordeone oder auch Bekleidung, von „Schiebern"[214] im großen Stil nach Westen verbracht wurden.[215] Dabei geriet besonders West-Berlin als Drehscheibe für den systematisch betriebenen „schwarzen Ankauf"[216] von Rohstoffen aus der SBZ in die Kritik. Allerdings wurde diese Entwicklung im Westen keineswegs begrüßt. So warnte Ludwig Erhard vor den großen Warenzuflüssen aus der SBZ, insbesondere bei Textilien und Bekleidung, da er vermutete, dass die Erlöse kommunistischen Organisationen in den Westzonen zuflossen.[217]

Wegen der Einführung der DM-West auch in den drei Westsektoren Berlins unterbrach die SMAD ab dem 24. Juni 1948 den Schienenverkehr zwischen der Bizone und Westberlin aus „technischen Gründen" und wenig später auch den Straßen- und Wasserverkehr. Die westlichen Siegermächte reagierten nicht nur mit der berühmten Luftbrücke, sondern auch mit einer weitaus weniger bekannten Gegenblockade beim interzonalen Warenverkehr. Am 15. September 1948 wiesen die zonalen Militärregierungen die Landeswirtschaftsverwaltungen des Vereinigten Wirtschaftsgebietes an, keine Warenbegleitscheine für Güterlieferungen in die SBZ mehr auszustellen.[218] Damit war der legale Interzonenhandel ganz unterbunden.

Im Bemühen, den Westmächten sowie den deutschen Behörden der Westzonen den schwarzen Peter wegen der deutschen Teilung zuzuschieben, unterband die SMAD ihrerseits den eingeschränkten Warenverkehr über die Demarkationslinie zunächst nicht.[219] Auch Walter Ulbricht kündigte an, dass die SBZ alle vertraglichen Wirtschaftsverpflichtungen gegenüber den Westzonen einhalten werde.[220] In Reaktion auf die Gegenblockade beschleunigte die SBZ jedoch die Neuorientierung ihres Außenhandels hin zu den östlichen Nachbarn.[221] Neben den wirtschaftlichen spielten natürlich auch politische Erwägungen dahingehend eine Rolle, dass über Handelsverträge die SBZ zu einem völkerrechtlich akzeptierten Partner aufgewertet wird. Ein erstes Außenhandelsabkommen wurde im Juni 1948 mit Ungarn abgeschlossen, weitere folgten bis zum Frühjahr

---

213 Hierbei handelte es sich um Vorläufereinrichtung der HO-Läden.
214 Schreiben Orlopp an ZKK, 12.9.1949 (BA, DL 2, 1864, Bl. 221). Bericht über die erste Zonenkonferenz der Zentralen Kontrollkommission der Landeskontrollkommissionen und der Volkskontrolleure am 27./28.4.1949 in Leipzig. Berlin 1949
215 Ebda.
216 Heinrich Rau, DWK-Vorsitzender, in: Der Deutsche Zweijahrplan, S. 78.
217 Protokoll einer Besprechung der Militärgouverneure mit Vertretern der Bizone am 15.12.1948, in: Vorgeschichte, Bd. 4/2, S. 1010-1027, hier S. 1018-1019.
218 Mai, Kontrollrat, S. 201-202.
219 Ebda., S. 201.
220 Ulbricht, Walter: Der Zweijahrplan zur Wiederherstellung und Entwicklung der Friedenswirtschaft. Referat, gehalten auf der 11. Tagung des Parteivorstandes der SED, 29./30.6.1948, in: Ders.: Sozialistische Entwicklung, S. 111-138, hier S. 123.
221 In diesem Sinne auch Gleitze, Außenhandelsverflechtungen ‚S. 350.

1949 mit Bulgarien, Finnland, Rumänien, Polen und Tschechoslowakei.[222] Ende 1948 unterhielt die SBZ bereits mit 19 Staaten Außenhandelsbeziehungen.[223] Infolge dessen stieg der Anteil der osteuropäischen Staaten am SBZ-Außenhandel bis Ende 1948 auf 45,3 %. Vor dem Zweiten Weltkrieg hatte der entsprechende Wert bei 15-20 % gelegen, und noch nach Kriegsende war der Anteil des Außenhandels mit westeuropäischen Industrieländern relativ hoch.[224] Auf der andere Seite ging der Interzonenhandelsanteil am gesamten SBZ-„Außenhandel" von 71,4 % (1947) auf 28,5 % (1949) zurück.[225]

Es dauerte natürlich einige Monate, ehe der außenhandelspolitische Kurswechsel Richtung Osteuropa die Versorgungslage der SBZ-Wirtschaft positiv beeinflussen würde. Doch der allgemeine Roh- und Grundstoffmangel bereitete schon im Herbst 1948 „ernste Probleme"[226], zumal Polen keine Steinkohlenkokslieferungen für den Zweijahrplan zugesagt hatte. Die notwendigen Importsteigerungen führten zu einer negativen Handelsbilanz, wie auch zu inflationären Tendenzen.[227] Mittels Dreiecksgeschäften, illegalen Aktionen über die grüne Grenze, getarnten Firmengründungen in den Westzonen sowie Kompensationsgeschäften über Drittländer suchte man die Schäden abzumildern.[228] Derartige illegale Transaktionen lassen sich naturgemäß nicht quantifizieren, aber Kommentare aus der SBZ-Verwaltung belegen, dass sich beachtlich viele westdeutsche Stahlproduzenten während der Blockademonate „lieferfreudig bzw. lieferbereit"[229] zeigten.

Die ökonomischen Probleme existierten keineswegs ausschließlich in der SBZ, auch für das Vereinigte Wirtschaftsgebiet ergaben sich u. a. in den Bereichen Pharmazie und Chemie aufgrund ausbleibender SBZ-Lieferungen Schwierigkeiten. Nach Auffassung von Ludwig Erhard stellten sie eine derart gravierende Behinderung des wirtschaftlichen Aufbaus dar, dass er bereits im Oktober die alliierten Behörden bat, einen beschränkten Interzonenhandel zuzulassen.[230] Unterstützt wurde er von Vertretern sowohl der Eisen- und Stahl-, wie auch der Chemiebranche.[231] Aber erst im Mai 1949 besserte sich die politische Großwetterlage zwischen den USA und der UdSSR dergestalt, dass eine Wiederbelebung des Interzonenhandels realisiert werden konnte.

---

222 O. A.: Der Außenhandel der sowjetischen Besatzungszone Deutschlands 1945 bis zur Gegenwart. In: EA, 20. Juni 1949, S. 2235-2240, hier S. 2237.
223 Der Deutsche Zweijahrplan, S. 173.
224 Köhler, Heinz: Economic Integration in the Soviet Bloc. With an East German Case Study. New York 1965, S. 60-72.
225 Hofmann/Scharschmidt, DDR-Außenhandel, S. 65.
226 Heinrich Rau: Der Deutsche Zweijahrplan, S. 60.
227 Für Sachsen Hackenberg, Wiederaufbau, S. 154.
228 Hoffmann, Zerstörung, S. 26.
229 „Aufstellung derjenigen westlichen Stahlwerke, die trotz verschärfter Blockade lieferfreudig waren und weiter lieferbereit sind", 4.5.1949 (BA, DL 2, 1864, Bl. 22).
230 Schreiben Erhard an OMGUS, 4.10.1948, in: Vorgeschichte, Bd. 4/2, S. 872.
231 Vermerk Ost-West-Zusammenarbeit, 19.7.1949 (BA, DL 2, 1857, Bl. 422-423).

3. Das Institutionensystem des innerdeutschen Handels

Die Gestaltung der Außenhandelspolitik moderner Industriestaaten hängt in hohem Maße von den institutionellen Strukturen, den darin eingebundenen Akteuren und ihren spezifischen Kompetenzen ab.[232] Dies galt selbstverständlich auch für die innerdeutschen Handelsbeziehungen, wobei die diesbezüglichen institutionellen Strukturen in West- wie Ostdeutschland aufgrund der unterschiedlichen wirtschaftlichen und politischen Systeme erheblich voneinander abwichen. Ihr kleinster gemeinsamer Nenner war eigentlich nur die Tatsache, dass weder Bonn noch Ost-Berlin über einen monolithischen handelspolitischen und -operativen Apparat verfügten. Ansonsten existierten hinsichtlich der beteiligten Akteure, ihrer Positionierung im handelspolitischen System wie auch der Systemstrukturen selbst gravierende Abweichungen. Es bedurfte daher auf beiden Seiten bestimmter handelstechnischer Adaptationen, um im intersystemaren Handel die jeweils eigenen Interessen zur wahren, Vorteile zu maximieren und Nachteile bzw. Gefahren zu minimieren.

3.1. Die Bundesrepublik Deutschland

3.1.1. Die Alliierte Hohe Kommission - eine „Oberregierung" auf Abruf

Die junge Bundesrepublik Deutschland stellte ein „penetrated political system"[233] dar, d. h. die Bundesregierung war in ihrer politischen Entscheidungs- und Handlungskompetenz durch alliierte Vorbehaltsrechte gewissen Einschränkungen unterworfen. Rechtliche Grundlage für das Verhältnis zwischen den drei westlichen Siegermächten und der Bundesrepublik bildete das am 21. September 1949 in Kraft getretene Besatzungsstatut.[234] Die neu gegründete Alliierte Hohe Kommission (AHK) kontrollierte als politische Vertretung der Siegermächte auf westdeutschem Boden die Bundesregierung, behielt sich in wichtigen Grundsatzfragen nicht nur ein Mitsprache-, sondern auch ein letztinstanzliches Entscheidungsrecht vor und erfüllte gewissermaßen die Funktion einer „Oberregierung"

---

232 Streit, Manfred E.: Theorie der Wirtschaftspolitik. 4. Aufl., Düsseldorf 1991, S. 284-285.
233 Zur Begrifflichkeit Hanrieder, Wolfram F.: West German Foreign Policy 1949-1963. International Presence and Domestic Response. Stanford 1969, S. 230.
234 Occupation Statute vom 10.4.1949, in Kraft getreten am 21.9.1949, in: Münch (Hrsg.), Dokumente, Bd. 1, S. 71-74. Neuerdings Vogt, Helmut: Wächter der Bonner Republik. Die Alliierten Hohen Kommissare 1949 – 1955. Paderborn 2004.

[235]. Innerhalb der AHK bildete der Alliierte Rat, dem die drei Hohen Kommissare angehörten, die maßgebliche Entscheidungs- und Anordnungsebene. In Fragen der Wirtschafts-, Finanz- und Außenhandelspolitik wurde er vom Foreign Trade and Exchange Committee unterstützt und beraten.[236] Die Mitglieder dieses Ausschusses bzw. des dazugehörenden Unterausschusses Interzonal Trade standen in engem Kontakt mit den zuständigen deutschen Behörden, vornehmlich dem BMWi und der TSI.

Das Verhältnis zwischen der AHK und der Bundesregierung war, bedingt durch die Kontroll- und Weisungskompetenz auf alliierter und den politischen Emanzipationswillen auf deutscher Seite, von latenter Spannung geprägt. Sie trat besonders augenscheinlich in den Auseinandersetzungen über die Grenzen der jeweiligen Zuständigkeitsbereiche zu Tage, wofür exemplarisch die Kontroverse über die politische Verantwortlichkeit für die Handelsbeziehungen zur DDR herangezogen werden kann. Diese mehrere Jahre andauernde Auseinandersetzung widerlegt die Auffassung von Dietmar Petzina, nach der es keine „gravierenden Divergenzen"[237] zwischen Bonn und dem Petersberg in Fragen des innerdeutschen Warenverkehrs gegeben habe.

Im Gegensatz zur Außenhandelspolitik und Devisenbewirtschaftung, die wegen ihrer außerordentlichen Bedeutung laut Besatzungsstatut explizit dem Kompetenzbereich der AHK zugeordnet waren, fehlte der entsprechende Hinweis für den deutsch-deutschen Handel.[238] Dennoch erhoben die Alliierten nachdrücklich die Forderung, in allen diesbezüglichen Fragen regelmäßig und detailliert informiert zu werden sowie die letzte Genehmigungsinstanz beim Abschluss sowohl von Handelsverträgen als auch von bedeutsamen Einzelgeschäften mit der DDR zu sein, was die Erkenntnisse der jüngeren Forschung widerlegt.[239] Der französische Hohe Kommissar Francois-Ponçet begründete diesen Anspruch gegenüber Adenauer mit dem Hinweis, der Interzonenhandel sei politisch betrachtet ein „Zweig des Außenhandels der deutschen Bundesrepublik"[240] und falle damit unter die für die AHK „reserved fields". Paris hatte ein nachvollziehbares Interesse, mögliche deutschlandpolitische Annäherungen auf dem Gebiet des Handels frühzeitig zu erkennen und gegebenenfalls steuernd einzugreifen, nicht zuletzt mit Blick auf die zeitgleich angestrebte Einbindung des westdeutschen Industriepotentials in eine noch zu schaffende westeuropäische Gemeinschaft. Für Washington wiederum stand das strategische Embargo gegen

---

235 Winkler, Weg, Bd. II, S. 138.
236 Charter of the Allied High Commission for Germany, in: Münch (Hrsg.), Dokumente, Bd. 1, S. 74-81, hier S. 76.
237 Petzina, Wirtschaftsbeziehungen, S. 183.
238 Occupation Statute, in: Münch (Hrsg.), Dokumente, Bd. 1, S. 71-74.
239 So nimmt Heyl an, dass die AHK tatsächlich keinen Kontroll- und Weisungsbefugnis gegenüber der Bundesregierung erhoben hätte; Heyl, Handel, S. 48.
240 Protokoll: Gespräch zwischen AHK und Bundesregierung, 29.6.1950, in: Hohen Kommissare 1949-1951, S. 212-221.

den Ostblock im Mittelpunkt des Interesses, welches auch die DDR und den deutsch-deutschen Handel einschloss.

Untermauert wurde der alliierte Anspruch durch die Rechtskontinuität zwischen dem Interzonenhandel während der Jahre 1945 bis 1949 und dem deutsch-deutschen Handel nach 1949. Gemeinsame Grundlage bildete das von der US-Militärregierung erlassene Gesetz Nr. 53 in seiner Neufassung vom 19. September 1949, welches auf eine Regelung des Jahres 1944 (!) zurückgeht,[241] sowie die zeitgleich ergangenen Vorschriften für die britische und französische Zone.[242] Für West-Berlin regelte die am 1. August 1950 in Kraft getretene Militärregierungsverordnung 500 den Handel mit der DDR.[243] Kern des Militärregierungsgesetzes (MRG) 53 stellte das in Artikel I formulierte Prinzip des Geschäftsverbots mit Genehmigungsvorbehalt dar. Danach war jedes Handelsgeschäft grundsätzlich untersagt, es sei denn, es lag eine behördliche Genehmigung vor.[244] Diese Umkehrung des klassischen Außenhandelsprinzips entsprang dem Grundgedanken, dass die „soziale Marktwirtschaft" analog zum politischen System zugleich eine „wehrhafte Marktwirtschaft" sein sollte. Noch am 16. Februar 1965 urteilte das Bundesverfassungsgericht in einem Normenkontrollverfahren, dass die Beibehaltung des Verbotsprinzips, aus der „Notwendigkeit, der einheitlich geplanten und auch in der Einzeldurchführung staatlich gelenkten und politisch gesteuerten Handelspolitik der SBZ jederzeit wirksam begegnen zu können"[245], rechtlich zulässig und politisch erforderlich sei. Die weiteren Artikel benannten die umfassenden alliierten Kontrollbefugnisse und einen Sanktionskatalog bei Gesetzesverstößen.[246]

Zum 19. September 1949 übertrug die AHK dem BMWi die Genehmigungsbefugnis für Warenaustauschgeschäfte mit der DDR.[247] Da sie sich dennoch die letztinstanzliche Zustimmung in Einzelfällen vorbehielt, lag eine juristisch zweideutige Situation vor, die zu langanhaltenden Konflikten führen musste. Dieses Rechtsfundament der deutsch-deutschen Wirtschaftsbeziehungen hatte bis Oktober 1990 Bestand. Zwischenzeitlich erhobene verfassungsrechtliche Bedenken veranlassten im Jahre 1958 regierungsinterne Planungen zu einem bundesdeutschen Interzonenhandelsgesetz, das aber zu keinem Zeitpunkt als Gesetzesantrag eingebracht wurde.[248]

---

241 Bopp, Wirtschaftsverkehr, S. 17.
242 Amtsblatt der Militärregierungen in Deutschland – Amerikanisches Kontrollgebiet – Ausg. O, 21.9.1949, S. 20; Amtsblatt der Militärregierungen in Deutschland – Britisches Kontrollgebiet – Nr. 39, 8.10.1949, Teil 5 B, S. 14. Amtsblatt des französischen Oberkommandos in Deutschland Nr. 305, 20.9.1949, S. 2155.
243 Gesetz- und Verordnungsblatt für Groß-Berlin I, S. 304.
244 Bopp, Wirtschaftsverkehr, S. 19.
245 Entscheidungen des Bundesverfassungsgerichts, Bd. 18, S. 313 ff. u. S. 362.
246 Ollig, Gerhard: Rechtliche Grundlagen des innerdeutschen Handels. In: Ehlermann et al. (Hrsg.), Handelspartner, S. 145-201.
247 BAnz. Nr. 12, 20.10.1949.
248 Protokoll der interministeriellen Ressortbesprechung, 21.8.1958 (BA, B 137/2992).

Wenn man die DDR als Element und ökonomischen Machtfaktor des sozialistischen Lagers interpretierte, wie es der realpolitisch ausgerichteten Sichtweise Francois-Ponçets entsprach, so ließen sich die bundesdeutschen Wirtschaftskontakte zu ihr tatsächlich als Außenwirtschaftsbeziehungen charakterisieren. In diesem Falle gehörten sie zu Recht in den Kompetenzbereich der AHK. Aber es lag auf der Hand, dass die Bundesregierung aus Gründen der Anerkennungsfrage und des Alleinvertretungsanspruches eine Gleichsetzung von innerdeutschem und Außenhandel ablehnen musste. Deshalb betonte Kanzler Adenauer stets den Binnenhandelscharakter des Warenaustausches mit der DDR und beanspruchte volle Handlungsautorität auf diesem Gebiet.[249]

Die Auseinandersetzung zwischen Bonn und dem Petersberg über die politische Verantwortlichkeit für die Wirtschaftsbeziehungen zur SBZ/DDR erlebte einen ersten Höhepunkt beim Streit um die Unterzeichnung des „Abkommens über den Interzonenhandel" vom 8. Oktober 1949 (Frankfurter Abkommen). Natürlich war es aus Sicht der Bundesregierung ärgerlich, dass nur einen Tag nach offizieller Gründung der DDR ein Rechtsakt mit ihr vollzogen wurde, erkannte man darin doch eine Gefährdung des eigenen Nichtanerkennungskurses. Ursprünglich hatte der Vertrag am 4. Oktober signiert werden sollen, was die aus westdeutscher Sicht so unglückliche Chronologie der Ereignisse vermieden hätte. Aber nur zwei Stunden vor dem anberaumten Termin erhob die AHK auf Drängen des US-amerikanischen Vertreters Collisson Einspruch, da der Abkommenstext noch ihrer eingehenden Prüfung und Genehmigung bedürfe. Dieses Ansinnen wies die Bundesregierung zwar unter Hinweis auf die nunmehr drei Jahre währende Verantwortlichkeit deutscher Behörden für den Interzonenhandel zurück,[250] konnte sich mit ihrer Auffassung jedoch nicht durchsetzen. Sie musste die Verschiebung der Vertragsunterzeichnung um mehrere Tage hinnehmen, was wegen der zwischenzeitlich erfolgten Gründung der DDR das Anerkennungsproblem aufwarf. Zusätzlich offenbarte das ganze Procedere die eingeschränkte politische Autorität der Bundesregierung und bot einen geeigneten Aufhänger für ostdeutsche Propagandakampagnen. Tatsächlich fand diese Episode Eingang in einen Schulungsbrief für Angehörige der DDR-Verwaltung.[251] Verärgert forderte daher das BMWi die AHK auf, unter diesen Bedingungen den Handelsvertrag mit der DDR selbst zu signieren.[252] Dies war jedoch keineswegs im Sinne der AHK, da für sie eine vertragliche Regelung wohl

---

249 Protokoll über Gespräch zwischen der AHK und der Bundesregierung, 29.6.1950, in: Adenauer und die Hohen Kommissare 1949-1951, S. 212-221.
250 Sitzungsprotokoll, 5.10.1949 (BA, B 102/108245). Dabei beriefen sich die Vertreter des BMWi, Graf und Kaumann, auf eine offizielle Erklärung des amerikanischen Vertreters Dowden, 16.7.1947; Konferenzvermerk, 17.7.1947 (BA, B 102/254, H. 2).
251 Ministerium des Inneren der Deutschen Demokratischen Republik (Hrsg.): Die Handelspolitik der Deutschen Demokratischen Republik. Teil I: Die Bedeutung und die Entwicklung des Innerdeutschen Handels. Nr. 54 (1951), S. 13.
252 Sitzungsprotokoll, 5.10.1949 (BA, B 102/108245).

mit sowjetischen Repräsentanten, nicht aber mit Vertretern der SBZ/DDR zu akzeptieren war.[253]

Schließlich gaben die Hohen Kommissare nach erfolgter Prüfung des Vertragstextes am 6. Oktober 1949 grünes Licht für die Unterzeichnung, wobei sie bemerkten, dass dies keinen Präzedenzfall für künftige vertragliche Vereinbarungen zwischen der Bundesrepublik und der SBZ darstelle. Im BMWi gelangte man zu der Auffassung, dass diese Sichtweise mit Nachdruck zurückgewiesen werden müsse: „Die Formulierung dieser schriftlich bis jetzt nicht bestätigten Angabe lässt erkennen, dass die Hohen Kommissare zweifellos irrigerweise nach wie vor die Angelegenheit [deutsch-deutsche Wirtschaftsbeziehungen, P. F.] als in ihre Zuständigkeit fallend betrachten, weil sonst der letzte Satz mit der Formel ‚Präzedenzfall' unverständlich wäre."[254] Es konnte somit kein Zweifel daran bestehen, dass trotz des überwundenen aktuellen Konfliktes die deutsch-alliierten Spannungen in dieser Frage anhielten.

Beide Seiten suchten in der Folgezeit den Status quo zu ihren Gunsten zu verändern. Dabei praktizierte die AHK bis zum Frühjahr 1952 eine restriktive Kontroll- und Genehmigungsbefugnis, was vornehmlich auf den sich verschärfenden Ost-West-Konflikt zurückzuführen ist. Vor allem die Amerikaner wollten verhindern, dass strategisch wichtige Güter in die DDR und von dort weiter in die Sowjetunion gelangten.[255] Daher forderte die AHK wöchentliche Meldungen sowohl von den Bundes- als auch Landesbehörden über die genehmigten Warenbegleitscheine, des weiteren über die bei den Grenzkontrollen registrierten Transportpapiere.[256] Mit dem Ausbruch des Korea-Krieges am 25. Juni 1950 intensivierte die AHK ihre Kontrollaufsicht und mahnte bei der TSI nunmehr tägliche Berichterstattung über die laufenden Verhandlungen mit dem MIAM an.[257] In West-Berlin errichtete die Alliierte Kommandantur entlang der Transitstrecken ein engmaschiges, insgesamt neun Kontrollpunkten umfassendes Warenkontrollnetz;[258] hinzu kam am 15. September 1950 ein neues, alliiertes Zoll- und Grenzaufsichtsamt, das die bundesdeutschen Zollbehörden beaufsichtigte.[259] Weiterhin wünschte die AHK eine den Ländereinfluss beschneidende Zentralisierung des Genehmigungsverfahrens beim BMWi und zusätzliche Kontrollen des Warenverkehrs in die DDR.[260] Hintergrund: Ein Korruptionsskandal innerhalb der nordrhein-westfälischen Landesregierung zog weite Kreise und

---

253 Ostermann, Christian M.: Die USA und die DDR (1949-1989). In: Pfeil (Hrsg.), DDR, S. 165-184, hier S. 166.
254 Vermerk Sts. Schalfejew, BMWi, für Erhard, 6.10.1949 (BA, B 102/108245).
255 Vermerk Kroll, BMWi, 10.4.1951 (PA/AA, B 10, 1785).
256 Vermerk: Gespräch zwischen Erhard und AHK, 1.7.1950 (BA, B 102/108253). Schreiben Schäffer an Sts. Blankenhorn, BKA, 31.8.1950 (BA, B 136/7834).
257 Schreiben AHK an Erhard, 18.7.1950 (BA, B 102/198251).
258 Verordnungsblatt für Berlin 1950, S. 373: Verordnung 50 (70), 2.8.1950.
259 Fischer, Erika J./Fischer, Heinz-D.: John McCloy und die Frühgeschichte der Bundesrepublik Deutschland. Presseberichte und Dokumente über den Amerikanischen Hochkommissar für Deutschland 1949-1952. Köln 1985, S. 61.
260 Vermerk für Kabinettssitzung am 19.12.1950, 18.12.1950 (BA, B 136/7834).

erschütterte das Vertrauen der Amerikaner in die politische Zuverlässigkeit der deutschen Bürokratie.[261] Als zum 30. Juni 1950 das Frankfurter Abkommen auslief, musste Erhard die neuen Verhandlungsrichtlinien zur Verlängerung des Abkommens der AHK vorlegen,[262] welche sie kommentierte und sich eine Kontrolle der neuen Warenlisten vorbehielt.[263] Zwar konnte der Bundeswirtschaftsminister die Anwesenheit alliierter Beobachter bei den Routinegesprächen mit den DDR-Vertretern verhindern, aber Abschriften aller bei den Verhandlungen überreichten Dokumente waren auf den Petersberg weiterzuleiten. Damit wollte die AHK sicherstellen, dass die beim innerdeutschen Handel „unvermeidlichen politischen Aspekte"[264], gemeint waren u. a. Regelungen bezüglich West-Berlins, hinreichende Berücksichtigung finden würden.

Generell wies der alliierte Einfluss auf die bundesdeutschen Wirtschaftsbeziehungen zur DDR jedoch eine rückläufige Tendenz auf. Bereits im Sommer 1950 verständigten sich die Bundesregierung und die AHK darauf, die deutschdeutschen Wirtschaftsverhandlungen offiziell in den politischen Verantwortungsbereich der Bundesregierung zu legen; allerdings verpflichtete sich diese im Gegenzug, den politischen Vorstellungen der AHK im wesentlichen zu entsprechen.[265] Ende selbigen Jahres verschaffte sich die TSI größere Freiräume hinsichtlich ihrer Informationspflicht. So verweigerte ihr Leiter die von der AHK angeforderten täglichen Sonderberichte und spezielle Auskünfte über ein umstrittenes Geschäft mit der DDR unter Hinweis auf die routinemäßige Berichterstattung.[266] Dieser noch wenige Monate zuvor nahezu ausgeschlossene Vorgang geschah mit Rückendeckung des BMWi, welches das „überaus starke"[267] Interesse der Amerikaner am innerdeutschen Handel schon seit längerem kritisch vermerkt hatte.[268]

Die sinkende Interventionsneigung der AHK im handelspolitischen Tagesgeschäft war politisch intendiert und wurde mittels rechtlicher Schritte flankiert. Die Verordnung Nr. 503 vom 15. Januar 1951 übertrug dem West-Berliner Senat die Befugnisse des deutsch-deutschen Handels.[269] Mit der Revision des Besatzungsstatuts vom 6. März 1951 erweiterten sich die Handlungsspielräume der deutschen Akteure und am 16. August 1951 legte die AHK die politische Richtlinienkompetenz für die Überwachung des internationalen und interzonalen

---

261 Der Spiegel 37 (1959). Gegen mehrere Beamte des Düsseldorfer Wirtschaftsministeriums wurde wegen Verstoßes gegen die Embargobestimmungen im deutsch-deutschen Handel und der Bestechlichkeit im Amte ermittelt.
262 Schreiben Erhard an AHK, 9.8.1950 (BA, B 102/19867).
263 Schreiben AHK an Erhard, 11.9.1950 (BA, B 102/19867).
264 Vermerk über Gespräch zwischen Erhard und AHK, 1.7.1950 (BA, B 102/108253).
265 Protokoll: Gespräch zw. AHK und Adenauer, 29.6.1950, in: Hohen Kommissare 1949-1951, S. 212-221. Schreiben Adenauer an AHK, 25.7.1951 (PA/AA, B 10/1780).
266 Vermerk Kleine, BMWi, 15.11.1950 (BA, B 102/105984). Bei dem umstrittenen Sondergeschäft drehte es sich um ein Fisch-Glas-Kompensationsgeschäft.
267 Vermerk Koelfen, BMWi, für Erhard, 15.11.1950 (BA, B 102/105984).
268 Ebda.
269 Amtsblatt der Alliierten Kommandantur 1951, S. 171.

Reiseverkehrs zur Leipziger Messe in die Hände der Bundesregierung.[270] Schließlich teilte die Alliierte Kommandantur in Berlin am 5. Oktober 1951 mit, dass sie gegen die Geltung der Bundesverordnung über die Kontrolle des Interzonenhandels auch in Westberlin keine Einwände erhebe.[271]

Seit 1951 griffen die Alliierten nur noch in die deutsch-deutsche Handelspolitik ein, wenn aus ihrer Sicht der ungehinderte Verkehr von und nach West-Berlin bedroht war. So verzögerten sie im Sommer 1951 die Unterzeichnung des Berliner Abkommens um mehrere Monate, weil die andere Seite kein Junktim zwischen Berlinverkehr und innerdeutschem Handel akzeptieren wollte. Dabei erwies sich aber der wechselhafte, zwischen Kompromissbereitschaft und Unnachgiebigkeit schwankende Kurs, den die AHK in diesem Punkt verfolgte, als problematisch. Deshalb setzte das BMWi gegen alliierte Vorbehalte die Unterzeichnung des Berliner Abkommens am 20. September 1951 durch,[272] und führte die nachfolgenden Verhandlungen über die Warenlisten – wenn auch mit erheblichen Anlaufschwierigkeiten – in eigener Regie. Die Unterzeichnung des Generalvertrages am 26. Mai 1952 brachte eine entscheidende Erweiterung des handelspolitischen Spielraumes für die Bundesregierung.[273] Seither intervenierte die AHK nur noch bei einer Gefährdung der Interessen West-Berlins. Mit Inkrafttreten des revidierten Deutschlandvertrages endete am 5. Mai 1955 das Besatzungsregime, und die Bundesrepublik erhielt „die volle Macht eines souveränen Staates über ihre inneren und äußeren Angelegenheiten"[274] zugestanden.

Selbstverständlich war es eine Frage der politischen Klugheit seitens Bonns, die verbündeten Westmächte auch weiterhin über die deutsch-deutschen Wirtschaftsbeziehungen zu informieren,[275] allein um das Gespenst eines „Wirtschafts-Rapallo"[276] zu verscheuchen. Daher richtete man am 14. Dezember 1955 eine „Interalliierte Arbeitsgruppe über Fragen der sog. DDR, Berlins und der Verbindungswege" (= „Konsultationsbesprechungen") ein, an denen Vertreter der USA, Großbritanniens, Frankreichs und der Bundesrepublik teilnahmen. In einer gesonderten Expertenrunde besprach man alle zwei Wochen anstehende Probleme des Interzonenhandels.[277] Der Charakter dieser Gespräche unter-

---

270 Schreiben AHK an Blankenhorn, BKA, 16.8.1951; vertraulich (BA, B 102/5594).
271 Gesetzes- und Verordnungsblatt (1950), S. 914.
272 Vermerk Reinhardt, BMWi, 28.6.1951 (BA, B 136/7845).
273 Vermerk Kroll, BMWi, 26.5.1952 (BA, B 102/57864).
274 Vertrag über die Beziehungen zwischen der Bundesrepublik Deutschland und den Drei Mächten (Generalvertrag) vom 26.5.1952 in der Fassung vom 23.10.1954, in: Münch (Hrsg.), Dokumente, Bd. 1, S. 229-234, hier S. 230.
275 Krautwig, Interzonenhandel, S. 132-140, hier S. 134-135.
276 Besprechungsvermerk, 28.11.1955 (LA, B Rep. 002, 11274, n. p.). Kroll, BMWi, 14.5.1952 (BA, B 102/37578).
277 Haftendorn, Helga: Das institutionelle Instrumentarium der Alliierten Vorbehaltsrechte. Politikkoordinierung zwischen den Drei Mächten und der Bundesrepublik Deutschland. In: Haftendorn/Riecke (Hrsg.), Vorbehaltsrechte, S. 37-80, hier S. 40-43.

schied sich jedoch deutlich von den durch Weisungsabhängigkeit geprägten früheren Verhandlungen zwischen der AHK und der Bundesregierung.[278]

Zusammenfassend lassen sich drei Gründe für den schwindenden politischen Einfluss der AHK auf die bundesdeutschen Wirtschaftsbeziehungen zur DDR während der Jahre 1949 bis 1955 benennen: 1. Dieser Trend entsprach der allgemeinen politischen Entwicklung, welche die Bundesrepublik als ein sich emanzipierendes, an politischem und wirtschaftlichem Gewicht zunehmendes Mitglied der westlichen Welt sah.[279] 2. Adenauers ebenso konsequente wie erfolgreiche Politik der Westbindung schuf den nötigen Vertrauenskredit, um die eigene Regierungskompetenz in dem Maße auszuweiten, wie die Alliierten ihre Vorbehaltsrechte zurückschraubten. So wurde der innerdeutsche Handel zwar in deutscher Verantwortlichkeit, aber unter maßgeblicher Berücksichtigung alliierter Vorstellungen abgewickelt. 3. Innerhalb der AHK existierten Meinungsverschiedenheiten über die Frage, wie das Problem der deutsch-deutschen Wirtschaftsbeziehungen politisch zu behandeln sei. Beispielsweise empfanden die Engländer die amerikanische Intervention kurz vor Unterzeichnung des Frankfurter Abkommens als „deplaziert"[280]. Auch beim von den Amerikanern im Frühjahr 1950 durchgesetzten Eisen- und Stahlembargo gegen die DDR offenbarten sich Divergenzen innerhalb der AHK. Sie resultierten aus unterschiedlichen nationalen Interessen: Während die USA in erster Linie die Auseinandersetzung mit dem Gegner im Blick hatten, wünschten Großbritannien und Frankreich ein handelspolitisches Engagement der Bundesrepublik in Ostdeutschland und -europa, um so die zu antizipierenden westdeutschen Exporte von den eigenen Märkten fernzuhalten. Für die Bundesregierung ergaben sich folgerichtig Möglichkeiten zur punktuellen Kooperation – meist mit den Briten[281] – , was wiederum ihre Position gegenüber der AHK stärkte.

Der letztgenannte Aspekt darf indes nicht überbewertet werden, da die USA angesichts ihrer politischen, militärischen und wirtschaftlichen Dominanz die Politik der beiden anderen Westmächte in ihrem Sinne beeinflussen konnten. Dies galt vor allem beim Außenhandel, deutsch-deutschen Handel und Devisenverkehr. Entgegen der sonst üblichen Mehrheitsentscheide hatte bei diesbezüglichen Fragen die Stimme des US-Vertreters das ausschlaggebende Gewicht.[282]

---

278 Allerdings gab es im BMWi Bedenken, dass im Rahmen dieses Gremiums die Wirtschaftsfragen zwischen der Bundesrepublik und der DDR „weit umfassender und detaillierter" erörtert werden könnten, als zu Besatzungszeiten; Schreiben von Woratz, BMWi, an Heise, BMWZ, 22.6.1956 (PA/AA, B 10, 1786).
279 Hierbei handelte es sich durchaus um eine politisch intendierte Entwicklung; Herbst, Ludolf: Option für den Westen. Vom Marshallplan bis zum deutsch-französischen Vertrag. München 1989, S. 111-113.
280 Vermerk über Interzonenhandelsbesprechung, 14.10.1949 (BA, B 102/108245).
281 Schreiben Adenauer an Kirkpatrick, AHK, 2.1.1951 (PA/AA, B 10, 1779).
282 Occupation Statute, Ziff. 2 g. und Agreement as to Tripartite Controls on April 8th 1948, Ziff. 5, abgedr. in: Münch (Hrsg.), Dokumente, Bd. 1, S. 69-70, hier S. 69. Rupieper, Hermann-Josef: Der besetzte Verbündete. Die amerikanische Deutschlandpolitik 1949-1955. Opladen 1991, S.42-43.

Selbst Frankreich, das zu eigenmächtiger europaorientierter Politik neigte, widersprach aus wirtschaftlichen und sicherheitspolitischen Abhängigkeiten kaum ernsthaft der amerikanischen Deutschlandpolitik.[283]

3.1.2. Internationale bzw. supranationale Organisationen

Über vergleichsweise geringen politischen Einfluss auf die deutsch-deutschen Handelsbeziehungen verfügten die inter bzw. supranationalen Organisationen CoCom, GATT, EGKS, EWG und Euratom, denen die Bundesrepublik seit Anfang bzw. Mitte der fünfziger Jahre angehörte. Es gelang der Bundesregierung, deren Mitspracheambitionen aufgrund des Postulats vom innerdeutschen Handel als Binnenhandel weitestgehend zu unterbinden. So beschränkte sich die in Paris ansässige Embargobehörde CoCom auf die Erstellung von Embargolisten und die Überwachung ihrer Einhaltung.[284] Auch wenn wegen Bonner Unbotmäßigkeiten 1954 mit dem Special Comitee for Interzonal Trade (SCom) eigens ein Gremium für den deutsch-deutschen Handel etabliert wurde,[285] lassen sich über die operativen Geschäfte hinaus in die Handelspolitik reichende Interventionen nicht nachweisen. Die Welthandelsvereinbarung GATT klassifizierte in einem Ergänzungsprotokoll den Warenverkehr mit der DDR als Binnenhandel und schloss ihn damit per definitionem aus den Regularien aus;[286] einen analogen Modus wandte man auch beim Beitritt zur Montanunion an.[287]

Am kompliziertesten gestaltete sich die Einbindung des deutsch-deutschen Handels in die EWG. Auch hier gelang es der Bundesregierung, in einer „Gemeinsamen Erklärung betreffend Berlin" sowie im „Protokoll über den innerdeutschen Handel und die damit zusammenhängenden Fragen" den Status quo zu wahren.[288] Befürchtungen der Partnerländer, fortan würde der gemeinsame

---

283 Seydoux, Francois: Beiderseits des Rheins. Erinnerungen eines französischen Diplomaten. Frankfurt a. M. 1975, S. 157; Lohse, Eckhart: Östliche Lockungen und westliche Zwänge. Paris und die deutsche Teilung 1949 bis 1955. München 1995, S. 191.
284 Grundlegend nach wie vor Adler-Karlsson, Gunnar: Western Economic Warfare 1947-1967. A Case Study in Foreign Economic Policy. Uppsala 1968.
285 Aufzeichnung über die Konstituierung des internationalen Sondergremiums für den innerdeutschen Handel in Paris, 12.9.1955 (BA, B 102/435429). Eine eingehendere Untersuchung zu dieser Einrichtung existiert bislang noch nicht.
286 BGBl. II, Anlagebd. III, S. 1980. Imhoff, Ludwig P.: GATT. Allgemeines Zoll- und Handelsabkommen. München 1952, S. 250.
287 Gutachten von Prof. Ophüls zum Schumanplan und zur Deutsche Einheit, 11.9.1951 (PA/AA, B 10, 200, Bl. 84). Dem im Auftrage des Auswärtigen Amtes erstellten Gutachten zufolge, schließt die Montanunion auch die DDR, die nicht unter die Herrschaftsgewalt der Bundesrepublik falle, gemäß § 22 des EGKS-Vertrages ein. Vertrag über die EGKS, 18.4.1951, BGBl. II, S. 447.
288 BGBl. II, S. 753; zu den Hintergründen Küsters, Hanns Jürgen: Die Gründung der Europäischen Wirtschaftsgemeinschaft. Baden-Baden 1982, S. 412.

Markt mit „Damenstrümpfen aus Bembergseide überschwemmt"[289], begegnete man mit der Regelung, dass sie gegen unerwünschte, über die Bundesrepublik bezogene Waren aus der DDR Einspruch einlegen konnten.[290] Die oftmals geäußerte These, die DDR profitiere als Quasi-Mitglied erheblich von den EWG-Handelsvorteilen,[291] ist angesichts der juristischen Regelungen und der faktischen Handelsentwicklung nicht aufrecht zu erhalten. Aufgrund der vertraglich zugesicherten Einspruchsmöglichkeiten der Mitgliedsstaaten gegen Reexporte von DDR-Waren über die Bundesrepublik war ein nennenswerter Handelsvorteil ausgeschlossen. Tatsächlich gelangten während der Jahre 1957 bis 1990 nur ca. 2 % der bundesdeutschen Bezüge aus der DDR via Reexport in die übrigen EWG-Länder.[292]

Allerdings wirkte sich die Schaffung eines westeuropäischen Binnenmarktes und die sukzessive Angleichung von Zoll- und Steuerrecht erheblich auf den innerdeutschen Warenverkehr aus. Das wichtigste Beispiel ist die Abschaffung des Einfuhrzolls auf Mineralöl bei gleichzeitiger Einführung einer speziellen Mineralölsteuer zum 1. Januar 1964. In der Folge erlitt die DDR enorme Gewinneinbußen bei ihren Mineralöllieferungen ins Bundesgebiet und stellte diese aus Profitabilitätserwägungen während der Jahre 1966 und 1967 ganz ein. Dieser Vorgang beeinflusste die innere Balance des deutsch-deutschen Warenverkehrs massiv, brachte die DDR nachhaltig in eine inferiore Position, von der sie sich bis zu den 1980er Jahren nicht mehr erholen sollte.

3.1.3. Die Bundesregierung

Der entscheidende handelspolitische Akteur seitens Westdeutschlands war selbstverständlich die Bundesregierung. Nahezu alle Ministerien beschäftigten sich in irgendeiner Form mit der Deutschlandfrage, demzufolge auch mit Problemen der deutsch-deutschen Handelsbeziehungen. Die wesentlichen Grundsatzfragen wurden von Anfang an im Bundeskabinett diskutiert und entschieden,[293] daneben erörterten die Kabinettsausschüsse für Wirtschaft, für gesamtdeutsche Fragen und für Auswärtige Angelegenheiten auch Probleme von untergeordneter Bedeutung ausführlicher. Frühzeitig etablierte sich als weiteres

---

289 Carstens, Karl: Erinnerungen und Erfahrungen. Boppard a. Rh. 1993, S. 214-215.
290 Schreiben Woratz, BMWi, an BKA, 18.2.1957 (BA, B 136/7836).
291 Biskup, Handelsgrenze, S. 19, Küsters, Gründung, S. 414; dagegen Scharpf, Wirtschaftsgemeinschaft, S. 145; Gielisch, Dagmar: Die ehemalige DDR und das Projekt „Europäischer Binnenmarkt". Versuch einer Bestandsaufnahme und Analyse ihrer Wirtschaftsbeziehungen zur Europäischen Gemeinschaft. Diss. phil., Münster 1992, S. 105-132. Ehlermann, Claus-Dieter: Die Entwicklung des innerdeutschen Handels aus der Sicht der Europäischen Gemeinschaft. In: DA, Sonderheft, 6 (1973) 10, S. 89-96.
292 Kuhnle, Bedeutung, S. 86.
293 Vermerk Woratz, BMWi, 18.4.1955 (BA, B 102/108142).

interministerielles Gremium das sogenannte „Staatssekretärskränzchen"[294], in welchem sich die leitenden Beamten des Bundeskanzler- und des Auswärtigen Amtes, des BMWi und BMGF sowie der Berliner Senator für Bundesangelegenheiten in unregelmäßigen Abständen trafen, um über die wirtschaftspolitische Taktik gegenüber der DDR zu beraten. Aufgrund seiner hochrangigen, numerisch gleichwohl überschaubaren Besetzung stellte das „Kränzchen" einen geeigneten Zirkel dar, um rasch auf kurzfristige Entwicklungen zu reagieren, die keine politische Entscheidung der höchsten Stellen bedurften. Der Vorsitz dieses Kreises lag anfangs beim Staatssekretär des BMWi, seit der Kanzlerschaft Erhards ging er auf den Leiter des Bundeskanzleramtes über. Zugleich erweiterten die Staatssekretäre der Bundesministerien für Inneres und Verkehr sowie ein Vertreter des Bundespresseamtes den Kreis.[295] Unschwer lässt sich in dieser Entwicklung eine politische Aufwertung des innerdeutschen Handels erkennen, der insbesondere Ende der sechziger Jahre erheblichen, deutschlandpolitisch gewichtigen Modifikationen unterworfen war.[296]

3.1.3.1. Der Bundeskanzler und sein Amt

Aufgrund der politischen Bedeutung der Wirtschaftsbeziehungen zur DDR stand es außer Frage, dass der Bundeskanzler in Grundsatzfragen die Akzente setzte. Dabei vertrat er die Regierungsinteressen gegenüber der AHK wie auch gegenüber anderen Staaten. Am 4. Oktober 1949 wies Adenauer seine Minister darauf hin, dass sämtliche Kontakte ihrer Fachressorts mit der AHK über das Bundeskanzleramt zu laufen haben.[297] Auf diese Weise sicherte er sich den vollständigen Überblick über die Interaktionen zwischen dem Petersberg und seinem Kabinett. In heftigen Auseinandersetzungen mit den Hohen Kommissaren, die ihrerseits auf direkten Kontakt zu den Ministerien und noch weiter untergeordneten Behörden drangen, vermochte Adenauer sich durchzusetzen.[298]

Selbstverständlich besaß der Bundeskanzler bei der Gestaltung der Wirtschaftsbeziehungen zur DDR die ihm zustehende Richtlinienkompetenz. Vor allem in den frühen fünfziger Jahren machte er davon mehrfach Gebrauch. Zum einen musste damals eine Rechtskonstruktion für den innerdeutschen Handel geschaffen werden, welche die Berlin-Problematik adäquat berücksichtigte. Zum anderen erforderte der Kalte Krieg mit seinen internationalen Verwicklungen, genannt sei hier das strategische Embargo gegenüber dem Ostblock, die Autorität des Bundeskanzlers gegenüber den Alliierten zur Wahrung deutscher Interessen. Ansonsten hielt sich Adenauer – wie auch seine Nachfolger – weitestgehend aus dem aktuellen handelspolitischen Tagesgeschäft heraus. Das lässt sich u. a.

---

294 Schreiben Sts. Lahr, AA, an Sts. Langer, BMWi, 3.4.1964 (PA/AA, B 2, Bd. 142, Bl. 70).
295 Vermerk Krautwig, BMWi, 31.8.1964 (BA, B 136/3930).
296 Diese Auffassung vertritt auch Krautwig, Interzonenhandel, S. 132-133.
297 Rundschreiben BKA an Bundesministerien, 4.10.1949 (BA, B 146/128).
298 Schreiben AHK an Adenauer, 29.11.1949 (BA, B 102/3893); Rundschreiben BKA an Bundesministerien, 23.2.1950 (BA, B 136/4646).

daran ablesen, dass er den ersten Leiter der TSI, Gottfried Kaumann, weder persönlich noch namentlich kannte und auch mit den zentralen Bestimmungen des Frankfurter Abkommens nicht näher vertraut war.[299] Aus diesen Sachverhalten darf jedoch nicht geschlossen werden, es habe „keine umfassende Weisungsunterworfenheit"[300] des BMWi unter die Kanzlerentscheidungen bezüglich des deutsch-deutschen Handels gegeben. Zwar griff Adenauer nur in wenigen kritischen Situationen direkt in den innerdeutschen Handel ein, demonstrierte dann jedoch seine uneingeschränkte Richtlinienkompetenz. Beispielsweise setzte er in der Krise des Spätjahres 1960 gegen Erhards heftigen Widerstand die Kündigung des Handelsabkommens mit der DDR kabinettsintern durch.

Dieses überaus prekäre Verhältnis zwischen Bundeskanzleramt und Bundeswirtschaftsministerium wirkte sich auch auf anderen wirtschafts- und handelspolitischen Gebieten problematisch auf die Regierungsarbeit aus und war wohl nicht zuletzt der Rivalität zwischen dem Kanzler und seinem populärsten Minister geschuldet.[301] So erklärt sich, weshalb bei Adenauers Nachfolgern Erhard und Kiesinger derart ausgeprägte Interessenkonflikte nicht nachzuweisen sind, obwohl gerade während der Großen Koalition 1966-1969 Kanzlerinterventionen beispielsweise bei der Frage nach Ausgleichszahlungen für im Mineralölsektor für die DDR gut und zahlreich dokumentiert sind. Allerdings wurden sie vom deutschlandpolitischen Dissens zwischen dem sozialdemokratischen Wirtschaftsminister Schiller und dem christ-sozialen Bundesfinanzminister Franz-Josef Strauß überlagert.

3.1.3.2. Das Bundesministerium für Wirtschaft – federführend im innerdeutschen Handel

Federführend in allen Fragen des deutsch-deutschen Handels war laut Interzonenhandelsverordnung vom 18. Juli 1951 das BMWi.[302] Es fungierte als koordinierende Schaltstelle zwischen der Bundesregierung, den Landesregierungen sowie den Wirtschaftsverbänden und stellte indirekt über die TSI die Kontakte zu den Behörden der DDR her. Intern erfolgte auf der Ebene des Ministers und des Staatssekretärs die Abgleichung von handelsstrategischen mit -taktischen Zielsetzungen; für ihre operative Umsetzung war das der Unterabteilung IV A „Eisen und Metallwirtschaft" zugeordnete „Referat Interzonenhandel" zuständig.[303] Dort wurden die konkreten Verhandlungskonzepte für die Gespräche mit den DDR-Behörden erarbeitet und – je nach Bedeutung – anschließend dem Minister bzw. dem Bundeskabinett zur Genehmigung vorgelegt.[304] Seit 1957 war

---

299 Protokoll über Gespräch zwischen AHK und Bundesregierung, 2.3.1950, in: Adenauer und die Hohen Kommissare 1949-1951, S. 118-146, hier S. 135-139.
300 Heyl, Handel, S. 230.
301 Zum gespannten Verhältnis Löffler, Marktwirtschaft, S. 307-330.
302 Abgedr. in: Münch (Hrsg.), Dokumente, Bd. 1, S. 211-218.
303 Vermerk Sts. Schalfejew, BMWi, 16.5.1950 (BA, B 102/19867); Geschäftsverteilungsplan des Referats Interzonenhandel, 10.4.1953 (BA, B 102/20834).
304 Rundschreiben an Abteilungsleiter BMWi, 6.6.1950 (BA, B 102/19867).

das Referat „Interzonenhandel" der Abteilung IV C „Sonstige Industrien" zugeordnet, was als Indiz für die Bedeutungserosion des Handelspostens „Eisen und Stahl" gelten darf.

Als dem BMWi nachgeordnete Behörde sorgte die Bundesstelle für den Warenverkehr[305] (BSW) – seit 1954 Bundesamt für die gewerbliche Wirtschaft (BAW) – für die laufende quantitative Auswertung des Warenverkehrs mit der DDR. Alle zehn Tage legte sie dem BMWi, der TSI sowie den Landeswirtschaftsämtern die entsprechenden Berichte vor. Seit dem 1. Januar 1951 agierte die Bundesstelle auf Anordnung der AHK als einzige Ausgabestelle für Warenbegleitscheine bzw. Bezugsgenehmigungen im innerdeutschen Handel. Die bisher ebenfalls mit dieser Aufgabe betrauten Landeseinrichtungen wurden von der Pflicht entbunden. So überwanden die Alliierten vor dem Hintergrund des strategischen Embargos die schwer zu kontrollierenden dezentral-föderalen Strukturen Westdeutschlands. Überdies oblag der BSW die Preisbeobachtung, um vermeintliches oder tatsächliches politisch motiviertes Dumping[306] der DDR rechtzeitig zu erkennen und zu unterbinden. Bleibt festzuhalten, dass das BMWi mit der Bundesstelle über eine effiziente Institution für die gezielte Kontrolle des innerdeutschen Handels verfügte.

3.1.3.3. *Die anderen Ministerien und ihr Bemühen um handelspolitischen Einfluss*

Die komplexe Problematik der deutsch-deutschen Wirtschaftsbeziehungen, ihre Verquickung mit der „Deutschen Frage" und dem Ost-West-Konflikt brachte es mit sich, dass auch weitere Bundesministerien den innerdeutschen Handel als Teil ihres Betätigungsfeldes interpretierten. Immer wieder sah sich das BMWi daher genötigt, die eigene Zuständigkeit zu verteidigen. Das Bundesministerium für Ernährung, Landwirtschaft und Forsten (BMELF) beispielsweise beanspruchte aufgrund der These vom „Interzonenhandel als Binnenhandel"[307] bei Transaktionen mit Land-, Forst- und Ernährungswirtschaftsgütern die Genehmigungskompetenz. Nach Auffassung des BMWi hingegen handelte es sich bei dieser These jedoch um politische Augenwischerei, die nach außen aufrecht erhalten werde, faktisch aber nicht zu halten sei. Vielmehr gelte: „Der Interzonenhandel ist in jeder Hinsicht, in Ursachen, Durchführung und Wirkung, dem Außenhandel vergleichbar. Man bedient sich bei der Abwicklung des Interzonenhandels nur einer anderen Terminologie als im Außenhandel."[308] Nach dieser

---

305 Gesetz über die Errichtung einer Bundesstelle für den Warenverkehr der gewerblichen Wirtschaft, 1.2.1952; 10/1954 gingen die Befugnisse auf das Bundesamt für die gewerbliche Wirtschaft über; künftige Organisation des Berichtswesens innerhalb der Bundesamtes für Wirtschaft 1953 (BA, B 102/20834). BGbl., Teil I, Nr. 32, 12.10.1954, S. 281-283.
306 Zur Begriffsproblematik einschl. der Varianten „politisches Dumping", „Staatshandelsdumping" etc. Pankow, Max: Die gegenwärtige Bedeutung von Dumpingeinfuhren und außenwirtschaftlichen Marktstörungen für die Wirtschaft der Bundesrepublik Deutschland. Diss. rer. oec., Frankfurt a. M. 1970, S. 5.
307 Schreiben an Woratz, BMWi, 27.6.1952 (BA, B 102/5600).
308 Ebda.

Lesart wäre dann aber das Bundeskanzleramt bzw. seit der Neugründung das Auswärtige Amt zuständig, was ganz bestimmt nicht im Sinne Erhards lag. Schließlich einigten sich die Beteiligten dahingehend, dass der TSI-Stellvertreter stets aus den Reihen des BMELF entstammte und über diese personelle Brücke die ressortspezifischen Interessen Berücksichtigung fanden. Weitaus politisch problematischer als die Kompetenzansprüche erwiesen sich indes die am 10. März 1950 geführten Direktverhandlungen zwischen dem BMELF und dem MIAM über den Bezug von Zucker bei Gegenlieferungen von Konserven. Gleichwohl dieses Kompensationsgeschäft volkswirtschaftlich sinnvoll war, kritisierte Erhard die Verfahrensweise vehement. Denn zum einen verstieß sie gegen den Kabinettsbeschluss, keine Verhandlungen auf Regierungsebene mit Ost-Berlin zu führen, zum anderen schwächte sie die Kompetenz und Autorität seines Hauses wie auch der TSI.[309] Tatsächlich unterblieben solche Vorkommnisse in der Folgezeit, und die Kooperation zwischen beiden Ressorts gestaltete sich fortan eng und konstruktiv.

Ganz anders entwickelte sich hingegen das Verhältnis zwischen BMWi und Auswärtigem Amt, insbesondere nach der Amtsübernahme durch Heinrich von Brentano im Jahr 1955. Außenwirtschaftliche Fragen gehörten zu den traditionellen Konfliktherden zwischen beiden Ministerien.[310] Auch wenn streng genommen die politischen und wirtschaftlichen Beziehungen zur DDR nicht in die Kategorie der Außen(wirtschafts-)politik fielen, spielte sich auf diesem Feld doch die gleiche Rivalität ab.[311] Dabei bemühten sich beide Ministerien, ihren ressortspezifischen Interessen Geltung zu verschaffen. Grundsätzlich tendierte das Auswärtige Amt dazu, den deutsch-deutschen Handel aus der Perspektive der politisch-ideologischen Systemkonfrontation zu beurteilen und ihn primär als Druckmittel instrumentalisieren. Demgegenüber präferierte das BMWi, unter Berücksichtigung der Stimmen aus Wirtschaftskreisen, einen Kurs des ungestörten Handels. Erhard hatte bei den unterschiedlichsten Anlässen, vor allem auch in der Frage der europäischen Integration, immer wieder seine Überzeugung zum Ausdruck gebracht, dass Handelspolitik keine „Dienerin der Außenpolitik", kein „Instrument staatlicher Machtpolitik" sei.[312] Dieser Konflikt prägte seit der zweiten Hälfte der fünfziger Jahre das Verhältnis zwischen beiden Ressorts und eskalierte während der Berlin-Krise 1958-1961.

Erst mit Amtsantritt von Außenminister Gerhard Schröder im Jahre 1961 und dem damit verbundenen Kurswechsel hin zu einer „Politik der Bewe-

---

309 Schreiben Erhard an Schäffer, Bundesminister für Finanzen, 6.4.1950 (BA, B 136/7834). Das BMELF hatte am 10.3.1950 Direktverhandlungen mit dem MIAM geführt mit dem Ergebnis, dass 40.000 t Zucker zu 850 DM/t für Gegenlieferungen der notleidenden westdeutschen Konservenindustrie vereinbart wurden.
310 Zum Konflikt zwischen beiden Ministerien bezüglich der europäischen Integration Küsters, Gründung, S. 86 u. S. 320; Vermerk: Gespräch zw. Sts. Scherpenberg, AA, und Erhard, 20.9.1955 (PA/AA, B 2, 72).
311 Vermerk Schmid, BMWi, 18.8.1955 (BA, B 102/20834).
312 Erhard, Ludwig: Wohlstand für alle. Neuausg., Düsseldorf 1997, S. 266.

gung"[313] trat eine gewisse Entspannung im Verhältnis zwischen beiden Häusern ein. Aber auch in dieser Phase kritisierte das Auswärtige Amt mehrfach die mangelhafte Kooperationsbereitschaft des BMWi.[314] Während der großen Koalition bestanden zwischen dem sozialdemokratisch geführten Auswärtigen Amt unter Leitung von Willy Brandt bzw. dem von Karl Schiller geführten Bundeswirtschaftsministerium weitaus weniger Reibungspunkte bezüglich des innerdeutschen Handels. Deutschlandpolitik und deutsch-deutsche Handelsinteressen waren nunmehr keinem so gravierenden Zielsetzungskonflikt unterworfen wie in den Jahren zuvor.

Abschließend ist noch auf das eigens für die innerdeutschen Beziehungen geschaffene BMGF hinzuweisen. Es verfügte wegen seines ressortspezifischen Querschnittscharakters über relativ geringe politische Entscheidungskompetenz.[315] Ursprünglich hatte Jakob Kaiser als erster Minister eine weitaus wichtigere Rolle auf dem Gebiet der deutsch-deutschen Wirtschaftsbeziehungen angestrebt, etwa wenn er die Erarbeitung politischer Gesichtspunkte und Wirtschaftsinformationen für die Handelspolitik gegenüber der DDR als eine zentrale Aufgabe seines Hauses benannte.[316] Mit seinem Anliegen scheiterte Kaiser auf ganzer Linie, was sowohl in der fehlenden Unterstützung seitens Adenauers als auch dem machtbewussten Auftreten Erhards in dieser Frage begründet lag. Aufgrund seiner persönlichen Autorität und dem politischen Gewicht des langjährigen Staatssekretärs Franz Thedieck spielte das BMGF dennoch in den interministeriellen Gremien eine zu beachtende Rolle in der Entscheidungsfindung. Die späteren Minister Ernst Lemmer, Erich Mende oder Rainer Barzel hinterließen auf dem Gebiet der innerdeutschen Handelsbeziehungen weniger deutliche Spuren. So verblüfft es schon, dass bei den Passierscheinverhandlungen des Jahres 1963 oder bei den Verhandlungen zum Bau der Autobahnbrücke Saale/Hirschberg eine Handschrift des BMGF nicht zu erkennen ist.[317] Erst Herbert Wehner vermochte während seiner Amtsperiode (1966-1969) abermals stärkere Akzente zu setzen. Hierbei profitierte er von den Erfahrungen seiner jahrelangen Tätigkeit als Vorsitzender des Bundestagsausschusses für gesamtdeutsche Fragen, die ihn zu einem Experten auf diesem Gebiet werden ließ.

Die übrigen Bundesministerien, insbesondere die Ressorts für Finanzen und Verkehr, übten keinen nennenswerten politisch-konzeptionellen Einfluss auf die Handelsbeziehungen zur DDR aus. Ihr Beiträge konzentrierten sich punktuell

---

313 Hierzu Eibl, Franz: Politik der Bewegung. Gerhard Schröder als Außenminister 1961-1966. München 2000. Auch Oppelland, Torsten: Gerhard Schröder 1910-1989. Politik zwischen Staat, Partei und Konfession. Düsseldorf 2002.
314 Schreiben Sts. Lahr, AA, an Krautwig, BMWi, 18.10.1962 (BA, B 137/16611); Schreiben Sts. Lahr, AA, an Sts. Langer, BMWi, 18.8.1964 (PA/AA, B 2, 142, Bl. 131).
315 Rüss, Gisela: Anatomie einer politischen Verwaltung. Das Bundesministerium für gesamtdeutsche Fragen – Innerdeutsche Beziehungen 1949-1970. München 1973.
316 Undatiertes Memorandum über die Behandlung der deutschen Ostfragen im Rahmen der Bundesregierung von Jakob Kaiser (BA, N 1018/242, Bl. 84-87).
317 Fäßler, „Brückenschlag".

auf finanz- bzw. verkehrstechnische Sekundärprobleme. Immerhin gelang es vor allem den der CSU angehörenden Finanzministern Schäffer und Strauß die Behandlung einiger zentraler Handelsfragen, genannt seien hier das Stahlembargo aus dem Jahre 1950 oder die Mineralölproblematik 1967/68, unter finanztechnischen Gesichtspunkten zu beeinflussen.

3.1.3.4. Die Treuhandstelle für den Interzonenhandel – eine inoffizielle Gesandtschaft?

Von Anfang an bestand innerhalb der Bundesregierung Konsens darüber, dass die Prinzipien des Freihandels gegenüber der DDR, wie gegenüber allen anderen Staatshandelsländern auch, nicht zur Anwendung kommen durften. Die Gefahr einer Unterwanderung der eigenen Wirtschaft durch kommunistische Aktionen und Organisationen wurde als ernsthafte Bedrohung der bundesdeutschen Stabilität eingeschätzt.[318] Deshalb beschloss das BMWi, detaillierte Warenlisten mit der DDR auszuhandeln, die nicht nur das gesamte Güterspektrum, sondern auch die einzelnen -kontingente festlegten. Allerdings konnte aus Gründen der Anerkennungsfrage kein Vertreter des Ministeriums die hierfür notwendigen Gespräche mit der anderen Seite führen. Vielmehr musste eine Zwischeninstanz eingeschaltet werden. Dabei verfiel man auf den Gedanken, eine privatrechtliche Einrichtung zu gründen und sie seitens des BMWi mit dieser Aufgabe zu betrauen. Ihre Errichtung war somit „ausschließlich politischer Natur"[319] und entsprang keineswegs handelstechnischer Notwendigkeit. Die zugrundeliegenden Überlegungen deckten sich mit denen der westlichen Staaten, wie sie am 8. Dezember 1949 von der Permanenten Kommission des Brüsseler Paktes formuliert wurden.[320]

Verschiedene Modelle wurden diskutiert. Die von Willy Brandt vorgeschlagene Variante, nach der die AHK mit der Leitung einer solchen Institution betraut werden sollte,[321] stieß weder auf dem Petersberg noch bei der Bundesregierung auf Zustimmung. Während die Alliierten direkte Verhandlungen mit DDR-Vertretern kategorisch ablehnten, zeigte Adenauer wenig Neigung für Brandts Modell, weil dieses die alliierten Kontroll- und Steuerungskompetenz im deutsch-deutschen Handel erweitert hätte. Nach all den bisherigen Querelen in dieser Frage hätte er damit seine eigene Position ad absurdum geführt.

Sinnvollerweise war eine solche Institution, welche als Integrationsstelle zwischen Bundesregierung, Wirtschaft und DDR-Behörden fungieren sollte, einer der politisch einflussreichen Wirtschaftsorganisationen anzugliedern. Grundsätzlich kamen hierfür die beiden Spitzenverbände, der Deutsche Industrie- und Handelstag (DIHT) bzw. der Bundesverband der deutschen Industrie (BDI), in

---

318 Schreiben Erhard an Industrie-Ausschuss West-Berlin, 11.11.1949 (BA, B 102/105984).
319 Schreiben Krautwig, BMWi, an Sts. Schalfejew, BMWi, 10.9.1951 (BA, B 102, 100012).
320 Foreign Relations of the United States. 1949, Vol. III. Councils of Foreign Ministers; Germany and Austria. Washington 1974, S. 543.
321 Schmidt, Wolfgang: Kalter Krieg, Koexistenz und kleine Schritte. Willy Brandt und die Deutschlandpolitik 1948-1963. Wiesbaden 2001, S. 95.

Frage, die im Spätjahr 1949 ihrer Wiedergründung entgegensahen. Erhard präferierte den DIHT, der ihm hinsichtlich seines Organisationsprofils geeigneter erschien. Als privatrechtlicher Dachverband der öffentlich-rechtlichen Industrie- und Handelskammern repräsentierte er sowohl die Industrie als auch den Handel, mithin die Interessen eines großen Teils der Wirtschaft.[322] Demgegenüber fungierte der BDI als Protagonist der Industrie, nicht aber des Handels. Hinzu kam, dass er von der Schwerindustrie dominiert wurde, die dem Bundeswirtschaftsminister nicht sonderlich gewogen war. Überdies bestand zwischen dem designierten BDI-Präsidenten, Fritz Berg, und Ludwig Erhard ein überaus gespanntes Verhältnis.[323]

Die Gespräche zwischen dem BMWi und der künftigen DIHT-Leitung über das Projekt begannen Mitte Oktober 1949 und führten am 26. Oktober 1949 zur Einigung über die Gründung einer „Treuhandstelle für den Interzonenhandel beim DIHT". Die konzeptionelle Schwierigkeit bestand darin, dass die TSI zwar „ausschließlich nach den Weisungen des Bundesministeriums für Wirtschaft"[324] agieren sollte, aber unter keinen Umständen regierungsamtliche Qualitäten besitzen durfte. Weiterhin wünschte Erhard einen möglichst geräuschlosen Konstituierungsakt, um zu vermeiden, dass der Deutsche Bundestag sich in das Verfahren einschaltete. Dies hätte nämlich eine unliebsame Verzögerung bedeutet und die Sache ins politische Rampenlicht gerückt.[325] Gerade letzteres fürchtete die Bundesregierung wegen der unkalkulierbaren Reaktionen in der Öffentlichkeit. Um den Anschein zu wahren, dass es sich bei der TSI tatsächlich um ein Organ der Wirtschaft handelte, teilte DIHT-Präsident Petersen, am 2. November 1949 Bundeswirtschaftsminister Ludwig Erhard offiziell mit, „[...] dass am heutigen Tage eine Treuhandstelle für den Interzonenhandel beim Deutschen Industrie und Handelstag, Frankfurt/M., errichtet worden ist, die unter der Aufsicht des Bundesministeriums für Wirtschaft die Durchführung und Ausgestaltung des Abkommens über den Interzonenhandel 1949/50 (Frankfurter Abkommen) gewährleisten und alle damit in Zusammenhang stehenden Fragen bearbeiten soll, soweit sie nicht in der Zuständigkeit Ihres Ministeriums oder der Landeswirtschaftsverwaltungen verbleiben."[326] In seiner Antwort vom 4. November 1949 dankte Erhard dem DIHT und übertrug der TSI offiziell die Durchführung und Ausgestaltung des Frankfurter Abkommens.[327]

Das BMWi stellte Personal seines Referats „Interzonenhandel" als „Abordnung bei Gehaltsfortzahlung"[328] zur Verfügung. Der Referatsleiter übernahm unter Aufgabe seiner bisherigen Beamtenposition die Führung der neuen Orga-

---

322 Schreiben Graf, BMWi, an Kaumann, BMWi, 4.11.1949 (BA, B 102/105984).
323 Koenen, Kampf, S. 87.
324 Vermerk Kleine, BMWi, 20.10.1949 (BA, B 102/108253).
325 Vermerk Schmidhuber, BMWi, 27.10.1949 (BA, B 102/105984).
326 Schreiben Petersen an Erhard, 2.11.1949 (BA, B 102/105984).
327 Schreiben Erhard an Petersen, 4.11.1949 (RWWA, DIHT, 315-07).
328 Ebda.

nisation.[329] Sein Stellvertreter entstammte dem BMELF, womit stets ein Sachverständiger für den wichtigen Bereich des Agrar- und Nahrungsgüterhandels eingebunden war. Ursprünglich logierte die TSI am Ort ihrer Muttergesellschaft DIHT in Frankfurt a. M. Adenauer und Erhard befürworteten jedoch ihre Verlegung nach West-Berlin, um dessen Integration in den innerdeutschen Handel zu unterstützen. Zugleich plante der Bundeskanzler, über die TSI künftig sämtliche technische Kontakte zur DDR abzuwickeln.[330]

Die Angliederung der TSI an den DIHT hatte zur Folge, dass sie nicht aus dem Bundeshaushalt finanziert werden konnte. Auch eine öffentlich-rechtliche Gebühr durfte die TSI als privatrechtliche Institution nicht erheben. Daher wurde auf deutsch-deutsche Geschäftsabschlüsse eine umsatzanteilige Abgabe in Höhe von 1 Promille erhoben. Grundlage für diese Regelung war eine freiwillige Selbstverpflichtung der westdeutschen Wirtschaft,[331] deren Vertreter freilich von einem „rechtlich sehr zweifelhaften Vorgang"[332] sprach. Im BMWi erkannte man sehr früh die Problematik der ungesicherten Rechts- und Finanzierungsgrundlage der TSI.[333] Erhard selbst hatte sich deshalb ursprünglich gegen den privatrechtlichen Charakter der TSI ausgesprochen, folgte aber schließlich wegen mangelnder überzeugender Alternativen dem entsprechenden Vorschlag Kaumanns.[334] Wie sehr der juristische Geburtsfehler in der politischen Praxis Schaden anrichten sollte, zeigte sich bereits nach wenigen Jahren:

Im Falle von politisch bedingten Embargomaßnahmen drohte die Finanzierung der TSI zu kollabieren, da sie über die umsatzanteilige Gebühr unmittelbar an das Handelsvolumen gekoppelt war. Tatsächlich trat eine solche Situation im Sommer 1951 ein,[335] und nur mit Mühe vermochte das BMWi damals die Existenz der TSI aufrechtzuerhalten. Ihre Auflösung hätte in der seinerzeit kritischen Phase des deutsch-deutschen Wirtschaftsdialoges „optisch ungünstig und sachlich nicht vertretbar"[336] gewirkt. Die USA argwöhnten, dass aufgrund des offenkundigen finanziellen Eigeninteresses die TSI einen hohen Umsatz beim innerdeutschen Handel angestrebte, ungeachtet des strategischen Embargos gegenüber den sozialistischen Staaten.[337] Es bedurfte großer Überzeugungsarbeit

---

329 Ebda. Erst seit 1968 konnte der TSI-Leiter seine Beamtenstelle im BMWi behalten, da man nunmehr die Anerkennungsproblematik anders beurteilte. Aber selbst dann wurde die Maßnahme nicht bekannt gegeben, um kein öffentliches Aufsehen zu erregen; Sprechzettel für Schiller, BMWi, 28.11.1968 (BA, B 102/208096).
330 Schreiben Erhard an Petersen, DIHT-Präsident, 7.3.1950 (BA, B 102/105984).
331 Schreiben Krautwig, BMWi, an Sts. Schalfejew, BMWi, 10.9.1951 (BA, B 102, 100012).
332 Frentzel, DIHT, an Leiste, BM Frankfurt a. M., 18.11.1949 (RWWA, DIHT, 315-07).
333 Vermerk Walter, BMWi, 9.11.1949 (BA, B 102/105984); zu späteren Diskussionen Mitteilung Grotjan, BMWi, an Wolff, 2/1956 (BA, B 102/137254).
334 Schreiben Schumann an Erhard, 5.12.1949 (ALES, NE I.4.66.3). Von Schumann war Leiter der Berliner Vertretung der Verwaltung für Wirtschaft und schied zum 1.1.1950 wegen politischer Differenzen mit Kaumann aus.
335 Vermerk Kroll, BMWi, 7.8.1951 (BA, B 102/20834).
336 Schreiben Schilde, AG IZH, an Erhard, 2.8.1951 (BA, B 102/20834).
337 Vermerk Kleine, BMWi, 15.11.1950 (BA, B 102/105984).

Bonns, die Zweifel in Washingtoner Regierungskreisen zu zerstreuen. Die Zustimmung zur Gebührenerhebung war bei den Handelsfirmen umstritten[338] und musste aufgrund der zahlreicher werdenden Einsprüche zum 31. Dezember 1956 aufgegeben werden. Seither erfolgte die Finanzierung der TSI aus Bundesmitteln. Ein Urteil des Bundesverwaltungsgerichts erkannte 1963 sogar Rückerstattungsansprüche der betroffenen Firmen an.[339]

Ungeachtet der nur unbefriedigend gelösten juristischen Fragen nahm im Herbst 1949 die TSI ihre Arbeit auf. Sie hatte vornehmlich zwei Aufgaben zu erfüllen: Zum einen galt es, ein praktikables Verfahren für den deutsch-deutschen Warenverkehr einzurichten, welches seine ausreichende Steuerung und Kontrolle sicherstellte. Dieses sollte in enger Kooperation mit den zuständigen Bundesbehörden, den Landeswirtschaftsverwaltungen, dem West-Berliner Senat, der Bank deutscher Länder sowie weiteren nicht näher bezeichneten Behörden geschehen.[340] Zum anderen oblagen der TSI, ausgestattet mit Verhandlungsvollmachten des BMWi und des West-Berliner Senats, die Routineverhandlungen mit dem MIAM/MAI über die praktische Durchführung des innerdeutschen Handels. Konkret sah das so aus, dass beide Seiten sich alle zwei Wochen alternierend in West- bzw. Ost-Berlin trafen, um die Warenlisten und einzelne Handelsposten durchzusprechen. Auch Ergänzungen und Modifikationen des Abkommens wurden bei diesen Gesprächen verhandelt.[341] Wichtig war, dass „hoheitsrechtliche Befugnisse der Bundesbehörden und Landeswirtschaftsverwaltungen […] hierdurch nicht berührt"[342] wurden. Erhard legte großen Wert darauf, dass „diese Treuhandorganisation nicht selbst Geschäfte abschließe oder vermittle."[343] Das zentrale Ausschreibungs- und Genehmigungsverfahren sollte vielmehr abgekoppelt vom unmittelbaren Verhandlungstisch erfolgen.

Aufgrund ihrer Schlüsselfunktion war eine effektive Kontrolle der TSI von höchster Bedeutung, um politisch nicht gewünschten Eigenmächtigkeiten vorzubeugen. Deshalb achtete Erhard sehr darauf, dass die Geschäftsführung der TSI nur unter seiner Aufsicht und gemäß der von ihm erteilten Richtlinien erfolgte, für deren Einhaltung er den Leiter persönlich verantwortlich machte.[344] Auf gar keinen Fall sollte sie als „diplomatische Verbindungsstelle"[345] agieren, da eine derartige Funktionalisierung auf dem sensiblen Gebiet der Deutschlandpolitik weder die AHK noch Bundeskanzler Adenauer toleriert hätten. Des weiteren war die TSI verpflichtet, dem BMWi und der AHK einen monatlichen Tätig-

---

338 Schreiben Beutler und Stein, BDI an Erhard, 8.2.1950 (BA, B 102/4956); Schreiben der WV Eisen und Stahl an Kleine, BMWi, 26.11.1949 (BA, B 102/108245).
339 Wenig, Rechtsprobleme, S. 37.
340 Schreiben Erhard an Kaumann, TSI, 4.11.1949 (BA, B 356/94).
341 Ebda.
342 Ebda.
343 Vermerk Kleine, BMWi, 25.10.1949 (BA, B 102/105984).
344 Schreiben Erhard an Kaumann, TSI, 4.11.1949 (BA, B 356/94).
345 Niederschrift über Ressortbesprechung, 19.6.1950 (BA, B 102/34243).

keitsbericht vorzulegen.[346] Schließlich kam der TSI Informationspflicht gegenüber dem Bundesbeauftragten für Berlin, dem West-Berliner Senat, der AG IZH und der IHK Berlin zu.[347]

Im Jahre 1950 erfuhr die TSI eine funktionale Aufwertung. Laut Kabinettsbeschluss vom 25. April 1950 sollte sämtlicher Briefverkehr öffentlicher Einrichtungen Westdeutschlands mit DDR-Behörden ausschließlich über sie laufen. Dabei kam man überein, dass die einzelnen Ressorts einen Beauftragten fallweise oder dauernd an die TSI abstellten. Weiterhin erging die Empfehlung an die Bundesländer, ebenfalls nur noch über die TSI mit ostdeutschen Behörden zu kommunizieren. Für die Deutsche Bundesbahn verständigte man sich auf die Regelung, dass sie zwar direkt mit der DDR verhandeln durfte, aber bei der Verrechnung von Dienstleistungen die TSI in Anspruch nehmen musste.[348] Auch die Regelung des kleinen Grenzverkehrs und die damit verbundenen Probleme wurden über die TSI mit der Gegenseite besprochen.[349] Aufgrund dieser Entwicklung war die TSI „[...] - cum grano salis - als eine inoffizielle Gesandtschaft des Westens zu charakterisieren"[350].

Zum 1. Januar 1952 erfolgte „unter Aufrechterhaltung ihres nichtamtlichen Charakters nach außen hin"[351] die Lösung vom DIHT und die Angliederung an die BSW. Die Beauftragung einer privaten Einrichtung mit hoheitlichen Aufgaben hatte sich nach Auffassung von Mitarbeitern der TSI nicht bewährt.[352] Retrospektiv urteilten Regierungsvertreter zu Recht, dass die TSI spätestens seit diesem Zeitpunkt als staatliche Behörde anzusehen sei, eine Auffassung, die auch das Bundesverfassungsgericht in seinem Urteil vom 12. Juli 1963 bestätigte.[353] In der Historiographie ist dieser Sachverhalt zuweilen übersehen worden.[354]

Im Jahre 1953 erweiterte Erhard abermals den Aufgabenkanon der TSI. Nunmehr sollte sie nicht nur Handelsfragen, sondern sämtliche wirtschaftliche Belange zwischen der Bundesrepublik einschließlich West-Berlins und der DDR regeln. Sie war zu Verhandlungen und Vereinbarungen befugt und konnte auch Aufgaben außerhalb des wirtschaftlichen Bereiches übernehmen, sofern der

---

346 Vermerk Kleine, BMWi, 20.10.1949 (BA, B 102/105985).
347 Schreiben Krautwig, BMWi, an Leopold, TSI, 5.6.1953 (BA, B 356/94).
348 Protokoll 60. Kabinettssitzung, 25.4.1950, in: Enders/Reiser (Bearb.), Kabinettsprotokolle, Bd. 2, S. 345; Niederschrift über Ressortbesprechung, 14.7.1950 (BA, B 102/108276). Das BMELF wünschte eine dauernde Abstellung, das BMGF und das BMVerk. gaben sich mit einer zeitweisen Abstellung zufrieden.
349 Schreiben BMGF an Erhard, 8.2.1950 (BA, B 102/19860).
350 Mitteilung Kaumann, TSI, an Hillenherms, BMELF, 5.11.1951 (BA, B 356/10012).
351 Schreiben Graf, BMWi, an Schäfer, DIHT, 18.12.1951 (BA, B 356/10012).
352 Schreiben Krautwig, BMWi, an Sts. Schalfejew, BMWi, 10.9.1951 (BA, B 102, 100012).
353 Wenig, Rechtsprobleme, S. 54.
354 So geht Petzina davon aus, dass die TSI bis 1990 keinen Behördencharakter aufgewiesen habe; Petzina, Deutschland, S. 156.

Bundeswirtschaftsminister dieses angewiesen hatte.[355] Tatsächlich verhandelte die TSI während der fünfziger und sechziger Jahre mit wechselhaftem Erfolg Fragen des Berlin-Verkehrs, grenzüberschreitender Arbeitsverhältnisse oder auch deutsch-deutscher Bauvorhaben.[356]

3.1.4. Die Landesregierungen – Protagonisten eines föderalen Egoismus?

Eine untergeordnete, gleichwohl nicht zu vernachlässigende Rolle im deutsch-deutschen Handel spielten die Bundesländer. Ihre Landesregierungen verfügten zwar über keine handelspolitischen Kompetenzen gegenüber der DDR im engeren Sinne. Doch gerade in den Anfangsjahren, als sich das System des innerdeutschen Handels erst noch einspielen musste, bestand durchaus die Möglichkeit, dass einzelne Länder versuchen könnten, auf eigene Faust mit der DDR ins Geschäft zu kommen. Als sich im Sommer 1950 abzeichnete, dass die Verlängerung des Frankfurter Abkommens nicht fristgemäß würde erfolgen können, fürchtete die Bundesregierung handelspolitische Alleingänge einzelner Länder. Daher richtete das BMWi einen dringenden Appell an sie, die gemeinsam erarbeiteten Richtlinien für den innerdeutschen Handel strikt einzuhalten, „ [...] da nur auf diese Weise ein Chaos im Interzonenhandel mit unabsehbaren Auswirkungen auf die Volkswirtschaft vermieden werden kann."[357] Auch der Skandal um den niedersächsischen Landwirtschaftsminister Gereke, der zum Wohle der heimischen Konservenindustrie nach Ost-Berlin aufgebrochen war und dort mit Ulbricht höchstselbst konferiert hatte, stellte aus Bonner Sicht eine föderale Unbotmäßigkeit dar und wurde aufs Schärfste verurteilt.[358] Die Regierung befürchtete mit Blick auf den zeitgleich zwischen der DDR und Polen unterzeichneten Oder-Neiße-Vertrag einen propagandistischen Erfolg Ulbrichts.[359]

Gegenüber der Bundesregierung traten die Länder als Interessenwahrer ihrer jeweiligen regionalen Wirtschaft auf. Sie trafen sich gemeinsam mit Vertretern des BMWi und der TSI zu vierteljährlich abgehaltenen „Interzonenhandels-Ländertagungen". Hierbei erläuterte die Bundesregierung die Grundlinien ihrer (Handels-)Politik gegenüber der DDR, nahm zu aktuellen Ereignissen Stellung und diskutierte Wünsche und Forderungen der einzelnen Länder. Erhard akzep-

---

355 Schreiben Erhard an Leopold, TSI, 16.4.1953 (BA, B 356/94). Ausgenommen Personalangelegenheiten, die der Dienstaufsicht des Leiters der Zentralabteilung/BMWi bzw. der Verwaltungsabteilung/BMELF bzw. dem Präsidenten der BAW unterstanden.
356 Fäßler, „Aktivisten"; Fäßler, Der „Brückenschlag".
357 Rundschreiben BMWi an Bundesländer, 30.6.1950 (RWWA, DIHT, 315-20).
358 Mitteilung Nr. 556/50, in: Küsters, Hanns Jürgen/Hofmann, Daniel (Bearb.): DzD. II. R., Bd. 3. Gereke traf sich am 7.6.1950 mit Ulbricht, trat am 21.6.1950 als niedersächsischer Landwirtschaftsminister bzw. stellvertretender Ministerpräsident zurück und wurde am 29.6.1950 aus der CDU ausgeschlossen. Im Jahre 1952 siedelte er in die DDR über. Vermutlich stand er in Diensten des Ministeriums für Staatssicherheit; hierzu Wolf, Markus: Spionagechef im geheimen Krieg. Erinnerungen. München 1997, S. 98.
359 Schreiben BMGF an BMWi, Schildthuber, 23.6.1950 (BA, B 102/5062 H2).

tierte die Bedeutung der Länder für die deutsch-deutschen Wirtschaftsbeziehungen. Gemäß einer Hausverfügung des BMWi waren die Bundesländer bei der Vorbereitung eines Handelsabkommens mit der DDR und zu konsultieren.[360] Mehrfach trat Erhard insbesondere in den Anfangsjahren Bestrebungen seines Hauses, der TSI, der Wirtschaftsverbände und selbst der AHK entgegen, die eine Ausschaltung der Länder gefordert hatten.[361] Sein Ziel bestand darin, durch die Einbindung möglichst vieler Akteure in den Beratungsprozess a.) sie zu disziplinieren und b.) ein Interessengleichgewicht zu wahren. Wenn sich die Bundesländer dennoch über mangelhaften Informationsfluss von der TSI bzw. vom BMWi in die Landesverwaltungen beschwerten,[362] so lag dies nicht in einer gezielten Ausgrenzungspolitik, sondern wohl eher in administrativen Unzulänglichkeiten begründet.

Wirtschaftspolitische Initiativen einzelner Landesregierungen richteten sich zumeist direkt an das BMWi bzw. an die TSI. Direkte Kontakte nach Ost-Berlin spielten nur eine untergeordnete Rolle. Zumeist versuchten die Länder, Interessen sowohl einzelner Unternehmen, Branchen als auch bestimmter Regionen Geltung zu verschaffen. In der Regel beurteilte Bonn solche Einzelinteressen im Kontext der gesamtvolkswirtschaftlichen Interessenlage. Widersprachen sie den handelspolitischen Grundlinien, wurden sie meist zurückgewiesen.[363] Zuweilen vermochte parteipolitische Verbundenheit aber auch hier Ausnahmen zu bewirken. Beispielsweise genehmigte Erhard nach Intervention des bayerischen Wirtschaftsministers Hanns Seidel (CSU) ein zuvor als „undenkbar"[364] qualifiziertes Kompensationsgeschäft.

Grundsätzlich traten alle Landesregierungen für die Ausweitung des deutsch-deutschen Handels ein. Besonders engagierte Befürworter waren die Hansestädte Bremen und Hamburg im Verbund mit dem Land Schleswig Holstein. Ihr gemeinsames Interesse bestand darin, den DDR-Überseewarentransport langfristig über ihre Häfen zu leiten.[365] Weiterhin traten die drei Bundesländer für die

---

360 Vermerk Kaumann, 7.7.1950 (BA, B 102/19867).
361 Sitzungsprotokoll Arbeitsausschuss der AG IZH, 5.6.1950 (RWWA, DIHT, 315-6).
362 Niederschrift über Länderbesprechung, 27./28.4.1950 (BA, B 102/108276).
363 Schreiben Landeswirtschaftsministerium Württemberg-Baden an BMWi, 2.1.1951. (BA, B 102/19870) Hierbei handelte es sich um den württembergischen Spinn- und Zwirnläuferproduzenten OTRA Ringläufer GmbH in Salach, der durch ein Bezugsverbot seine Existenz vor der starken ostdeutschen Konkurrenz schützen wollte.
364 Schreiben Hanns Seidel an Erhard, 31.7.1957 (BA, B 102/20895). Seidel setzte sich für das „Käse-Stahl-Kompensations-Geschäft" der Gebr. März/Rosenheim ein; Schreiben Gebr. März/Rosenheim an Erhard, 1.8.1957 (BA, B 102/20895): Anfrage wegen Genehmigung des Kompensationsgeschäfts; Schreiben TSI an Erhard, 8.8.1957 (BA, B 102/20895). Gegenüber dem MAI hatte die Firma argumentiert, aufgrund bester Beziehungen zu Erhard wäre ein Käse-Stahl-Geschäft über 5 Mio. VE kein Problem. Im weiteren Verlauf einigte man sich auf ein Handelsvolumen über 3 Mio. VE, das vom Bundeswirtschaftsminister genehmigt wurde.
365 Schreiben IHK Hamburg an die TSI, 11.7.1950 (BA, B 102/19867); Schreiben der Behörde für Wirtschaft und Verkehr an das BMWi, 15.5.1950 (BA, B 102/19867). Schrei-

Belange der notleidenden Hochseefischerei ein, die bei aller volkswirtschaftlicher Randständigkeit im frühen innerdeutschen Handel eine wichtige politische Rolle spielte.[366] Ende der fünfziger Jahre legte der Bremer Senat eine bemerkenswerte Kontaktfreudigkeit gegenüber der DDR-Außenhandelsbürokratie an den Tag, die zu großer Verstimmung in Bonn führte. Auch die Landesregierung Nordrhein-Westfalens zeigte sich an einem intensiven deutsch-deutschen Handel interessiert, insbesondere wegen der Absatzchancen bei Steinkohle, Eisen, Stahl und Chemieprodukten. Interessenkonflikte gab es allerdings mit der Textilindustrie im Krefelder Raum, welche die starke ostdeutsche Konkurrenz fürchtete.[367] Der Freistaat Bayern musste sich ebenfalls mit einer widersprüchlichen wirtschaftlichen Interessenlage auseinandersetzen. Auf der einen Seite erforderte die traditionell ausgeprägte volkswirtschaftliche Verquickung von Nordbayern/Franken sowie Thüringen/Sachsen eine Konservierung und einen Ausbau der Verbindungen. Hier waren die Liefer- und Absatzbeziehungen in der Textil-, Keramik- und Glasindustrie besonders eng.[368] Hinzu kam die Versorgung des Zonenrandgebietes mit Braunkohle ostdeutscher Provenienz. Auf der anderen Seite war gerade in Nordbayern die durch umfangreiche staatliche Subventionen geförderte Flüchtlingsindustrie stark vertreten. Sie agierte aus politischen und wirtschaftlichen Gründen kompromisslos gegen den Handel mit der DDR. Der aus persönlicher Erfahrung resultierende Antikommunismus paarte sich mit ökonomischer Furcht vor der ostdeutschen Konkurrenz. Die übrigen Bundesländer traten hinsichtlich handelspolitischer Fragen des innerdeutschen Warenverkehr kaum in Erscheinung, was am geringen Austauschvolumen gelegen haben dürfte.[369]

Einen Sonderfall unter den Bundesländern stellte West-Berlin dar, das existentiell mit Fragen der Deutschlandpolitik und des innerdeutschen Handels verbunden war. So deckte es seinen gesamten Bedarf an Braunkohle aus ostdeutschen Gruben.[370] Auch bei Lebensmitteln wurde es zu einem hohen Anteil vom ostdeutschen Umland versorgt. Schließlich ging ein relativ bedeutender Anteil der eigenen Industrieproduktion in die DDR. Nicht zu vergessen die ca. 40.000 Pendler, die bis 1961 aus Ost-Berlin in den Westteil der Stadt fuhren. Wegen der engen Verquickung West-Berlins mit Fragen des innerdeutschen Handels kon-

---

   ben von Wirtschaftsminister Preller, Schlewig-Holstein, an Erhard, 13.6.1950 (BA, B 102/19867).
366 Folkers, Karl-Heinz: Probleme des Interzonenhandels, dargestellt nach den Erfahrungen der westdeutschen Fischwirtschaft. Diss. rer.oec., Hamburg 1954
367 Schreiben Gesamttextil an TSI, 11.5.1950 (BA, B 102/615). Darin wandte sich der Fachverband Gesamttextil gegen eine Aufstockung der Textilbezüge aus der DDR.
368 Kagermeier, Andreas: Versorgungsbeziehungen über die ehemalige innerdeutsche Grenze. In: Grimm, Frank-Dieter (Hrsg.): Regionen an deutschen Grenzen. Strukturwandel an der ehemaligen innerdeutschen Grenze und an der deutschen Ostgrenze. Leipzig, 1994, S. 32-50.
369 Lieferungen der Bundesrepublik an die DDR, 11.3.1952 (BA, DE 1/31426).
370 Schreiben Bundesvereinigung des Kohlengroßhandels e.V. an BMWi, 19.10.1955; auch Schreiben Bayerischer Kohlenhandelsverband an BMWi, 16.9.1955 (BA, B 102/34245).

sultierte die Bundesregierung den jeweiligen Regierenden Bürgermeister als einzigen Landesvertreter bei allen wichtigen Entscheidungen zu diesen Problemkreisen.[371] Während Bonn mit Ernst Reuter und Otto Suhr keine nennenswerten Divergenzen ausfocht, erwuchs Anfang der sechziger Jahre eine interessante Konstellation, als mit Willy Brandt (SPD) ein Verfechter der Entspannungspolitik („Politik der kleinen Schritte") und zugleich der innenpolitischer Herausforderer Adenauers um das Kanzleramt die West-Berliner Politik bestimmte. Deutschlandpolitische Eigenmächtigkeiten der West-Berliner Administration waren in dieser Situation durchaus zu erwarten. Tatsächlich knüpften Vertraute Brandts 1963 Kontakte mit ostdeutschen Regierungsstellen, was u. a. zum Abschluss des ersten Passierscheinabkommens im Dezember 1963 führte.[372]

3.1.5. Unternehmen und Verbände

Gemäß der Marktwirtschaftsordnung verfügen Wirtschaftsakteure zwar über keine wirtschaftspolitische Kompetenz, wohl aber über wirtschaftspolitische Macht.[373] Wie bei den Außenwirtschaftsbeziehungen beteiligten sich an der Ausgestaltung und Entwicklung der deutsch-deutschen Wirtschaftsbeziehungen neben staatlichen auch wirtschaftliche Akteure.[374] Diese Gruppe weist hinsichtlich ihrer organisatorischen Beschaffenheit wie auch ihrer spezifischen Interessenlagen ausgesprochen heterogene Züge auf.

Bezüglich des Organisationsgrades lassen sich drei Ebenen unterscheiden: 1. die Einzelunternehmen, 2. die branchen- bzw. regionenspezifischen Wirtschaftsverbände und 3. die Spitzen- bzw. Dachverbände.[375] Die beiden erstgenannten orientierten sich vornehmlich an ihren spezifischen Eigeninteressen.[376] Entsprechend ihrer Absatzchancen bzw. günstigen Bezugsmöglichkeiten standen sie

---

371 So auch bei der Kündigung des Berliner Abkommens am 30.9.1960.
372 Ohrem, Ingrid: Die Passierscheinverhandlungen 1963-1966. Prüfstein für die Möglichkeit und Grenzen innerdeutscher Kontakte. Unveröff. Magisterarbeit, Bonn 1997. Die Arbeit kann in der Bibliothek des Bundesarchivs in Berlin eingesehen werden.
373 Streit, Theorie, S. 284-285.
374 Tudyka, Interessen; Engels, Silvia: Deutsche Wirtschaft – Gestalter der Ostpolitik? Die Bedeutung der Wirtschaftsbeziehungen für die Regierungspolitik: Die Bundesrepublik Deutschland und Polen, Ungarn sowie die Tschechoslowakei 1985-1992. Köln 1998, S. 54. Heyl kommt zum Schluß, dass die Wirtschaftsverbände keinen bestimmenden Einfluß auf die deutsch-deutschen Wirtschaftsbeziehungen genommen hätten. Heyl, Handel, S. 253.
375 Der Begriff „Verband" bezeichnet formal organisierte Interessengruppen, die sich regelmäßig am politischen Willens- und Entscheidungsbildungsprozeß beteiligen. Auf diese Weise intendieren sie, die primären Organisationszwecke, zumeist ökonomischer Natur, zu fördern. Die Termini „Spitzenverband" bzw. „Dachverband" stellen Eigenbezeichnungen der betreffenden Organisationen dar, mit denen sie ihren mehrere Einzelverbände zusammenfassenden, integrativen Charakter benennen.
376 Engels, Wirtschaft, S. 30.

dem innerdeutschen Handel wohlwollend (Steinkohlebergbau, Eisen- und Stahlindustrie, Maschinenbau, Elektroindustrie, chemische Industrie, Seefischerei, Handels- und Transportgewerbe u. a.), neutral oder gar ablehnend (Textil-, Glas-, Keramik-, Spielzeugwarenindustrie u. a.) gegenüber. Deutschlandpolitische Aspekte lassen sich in ihren Forderungen und Positionen nicht nachweisen, sie orientierten sich konsequent an den ökonomisch definierten Eigeninteressen.

Daneben sind zwei weitere Akteursgruppen zu benennen, die sich dieser Kategorisierung und Charakterisierung entziehen. Zum einen waren das die aus der SBZ/DDR geflohenen Unternehmer, die sich in der „Interessengemeinschaft der in der Ostzone enteigneten Betriebe"[377] (IOB) organisierten. Immerhin handelte es sich im Jahre 1956 um rund 3800 Firmen mit 250.000 Beschäftigten.[378] Ihre Interventionen beim BMWi hielten sich im Rahmen der bei anderen Gruppen nachzuweisenden Aktivitäten und bedürfen keiner separaten Analyse. Zum zweiten muss auf deutsch-deutsche Handelsgesellschaften hingewiesen werden, welche sich für den Warenaustausch zwischen beiden Teilen Deutschlands einsetzten. Zu nennen sind vor allem der „Ausschuss zur Förderung des deutschen Handels" bzw. der „Ausschuss zur Förderung der Berliner Handels". Beide wurden 1954 auf Initiative des MAI ins Leben gerufen. Des weiteren spielte die „Gesellschaft für Osthandel" (Gefo) eine gewisse Rolle. Derartige Organisationen standen zumeist – und zu Recht – unter dem Verdacht, von Ost-Berlin gesteuert zu werden. Als „fünfte Kolonne Pankows" stigmatisiert, vermochten sie ihre politische und ökonomische Marginalisierung zu keinem Zeitpunkt zu überwinden. Daher finden sie in der vorliegenden Arbeit nur im chronologischen Teil Erwähnung.

Die vorliegende Untersuchung konzentriert sich im wesentlichen auf die dritte Ebene, hier vornehmlich auf die Rolle des DIHT und des BDI. Ausschlaggebend für diese Wahl war ihr politisches Gewicht. Während sich im innerdeutschen Handel involvierte Einzelunternehmen primär an ökonomischen Eigeninteressen orientierten, spielten deutschlandpolitische Motive bei ihnen eine nur untergeordnete Rolle. Dementsprechend war auch ihre handelspolitische Durchschlagskraft sehr begrenzt, da ihre Anliegen unter Hinweis auf eine übergeordnete Interessenlage leicht zurückgewiesen werden konnten. Fachverbände zeichneten sich zwar durch einen größeren handelspolitischen Einfluss aus, aber auch sie waren in erster Linie branchen- und zuweilen regionenspezifischen Interessen verpflichtet. Demgegenüber besaßen die Dachverbände aufgrund ihres repräsentativen Charakters auch bei der Regierung ein großes wirtschaftspolitisches Gewicht. Unter den Dachverbänden wiederum kooperierten der DIHT und der BDI besonders eng mit der Bundesregierung in Fragen des deutsch-deutschen Handels. Andere Organisationen wie der Bundesverband der Deutschen Banken (BDB) oder des Groß- und Außenhandels (BGAH), beide grundsätzlich auch in

---

377   Leider existiert zu diesem Verband keine geschlossene Quellenüberlieferung. Die punktuellen handelspolitischen Initiativen werden im chronologischen Teil berücksichtigt.
378   Referat Leopold, TSI, 9.10.1959 (SAPMO-BA, DY 30/IV 2/6.10/212).

den innerdeutschen Handel involviert, besaßen vergleichsweise geringes politisches Gewicht.[379]

Die Spitzen- und Fachverbände Deutschlands erfreuten sich traditionellerweise im internationalen Vergleich außerordentlich großen politischen Einflusses.[380] Ihr Ansprechpartner auf staatlicher Seite waren neben den Landeswirtschaftsministerien in erster Linie das BMWi sowie die TSI. In Ausnahmefällen wandten sich die Wirtschaftsakteure auch direkt an den Kanzler. Dies traf während der Ära Adenauer vor allem für den BDI unter der Präsidentschaft von Fritz Berg zu. Er verfügte über einen direkten und ausgezeichneten Draht zum Kanzler, welcher seinerseits mittels langjähriger und auch familiärer Beziehungen der rheinischen Industrie verbunden war.[381]

Seit Mitte der fünfziger Jahre suchten die bundesdeutschen Wirtschaftsakteure in zunehmendem Maße den direkten Kontakt ins MAI, aber auch zu Funktionären der SED. Dieses Verhalten wurde seitens der Bundesregierung kritisch beobachtet, von Erhard einmal gar als „beschämende Haltung und Gesinnungslosigkeit"[382] gebrandmarkt. So sah sich BDI-Präsident Berg in kritischen Situationen schon einmal veranlasst, zu betonen: „Ich habe in den vergangenen Monaten wiederholt und unmissverständlich zum Ausdruck gebracht, dass die deutsche Industrie in der Gestaltung der Wirtschaftsbeziehungen zum Ostraum das Primat der nationalen und staatspolitischen Belange ausdrücklich anerkennt."[383] Freilich klafften in diesem Punkt Anspruch und Wirklichkeit auseinander, wie im Verlaufe der Untersuchung noch zu zeigen sein wird.

Die „Arbeitsgemeinschaft Interzonenhandel" (AG IZH): Gründung, Organisation und Entwicklung der AG IZH Bereits im Herbst 1949 hatte das BMWi West-Berliner Wirtschaftskreisen nahegelegt, eine Arbeitsgemeinschaft zu bilden, die sich mit Problemen des Interzonenhandels und der Einbeziehung West-Berlins in denselben befassen sollte.[384] Nachdem von dort keine positive Reaktion zu vernehmen war, wiederholte Erhard den Vorschlag gegenüber dem DIHT-Präsidenten Petersen und regte die Gründung einer „Arbeitsgemeinschaft Interzonenhandel" (AG IZH) beim DIHT gemäß des Vorbildes der im Sommer 1948 gegründeten „Arbeitsgemeinschaft Außenhandel der deutschen Wirtschaft" an.[385] Funktional sollte dieses Gremium als eine der Regierung vorgeschaltete Instanz die vielfältigen „mehr oder minder egoistischen Wünsche einzelner Wirtschaftszweige oder Berufsgruppen"[386] sammeln, ihre Widersprüche ausgleichen und sie in ein handelspolitisches Gesamtkonzept integrieren, welches die Bundesregierung als

---

379 Engels, Wirtschaft, S. 56-60.
380 Berghahn, Unternehmer, S. 13.
381 Ebda., S. 185-186.
382 Schreiben Erhard an Walter Bauer, Hutfabrikant aus Fulda, 4.4.1955 (ALES, NE I.4.35.10).
383 Rede Fritz Berg, BDI-Vorsitzender, vor IHK Hagen, 19.12.1955 (BA, B 102/1698).
384 Vermerk Kleinen, BMWI, 25.10.1949 (BA, B 102/105984).
385 Vermerk über Gründung der AG IZH, 18.2.1957 (RWWA, DIHT, 315-05).
386 Sitzungsprotokoll: Arbeitsausschuss der AG IZH, 10.10.1950 (RWWA, DIHT, 315-6).

repräsentativ für die Wünsche der bundesdeutschen Wirtschaft ansehen und politisch handhaben konnte.[387] Gerade Auseinandersetzungen mit der Wirtschaft bezüglich der deutsch-deutschen Wirtschaftsbeziehungen waren für Erhard stets ein Anlass zu „besonderer Sorge"[388], und er mahnte, die Bundesregierung müsse eine einheitliche und starke Haltung bewahren. Andernfalls drohe sie zum Spielball der Interessengruppen degradiert zu werden, denn „immer wird moralisch verbrämt, was im Grunde genommen nur nackter Gruppenegoismus ist."[389]

Der DIHT folgte Erhards Vorschlag und berief Vertreter der vier führenden Wirtschaftsverbände DIHT, BDI, BGAH[390] und Bundesverband des Deutschen Einzelhandels (BDEH) zu einer konstituierenden Sitzung am 24. Januar 1950 in Berlin ein.[391] Des weiteren bat man wegen des besonderen Status von West-Berlin die dort ansässige IHK hinzu und übertrug ihr die Geschäftsführung. Seitens der Regierung waren Vertreter des BMWi, des BMELF und der TSI bei der Gründungsveranstaltung anwesend, was die politische Bedeutung des neuen Forums unterstrich.[392] Die AG wählte aus ihrem Kreise einen sechsköpfigen Arbeitsausschuss, der handelspolitische Vorlagen für den Vorstand und die Vollversammlung erarbeitete. Zugleich stand er in ständigem Kontakt mit der TSI, um bei anstehenden Problemen im innerdeutschen Handel rasch mitwirken zu können.[393] Der Vorstand wiederum beriet das BMWi bei der Zusammenstellung der alljährlichen Warenlisten für den Handel mit der DDR, aber auch bei grundsätzlicheren Fragen wie der Kreditgewährung.

Die organisatorische Struktur der AG IZH änderte sich bis 1972 kaum; erst im Zuge der allgemeinen ostpolitischen Änderungen unterzog auch sie sich einer Strukturanpassung. So nahm an Stelle der IHK Berlin der Deutsche Bankenverband nunmehr einen Sitz ein.[394] Dies geschah in Reaktion auf die sich ändernden Wirtschaftsbeziehungen zur DDR, bei denen Kreditfragen immer wichtiger wurden. Zum anderen zeigt sich darin auch eine politische Entspannung um Berlin, welche eine Beteiligung der Berliner Wirtschaft in dem Gremium nicht mehr erforderlich machte. Des weiteren erfolgte am 5. Juni 1973 die Umbenennung der AG IZH in „AG Handel mit der DDR" und trug so der allgemeinen politischen und sprachlichen Entwicklung Rechnung.[395] Zum 27. September 1990 stellte die Arbeitsgemeinschaft wegen Auflösung des Objektes ihrer Bemühungen die Arbeit ein.[396]

---

387 Ebda.
388 Schreiben Erhard an Adenauer, 7.7.1954; vertraulich (BA, B 102/12575).
389 Ebda.
390 Seit 1965 Bundesverband des Deutschen Groß- und Außenhandels.
391 Protokoll der Gründungsversammlung, 24.1.1950 (RWWA, DIHT, 315-07).
392 DIHT, Tätigkeitsbericht für das Geschäftsjahr 1949/50, S. 40.
393 Protokoll der konstituierenden Sitzung, 1./2.5.1950 (RWWA, DIHT, 315-6).
394 Vermerk Giesecke, AG IZH, 29.11.1972 (RWWA, DIHT, 315-00).
395 Rundschreiben über Vorstandssitzung AG IZH, 13.7.1972 (RWWA, DIHT, 315-00).
396 Ergebnisniederschrift über Sitzung des Vorstandes der AG Handel mit der DDR, 27.9.1990, S. 1-2 (Archiv der IHK Berlin, Ordner I/3 AG Handel mit der DDR).

Welch schwierige Aufgabe damit verbunden war, „die in krassester Form dem Ministerium bekannte unterschiedliche Interessenlage der Wirtschaft"[397] zu integrieren, erlebte die AG IZH im Juli 1952. Aus Unzufriedenheit über ihre Arbeit entschlossen sich führende BDI-Vertreter, eine eigene „industrielle Fraktion"[398] in Form eines „Arbeitskreises Interzonenhandel" (AK IZH) ins Leben zu rufen.[399] Dieses neue Gremium agierte wie die bereits bestehende AG IZH, fand jedoch nie deren Nähe zum BMWi. So klagten die AK IZH lange Jahre über mangelhafte Informationsweitergabe seitens des Ministeriums und der TSI. Aufgrund dessen sah sie sich nicht in der Lage, ein ausgewogenes Meinungsbild des produzierenden Gewerbes zu erstellen und die Verhandlungsposition der TSI konstruktiv mitzugestalten.[400] Die Distanz des BDI zum BMWi mag an dem überragenden Einfluss der Ruhrindustrie gelegen haben. Der langjährige BDI-Präsident Fritz Berg[401] wurde despektierlich, gleichwohl zutreffend als „Bauchredner"[402] der Schwerindustrie charakterisiert. Aufgrund der Einflussschwäche des AK IZH, sowie der sonstigen exzellenten Kontakte des BDI in die Bonner Machtzentralen, löste sich der Arbeitskreis 1958 auf.

3.2. Die DDR

3.2.1. Die Sowjetische Kontrollkommission

Ebenso wie die Bundesrepublik verfügte die DDR anfangs nur über eine „Souveränität unter Vorbehalt"[403]. Letzte Instanz in politischen Grundsatzentscheidungen war zweifelsohne die sowjetische Regierung, als deren Dependance in der DDR von 1949 bis 1953 die Sowjetische Kontrollkommission (SKK) fungierte. Die nichtmilitärische Nachfolgeorganisation der SMAD übte eine „Doppelfunktion als anleitendes und kontrollierendes Organ"[404] aus. Sie erließ Direktiven, hob Gesetze auf und holte sich Informationen über die unterschiedlichsten politischen und wirtschaftlichen Vorgänge und Entwicklungen ein. Ihre

---

397 Schreiben der AG IZH an BMWi, 9.12.1952 (BA, B 102/5598).
398 BDI-Jahresbericht 1958/59, S. 29.
399 Es kann also keine Rede davon sein, dass in der AG IZH Vertreter des BDI „den Ton angaben"; Roesler, Handelsgeschäfte, S. 206.
400 Schreiben v. Carnap, BDI, an BMWi, 18.10.1957 (BA, B 102/108197).
401 Fritz Berg, BDI-Vorsitzender (1950-1973), zugl. Vorsitzender des Wirtschaftsverbandes der Eisen, Blech-, und Metallwaren-Industrie sowie Eigentümer eines mittelständischen Unternehmens der eisenverarbeitenden Industrie im Sauerland.
402 Berghahn, Unternehmer, S. 14.
403 Scherstjanoi, SKK-Statut, S. 46.
404 Kaiser, Monika: Wechsel von sowjetischer Besatzungspolitik zu sowjetischer Kontrolle? Sowjetische Einflußnahme und ostdeutsche Handlungsspielräume im Übergangsjahr von der SBZ zur DDR. In: Lemke, Sowjetisierung, S. 187-231, hier S. 206.

Kompetenz gegenüber der DDR-Regierung wie gegenüber der Führung der SED ist daher zutreffend als „oberhoheitlicher Richtliniendirigismus"[405] zu charakterisieren. Im Vergleich zur AHK bestimmte die SKK deutlich autoritärer die deutschland- und wirtschaftspolitischen Leitlinien der ostdeutschen Behörden.

Innerhalb der SKK war die „Abteilung für Materialbilanzen und Handel" für die Kontrolle des MIAM/MAI, die Erfüllung der Reparationspflichten sowie die Exportkontrolle zuständig.[406] Das MIAM/MAI seinerseits musste der SKK monatlich Bericht erstatten und ihr Abschriften sämtlicher Protokolle über die Verhandlungen mit der TSI zukommen lassen. Zusätzliche Arbeitstreffen und Memoranden betreffs spezieller Probleme intensivierten den Informationsfluss.[407] Dennoch zeigten sich die sowjetischen Vertreter immer wieder unzufrieden über die unzulängliche und vor allem verspätete Berichterstattung der deutschen Behörden.[408] Es ist schwer einzuschätzen, ob bürokratische Reibungsverluste oder politischer Eigensinn die Ursache waren – vermutlich trug beides dazu bei. Am 11. November 1949, nur wenige Tage nach Etablierung der SKK, unterstrichen führende sowjetische Vertreter gegenüber der SED-Führungstroika Ulbricht, Grotewohl und Pieck nochmals die besondere Bedeutung des Außenhandels und insbesondere des Handels mit Westdeutschland, welchen sie sehr genau zu beobachten gedachten.[409] Tatsächlich zeigten die folgenden Jahre, wie detailliert die SKK in ihren Anweisungen Art und Umfang der Warenlisten für den Handel mit der Bundesrepublik festlegte, sowie taktische Verhaltensmaßregeln bezüglich der Gespräche mit westdeutschen Vertretern vorgab.[410] Nicht nur auf die Warenlisten, sondern auch auf die zeitliche Realisierung von Lieferungen bzw. Bezügen sowie der Zahlungsmodalitäten nahm Karlshorst Einfluss.[411] Im Sommer 1950 betonte ein Politbürobeschluss nochmals, dass das letztinstanzliche Entscheidungsrecht in Fragen des innerdeutschen Handels bei der SKK respektive der sowjetischen Regierung liege.[412]

Dabei konnten die sowjetischen Anordnungen recht widersprüchlich sein. Während beispielsweise im September 1949 Stalin befahl, den Fünfjahrplan so

---

405 Scherstjanoi, Elke: Das SKK-Statut. Zur Geschichte der Sowjetischen Kontrollkommission in Deutschland 1949 bis 1953. Eine Dokumentation. München 1998, S. 50.
406 Statut der Sowjetischen Kontrollkommission in Deutschland, abgedr. in Scherstjanoi, SKK-Statut, S. 119-136, hier S. 125.
407 Grundbestimmungen für die Berichterstattung der deutschen staatlichen Organe gegenüber der Sowjetischen Kontrollkommission in Deutschland, abgedruckt in Scherstjanoi, SKK-Statut, S. 205-206, S. 62-64 u. S. 68-70. Notiz Ulbricht, 30.4.1950 (SAPMO-BA, DY 30/3572, 26-29).
408 Schreiben Gregor, 24.3.1952; streng vertraulich; sehr dringend (BA, DL 2, 26, Bl. 27-28).
409 Badstübner/Loth (Hrsg.), Pieck, S. 317. Steiner, Plan, S. 64.
410 Schreiben Orlopp, MAI, an Rau, stv. MP, 18.6.1951 (BA, DL 2, 1660, Bl. 33-34). Folgende Warenlieferungen in die Bundesrepublik bedurften einer sowjetischen Genehmigung: Braunkohlebriketts, Buntmetalle, Jagdgewehre, Kogasin, Zucker, Chlor, Buna, Benzin, Diesel, Getreide, Futtermittel, Konsum- und Saatgetreide, Primasprit, Braumalz.
411 Schreiben SKK an Freund, MAI, 4.12.1951 (BA, DL 2, 1325, Bl. 253).
412 Protokoll Politbürositzung, 24.7.1950 (SAPMO-BA, DY 30/IV 2/2/158, Bl. 2).

auszurichten, dass sich die DDR „möglichst unabhängig vom kap[italistischen] Ausland"[413] entwickle, forderte die SKK ein Jahr später die Intensivierung des innerdeutschen Handels, um über Reexporte den Importbedarf der UdSSR mit zu bedienen.[414] Die divergenten Zielvorgaben legen zwei Interpretationen nahe: Sie könnten auf spezifische Interessen unterschiedlicher sowjetischer Instanzen zurückzuführen sein oder unter Beibehaltung der strategischen Linie (Handelsverlagerung nach Osten) ein hohes Maß an taktischer Flexibilität Moskaus dokumentieren. Unbestritten bleibt, dass politisch brisante Maßnahmen im deutsch-deutschen Handel stets auf eine Anordnung der SKK zurückgingen, wie z. b. die am 20. September 1950 gegen West-Berlin verhängte Stromsperre.[415]

Analog der Situation zwischen Bonn und dem Petersberg bestand auch zwischen „Pankow" und Karlshorst ein Spannungsverhältnis, geprägt vom deutschem Emanzipationswillen einerseits und sowjetischer Kontroll- und Anordnungsbefugnis andererseits.[416] Wegen der existentiellen Abhängigkeit des SED-Regimes von der sowjetischen Besatzungsmacht vermochten sich die ostdeutschen Akteure in den ersten Jahren allerdings kaum durchzusetzen. Erst mit der ebenso überraschenden wie ungeklärten Auflösung der SKK zum 1. August 1953 und der Neuberufung eines sowjetischen Hohen Kommissars erlangte die SED bzw. das MAI in seinen handelspolitischen Entscheidungen größere Handlungsspielräume.[417] Konkrete Eingriffe sowjetischer Behörden in das handelspolitische und -operative Tagesgeschäft lassen sich seit dieser Zeit nicht mehr nachweisen. Aber sie verfolgten doch sehr genau die anhaltenden Schwierigkeiten der DDR bei den Wirtschaftsbeziehungen zur Bundesrepublik,[418] die einen wesentlichen Vorwand für Ulbrichts stereotype Forderungen nach Erhöhung sowjetischer Rohstoff- und Nahrungsmittellieferungen darstellten und deren Berechtigung in Moskau immer wieder angezweifelt wurden.[419] Letztlich bleibt festzuhalten, dass vor allem bei strategischen Entscheidungen im deutsch-deutschen Handel der ausschlaggebende Einfluss der Hegemonialmacht nach wie vor spürbar war.[420]

---

413 Notizen Pieck, 18.-28.9.1949, in: Badstübner/Loth (Hrsg.), Pieck S. 314.
414 Vermerk: Besprechung SKK und Rau, SPK, 15.9.1950 (BA, DC 2, 3275, Bl. 123-126).
415 Bericht Kaumann, TSI, über Gespräch mit Orlopp, 26.10.1950 (BA, B 102/108252).
416 Kaiser, Wechsel, S. 221.
417 Foitzik, Jan: Berichte des Hohen Kommissars der UdSSR in Deutschland aus den Jahren 1953/54. Dokumente aus dem Archiv der Außenpolitik der Russischen Föderation. In: Enquete-Kommission, Bd. II/2, S. 1350-1541, hier S. 1351.
418 So wurden beispielsweise Qualitätsmängel bei „Problemgütern" Kraftfahrzeuge, Traktoren, Textilmaschinen und elektrotechnische Gerätschaften als Ursache für das Nichterreichen des Plansolls bei den Lieferungen nach Westdeutschland registriert; Bericht von Gribanow, sowj. Außenministerium, 16.10.1954, in: Foitzik, Berichte, S. 1419.
419 Sowart, Ralph: Planwirtschaft und die Torheit der Regierenden. Die ökonomische Hauptaufgabe der DDR vom Juli 1958. In: JHK 1999, S. 157-190, hier S. 163.
420 Steiner André: Politische Vorstellungen und ökonomische Probleme im Vorfeld der Errichtung der Berliner Mauer. Briefe Walter Ulbrichts an Nikita Chruschtschow. In: Mehringer, SBZ, S. 233-268.

3.2.2. Der Rat für gegenseitige Wirtschaftshilfe (RGW)

Der im Jahre 1949 gegründete RGW, dem die DDR ein Jahr später, am 29. September 1950 beitrat, entwickelte wenig politischen Einfluss auf die innerdeutschen Handelsbeziehungen. Das lag nicht zuletzt an den anfangs vergleichsweise rudimentär ausgebildeten Steuerungsorganen,[421] zum anderen an der Dominanz der Sowjetunion. Letztere übte ihren wirtschafts- und handelspolitischen Einfluss auf die DDR bekanntlich auf direktem Wege aus. Dennoch führte die wirtschaftliche Integration der DDR in die osteuropäische Staatengemeinschaft zu einer deutlichen Umlenkung traditioneller Warenströme von West nach Ost. Laut Politbürobeschluss vom 5. Dezember 1950 waren „alle Möglichkeiten der Ausweitung des Handels mit den Teilnehmerländern des Rates auszuschöpfen."[422] Daraus leitet sich nicht nur die Einschränkung von Westimporten ab, sondern auch die Ausrichtung der einheimischen Produktion auf die Nachfrage bzw. Bedürfnisse der osteuropäischen Staaten. In den frühen fünfziger Jahren lassen sich Planungen des MIAM/MAI nachweisen, nach denen die DDR-Außenhandelsbetriebe als Generalzwischenhändler den Handel der Bundesrepublik in den sozialistische Wirtschaftsraum übernehmen sollten. Allerdings ließen sich derartige Überlegungen zu keinem Zeitpunkt realisieren. Im Gegenteil, immer wieder klagten DDR-Außenhandelsbürokratie und -unternehmen über osteuropäische Konkurrenz auf dem bundesdeutschen Markt.[423]

3.2.3. Die SED – Primat der Politik versus ökonomische Sachzwänge

„Ausgehend von der großen politischen Bedeutung jedes Schrittes im Handel der Deutschen Demokratischen Republik mit Westdeutschland beschließt das Politbüro: 1. für alle Fragen der Handelsbeziehungen der Deutschen Demokratischen Republik mit Westdeutschland ist die bei der Regierung gebildete Kommission für Außenhandel verantwortlich. 2. Die Genossen der Handelskommission der Regierung sind verpflichtet, Fragen von besonderer politischer Bedeutung vor ihrer Entscheidung dem Polit-Büro zur Stellungnahme zu unterbreiten."[424] Mit diesem Beschluss, der Entwurf stammt aus der Feder Heinrich Raus,[425] schrieb die SED ihren Anspruch auf die Festlegung der Leitlinien in der Handelspolitik gegenüber Westdeutschland wie auch ihre Entscheidungsbefugnis in konkreten Vorgängen größerer Tragweite fest.[426] Anfang der sechziger Jahre

---

421 Brabant, Jozef M.: Economic Integration in Eastern Europe. New York 1989, S. 1-24.
422 Politbürobeschluss, 5.12.1950, zit. nach Hoffmann, Dierk/Schmidt, Karl-Heinz/Skyba, Peter (Hrsg.): Die DDR vor dem Mauerbau. Dokumente zur Geschichte des anderen deutschen Staates 1949-1961. München 1993, S. 72-73.
423 Schreiben von MAI, an stv. Min. Kerber, 14.4.1959 (BA, DL 2, 163, Bl. 17).
424 Protokoll Nr. 54 Politbürositzung, 26.6.1951 (SAPMO-BA, DY 30/IV 2/2/154, Bl. 3).
425 Beschlußentwurf für Politbüro von Rau an Ulbricht, 19.6.1951 (BA, DE 1, 11358).
426 Zum parteipolitischen Prärogativ in der DDR Meuschel, Überlegungen, S. 9.

wurde die grundsätzliche Überordnung der Partei über die Regierung nochmals bekräftigt.[427] Das „partocratic system" dominierte das „bureaucratic system" auch in Fragen des innerdeutschen Handels.[428]

Da die SED neben den handelspolitischen Grundlinien auch die Besetzung der Schlüsselpositionen bis hinab zur Ebene der HA-Leiter im MIAM/MAI festlegte,[429] konnte an einer auch personell verankerten Führungsposition der Partei kein Zweifel bestehen. Über die SED-Grundorganisation und die Betriebsparteiorganisation vermochte die Partei zudem direkten Einfluss auf die unterschiedlichsten Hierarchieebenen im Ministerium bzw. des operativen Apparates Einfluss zu nehmen.[430] Allerdings änderte sich dadurch nichts an der chronischen Krisensituation im Handel mit der Bundesrepublik, was die Parteioberen zu dem stereotypen und sachlich unangemessenen Urteil veranlasste: „Sie [GO und BPO, P. F.] haben die führende Rolle der Partei auf dem Gebiet des innerdeutschen Handels noch nicht verwirklicht."[431]

Die Grundlinien der innerdeutschen Handelspolitik wurden in den ZK-Abteilungen „Handel, Versorgung, Außenhandel" bzw. „Planung und Finanzen" erarbeitet. Die entsprechenden Vorlagen diskutierten das ZK-Sekretariat und das Politbüro. Dabei zeigte sich immer wieder, dass sich Walter Ulbricht in den entscheidenden Fragen des innerdeutschen Handels das letzte Wort vorbehielt. Punktuell sind sogar Interventionen seinerseits bei einzelnen Geschäftsabschlüssen nachzuweisen.[432] Die Beschlüsse von Politbüro und Sekretariat[433] leiteten die ZK-Abteilungen dann weiter über den Ministerrat bzw. das Präsidium des Ministerrats an das MAI. Zuweilen gelangten die Parteibeschlüsse wieder zurück in die ZK-Abteilungen, wo sie zu detaillierten Direktiven ausgearbeitet wurden, die

---

427 Hierzu Naumann, Gerhard: Beschluß des Politbüros des ZK der SED vom 12.7.1960. In: Beiträge zur Geschichte der Arbeiterbewegung 32 (1990) 4, S. 523-518; auch Steiner, DDR-Wirtschaftsreform, S. 27-28.
428 Pakulski, Jan: Bureaucracy and the Soviet System. In: Studies in Comparative Communism 1 (1986), S. 3-24, hier S. 17.
429 Protokoll 129/52 Politbürositzung, 2.9.1952 (SAPMO-BA DY 30/J IV 2/2/129, Bl. 12).
430 So geschehen, als die ZK-Abteilung Wirtschaftspolitik beauftragt wurde, über die PO im MAI und der GIH Fehler zu diskutieren; Anordnung des ZK-Sekretariats, 8.2.1951 (SAPMO-BA, DY 30/J IV 2/3/173, Bl. 4).
431 Bericht der Untersuchungsbrigade der Abt. Binnen- und Außenhandel des Politbüros, 15.9.1955 (SAPMO-BA, DY 30/J IV 2/2J-143, Bl. 10).
432 So bei der problematischen Anfrage von Hjalmar Schacht, ehemaliger Reichsbankpräsident und -finanzminister im „Dritten Reich", der 1959 ein joint-venture-Projekt zwischen west- und ostdeutschen Firmen in sogenannten „Dritte-Welt-Ländern" vorschlug; Besprechungsnotiz, 2.7.1959 (SAPMO-BA, DY 30/IV 2/6.10/34). Ulbricht unterbrach die auf subalterner Ebene bereits hergestellten Kontakte.
433 Häufig beschloß das ZK-Sekretariat Vorlagen der Abteilungen und reichte sie an das Politbüro zur Beschlußfassung weiter, so z. B. bei der Schaffung des Amtes für Warenkontrolle. Protokoll 101 ZK-Sekretariatssitzung, 17.4.1950 (SAPMO-BA, DY 30/J IV 2/3/101, Bl. 1).

dann ohne Umweg dem MAI als Handlungsrichtschnur zugestellt wurden.[434] Bisweilen erließ die ZK-Abteilung auch direkte Weisungen an die Außenhandelsunternehmen, was zu ernsten Zerwürfnissen mit dem MAI führte.[435] Denn auf diese Weise wurde das angestrebte Außenhandelsmonopol unterlaufen, damit auch die Autorität des zuständigen Ministeriums untergraben

Mit der Gründung der Wirtschaftskommission beim Politbüro im Jahre 1958 verlagerte sich die politische Kompetenz bezüglich des innerdeutschen Handels auf dieses Gremium. Es stand bis 1965 unter Leitung von Erich Apel[436] und wurde nach dessen Freitod von Günter Mittag übernommen. Eine eindeutige Kompetenzabgrenzung zur ZK-Abteilung HAV lässt sich nicht erkennen; die jeweilige Entscheidungsfindung scheint von informellen Prozessen und wechselnden Autoritäten der beteiligten Personen abhängig gewesen zu sein. Unverkennbar kristallisierte sich in den sechziger Jahren eine faktische Dominanz der dem Politbüro zugeordneten Wirtschaftskommission heraus. Allerdings blieb das Verhältnis zwischen Partei- und Staatsbürokratie in Fragen des außen- und innerdeutschen Handels von massiven Gegensätzen, Animositäten unter den Beteiligten und Reibungsverlusten geprägt.[437]

3.2.4. Der zentrale Staatsapparat

3.2.4.1. *Ministerrat und Staatliche Plankommission*

Im Gegensatz zur Bundesregierung verfügte der Ministerrat bzw. das Präsidium weniger über handelspolitische, denn über administrative Entscheidungskompetenz. Er setzte die politischen Vorgaben der SKK, des Politbüros und auch des ZK-Sekretariats entweder in Gesetze um oder leitete sie direkt an das MAI weiter. Eine Regierungskommission für Innen- und Außenhandel zeichnete für die Vorgänge in den deutsch-deutschen Wirtschaftsbeziehungen verantwortlich und musste Fragen von außerordentlicher Bedeutung dem Politbüro vorlegen.[438] In den frühen fünfziger Jahren lässt sich beim Büro des Ministerpräsidenten bzw. des Büros für Wirtschaftsfragen beim Ministerpräsidenten eine gewisse handelspolitische Eigenständigkeit nachweisen. Beispielsweise knüpfte Willi Stoph, en-

---

434 Beispielsweise wurden Reden von Orlopp auf Tagungen in Westdeutschland von den ZK-Abteilungen in ihren inhaltlichen Grundzügen vorgegeben. Sitzungsprotokoll Nr. 80 des ZK-Sekretariats, 23.1.1950 (SAPMO-BA, DY 30/J IV 2/3/80, Bl. 17).
435 Schreiben Minister Rau an ZK-Sekr. Ziller, 16.2.1956 (BA, DL 2, 3360, Bl. 31-43).
436 Aufgrund seiner kurzen SED-Mitgliedschaft konnte Apel im Jahre 1958 nicht offiziell die Position des Wirtschaftssekretärs einnehmen. Deshalb rief man die Wirtschaftskommission beim Politbüro ins Leben; Steiner, DDR-Wirtschaftsreform, S. 27.
437 Auszug aus dem stenographischen Protokoll der Wirtschaftskommission beim Politbüro, 19.12.1958 (SAPMO-BA, DY 30/IV 2/2.2029/12, Bl. 284-315, hier: Bl. 300).
438 Protokoll Nr. 54 Politbürositzung, 26.6.1951 (SAPMO-BA, DY 30/IV 2/2/154, Bl. 3).

ger Mitarbeiter des Ministerpräsidenten Otto Grotewohl, im Herbst 1952 geheime Kontakte ins BMWi, ohne darüber das Politbüro ins Bilde zu setzen.[439]

Die dem Ministerrat unterstellte SPK, im Jahre 1950 aus dem Ministerium für Planung hervorgegangen, fungierte primär als wirtschaftsorganisierende Institution. Allerdings gewann sie im Laufe der Zeit durchaus auch an politischem Gewicht. Sie hatte die wirtschaftspolitischen Vorgaben, volkswirtschaftlichen Erfordernisse und Partialinteressen der einzelnen Ministerien in ein Gesamtkonzept zu integrieren.[440] Ihr wichtigstes Lenkungsinstrument war in den fünfziger Jahren der Jahresplan, der gegenüber den mittelfristigen Fünfjahresplänen flexibler zu handhaben war. Insbesondere beim schwer zu kalkulierenden und in seiner künftigen Entwicklung zu antizipierenden Außen- und Innerdeutschen Handel machte sich dies bemerkbar. Das MAI hatte sich die Vorgaben der SPK zur Grundlage seiner Arbeit zu nehmen.[441] Von untergeordneter Bedeutung in Fragen der deutsch-deutschen Wirtschaftsbeziehungen war der für die Industrie zuständige Volkswirtschaftsrat während der Jahre 1961-1965.

3.2.4.2. Ein Ministerium im Kreuzfeuer der Kritik

Das am 7. Oktober 1949 gegründete „Ministerium für Außenhandel und Materialversorgung"[442], es wurde bereits zwei Wochen später in „Ministerium für Innerdeutschen Handel, Außenhandel und Materialversorgung"[443] umbenannt, bildete die Schnittstelle zwischen politischem, administrativem und operativem Bereich im Handel mit der Bundesrepublik. Mit der im November 1950 erfolgten Ausgliederung der HA Materialversorgung konzentrierte sich die ministerielle Kompetenz auf die im Namen enthaltenen Bereiche „Ministerium für Außenhandel und Innerdeutschen Handel".[444]

Erst am 7. Februar 1957 verabschiedete der Ministerrat ein Statut für das Ministerium.[445] Danach wurde dem Minister die Ausarbeitung und Durchführung des Außenhandelsplans zugewiesen, ebenso die Kontrolle der Außenhandelsunternehmen und die Kaderpolitik. Er war gegenüber Volkskammer und Ministerrat rechenschaftspflichtig, saß zugleich im Präsidiums des Ministerrats. Heinrich Rau[446], der politisch stärkste Mann in diesem Amt, fungierte als stellvertretender Vorsitzender des Ministerrats. Im Jahre 1967 erfolgte die Umbenennung in „Mi-

---

439 Vermerk: Besprechungen zw. Kroll und Stoph, 16./22.11.1951 (BA, B 102/108268).
440 Steiner, Wirtschaftsreform.
441 Auszug aus dem stenographischen Protokoll der Wirtschaftskommission beim Politbüro, 19.12.1958 (SAPMO-BA DY 30/ IV 2/2.029/12, Bl. 284-315, hier Bl. 296).
442 Das Ministerium ging aus der Hauptverwaltung Interzonen- und Außenhandel der DWK hervor. GBl. der DDR 1949, S. 17.
443 GBl. der DDR 1949, S. 61.
444 GBl. der DDR 1950, S. 1135-1136.
445 GBl. der DDR I, S. 127.
446 Minister für Außenhandel und Innerdeutschen Handel vom April 1955 bis März 1961. Zuvor war er Vorsitzender der DWK (1948/49) und Minister für Planung (1949/50) bzw. Leiter der SPK (1950-1955). Seit 1950 war Rau Mitglied des Politbüros.

nisterium für Außenhandel", sechs Jahre darauf in „Ministerium für Außenwirtschaft", wobei die Abteilung für innerdeutschen Handel dem Ministerium erhalten blieb. Darin manifestierte sich der politische Wille, auch in formalen Fragen die deutsche Zweistaatlichkeit zu betonen.

Die vom Politbüro beschlossenen handelspolitischen Grundlinien sowie die von der SPK erarbeiteten makroökonomischen Zielvorgaben setzte die rund 100 Mitarbeiter umfassende HA Innerdeutscher Handel in operative Handelspolitik um. Sie bildete die Schnittstelle zwischen dem administrativen und operativen Bereich[447] und war in die Abteilungen Handelspolitik, Einkauf, Verkauf, Finanzdisposition und Planung untergliedert. Die Abteilung Handelspolitik erarbeitete auf der Basis von Expertengesprächen die Vorschläge, der Leiter der HA reichte sie weiter an die Spitze des Ministeriums oder auch ins Politbüro. Die einzelnen Abteilungen hielten ständigen Kontakt zu den Industrieministerien sowie zu den operativen Institutionen, den Handelsgesellschaften und den Außenhandelsabteilungen der VEB, VVB und SAG. Seit Anfang 1948 bis zur Auflösung im Jahre 1952 verfügten die einzelnen Länder über ein Amt für Interzonen- und Außenhandel,[448] die eng mit der Zentrale kooperierten. Der HA-Leiter führte die Delegation an, die alle zwei Wochen mit dem TSI-Chef die aktuellen und mittelfristigen Probleme verhandelte. Seit Mai 1951 wurde sämtlicher Schriftverkehr mit der TSI über das Sekretariat des Hauptabteilungsleiters abgewickelt, um eine straffere Kontrolle zu erreichen.[449]

Dem MIAM/MAI waren weitere Organisationen mit operativen Aufgaben nachgeordnet. Das Amt für Zoll und Kontrolle des Warenverkehrs (AZKW), welches 1950 aufgrund des nur schwer zu kontrollierenden, illegalen Warenabflusses aus der DDR nach Westen ins Leben gerufen wurde,[450] die Transportunternehmen VEB Deutrans und VEB Deutfracht, der VEB Deutsches Kontor für Seefrachten sowie das Leipziger Messeamt (LMA). Besonders zu erwähnen ist das „Büro für den innerdeutschen Handel" in Frankfurt a. M. Es hatte zum einen Verhandlungen mit westdeutschen Behörden und Wirtschaftsverbänden zu führen, und zum anderen sollte es Informationen über die westdeutsche Wirtschaft und ihre strukturellen Entwicklungstrends beschaffen.[451] Handelspolitische Hauptaufgabe des Büros war es, die Position der bundesdeutschen Wirtschaft gegenüber der Regierung dahingehend zu stärken, dass ihre Lieferwünsche in die DDR als „Motor zur Verstärkung der Lieferungen aus der DDR nach Westdeutschland"[452] wirkten. Das Büro stellte das Funktionsäquivalent der DDR-Außenhandelskammern in den westlichen Ländern dar, ohne allerdings deren subdiplomatischen Status zu erlangen. Später wurde ein weiteres Büro in

---

447 MAI-Organigramm (BA, DL 2, 3364, Bl. 40-43).
448 Zentrales Verordnungsblatt, Nr. 3, 24.2.1948, S. 35.
449 Rundschreiben Orlopp an die Abt.-Ltr. im MAI, 11.5.1951 (BA, DL 2, 1863, Bl. 64).
450 Protokoll 84 der Politbürositzung, 18.4.1950 (SAPMO-BA, DY 30/IV 2/2/84, Bl. 18).
451 Vermerk über wirtschaftliche Kontakte offizieller Stellen der BRD mit sowjetzonalen Behörden (PA/AA, B 38, 37). Das Büro geht auf das Mindener Abkommen zurück.
452 Vermerk Orlopp, MAI, 6.10.1952 (BA, DL 2, 2607, Bl. 35).

Düsseldorf errichtet, welches sich um engen Kontakt zur Eisen- und Stahlindustrie an Rhein und Ruhr bemühte.

Abschließend seien noch zwei dem MAI nachgeordnete Einrichtungen erwähnt, deren Existenz einiges über die systembedingten Probleme verrät: 1.) Das auf Parteibeschluss am 1. Juli 1952 ins Leben gerufene Institut für Marktforschung sollte den westdeutschen Markt beobachten und dem MAI Vorschläge zu Produktangeboten und Preisgestaltung unterbreiten. Weiterhin oblag dem Institut die Marktpflege, d. h. die Unterstützung des eigenen Absatzes mittels gezielter Werbekampagnen.[453] Offenkundig vermochte man die Kooperation mit dem MAI nur sehr unzulänglich zu gestalten.[454] 2.) Die am 1. Januar 1954 gegründete Hoch- und Fachschule für Außenhandel war als Ausbildungsstätte für einen politisch loyalen und kaufmännisch geschulten Nachwuchs konzipiert worden. Ulbricht selbst sah hierin einen entscheidenden Schritt, um die Schwäche des Außenhandelssystems der DDR zu überwinden.[455]

Das MIAM/MAI sah sich als politisch verantwortliche Institution für die nahezu ununterbrochene Schwierigkeiten im innerdeutschen Handel heftiger Kritik sowohl seitens der Partei, als auch seitens der Produktions- und Handelsunternehmen ausgesetzt. Beispielsweise beklagten sich Vertreter der VEH DIA über bürokratische Hemmnisse, welche das MAI zu verantworten habe. Insbesondere erregte das „Berichtsunwesen" allseitigen Unmut.[456] Der volkswirtschaftlich bedeutsame VEB Carl Zeiss Jena beschwerte sich direkt beim stellvertretenden Ministerpräsidenten Heinrich Rau darüber, dass der massive Exporteinbruch bei optischen Geräten seit Anfang der 1950er Jahre auch in sozialistischen Absatzmärkten durch die Unfähigkeit der MAI-Mitarbeiter maßgeblich hervorgerufen worden sei.[457] Selbst die sowjetischen Behörden meldeten „keine gebührende Beachtung" des innerdeutschen Handels durch das Ministerium sowie fehlende Maßnahmen für die umfassende und termingerechte Erfüllung von Geschäftsverpflichtungen nach Moskau.[458] Mochte solch mannigfache Kritik teilweise auch von den Verfehlungen der Kritiker ablenken, dürfte dennoch einiges von den angeführten Punkte zutreffend sein. Letztlich waren aber die Handlungsspielräume des MAI nicht zuletzt wegen politisch-ideologischer Vorgaben der SED sehr begrenzt; ihm blieb lediglich die Verwaltung der Dauerkrise im innerdeutschen Handel.

---

453 Direktive zur Verbesserung der Arbeit im Innerdeutschen Handel, 6/1952 (SAPMO-BA, N 1062, 115, Bl. 80-100).
454 Bericht der Untersuchungsbrigade der Abt. Binnen- und Außenhandel des Politbüros, 15.9.1955 (SAPMO-BA, DY 30/J IV 2/2J-143, Bl. 10).
455 Protokoll des IV. Parteitags der SED, S. 148.
456 Vermerk Wollgast, Sekretär der PO im MAI über Aussprache mit Direktoren der DIA Chemie, Feinmechanik/Optik, Kulturwaren, 14.2.1954 (BA, DL 2/3363, Bl. 66-68).
457 Schreiben Glöss an Rau, stv. Min.Präs., 7.7.1953 (BA, DL 2, 3657, Bl. 501-502).
458 Bericht Gribanow, sowj. Außenministerium, für Gromyko, 1. Stv. Außenminister der UdSSR, 16.10.1954. Abgedr. in Foitzik, Berichte, S. 1454.

3.2.5. „Handel vom Schreibtisch"[459]? – Der operative Handelsapparat

Zur Entlastung der Hauptverwaltung Interzonen- und Außenhandel bei der Deutschen Wirtschaftskommission erfolgte am 14. April 1948 die Gründung der „Deutschen Handelsgesellschaft" (DHG) in Berlin.[460] Hatten bis dato Privatunternehmen den Interzonenhandel getragen, so begann nun die Ära der staatlichen Außenhandelsgesellschaften. Die DHG wurde bereits im April 1949 aufgelöst, da sie die bestehenden Missstände im Außenhandelsbereich nicht in den Griff bekommen hatte.[461] Sie wurde durch die „Deutscher Außenhandel, Anstalt des öffentlichen Rechts" (DAHA)[462] ersetzt, welche mit den drei Fachabteilungen „Holz", „Metall" sowie „Maschinen- und Elektrotechnik" eine erste Diversifizierung gegenüber der Vorgängerorganisation aufwies. Sie wurde ergänzt durch die seit April 1950 existierende „Gesellschaft für Innerdeutschen Handel"[463] (GIH). Beide gingen auf Ministerratsbeschluss im September 1951 in den 18 branchenspezifischen „Volkseigenen Handelsunternehmen Deutscher Innen- und Außenhandel" (VEH-DIA) auf.[464] Hintergrund dieser weitergehenden Diversifizierung war die Erkenntnis, dass eine Handelsgesellschaft alleine die ungeheure Anzahl und Vielfalt der Transaktionen kaufmännisch nicht angemessen betreuen konnte.[465] Damit reagierte die politische Führung auf die erste Überzentralisierungskrise der DDR.

Die Außenhandelsunternehmen knüpften nicht nur Kontakte zu westdeutschen Geschäftspartnern, sondern in zunehmendem Maße auch zu Verbandsvertretern und Politikern. Ihre Reiseberichte bildeten für den Minister und die zuständigen Parteiinstanzen wichtiges Material für die handelspolitischen Lageeinschätzungen. Mitte der 1950er Jahre erfolgte die Umwandlung der VEH-DIA in Außenhandelsunternehmen (AHU), denen seit 1957 konsequent das operative Außenhandelsmonopol zugewiesen wurde.[466] Damit endeten zwischenzeitliche Liberalisierungsbestrebungen im innerdeutschen Handel, die den größeren Produktionsbetrieben die Eigengeschäftstätigkeit im Westhandel zugestanden hatten. Im Jahre 1959 rief das MAI mit „Mercator" und „Utimex Außenhandelsvertretungen GmbH" zwei Unternehmen ins Leben direkt mit den Produzenten in der Bundesrepublik ins Geschäft zu kommen.[467] Auf diese Weise versuchte man den westdeutschen Handel auszuschalten. Neben dem ökonomischen Aspekt, Einsparung des Zwischenhandels, ergab sich auch Optionen hinsichtlich der

---

459 Vermerk MAI, 2.10.1952 (BA, DL 2, 2701, Bl. 124-125).
460 Orlopp, Nation, S. 89. Gesellschafter waren die Industriekontoren der fünf SBZ-Länder.
461 Ulbricht, Walter: Die Erfahrungen auf dem Gebiet der Staats- und Wirtschaftspolitik und der Durchführung des Zweijahrplans. In: 1. Parteikonferenz der Sozialistischen Einheitspartei Deutschlands, 25.-28.1.1949. Berlin (Ost) 1949, S. 228.
462 Beschluß Nr. 109/49 der DWK, 20.4.1949, in ZVOBl. 1949, S. 291.
463 Rundschreiben Orlopp, MIAM, an DAHA, 16.8.1950 (BA, DL 2, Bl. 208-209).
464 Ministerialblatt der DDR, Nr. 47, S. 177.
465 Schreiben Orlopp, MAI, an DAHA, 11.4.1950 (BA, DL 2, 2602, Bl. 3).
466 GBl. der DDR III, 1968, S. 23.
467 Bericht über Utimex, 27.9.1957 (BA, DL 2, 3922, Bl. 254).

Marktbeeinflussung, indem man bestimmte Unternehmen gezielt bevorzugte, andere benachteiligte.

3.2.6. Dauerkrise im innerdeutschen Handel

Die Effizienz des außenhandelspolitischen und -operativen Apparates der DDR litt unter einem mixtum compositum von Mangelerscheinungen bei Material-, Personal- und Finanzausstattung sowie strukturellen Organisationsdefiziten.[468] Dabei überlagerten anfangs die negativen Auswirkungen der konkreten Engpässe jene der grundlegenderen, systembedingten Probleme.[469] Im Laufe der fünfziger Jahre kehrte sich dieses Verhältnis um. Es handelte sich um außergewöhnlich gravierende Defizite innerhalb der Wirtschaftsbürokratie, die zudem in einem politisch wie wirtschaftlich sensiblem Bereich zu Tage traten.[470]

Mangelerscheinungen Eines der wichtigsten Probleme in den Anfangsjahren bestand in der unzureichenden Anzahl qualifizierter Mitarbeiter auf allen Ebenen. Ministerium, Länderverwaltungen und auch die Außenhandelsgesellschaften klagten über Schwierigkeiten, geeignete Fachkräfte zu gewinnen.[471] So wurde eine effiziente Abwicklung, Verwaltung und Überwachung des Handels mit Westdeutschland und damit die Umsetzung des Außenhandelsmonopols behindert. Um diesen Missstand zu beheben, ordnete Minister Handke an, das Problem in Zusammenarbeit mit den IHK und den VEB-Verkaufskontoren zu lösen.[472] In der Praxis lief es darauf hinaus, dass das Ministerium die dringend benötigten Fachleute aus diesen Institutionen abwarb. Diese kaufmännischen Experten waren aber zum überwiegenden Teil politisch nicht in der SED beheimatet. Seitens der Partei äußerte man daher – häufig in zeitlicher Korrelation zu Krisenphasen im innerdeutschen Handel – massive Zweifel an ihrer ideologischen Linientreue, warf ihnen NS-Vergangenheit oder auch Westverwandtschaft vor.[473] Als es beispielsweise im Zuge des bundesdeutschen Stahlembargos im Frühjahr 1950 zu kritischen Engpässen in der DDR-Wirtschaft kam, glaubte man die Ursache in einer politischen Fehleinschätzung der leitenden Stellen im MIAM suchen zu müssen.[474] Vier Jahre später übte Walter Ulbricht auf dem IV. Parteitag harsche Kritik an der unbefriedigenden Durchführung von Minister-

---

468 Analoge Verhältnisse lassen sich in der Bundesrepublik zu keinem Zeitpunkt nachweisen.
469 Zur vergleichbaren Situation des MfAA Lemke, Michael, Prinzipien und Grundlagen der Außenbeziehungen der DDR in der Konstituierungsphase des DDR-Außenministeriums 1949-1951. In: Ders. (Hrsg.), Sowjetisierung, S. 257-266.
470 Rau über Wirtschaftsplan 1950, 7.6.1950 (SAPMO-BA, DY IV 2/1/76, Bl. 149-199).
471 Protokoll HA-Leitersitzung, 12.5.1950 (BA, DL 2, 9, Bl. 257); Protokoll, 21.9.1950 (BA, DL 2, 1658, Bl. 9-15, hier Bl. 13); Bericht über Beiratssitzung DAHA Metall, 26.10.1949 (BA, DL 2, 707, Bl. 4-6).
472 Protokoll HA-Leitersitzung im MAI, 12.5.1950 (BA, DL 2, 9, Bl. 257).
473 Bericht der Untersuchungsbrigade Binnen- und Außenhandel des Politbüros, 15.9.1955 (SAPMO-BA, DY 30/J IV 2/2J-143).
474 Vermerk MAI, 4.1.1950 (SAPMO-BA, N 1062, 115).

ratsbeschlüssen durch das MAI. Es müsse Schluss gemacht werden mit der „versöhnlerischen Haltung"[475] bei Nachlässigkeiten im Handel mit Westdeutschland. Als eine wesentliche Ursache benannte Ulbricht das „niedrige politische Niveau"[476] der Mitarbeiter. Daher sollten künftige Ministeriumsangehörige ein Studium an der zum 1. Oktober 1954 gegründeten Hochschule für Außenhandel absolvieren.[477] Doch noch drei Jahre später monierte die MAI-Kaderabteilung die zu geringe Berücksichtigung ideologischer Zuverlässigkeit bei der Neueinstellung von Mitarbeitern.[478]

Das Ministerium versuchte seinerseits den Schwarzen Peter mangelnder Ideologietreue an die Handelsunternehmen weiter zu reichen. Heftige Kritik beispielsweise übte HA-Leiter Erich Freund an den VEH-DIA, die bei ihrer Arbeit handelspolitische und allgemein politische Aspekte sträflich vernachlässigten.[479] Den Mitarbeitern der handelsstrategisch wichtigen DAHA Metall, hierbei handelte es sich Anfang der fünfziger Jahre um das einzige staatlich kontrollierte Unternehmen im Metallhandel mit der Bundesrepublik, wurde eine technokratische Auffassung ihrer Arbeit bei gleichzeitigem mangelhaften politischen Bewusstsein vorgeworfen. Ihre falsche politische Einschätzung habe zu tiefgreifenden wirtschaftlichen Verwerfungen geführt.[480]

Das Problem der Rekrutierung fachlich qualifizierter und – wichtig im Handelskontakt mit dem kapitalistischen Westen – politisch loyaler Mitarbeiter beschäftigte das MAI die ganzen Jahre über. Dabei stellte sich auch immer wieder das Problem der „Republikflüchtlinge". Allein im Jahre 1956 flohen 79 Mitarbeiter des Außenhandelsapparates, im darauffolgenden Jahr waren es bis Ende September bereits 88 Personen. 44,8 % von ihnen zählten weniger als 30 Jahre, 14,8 % Mitglieder der SED und knapp 20 % leitende Mitarbeiter. Der Verlust junger, gut qualifizierter, ja sogar politisch unverdächtiger Kollegen – das Sozialprofil deckt sich mit dem der gesamten Flüchtlinge – hemmte in besonderem Maße eine effiziente Außenhandelstätigkeit. Institutionelle Schwerpunkte der Republikflucht stellten das Speditionsunternehmen VEB-Deutrans, die VEH-DIA Transportmaschinen, Bergbau-Handel sowie Maschinenexport und das Leipziger Messeamt dar. Als Ursache machte die Kaderabteilung des Ministeriums mangelndes Vertrauen in die politische Kraft der eigenen Ideologie und wachsenden Ärger im „Arbeiter- und Bauernstaat" aus. Generell bemängelte man die ungenügende politisch-ideologische Erziehungsarbeit, die nicht gegen Abwerbung und Verblendung ankäme.[481] In der Diagnose durchaus scharfsichtig, zog sich die Kaderabteilung hinsichtlich der therapeutischen Empfehlungen auf den parteilich sanktionierten Kanon ideologischer Schulungsmaßnahmen

---

475 Protokoll des IV. Parteitags der SED, 30.3.bis 6.4.1954, S. 148.
476 Ebda.
477 Ebda.
478 Bericht Kaderabteilung MAI, 11.10.1957 (SAPMO-BA, DY 30/IV 2/6.10/68, Bl. 2-21)
479 Protokoll Nr. 5 Dienstbesprechung bei Rau, 27.5.1955 (BA, DL 2, 3911, Bl. 54-58).
480 Vermerk Referat Handelspolitik, 4.1.1950 (SAPMO-BA, N 1062, 115).
481 Bericht Kaderabteilung MAI, 11.10.1957 (SAPMO-BA, DY 30/IV 2/6.10/68, Bl. 2-21).

zurück. Eine Hinterfragung des gesamten politisch-wirtschaftlichen Systems erfolgte nicht – war auch nicht zu erwarten.

Neben dem Personalproblem beeinträchtigte der Mangel an Westmarkbeständen die operative Tätigkeit. Wichtige Messebeteiligungen in zentralen Branchen wie der Elektrotechnik unterblieben wegen der damit verbundenen Kosten,[482] Unternehmensvertreter erhielten nur bei „zwingenden Gründen"[483] Westmarkbeträge zugewiesen, da man ansonsten eine nicht zu bewältigende „Lawinengefahr"[484] bei den Anträgen befürchtete. Der für den Westexport überaus wichtige VEB Optik Carl Zeiss Jena hatte vom Frühjahr 1952 bis zum Sommer 1953 keinen Vertreter in die Bundesrepublik entsandt und befürchtete zu Recht eine Verdrängung von diesem entscheidenden Absatzmarkt.[485] Doch selbst diese restriktive Handhabung, die eigentlich jegliche kaufmännische Eigeninitiative im Keime erstickt, scheint die Westmarkreserven des Ministeriums über Gebühr strapaziert zu haben. Wegen des ständig ansteigenden Bedarfs forderte das Finanzministerium das MIAM auf, künftig die Genehmigungen von Dienstreisen erheblich einzuschränken.[486] Selbst Geschäftsreisen im wichtigen Metallsektor konnten nur teilweise realisiert werden.[487] Die Devisenknappheit nahm Anfang 1951 dramatische Ausmaße an, so dass selbst der ministerielle Wagenpark, überwiegend westlicher Provenienz, vom Finanzministerium in Frage gestellt wurde.[488] Im Juni 1951 durften Barzahlungen nur in „Katastrophenfällen"[489] bei gleichzeitiger Genehmigung durch den zuständigen Minister oder Staatssekretär erfolgen. Mittels einer wöchentlichen Kontrolle der Geldeingänge aus der Bundesrepublik suchte man, die Lage zu meistern.[490]

Weiterhin erschwerten in den Anfangsjahren fehlende technische Hilfsmittel wie Fernsprechanlagen oder Transportfahrzeuge einen effizienten Handelsablauf.[491] Noch 1955 beklagten sich die VEH-DIA über ihre mangelhafte und räumlich wenig repräsentative Ausstattung. Bezüglich des Fuhrparks vermerkte man lapidar: „Die Autos sind Wracks."[492] Solche vermeintlich banalen Faktoren dürfen mit Blick auf den Repräsentationseffekt, der gerade bei Handelsgeschäf-

---

482 Protokoll Arbeitstagung GIH, 3.11.1950 (BA, DL 2, 1624, Bl. 75).
483 Schreiben Schramm, MdF, an Karsten, MIAM, 27.5.1950 (BA, DL 2, 1863, Bl. 225).
484 Ebda.
485 Schrade, Werkleiter, an Gregor, MAI, 10.8.1953 (BA, DL 2, 3657, Bl. 421-422).
486 Ebda.
487 Bericht über Beiratssitzung DAHA Metall, 26.10.1949 (BA, DL 2, 707, Bl. 4-6). Über negative Rückwirkungen abreißender wissenschaftlicher Kontakte Klump, Rainer: Über die Bedeutung des historischen Systemvergleichs für die Wirtschaftswissenschaften: Betrachtungen auf Makro-, Meso- und Mikroebene. In: Baar/Petzina (Hrsg.), Wirtschaft, S. 25-45.
488 Vertrauliches Rundschreiben Minist. f. Finanzen, 30.4.1951 (BA, Dl 2, 1863, Bl. 73).
489 Protokoll über Arbeitsbesprechung im MAI, 9.6.1951 (BA, DL 2, 1624, Bl. 11).
490 Schreiben des MAI, an GIH, 8.1.1951 (BA, DL 2, 1863, Bl. 164).
491 Bericht über Beiratssitzung DAHA Metall, 26.10.1949 (BA, DL 2, 707, Bl. 4-6).
492 Vermerk Wollgast, Sekretär der PO im MAI über Aussprache mit Direktoren der DIA Chemie, Feinmechanik/Optik, Kulturwaren, 14.2.1954 (BA, DL 2, 3363, Bl. 66-68).

ten – gleichwohl schwer zu quantifizieren – als Gradmesser für die Seriosität des Gegenübers eine sehr große Rolle spielt, keineswegs unterschätzt werden.
Ließen sich derartige Mangelerscheinungen mit der Zeit beheben oder doch zumindest dahingehend verwalten, dass ihre Auswirkungen unterhalb einer gewissen Schmerzgrenze verblieben, so traten zunehmend die gravierenden Defizite in der Organisationsstruktur auf.

Strukturelle Defizite Hauptproblem war das während der Anfangsjahre völlig unzureichend realisierte Außenhandelsmonopol der DDR.[493] Die Verfassung der DDR vom 7. Oktober 1949 sah kein staatliches Außenhandelsmonopol vor. Erst mit dem Inkrafttreten des „Gesetzes über den Außenhandel der DDR"[494] am 9. Januar 1958 kann die juristische Geburtsstunde eines DDR-Außenhandelsmonopols angesetzt werden. Seit 1968 besaß es Verfassungsrang.[495] Die These, mit der Einrichtung einer zentralen staatlichen Volkswirtschaftsplanung Ende der vierziger Jahre existierte auch faktisch ein Außenhandelsmonopol, lässt sich nicht halten.[496] Das angestrebte Außenhandelsmonopol und die umfassende Kontrolle auch des innerdeutschen Handels durch die Regierung wies lange Jahre zahlreiche Lücken auf:[497]

➢ Wareneinkäufe von Westfirmen in der DDR unter Verwendung „ostzonaler" Deckadressen stellten in der Anfangsphase ein großes Problem dar. Da die Bezahlung meist in DM-Ost erfolgte, verlor die Volkswirtschaft wichtige Güter, ohne hierfür Beträge an DM-West bzw. Verrechnungseinheiten (VE)[498] zu erhalten. Dadurch konnten Gegenlieferungen wichtiger Handelsgüter aus Westdeutschland nicht realisiert werden.[499]

➢ Eigenständige Handelskontakte großer VEB zu bundesdeutschen Unternehmen führten zu Verwerfungen in der volkswirtschaftlichen Planung.[500] Orlopp sah sich veranlasst, „aufgrund der verschiedenen aufgetretenen Mängel bei der Bearbeitung der Anträge auf Zahlungsgenehmigung"[501] die VEB zu zwingen, ab sofort „sämtliche Einkäufe auf den Gebieten Maschinen- und Fahrzeugbau, Eisen- und Metallwaren, Elektrotechnik und Feinmechanik-Optik aus Westdeutschland über DM 50.000,- von der Gesellschaft Innerdeutscher Handel"[502] durchführen zu lassen. Schließlich wies das ZK-Sekretariat Orlopp Anfang 1951 an, Richtlinien auszuarbeiten, da-

---

493 Schreiben Selbmann, an Rau, Vors. SPK, 31.7.1950 (BA, DE 1, 11372)
494 GBl. der DDR, Teil I, Nr. 6, 22.1.1958, S. 69.
495 Verfassung der DDR vom 8.4.1968, Art. 9, Abs. 5.
496 Seiffert, Wolfgang: Das staatliche Außenhandelsmonopol. Entstehungsgeschichte und Ausgestaltung bis zur Reformperiode der 60er Jahre. In: Haendcke-Hoppe, Außenwirtschaftssysteme, S. 11-18.
497 Schreiben der DNB an MIAM, HA IDH, 22.2.1950; vertraulich (BA, DL 2, 1625, Bl. 4).
498 Eine Rechnungsgröße, die dem Wert einer DM-West entsprach.
499 Schreiben DNB an Minist. der Finanzen, 24.11.1949 (BA, DL 2, 1864, Bl. 216).
500 Schreiben Selbmann, DWK, an Grosse, DWK, 8.7.1949 (BA: DL 2, 1864, Bl. 326).
501 Schreiben Orlopp, MAI, an MfI, 7.11.1950 (BA, DL 2, 1863, Bl. 198-199).
502 Ebda.

mit Direktverhandlungen zwischen westdeutschen Auftraggebern und verarbeitenden Betrieben in der DDR ausgeschlossen wurden.[503]
➤ Ein nicht zu lösendes Problem stellten bis zum Jahre 1953 die Integration der SAG in die Planvorgaben für den innerdeutschen Handel dar.[504] Das zumeist sowjetische Management beharrte auf eigenen Außenhandelsabteilungen, da diese nach ihrer Auffassung effizienter als das Ministerium und die VEH-DIA arbeiteten.[505] Die erwirtschafteten Verkaufserlöse blieben zu 50 % beim Betrieb als DM-West-Reserve, die andere Hälfte überwiesen sie der HA Materialversorgung des MAI für dringende Sofortgeschäfte, sogenannte „Katastrophenfälle".[506] Überdies schlossen die SAG außerplanmäßige Kompensationsgeschäfte mit bundesdeutschen Firmen zu Konditionen ab, welche die Preise für andere Produkte aus der DDR verdarben.[507]
➤ Die staatliche Handelsorganisation (HO) suchte ebenfalls den direkten Kontakt zu westdeutschen Geschäftspartnern. Während das MAI befürchtete, dass dabei die eigene Bedarfslage offenbart werde und die Verhandlungsposition der VEH-DIA geschwächt würde,[508] argumentierte das Ministerium für Handel und Versorgung, dass die HO zu solchen Kontakten verpflichtet wären. Denn nur so lasse sich die Versorgung der Bevölkerung bestmöglich garantieren.[509]
➤ Koordinierungsprobleme gab es mit den Industrieministerien, die eigenständig mit Westunternehmen verhandelten und Geschäfte tätigten.[510]
➤ Massive Schwierigkeiten bereitete die Disziplinierung der VEH-DIA, die häufig nach ökonomischer Rationalität Geschäfte abschlossen, dabei aber gegen handelspolitische Vorgaben verstießen.[511]
➤ Die ministeriumsinterne Kompetenzabgrenzung zwischen den HV Außenhandel, Innerdeutscher Handel und Materialversorgung war mangelhaft, was zu Mehrfachbezügen aus der Bundesrepublik führte. Dies setzte sich auf der operativen Ebene zwischen der Handelsgesellschaft Groß-Berlin und der DAHA Metall fort.[512] Eine intensive Kooperation zwischen der DHZ-Binnenhandel und der GIH sollte angestrebt werden, um Doppelimporte zu vermeiden bzw. Importe durch eigene Produktion zu substituieren.[513]

---

503 Protokoll Nr. 46 ZK-Sekretariatssitzung, 8.2.1951 (SAPMO-BA, DY 30/J IV 2/3/173).
504 „Richtlinien für die Verteilung von Waren, für die kein Verteilungsplan vorliegt", 15.12.1949 (BA, DL 2, 1863, Bl. 291-292). Erstellt vom Sts. Ganter-Gilmanns, MIAM, gültig ab 1.1.1950.
505 Vermerk, 14.8.1950 (BA, DL 2, 1863, Bl. 212).
506 Richtlinien für SAG-Betriebe, undatiert (BA, DL 2, 1863, Bl. 257).
507 Aktenvermerk MAI, 23.8.1950 (BA, DL 2, 1637, Bl. 90).
508 Schreiben Hüttenrauch, MAI, an Baender, MHV, 10.9.1952 (BA, DL 2, 893, Bl. 51).
509 Schreiben Iwanik, MHV, an Sts. Hüttenrauch, MAI, 1.9.1952 (BA, DL 2, 893, Bl. 52).
510 Rundschreiben Rau an die Minister, 27.3.1957 (BA, DL 2, 1645, Bl. 3).
511 Schreiben Rau an alle stv. Minister, 7.3.1957 (BA, DL 2, 1655, Bl. 5).
512 Bericht über Beiratssitzung DAHA Metall, 26.10.1949 (BA, DL 2, 707, Bl. 4-6).
513 Vermerk Referat Handelspolitik, 4.1.1950 (SAPMO-BA, N 1062, 115).

➢ Einmischungen seitens Parteiinstanzen sorgten des öfteren für „politisch untragbare Handelsoperationen" und untergruben die Autorität des MAI.[514] Letztlich offenbarten diese Auseinandersetzungen, dass das Außenhandelsmonopol nur mühsam und unvollkommen gegen ressort- und unternehmensspezifische Partialinteressen durchgesetzt werden konnte. Weiterhin zeigte sich die mangelhafte Organisationspraxis des MAI. So existierte anfangs keine Dringlichkeitsliste für Warenbezüge aus der Bundesrepublik, was angesichts der Devisenknappheit zu nicht vorhersagbaren Engpässen führte.[515] Noch Mitte der fünfziger Jahre monierte eine Untersuchungsbrigade des Politbüros fehlende Schwerpunktarbeitspläne, Wochen- und Monatspläne sowie eine völlig unzureichende Informationslage über die Bundesrepublik.[516]

„Bürokratismus" – Die Schwerfälligkeit des Systems Neben diesen das Außenhandelsmonopol im engeren Sinne betreffenden Schwierigkeiten sah sich das MAI auch mit dem für eine Zentralverwaltungswirtschaft typischen Problem einer unzureichenden Flexibilität des ostdeutschen Handelsapparates konfrontiert. Zum einen hatte man Probleme, die heterogenen, rasch wechselnden und in der Tendenz steigenden westdeutschen Marktpreise zu beobachten und in eine „ernste und solide"[517] Preispolitik umzusetzen: „In Anbetracht der sprunghaften Preiserhöhung in Westdeutschland und Westberlin müssen die Verkaufsreferenten sofort angewiesen werden, nicht schematisch anhand der Koeffizientenlisten zu verkaufen. Wie aus den Berichten der Handelskammern, Börsen etc. ersichtlich ist, ändern sich die Preise von einem Tag zum andern, so dass die zehntägige Berichtigung der Koeffizientenlisten nicht ausreicht."[518] Eine nicht angemessene Preisgestaltung wirkte sich in beiderlei Richtung negativ für den Absatz der eigenen Waren aus. Zu niedrig angesetzte Preise führten nicht nur zu Gewinnminderung, sondern auch zu Dumpingvorwürfen seitens westdeutscher Interessenverbände, die bundesbehördlich angeordnete Bezugsbeschränkung nach sich ziehen konnten. Auf der anderen Seite bargen überhöhte Preise angesichts der Qualitäts- bzw. Akzeptanzprobleme ostdeutscher Produkte das Risiko, innerhalb kürzester Zeit Absatzeinbrüche zu erleiden und dauerhaft Marktanteile in der Bundesrepublik zu verlieren.

Der zweite Punkt betraf die von westdeutschen Geschäftspartnern monierten langwierigen Bearbeitungswege innerhalb der ostdeutschen Handelsbürokratie.[519] Sie ging teilweise auf die schleppende Genehmigungspraxis der SKK zurück, wie im Mai 1951, als insgesamt 13 Anträge über Zuckerlieferungen nach Westdeutschland nicht getätigt werden konnten und die DDR sich verschuldete. Im Gegenzug waren wichtige Bezüge bei Eisen und Stahl nicht zu verwirklichen

---

514 Schreiben Minister Rau an ZK-Sekretär Ziller, 16.2.1956 (BA, DL 2, 3360, Bl. 31-43).
515 Mitteilung Becker, MAI, an Selbmann, 29.6.1949 (BA, DL 2, 1864, Bl. 382).
516 Bericht, 15.9.1955 (SAPMO-BA, DY 30/J IV 2/2J-143, Bl. 10).
517 Protokoll Nr. 5 Dienstbesprechung bei Rau, 27.5.1955 (BA, DL 2, 3911, Bl. 54-58).
518 Schreiben Orlopp an Karsten und an die GIH, 27.2.1951 (BA, DL 2, 1863, Bl. 117).
519 Vermerk: Gespräch Schulze, MAI, und Hassinger, Eisen- und Stahlgroßhandel in Westdeutschland, 4.9.1951 (BA, DL 2-1325, Bl. 247).

mit den entsprechenden Auswirkungen auf die Planerfüllung.[520] Wegen der langen Bearbeitungszeiten und der hohen Außenstände galten DDR-Firmen im Westen bereits seit Anfang der fünfziger Jahre als unsichere Geschäftspartner.[521] Auch die DDR-Außenhändler klagten über bis zu acht Wochen Antragsfrist für eine Geschäftsreise jenseits des Eisernen Vorhangs. Für Monteure waren bis zu 15 Unterschriften notwendig, um einen womöglich dringenden Kundendiensttermin im Westen wahrnehmen zu können.[522] Die Probleme verschärften sich nach dem 13. August 1961 weiter, weshalb Ulbricht auf eine Abkürzung des Genehmigungsverfahrens drängte.[523]

Als drittes sind noch Diskontinuitäten im Planungs- und Produktionsprozess zu benennen. Sie führten dazu, dass bestimmte Waren von einem zum nächsten Jahr nicht mehr für den Außenhandel bereitgestellt wurden. Daraufhin löste sich in der Regel das Vertreternetz auf. Im Falle nachträglicher und außerplanmäßiger Bereitstellung dieser Handelsware galt es die alten Vertriebsstrukturen wieder zu reaktivieren, was mit enormen ökonomischen Reibungsverlusten verbunden war.[524] Solche Diskontinuitäten betrafen auch die Ersatzteillieferung und den Kundendienst vor Ort. Damit war aber gerade der Absatz konkurrenzfähiger, technisch anspruchsvoller, mithin profitabler Produkte erschwert.[525]

---

520 Schreiben Orlopp, MAI, an Rau, stv. MP, 18.6.1951 (BA, DE 1, 11360, Bl. 14-15).
521 Niederschrift über Gespräch zwischen Schulze, MAI, und Hassinger, Eisen- und Stahlgroßhandel in Westdeutschland, 4.9.1951 (BA, DL 2-1325, Bl. 247).
522 Schreiben Lütgens, VEH-DIA Textil, an Ulbricht, 6.8.1962 (SAPMO-BA, DY 30/IV 2/6.10/169). Die Unterschriftenliste liest sich wie folgt: Monteur, Kaderleiter Betrieb, Werksleiter, Direktor VVB, Kontorleiter AHU, Generaldirektor AHU, Reisestelle MAI, MAI-HV 1, Minister, Überprüfungsstelle MAI, Min. d. Inneren (2x).
523 Schreiben Ulbricht an Lange, 11.9.1962 (SAPMO-BA, DY 40/IV 2/6.10/167, Bl. 164).
524 Schreiben Lütgens, VEH-DIA Textil, an Ulbricht, 6.8.1962 (SAPMO-BA, DY 30/IV 2/6.10/169).
525 Schreiben BPO AHU WMW-Export an Ulbricht, 18.10.1962 (SAPMO-BA, DY 30/IV 2/6.10/169, Bl. 178-181).

4. Die Etablierung vertraglich geregelter Handelsbeziehungen

4.1. Das „Frankfurter Abkommen"

4.1.1. Die Gespräche kommen in Gang

Die entscheidende Voraussetzung für die Wiederaufnahme des interzonalen Warenaustausches und damit auch für eine künftige vertragliche Regelung desselben schufen die vier Siegermächte mit dem sogenannten Jessup-Malik-Abkommen[526], in welchem sie die Aufhebung der Blockade West-Berlins vereinbarten. Seit dem 12. Mai 1949 war der Personen-, Waren-, Kapital-, Post-, Telefon- und Telegraphenverkehr zwischen den Westzonen und West-Berlin bzw. der SBZ wieder zugelassen. Damit bestätigte das Abkommen jenes im Zuge der Berlin-Blockade erstmals praktizierte Junktim zwischen ungehindertem Berlin-Verkehr einerseits und Interzonenhandel andererseits, das wenig später im Abschlusskommuniqué der Pariser Außenministerkonferenz explizit festgeschrieben wurde[527] und bis weit in die sechziger Jahre hinein von großer deutschlandpolitischer Bedeutung sein sollte.

Trotz des Jessup-Malik-Abkommens gestaltete sich die Reetablierung des deutsch-deutschen Warenverkehrs nach mehr als neun Monaten Unterbrechung problematisch, da zwischenzeitlich das erste Berliner Abkommen zum 31. Dezember 1948 ausgelaufen war und somit der Interzonenhandel einer vertraglichen Grundlage entbehrte. Hinderlicher noch wirkte sich die Teilung des zuvor einheitlichen Währungsgebietes aus. Die an Stelle der Reichsmark getretenen Deutsche Mark (West) bzw. (Ost) waren nicht konvertierbar, weshalb der Interzonenhandel seit Mai 1949 zumeist auf der Basis von Kompensationsgeschäften ablief.[528] Entgegen der allgemeinen Forschungsauffassung konnten jedoch auch Geschäfte auf Westmarkbasis abgewickelt werden,[529] wovon aber nur in geringem Umfang Gebrauch gemacht wurde. Eine weitere Schwierigkeit war das sich im Zuge der separaten Währungsreformen seit Herbst 1948 einstellende Preisgefälle zwischen den Westzonen, in denen die strenge Waren- und Preisbewirtschaftung sukzessive gelockert worden war und die Marktliberalisierung zu infla-

---

526 Abgedr. in: Münch (Hrsg.), Dokumente, Bd. 1, S. 155-156.
527 Four-Power Communiqué, on June 20th 1949, in: Münch (Hrsg.), Dokumente, Bd. 1, S. 156-157. Mit dem Ausdruck „Berlinverkehr" wird ausschließlich der Personen- und Warenverkehr zwischen dem Bundesgebiet und West-Berlin bezeichnet.
528 Federau, Interzonenhandel, S. 394.
529 Regelung des Interzonenhandels. 10.6.1949; ohne Autor (BA, DL 2, 1863, Bl. 309-316).

tionären Tendenzen führte,[530] und der SBZ, die an der zentralen Preislenkung festhielt. Sie litt folglich unter einem enormen und zumeist unkontrollierten Warenabfluss nach Westen, was die ohnehin existierenden Versorgungsmängel weiter verschärfte.

Um den unbefriedigenden Zustand kompensatorischen Handels zu überwinden, bemühten sich Delegationen der westzonalen „Verwaltung für Wirtschaft" (VfW) und der ostzonalen „Deutschen Verwaltung für Innen- und Außenhandel" (DVIA) seit dem 15. Mai 1949 in langwierigen Verhandlungen, ein neues Interzonenhandelsabkommen auszuarbeiten.[531] Mehrfach drängten die Besatzungsmächte auf eine rasche Einigung,[532] da ein geregelter innerdeutscher Warenverkehr die Belebung beider Teilvolkswirtschaften zweifellos befördern und demzufolge die Versorgungsleistungen der Besatzungsmächte für die deutsche Bevölkerung mindern würde. US-Außenminister Dean Acheson erklärte am Rande der Pariser Außenministerratssitzung im Juni 1949 gar, es wäre gleichgültig, welche Güter an die SBZ geliefert würden, solange diese nur zahlen könnte.[533] Auch wenn es sich hierbei, vor dem Hintergrund bereits angelaufener Handelsrestriktionen gegen die sozialistischen Staaten, sicher nicht um die offizielle Linie der US-Administration handelte, offenbart die Äußerung Achesons durchaus eine pragmatisch-befürwortende Einstellung zum Interzonenhandel.

Aus westdeutscher Sicht sprachen vor allem vier Argumente für die Wiederbelebung und Ausweitung des Interzonenhandels. Erstens bewahrte der deutsch-deutsche Warenaustausch die volkswirtschaftliche Verflechtung mit der SBZ, was im Kontext der mittelfristig erwarteten Vereinigung als wichtige Voraussetzung für das wirtschaftliche Wohlergehen Gesamtdeutschlands gesehen wurde.[534] Zweitens linderten preisgünstige Bezüge aus der SBZ den nach wie vor gegebenen Inflationsdruck. Drittens bot der Interzonenhandel die Möglichkeit, wichtige Güter aus der SBZ ohne den Einsatz von Devisen zu beziehen. Vor dem Hintergrund des generellen Devisenmangels in den Westzonen – insbesondere die seit 1947 zu beobachtende „Dollarlücke" bereitete erhebliches Kopfzerbrechen – lag hierin ein beachtenswerter volkswirtschaftlicher Vorteil.[535] Beispielsweise importierte Westdeutschland im IV. Quartal 1949 Waren im Wert von einer Mrd. $, denen ein Export in Höhe von 90 Mio. $ gegenüberstand. Der Nettodevisenbestand der Bank deutscher Länder sank von 397,7 Mio. DM im

---

530 Von Juni 1948 bis Mai 1949 stiegen die Preise durchschnittlich um 22 %; Bank deutscher Länder (Hrsg.): Monatsbericht Dezember 1949, S. 87.
531 Selbmann, Interzonenhandel, S. 20.
532 Four-Power-Communiqué, on 20th June 1949, in: Münch (Hrsg.), Dokumente, Bd. 1, S. 156-157; Protokoll der Schlußsitzung des Konsultativrates, 16.7.1949, in: Vorgeschichte, Bd. 5/2, S. 909-912, hier S. 911-912.
533 Aufzeichnung, 9.3.1950 (BA, B 102/108251). Die Äußerung ist durch Mr. Bechter, britischer Wirtschaftsoffizier der AHK, überliefert.
534 Schreiben von Graf, VfW, Abt. I, an Erhard, 1.9.1949 (BA, B 102/108245).
535 Zur Problematik der „Dollarlücke" für die Westzonen bzw. Bundesrepublik, aber auch für die OEEC-Staaten Buchheim, Christoph: Die Wiedereingliederung Westdeutschlands in die Weltwirtschaft 1945-1958. München 1990, S. 111-119 u. S. 171-182.

Dezember 1949 auf 9,2 Mio. DM im Februar 1950 und rutschte im Folgemonat mit - 23,5 Mio. DM sogar in die roten Zahlen.[536] Daher empfahl der „Wissenschaftliche Beirat bei der Verwaltung für Wirtschaft des Vereinigten Wirtschaftsgebietes" neben der Wiederbelebung des traditionsreichen Osthandels auch die Wiederherstellung des gesamtdeutschen Binnenhandels.[537] Im Wissen um diesen Zusammenhang drohte die SBZ ganz offen damit, den westdeutschen Handel mit Osteuropa politisch zu torpedieren, falls die Westzonen nicht bereit wären, einen Handelsvertrag mit ihr selbst abzuschließen.[538] Viertens stellte die SBZ mit ihren 17 Mio. Einwohnern, der hochentwickelten Industrie und den traditionellen innerdeutschen Absatzwegen einen interessanten Markt für die vor Absatzprobleme gestellte westdeutsche Industrie dar. Insbesondere die beiden letzten Argumente wogen um so schwerer, als die grassierende Arbeitslosigkeit und der allgemeine Kapitalmangel bei führenden Politikern ernste Sorgen hinsichtlich der inneren Stabilität des sich im status nascendi befindlichen westdeutschen Teilstaates hervorriefen.[539] Dagegen spielte das später in den Vordergrund rückende Argument einer Verbesserung der Lebensbedingungen für die Menschen in der SBZ/DDR zu diesem Zeitpunkt eine untergeordnete Rolle.[540] Noch erschienen die eigenen Verhältnisse zu begrenzt und unsicher, um sich positiv von denen der ostdeutschen Bevölkerung abzuheben.

Neben den positiven Aspekten des Interzonenhandels erkannte man sehr wohl die Ambivalenz von Geschäftsbeziehungen zur sozialistisch beherrschten SBZ. So warnte beispielsweise der nach Osten durchaus gesprächsbereite Jakob Kaiser: „Die Verlockung durch den roten Handel sollte nicht darüber hinwegtäuschen, dass Sowjetrußland dabei den Rahm abschöpft, die darbende Ostzonenbevölkerung aber nur mit den Brosamen vorlieb nehmen muss, die vom Tisch ihrer Herren fallen."[541] Die mit dem Interzonenhandel verbundene Quadratur des Kreises – Wahrung rudimentärer Elemente deutscher Einheit bei gleichzeitiger Stabilisierung, ja sogar Stärkung eines feindlich gesonnenen Herrschaftssystems – war nicht zu überwinden.

Für das eigene wirtschaftliche wie politische System ergab sich im Konfliktfall hingegen die Gefahr abrupter Handelsunterbrechungen, Versorgungsengpässe bzw. Produktionsrückgänge in Schlüsselbereichen der westdeutschen Volkswirtschaft. Um ein solches Krisenszenario in seinen Auswirkungen einigermaßen

---

536 Bank deutscher Länder (Hrsg.): Statistisches Handbuch der Bank deutscher Länder 1948-1954. Frankfurt a. M. 1955, S. 261.
537 Gutachten des Wissenschaftlichen Beirats bei der Verwaltung für Wirtschaft über „Das Dollardefizit Europas im Handel mit den USA". In: Bundesministerium für Wirtschaft (Hrsg.): Der Wissenschaftliche Beirat beim Bundesministerium für Wirtschaft. Sammelband der Gutachten von 1948 bis 1972. Göttingen 1973, S. 55-58, hier S. 55.
538 Selbmann, Interzonenhandel, S. 26.
539 Schreiben Adenauer an Dannie N. Heineman, 12.6.1949, in: Mensing, Hans Peter (Bearb.): Adenauer: Briefe 1949-1951, Berlin 1985, S. 33.
540 Küsters, Integrationsfrieden, S. 498 kann man in diesem Punkt nur bedingt zustimmen.
541 Undatiertes Memorandum von Kaiser (BA, N 1018/242, Bl. 48-53).

abschätzen zu können, initiierte die „Verwaltung für Wirtschaft" im Sommer 1949 eine Umfrage bei den einzelnen Fachverbänden hinsichtlich ihrer Bezugs- und Absatzverflechtungen mit der SBZ. Dabei zeigte sich, dass die überwiegende Zahl der Branchen keine ökonomischen Abhängigkeiten gegenüber der SBZ meldeten. In diesem Sinne lauteten die Rückmeldungen aus der Eisen-, Stahl-, Blech- und Metallwarenbranche, der NE-Metallindustrie, dem Maschinen-, Schiff- und Fahrzeug-, Eisen- und Stahlbau, der Elektrotechnik, Feinmechanik, optischen und Uhrenindustrie.[542] Eine Ausnahme stellte die volkswirtschaftlich unbedeutende Steine- und Erdenindustrie[543] sowie als regionaler Sonderfall die Industrie West-Berlins dar.[544] Immerhin empfanden einige Industriezweige, genannt seien hier die Textil-, Glas- und Chemiebranche, ostdeutsche Lieferungen als „unangenehm" und erkannten in der dortigen Industrie einen „scharfen und gefährlichen Gegner"[545]. Tatsächlich handelte es sich um jene leistungs- und exportfähigen Industriezweige, deren traditioneller Schwerpunkt vor 1945 in Mitteldeutschland lag. Andere Wirtschaftsvereinigungen wiederum bemühten sich bereits im Sommer 1949 um direkte Kontakte zum DWK-Vorsitzenden Heinrich Rau.[546] Die Berührungsängste beim Ausloten ökonomischer Kooperationsoptionen waren offenkundig nicht so stark ausgeprägt, dass sie unternehmerische bzw. branchenspezifische Eigeninteressen überlagert hätten.

In Abwägung aller Argumente stand letztlich außer Frage, dass auf westdeutscher Seite aus politischen wie ökonomischen Gründen der Handel einschließlich eines entsprechenden Abkommens mit der SBZ mehrheitlich befürwortet wurde. Daran änderte auch die Ablehnung durch führende Sozialdemokraten wie Carlo Schmid und Wilhelm Kaisen nichts.[547] Ihr Argument, ohne eine politische Einigung dürfe es auch keine wirtschaftliche Kooperation geben, überzeugte weder die Alliierten noch die Verwaltung für Wirtschaft.

Die politische Führung der SBZ verknüpfte mit dem Interzonenhandel weitaus größere deutschlandpolitische und wirtschaftliche Erwartungen als ihre westlichen Kontrahenten. Durch die Verkündung des Grundgesetzes am 23. Mai 1949 unter Zugzwang geraten, versuchte sie noch vor der Gründung eines ostdeutschen Teilstaates die politische Akzeptanz der eigenen Administration auch im Westen zu erreichen. Ihr durchaus diskutabler Vorschlag, eine gesamtdeutsche Wirtschaftskommission sowie mehrere Sonderkommissionen ins Leben zu

---

542 Schreiben vom August/September 1949 (BA, B 102/108245).
543 Insbesondere oberfränkische Betriebe waren auf Radeburger Schamotte und sächsisches Kaolin angewiesen (BA, B 102/108245).
544 Besonders betroffen war hier die elektrotechnische Industrie (BA, B 102/108245).
545 Mitteilung Orlopp, DVIA, an Rau, DWK, 27.5.1949 (SAPMO-BA, N 1062, 97, Bl. 1).
546 Berlin. Ringen um Einheit und Wiederaufbau. 1948-1951, S. 417. Hrsgg. v. Senat von Berlin. Berlin 1959, S. 417.
547 Protokoll der Schlußsitzung des Konsultativrates, 16.7.1949, in: Vorgeschichte, Bd. 5/2, S. 909-912, hier S. 911-912. Zur Haltung Kaisens: Protokoll, 29.5.1949, in: Vorgeschichte, Bd. 5/1, S. 474-487, hier S. 480. Dagegen befürwortete Willy Brandt bereits 1949 den Interzonenhandel im Dienste humanitärer Erleichterungen; Schmidt, Kalter Krieg, S. 95.

rufen, die Konzepte zur Verbesserung des Interzonenhandels, -verkehrs sowie der interzonalen Finanzkontakte ausarbeiten sollten,[548] zielte nicht nur darauf ab, die westdeutsche Staatsbildung aufzuhalten, sondern zugleich die Repräsentanten des sowjetzonalen Systems als gleichberechtigte Verhandlungspartner zu legitimieren. Das Instrument „gesamtdeutsche Kommissionen", vor allem in paritätischer Zusammensetzung, gehörte fortan zum Standardrepertoire ostdeutscher Anerkennungspolitik.[549] Obwohl auf der Pariser Außenministerkonferenz der Vorschlag interessiert aufgenommen wurde,[550] reagierte die westdeutsche Verhandlungsdelegation zurückhaltend und argumentierte, man wolle eine solch wichtige Entscheidung der künftigen Bundesregierung vorbehalten.[551]

War die SBZ deutschlandpolitisch seit Mai 1949 in eine Defensivposition gegenüber der Bundesrepublik geraten, so galt dies noch mehr für den wirtschaftlichen Bereich. Hier wirkten sich die seit 1945 existierenden strukturellen Nachteile und die seit 1948 zu beobachtende geringere Entwicklungsdynamik ihrer Wirtschaft massiv aus. Dabei stellten die Lieferungen aus Westdeutschland eine wichtige Versorgungsquelle insbesondere bei Steinkohle, Eisen und Stahl sowie bei diversen Chemieprodukten dar. Allein der durch die Berlinblockade hervorgerufene Mangel an diesen Gütern, so Otto Grotewohl, habe Ende 1949 dazu geführt, dass rund 33 % der leichtindustriellen Kapazitäten in der DDR brachlagen.[552] Mögen auch andere Faktoren – systembedingte Ineffizienzen, Lieferdefizite der sozialistischen Staaten, Planungsfehler etc. – eine Rolle gespielt haben, deutlich wird doch, wie gefährlich die politische Führung in Ost-Berlin die problematische Konsumgüterversorgung einschätzte und ihre Ursachen dem „Klassenfeind" anlastete.

Ohne westdeutsche Bezüge wäre die SBZ/DDR gar nicht in der Lage gewesen, den Reparationsplan gegenüber der UdSSR zu erfüllen. Dies betraf insbesondere die für den Maschinenbau dringend erforderlichen Eisen- und Stahlkontingente.[553] Die Reparationsverpflichtungen gegenüber der Sowjetunion belaste-

---

548 Schreiben Rau, DWK-Vors., an Pieck, 24.6.1949 (SAPMO-BA, NY 4036/767, Bl. 12-15); Schreiben Rau an Pünder, Oberdirektor der Verwaltung für Wirtschaft, 4.7.1949, in: Vorgeschichte, Bd. 5/2, S. 793-794. Zur öffentlichen Diskussion Selbmann, Interzonenhandel, S. 18-20. Unter den Parteien in den Westzonen befürwortete nur die KPD diesen Vorschlag. Bundestagsrede Reimann, 22.9.1949, in: Stenogr. Berichte 1. Dt. Bundestag, Bd. 1, S. 58-67.
549 Beispielsweise im Schreiben von Grotewohl an Adenauer, 30.11.1950, abgedr. in: Siegler, Heinrich von: Wiedervereinigung und Sicherheit Deutschlands. Bd. I: 1944-1963. Bonn, Wien, Zürich 1967, S. 35-36; Protokoll 66/56 der Politbürositzung, 29.12.1956 (SAPMO-BA, DY 30/IV 2/2/520, Bl. 15),
550 Schmidt, Kalter Krieg, S. 94-95.
551 Schreiben von Pünder an Rau, 21.7.1949; enthalten im Protokoll der 63. Direktorialsitzung, 13.7.1949, in: Vorgeschichte, Bd. 5/2, S. 872-875. Die gesamte Korrespondenz (Schreiben Selbmanns, 1. August, Antwort Krautwigs, 3. August) enthalten im Protokoll der 66. Direktorialsitzung, 8.8.1949, in: Vorgeschichte, Bd. 5/2, S. 1033-1039.
552 Rede Grotewohls, 13.11.1949 (SAPMO-BA, DY 30/IV 2/1/40, Bl. 84).
553 Schreiben Rau an Parteiführung; undatiert (SAPMO-BA, NY 4182/1194, Bl. 261).

ten natürlich die interzonale Handelsbilanz zuungunsten der SBZ, da sie hochwertige Produkte nicht als Gegenlieferungen nach Westdeutschland einsetzen konnte. Ähnliches galt für die schmalen DM-West-Reserven. Allein im Jahr 1949 wurden an das Amt für Reparationswesen 53 Mio. Westmark überwiesen, wovon die SAG rund 40 Mio. DM-West für den Bezug von Engpassmaterialien, Maschinenersatzteilen u.a.m. aus Westdeutschland erhielten.[554] Das Geld fehlte natürlich bei den Interzonenhandelsgeschäften, die der ostdeutschen Wirtschaft zugute gekommen wären.

Vor diesem Hintergrund forderte der DWK-Vorsitzende Heinrich Rau am 12. Mai 1949 einen „breiten Handel mit ganz Deutschland"[555], betonte aber zugleich, dass der Volkswirtschaftsplan 1949 ohne den Interzonenhandel kalkuliert sei. Sollte es doch zu einem Güteraustausch mit den Westzonen kommen, dann würde dieser zur Planübererfüllung beitragen.[556] Mit dieser Äußerung spielte Rau die ökonomische Bedeutung des interzonalen Warenaustausches bewusst herunter, um möglichen Versuchen des Westens, über diesen Weg Druck auf die SBZ auszuüben, den Wind aus den Segeln zu nehmen.

Trotz der allseits vorherrschenden Befürwortung interzonaler Wirtschaftskontakte bedurfte es von Mai bis Ende September 1949 langwieriger Verhandlungen. Wichtigstes Anliegen der DVIA war eine 1:1-Wertrelation zwischen beiden Währungen sowie die Vereinbarung von Warenlisten mit festen Wertgrenzen. Ersteres diente der Imagepflege für die DM-Ost, letztere sollten dem Warenabfluss nach Westdeutschland entgegenwirken und die Planungssicherheit für die ostdeutsche Wirtschaftsverwaltung erhöhen. Im Gegenzug schlug die VfW den freien Güterverkehr im Rahmen eines warenmäßigen Wertausgleiches vor. Weiterhin präferierte sie ein einseitiges Abrechnungsabkommen, bei dem die DNB ein Konto bei der BdL einrichten sollte, über welches sämtliche Transaktionen in DM-West abgewickelt würden.[557] Ein solcher Verrechnungsmodus, der zugleich eine Vorrangstellung der westdeutschen Zentralbank über ihr ostdeutsches Pendant implizierte, war jedoch nicht konsensfähig. Schließlich einigten sich beide Seiten auf einen tragfähigen Kompromiss und formulierten Anfang September einen Vertragsentwurf, so dass der Abschluss eines Interzonenhandelsabkommens in greifbare Nähe rückte.[558] Der Entwurf stieß in Westdeutschland auf überwiegend positive Resonanz. Ernst Reuter signalisierte die Zustimmung des West-Berliner Magistrats und bat zugleich um die Einrichtung einer entsprechenden Dienststelle in Berlin, da dies den Handel fördern und die

---

554 Merkblatt der SKK, 26.1.1950; streng vertraulich (SAPMO-BA, NY 4182/1194, Bl. 243). Die entsprechenden Planzahlen für das Jahr 1950 sahen 50 Mio. Westmark für das Amt für Reparaturwesen und 35 Mio. Westmark für die SAG vor.
555 Rede Rau, abgedr. in: Der Haushaltsplan für das Jahr 1949. Stenografischer Bericht über die Sitzung der Vollversammlung der DWK, 12.5.1949. Berlin 1949, S. 5-6.
556 Ebda.
557 Protokoll Direktorialsitzung, 13.7.1949; abgedr. in: Vorgeschichte, Bd. 5/2, S. 872-881, hier S. 875. Zur Sichtweise der SBZ-Führung Selbmann, Interzonenhandel, S. 20-21.
558 Schreiben Graf an Erhard, 1.9.1949 (BA, B 102/108245).

anvisierte Beteiligung West-Berlins am Interzonenhandelsvolumen in Höhe von 30 % sichern helfen würde.[559] Die bundesdeutschen Unternehmen hegten die Erwartung, dass ein vertragsrechtlich gesicherter Handel mit der SBZ/DDR zur Linderung der gegenwärtigen Wirtschaftskrise beitragen würde. Daher drängten sie die Bundesregierung mit Vehemenz auf einen baldigen Abschluss des Abkommens.[560] Allerdings deutete sich früh die Diskrepanz zwischen großer Liefer- und geringer Bezugsbereitschaft der Unternehmen an, weshalb das BMWi vor der Illusion warnte, nur „wild verkaufen"[561], aber wenig abnehmen zu wollen. Allein betrieblichen Interessen verpflichtet, spielten deutschlandpolitische Argumente in den Handlungsstrategien der Firmenleitungen kaum eine Rolle.

Das „Abkommen über den Interzonenhandel" wurde am 8. Oktober 1949 von Otto Graf als Vertreter des westdeutschen VfW und von Josef Orlopp[562], dem Vertreter der DVIA, in Frankfurt a. M. unterzeichnet. Es war zweifellos ein Erfolg für die Bundesregierung, dass kein Repräsentant des seit wenigen Wochen bestehenden BMWi, sondern ein Vertreter der in Abwicklung begriffenen Frankfurter Verwaltungsbehörde diesen Akt vollzog. So konnte ein regierungsamtlicher Kontakt einschließlich der sich daraus ergebenden unerwünschten völkerrechtlichen Implikationen vermieden werden. Dennoch stellte das Frankfurter Abkommen als erstes Vertragswerk zwischen beiden deutschen Staaten nach Gründung der DDR am 7. Oktober 1949 wegen seiner möglichen völkerrechtlichen und deutschlandpolitischen Signalwirkung ein Problem dar. Die aus westdeutscher Sicht unglückliche Chronologie – ihre Ursachen wurden bereits geschildert – führte dazu, dass Adenauer das Handelsabkommen mit der SBZ/DDR zur Chefsache erklärte.[563] Er wollte angesichts der veränderten politischen Lage eine de facto-Anerkennung der DDR unbedingt vermeiden und lehnte daher anfänglich die Vertragsunterzeichnung ab. Der Kanzler ließ sich erst umstimmen, nachdem ihm versichert worden war, dass weder im Abkommenstext noch in der Signatarformel die Termini „Bundesrepublik Deutschland", „Volksrepublik" bzw. „Deutsche Demokratische Republik" auftauchten.[564] Damit hatte man formaljuristisch eine Anerkennung vermieden, aber dennoch war keinem der Beteiligten „recht wohl bei dieser ganzen Geschichte."[565] Denn schließlich lehrte die politische Erfahrung, dass die normative Kraft des Faktischen formaljuristische Sachverhalte durchaus unterhöhlen und hinsichtlich ihrer nationalen und internationalen Akzeptanz außer Kraft zu setzen vermögen. Um dem vorzubeugen und eine einheitliche regierungsamtliche

---

559 Schreiben Reuter an Erhard, 30.9.1949 (BA, B 102/108245).
560 Vermerk, 14.10.1949 (BA, B 102/108245).
561 Ebda.
562 Orlopp führte auch weiterhin die Verhandlungen. Küsters Annahme, die Aufgabe habe Georg Handke übernommen, trifft nicht zu; Küsters, Integrationsfrieden, S. 489.
563 Notiz von Graf, 6.10.1949, in: Küsters (Hrsg.), DzD, II. R., Bd. 2, Nr. 149.
564 Protokoll Kabinettssitzung, 7.10.1949, in: Enders/Reiser (Bearb.), Kabinettsprotokolle, Bd. 1, S. 105.
565 Vermerk, 14.10.1949 (BA, B 102/108245).

Sprachregelung zu erreichen, betonte Adenauer die Notwendigkeit, das Frankfurter Abkommen nur sehr vorsichtig und in enger Abstimmung mit der AHK zu kommentieren.[566]

4.1.2. Ein tragfähiger Kompromiss: Zentrale Bestimmungen des Frankfurter Abkommens

Grundsätzlich galt es, im Rahmen eines Handelsabkommens zwischen beiden deutschen Staaten drei Kernprobleme zu lösen: Erstens das finanztechnische Problem des Warenaustausches auf der Basis zweier nicht konvertibler Währungen, zweitens Umfang und Zusammensetzung der auszutauschenden Waren und drittens die Einbeziehung West-Berlins in den deutsch-deutschen Handel.

Das Problem der nichtkonvertiblen Währungen löste man durch die Etablierung eines Clearings für den Waren- und Finanztransfer.[567] Sowohl die BdL als auch die DNB richteten je ein Verrechnungskonto ein, über das sämtliche Finanztransaktionen abgewickelt wurden. Rechnungen für Warenlieferungen von Ost nach West wurden in DM-West auf dem Verrechnungskonto bei der BdL beglichen und von dieser in sogenannten „Verrechnungseinheiten" (VE) auf das Konto der DNB überwiesen. Diese zahlte dann den entsprechenden Betrag an das liefernde Unternehmen in der DDR aus. Im umgekehrten Falle, also bei einer Warenlieferung von West nach Ost, erfolgte die analoge Transaktion. Bei einer vereinbarten Relation 1 DM-West = 1 VE = 1 DM-Ost und dem Handel auf der Basis der in der Bundesrepublik geltenden Marktpreise, konnte man in der Praxis die DM-West mit der VE wertmäßig gleichsetzen. Hinsichtlich des reinen Zahlenwertes galt dies auch für die DM-Ost. Allerdings blieb hier unklar, in welcher Relation jener zu ihrem Binnenwert stand.[568] Auf diese Weise vermochte die DDR, eigene Währungsschwächen zu verschleiern und den damit verbundenen Imageverlust zu vermeiden.

Um nun zu verhindern, dass im Rahmen des Clearings westdeutsche „Eisen- und Stahllieferungen mit ostdeutschen Strümpfen"[569] bezahlt würden, unterschied man zwischen kontingentierten, sogenannten „harten" Waren[570], sowie nicht kontingentierten, sogenannten „weichen" Waren. Beide Kategorien waren nicht mit dauerhaften Qualitätsmerkmalen von Gütern verknüpft, sondern ergaben sich aus der warenspezifischen Nachfrage, die sich über die Zeit ändern konnte. So verloren die ursprünglich „harten" DDR-Lieferposten Bau- und

---

566 Protokoll, 7.10.1949, in: Enders/Reiser (Bearb.), Kabinettsprotokolle, Bd. 1, S. 105.
567 Zwass, Adam: Zur Problematik der Währungsbeziehungen zwischen Ost und West. Wien, New York 1974, S. 144-147.
568 Volze, Armin: Die gespaltene Valutamark. Anmerkungen zur Währungspolitik und Außenhandelsstatistik der DDR. In: DA 32 (1999) 2, S. 232-241.
569 Kaumann, TSI auf Interzonenhandelstagung, 11/1949 (SAPMO-BA, N 1062, 97, Bl. 1).
570 Anfangs bei den Lieferungen Westdeutschlands vor allem Steinkohle, -koks, Eisen, Stahl; bei den ostdeutschen Lieferungen i. e. L. Braunkohlebriketts und Bauholz.

Grubenholz Ende der 1950er Jahre ihren Status, weil mit dem Abklingen des Nachkriegsbaukonjunktur und der einsetzenden Steinkohlenkrise die bundesdeutsche Nachfrage erodierte.

Für beide Warenkategorien wurde ein eigenes, jeweils mit einem zinslosen Überziehungskredit („Swing") ausgestattetes Unterkonto eingerichtet. Dabei handelte es sich um eine allgemein übliche handelstechnische Einrichtung bei bilateralen Handelsbeziehungen, keineswegs um eine handelspolitische Konzession der Bundesrepublik an die DDR.[571] Den Swing legte man in Höhe von 15 Mio. VE für das Unterkonto A, welches den „harten" Waren vorbehalten war, und von 1 Mio. VE für das Unterkonto B, über das „weiche" Waren abgerechnet wurden, fest. Er lag mit 1,5 % Anteil am anvisierten Handelsvolumen unter den beim bilateralen Clearingverkehr ansonsten üblichen 15-20 %,[572] was für eine eher restriktive politische Leitlinie spricht. Da die Salden der Unterkonten getrennt voneinander auszugleichen waren, stellte man sicher, dass „harte" Waren auch mit „harten" Gegenlieferungen bezahlt wurden.

Ein „bis zur letzten Minute außerordentlich schweres Kapitel"[573], an dem die Vertragsunterzeichnung beinahe gescheitert wäre, stellte die Einbeziehung Berlins in das Frankfurter Abkommen dar. Dabei war man sich in ökonomischer Hinsicht rasch einig, dass ein „angemessener"[574] Teil des deutsch-deutschen Handels auf die ehemalige Reichshauptstadt entfallen sollte, der sich dann im Laufe der Zeit bei einer Quote von 30 % einpendelte.[575] Aber aufgrund der unterschiedlichen Rechtsauffassungen über den Status der geteilten Stadt blieb es lange Zeit umstritten, wie eine vertragliche Formulierung aussehen könnte, ohne dass die jeweiligen Rechtsstandpunkte dadurch verletzt würden. Noch im Frühjahr 1949 war offen geblieben, ob West-Berlin nicht einen separaten Vertrag mit der SBZ schließen würde,[576] was es jedoch in einer inferiore Verhandlungsposition gerückt hätte. Schließlich einigten sich beide Seiten auf die Signatarformel „Vertreter der Währungsgebiete der DM-West bzw. DM-Ost". Die westdeutsche Delegation erzielte damit einen doppelten Verhandlungserfolg, da sie nicht nur für West-Berlin unterzeichnete, sondern zugleich eine formale Anerkennung der DDR vermeiden konnte. Den ostdeutschen Gegenvorschlag, er lautete „Vertreter der obersten Wirtschaftsorgane", lehnte die westdeutsche Delegation ab, da dem Terminus „oberstes Wirtschaftsorgan" die Konnotation einer staatli-

---

571 Diese nicht haltbare These vertritt Kim, Außenwirtschaft, S. 186.
572 Mehnert-Schulte, Jahrbuch 1949, S. 123.
573 Vermerk über Interzonenhandelsbesprechung, 14.10.1949 (BA, B 102/108245). So auch Selbmann, Interzonenhandel und Wirtschaftseinheit, S. 23.
574 Anlage 5 zum Frankfurter Abkommen; Küsters (Hrsg.), DzD, II. R., Bd. 2, S. 135.
575 Der Anteil schwankte über die Jahre zwischen 24-33 %; eigene Berechnungen nach Statistisches Bundesamt (Hrsg.), Warenverkehr, 1961, S. 3.
576 So die Überlegung von US-Botschafter Murphy im Gespräch mit Vertretern der Trizone am 29.5.1949; abgedr. in: Vorgeschichte, Bd. 5, S. 474-487, hier: S. 483.

chen Behörde anhaftete.[577] Staatsrechtliche Erwägungen gaben auch den Ausschlag dafür, den innerdeutschen Handel über ein Abkommen und nicht über einen Vertrag zu regeln.[578]

Zusätzlich zu diesen drei zentralen Punkten einigten sich beide Seiten noch auf eine Reihe weiterer Regelungen. So waren außerhalb des Frankfurter Abkommens keine Kompensationsgeschäfte, Handelsgeschäfte mit anderem Verrechnungsverkehr etc. mehr zugelassen. Ausgenommen von dieser Bestimmung blieb der kleine Grenzverkehr. Auf Drängen des westzonalen Verhandlungsleiters Willi Graf wurde als wichtige Bestimmung die Anti-Dumpingklausel aufgenommen, nach der ein Handelsgeschäft abgelehnt werden konnte, wenn die Preisgestaltung den eigenen wirtschaftlichen Interessen zuwiderlief.[579] Damit entsprach man einer dringenden Forderung von Teilen der westdeutschen Wirtschaft, die seit Wiederanlaufen des Interzonenhandels über gezieltes ostdeutsches Dumping geklagt hatten.[580] Die für den Zeitraum bis Ende Juni 1950, also bis zum Laufzeitende des Frankfurter Abkommens, vereinbarten Warenlisten umfassten ein Gesamthandelsvolumen von rund 450 Mio. VE.[581]

Mit dem Frankfurter Abkommen konnte der seit Ende 1948 bestehende vertragslose Zustand im innerdeutschen Handel überwunden und eine tragfähige und zukunftsweisende Vereinbarung geschaffen werden; im Prinzip ging das spätere Berliner Abkommen, welches sich als Rahmenvereinbarung bis zum Ende der deutschen Teilung 1990 bewähren sollte, in allen wesentlichen Punkten auf dieses Vorläufervertragswerk zurück. Berücksichtigt man das außerordentlich

---

577 Protokoll über die Verhandlungen zum Abschluss eines neuen Interzonenhandelsabkommens, 16.9.1950 (BA, DL 2, 1357, Bl. 142-147). Heyls Behauptung, die Währungsgebietsformel habe im Frankfurter Abkommen noch keine Anwendung gefunden, wird durch den Vertragstext widerlegt; Heyl, Handel, S. 52.

578 Ein Handelsvertrag ist im Gegensatz zum -abkommen ratifizierungspflichtig und damit von anderer (staats-)rechtlicher Qualität; Derix, Hans-Heribert: Ordnungsprinzipien der Handels- und Kooperationsabkommen zwischen Ost und West: Eine vergleichende Analyse der intersystemaren Handelspolitik seit 1921 vornehmlich vor dem Hintergrund der deutschen Ostpolitik. In: Schüller, Alfred/Wagner, Ulrich (Hrsg.): Außenwirtschaftspolitik und Stabilisierung von Wirtschaftssystemen. Stuttgart, New York 1980, S. 29-50, hier S. 29-30.

579 Vermerk Kleine, BMWi, für Koelfen, BMWi , 3.7.1950 (BA, B 102/19867).

580 Einen ersten Dumping-Vorwurf äußerte Erhard am 15.7.1949 gegenüber den westlichen Militärgouverneuren. Dabei argumentierte er, dass bei Glas- und Keramikwaren sowie Schreibmaschinen die SBZ ihre Produkte 50-70 % unter Westmarkt- bzw. Weltmarktpreisen anbiete. Der Beteuerung der DWK, dass sie von diesen Vorgängen ebenfalls überrascht war, schenkte Erhard keinen Glauben; Besprechungsprotokoll, 15.7.1949; in: Vorgeschichte, Bd. 5/2, S. 888-901, hier S. 899-900. Zu Dumpingklagen aus Wirtschaftskreisen z. B. Jahresbericht des Bundesverbandes der Deutschen Industrie. In: Die Berliner Wirtschaft. Mitteilungen der Industrie- und Handelskammer zu Berlin e. V. Nr. 25 (1951), 28.6.1951, S. 697-701, S. 698.

581 Deutlich höhere Angaben finden sich bei von Heyl (576 Mio. VE) und Nakath (624 Mio. VE); Heyl, Handel, S. 51; Nakath, Bedeutung, S. 224. Diese Werte decken sich indes nicht mit den Warenlisten, abgedr. in Küsters (Hrsg.), DzD, II. R., Bd. II, S. 129-133.

schwierige politische Umfeld, so ist die Einigung für den weiteren deutsch-deutschen Dialog hoch zu bewerten. Schließlich gelang es mit den regelmäßigen, alle 14 Tage abgehaltenen Wirtschaftsgesprächen einen Kommunikationskanal zwischen Bonn und Ost-Berlin zu etablieren, der die Chance bot, einigermaßen unbehelligt von der Öffentlichkeit die offiziell herrschende deutsch-deutsche Sprachlosigkeit zu überwinden.[582] Rückblickend fand das Frankfurter Abkommen sowohl bei den Bundesländern, der SPD-Opposition als auch in weiten Kreisen der westdeutschen Wirtschaft breite Zustimmung.[583]

Trotz seiner unbestreitbaren Vorzüge waren die handelspolitischen Akteure mit dem Ergebnis nur bedingt zufrieden. Seitens der Bundesregierung hatte man das vereinbarte Gesamthandelsvolumen ursprünglich mit 1,5 - 2 Mrd. VE und damit deutlich höher ansetzen wollen.[584] Erst ein solcher Umfang, so die Überlegung, hätte die Erhaltung der wirtschaftlichen Verflechtung beider deutscher Teilstaaten, einigermaßen gewährleisten können.[585] Dem standen aber die eingeschränkten Liefermöglichkeiten der DDR entgegen; erst im Jahre 1954 sollte der deutsch-deutsche Handel ein Gesamtvolumen in dieser Größenordnung erreichen. Der SBZ-Delegationsleiter Josef Orlopp beurteilte das „Frankfurter Abkommen" ebenfalls sehr kritisch, allerdings aus ganz anderen Gründen. Seiner Ansicht nach stand es unter einem „unglücklichen Stern"[586], da es den Bedürfnissen der DDR, aber auch der westdeutschen Wirtschaft nur in geringem Maße gerecht würde. Weiterhin bedauerte er die Signatarformel, der er nur zugestimmt hätte, weil die Verhandlungen sich schon lange hingezogen hätten. Selbiges gälte für die „Verrechnungseinheit", die sich in der Praxis allerdings bewährt habe.[587]

4.2. Mühsamer Auftakt: die deutsch-deutschen Handelsbeziehungen während der Jahre 1949-1951

4.2.1. „Freiheit" vor „Einheit": die deutschland- und handelspolitischen Zielsetzungen der Bundesregierung

Die Handelspolitik der Bundesregierung gegenüber der DDR bewegte sich in einem Spannungsfeld divergierender politischer und ökonomischer Interessen, welches bereits im Grundgesetz angelegt war: „Das gesamte deutsche Volk bleibt aufgefordert, in freier Selbstbestimmung die Einheit und Freiheit

---

582 Unverständlich, warum Mai dieses Abkommen nicht erwähnt; Mai, „Trojanische Pferd".
583 Vermerk, Juli 1950 (BA, B 102/19867). Schmidt, Kalter Krieg, S. 107.
584 Besprechungsvermerk, 14.10.1949 (BA, B 102/108245).
585 Ebda.
586 Protokoll Länderbesprechung, 21.9.1950 (BA, DL 2, 1658, Bl. 9-15, hier Bl. 10). Denkschrift Orlopp, 20.9.1950 (BA, DL 2, 1875, Bl. 75-81).
587 Ebda.

Deutschlands zu vollenden."[588] Beide Postulate von Verfassungsrang, „Einheit" und „Freiheit", zogen höchst unterschiedliche Konsequenzen für die Gestaltung der Wirtschaftsbeziehungen zur DDR nach sich.

Den meisten der frühen Wiedervereinigungskonzeptionen lag die Prämisse zugrunde, dass sich die deutsche Einigung weniger in Form eines sukzessiven Prozesses, als vielmehr in Form eines politisch-diplomatischen Aktes vollziehen würde, gefolgt von der raschen Angleichung der politischen, gesellschaftlichen und wirtschaftlichen Strukturen beider Staaten.[589] Ausgehend von dieser Annahme, entsprach es rationalem volkswirtschaftlichem Kalkül, enge deutsch-deutsche Wirtschaftsbeziehungen zu erhalten bzw. zu reetablieren. Die Bewahrung traditioneller Liefer- bzw. Absatzbeziehungen, einheitlicher Produktionsstandards und technischer Normen, grenzüberschreitender Infrastrukturen sowie ähnlicher Lebensbedingungen in Ost und West sollten die zu erwartenden Reibungsverluste bei der künftigen Zusammenführung beider Teilvolkswirtschaften minimieren. Eine solchermaßen ausgerichtete Handelspolitik musste konsequenterweise die Ausweitung des deutsch-deutschen Handelsvolumens, den Abbau von Handelsrestriktionen und die Einbeziehung von Dienstleistungen in ein Wirtschaftsabkommen zum Ziel haben.

Dem Einheitspostulat, welches so klare handelspolitische Implikationen nach sich zog, war jedoch das Postulat der Freiheit im Grundgesetz gleichrangig beigeordnet. Im Rahmen dieser Studie bedarf es keiner verfassungshistorischen Erörterung über den Terminus „Freiheit". Vielmehr ist es hinreichend, zu bemerken, dass die Bundesregierung, namentlich Konrad Adenauer, ein vereintes Deutschland nur unter den Rahmenbedingungen einer freiheitlich-demokratischen Grundordnung, wie sie im Grundgesetz verankert war, akzeptieren würde. Parlamentarismus, Rechts- und Sozialstaatlichkeit sowie Marktwirtschaft einschließlich des Rechts auf Privateigentum an Produktionsmitteln zählten zu den „essentials" von Adenauers „Freiheits"-Begriff.[590] Und entscheidend für die Wirtschaftspolitik gegenüber der SBZ/DDR: Adenauer räumte der „Freiheit" Vorrang vor der „Einheit" ein. Seine Politik setzte sich die Stabilisierung der jungen Bundesrepublik zum obersten Ziel[591], falls nötig, auch auf Kosten eines volkswirtschaftlichen Desintegrationsprozesses. Denn erst eine in allen Belangen starke Bundesrepublik würde die Funktion des Magneten gemäß der so

---

588 Präambel des Grundgesetzes, in: Bundesgesetzblatt Nr. 1, 23.5.1949, S. 1.
589 Bericht über die wirtschaftliche Lage und die wirtschaftspolitischen Probleme und Aufgaben in der Bundesrepublik, Oktober 1954 (BA, B 102/12575); Forschungsbeirat für Fragen der Wiedervereinigung Deutschlands beim Bundesminister für gesamtdeutsche Fragen. Tätigkeitsbericht 1952/1953. Bonn 1954, S. 13; bis 1958 war das auch die Auffassung der SPD; Bender, Peter: Herbert Wehner und die Deutschlandpolitik. In: Jahn, Gerhard (Hrsg.): Herbert Wehner. Köln 1976, S. 39-50, hier S. 44.
590 Schwarz, Hans-Peter: Die deutschlandpolitischen Vorstellungen Konrad Adenauers 1955-1958. In: Ders. (Hrsg.): Entspannung und Wiedervereinigung. Deutschlandpolitische Vorstellungen Konrad Adenauers 1955-1958, S. 7-40.
591 Herbst, Ludolf: Stil und Handlungsspielräume westdeutscher Integrationspolitik. In: Ders. et al. (Hrsg.), Marshallplan, S. 3-18, hier S. 3.

benannten Theorie ausüben und die deutsche Einheit unter westlichen Rahmenbedingungen verwirklichen können.[592]

Mit Adenauers Stabilisierungsstrategie verbanden sich zahlreiche Maßnahmen, die sich negativ auf die Handelsbeziehungen zur DDR auswirkten. Die wichtigste unter ihnen war die Westintegration, jenes zentrale Element „bundesrepublikanischer Staatsräson"[593]. Die politische und wirtschaftliche Einbindung in die westeuropäisch-nordamerikanische Staatenwelt implizierte zugleich desintegrative Tendenzen gegenüber Ostdeutschland. Denn während beispielsweise die Liberalisierung im Westhandel voranschritt,[594] etablierte man im innerdeutschen Handel ein strenges Reglementierungssystem.

Diese ordnungspolitische Absicherung gegenüber der DDR bildete die zweite Stabilisierungsmaßnahme.[595] Kernstück war das seit dem 1. Januar 1950 vom BMWi praktizierte zentrale Ausschreibungs- bzw. Genehmigungsverfahren[596], welches als Funktionsäquivalent dem staatlichen Außenhandelsmonopol der sozialistischen Zentralplanwirtschaft entgegengestellt wurde. So ließ sich angesichts der ordnungspolitischen Konkurrenz vermeiden, dass die Schnittstelle beider Systeme, der intersystemare Handel, zum Einfallstor des Sozialismus werden konnte. In Ergänzung zur „wehrhaften Demokratie" wurde also eine „wehrhafte Marktwirtschaftsordnung" als wichtiger Baustein zum Schutz des eigenen politisch-ökonomischen Systems errichtet. Auf betriebswirtschaftlicher Ebene bedingte diese Konstellation die konkrete Erfahrung, dass mit zunehmender Bürokratisierung des deutsch-deutschen Handels, den politischen Unwägbarkeiten sowie der schleichenden Entfremdung beider deutscher Teilstaaten die Transaktionskosten gegenüber denen, die im Handel mit Westeuropa einzukalkulieren waren, deutlich höher lagen. Beispielsweise zog sich die Abwicklung eines Handelsgeschäftes in der Regel über mehrere Monate hin und umfasste für Lieferungen in die DDR 15 behördliche Schritte. Die mittelfristige Verlagerung traditioneller Handelsströme von Ostdeutschland nach Westeuropa war die logische Konsequenz. Dabei betonte Bonn immer wieder, dass die heftig kritisierte Bürokratisierung des deutsch-deutschen Handels nicht „auf dem Mist"[597] der Bundesregierung gewachsen sei. Vielmehr habe die Wirtschaft „mit allen Mitteln"[598] um eine solche „Einengung ersucht."[599] Tatsächlich befürchteten

---

592 Abelshauser, Werner: Zur Entstehung der „Magnet-Theorie" in der Deutschlandpolitik. In: VfZ 27 (1979) 4, S. 661-679.
593 Schwarz, Hans-Peter: Die Politik der Westbindung oder die Staatsräson der Bundesrepublik. In: ZfP, 2. Jg. N.F. (1975), S. 307-337.
594 Bührer, Werner: Erzwungene oder freiwillige Liberalisierung? In: Herbst et al. (Hrsg.), Marshallplan, S. 139-162.
595 Vermerk über den grundsätzlichen handelspolitischen Standpunkt der Bundesregierung in Fragen des Interzonenhandels, 5.5.1953 (BA, B 102/108195).
596 Merkschrift: „Verfahren für Lieferungen von Handelswaren in das sowjetische Besatzungsgebiet"; undatiert (BA, B 102/108254).
597 Vermerk, 14.10.1949 (BA, B 102/108245).
598 Ebda.
599 Ebda.

Spitzen- wie Fachverbände Handelsnachteile, wenn die westdeutschen Unternehmen einzeln mit den staatlichen Außenhandelsorganen der DDR Geschäfte abschließen würden.

Die erfolgreiche sozio-ökonomische Integration von aus der DDR geflohenen Personen, insbesondere mittelständischer Unternehmer, mit Hilfe umfangreicher Existenzgründerprogramme stellte ein weiteres Element innenpolitischer Stabilisierungsstrategie dar,[600] welches den deutsch-deutschen Handel erheblich beeinflusste. In der Folge entwickelte sich vornehmlich in Schleswig-Holstein, Niedersachen und Bayern eine mittelständische Industrie speziell in jenen Branchen, in denen die DDR als ausgesprochen leistungsfähig galt: Glas, Keramik, Optik, um nur einige zu nennen. Es kam also genau zu jenen Dopplungseffekten in der geteilten Volkswirtschaft, denen eigentlich mittels des deutsch-deutschen Handels entgegengewirkt werden sollte. Die sogenannten „Flüchtlingsbetriebe" engten den westdeutschen Absatzmarkt für bestimmte ostdeutsche Güter erheblich ein. Zudem agierten die Betriebseigentümer aus politischem wie ökonomischem Kalkül häufig gegen den Ausbau der deutsch-deutschen Wirtschaftsbeziehungen. Des weiteren waren viele von ihnen in juristische Auseinandersetzungen mit volkseigenen Betrieben verwickelt, bei denen es um die Ansprüche auf bestimmte Warenzeichen und Patente ging.[601]

Komplementär zur Unterstützung der Flüchtlingsindustrie im Westen versuchte die Bundesregierung, an Privatunternehmer in der DDR gezielt Aufträge zu vergeben.[602] Damit verband sie die von Wilhelm Röpke programmatisch formulierte Erwartung: „Dass der Handel mit allen Beziehungen, die er einschließt, zu den Mitteln zu rechnen ist, die, in kluger Dosierung und Handhabung dazu beitragen, ein Ziel zu fördern, das der Westen in seinem Abwehrkampf (gegen das sowjetisch inspirierte Penetrationsprogramm) zu den wichtigsten rechnen muss: die allmähliche innere Aufweichung des kommunistischen Reiches, die fortschreitende Lösung seiner ideologischen Verkrampfung, die Bremsung seiner imperialistischen Expansion, die Gewöhnung der Bevölkerung der kommunistischen Länder an den Kontakt mit der westlichen Welt."[603] Ulbrichts spätere Diktion von der „Aggression auf Filzlatschen" findet in Röpkes Überlegungen seine Entsprechung.

Als letzten Aspekt Adenauerscher Stabilisierungsstrategie ist auf das Festhalten an West-Berlin hinzuweisen, das als Symbol westlicher politischer Werte für die demokratische Kultur in der Bundesrepublik von zentraler Bedeutung war. Im Gegensatz zu den drei bisher genannten Maßnahmen sollte sich diese positiv

---

600 Heidemeyer, Helge: Flucht und Zuwanderung aus der SBZ/DDR 1945/49-1961. Die Flüchtlingspolitik der Bundesregierung bis zum Bau der Berliner Mauer. Düsseldorf 1994; Hefele, Peter: Die Verlagerung von Industrie- und Dienstleistungsunternehmen aus der SBZ/DDR nach Westdeutschland. Stuttgart 1998, S. 140-141.
601 Fäßler, Warenzeichen.
602 Schreiben Kaiser an Erhard, 28.1.1950 (BA, B 102/19863).
603 Röpke, Wilhelm: Außenhandel im Dienste der Politik. In: Ordo – Jahrbuch für die Ordnung von Wirtschaft und Gesellschaft 8 (1956), S. 45-65, hier S. 48.

auf die Handelsbeziehungen zur SBZ/DDR auswirken, denn: „Der Interzonenhandel ist – auf eine kurze Formel gebracht – ja nur überhaupt zu verantworten, weil die Interessen der Stadt Berlin mit ihm weitgehend verbunden sind."[604] Mit dieser pointierten Feststellung umriss TSI-Leiter Kaumann den wichtigsten politischen Aspekt des Handels mit der DDR aus bundesdeutscher Sicht. Die Bundesregierung strebte die wirtschaftliche Prosperität und enge politisch-ökonomische Anbindung West-Berlins an das Bundesgebiet an. Zugleich sollte der deutsch-deutsche Warenaustausch die ökonomische Lebensfähigkeit des Westteils der ehemaligen Reichshauptstadt sicherstellen, was mit der Berlin-Klausel im Frankfurter Abkommen vertraglich hinreichend abgesichert war. Demzufolge hatte der deutsch-deutsche Handel mit Blick auf West-Berlin eine Doppelfunktion zu erfüllen: 1. die Wahrung des ungehinderten Berlin-Verkehrs und 2. die Öffnung des ostdeutschen Marktes als Absatzgebiet bzw. Bezugsquelle für die West-Berliner Wirtschaft.

Neben den bislang diskutierten politischen Aspekten, die den innerdeutschen Handel negativ beeinflussten, bemühte sich die Bundesregierung aber aus ökonomischen Gründen um die DDR als Handelspartner. Denn Erhards eingangs zitiertes Diktum vom volkswirtschaftlich uninteressanten deutsch-deutschen Handel hat für die Bundesrepublik erst seit Mitte der fünfziger Jahre seine Berechtigung, nicht aber für die Jahre der volkswirtschaftlichen „Durchbruchskrise"[605] 1949 bis 1951. Damals stellten wachsende Arbeitslosigkeit, Devisen- und Goldknappheit, Versorgungsengpässe, Absatzschwierigkeiten und zurückgehende Investitionsquoten, unübersehbare Indikatoren einer schwierigen wirtschaftlichen Entwicklung, sogar das Modell der sozialen Marktwirtschaft in Frage.[606] Die anhaltend hohe Arbeitslosigkeit, sie erreichte im I. Quartal 1950 mit einer Erwerbslosenquote von 12,2 % ihren Höchststand,[607] erweckte angesichts der Erfahrungen der ausgehenden Weimarer Republik innerhalb der Bundesregierung große Sorge hinsichtlich der politischen Stabilität des jungen Staates und der Akzeptanz der sozialen Marktwirtschaft bei der Bevölkerung. Daher besaßen Maßnahmen zur Senkung der Arbeitslosigkeit einen hohen wirtschaftspolitischen Stellenwert. Hierzu zählte, laut einer internen Analyse des BMWi, auch die konsequente Ausnutzung sämtlicher Liefermöglichkeiten nach Osteuropa einschließlich der DDR.[608] Weiterhin schätzte man wegen der 1951 wieder einsetzenden Preissteigerung die dämpfende Wirkung von Bezüge aus der DDR.[609]

---

604 Schreiben Kaumann, TSI, an Heck, BMWi, 2.10.1951 (BA, B 356/10012).
605 Zu den Anlaufproblemen Abelshauser, Wirtschaftsgeschichte, S. 63-84.
606 Schreiben McCloy an Adenauer, 6.3.1951 (BA, B 136/1309). Hierzu auch Abelshauser, Werner: Ansätze „korporativer Marktwirtschaft" in der Korea-Krise der frühen Fünfziger Jahre. In: VfZ 30 (1982), S. 715-756.
607 Statistisches Jahrbuch für die Bundesrepublik Deutschland 1952, Tab. 6.
608 Aufzeichnung über den gegenwärtigen Stand und die weiteren Perspektiven der Handelsbeziehungen der BRD mit der SBZ, BMWi, 9.6.1952 (BA, B 122/2231).
609 Nachdem die Lebenshaltungspreise 1950 um 6,3 % gesunken waren, war für 1951 wieder ein Anstieg um 7,8 % gegenüber dem Vorjahr zu verzeichnen; Monatsberichte der Bank

Zusätzlich wuchsen sich die seit Herbst 1950 wieder drückenderen Zahlungsbilanzschwierigkeiten im Februar/März 1951 zu einer akuten Krise aus.[610] Keineswegs stellten die Überlegungen zur Rekonstruktion traditioneller europäischer Ost-West-Handelsbeziehungen einen handelspolitischen „Sonderweg" Bonns dar. Derartige Gedanken wurden seinerzeit in nahezu allen europäischen Regierungen erörtert.[611]

4.2.2. Deutschland- und handelspolitische Zielsetzungen der DDR-Führung

Die Staats- und Parteiführung der DDR verband mit den deutsch-deutschen Wirtschaftsbeziehungen in hohem Maße politische Zielsetzungen. Sie sollten erstens als Vehikel für die Anerkennung der DDR durch die Bundesrepublik dienen, zweitens als festes Band die divergierenden Teilstaaten bis zu Wiedervereinigung bestmöglich zusammenhalten und drittens ein Forum für die politisch-ökonomische Systemauseinandersetzung mit friedlichen Mitteln bieten.

Überragende Bedeutung kam den Handelsbeziehungen hinsichtlich der Anerkennungsfrage zu. Die Stabilität des sozialistischen Regimes litt nicht nur unter mangelnder innenpolitischer Legitimation und ökonomischen Krisenerscheinungen, sondern auch unter der unzureichenden internationalen Akzeptanz.[612] Diese fiel um so mehr ins Gewicht, als die Bundesrepublik auf dem Gebiet weitaus größere Erfolge verzeichnen konnte und zugleich wichtiger Protagonist einer westlich-internationalen Nichtanerkennungspolitik gegenüber dem kleineren deutschen Teilstaat war. Wenn es gelänge, so das Kalkül der DDR-Führung, seitens der Bundesregierung die staatsrechtliche Anerkennung zu erlangen, würde die westliche Welt nachziehen. Allerdings war eine solche Wendung in der Bonner Politik ausgeschlossen. Deshalb versuchte man, über die normative Kraft des Faktischen eine völkerrechtliche Anerkennung zu erreichen.

Wichtigstes Vehikel auf dieser Marschroute waren die deutsch-deutschen Wirtschaftsbeziehungen. Zwar hatte die DDR beim Abschluss des Frankfurter Abkommens erkennen müssen, dass zumindest in direkten Verhandlungen mit der westlichen Seite keine Zugeständnisse in diesem Punkt zu erreichen waren, denn der gesamte Vertragstext enthielt keinerlei Hinweis auf einen eigenständi-

---

        deutscher Länder. Protokoll der 22. Sitzung des Kabinettsausschusses für Wirtschaft, 17.12.1954, in Hollmann (Bearb.), Kabinettsausschuss, Bd. 2, S. 262-265.
610   Gutachten des Wissenschaftlichen Beirats beim Bundeswirtschaftsministeriums über „Die Außenhandelspolitik", 29.7.1951, in: Bundesministerium für Wirtschaft (Hrsg.), Der wissenschaftliche Beirat, S. 129-133, hier S. 129. Allerdings hatte sich die Situation bis zum Sommer 1951 bereits wieder entspannt.
611   Schlarp, Konfrontation, S. 11-27.
612   Marcowitz, Rainer: Staatsräson und Legitimität. Die Außenpolitik von Bundesrepublik Deutschland und DDR 1949-1989. In: Clemens, Gabriele (Hrsg.): Nation und Europa. Studien zum internationalen Staatensystem im 19. und 20. Jahrhundert. Stuttgart 2001, S. 153-169.

gen Staat DDR. Aber auf untergeordneten Ebenen glaubte man, Ansatzpunkte zu finden, den westdeutschen Alleinvertretungsanspruch unterlaufen zu können. Aus diesem Grunde beförderte das MIAM seinen Verhandlungsleiter Orlopp Anfang 1950 zum „Regierungsbeauftragten für Innerdeutschen Handel"[613] und unterstrich so eigene die Auffassung vom völkerrechtlichen Status der DDR.

Exemplarisch lässt sich das Bemühen um eine Anerkennung anhand der DDR-Messepolitik dokumentieren. Erstmals gelang es ostdeutschen Unternehmen auf der Textilfachmesse in Hannover am 10./11. September 1950, ihre Produkte in einem Raum zu präsentieren, der weithin sichtbar als „Ausstellungsraum der Deutschen Demokratischen Republik"[614] ausgeschildert war. Die Geschäftsführer der westdeutschen Textilfachgruppe sprachen auf der Pressekonferenz von einer zwingend notwendigen Zusammenarbeit zwischen der Bundesrepublik und der „Deutschen Demokratischen Republik". Aufgrund dieser als propagandistischer Erfolg verbuchten Erfahrung beabsichtigte das MIAM, weitere Fachmessen mit ähnlicher politischer Intention zu beschicken, was seit Mitte der fünfziger Jahre auch in zunehmendem Maße gelang.[615] Eine Ausnahme bildete die Hannoveraner Industrie-Messe, die als Konkurrenzausstellung zur Leipziger Messe in den fünfziger Jahren konsequent boykottiert wurde.[616]

Eine wichtige Funktion maßen die Vertreter insbesondere des wirtschaftspolitischen Apparates in der DDR den deutsch-deutschen Wirtschaftsbeziehungen unter dem Aspekt der Erhaltung der deutschen Einheit bzw. der Voraussetzungen für eine Wiedervereinigung bei.[617] In diesem Punkt unterschieden sie sich kaum von ihren westdeutschen Kollegen. So mahnte etwa der ostdeutsche Chefunterhändler Josef Orlopp, dass die beiden deutschen Staaten durch den gemeinsamen Handel, das „stärkste deutsche Band"[618], zusammengehalten werden müssten. Ein Auseinanderdriften hätte seiner Ansicht nach unzweifelhaft den Ausbruch eines neuen Krieges zur Folge.[619] Auch Ministerpräsident Otto Grotewohl betonte bei zahlreichen Gelegenheiten die Bedeutung des innerdeutschen Handels für die deutsche Einheit.[620] Bei derartigen Äußerungen handelte es sich keineswegs um nationalstaatliche Lippenbekenntnisse ohne Wert.[621] Es darf aber nicht vergessen werden, dass die deutsche Einheit unter sozialistischen Rahmen-

---

613 Schreiben Sts. Gregor, MIAM, an Ulbricht, 9.2.1950 (BA, DC 20 MR I/3-12).
614 Bericht über die Textilfachmesse in Hannover, 14.9.1950 (BA, DL 2, 1857, Bl. 42-44).
615 Vermerk, 18.9.1956; vertraulich (BA, B 102/20839). Hierbei handelte es sich um ostdeutsche Präsenz auf der Münchner Handwerksmesse des Jahres 1956.
616 Bericht von Orlopp, MIAM, 3.5.1955 (BA, DL 2, 1337, Bl. 37-40).
617 Lemke, Berlinkrise, S. 22. Nach Lemkes Ansicht müssen diese Bekenntnisse zur deutschen Einheit bis 1951 als ernst gemeint interpretiert werden; Lemke, Handlungsspielräume, S. 306.
618 Denkschrift Orlopp, 20.9.1950 (BA, DL 2, 1875, Bl. 75-81). Protokoll über Sitzung der Länderregierungen, 21.9.1950 (BA, DL 2, 1658, Bl. 9-15, hier Bl. 10).
619 Ebda.
620 U. a. Grotewohl, Otto: Es geht um die Nation. In: Ders.: Im Kampf um die einige Deutsche Demokratische Republik. Reden und Aufsätze. Bd. I, Berlin (Ost) 1959, S. 444.
621 Zur Bewertung der ostdeutschen „Einheitsrhetorik" Lemke, Berlinkrise, S. 26.

bedingungen erfolgen sollte. Damit standen sie unversöhnlich den parlamentarisch-demokratischen Vorstellungen führender westdeutscher Politiker entgegen, was das realpolitische Gewicht solcher Aussagen doch erheblich relativierte. Prinzipiell lässt sich seit 1951/52 eine graduelle Abnahme der Frequenz und Bedeutung solcher Einheitsüberlegungen im handelspolitischen Alltagsgeschäft beobachten.[622] Damit spiegelt sich das Auseinanderdriften beider deutscher Staaten auch in den handelspolitischen Überlegungen wider.

Der Instrumentalisierung der innerdeutschen Wirtschaftsbeziehungen als Mittel der Systemkonfrontation lagen folgende Überlegungen zugrunde: Ausgehend vom Marxismus-Leninismus sowie der Ende der vierziger Jahre dominierenden Zwei-Lager-Theorie ergab sich für die Führung der DDR die zwingende Ableitung, dass die unvermeidbare Auseinandersetzung zwischen den sozialistischen und kapitalistischen Staaten angesichts der militärischen Pattsituation auf wirtschaftlichem Gebiet geführt werden müsse. Die Systemüberlegenheit des Sozialismus werde letztlich zu dem naturgesetzlich determinierten Sieg über den Kapitalismus führen. Man war der festen Überzeugung, dass durch eine gezielte Instrumentalisierung des deutsch-deutschen Handels die inneren Widersprüche des westdeutschen politisch-ökonomischen Systems aufgedeckt und für die eigenen Interessen ausgenutzt werden konnten.[623] Die wirtschaftliche Kooperation diente zumindest bis Mitte der 1950er Jahre der politischen Diversion.

In Umsetzung dieser theoretischen Prämissen versuchte das MIAM, auf drei Gruppen in der Bundesrepublik gezielt handelspolitischen Einfluss zu nehmen: 1. auf die traditionelle Klientel der Kommunisten, die Arbeiterschaft, 2. auf die „national gesinnten Kreise innerhalb der Bourgeoisie"[624], gemeint waren jene Unternehmer und Kaufleute, die am innerdeutschen Warenaustausch ein großes Interesse zeigten sowie 3. auf die Bundesländer, die in besonderem Maße mit der DDR Handel treiben wollten. Als bevorzugter Kooperationspartner bei den Unternehmen, weil ökonomisch wie politisch in hohem Maße einflussreich, bot sich nach Auffassung von Walter Ulbricht dabei die rheinisch-westfälische Schwerindustrie an.[625] Ungeachtet ihres Stigmas aus sozialistischer Sicht, traditionellerweise einen Hort des deutschen Militarismus und Faschismus zu bilden, ergab sich gerade mit dieser Unternehmensgruppe eine ökonomische und damit handelspolitische Interessenkongruenz, von der Ulbricht hoffte, dass sie die politisch-ideologische Gegnerschaft überdecken würde. In diesem Punkt befand er sich in gedanklicher Tradition zu Lenin, der prophezeit hatte, dass man getrost mit den Kapitalisten Handel treiben und ihnen dabei selbst den Strick verkaufen könnte, an dem man sie später aufhängen würde.[626] Das Werben um

---

622 Lemke, Handlungsspielräume, S. 310.
623 Denkschrift Orlopp, 20.9.1950 (BA, DL 2, 1875, Bl. 75-81, hier Bl. 77).
624 Arbeitsanweisung 31/54, 8.12.1954 (BA, DL 2, 1381, Bl. 281).
625 Referat von Ulbricht auf dem III. Parteitag der SED in Berlin, 20.-25.7.1950, in: Ders.: Zur sozialistischen Entwicklung der Volkswirtschaft seit 1945. Berlin 1959, S. 271-355, hier S. 327.
626 Zit. nach Berg, Strategische Bedeutung, S. 26.

westdeutsche Unternehmer konkretisierte sich dahingehend, dass notleidenden Branchen oder auch Einzelfirmen Absatzmöglichkeiten in der DDR offeriert wurden in der Erwartung, dass die solchermaßen Begünstigten eine befürwortende Einstellung zum sozialistischen Regime in Ost-Berlin entwickelten.

Angesichts der föderalen Struktur hofften die DDR-Handelsexperten, mit einzelnen Bundesländern eine Zusammenarbeit aufbauen zu können, die sich gegen Bonn instrumentalisieren lassen würde. Daher intensivierten sie ihre Bemühungen insbesondere vor den entsprechenden Landtagswahlen, um auf diese Weise der KPD Rückenstärkung zu geben. Unter den Bundesländern befand sich neben Nordrhein-Westfalen vor allem die Hansestadt Hamburg im Fokus des handelspolitischen Interesses der DDR. Die dort ansässigen Kaufleute, Spediteure und Reeder wickelten in den ersten Jahren nicht nur den größten Teil des ostdeutschen Überseehandels ab, sondern hofften auch, über die DDR den Zugang zum osteuropäischen Markt und vor allem den Einstieg ins vermeintlich lukrative China-Geschäft zu finden.[627] So kursierten in hanseatischen Kreisen Pläne, eine Delegation ostdeutscher Politiker im Jahre 1950 nach Peking zu begleiten. Dieses Ansinnen belegte nach Einschätzung des MIAM, dass Hamburg sehr geeignet sei, um dort einen politischen Durchbruch für die Nationale Front zu erreichen.[628] Jedoch bemühte sich Ludwig Erhard, derartigen Kooperationen einen Riegel vorzuschieben.[629] Dabei sorgte er sich weniger um die politisch-ideologische „Inkubation" der hanseatischen Kaufmannschaft mit kommunistischen Ideen; vielmehr fürchtete er die Etablierung von DDR-Außenhandelsorganen als Zwischenhändler im bundesdeutschen Osthandel. Dies hielt der Minister aus ökonomischen Gründen für kontraproduktiv und nicht im Interesse der Bundesregierung liegend.[630] Ohnehin wachten die Amerikaner seit dem Eingreifen chinesischer Truppen in den Korea-Krieg Ende 1950 und dem daraufhin von den USA verhängten China-Embargo (Chicom) mit Argusaugen darüber, dass die westdeutsche Industrie keine unbotmäßigen Geschäfte mit Peking abschloss. Beispielsweise intervenierte das Washingtoner National Security Board bei der EGKS gegen spätere Initiativen der westdeutschen Grundstoffindustrie, mit Hilfe des MAI sich die Märkte in der Sowjetunion und in China zu erschließen. Tatsächlich erreichte es über die Luxemburger Behörde eine Unterbindung derartiger Vorhaben.[631]

---

627 Ostasiatischer Verein (Hrsg.): Die Entwicklung Ostasiens bis 1951 (Jahresbericht 1951). Hamburg 1952, S. 11-13. Abgedr. in: Leutner, Mechthild (Hrsg.): Bundesrepublik Deutschland und China 1949 bis 1995. Politik – Wirtschaft – Kultur. Eine Quellensammlung. Berlin 1995, S. 51-53. Der Chinahandel wuchs von 4,7 Mio. DM im I. Hj. 1950 auf 109,5 Mio. DM im II. Hj. 1950. Im darauffolgenden Jahr stieg das Handelsvolumen um über 100 % auf 221,7 Mio. DM, um 1951 auf 85,6 Mio. DM abzusinken; Statistisches Bundesamt (Hrsg.): Fachserie 7, Außenhandel, Reihe 1. Wiesbaden 1953.
628 Bericht über „Arbeitskreis für gesamtdt. Fragen", 5.4.1950 (BA, DL 2, 1648, Bl. 1-6).
629 Schreiben Erhard an Adenauer, 13.6.1950; in: Akten, Bd. 1, S. 176-182, hier S. 180-181.
630 Ebda.
631 Schreiben Etzel, Vizepräsident der EGKS, an Adenauer, 6.9.1953 (StBkAH Rhöndorf, Nachlass Konrad Adenauer, Aktenbestand Tresor, Nr. 26, n. p.).

Neben diesen primär politisch motivierten Gesichtspunkten bestimmten natürlich auch originär wirtschaftliche Aspekte die ostdeutsche Handelspolitik gegenüber der Bundesrepublik. Dabei befand sich die Führung der DDR in einem nicht aufzulösenden Zielsetzungskonflikt: Auf der einen Seite bezog man über den innerdeutschen Handel bestimmte Güter, welche in Osteuropa nicht zu bekommen waren, und konnte diese mit Gegenlieferungen, d. h. ohne Einsatz von Devisen, bezahlen. Hinzu kamen beachtliche steuer- und zollrechtliche Vorteile. Sie ermöglichten nicht nur, Waren zu günstigen Preisen in der Bundesrepublik anzubieten, sondern erhöhten auch die Gewinnspanne. Auf der anderen Seite aber blieb eine Abhängigkeit gegenüber dem ökonomisch überlegenen und politisch stabileren westdeutschen Teilstaat aufrecht erhalten, und damit war die DDR dem Damoklesschwert der politisch-ökonomischen Erpressbarkeit ausgeliefert. Die volkswirtschaftliche befand sich mithin in einem unversöhnlichen Gegensatz zur deutschlandpolitischen Interessenlage.

Bereits sehr früh musste sich die politische Führung der DDR mit diesem latenten Spannungsverhältnis auseinandersetzen. Eingedenk der Erfahrungen aus der ersten Berlin-Krise 1948/49 und dem noch zu schildernden partiellen Embargo im Frühjahr 1950, entwickelte der Minister für Planung, Rau, ein Konzept zur Senkung der bislang nicht substituierbaren Importe aus dem Westen.[632] Zur Realisierung fasste er folgende Maßnahmen ins Auge:

➢ Im Rahmen der politisch-ökonomischen Integration in die sozialistischen Staatengruppe plante man, die seit 1948 praktizierte Umlenkung des Handels von Westdeutschland bzw. -europa nach Osteuropa fortzusetzen.[633]
➢ Die Durchführung einer Sparsamkeitskampagne im Sommer 1950 diente zur generellen Importsenkung.
➢ Unter Leitung Heinrich Raus richtete man eine Kommission ein, die zu prüfen hatte, welche unnötige Käufe im Westen sich vermeiden ließen.[634] Nach Raus Auffassung ließen sich in den Bereichen Pharmazie und Maschinenbau rund 80 % der aktuellen Westbezüge durch eigene bzw. osteuropäische Produkte ersetzen.[635]
➢ Ausgehend von der Überzeugung, dass bei den SAG und privaten Betrieben freie Produktionskapazitäten bestünden, beabsichtigte der Ministerrat, einen Teil der bisherigen Westbezüge dort in Auftrag zu geben.[636]

---

632 Schreiben MIAM an Rau, 15.8.1950 (BA, DE 1, 11372); Raus Bericht vor der Volkskammer, 12/1950 (SAPMO-BA, N 1062/14, Bl. 161); ebenso Referat von Rau, 4. Tagung des ZK der SED, 17. -19.1.1951 (SAPMO-BA, N 1062/15, Bl. 38).
633 Köhler, Economic Integration in the Soviet Bloc. With an East German Case Study. New York 1965, S. 60-72; Ulbricht, Walter: Neue Verhältnisse – neue Aufgaben – neue Methoden. In: Ders.: Entwicklung, S. 254-267, hier S. 263.
634 Protokoll Nr. 84 Politbürositzung, 1.8.1950 (SAPMO-BA, DY 30/IV 2/2/102, Bl. 24).
635 Referat Rau auf der 4. Tagung des ZK, 17.–19.1.1951 (SAPMO-BA, N 1062/15, Bl. 38).
636 Ministerratsbeschluß über die Unabhängigkeit von Importen aus kapitalistischen Ländern, 23.6.1950 (BA, DE 1, 11372).

➢ Die Exploration potentieller Erdöl-, Steinkohle-, Erz- und Mineralienlagerstätten auf eigenem Territorium wurde vorangetrieben, um auf diesem Wege die eigene Rohstoffbasis zu verbreitern und in diesem Bereich auf Importe generell weniger angewiesen zu sein.[637]

Bei ihrem Bemühen, die traditionellen Bezugsströme aus Westdeutschland wenigstens für Güter von überragender volkswirtschaftlicher Bedeutung einzudämmen,[638] stießen die Parteifunktionäre jedoch auf Resistenzen wirtschaftlicher, wissenschaftlicher und technischer Führungskräfte. Hartnäckig hielten Direktoren, Ingenieure aber auch Ärzte an althergebrachten innerdeutschen Bezugsquellen von technischen Gerätschaften fest. Das brachte ihnen seitens führender SED-Vertreter den Vorwurf der „Westkrankheit"[639] ein. Dieses Phänomen betraf keineswegs nur die Privatwirtschaft, was mit einer politischen Abneigung gegen Vorgaben der SED hätte erklärt werden können. Selbst VEB bezogen ihre Maschinen lieber aus Westdeutschland als aus der DDR oder CSR.[640] Die eigensinnige Rationalität und Handlungsdynamik sozialer Subsysteme ließen sich offenkundig auch in einer Diktatur mit umfassenden Herrschaftsanspruch nur bedingt unterbinden.[641]

Das Problem der Abhängigkeit von Importen aus der Bundesrepublik wie auch der „Westdrall"[642] der technischen Elite blieben Standardthemen in den programmatischen handelspolitischen Reden der SED-Funktionäre während der fünfziger und sechziger Jahre.[643] Letztlich schwankte die Handelspolitik der DDR gegenüber der Bundesrepublik zwischen dem politischen Bemühen um wirtschaftliche Abschottung und dem ökonomischen Unvermögen hierzu.

4.2.3. Chancen und Grenzen einer Politik der Stärke: Das westdeutsche Eisen- und Stahlembargo

Mit der Vertragsunterzeichnung am 8. Oktober 1949 trat das Frankfurter Abkommen in Kraft. Das bedeutete jedoch nicht, dass damit der innerdeutsche Warenverkehr zügig aufgenommen wurde. Denn die Bundesregierung legte Wert darauf, erst einmal die administrative Kontrolle über den Handel mit der DDR zu wahren, um so einer befürchteten kommunistischen Infiltration der eigenen Wirtschaft vorzubeugen.

---

637 Beschluß des ZK-Sekretariats, 11.9.1950 (SAPMO-BA, DY 30/J IV 2/3/137, Bl. 6-7).
638 Dies entsprach einer sowjetischen Vorgabe für den Fünfjahrplan der DDR; Notizen von Pieck, in: Badstübner/Loth (Hrsg.), Pieck, S. 314.
639 Referat Rau auf der 4. Tagung des ZK, 17.–19.1.1951 (SAPMO-BA, N 1062/15, Bl. 38).
640 Schreiben Sts. Gregor, MAI, an Rau, SPK-Vors., 19.6.1951 (BA, DL 2, 1648, Bl. 54).
641 Meuschel, Überlegungen, S. 6.
642 Referat Rau, Plenum des ZK der SED, 14.6.1951 (SAPMO-BA, N 1062/15, Bl. 97-137).
643 Ebda. Stoph im Protokoll der gemeinsamen Sitzung von Politbüros und Ministerrat, 8.2.1968 (SAPMO-BA, DY 30/J IV 2/201/771).

Anfang November etablierte sie mit der TSI beim DIHT jenes nicht regierungsamtliche Organ, das die notwendigen kontinuierlichen Gespräche mit der zuständigen Behörde des anderen Teils Deutschlands führen konnte, ohne dadurch in der Anerkennungsfrage irgendwelche Zugeständnisse zu machen. Das zweite wichtige Element der Handelskontrolle bestand in dem zentralen Ausschreibungs- und Genehmigungsverfahren, welches bis zum 1. Januar 1950 umgesetzt wurde. Bis dahin wickelte man drei Monate lang, von Oktober bis Ende Dezember 1949, den innerdeutschen Warenverkehr wie bisher über Kompensationsgeschäfte ab. Diese Verzögerung, wie überhaupt die administrativen Reglementierungsmaßnahmen der Bundesregierung und der „mit Nationalsozialisten durchsetzten"[644] westdeutschen Wirtschaftsverbände, stieß auf heftige Kritik des MIAM.

Abb. 2: Monatl. Lieferungen/Bezüge der Bundesrepublik im innerdeutschen Handel, 1950[645]

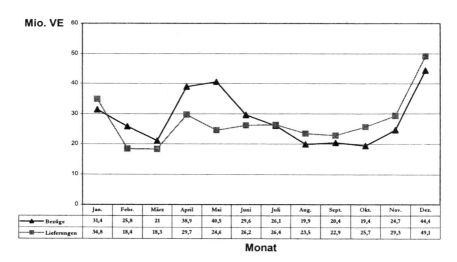

Doch auch nachdem die administrativen Strukturen etabliert waren, kam der deutsch-deutsche Warenverkehr im Jahre 1950 nicht so recht in Fahrt.[646] Als bremsendes Moment erwiesen sich die zunehmenden Ost-West-Spannungen. Nur vier Monate nach Anlaufen des Frankfurter Abkommens übte die Bundesregierung erstmals mittels eines partiellen Embargos wirtschaftlichen Druck auf die DDR aus. In einem Erlass vom 8. Februar 1950 teilte Erhard den Landeswirtschaftsverwaltungen mit, dass ab sofort keine Warenbegleitscheine für Eisen-

---

644 Denkschrift Orlopp, „Innerdeutsche Handel", 20.9.1950 (BA, DL 2, 1857, Bl. 75-81).
645 Statistisches Bundesamt (Hrsg.), Statistisches Jahrbuch 1953; Angaben ohne West-Berlin.
646 Kims Behauptung, nach der doppelten deutschen Staatsgründung sei der innerdeutsche Handel zum Erliegen gekommen, geht zu weit; Kim, Außenwirtschaft, S. 53.

und Stahllieferungen in die DDR mehr genehmigt werden dürften.[647] In der Folge sackten die gesamten bundesdeutschen Lieferungen in die DDR binnen Monatsfrist um 48,2 % nach unten. Die monierten Eisen- und Stahlkontingente reduzierten sich von 50.600 t (= 19,9 Mio. VE) im Januar auf 22.500 t (= 9,2 Mio. VE) im Februar, was einem Minus von 53,8 % entspricht.[648]

Als offizielle Begründung für die bis zum 15. März 1950 befristete Maßnahme nannte Erhard zu umfangreiche Bestellungen der DDR bei diesen Gütern. Mit einem Anteil von 75 % am gesamten Bezugsvolumen überträfen Eisen und Stahlkontingente die ursprünglich vereinbarten 33 % bei weitem und störten so das ausbalancierte innerdeutsche Handelswarenspektrum. Der Minister strebte nicht nur einen Abbau des ostdeutschen Debetsaldos an, sondern auch die breitere Streuung der westdeutschen Warenlieferungen.[649]

Was sich in der offiziellen Begründung wie eine durchaus übliche, auch angemessene handelspolitische Korrekturmaßnahme ausnahm und keineswegs als Teilembargo zu klassifizieren war, stellt sich bei näherer Betrachtung doch als ein solches heraus. Es verdient, betont zu werden, dass diese erste Handelsrestriktion der Bundesrepublik gegenüber der DDR keineswegs im Zusammenhang mit dem Ausbruch des Korea-Krieges stand, wie Staritz vermutet.[650] Ausgelöst wurde der gesamte Vorgang durch den seit September 1949 hartnäckig verfolgten Wunsch der DVIA, zusätzliche Zuckerkontingente nach Westdeutschland zu liefern. Als einziges Nahrungsmittel in der Bundesrepublik war Zucker wegen der schlechten Versorgungslage nach wie vor von Rationierungsverordnung betroffen. Auf der anderen Seite befanden sich in Ostdeutschland die traditionellen Liefergebiete für den Westen. Daran wollte man anknüpfen. Bundesfinanzminister Schäffer lehnte wegen des zu hohen Preises jedoch ab.[651] Daraufhin offerierte das MIAM im Auftrag des Ministerrats der Gute-Hoffnungs-Hütte AG die Abnahme von ca. 100.000 t Stahl, sollte das Zuckergeschäft durch Intervention des Unternehmens bei der Bundesregierung doch noch zustande kommen.[652] Nach Ansicht von Stoph und Ulbricht handelte es sich um einen „wichtigen Testlauf"[653] für die Frage, welchen Einfluss die Stahlindustrie auf die Bundesregierung auszuüben vermochte und in welchem Maße sich die bestehenden ökonomischen und politischen Interessengegensätze innerhalb der Bundesrepublik für eigene Ziele instrumentalisieren ließen.[654] Hierbei handelte es sich um

---

647 Presseerklärung des BMWi, 7.2.1950 (BA B 102/108251).
648 Statistisches Amt des Vereinigten Wirtschaftsgebietes (Hrsg), Statistische Berichte, Abr. Nr. V/1/21 a, Berichtsmonat Februar 1950, S. 5-6.
649 Protokoll, 28.2.1950, in: Enders/Reiser (Bearb.), Kabinettsprotokolle, Bd. 2, S. 233.
650 Staritz, Dieter: Geschichte der DDR 1949-1990. Neuausg., Frankfurt a. M., 1996, S. 58.
651 Vermerk Orlopp über Mitteilung von Graf, 27.9.1949 (BA, DL 2, 3211, Bl. 54-55). Bundesfinanzminister Schäffer war nicht bereit, den geforderten Preis von 97,50 DM pro Tonne zu bezahlen und bot lediglich 75,- DM pro Tonne Zucker.
652 Ebda.
653 Schreiben Stoph an Ulbricht, 4.1.1950 (BA, DC 20/3880, Bl. 37-38).
654 Ebda.

ein taktisches Verhaltensmuster, welches sich in zahlreichen Konfliktsituationen kürzerer Reichweite während des Untersuchungszeitraums 1949-1969 nachweisen lässt.

Tab. 5: Bezüge/Lieferungen (Mio. VE) der Bundesrep. Deutschland (West-Berlin), 1950/51[655]

Warengruppe	1950	1951
Nahrungsmittel	60,1	6,0
Pfl. u. tier. Erzeugnisse	11,4	5,7
Bergbauerzeugnisse Braunkohle	20,6	30,0 6,8
Mineralöle, Kohlenwertstoffe	48,5	14,9
Maschinen	37,9	15,0
Chemische Erzeugnisse	25	19,3
Feinkerm. Erz.; Glas, Glaswaren	17,9	9,5
Erzeugnisse d. Sägeweke sowie Holzbe.- u. verarbeitung	11,6	8,2
Textilien	53,4	33,8
Sonstiges	55,6	29,8
Gesamt	342	186,2

Warengruppe	1950	1951
Nahrungsmittel	22,2	20,5
Pfl. u. tier. Erzeugnisse	5,1	19,2
Bergbauerzeugnisse	5,5	15,9
Erz. eisen- u. metallschaff. Ind. u. Gießerei	23,9	20,1
Maschinen	50,7	18,5
Eisen- und Metallwaren	18,3	17,5
Chemische Erzeugnisse	50,6	25,9
Textilien	15,9	5,7
Sonstiges	136,3	26,5
Gesamt	328,5	178

Das Kalkül von Ulbricht und Stoph ging auf. Die Unternehmensleitung wandte sich an den CDU-Bundestagsabgeordneten Karl Müller, zugleich Vorsitzender des Gesamtvorstandes der wirtschaftlichen Vereinigung Zucker.[656] Als Interessenvertreter der Zuckerindustrie und aufgrund seiner politischen Nähe zum Wirtschaftsminister war er geradezu prädestiniert, das Zucker-Stahl-Geschäft mit in die Wege zu leiten. Parallel dazu intervenierten die Stahlmanager bei Erhard direkt, um die politische Genehmigung für das Geschäft zu erwirken.[657] Angesichts der „sehr prekären Auftragslage"[658] in der Stahlbranche, noch war der Markt nicht durch die Nachfrage infolge des Korea-Kriegs belebt, sowie der „ernsten Verknappung"[659] bei Zucker auf dem heimischen Markt stimmte der Bundeswirtschaftsminister zu.[660] Das Sondergeschäft, welches außerhalb des Frankfurter Abkommens die Lieferung von 100.000-120.000 t Stahl gegen den Bezug von 40.000 t Zucker vorsah, wurde im Januar 1950 abgewickelt.

Erhards Genehmigung rief zahlreiche und heftige Kritik hervor. TSI-Leiter Kaumann warnte zurecht, dass das Zucker-Stahl-Geschäft die bisherige handelspolitische Linie, welche Kopplungsgeschäfte außerhalb des Frankfurter Abkommens ausschloss, durchbrechen und die TSI als Verhandlungsorgan „eine kaum wiedergutzumachende Einbuße an Autorität"[661] erleiden würde. Auch die

---

655 Statistisches Bundesamt (Hrsg.): Statistische Berichte V/22/2a. Wiesbaden 1951, S. 10.
656 Schreiben Karl Müller (MdB, CDU) an Erhard, 31.12.1949 (BA, B 102/108245).
657 Ebda.
658 Vermerk Kaumann, TSI, 14./30.1.1950 (BA, B 102/108251).
659 Ebda.
660 Ebda.
661 Stellungnahme Kaumann, TSI, an BMWi, 5.1.1950 (BA, B 102/108245).

Konkurrenzunternehmen der Gute-Hoffnungs-Hütte sowie der Eisen- und Stahlhandel beschwerten sich wegen Wettbewerbsverzerrung.[662]

Die schärfste Kritik äußerte jedoch die AHK. Bereits in den ersten Gesprächen über das Zucker-Stahl-Geschäft zeigte sich ihr Vertreter besorgt darüber, dass die Eisen- und Stahlwaren in die UdSSR weitertransportiert und dort das militärische Potential stärken würden. Für diese Vermutung sprach die in das Geschäft involvierte westdeutsche Lieferfirma Otto R. Krause G.m.b.H., Düsseldorf,[663] die über enge Kontakte zur SKK verfügte. Daher kündigte McCloy an, künftig keine Geschäfte dieser Art mehr zuzulassen.[664] Dennoch bemühte er sich, die Vorgänge auf untergeordneter Ebene alliierter Instanzen abzuhandeln, da bei einem Eingreifen der Regierung in Washington eine wesentlich härtere Gangart zu erwarten war. Seine Hoffnung erfüllte sich indes nicht. Die wegen der Osthandelsambitionen der bundesdeutschen Wirtschaft ohnehin argwöhnische US-Administration drängte McCloy zu einer schärferen Linie gegenüber Bonn.[665] So forderte die AHK in einem vom Januar 1950 datierenden Aide Mémoire die Bundesregierung auf, bestimmte anspruchsvollere Stahlsorten nicht mehr in die DDR zu liefern, u. a. wegen der Gefahr des Reexports in die UdSSR.[666] Wenn auch Erhard von dem Schreiben der AHK erst fünf Tage nach seiner Entscheidung vom 8. Februar 1950, keine Warenbegleitscheine für Eisen und Stahl zu genehmigen, Kenntnis erhalten hat, so handelte er doch unter Druck namentlich der Amerikaner. Denn in mehreren Gesprächen im Januar 1950 hatten sie ihm gegenüber darauf bestanden, ein Stahlembargo gegen die DDR zu verhängen.[667] Erhards Entscheidung stellte somit keineswegs eine autonome Handlung dar, wie es bisweilen in der Forschung zu lesen ist.[668]

Die Amerikaner hielten Erhards Embargomaßnahme für zu milde, kritisierten die zeitliche Befristung und forderten einen umfassenden Warenlieferstop. Auch die langfristigen Kreditlinien der westdeutschen Industrie gegenüber den ostdeutschen Unternehmen müssten unterbunden werden, da sie den Rahmen des Frankfurter Abkommens sprengten.[669] Wesentlich zurückhaltender urteilten die britischen Vertreter in der Hohen Kommission. Sie schätzten die Verhän-

---

662 Vermerk über Tagung der AG Interzonenhandel, 31.1.1950 (BA, B 102/108251).
663 Über die Kontakte der Firma zur SKK Schreiben Erhard an Adenauer, 13.6.1950, abgedr. in: Akten 1949/50, S. 176-182, hier S. 180.
664 Aufzeichnung über Besprechung mit den Alliierten Dienststellen in Berlin betreffend Eisen- und Stahllieferungen in die SBZ, 9.3.1950 (BA, B 102/108251).
665 FRUS. 1949, Vol. III. Councils of Foreign Ministers; Germany and Austria. Department of State Publication 8572. Washington 1974, S. 287-290.
666 Aide-Mémoire der AHK; Übersetzung; geheim; undatiert (BA, B 102/108253). Das Dokument lässt sich aufgrund von Hinweisen in anderen Quellen Januar 1950 datieren.
667 Protokoll, 2.3.1950, in: Adenauer und die Hohen Kommissare 1949-1951, S. 118-146.
668 Heyls These, dass Erhards Entscheidung für einen Lieferstop bei Eisen- und Stahl eine autonome Entscheidung war, läßt sich nur durch seine Nichtberücksichtigung der edierten Quellen erklären; von Heyl, Handel, S. 54-57.
669 Aufzeichnung: Besprechung mit den Alliierten Dienststellen in Berlin betreffend Eisen- und Stahllieferungen in die SBZ, 9.3.1950 (BA, B 102/108251).

gung eines Embargos als „übereilt und schroff"⁶⁷⁰ ein, vor allem im Hinblick auf die „delikate Lage der Stadt Berlin"⁶⁷¹. Allerdings forderten auch die Briten vom Bundeswirtschaftsminister ein klares handelspolitisches Konzept gegenüber der DDR. Sie favorisierten dabei keineswegs ein umfassendes Eisen- und Stahlembargo, sondern plädierten für ein selektives, welches die Nichtlieferung von Schlüsselgütern wie NE-Metalle, Kugellager, hochlegierte Stählen u. a. m. einschloss.⁶⁷² Die unterschiedliche Position der als „Falken" agierenden Amerikaner und der wesentlich moderateren Briten war durchaus typisch für die gesamte Frühphase der Bundesrepublik, ebenso die Zurückhaltung der Franzosen in Fragen des innerdeutschen Handels. Das BMWi lehnte die weitergehenden Embargoforderungen der Amerikaner mit dem Hinweis ab, dass die Bundesrepublik in diesem Falle regresspflichtig gegenüber den geschädigten westdeutschen Unternehmen wäre. Dadurch entstünden erhebliche Kosten. Zudem plädierte man mit Blick auf die exponierte Lage West-Berlins für eine atmosphärische Entspannung gegenüber der DDR.⁶⁷³ Die TSI wie auch Vertreter der West-Berliner Wirtschaft prophezeiten „unabsehbare Folgen"⁶⁷⁴ eines Embargos, hingegen sorgte sich die Wirtschaftsvereinigung Eisen und Stahl primär um ihre Marktanteile in Ostdeutschland.⁶⁷⁵

In seinem Bemühen, eine ernsthafte Eintrübung der deutsch-deutschen Wirtschaftsbeziehungen zu vermeiden, riskierte TSI-Leiter Kaumann sogar, die Weisungen der AHK zu missachten. Gegenüber Orlopp sicherte er bereits Mitte Februar 1950 die Aufhebung des Genehmigungsstops bei den bereits vereinbarten Eisen- und Stahllieferungen zu.⁶⁷⁶ Damit sorgte er für erhebliche Verwirrung und große Verärgerung seitens der AHK. Diese wandte sich an Adenauer, der sich selbst von dem Vorgang höchst überrascht, ja erbost zeigte und vermutete, Kaumann sei „russisch infiziert"⁶⁷⁷. Gemeinsam mit Erhard versicherte der Kanzler, dass die TSI in diesem Falle eigenmächtig und ohne Rücksprache gehandelt habe; selbstverständlich gelte das Embargo auch weiterhin.⁶⁷⁸ Als unmittelbare Folge dieser Unstimmigkeiten reagierte die AHK mit dem Erlass der Gesetze Nr. 22 und Nr. 24, nach denen das für den Ost-West-Handel geltende

---

670 Ebda.
671 Ebda.
672 Schreiben Kaumann, TSI, an Kleine, BMWi, 13.2.1950 (BA, B 102/108251).
673 Aufzeichnung: Besprechung mit Alliierten Dienststellen in Berlin betreffend Eisen- und Stahllieferungen in SBZ, 9.3.1950. Adenauer wiederholte Einwände in Schreiben vom 12.5.1950 an McCloy und forderte unter Hinweis auf drohende Arbeitslosigkeit im Raum Watenstedt/Salzgitter Aufhebung der Beschränkung (BA, B 102/108251).
674 Schreiben von Kaumann, Ltr. der TSI, an Kleine, BMWi, 13.2.1950 (BA, B 102/108251).
675 Schreiben der WV Eisen und Stahl an Erhard, 10.3.1950 (BA, B 102/108251).
676 Protokoll über Gespräche mit MIAM, 14.-21.2.1950 (BA, B 102/4956).
677 Protokoll: Gespräch zwischen AHK und Bundesregierung, 2.3.1950; in: Hohen Kommissare 1949-1950, S. 118-146, hier S. 138.
678 Protokoll 49. Kabinettssitzung, 28.2.1950; in: Enders/Reiser (Hrsg.), Kabinettsprotokolle Bd. 2, S. 233-234; Protokoll Gespräch zwischen AHK und Bundesregierung, 2.3.1950; in: Hohen Kommissare 1949-1950, S. 118-146, hier S. 135-139.

Handelsverbot mit Kriegsgeräten, Uniformstoffen, Einrichtungen und Ausrüstungen für die Gewinnung von Atomenergie auch auf den deutsch-deutschen Handel ausgedehnt wurde.[679]

Die Reaktion der DDR auf die westlichen Handelsrestriktionen offenbarte erstmals ein Aktionsmuster, wie es in späteren handelspolitischen Krisen immer wieder zu beobachten ist. Es umfasste a.) Elemente der Repression gegen die schwächste Stelle des Gegners – sprich West-Berlin –, b.) einen Gegenboykott, c.) die kurzfristige Umgehung der gegnerischen Maßnahmen und d.) den mittel- bzw. langfristigen Abbau von potentiellen Angriffsflächen der eigenen Volkswirtschaft. Letzteres trug maßgeblich zur Desintegration der ehemals gesamtdeutschen Volkswirtschaft bei. Im konkreten Falle sah das folgendermaßen aus:

Zum einen reagierte die DDR auf die Embargomaßnahme mit einem Schlag gegen den „Schwachpunkt" West-Berlin, indem sie ihre Kartoffel- und Braunkohlebrikettlieferungen einstellte sowie die Wasser- und Stromversorgung beschränkte. Das führte allerdings keineswegs dazu, dass „im Frühjahr 1950 die teilweise Wiederaufnahme der unter das Embargo fallenden Eisen- und Stahllieferungen"[680] erzwungen werden konnte, wie Gunter Mai annimmt. Weiterhin beschlagnahmten die DDR-Behörden Schrotttransporte von West-Berlin ins Bundesgebiet.[681] Hintergrund dieser Maßnahme war weniger der politische Wille, eine restriktive Handelspolitik als Antwort auf die westdeutsche Haltung zu praktizieren. Vielmehr litt die DDR unter einem allgegenwärtigen Mangel an Buntmetallen, den sie durch intensive Verwertung ihres Schrottaufkommens zu mildern trachtete. Da man vermutete, dass Schrott ostdeutscher Provenienz im großen Stil via West-Berlin ins Bundesgebiet verschoben würde[682], entschloss man sich zu den Beschlagnahmungsaktionen.[683] Natürlich kam man so auch in den Besitz von Material West-Berliner Herkunft, woran sich die ostdeutschen Behörden naheliegenderweise nicht weiter störten. In der Öffentlichkeit ließ sich die Maßnahme als energischer Schritt gegen West-Berliner „Schieber" und das westdeutsche Eisen- und Stahlembargo darstellen; die Versorgungsengpässe als eigentliche Ursache wurden auf diese Weise bestens kaschiert.[684] Schließlich behinderten die ostdeutschen Behörden durch „Reparaturmaßnahmen" an Wasserschleusen den Binnenschifffahrtsverkehr zwischen dem Bundesgebiet und West-Berlin. Da 80 % der Steinkohletransporte für die Inselstadt über den Wasserweg abgewickelt wurden, bedeutete eine Unterbrechung derselben eine Schwächung der West-Berliner Wirtschaftskraft. Dieser sogenannte „Schleusenkrieg"[685] dauerte von Februar bis Oktober 1950.

---

679 Amtsblatt der Alliierten Hohen Kommission, Bonn, Nr. 12, 7.3.1950, S. 122.
680 Mai, Das „Trojanische Pferd", S. 438.
681 Denkschrift Orlopp, 20.9.1950 (BA, DL 2, 1857, Bl. 75-81).
682 Ebda.
683 Über die Hintergründe der DDR-„Schrottpolitik" Rede Rau über Wirtschaftsplan 1950, 6.7.1950 (SAPMO-BA, DY IV 2/1/76, Bl. 149-199).
684 Rau über Wirtschaftsplan 1950, 6.7.1950 (SAPMO-BA, DY IV 2/1/76, Bl. 149-199).
685 Bark, Berlin-Frage, S. 232.

Zweitens verweigerte die DDR Lieferungen von Rund- und Grubenholz,[686] was in der westdeutschen Bau- und Bergbauwirtschaft zu erheblichen Versorgungsengpässen führte und damit indirekt die Energieversorgung des Landes gefährdete. Auch beim „Holzembargo" lässt sich eine analoge Konstellation zur Situation wie auf dem Schrottsektor nachweisen: Aktuelle Mangelerscheinungen in der DDR aufgrund der Übernutzung von Forstbeständen während der Nachkriegszeit wurden durch vermeintlich selbstbewusstes politisches Handeln gegenüber der Bundesrepublik verdeckt.[687] Mit dieser Maßnahme etablierten das MIAM erstmals ein „Warenjunktim", welches die Lieferung von bestimmten Gütern – vornehmlich Braunkohle und Grubenholz – an bundesdeutschen Gegenlieferungen von Eisen, Stahl und Steinkohle knüpfte.

Drittens bemühte sich das MIAM, dem bundesdeutschen Druck ausweichend das im Importplan für das Jahr 1950 aufgetretene Defizit von 150.000 t Walzwerkerzeugnissen und 70.000 t Roheisen auf andere Länder zu verlagern. Dies erwies sich aber schwieriger als erwartet. Ein Bezug aus Schweden, Frankreich, Holland, Belgien und dem sozialistischen Nachbarland ČSR war wegen bestehender Passivsalden in den Handelsbilanzen bzw. fehlender Kompensationsgüter nicht zu realisieren. So verblieben als mögliche Lieferanten neben der UdSSR noch Polen, das nach Einschätzung des MIAM jedoch die erforderlichen Ausfuhrlizenzen nicht erteilen würde, sowie Österreich. Von dort beabsichtigte man, vor allem Spezialstähle und Roheisen im Rahmen von Kompensationsgeschäften zu importieren. Eine letzte Möglichkeit stellte der Bezug von Walzwerkerzeugnissen bundesdeutscher Produktion über Drittländer wie die Schweiz und die Niederlande dar.[688]

Als vierte und mittelfristige Maßnahme setzte das Politbüro eine Importsenkungskommission für die Bereiche Maschinenbau, Metallurgie, Chemie, Steine und Erden, Leichtindustrie, Pharmazeutika ein,[689] um auf diese Weise ihre Angreifbarkeit mittels ökonomischer Boykottmaßnahmen zu mindern. Weitere Anstrengungen wurden unternommen, um den illegalen Warentransfer ins Bundesgebiet zu unterbinden. Hierfür schuf man mit dem „Gesetz zum Schutze des innerdeutschen Handels", welches ein aufwendiges behördliches Genehmigungsverfahren sowie drastische Sanktionen bei Gesetzesverstößen beinhaltete, die notwendige juristische Grundlage.[690] Glaubt man den Quellen, so registrierten die DDR-Behörden bereits im Sommer 1950 einen deutlichen Rückgang bei den aufgegriffenen illegalen Transporten.[691]

---

686 Rau über Wirtschaftsplan 1950, 6.7.1950 (SAPMO-BA, DY IV 2/1/76, Bl. 149-199).
687 Ebda.
688 Protokoll über Besprechung im MIAM, wegen der Liefersperre aus Westdeutschland, 8.2.1950 (BA, DL 2, 9, Bl. 155-156).
689 Schreiben Handke, MIAM, an Rau, 15.8.1950 (BA, DE 1, 11372, Bl. 2), Bericht der Importsenkungskommission, 11.6.1951 (BA, DE 1, 50, Bl. 20).
690 Gesetzblatt der DDR, Nr. 43 vom 21.4.1950, S. 327-328.
691 Schreiben Kaulfuss, Zentr. Planungsamt, an Rau, 7.9.1950 (BA, DE 1, 12118, Bl. 1).

4.2.4. Interimslösungen: Die Verlängerung des Frankfurter Abkommens, das Kohlen- und das Vorgriffsabkommen

Als am 25. Juni 1950 mit dem Ausbruch des Korea-Krieges der Ost-West-Konflikt eskalierte, war eigentlich damit zu rechnen, dass sich diese Entwicklung negativ auf den innerdeutschen Handel auswirken würde, zumal das Frankfurter Abkommen Ende des Monats auslief und auch das westdeutsche Stahlembargo noch in Kraft war. Doch im Gegensatz zur internationalen Klimaeintrübung waren die deutsch-deutschen Wirtschaftsgespräche beiderseits von einem konstruktiven Bemühen um eine Verlängerung des Abkommens geprägt. Auch beim Handelsvolumen war kein Einbruch zu beobachten, wie es in der Literatur zuweilen zu lesen ist.[692] Offenkundig überlagerten spezifisch nationale und ökonomische Interessen den globalen Systemantagonismus.

Bereits Anfang Juni 1950 hatte sich das Bundeskabinett über Verhandlungen zur Weiterführung des Frankfurter Abkommens um drei Monate und eine Aufstockung der Warenlisten um 100 Mio. VE. verständigt.[693] Die Bundesländer und auch die meisten Wirtschaftsverbände unterstützten sie in dieser Frage. Vor allem ökonomische Argumente ließen aus ihrer Sicht eine Fortführung des innerdeutschen Handels ratsam erscheinen. So dokumentierte eine Expertise des BMWi die völlig unzureichende Braunkohleversorgung im Zonenrandgebiet und in West-Berlin, die nur durch ostdeutsche Lieferungen sicherzustellen sei.[694] Aus Wirtschaftskreisen war zu hören, dass ungeachtet einer verbesserten Lieferfähigkeit westlicher Partnerländer und der Verlegung ostdeutscher Produktionsbetriebe ins Bundesgebiet nach wie vor „maßgebliche Warengruppen"[695] der DDR für den westdeutschen Markt nötig seien. Die AG IZH forderte gar den Vorrang für die wirtschaftspolitische Förderung des innerdeutschen Handels gegenüber dem Außenhandel.[696] Hintergrund war die Verweigerung einer Bezugsgenehmigung für ostdeutsche Textilmaschinen durch das BMWi, da Importverpflichtungen gegenüber Großbritannien bzw. den USA bestanden. Einzig Bundesfinanzminister Schäffer machte seine Zustimmung zur Vertragsverlängerung davon abhängig, dass am Ende der Verrechnungsperiode, also am 30. Juni 1950, seitens der DDR keine offenen Liefer- bzw. Zahlungsverpflichtungen mehr bestehen dürften. In diesem Falle, so Schäffer, könne er mit Rücksicht auf die erteilte Bundesgarantie einer Vertragsverlängerung nicht zustimmen.[697]

---

692 Staritz, Geschichte der DDR, S. 58.
693 Protokoll 72. Kabinettssitzung, 9.6.1950, in: Enders/Reiser (Hrsg.), Kabinettsprotokolle, Bd. 2, S. 439-440.
694 Ebda.
695 Schreiben Bundesverbands Dt. Einzelhandel an TSI, 21.8.1950 (BA, B 102/19867).
696 Schreiben AG IZH an Erhard, 19.6.1950 (BA, B 1025062).
697 Protokoll 72. Kabinettssitzung, 9.6.1950, in: Enders/Reiser (Bearb.), Kabinettsprotokolle, Bd. 2, S. 439-440.

Die DDR verknüpfte ihre Verhandlungsbereitschaft mit der Aufhebung des Eisen- und Stahlembargos durch die Bundesregierung.[698] Diese Forderung stieß auf westdeutscher Seite bei den Wirtschaftsverbänden, der TSI, den Bundesländern und auch der Bundesregierung auf Verständnis.[699] Deshalb wandte sich Adenauer Ende Juni 1950 an den amtierenden Vorsitzenden der AHK, André François-Poncet, mit der Bitte um eine Lockerung der Liefersperre bei Eisen und Stahl. Seine Hauptargumente waren mögliche Repressionen der DDR gegen West-Berlin und die zur Verhandlung anstehende Verlängerung des Frankfurter Abkommens.[700] Grundsätzlich befürwortete die AHK eine Aufhebung des Embargos, die Fortführung des Frankfurter Abkommens und den Abschluss eines gänzlich neuen Handelsabkommens. Allerdings bestand sie darauf, dass die DDR ihrerseits alle Restriktionen aufgebe. Freier Berlin-Verkehr, keine weiteren Schrottbeschlagnahmungen, Aufhebung des Holzembargos sowie der Wasser- und Stromsperre gegen West-Berlin müssten gewährleistet sein, ehe an normale Handelsbeziehungen zu denken sei.[701]

Im Politbüro befürwortete man ebenfalls die Fortführung des Frankfurter Abkommens und zeigte sich bei den aufgelisteten Monita kompromissbereit. Eine vom Westen geforderte Erweiterung aller Verkehrswege zwischen dem Bundesgebiet und West-Berlin lehnte man jedoch ab.[702] Die allzu enge infrastrukturelle Anbindung der Inselstadt an Westdeutschland widersprach dem politischen Eigeninteresse der DDR. Tatsächlich ließ Bonn diesen Punkt fallen, so dass am 11. August 1950, einen Tag nach Wiederanlaufen westdeutscher Eisen- und Stahllieferungen, das Frankfurter Abkommen rückwirkend zum 1. Juli um drei Monate verlängert werden konnte.[703]

Das MIAM zeigte noch aus einem weiteren Grund großes Interesse an der Fortsetzung und dem Ausbau des innerdeutschen Handels. Seine strategischen Planungen beschäftigten sich mit der Möglichkeit, den gesamten bundesdeutschen Osthandel über den innerdeutschen Handel zu kanalisieren und somit zum Zwischenhändler zwischen der Bundesrepublik und Osteuropa aufzusteigen. Mittels eines ausgefeilten Reexportprogramms auf Kompensationsbasis für jeden einzelnen sozialistischen „Bruderstaat" hoffte man, die eigenen Handelsspielräume gegenüber der Bundesrepublik ausweiten zu können. Die zu erwartenden Profite würden zweifelsohne die Handelsbilanz der DDR gegenüber dem

---

698 Schreiben Kaumann, TSI, an Erhard, 17.6.1950 (BA, B 102/5062, H.2).
699 Schreiben Bundesverbands Deutscher Einzelhandel an TSI, 21.8.1950 (BA, B 102/19867). Schreiben AG IZH an Erhard, 19.6.1950 (BA, B 1025062, H. 2). Niederschrift der Ressortbesprechung, 20./21.7.1950 (BA, B 102/108276).
700 Schreiben Adenauer an François-Poncet, 28.6.1950 (BA, B 102/108253).
701 Schreiben François-Poncet an Adenauer, 28.6.1950; geheim (BA, B 102/108253); Wortprotokoll Gespräch zwischen AHK und Bundesregierung, 29.6.1950, in: Hohen Kommissare 1949-1951, S. 212-221; Vermerk Gespräch Erhard und AHK, 1.7.1950 (BA, B 102/108253); Vermerk Kleine, BMWi, 7/1950 (BA, B 102/19867).
702 Protokoll der Politbürositzung, 1.8.1950 (SAPMO-BA, DY 30/IV 2/2/102, Bl. 24-25).
703 Mitteilung BMWi, in: Bundesanzeiger, Nr. 155, 15.8.1950, S. 177.

Westen verbessern. Die Institution MIAM könnte in diesem Falle nicht nur mit einem erheblichen funktionalen Bedeutungszuwachs rechnen, sondern auch mit steigendem Ansehen innerhalb der Staats- und Parteibürokratie. Im Kontext heftiger Kritik der SED und auch der Außenhandelsbetriebe am Ministerium war ein solches Bestreben nur allzu verständlich. Deshalb drängte Minister Handke gegenüber der SED auf konstruktive, kompromissfähige Verhandlungsdirektiven für die anstehenden Gespräche mit der TSI.[704]

Aufgrund von Zahlungsschwierigkeiten der DDR verzögerte sich die Abwicklung der im Rahmen des Frankfurter Abkommens vereinbarten Geschäfte über den 30. September hinaus bis Ende 1950.[705] Diese rührten u. a. von Absatzschwierigkeiten selbst bei leistungsfähigen Branchen Ostdeutschlands wie der Elektrotechnik her, die u.a. auf eine hinsichtlich Produktionskapazität, technischem Produktstandard, Preis-Leistungsverhältnis, Produktionsanlagen und Marktpräsenz überlegene westdeutsche Konkurrenz treffen würden.[706] Bereits 1950 zeichnete sich in volkswirtschaftlichen Schlüsselbranchen ein Zurückfallen der ostdeutschen hinter den westdeutschen Herstellern ab, ein Trend, der sich in den kommenden Jahrzehnten verstärken sollte und den deutsch-deutschen Handel immer mehr zu einem Handel zwischen ungleichwertigen Partner werden ließ. Wie es im darauffolgenden Jahr beim innerdeutschen Handel weitergehen würde, war unklar. Die Verhandlungen über ein neues Abkommen zogen sich in die Länge und es war noch nicht abzusehen, bis wann man zu einem unterschriftsreifen Vertrag gelangen würde. Es galt also Zwischenlösungen zu finden, um eine Unterbrechung des Warenstromes zu vermeiden.

Ein besonders drängendes Problem angesichts des nahenden Winters stellten die gegenseitigen Kohlelieferungen dar. Die Versorgung des westdeutschen Zonenrandgebietes und Westberlins mit Braunkohle für den Hausbrand erfolgte zu 100 % aus den sächsischen und brandenburgischen Gruben.[707] Daher bemühte sich das BMWi bereits im Sommer 1950, für den kommenden Winter mit der DDR bezüglich der Braunkohlelieferungen ins Geschäft zu kommen. Da zugleich der in Essen ansässige Deutsche Kohlenvertrieb Absatzprobleme bei Steinkohle auf dem bundesdeutschen Markt signalisierte, bot ein Kohleaustauschabkommen mit der DDR, welches die Lieferung von Stein- gegen den Bezug von Braunkohle beinhaltete, einen allseits zufriedenstellenden Ausweg. Das BMWi war bereit, der DDR-Planungsbürokratie entgegenzukommen und

---

704   Aktenvermerk von Minister Handke, 12.8.1950 (BA, DL 2, 1863, Bl. 210-211).
705   Schlußbericht über schleppende bzw. fehlende Zahlungseingänge aus Warenverkäufen der DDR in westdeutsches Währungsgebiet (BA, DL 2,1863, Bl. 232-235). Es ist aber nicht anzunehmen, dass diese Faktoren den Ausschlag für den Debetsaldo ergeben haben. Seit August 1950 konnte daher kein geregelter Verkauf westdeutscher Waren in der DDR stattfinden; Schreiben Kaumann, TSI, an Kleine, BMWI, 22.8.1950 (BA, B 102/19867).
706   „Zur Realisierung des Verkaufsplans 1950", 26.10.1950 (BA, DL 2, 1399, Bl. 18).
707   Schreiben Hanns Seidel, bayer. Staatsminister für Wirtschaft, an Erhard, 29.12.1949 (BA, B 102/19866). Seidel wies auf Versorgungsmängel Mittel- und Oberfrankens hin.

eine mittelfristige Laufzeit vom 1. Juli 1950 bis zum 31. März 1951 zu konzedieren.[708] Schließlich unterzeichneten Vertreter der TSI und des MAI am 22. Dezember 1950 das Kohlentauschabkommen, welches rückwirkend zum 1. September 1950 in Kraft trat.

Für den übrigen Warenverkehr hofften beide Seiten eine ähnlich pragmatische Lösung zu finden. Allerdings hatte sich Anfang 1951 die grundlegenden wirtschaftlichen Verhältnisse zwischen beiden deutschen Staaten gewandelt; für eine kurze Periode von sechs Monaten trat eine „Umkehrung des Bedarfs"[709] ein. Das bedeutete, dass die Bundesrepublik mehr Waren aus der DDR bezog, als dorthin zu liefern in der Lage war. Denn der mittlerweile einsetzende „Korea-Boom" hatte eine enorme weltweite Nachfrage nach westdeutschen Erzeugnissen gezeitigt. Dies führte in der Bundesrepublik a.) zu Engpässen in der Roh- und Grundstoffversorgung und b.) zu Mangelerscheinungen bei Fertigwaren. Beispielsweise lag die monatliche Walzstahlerzeugung mit 700.000 t deutlich unter dem Bedarf von 900.000 t.[710]

In der Folge vernachlässigte die westdeutsche Industrie den vergleichsweise wenig attraktiven ostdeutschen Markt. Das rapide Absinken der Lieferungen auf 8,3 Mio. VE im Januar bzw. 11,9 Mio. VE im Februar 1951 war die logische Konsequenz. Die DDR senkte daraufhin ebenfalls ihre Lieferungen nach Westen und kürzte im Rahmen des „natürlichen Junktims"[711] Grubenholz - Roheisen ihre Grubenholzlieferungen. Binnen weniger Wochen machte sich ein empfindlicher Holz- und Braunkohlebrikettmangel auf dem bundesdeutschen Markt bemerkbar. Das traf nicht zuletzt die westdeutsche Bauindustrie empfindlich. Daher ermahnte die Bundesregierung die Wirtschaftsverbände, den deutsch-deutschen Handel nicht länger zu vernachlässigen, zumal sie im Jahr zuvor noch sehr an DDR-Aufträgen interessiert gewesen seien.[712] Das BMWi forderte gegenüber den Unternehmen und Bundesländern „unbedingte Priorität für den Interzonenhandel"[713]. Schließlich seien Warenbezüge nur dann zu erwarten, wenn auch geliefert werden könne.[714]

Ausgerechnet in dieser ohnehin angespannten Situation brachte Frankreich die Bundesregierung in weitere handelspolitische Bedrängnis. Wegen bestehender westdeutscher Clearingverschuldung drohte Paris mit der Verweigerung einer Reexportlizenz für 150.000 t algerischen Rohphosphats, welches die Bundesregierung in die DDR weiterzuleiten sich verpflichtet hatte. Mit einem Gesamtwert von 21 Mio. DM trug dieser Posten immerhin 7,8 % des Gesamtvolumens im innerdeutschen Handel des Jahres 1951 bei. Mehr noch, im Gegenzug

---

708 Ebda.
709 Kaumann, TSI, in Protokoll der Bund-Länder-Tagung, 25.4.1951 (BA, B 102/19870).
710 Berghahn, Volker R./Friedrich Paul J.: Otto A. Friedrich, ein politischer Unternehmer. Sein Leben und seine Zeit, 1902-1975. Frankfurt a. M., New York 1993, S. 145.
711 Referat Rau auf 4. Tagung des ZK, 17.-19.1.1951 (SAPMO-BA, N 1062/15, Bl. 38).
712 Vermerk Kleine, BMWi, für Sts. Schalfejew, BMWi, 14.4.1951 (BA, B 102/5601).
713 Protokoll einer Tagung von Bund und Ländern, 25.4.1951 (BA, B 102/19870).
714 Ebda.

drohte die DDR, 700.000 t Braunkohlebriketts zurückzuhalten und damit die Energieversorgung West-Berlins zu beeinträchtigen.[715]

Nicht nur für die Bundesrepublik gestaltete sich die Lage im innerdeutschen Handel schwierig. Auch die DDR befand sich in einer problembehafteten Situation. Ihr Handlungsspielraum für die dringend erforderlichen Bezüge aus Westdeutschland war wegen allgemeinem Rohstoffmangel, speziell mangelhafter Kohlenversorgung und dadurch bedingten Produktionsrückgang deutlich eingeschränkt. Das strategische Embargo und die Tatsache, dass die USA den internationalen Rohstoffmarkt leer kauften, verstärkten die bezugsseitigen Schwierigkeiten.[716] Insbesondere die Versorgung der Metallbetriebe mit Rohmaterial befand sich im Frühjahr 1951 in besonders kritischem Zustand,[717] weshalb eine drastische Bezugserhöhung angeordnet wurde. So kam es zu einer deutlichen Swingüberschreitung im ersten Quartal 1951 durch die DDR, welche aber auch durch verzögerte Westlieferungen und -zahlungen verursacht wurde.[718]

Mittels zweier Gegenmaßnahmen brachte man das Problem unter Kontrolle: Eine genaue Kontrolle der Zahlungseingänge aus Westdeutschland durch die Leitung der HA IDH unterband handelsoperative Eigenmächtigkeiten auf unterer Ebene, welche das Defizit beförderten.[719] Hinzu kam der vermehrte Warenbezug „unter Ausschaltung aller formaler Hemmungen unverzüglich durch besondere Maßnahmen – evtl. durch die besonderen Handelsorgane"[720] aus den westlichen Staaten und der Bundesrepublik. „Formale Wege sollen ausgeschaltet werden"[721], heißt es in der entsprechenden Anordnung. Im Klartext: illegale Geschäftspraktiken sowie der Handel über Drittländer war staatlich sanktioniert.

Am 3. Februar 1951 unterzeichneten beide Seiten ein Vorgriffsabkommen auf das Jahr 1951. In Anlehnung an die bisherige Vertragspraxis sah es den gegenseitigen Warenaustausch in Höhe von jeweils 170 Mio. VE vor, mithin über die Hälfte weniger als im Vorjahr. Das Güterspektrum wies keine signifikante Änderung auf. Allerdings wurde erstmals die Einbeziehung von Dienstleistungen in ein deutsch-deutsches Handelsabkommen aufgenommen, welche über das neu eingerichtete Unterkonto „D" abgerechnet wurden.[722] Die Bundesregierung hatte dieses Abkommen gegen den hartnäckigen Widerstand der AHK durchgesetzt, die sich vor allem gegen das ihrer Auffassung nach zu umfangreiche Handelsvolumen ausgesprochen hatte. Das BMWi beharrte aber vor allem wegen des

---

715 Exposé, 27.4.1951 (BA, B 102/34243). Im BMWi wehrte man sich gegen den französischen Vorwurf, man verstoße mit der Lieferung in die DDR gegen das geltende Reexportverbot. Das Pariser Düngemittelsyndikat habe vielmehr seine Zustimmung erteilt. Die französische Industrie zeige sich überdies am Handel mit der DDR wegen hoher Transaktionskosten und hohem Risiko wenig interessiert.
716 Vermerk MAI, 22.2.1951 (BA, DL 2, 1621, Bl. 3-4).
717 Vermerk: Besprechung Orlopp/Grotewohl, 23.7.1951 (BA, DL 2, 3804, Bl. 67).
718 Vermerk über Besprechung mit TSI, 14.12.1950 (BA, DL 2, 1862, Bl. 187).
719 Rundschreiben MAI, 10.1.1951 (BA, DL 2, 1863, Bl. 166).
720 Protokoll Politbürositzung, 3.4.1951 (SAPMO-BA, DY 30/IV 2/2/141, Bl. 1-2).
721 Schreiben SPK-Vors. an Sts., Min. f. Materialver.., 10.4.1951 (BA, DL 2, 1624, Bl. 87).
722 Orlopp, Nation, S. 126-128

empfindlichen Holzmangels auf seiner Position. Zudem zeigte das MAI, welches eine Beschränkung der Eisen- und Stahllieferungen auf 30.000 t sowie die Nichtlieferung von NE-Metallen akzeptierte, eine konstruktive Haltung.[723]

4.3. Das Berliner Abkommen

4.3.1. Das Junktim zwischen Berlinverkehr und innerdeutschem Handel

Die Planungen der Bundesregierung für ein neues Handelsabkommen mit der DDR setzten bereits mit dem Auslaufen des Frankfurter Abkommens im Sommer 1950 ein. Unter Auswertung der bisherigen Erfahrungen sowie der Einbeziehung spezifischer Wünsche von Ländern und Wirtschaftsverbänden wurde beschlossen, die bisher gültigen zentralen Regelungen, d. h. die Kategorisierung der Waren mit dazugehöriger Unterkontozuordnung sowie das Verrechnungseinheitensystem beizubehalten.[724] Als wichtiges neues Element schlug Bundesverkehrsminister Seebohm die Aufnahme von Dienstleistungen in das Vertragswerk vor. Zu Recht wies er auf die Desintegrationsentwicklung im Transportsektor hin, wo eine zunehmende Verlagerung der überseeischen Handelsströme der DDR von den Nordsee-Häfen hin zu den ostdeutschen und polnischen Ostsee-Häfen zu beobachten war. Auf diese Weise strebte die DDR eine Senkung der Transportkosten an, die sie bislang in DM-West zu entrichten hatte. Diesem Trend, der insbesondere den Hamburger Hafen empfindlich belastete, hoffte man mittels der Aufnahme von Dienstleistungen in das neue Handelsabkommen entgegenzuwirken,[725] weil dann die DDR die in Anspruch genommenen Leistungen mit VE abrechnen konnte. Seebohms Vorschlag fand Zustimmung bei der Hamburger Stadtverwaltung und den dort ansässigen Wirtschaftskreisen.[726] Die AHK stimmte den Vorstellungen der Bundesregierung im wesentlichen zu. Lediglich die Einhaltung der Embargolisten und die Minimierung von Metalllieferungen mahnte der Petersberg an. Außerdem müsse der DDR „d' une facon très claire"[727] gemacht werden, dass bestimmte Waren speziell aus West-Berlin zu beziehen seien.

Das Politbüro gab als Verhandlungsziel die Integration von Kompensationsgeschäften in das neue Handelsabkommen vor.[728] Auf diese Weise gedachte

---

723 Vermerk: Kaumann über Besprechung mit AHK, 10.1.1951 (BA, B 102/108242).
724 Bericht über Tagung der AG IZH, 1.8.1950 (BA, B 102/19867).
725 Protokoll der 72. Kabinettssitzung, 9.6.1950, in: Enders/Reiser (Hrsg.), Kabinettsprotokolle, Bd. 2, S. 439-440.
726 Schreiben IHK Hamburg an TSI, 11.7.1950; Schreiben Hamburger Wirtschaftsbehörde an BMWi, 15.5.1950 (BA, B 102/19867). Schreiben Wirtschaftsminister Preller, Schleswig-Holstein, an Erhard, 13.6.1950 (BA, B 102/19867).
727 Schreiben AHK an Erhard, 11.9.1950. (BA, B 102/108243).
728 Protokoll Nr. 51 der Politbürositzung, 5.6.1951 (SAPMO-BA, DY 30/IV 2/2/151).

man, das zentrale Ausschreibungs- und Genehmigungsverfahren in Bonn zu unterlaufen, da in direkten Verhandlungen mit westdeutschen Produzenten bzw. Kunden die Bundesbehörden hätten marginalisiert werden können. Weiterhin rückte es die Forderung nach einem Handelsumsatz von 2 Mrd. VE in den Vordergrund,[729] angesichts der eigenen volkswirtschaftlichen Grenzen eine unrealistische, der deutschlandpolitischen Propaganda geschuldete Position. Die Warenausschreibung der Bundesregierung sollten en bloc erfolgen, da es nach den bisherigen Erfahrungen mit quartalsweisen Ausschreibungen zu Verzögerungen gekommen war, die Verwerfungen im Volkswirtschaftsplan implizierten.[730] Die Verhandlungen über das neue Abkommen verknüpfte die DDR mit weiteren Forderungen: die Freigabe von beschlagnahmtem Reichsbahnmaterial und Forschungsinstituten der Humboldt-Universität in West-Berlin, die Aufhebung der Zollkontrollen, die Abschaffung der Negativliste und Vorbehaltsliste sowie der Bezugsgenehmigungen.[731] Allerdings konnte sie sich in den meisten Punkten nicht durchsetzen.

Am 7. September 1950 trafen sich das MAI und die TSI erstmals zu Verhandlungen über ein neues Handelsabkommen. In einer ersten Phase bis Ende Mai 1951 gelangte man zu einer weitgehenden Annäherung der Standpunkte, so dass der Abschluss des Abkommens in greifbarer Nähe schien. Am 24. Mai 1951 wurden bereits die „Verkehrsvereinbarung zum Interzonenhandelsabkommen", welches die Direktive der AHK über das politisch umstrittene Junktim zwischen freiem Berlin-Verkehr und ungehindertem deutsch-deutschen Handel enthielt, von beiden Seiten paraphiert.[732] Damit schien ein schwieriges Hindernis aus dem Weg geräumt.

Aber die Hoffnungen auf eine rasche Unterzeichnung eines neuen Handelsabkommens sollten sich nicht erfüllen. Denn Anfang Mai 1951 hatte die SKK für Vorbehaltsgüter, die von West-Berlin ins Bundesgebiet transportiert wurden sollten, einen behördlich signierten Ursprungsnachweis gefordert. Das Zertifikat galt als Beleg dafür, dass die Güter tatsächlich in West-Berlin produziert und nicht aus der DDR illegal bezogen worden waren.[733] Mit dieser Anordnung reagierte die SKK auf die anhaltenden massiven Warenabflüsse aus der DDR. Zugleich bot sich der Ursprungsnachweis als ein fein zu dosierendes, für eine Politik der Nadelstiche geeignetes Druckmittel gegen West-Berlin und damit auch gegen die Bundesrepublik an.

In der Folgezeit stapelten sich beim West-Berliner Senat 8000 Warenbegleitscheine, gleichbedeutend mit Waren in den Lagern der Teilstadt im Wert von 60-70 Mio. DM. Rund 50.000 Arbeitsplätze waren durch diese Entwicklung gefähr-

---

729 Protokoll, 7.9.1950 (BA, DL 2, 1861, Bl. 207-211).
730 Ebda.
731 Vermerk von Orlopp, MAI, 25.6.1951 (BA, DL 2, 1862, Bl. 84).
732 Überblick über Verhandlungen IZH-Abkommen mit SBZ, 4.7.1951 (BA, B 102/108243).
733 Protokoll 154. Kabinettssitzung, 19.6.1951, in: Hüllbüsch (Bearb.), Kabinettsprotokolle Bd. 4, S. 454-455. Bericht des Berlinbeauftragten Vockel.

det, und namhafte West-Berliner Industrieunternehmen dachten über eine Verlegung ihrer Produktionsstätten ins Bundesgebiet nach.[734] Hier lag ein existentielles Problem, denn es war den Managern nicht zu verdenken, dass sie derartige Pläne ins Auge fassten, die letztlich die Lebensfähigkeit der Inselstadt bedrohte. Angesichts dieser Zuspitzung der Lage beugten sich die West-Berliner Behörden dem Druck der DDR und stellten die geforderten Ursprungsnachweise aus, was bei der Bevölkerung und der IHK Berlin auf positive Resonanz stieß.[735]

Da dies aber keine tragfähige und dauerhafte Lösung sein konnte, drängte Ernst Reuter darauf, mittels einer erneuten Luftbrücke kleineren Umfanges die Situation zu entspannen und West-Berlins Autonomie zu stärken.[736] Allerdings machten die Amerikaner deutlich, dass sie wegen des Koreakrieges nicht über die erforderlichen Lufttransportkapazitäten in Europa verfügten. Deshalb rieten sie, der anderen Seite „keine Brücken"[737] zu bauen und mit einem Totalembargo zu drohen. Die überlegene ökonomische Position und die mittlerweile effektive Unterbindung des illegalen Handels mache es wahrscheinlich, dass Ost-Berlin nachgeben werde. Zudem befinde sich der Westen im Recht, da der Ursprungsnachweis gegen das Jessup-Malik-Abkommen verstoße.[738]

In beiden Punkten sollten die Alliierten sich irren. Einmal wies die juristische Beurteilung gravierende Schwachpunkte auf. Denn die Grundlage für das Warenbegleitscheinsystem für Berlin bildete der Kontrollratsbeschluss vom 16. Januar 1946. Danach waren Warensendungen von der Transportzustimmung des jeweiligen Oberbefehlshabers abhängig, für das Gebiet Groß-Berlin übte der sowjetische diese Funktion aus.[739] Lässt man sich auf diese Argumentation ein, dann lag die Forderung nach einem Ursprungsnachweis tatsächlich im Ermessensspielraum der SKK. Aus diesem Grund lehnte die politische Führung der DDR Verhandlungen diesbezüglicher Fragen auf deutscher Ebene ab.[740] Hinsichtlich der ökonomischen Machtverhältnisse mussten die Westmächte bald einsehen, dass die postulierte Überlegenheit der Bundesrepublik a.) mit Blick auf West-Berlin wenig Gewicht hatte und b.) die DDR keineswegs in eine wirtschaftlich erpressbare Situation drängte.

In den folgenden Tagen und Wochen setzte beiderseits ein hektischer Aktionismus ein, der ein überzeugendes und klares Krisenmanagement vermissen ließ. Ausgangspunkt war die Anordnung der AHK an die West-Berliner Behörden, künftig keine Ursprungsnachweise mehr auszustellen; der TSI befahl sie, zugleich die Verhandlungen mit dem MAI abzubrechen. Es waren in erster Linie die Amerikaner, die mit diesem kompromisslosen Kurs die Sowjetunion zum

---

734 Vermerk, 28.5.1951 (BA, B 137/8211).
735 Protokoll eines Gespräches zwischen der AHK und der Bundesregierung, 19.7.1950 in: Adenauer und die Hohen Kommissare 1949-1951, S. 369-377.
736 Besprechungsvermerk, 28.5.1951 (BA, B 137/8211).
737 Vermerk, 28.5.1951 (BA, B 137/8211).
738 Ebda.
739 Vermerk Kaumann für Blücher, 9.8.1951 (PA/AA, B 10, 1780).
740 Arbeitsprotokoll ZK-Sekretariat, 28.5.1950 (SAPMO-BA, DY30/J IV2/3/A182, Bl. 15).

Nachgeben zwingen wollten, da sie andernfalls eine „schleichende Blockade"[741] West-Berlins befürchteten. Sie schienen damit auch erfolgreich zu sein, da seit dem 15. Juni 1951 die SKK wieder die Warenbegleitscheine für Vorbehaltsgüter unbeanstandet akzeptierte.[742] Doch drei Tage später verweigerte die sowjetische Behörde das Inkraftsetzen des Verkehrsprotokolls vom 24. Mai 1951 und stellte damit den Berlin-Verkehr als Ganzes in Frage.[743] Ursache hierfür war die Direktive der AHK über das Junktim zwischen Berlinverkehr und innerdeutschem Handel.[744] Zugleich kam es zu einem Briefwechsel zwischen dem West- und Ostberliner Stadtkommandanten über die Aufnahme von Expertenbesprechungen über den Berlin-Verkehr auf alliierter Ebene. Im Bemühen, die Verhandlungen auf eine deutsch-deutsche Ebene herunter zu transformieren, schlug die DDR am Ende Juni vor, die bereits paraphierte Verkehrsvereinbarung durch einen gesamtdeutschen Verkehrsausschuss aus Bevollmächtigten beider deutscher Regierungen zu ersetzen.[745] Diesen Vorschlag lehnte das Bundeskabinett aus Sorge vor einer Anerkennung der anderen Seite einhellig ab. Es plädierte für Gespräche im Rahmen des Kommunikationskanals TSI - MAI und wollte überdies die AHK eingeschaltet wissen.[746]

Überraschend wich die AHK von ihrem bisherigen harten Kurs ab und wies am 29. Juni 1950 die TSI an, ihre Verhandlungen mit dem MAI ohne Rücksicht auf die Verkehrsfrage fortzusetzen. Im BMGF stieß dieser nur schwer nachzuvollziehende Richtungswechsel auf Kritik: „Damit ist das sogenannte Junktim zwischen den Berlin in höchstem Maße interessierenden Verkehrsfragen und dem Interzonenabkommen fallen gelassen worden."[747] Immerhin beharrte die AHK darauf, das Junktim wenigstens durch eine mündliche Erklärung von Kaumann ins Protokoll zu geben.[748] Nachdem der Handelsvertrag von beiden Seiten am 6. Juli 1951 paraphiert worden war, stimmte das Politbüro am 10. Juli 1951 dem Vertragstext zu,[749] am 12. Juli erteilte der Ministerrat die Vollmacht zur Unterzeichnung[750]. Weil aber die westdeutsche Seite das Inkrafttreten des Berliner Abkommens hinauszögerte, erhöhte das Politbüro abermals den Druck auf die Inselstadt. Es ordnete an, ab dem 20. Juli 1951 wegen auslaufender Verträge kein Strom mehr nach West-Berlin zu liefern.[751]

---

741 So McCLoy an Acheson, 17.7.1951, zit. nach Fischer/Fischer, John McCloy, S. 91.
742 Bericht über die Geschichte des Interzonenhandels, 5.10.1961 (PA/AA, B 38, 37).
743 Schreiben des MAI an stv. MP Rau, 18.6.1951 (BA, DL 2, 1660, Bl. 33-34).
744 Bericht über die Geschichte des Interzonenhandels, 5.10.1961 (PA/AA, B 38, 37).
745 Vermerk, 27.6.1951 (BA, B 102/1082679. Kaumann vermutete in dem Positionswechsel Orlopps eine Anordnung von „ganz oben"; Besprechungsvermerk, 16.7.1951. Teilnehmer: Vockel, Kaumann, Thedieck, Kleine; vertraulich (BA, B 137/8211).
746 Protokoll der 156. Kabinettssitzung, 28.6.1951; in: Kabinettsprotokolle, Bd. 4, S. 492.
747 Vertrauliches Fernschreiben an Sts. Thedieck, BMGF, 30.6.1951 (BA, B 137/8211).
748 Situationsbericht: Abkommen über den Interzonenhandel, 8/1951 (B 137/16249)
749 Protokoll Politbürositzung, 10.7.1952 (SAPMO-BA, DY 30/J IV 2/2/156, Bl. 3).
750 Orlopp, Nation, S. 36.
751 Protokoll Nr. 57 der Politbürositzung, 17.7.1951 (SAPMO-BA, DY 30/IV 2/2/157, Bl. 191). Die Maßnahme dauerte bis zum 7.8.1950; Berlin, Ringen, S. 708 u. 744.

Abb. 3: Monatliche Lieferungen/Bezüge der Bundesrepublik, 1951[752]

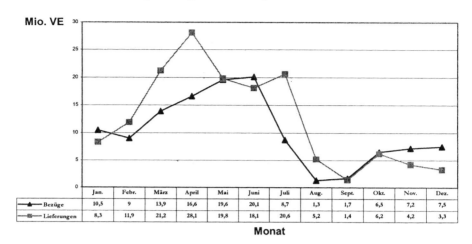

Der Grund für die Verzögerung lag in der neuerlich vorgebrachten Forderung der AHK, nach der eine Wiederherstellung des Status vom 11. Mai 1951 unerlässlich sei, d. h. kein Ursprungsnachweis und freier Berlinverkehr. Dies entspreche im übrigen auch dem Wunsch der West-Berliner Wirtschaft. Das solchermaßen umrissene Junktim sollte Kaumann per Briefwechsel mit Orlopp rechtskräftig werden lassen.[753] Orlopp bezeichnete die Annahme des Briefes, der gemeinsam mit dem Berliner Abkommen unterzeichnet werden sollte, als nicht akzeptabel.[754] Washington wollte die Sowjetunion in der Frage des Berlinverkehrs jedoch unbedingt zum Nachgeben zwingen und so gingen beide Unterhändler unverrichteter Dinge wieder auseinander. In der Folge lief das seit Februar 1951 geltende Vorgriffsabkommen am 2. August 1951 aus, und tags darauf richteten die Amerikaner die sogenannte „kleine Luftbrücke" ein.

Der innerdeutsche Handel verzeichnete im Zuge der Querelen zwischen Juni und August 1951 einen tiefen Einbruch von - 83 %. Ostdeutsche Braunkohlelieferungen sanken von 73.000 t (= 2 Mio. VE) im Juni auf 34.713 t (= 0,8 Mio. VE) im Juli (= - 60 %), westdeutsche Eisen- und Stahllieferungen von 3591 t (= 1,7 Mio. VE) im Juni auf 1253 t (= 0,7 Mio. VE) im Juli 1951 (= - 58,8 %).[755] In einer Besprechung am 4. August 1951 erörterten Vertreter der AHK und des Bundeswirtschaftsministeriums die Möglichkeiten einer erneuten Luftbrücke für West-Berlin sowie einen Lieferstop im deutsch-deutschen Handel. Gegen letzte-

---

752 Statistisches Bundesamt (Hrsg.), Statistisches Berichte/V/30/Warenverkehr 1951, S. 3; Angaben ohne West-Berlin.
753 Vermerk von Kroll, BMWi, 28.7.1951 (BA, B 102/108243).
754 Protokoll über Verhandlung zwischen MAI und TSI, 13.8.1951 (BA, D L2, 1862, 72-73).
755 Statistisches Bundesamt, Statistische Berichte, Arb.Nr. V / 1/ 38a, Berichtsmonat Juli 1951, S. 4-5. Die Werte für den Monat August fehlen.

ren wandte das BMWi ein, dass jede weitere Verschärfung der Lage vermieden werden müsse. Schließlich einigte man sich auf einen Briefwechsel zwischen Kaumann und Orlopp.[756] Im BMWi sah man diese Entwicklung sehr skeptisch, da die negativen ökonomischen Auswirkungen auf West-Berlin und das Bundesgebiet nur schwer abzuschätzen seien. Die Zulieferung von Grund- und Halbstoffen, deren Ersatz aus dem Ausland nur mit großem Zeitverlust möglich bzw. bei derzeitiger Weltmarktlage zweifelhaft ist, würden zu Exporteinbußen führen. Des weiteren seien die Absatzmöglichkeiten wichtiger Wirtschaftszweige betroffen, z. B. der Fischereierzeugnisse, die mit 40,2 Mio. VE den größten Posten im Juli 1951 bildete.[757] Überdies müsse man mit Regressansprüche von Unternehmen an den Bund wegen der Nichterfüllung gültiger Verträge rechnen.[758]

Auf bundesdeutscher Seite wehrte man sich jetzt aber entschieden gegen die unberechenbare amerikanische Politik. Adenauer führte ein klärendes Gespräch mit McCloy, um die angespannte Situation zu entschärfen.[759] Auch Erhard plädierte in mehreren Besprechungen auf dem Petersberg nachdrücklich für das Inkrafttreten des Handelsabkommens. Die politischen und psychologischen Auswirkungen einer Einstellung des innerdeutschen Handels auf die Bevölkerung der DDR wären verheerend; die ostdeutsche Propaganda würde mit Erfolg verkünden, dass Westdeutschland den Osten und die Einheit abgeschrieben habe.[760] Auf der anderen Seite bedeute eine Unterbindung des innerdeutschen Warenverkehrs eine Diskriminierung der westdeutschen Wirtschaft gegenüber der Konkurrenz anderer europäischer Staaten. Eine Blockade müsse wegen der Substitution durch andere westeuropäische Lieferungen wirkungslos bleiben.[761]

Im Einvernehmen mit der SKK versuchte das MAI, über den Hebel West-Berlin noch im laufenden Jahr zu einem Vertragsabschluss zu gelangen. Nur in Ausnahmefällen, die vom MAI in Absprache mit Rau zu genehmigen waren, sollten Massengüter, sprich Braunkohlebriketts, in die Inselstadt geliefert werden.[762] Erneut forcierte die DDR die Situation, als sie zum 1. September 1951 eine Straßenbenutzungsgebühr für westdeutsche und -berliner Pkw bzw. Lkw einführte.[763] Fortan waren für PKW acht DM-West und für Schwerlastkraftwagen bis zu 50 DM-West pro Fahrt zu entrichten. Neben dem finanziellen Vorteil etablierte man hiermit ein weiteres Instrument, um Druck auf die Bundesregierung sehr variabel und fein dosiert ausüben zu können. Etwaigen Proteste konn-

---

756 Besprechungsvermerk, 4.8.1951 (BA, B 102/108243).
757 Statistisches Bundesamt (Hrsg.), Statistische Berichte, Arb.Nr. V/30/1, August, S. 5.
758 Vermerk Kaumann für Blücher, 9.8.1951 (PA/AA, B 10, 1780).
759 Lenz, Tagebuch, S. 116.
760 Vermerk Kaumann für Blücher, 9.8.1951 (PA/AA, B 10, 1780).
761 Ebda.
762 Schreiben von Orlopp an Grischajew, SKK, 10.8.1951 (BA, DL 2, 1863, Bl. 13). Die Vorschrift fand ab dem 13.8.1951 Anwendung.
763 GBl. der DDR, Nr. 115, 27.9.1951, S. 865.

ten leicht mit dem Hinweis begegnet werden, dass Bonn selbst über die Einführung einer Autobahngebühr nachdenke.[764]

Die Reaktionsmöglichkeiten des Westens hierauf waren begrenzt. Da die Gebühr keine Blockade des Berlinverkehrs darstellte, erschien eine neuerliche Luftbrücke als nicht verhältnismäßig. Demnach blieb der AHK nichts anderes übrig, als die Straßenbenutzungsgebühr in dieser Höhe als „diskriminierend" zu brandmarken.[765] Letztlich war die Bundesregierung bereit, im Falle einer Reduktion der Gebührenhöhe auf ein wirtschaftlich gerechtfertigtes Maß das unterzeichnungsreife Handelsabkommen in Kraft zu setzen.[766] Gemeinsam mit der DDR fand sie den Kompromiss, dass jene die Gebühr um 50 % senkte und im Gegenzug Sonderkontingente an Eisen und Stahl für Brückenbauten auf den Transitstrecken geliefert wurden.[767]

In einem letzten Gespräch vor dem Inkrafttreten des Berliner Abkommens betonte Vockel gegenüber den alliierten Gesprächspartnern noch einmal die große Bedeutung der ostdeutschen Braunkohlebrikettlieferungen. Deren Ausfall könnte unter keinen Umständen durch bundesdeutsche Lieferungen kompensiert werden. Weiterhin bestünde erhebliches Bezugsinteresse bei Treibstoffen, Gruben-, Rund- und Schnittholz, Zucker sowie anderen Erzeugnissen der Ernährungswirtschaft. Wichtig sei bei diesen Posten, dass die DDR sofort lieferfähig sei. Im Gegenzug müsste sich die Bundesregierung zu Kompromissen bei Eisen- und Stahllieferungen bereit erklären: „Damit bekämen wir die Steuerung des Verkehrs mit wichtigen Waren in unsere Hand, ein handelspolitisches Risiko sei mit der Unterzeichnung des Abkommens nicht verbunden."[768] Demgegenüber unterstrich der AHK-Vertreter Ward erneut seine Auffassung, nach der das Abkommen erst zu unterzeichnen sei, wenn die Forderung nach dem Ursprungsnachweis von der SKK offiziell aufgegeben würde. Auch der Kompromissvorschlag des West-Berliner Senats, den Ursprungsnachweis gemeinsam mit den Sowjets zu führen, böte der anderen Seite ein beliebiges Veto-Recht. General Hays sah prinzipiell die Positionen der AHK und der Bundesregierung nicht weit auseinander: „Er sei nur der Ansicht, dass jede Weigerung der Ostseite, den Stempel auf den Warenbegleitscheinen zu erteilen, als ein Beweis dafür anzusehen sei, dass man dort nicht mit gutem Glauben an die Dinge gehe." Westrick vertrat die Auffassung, dass man die Frage zunächst offen lassen solle: „Selbstverständlich werde die Bundesregierung die Frage, ob die Ostseite noch guten Willens sei, stets im Einvernehmen mit den Hohen Kommissaren entscheiden." Der Franzose Bernard schlug als Kompromiss vor, dass eine gemeinsame Überprüfung zweifelhafter Fälle durch die alliierte Transitstelle und die TSI erfolgen sollte. Wenn sich dabei herausstelle, dass es sich um legale Bezüge handle, und

---

764 Protokoll 173. Kabinettssitzung, 14.9.1951, in: Hüllbüsch/Trumpp (Bearb.), Kabinettsprotokolle, Bd. 4, S. 643-646, hier S. 643-644.
765 Fischer/Fischer, John McCloy, S. 75.
766 Protokoll der Verhandlung zwischen TSI und MAI, 7.9.1951 (BA, B 102/108142).
767 Protokoll, 14.9.1951, in: Hüllbüsch/Trumpp (Bearb.), Kabinettsprotokolle, Bd. 4, S. 646.
768 Gesprächsprotokoll, 18.9.1951 (BA, B 102/108243).

die SKK trotzdem einen besonderen Ursprungsnachweis verlange, so müsse dieses Verhalten in jedem Fall zum Anlass genommen werden, den Vertrag als suspendiert zu bezeichnen. Westrick stimmte dem Vorschlag zu. So hielt man abschließend fest, dass Adenauer die Hohen Kommissare von der Unterzeichnung des Berliner Abkommens sowie über die Bedingungen hinsichtlich des Berlin-Verkehrs offiziell unterrichten solle.[769]

Am 20. September 1951, nach über 130 Verhandlungsrunden, wurde das „Abkommen über den Handel zwischen den Währungsgebieten der Deutschen Mark (DM-West) und den Währungsgebieten der Deutschen Mark der Deutschen Notenbank (DM-Ost)"[770] einschließlich des Kohlenabkommens und eines Stromaustauschabkommens[771] unterzeichnet.

4.3.2. Ein dauerhafter Rahmen: das Berliner Abkommen

Konzeptionell basierte das Berliner Abkommen in wesentlichen Punkten auf dem Frankfurter Abkommen. Dessen Grundmerkmale, bilaterales Clearing, Unterkonten für einzelne Warenkategorien und das Verrechnungseinheitensystem, wurden übernommen, ebenso die Anti-Dumping- und Berlin-Klausel. Die gegenseitigen Energielieferungen wurden aufgerechnet und die entsprechenden Salden über die Verrechnungskonten ausgeglichen. Gegenseitigkeits- und Kompensationsgeschäfte waren nicht gestattet. Als politisch bedeutsamste Entscheidung ist die Beibehaltung der Signatarformel zu werten. Dadurch vermochte Bonn eine formale Anerkennung der DDR vermeiden und zugleich der Einheit zwischen dem Bundesgebiet und West-Berlin Ausdruck verleihen.

Gegenüber dem Frankfurter Abkommen wies das neue Unterkontensystem einige Modifikationen auf. Über Unterkonto 1 wurde der Handel mit den wichtigsten Massengütern abgewickelt. Hierzu zählten bei DDR-Lieferungen z. B. Zucker, Getreide, Grubenholz, Kraftstoffe und NE-Metalle, bei Lieferungen der Bundesrepublik Hopfen, Roheisen, Walzwerk- und Gießereierzeugnisse. Unterkonto 2 betraf alle übrigen, die sogenannten „weichen Waren", Unterkonto 3 war den Dienstleistungen und Unterkonto 4 den Kohlelieferungen vorbehalten. Bei einem anvisierten Gesamthandelsvolumen von 564 Mio. VE für das Jahr

---

769 Ebda.
770 BAnz. Nr. 186, 26.9.1951, S. 3-5: „Abkommen über den Handel zwischen den Währungsgebieten der Deutschen Mark (DM-West) und den Währungsgebieten der Deutschen Mark der Deutschen Notenbank (DM-Ost) (Berliner Abkommen) vom 20. September 1951". Irreführende Angaben zu den Bestimmungen des Abkommens bei Lemke, Einheit, S. 178-179. Weder gingen die Warenbegleitscheine auf sowjetischen Wunsch zurück, noch forderte die UdSSR für Waren aus der Bundesrepublik einen Ursprungsnachweis.
771 Orlopp über „Der Innerdeutsche Handel seit 1945 bis zum 30.6.1955. Nach vorhandenen Unterlagen zusammengestellt und zum Teil rekonstruiert", 15.7.1955 (SAPMO-BA, DY 30/IV 2/6.10/199, Bl. 33-34). Die Stromverbünde umfassten West- und Ost-Berlin sowie Lieferungen von Hamburg nach Mecklenburg.

1952 belief sich der vereinbarte Swing für Unterkonto 1 und 4 auf zusammen 10 Mio. VE, für Konto 2 und 3 auf zusammen 20 Mio. VE.

Im Gegensatz zur Vorläuferregelung wies das Berliner Abkommen als Rahmenabkommen keine Befristung auf und konnte mit vierteljährlicher Frist jeweils zum Jahresende gekündigt werden. Somit musste nicht mehr der gesamte Komplex aufs Neue verhandelt, sondern es waren lediglich die Warenlisten den aktuellen Bedürfnissen anzupassen. Wie schon das Frankfurter stellte auch das Berliner Abkommen keinen ratifizierungsfähigen Handelsvertrag, sondern ein „Quasi-Verwaltungsabkommen"[772] dar. Das Berliner Abkommen erwies sich über nahezu vierzig Jahre hinweg als belastbar, dauerhaft und funktionstüchtig.

---

772 Kleindienst, Abwicklung, S. 62.

5. Im Vorfeld des 17. Juni 1953

5.1. Die Suspendierung des Berliner Abkommens

Die Chancen, dass nach dem Inkrafttreten des Berliner Abkommens am 20. September 1951 der deutsch-deutsche Handel in ruhiges Fahrwasser gelangen und expandieren würde, standen nicht schlecht. So hatte sich die erste Aufregung über die militärische Auseinandersetzung auf der koreanischen Halbinsel mittlerweile gelegt und die Gefahr einer unkontrollierten Eskalation des Ost-West-Konflikts schien gebannt. Auch im Streit um die Behinderungen des Berlinverkehrs glaubte man eine gewisse Entspannung zu erkennen. Daher bemühten sich selbst die skeptischen Amerikaner, Handelshemmnisse zwischen beiden deutschen Staaten aus dem Weg zu räumen. So übten sie Druck auf die Franzosen aus, damit diese eine bislang blockierte bundesdeutsche Superphosphatlieferung algerischen Ursprungs für die DDR frei gaben.[773] Paris hatte aufgrund des bundesdeutschen Handelsdefizits Düngemittelkontingente zurückgehalten, die für die DDR bestimmt waren, um dort die dringend erforderlichen Ertragssteigerungen im Agrarbereich zu befördern.[774]

Doch trotz günstiger Rahmenbedingungen verschlechterte sich das handelspolitische Klima zwischen Bonn und Ost-Berlin binnen Monatsfrist. Am 31. Oktober 1951 unterbrach die Bundesregierung die Verhandlungen auf unbestimmte Zeit und verhängte zum 1. Januar 1952 einen Lieferstop für die Warenlisten des Berliner Abkommens.[775] In der Folge sank das Handelsvolumen von 10,8 Mio. VE im Dezember 1951 auf 5,0 Mio. VE (- 53,7 %) im Januar 1952. Lediglich die Abwicklung von Restaufträgen und Kompensationsgeschäften verhinderte eine vollständige Unterbrechung des innerdeutschen Warenverkehrs, der seinen Tiefststand im Februar 1952 mit 2,8 Mio. VE erreichte. Das BMWi reagierte mit der Suspendierung des Berliner Abkommens auf eine ganze Reihe gegen den Berlinverkehr gerichteter Maßnahmen. Dabei handelte es keineswegs aus eigenem Antrieb, vielmehr ging die Initiative von der AHK aus.[776] Eine von ihr zusammengestellte Beschwerdenliste benannte:

---

[773] Vermerk: Besprechung zwischen TSI und AHK, 28.9.1951 (BA, B 102/108243).

[774] Zur wirtschaftlichen Bedeutung Protokoll Nr. 144 der Sitzung des ZK-Sekretariats der SED, 3.3.1952 (SAPMO-BA, DY 30/J IV 2/3/273, Bl. 2-4).

[775] Protokoll Verhandlung TSI und MAI, 30.10.1950 (BA, DL 2, 1359, Bl. 440-443); des weiteren „Übersicht über die Situation im Innerdeutschen Handel", 19.2.1952 (BA, DL 2, 1359, Bl. 409-410). In der Literatur kursieren hierzu irreführende Angaben. Heyl gibt den 31.10.1951 als Beginn des Lieferstopps an, Prowe den 30.11.1951; Heyl, Handel, S. 277, Prowe, Diethelm: Weltstadt in Krisen. Berlin 1949-1958. Berlin, 1973, S. 86.

[776] Heyls Auffassung, das BWMi sei die treibende Kraft bei den Handelssanktionen gewesen, findet in den Quellen keine Bestätigung; Heyl, Handel, S. 81.

➢ Die seit längerem zu beobachtende schleppende Erteilung von Warenbegleitscheinen für Lieferungen aus West-Berlin ins Bundesgebiet durch die SKK. Nach Informationen der AHK wurden nur 25 % der beantragten Warenbegleitscheine von der SKK bewilligt, was eine Existenzgefährdung für die betroffenen Unternehmen darstellte.[777]
➢ Die Beibehaltung der am 1. September 1951 eingeführten Straßenbenutzungsgebühr für bundesdeutsche bzw. West-Berliner Kraftfahrzeuge auf den Transitstrecken.
➢ Die unzureichende Versorgung West-Berlins und des Zonenrandgebiets mit ostdeutschen Braunkohlebriketts.
➢ Behinderungen im innerdeutschen Paketverkehr.
➢ Beschlagnahmungen von Lastkähnen.
➢ Die schleppende Reparatur der Wasserschleuse Rothensee bei Magdeburg an der Elbe, die für die Binnenschifffahrtsverbindung nach West-Berlin unerlässlich war. Rund 80 % der Steinkohlentransporte aus dem Ruhrgebiet erreichten die Inselstadt durch jenes verkehrstechnische Nadelöhr.[778]

Abb. 4: Monatliche Lieferungen/Bezüge der Bundesrepublik, 10/1951 - 10/1952[779]

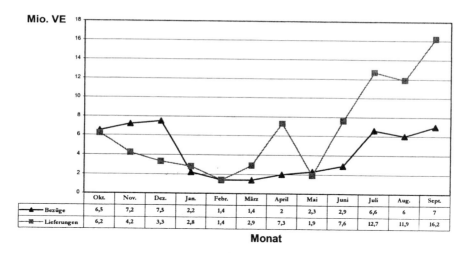

Aufgrund dieser Monita drängte die AHK den Bundeswirtschaftsminister, ökonomische Sanktionen gegen die DDR zu erlassen. Konkret schlug sie die Beschlagnahmung von DDR-Gebäuden in West-Berlin, die Sperrung der Wasserwege innerhalb West-Berlins für die ostdeutsche Schifffahrt und schließlich – als ultima ratio – die Verhängung eines Totalembargos vor.[780] Da die Hohen Kom-

---

777 Vermerk über Besprechung zwischen TSI und AHK, 28.9.1951 (BA, B 102/108243).
778 Vermerk: Besprechung zwischen AHK und Erhard, 24.10.1951 (BA, B 102/108243).
779 Statistisches Bundesamt (Hrsg.), Statistisches Berichte/V/30/, Warenverkehr, 1953
780 Ebda.

missare Erhards Abneigung gegen eine restriktive Handelspolitik kannten, drohten sie für den Fall, dass er untätig bleiben würde, unverhohlen mit der Einstellung der kleinen Luftbrücke nach West-Berlin. Diese transportierte immerhin Vorbehaltsgüter im Wert von ca. 70 Mio. DM pro Monat, so dass sich unschwer wirtschaftliche Schwierigkeiten für die isolierte Teilstadt und finanzielle Belastungen für den Bundesetat antizipieren ließen.[781] Doch der Bundeswirtschaftsminister zeigte sich von der amerikanischen Beschwerdeliste unbeeindruckt. Prinzipiell hielt er die Einführung einer Straßenbenutzungsgebühr durch die Behörden der DDR für legitim. Die Lage auf dem Braunkohlesektor wollte Erhard erst noch einige Wochen beobachten, ehe er über mögliche Sanktionen entschied, und beim innerdeutschen Paketverkehr glaubte er, eine Entspannung der Situation wahrzunehmen. Nach seiner Auffassung kam daher ein Totalembargo derzeit überhaupt nicht in Frage, bestenfalls war er bereit, über ein Teilembargo bei Maschinenbaulieferungen nachzudenken.[782]

Verärgert über die Uneinsichtigkeit des Ministers holten die Hohen Kommissare zu einer handelspolitischen Fundamentalkritik aus. Sie äußerten heftige Vorwürfe über die nachgiebige Haltung Erhards bei Eisen- und Stahllieferungen in die DDR und hielten seine optimistische Einschätzung der Wirtschaftsbeziehungen zum anderen Teil Deutschlands für naiv und gefährlich. Nach ihrer Auffassung stellten die Meinungsverschiedenheiten selbst die bereits erfolgte Übertragung handelspolitischer Kompetenzen von der AHK auf die Bundesregierung erneut in Frage.[783] Ein solcher Schritt hätte freilich den generellen politischen Emanzipationsprozess Westdeutschlands in einem sehr wichtigen Punkt blockiert und sicherlich die laufenden Verhandlungen über den Deutschlandvertrag belastet. Gerade auch mit Blick auf den am 1. Oktober 1951 erfolgten Beitritt der Bundesrepublik zum General Agreement on Tariffs and Trade (GATT) war zu befürchten, dass sich die weitere Integration der Bundesrepublik als vollwertiges Mitglied in die westliche Staatengemeinschaft verzögern würde. Daher nahm der ansonsten verbindliche Bundeswirtschaftsminister eine kompromisslose Haltung ein, als er betonte, dass aus Gründen der Staatsräson und der wirtschaftlichen Eigeninteressen die deutsch-deutschen Wirtschaftsverhandlungen unter allen Umständen in der politischen Verantwortlichkeit der Bundesregierung verbleiben müssten.[784] Allerdings zeigte sich rasch, dass Erhard mit seiner Zurückweisung von Handelsrestriktionen den Bogen überspannt hatte. Nur einen Tag nach dem kontroversen Gespräch verständigte sich nämlich die AHK mit dem Bundeskanzler auf eine vorläufige Suspendierung des Berliner Abkommens.[785] Adenauer war gemeinsam mit seinem Berlinbeauftragten Heinrich Vockel und dem Regierenden Bürgermeister West-Berlins, Ernst Reuter, zu der Auffassung gelangt, dass angesichts der kritischen Lage im Berlinverkehr das

---

781 Ebda.
782 Ebda.
783 Ebda.
784 Ebda.
785 Schreiben Kroll, BMWi, an Blankenhorn, BKA, 25.10.1951 (PA/AA, B 10, 1780).

alliierte Engagement nicht aufs Spiel gesetzt werden dürfte. Insbesondere zur kleinen Luftbrücke sahen sie keine Alternative und waren daher auch bereit, der alliierten Forderung nach Handelssanktionen zu entsprechen.[786]

Infolgedessen musste Erhard über TSI-Leiter Kaumann der ostdeutschen Seite am 30. Oktober 1951 eine Verhandlungsunterbrechung auf unbestimmte Zeit mitteilen lassen.[787] Doch noch widersetzte er sich der Forderung Adenauers und der Hohen Kommissare, als zweiten Schritt die Unterbrechung des innerdeutschen Warenflusses anzuordnen.[788] Vielmehr wies er die BSW an, bis Ende Dezember 1951 weitere Warenbegleitscheine auszustellen.[789] Seine Entscheidung begründete der Bundeswirtschaftsminister mit der „großen Zahl"[790] westdeutscher Unternehmen, die im Falle einer innerdeutschen Handelsunterbrechung in ihrer Existenz bedroht seien. In einigen Gebieten der Bundesrepublik würde dies „sehr ernste wirtschaftliche Schwierigkeiten"[791] nach sich ziehen, die in ihrer Folgewirkung zu „innerpolitischen Beunruhigungen Anlass geben."[792] Vermutlich hatte Erhard dabei u. a. eine Mahnung des bayerischen Wirtschaftsministers Hanns Seidel im Blick, der aufgrund ausbleibender DDR-Rohstofflieferungen den Verlust von rund 50.000 Arbeitsplätzen in der oberfränkischen Keramik-, Steine- und Erdenindustrie befürchtete.[793] Solche negativen Auswirkungen auf den Arbeitsmarkt waren auch in anderen Krisenregionen nahe der Demarkationslinie zu erwarten. Angesichts von 1,4 Mio. registrierten Arbeitssuchenden und vor dem Hintergrund der im IV. Quartal 1951 sprunghaft von 7,7 % (III. Quartal 1953) auf 10,2 % angestiegenen Arbeitslosenquote[794] präferierte Erhard in einer Güterabwägung diejenige Maßnahme, welche die politisch-ökonomische Stabilität im Bundesgebiet förderte und nahm eher eine potentielle Gefährdung der wirtschaftlichen Entwicklung West-Berlins in Kauf.

Indes, seine Entscheidung fand bei der AHK keine Zustimmung. Vor allem der amerikanische Vertreter beharrte, nicht zuletzt mit Blick auf die von Senator McCarthy geprägte öffentliche Meinung in den USA, auf einem konsequenten Handelsabbruch.[795] Immerhin gelang es Adenauer, bei McCloy folgenden Kompromiss zu erwirken: Nunmehr sah ein abgestufter Sanktionsplan für den Fall anhaltender Behinderungen im Berlinverkehr vor, dass die Lieferung von wichtigen Produkten der Eisen-, Stahl-, Maschinenbau- und Chemiebranche in die DDR ab dem 12. November 1951 eingestellt werden sollte. Zugleich sicherte

---

786   Gotto/Kleinmann/Schreiner (Bearb.), Zentrum, S. 160. Reuter war sich der Zustimmung des Berliner Senats und der SPD-Fraktion sicher; Schmidt, Krieg, S. 139.
787   Übersicht Innerdeutscher Handel", 19.2.1952 (BA, DL2, 1359, Bl.409-410).
788   Gotto/Kleinmann/Schreiner (Bearb.), Zentrum, S. 146.
789   Übersicht Innerdeutscher Handel, 19.2.1952 (BA, DL 2, 1359, Bl. 409-410).
790   Schreiben Erhard an AHK, 22.12.1952; vertraulich (BA, B 102/108268).
791   Ebda.
792   Ebda.
793   Telegramm: bayer. Wirtschaftsminister Seidel an Erhard, 8.11.1951 (BA, B 102/5599).
794   Statistisches Bundesamt (Hrsg.), Statistisches Jahrbuch, 1954.
795   Gotto/Kleinmann/Schreiner (Bearb.), Zentrum, S. 167.

McCloy die Prüfung einer erweiterten Luftbrücke nach West-Berlin zu,[796] um bei einer erneuten Berlin-Blockade gerüstet zu sein.

Angesichts der handelspolitischen Eskalation suchte Hans Kroll, Leiter der Gruppe West-Ost-Handel im BMWi, den direkten Kontakt nach Ost-Berlin, um dort mit einem hochrangigen politischen Vertreter einen Ausweg zu sondieren. Vor dem Hintergrund des Kabinettsbeschlusses, keine Konsultationen auf Regierungsebene mit „Pankow" aufzunehmen, erwies sich Krolls Initiative als politisch brisant. Die Quellen geben keine Auskunft darüber, ob er im Auftrag Erhards oder auf eigene Verantwortung handelte.[797] Für letzteres spricht das Temperament und die politische Dynamik Hans Krolls, der als eine der „farbigsten Persönlichkeiten"[798] unter den politischen Beamten Bonns galt. Allerdings ist durch die Aktenvermerke belegt, dass Erhard zumindest im Nachhinein über dessen Ostkontakte informiert war.

Erstmals traf Kroll am 16. November 1951 mit Willi Stoph zusammen, zu jener Zeit Vorsitzender des Wirtschaftsausschusses der Volkskammer sowie Leiter des Büros für Wirtschaftsfragen beim Ministerpräsidenten.[799] Bei diesem Treffen signalisierte Stoph, dass Ulbricht entgegen offizieller Verlautbarungen sehr wohl bereit sei, im Rahmen der deutsch-deutschen Handelsgespräche das Problem des Berlinverkehrs auf die Tagesordnung zu setzen.[800] Bislang hatte die DDR alle diesbezüglichen Fragen in den Kompetenzbereich der Siegermächte verwiesen. Nach Einschätzung Krolls erkannte Ulbricht – übrigens mit Rückendeckung der SKK – damit das umstrittene Junktim zwischen innerdeutschem Handel und Berlinverkehr de facto an.[801] Der überraschende Kurswechsel Ulbrichts bedeutete aber keineswegs ein Zugeständnis an die westliche Position. Vielmehr war er taktisch motiviert und stand im Einklang mit der sowjetischen Deutschlandpolitik, welche die für das Frühjahr 1952 anberaumte Unterzeichnung des Deutschland- und vor allem des EVG-Vertrages zu verhindern trachtete. Denn die dadurch bekräftigte politische, militärische und ökonomische Westintegration der Bundesrepublik würde die Machtverhältnisse in Europa deutlich zu Ungunsten der UdSSR festschreiben. Eine Verhandlung des Berlinverkehrs auf deutsch-deutscher Ebene, so das Kalkül, sollte demnach die AHK ausgrenzen und einen Keil zwischen die Bundesregierung und die Westmächte treiben.

---

796 Vermerk: Besprechung zwischen Adenauer und McCloy, 7.11.1951 (BA, B 102/198268); Schreiben McCloy an Adenauer, 8.11.1951 (PA/AA, B 10/1785); Vermerk: Gespräch zwischen AHK und BMWi, 12.11.1952 (BA, 102/108243).
797 In seinen ansonsten detaillierten Memoiren schweigt sich Kroll über die Gespräche mit Stoph aus; Kroll, Hans: Lebenserinnerungen eines Botschafters. Köln, Berlin 1964.
798 Besson, Waldemar: Die Außenpolitik der Bundesrepublik Deutschland. Erfahrungen und Maßstäbe. Frankfurt a. M. 1973, S. 290.
799 Vermerke Kroll, 16./22.11.1951 (BA, B 102/108268).
800 Vermerk Kroll, BMWi, über Besprechung mit Stoph, 17.11.1951 (BA, B 102/435430).
801 Vermerk Kroll, BMWi, 17.11.1951; streng geheim (BA, B 102/435430).

Genau dieser Gedankengang veranlasste Hans Kroll seinerseits, nicht auf das ostdeutsche Gesprächsangebot einzugehen.[802] Denn angesichts der bestehenden Spannungen zwischen dem Bundeswirtschaftsminister und der AHK wäre auf dem Petersberg unweigerlich der Eindruck entstanden, die Bundesregierung suche den Ausgleich mit Ost-Berlin auf breiter Basis und nehme dabei die deutschlandpolitische Marginalisierung oder gar Ausgrenzung der Westmächte in Kauf. Das „Gespenst von Rapallo"[803] hätte angesichts einer solchen „Schaukelpolitik"[804] Urstände gefeiert. Sobald die SKK zu der Überzeugung gelangt war, dass ihre Taktik nicht aufging, ordnete sie den Abbruch der Geheimverhandlungen an.[805] Infolgedessen bemerkte Stoph Anfang Dezember 1951 gegenüber Kroll, seiner Auffassung nach sei „der psychologische Moment für ein allgemeineres Übereinkommen, wie es in den internen Besprechungen mit mir in Aussicht genommen und in den Grundzügen bereits festgelegt war, verpasst worden."[806] Offenkundig hatte man sich in Ost-Berlin vorgestellt, einen Vertrag auf Ministeriumsebene abzuschließen, der mehrere sogenannte technische Fragen zwischen beiden deutschen Staaten regeln sollte. Letztlich blieben die Bemühungen der beiden Unterhändler ohne Erfolg; sie konnten die Unterbrechung des deutsch-deutschen Warenverkehrs zum 1. Januar 1952 nicht verhindern.[807] Der Grund ihres Scheiterns lag in der deutschlandpolitischen Überfrachtung der Handelsbeziehungen, die sich für die Durchsetzung von solch wichtigen politischen Interessen als nicht hinreichend operationalisierbar erwiesen haben.

Sowohl die west- als auch die ostdeutsche Volkswirtschaft sahen sich durch die Handelsunterbrechung vor erhebliche Probleme gestellt. Auf bundesdeutscher Seite ergaben sich Schwierigkeiten vor allem in der Chemieindustrie, die immer noch auf Lieferungen von Grundprodukten aus der DDR angewiesen war. Weiterhin wurde der Bezug hochwertiger optischer Geräte des VEB Carl Zeiss Jena im Wert von immerhin 3,5 Mio. VE schmerzlich vermisst. Ausbleibende Lieferungen von Konto-, Buchungs-, Fakturierungs- und Papierverarbeitungsmaschinen sorgten ebenfalls für Schwierigkeiten.[808] Weitaus gravierender als diese Versorgungsengpässe bewerteten sowohl die Bundesregierung als auch westdeutsche Wirtschaftsverbände den wachsenden Marktanteil der westeuropäischen Konkurrenz in der DDR.[809] Entgegen ihrer ursprünglichen Zusagen hat-

---

802 Vermerk Kroll, BMWi, 26.11.1951; streng geheim (BA, B 102/435430).
803 So Konrad Adenauer, zit. nach Haftendorn, Adenauer, S. 92-93.
804 Ebda.
805 Schreiben der SKK an Freund, MAI, 4.12.1952 (BA, DL 2, 1325, Bl. 253).
806 Vermerk Kroll, 19.12.1951 (BA, B 102/435430). Bereits am 1.12.1952 hatten Vertreter des MAI westdeutschen Gesprächspartnern diese Entscheidung mitgeteilt; Aktennotiz über die Sitzung über das Berliner Abkommen, 1.12.1951 (BA, DL 2, 1359, Bl. 428-429).
807 Aktennotiz, 1.12.1951 (BA, DL 2, 1359, Bl. 428-429).
808 Vermerk über unbedingt notwendigen Warenaustausch mit der DDR, 10.1.1952 (BA, B 137/8211). Andere stark nachgefragte Güter aus der DDR wie Nähmaschinen,zubehör, Ersatzteile, Teppiche, Textilien und Papierwaren waren leicht zu substituieren.
809 Vermerk Kroll, 3.11.1952 (BA, B 136/7834); Vermerk Zahn-Stranik, 27.8.1952 (BA, B 102/7196); Schreiben Posadowsky an von Maltzan, 19.5.1952 (BA, B 102/7196).

ten diese den Handel mit Ostdeutschland zwischenzeitlich keineswegs zurückgefahren. Vielmehr nutzte sie die Absenz der westdeutschen Hersteller, um die eigene Marktposition jenseits der Elbe „ganz außerordentlich"[810] zu stärken. So stieg der Anteil des DDR-Außenhandels mit den westlichen Staaten 1952 um 126,5 % gegenüber dem Vorjahr und nahm damit einen Anteil von 19,7 % am Gesamtaußenhandel der DDR ein (1951: 17,8 %). Im Gegensatz dazu stagnierte der innerdeutsche Handel und verlor mit 5,2 % Anteil am Gesamtaußenhandel Marktanteile (1951: 5,9 %).[811]

Die ökonomische Zweckrationalität der westeuropäischen Unternehmen erwies sich offenkundig als handlungsbestimmend. Hingegen spielte die politische Überlegung, der zufolge eine Verteidigung freiheitlich-demokratischer Werte bereits am Vorposten West-Berlin einzusetzen habe, als handlungsleitendes Motiv eine eher untergeordnete Rolle. Überraschender als dieser Befund waren indes die ausbleibenden handelspolitischen Steuerungsmaßnahmen der westeuropäischen Regierungen, um ein solches Verhalten zu unterbinden. Dies belegt, dass im vorliegenden Fall selbst bei den politischen Akteuren Westeuropas die Bereitschaft zu solidarischem Verhalten mit der Bundesregierung gegenüber dem gemeinsamen ideologischen Gegner nur unzulänglich ausgeprägt war.

Diese für das BMWi recht frustrierende Erkenntnis bestimmte seinen weiteren Kurs im innerdeutschen Handel. Fortan stand man Sanktionen reserviert gegenüber und befürwortete sie nur im Falle einer internationalen Koordinierung. Die seit 1952 zu beobachtende Hinwendung des BMWi zu einer der DDR entgegenkommenden Handelspolitik wurzelte daher nicht im politischen Entspannungskonzept der sechziger Jahre. Vielmehr resultierte sie – neben anderen Faktoren – aus der internationalen Konkurrenzsituation der westlichen Staaten, die einen Wettlauf um Marktanteile in Ostdeutschland bzw. -europa induzierte. Da das Auswärtige Amt diesem Kurswechsel des BMWi nicht folgte, kristallisierte sich eine Konfliktlinie zwischen beiden Ressorts heraus, die bis Anfang der sechziger Jahre immer wieder zu ernsthaften Reibungsverlusten in der Deutschlandpolitik führen sollte.

Wie gestaltete sich das ostdeutsche Krisenmanagement? Die politische Führung der DDR war von dem Verhandlungsabbruch Ende Oktober 1951 völlig überrascht worden.[812] In einer ersten Maßnahme beauftragte sie Willi Stoph, mittels der bereits geschilderten inoffiziellen Gespräche einen Abbruch des Warenverkehrs zu verhindern. Zugleich hoffte man mit dieser Initiative einen Kristallisationskern für offizielle Verhandlungen auf Regierungsebene gefunden zu haben, die möglichst zu einem „allgemeineren Übereinkommen"[813] in sogenannten „technischen Fragen" führen sollten. Dadurch wäre man der erwünschten Anerkennung als eigener Staat durch die Bundesrepublik einen großen Schritt näher gekommen.

---

810 Vermerk Kroll, 3.11.1952 (BA, B 136/7834).
811 Staatliche Zentralverwaltung für Statistik (Hrsg.), Statistisches Jahrbuch 1 (1955), S. 67.
812 Protokoll Politbürositzung, 30.10.1951 (SAPMO-BA, DY 30/IV 2/2/173, Bl. 3).
813 Vermerk Kroll über Handelsbesprechungen, 19.12.1951 (BA, B 102/435430).

Tab. 6: „Liste einiger Schwerpunktwaren, die ständig von den Produktionsministerien angefordert werden und die nur in Westdeutschland zu beziehen sind", 2/1952[814]

Warenart	Empfänger in der DDR	Lieferwerk in der Bundesrepublik
Fotogelatine	Filmfabrik Agfa Wolfen	Gelatinefabrik, Göppingen
Textilfarben	gesamte Textilindustrie	Bayer, Leverkusen BASF, Ludwigshafen
Sensibilisierungsfarben	Filmfabrik Agfa Wolfen	Bayer, Leverkusen
Novilit	Verbundglas Berlin	Farbwerke Hoechst, Frankfurt a. M.
Transportbänder	Hütten-Kombinate	Phoenix, Hamburg
Ackerluft-Reifen	Deutsche Handelszentrale	Phoenix, Hamburg
Nahtlose Rohre Rohre	Energieprogramm Warnowerft, Böhlen	Mannesmann Ferrostaal Rheinische Röhrenwerke
Grobbleche Schiffsbleche	Polysius, Henry Pels Schiffsindustrie	Hüttenwerke in Hattingen, Oberhausen, Huckingen
Formstähle SM	Metallindustrie	Ferrostaal, Mannesmann
Schnelldrehstahl	Stook & Co.	Deutsche Edelstahlwerke Böhla, Dörrenberg
Kaltband	Feinmechanische Industrie	Stahlwerk Westig, Wickede Platenius, Jung & Meier
Gezogene Drähte	Textima Reifenfabriken	Urbscheit, Hamburg Ferrostaal Mayer, Düsseldorf
Rohrwalzwerk	Stahl- und Walzwerk Riesa	Schlosmann, Düsseldorf
Grobstrasse	Stahl- und Walzwerk Riesa	DREMAG, Duisburg
Drahtseile	Fa. Bleichert	Felten & Guillaume
Walzwerkswalzen	versch. Walzwerke	Buch, Weidenau Gontermann & Peipers, Siegen
Maschinenmesser	Holzverarbeitende Industrie	Kleiss & Söhne, Ramscheid u. a.
Kaun-, Gillnadeln	Textilindustrie	Staedler & Uhl, Stuttgart
Stahlkugeln	Kugellagerfabriken	VKF und SFK, Schweinfurt
Atemschutzgeräte	div. Produktionsbetriebe	Draeger, Lübeck
Turbinen, Generatoren	Energieprogramm	AEG, Berlin Siemens, Berlin

Parallel dazu bemühte sich die SPK, die Planziele der Industrieproduktion unabhängig von den realisierbaren Westbezügen zu erreichen. Allerdings machte sich die Erkenntnis breit, dass die bundesdeutschen Lieferungen bestimmter Engpassgüter für eine Aufrechterhaltung der Industrieproduktion in vollem Umfange unerlässlich waren. Allein für das II. Halbjahr 1951 fehlten Eisen- und Stahlbezüge über 150 Mio. VE, wodurch sich im Frühjahr 1952 ein Produktionsengpass bei Stabstahl und Spezialliefertteilen ergab.[815] Daher strebte die DDR

---

814 MAI, 15.2.1952 (BA, DL 2, 2610, Bl. 32-33) Bonn war über solche Geheimlisten informiert; Schreiben BfV an BMWi, 16.3.1952, streng vertraulich (BA, B 102/5609).
815 Informationen BfV über DDR-Minist. f. Maschinenbau, 12.9.1952 (BA, B 102/5609).

künftig verstärkt die „Unabhängigmachung"[816] in technischen Schlüsselbereichen wie der feinmechanischen und optischen Industrie an.

Weiterhin drohte die DDR ihren Ruf als verlässlicher Lieferant von technisch anspruchsvollen Produkten in den kommunistischen Staaten, aber auch in den Ländern der sogenannten „Dritten Welt" zu verlieren. Beispielsweise musste das MAI Ende 1951 einen Vertrag über wirtschaftliche Zusammenarbeit mit China einseitig aufkündigen, da die eigene Industrie nicht in der Lage war, die vereinbarte Projektierung und Lieferung einer Kohlehydrierungsanlage ohne bundesdeutsche Beteiligung zu bewerkstelligen.[817] Hintergrund dieser Vereinbarung war die seit 1950 einsetzende „China-Hilfe" der Ostblock-Staaten.[818] Gerade im internationalen Industrieanlagenbau wirkten sich solche Fehlschläge ökonomisch wie politisch verheerend aus. Es drohte nicht nur die Verdrängung von lukrativen Auslandsmärkten durch die überlegene westliche Konkurrenz. Vielmehr setzte man auch seinen handels- und machtpolitischen Einfluss in „progressiven jungen Nationalstaaten"[819] wie China, Indien oder Ägypten aufs Spiel. In dieser Einflussnahme lag aber eine erklärtermaßen wichtige Funktion des DDR-Außenhandels.[820] Anhand der Auseinandersetzungen über die Nutzung von eingetragenen Warenzeichen in Drittländern durch west- bzw. ostdeutsche Unternehmen lässt sich nachweisen, welchen entscheidenden Einfluss das jeweilige ökonomische Potential in der Rechtsfindung hatte.[821]

In ihrem Bestreben, den innerdeutschen Warenfluss mit allen Mitteln aufrecht zu erhalten, genoss die DDR die Rückendeckung der UdSSR, die indirekt von den westdeutschen Lieferungen in Form von Reexporten profitierte.[822] Im Gegensatz zu früheren Krisen gelang es diesmal aber nicht, nach bewährter Praxis illegale Geschäfte mit lieferbereiten westdeutschen Firmen im gewünschten Umfange zu realisieren. Die mittlerweile verschärften und effizienter gestalteten Grenzkontrollen schreckten beispielsweise die Essener Firma Ferrostaal AG ab, 600 t Walzstahl zu liefern, da sie die „publizistischen, möglicherweise auch juristischen Schwierigkeiten"[823] fürchtete. Folglich sah die handelstaktische Ausrichtung des MAI Sonder-, Kompensations- und Dreiecksgeschäfte vor, mit deren Hilfe das unbedingt erforderliche Quantum an Westwaren beschafft werden sollte.[824] Tatsächlich gelang es, bis zum Februar 1952 Kontrakte mit mehreren hundert westdeutschen Firmen und einem Gesamtvolumen über 200 Mio.

---

816 Schreiben Strassenberger, SPK, an Leuschner, SPK, 23.5.1952 (BA, DE 1, 14424).
817 Protokoll Politbürositzung, 11.12.1951 (SAPMO-BA, DY 30/IV 2/2/182, Bl. 2).
818 Schlarp, Konfrontation, S. 29.
819 Hofmann/Scharschmidt, DDR-Außenhandel, S. 24.
820 Ebda., S. 24-26.
821 Fäßler, Probelauf; Karlsch, Partnerschaft.
822 Außenmin. Dertinger an Dipl. Missionen, 5.10.1951 (PA/AA, MfAA, A 14828, Bl. 74).
823 Aktenvermerk, 13.11.1951 (BA, DL 2, 1359, Bl. 430). Gegenüber dem MAI bat die Firma, diese Auskunft „streng vertraulich" zu behandeln.
824 Arbeitsplan für II. Quartal 1952, 3.3.1952 (BA, DL 2, 1323, Bl. 98).

VE abzuschließen. Damit bewegte man sich im Rahmen der durch das Berliner Abkommen gesteckten Größenordnungen.

Zugleich intendierte man, mittels gezielter Nachfrage bei notleidenden westdeutschen Branchen eine Propagandakampagne in der Bundesrepublik zu entfachen. „Durch solche Geschäftsanbahnungen wird eine Auflockerung in Westdeutschland und ein Sturm gegen die Bonner Regierung und Adenauer erreicht"[825], so die Hoffnung der Verantwortlichen im MAI. Ungeachtet der Bevorzugung von Schwer- und Investitionsgüterindustrie im ersten Fünfjahrplan und trotz der kritischen Handelsbilanz gegenüber der Bundesrepublik offerierten die DIA großzügige Bezugswünsche im Verbrauchs- und Lebensmittelgüterbereich. So versuchte man mittels eines Kaufangebotes von Schuhen über 25 Mio. VE die im Raum Pirmasens lokalisierte bundesdeutsche Schuhindustrie für sich zu gewinnen. Gleiches galt für das Angebot, badische Weine im Wert von 10 Mio. VE zu beziehen.[826] Eine herausgehobene Rolle kam in diesem Zusammenhang dem „Fisch-Glas-Sondergeschäft" über 23,5 Mio. VE zu, in dessen Rahmen westdeutsche Seefischlieferungen mit ostdeutschem Glas „bezahlt" wurden. Dieser Kontrakt hatte enormen politischen Wirbel verursacht, weil verschiedentliche ökonomische und politische Interessen verletzt wurden. Er sollte aber in der Folge für weitere Kopplungsgeschäfte als Vorbild dienen.[827] Mittelfristig überforderte diese Handelstaktik jedoch die DDR-Volkswirtschaft. Denn bereits in der zweiten Hälfte des Jahre 1952 zeichnete sich – wie noch zu schildern sein wird – eine Verschuldungskrise der DDR gegenüber der Bundesrepublik ab, die sie nur mit größter Mühe bewältigen konnte.

In Einsicht der ökonomischen und politischen Eigeninteressen verständigten sich beide Seiten über die Wiederaufnahme der offiziellen Gesprächsrunde zum 7. Januar 1952. Da die DDR ihre Eingriffe in den Berlinverkehr aufgab, signalisierte die AHK Anfang Februar, dass nunmehr das Berliner Abkommen wieder in Kraft treten könnte.[828] Jetzt zögerte aber Bonn, weil die andere Seite erneut die Verkehrsfrage auf deutscher Ebene erörtern wollte, was TSI-Leiter Leopold unter Hinweis auf die Zuständigkeit der AHK zurückwies.[829] Solchermaßen blockiert, zogen sich die Verhandlungen über den Januar 1952 hinweg, ohne dass man einer Einigung erkennbar näher gekommen wäre. Angesichts der unbefriedigenden Fortschritte beschloss das ZK-Sekretariat am 7. Februar 1952, offen mit Schikanen im Berlinverkehr zu drohen, mit strengeren Grenzkontrollen und Reparaturen an der Autobahnbrücke bei Magdeburg einschließlich „technisch bedingter"[830] Beschränkungen im Transitverkehr.[831] Elf Tage später

---

825 Protokoll über Besprechung im MAI, 6.2.1952. Das Dokument gelangte über einen Mittelsmann der VEH-DIA Chemie zum BfV (BA, B 137/162499).
826 Ebda. Die badischen Weine sollten bei diplomatischen Anlässen serviert werden.
827 Vermerk BMWi, 8.1.1952 (BA, B 102/108268).
828 Schreiben AHK an Adenauer, 7.2.1952 (PA/AA, B 10, 1786).
829 Übersicht über Innerdeutschen Handel, 19.2.1952 (BA, DL 2, 1359, Bl. 409-410).
830 Protokoll Nr. 138, 7.2.1952 (SAPMO-BA, DY 30/J IV 2/3/267, Bl. 7-8).
831 Ebda.

erhöhte das ZK-Sekretariat den Druck und bereitete die Einstellung von Strom- und Braunkohlelieferungen nach West-Berlin vor,[832] die schließlich auf den 5. März 1952 terminiert wurde.[833] Auf diese Weise unterstrich man die eigene politische Kompetenz und faktische Macht in Sachen Berlinverkehr. Des weiteren postulierte das ZK-Sekretariat ein Warenjunktim zwischen Braunkohlebrikettlieferungen nach West-Berlin und den westdeutschen Gegenlieferungen bei Superphosphat und Maschinenbauerzeugnissen.[834] Eine solche Verknüpfung war bereits Mitte 1950 praktiziert worden, als die DDR Bau- und Grubenholz für die westdeutsche Bauwirtschaft von Gegenlieferungen bei Eisen und Stahl abhängig gemacht hatte. Neben taktischen Motiven verband sich mit einem solchen Warenjunktim die handelsstrategische Intention, das Unterkontensystem des Berliner Abkommens auszuhebeln. Auf diese Weise wollte man erreichen, künftig den Bezug „harter" Waren wie Eisen und Stahl durch Gegenlieferungen „weicher" Güter, z. B. Textilien, bezahlen zu können.

In Reaktion auf die ostdeutsche Machtdemonstration gegen West-Berlin verfolgte die TSI nach Absprache mit dem West-Berliner Senat und der AG IZH eine flexible Verhandlungstaktik. Während sie Fragen zum Berlinverkehr konsequent abblockte, bot sie konkrete Kompensationsgeschäfte an, um der DDR wirtschaftlich entgegenzukommen und die Lücke im innerdeutschen Warenfluss zu überbrücken. Als Vorbild diente das bereits erwähnte und erfolgreich abgewickelte Fisch-Glas-Sondergeschäft.[835] Einzig die AHK widersetzte sich anfangs dieser Verhandlungsführung, lenkte jedoch angesichts des konzertierten Willens von bundesdeutscher Wirtschaft und Regierung ein.[836] Sie bestand aber darauf, dass das Gesamthandelsvolumen der Kompensations- und Sondergeschäfte deutlich geringer ausfallen müsse, als es im Berliner Abkommen für das Jahr 1952 vorgesehen war.[837] Weiterhin teilte die AHK mit, dass in Anbetracht der veränderten Umstände die kleine Luftbrücke nicht länger aufrechterhalten werde. Sollte die Bundesregierung diese jedoch wünschen, müsste sie selbst für die Finanzierung (ca. 20 Mio. DM) sorgen.[838] Bonn entschied sich tatsächlich für die Beibehaltung der Luftbrücke, um der DDR weniger Angriffsfläche für Sanktionen gegen West-Berlin zu bieten.[839] Täglich konnten so ca. 40-50 t an militärisch relevanten Dual-use-Gütern, Erzeugnissen der elektrotechnischen Industrie sowie Waren, die nach alliiertem Kontrollratsbeschluss zu den verbotenen Gütern zählten, unbehindert ins Bundesgebiet transportiert werden.[840]

---

832 Protokoll Nr. 141, 18.2.1952 (SAPMO-BA, DY 30/J IV 2/3/270, Bl. 3-4).
833 Protokoll Nr. 144, 3.3.1952 (SAPMO-BA, DY 30/J IV 2/3/273, Bl. 2-4).
834 Protokoll Nr. 141, 18.2.1952 (SAPMO-BA, DY 30/J IV 2/3/270, Bl. 3-4).
835 Schreiben Kroll, BMWi, an Sts. Lenz, BKA, 1.3.1952 (BA, B 136/7834).
836 Schreiben Adenauer an AHK, 8.3.1952 (BA, B 136/7834).
837 Vermerk über Interzonenhandel, 3.4.1952 (BA, B 102/108243).
838 Schreiben AHK an Adenauer, 20.3.1952 (BA, B 102/435430).
839 Die „kleine Luftbrücke" bestand bis 27.5.1952, finanziert aus Mitteln der JEIA; anschließend bis 31.3.1953 eine „zivile Luftbrücke", finanziert aus dem Bundesetat.
840 Vermerk Kroll, BMWi, 10.5.1952 (BA, B 102/108268).

Seit Ende März 1952 setzte der innerdeutsche Güterverkehr auf Basis von Kompensationsgeschäften wieder ein.[841] Das Politbüro ordnete an, dass der Bezug von im Westen bereits bestellten und teilweise bezahlten Maschinen sowie Eisen und Stahl vorrangig durchgesetzt werden sollte. Damit ließ sich überprüfen, ob das mittlerweile institutionalisierte strategische Embargo einen für die DDR interessanten Handel noch erlaube.[842] Tatsächlich liefen die Dinge reibungslos, und am 3. Mai 1951 hob die AHK „aus wirtschaftlichen wie politischen Gründen"[843] schließlich die Suspendierung des Berliner Abkommens auf. In diesem Zusammenhang unterband das BMWi, im Einvernehmen mit der AG IZH, die bisherigen Kompensations- und Dreiecksgeschäfte, da sie zum einen nicht mit dem Berliner Abkommen zu vereinbaren waren und zum anderen die mit Blick auf wirtschaftliche Partialinteressen sorgfältig ausgehandelten Warenlisten aushebeln würden.[844] Die Bereitschaft der Bundesregierung und der AHK, nunmehr den innerdeutschen Handel anlaufen zu lassen, war mitnichten eine „schlagartige"[845] Reaktion auf die Moskauer Weltwirtschaftskonferenz im April 1952, wie es eine interne Expertise der SPK glauben machen wollte.[846] Ohne die Impulse, die von dieser Tagung ausgingen, gänzlich negieren zu wollen, entsprang dieser Schritt weit mehr den aktuellen volkswirtschaftlichen und deutschlandpolitischen Eigeninteressen der Bundesregierung.[847]

5.2. Politische Desintegration – wirtschaftliche Kooperation

Das Jahr 1952 stand ganz im Zeichen der weiteren Desintegration beider deutscher Teilstaaten. Mit der Unterzeichnung des Deutschlandvertrages am 26. Mai 1952[848] und tags darauf des Vertrages über die Europäische Verteidigungsgemeinschaft[849] festigte die Bundesregierung die politische und militärische Westbindung. Zur selben Zeit errichtete die DDR ihrerseits das sogenannte „Neue

---

841 Protokoll über die Verhandlung zwischen TSI und MAI, 25.3.1952 (BA, B 192/198243).
842 Protokoll Politbürositzung, 8.4.1950 (SAPMO-BA, DY 30/IV 2/2/205, Bl. 3).
843 Schreiben AHK an BMWi, 3.5.1952 (BA, B 102/108268).
844 „Grundsätzliche Bemerkungen zu den Warenlisten", 3.6.1952 (BA, B 356/1).
845 Analyse über die Entwicklung des Außenhandels und Innerdeutschen Handels im 1. Fünfjahrplan, 1.8.1955; Panzerschranksache (BA, DE 1, 3834).
846 Ebda.
847 Über den gegenwärtigen Stand und die weiteren Perspektiven der Handelsbeziehungen mit der sowjetischen Besatzungszone, 26.5.1952 (BA, B 102/57785).
848 Vertrag über die Beziehungen zwischen der Bundesrepublik Deutschland und den Drei Mächten (Generalvertrag) vom 26.5.1952 in der Fassung vom 23.10.1954, in: Münch (Hrsg.), Dokumente, Bd. 1, S. 229-234.
849 Auswärtiges Amt (Hrsg.): 40 Jahre Außenpolitik der Bundesrepublik Deutschland. Eine Dokumentation. Stuttgart 1989, S. 53ff.

Grenzregime"[850], wie die offizielle Bezeichnung für die Abschottung der innerdeutschen Demarkationslinie am 26. Mai 1952 lautete. Schließlich wurde mit dem im Sommer 1952 auf der II. Parteikonferenz von Walter Ulbricht verkündeten „Aufbau des Sozialismus" die seit längerem zu beobachtende wirtschaftliche und gesellschaftliche Ausrichtung der DDR auf das sowjetische Modell stalinistischer Prägung Richtlinie für Partei und Staat.

Vor diesem Hintergrund musste mit dem Fortdauern der Handelsflaute gerechnet werden. Überraschenderweise lässt sich jedoch eine gegenläufige Tendenz erkennen. Der Gesamthandelsumsatz zwischen der Bundesrepublik und der DDR stieg von 4,2 Mio. VE im Mai 1952 auf 10,6 Mio. VE (+ 152 %) nur einen Monat später und sollte auf 66,1 Mio. VE im Dezember 1952 (+ 624 %) anwachsen. Während die ostdeutschen Lieferungen ihre größten Posten bei Textilien (28,3 Mio. VE) und Braunkohlebriketts (23,5 Mio. VE) aufwiesen, waren es bei den westdeutschen Lieferungen Eisen- und Stahlerzeugnisse (44,2 Mio. VE), agrarische (37,4 Mio. VE) und Chemieprodukte (34,2 Mio. VE).

Der statistisch nachweisbare Aufschwung ging mit einer atmosphärischen Entspannung bei den deutsch-deutschen Wirtschaftsgesprächen einher. So legte Josef Orlopp im Juli 1952 ein „bemerkenswertes"[851] Verhandlungsangebot über ostdeutsche Warenlieferungen im Wert von 245,5 Mio. VE für die zweite Jahreshälfte vor, das weitgehend den westdeutschen Wünschen entsprach. Die TSI zeigte sich befriedigt über das wiederbelebte Interesse der DDR am innerdeutschen Handel.[852] Ernst Reuter unterstrich in diesem Zusammenhang „die erhebliche Entlastung in der allgemeinen psychologischen Lage der Westberliner Bevölkerung."[853] Es ist ein interessanter Umstand, dass parallel zu den offiziellen Wirtschaftsgesprächen Hans Kroll seine streng vertraulichen Unterredungen mit Vertretern der Ost-Berliner Ministerialbürokratie fortsetzte. Zumindest für das Jahr 1952 ist somit ein direkter Kommunikationskanal zwischen dem BMWi und dem MAI dokumentiert. Kroll sah sich zu diesem Vorgehen veranlasst, da nach seiner Auffassung die TSI eine verfehlte, weil zu unflexible Verhandlungsführung an den Tag legte.[854] Schwerpunkt seiner Gespräche bildeten handelspolitische Fragen grundsätzlicherer Art, wobei er den ostdeutschen Partnern großes Entgegenkommen signalisierte. Abweichend von der offiziellen Bonner Linie sprach sich Kroll für die Beseitigung des zentralen Ausschreibungs- und Genehmigungsverfahrens aus. Darüber hinaus thematisierte er Inhalte einer unlängst in Paris abgehaltenen CoCom-Konferenz, berichtete über aktuelle Entwicklungen beim strategischen Embargo und deutete die bevorstehende Redu-

---

850 GBl. DDR, Nr. 65 (1952), S. 405-406; Creuzberger, Stefan: Abschirmungspolitik gegenüber dem westlichen Deutschland im Jahre 1952. In: Gerhard Wettig (Hrsg.): Die sowjetische Deutschlandpolitik in der Ära Adenauer. Bonn 1997, S. 12-36.
851 Vermerk von Leopold, TSI, 7.7.1952 (BA, B 102/108243).
852 Ebda. Man vermerkte die Lieferung von Braunkohlebriketts und Kartoffeln nach Westberlin sowie den Bezug von elektrotechnischen Geräten von dort positiv.
853 Vermerk über Besprechung am 22.7.1952, 23.7.1952 (BA, B 356/1).
854 Vermerk Seeliger, BMWi, 28.1.1953; vertraulich (BA, B 102/20834).

zierung der Embargolisten an.[855] Hans Kroll offenbarte der Gegenseite eine Fülle vertraulicher Informationen, wie es zuvor, aber auch später im Zusammenhang mit dem innerdeutschen Handel nicht wieder dokumentiert ist. Es hätte gewiss einigen politischen Wirbel in Bonn und vor allem in Washington verursacht, wären diese Dinge an die Öffentlichkeit gelangt.

Wie erklärt sich die Koinzidenz von politisch-gesellschaftlicher Desintegration beider deutscher Teilstaaten und Intensivierung ihrer Handelsbeziehungen? Bis zu einem gewissen Grad bedingten sich beide Entwicklungen gegenseitig, d. h. die generelle Entspannung der deutsch-deutschen Wirtschaftsbeziehungen war u. a. ein Resultat des Deutschlandvertrages. Denn bereits seine Unterzeichnung eröffnete der Bundesregierung neue, von alliierten Einflüssen einigermaßen unbehelligte Handlungsspielräume bei der Gestaltung ihrer Politik gegenüber der DDR.[856] Dabei konnte sie sich bei der Ausweitung des innerdeutschen Handels auf einen breiten Konsens im Parlament und in der Wirtschaft stützen.[857]

Noch wichtiger war aber ein innenpolitischer Aspekt. Angesichts der voranschreitenden Westintegration musste sich die Regierung Adenauer zunehmend des Vorwurfs erwehren, sie betreibe eine „Schmalspurpolitik"[858] dahingehend, dass sie Ostdeutschland, -europa und insbesondere die Wiedervereinigung gänzlich aus ihrem politischen Handlungsspektrum verbannte. In diesem Kontext bot es sich an, den innerdeutschen Handel als ein öffentlichkeitswirksames Gegengewicht zur Westintegration im Bewusstsein der bundesdeutschen Öffentlichkeit zu verankern. Viel mehr noch als in den ersten Jahren musste von den Handelsgeschäften die Signalwirkung ausgehen: Diese Bundesregierung vergisst ihre Landsleute jenseits des „Eisernen Vorhanges" nicht und hält unbeirrt an der deutschen Einheit fest.[859] Daher mochte sie mit dem innerdeutschen Handel ihren „ernsten Willen zur Förderung aller Bestrebungen für die Wiedervereinigung der getrennten Reichsgebiete praktisch unter Beweis stellen."[860] Aus diesem Grunde setzte sich das BMWi konsequent für eine Intensivierung der deutsch-deutschen Wirtschaftsbeziehungen ein. Im Gegensatz zu den Jahren zuvor war man nun auch bereit, sich über branchenspezifische Partialinteressen hinwegzusetzen. Beispielsweise drängte das BMWi die mächtige Eisen- und Stahlindustrie, den ostdeutschen Markt trotz der großen Nachfrage auf dem lukrativeren Weltmarkt nicht zu vernachlässigen. Der Fachverband hatte sich wegen ausgelasteter eigener Produktionskapazitäten nämlich geweigert, die vereinbarten Walzstahlkontingente in die DDR zu liefern. TSI-Leiter Kurt Leopold musste harte Überzeugungsarbeit gegenüber der Wirtschaftsvereinigung Eisen und Stahl leisten: „Diese für Westberlin lebenswichtigen Lieferungen zwingen

---

855 Aktennotiz Orlopp, 16.5.1952; streng vertraulich (BA, DL 2, 1359, Bl. 376-377).
856 Vermerk Kroll, 26.5.1952 (BA, B 102/57864).
857 Ebda.
858 Brandt, Willy: Brief aus Bonn; zit. nach Schmidt, Krieg, S. 149.
859 Vermerk über den grundsätzlichen handelspolitischen Standpunkt der Bundesregierung in Fragen des Interzonenhandels, 5.5.1953 (BA, B 102/108195).
860 Aufzeichnung Kroll, 23.10.1952; streng vertraulich (BA, B 137/8211).

dazu, die von der Ostzone geäußerten Bezugswünsche zu akzeptieren, selbst unter Zurückstellung der Interesse der Eisen schaffenden Industrie und der westdeutschen Abnehmergruppen."[861] Tatsächlich sicherten die Industrievertreter schließlich die entsprechenden Lieferungen unter der Voraussetzung zu, dass seitens der Alliierten keine embargomotivierten Sanktionen drohten.[862] Auch die Bedenken westdeutscher Krisenbranchen, wie der Textil-, Glas- und Keramikindustrie, gegen DDR-Lieferungen durften „aus politischen Gründen"[863] einer Handelsausweitung nicht im Wege stehen.[864] Selbst die bislang finanziell großzügig geförderten „Flüchtlingsbetriebe" sahen sich vor einschneidende Kürzungsmaßnahmen gestellt.[865] Künftig sollte der staatlich geförderte Aufbau von Industriezweigen im Westen, die bereits in der DDR existierten, nur subventioniert werden, um „dadurch bei einer Unterbrechung des Interzonenhandels eine nachteilige Schockwirkung im reibungslosen Produktionsablauf in der westdeutschen Wirtschaft"[866] zu vermeiden.

Dennoch darf bei allen Bemühungen um eine Intensivierung der Wirtschaftskontakte nicht übersehen werden, dass einige desintegrative Maßnahmen des Jahres 1952 bis zum Ende der DDR Bestand hatten. Dies galt vor allem für die im Zuge des „Neuen Grenzregimes" vorgenommenen Abschottungsmaßnahmen.[867] Grenzüberschreitende Infrastruktur, etwa Wasser- und Energieverbünde oder auch Straßen und Eisenbahnlinien, wurden unterbrochen, der kleine Grenzverkehr entlang der Demarkationslinie kam zum Erliegen und mit ihm noch bestehende deutsch-deutsche Arbeitsverhältnisse, z. B. im Braunkohlerevier Helmstedt oder im südthüringischen Schieferbergbau.[868] Nur Berlin blieb von derartigen Einschnitten weitgehend verschont. Weiterhin war es westdeutschen Speditionsunternehmen nunmehr untersagt, Lieferungen in die DDR zu transportieren. Künftig sollte sie vom VEB Deutrans übernommen werden.[869] Zwei Gründe gaben für diese Entscheidung den Ausschlag. Einmal unterband man so die unkontrollierte Reise bundesdeutscher „Kraftführer" durch DDR-Industriegebiete. Zweitens ließ sich auf diese Weise das chronisch defizitäre Unterkonto III (Dienstleistungen) entlasten.[870]

---

861 Protokoll: Besprechung WV Eisen und Stahl und BMWi, 24.7.1952 (BA, B 102/5603).
862 Ebda.
863 Schreiben Sts. Westrick, BMWi, an Sts. Lenz, BKA, 30.12.1952 (BA, B 122/2231).
864 Vertrauliche Aufzeichnungen, 25.11.1952 (BA, B 102/108243).
865 Ebda.
866 Vermerk Kroll, BMWi, 11.10.1952 (BA, B 102/5611).
867 Bundesministerium für innerdeutsche Beziehungen (Hrsg.): Die Sperrmaßnahmen der DDR vom Mai 1952. Die Sperrmaßnahmen der Sowjetzonenregierung an der Zonengrenze und um Westberlin. Faksim. Nachdr. des Weißbuchs von 1953. Lübeck 1987.
868 „Bericht über den gegenwärtigen Stand der Durchführung der Maßnahmen an der D-Linie", 7.7.1952 (SAPMO-BA, DY 30/IV 2/13/10, Bl. 25). Westarbeiter waren in den Lehestener Schiefergruben und imd Braunkohlekraftwerk Harpke beschäftigt. (BA, DL 2, 1355, Bl. 311).
869 Vermerk: Verhandlungen zwischen TSI und MAI, 22.7.1952 (BA, B 356/1).
870 Material zur Dienstbesprechung bei Rau, MAI, 12.12.1956 (BA, DL 2, 1365, Bl. 100).

Tab. 7a: Bezüge (Mio. VE) der Bundesrepublik Deutschland (West-Berlin), 1951-1953[871]

	1951	1952	1953
Nahrungsmittel	6,0	6,0	10,8
Pflanzl./tier. Erzeugnisse	5,7	10,1	4,6
Bergbauerzeugnisse	30,0	23,6	72,6
Kohle	6,8	23,5	72,2
Mineralöle, Kohlenwertstoffe usw.	14,9	9,8	36,5
Maschinen	15,0	9,2	25,2
Chemische Erzeugnisse	19,3	8,8	25,0
Feinkeramische Erz.; Glas, Glaswaren	9,5	7,3	9,5
Erz. Sägereien. sowie Holzbe.- u. verarbeitung	8,2	6,2	16,5
Textilien	33,8	28,3	60,3
Sonstiges	29,8	12,2	26,3
Gesamt	186,2	127,6	287,3

Tab. 7b: Lieferungen (Mio. VE) der Bundesrepublik Deutschland (West-Berlin), 1951-1953

	1951	1952	1953
Nahrungsmittel	20,5	26,0	25,0
Pflanzliche und tierische Erzeugnisse	19,2	11,4	40,5
Bergbauerzeugnisse	15,9	0,2	4,9
Erz. d. eisen- u. metallschaff. Ind. u. Gießerei	20,1	20,5	55,3
Maschinen	18,5	6,0	8,6
Eisen- und Metallwaren	17,5	23,7	33,4
Chemische Erzeugnisse	25,9	34,2	41,2
Textilien	5,7	10,1	6,8
Sonstiges	26,4	30,5	35,9
Gesamt	177,9	165,2	251,6

5.3. Im Zeichen der Wirtschafts- und Versorgungskrise

Als Ende 1952 erneut eine Unterbrechung des innerdeutschen Warenverkehrs drohte, lagen die Ursachen erstmals nicht im politischen Bereich, sondern wurzelten in ökonomischen Schwierigkeiten der DDR. Die innerdeutsche Handelskrise 1952/53 war Teil und Indikator der Gesamtkrise des sozialistischen Regimes, die im Juni 1953 existenzbedrohenden Charakter annehmen sollte.[872]

Noch am 1. August 1952 hatten TSI und MAI eine ergänzende Warenliste für das zweite Halbjahr mit einem Gesamtvolumen von 416 Mio. VE vereinbart. Ihre Realisierung drohte jedoch nach wenigen Wochen am hohen Schuldenstand der DDR, vor allem auf Unterkonto II (Konsumgüter) zu scheitern. Hatte der

---

871 Statistisches Bundesamt (Hrsg.), Warenverkehr V/30/1951-1953
872 Buchheim, Christoph: Wirtschaftliche Hintergründe des Arbeitsaufstandes in der DDR. In: VfZ 38 (1990) 4, S. 415-433.

Gesamtobligo bereits im Mai 1952 rund 35 Mio. VE betragen,[873] so stieg er bis Mitte September auf 44 Mio. VE.[874] Das vertraglich unzulässige Überschreiten der Schuldengrenze von 50 Mio. VE schien nur eine Frage der Zeit, obwohl das BMWi die Fachreferenten aufforderte, noch ausstehende Bezüge aus der DDR umgehend zu verwirklichen und so ihrem Defizit entgegenzusteuern.[875]

Die Handlungsoptionen des MAI in dieser Situation glichen einer Wahl zwischen Scylla und Charybdis. Entschied es sich für die Einschränkung der Konsumgüterbezüge aus der Bundesrepublik, so hätte dies zwar die Handelsbilanz entlastet, zugleich aber die ohnehin kritische Versorgung der Bevölkerung weiter verschlechtert. Würde man andererseits am unverminderten Bezug von Westwaren festhalten, war ein baldiges Überschreiten der Swing-Obergrenze vorauszusehen. In diesem Falle würde der Warenfluss vom BMWi unterbrochen werden, d. h. im Endeffekt liefen beide Optionen auf dieselbe Versorgungsproblematik hinaus. Es war vorauszusehen, dass dies ein zusätzlicher push-Faktor für potentielle Flüchtlinge sein würde.[876] Die Entscheidung fiel schließlich im Politbüro, wo man sich dafür aussprach, dass die „straffe Steuerung der Bezüge"[877] zugunsten der „Aktion Weihnachtsteller"[878] gelockert und für immerhin 47 Mio. VE Konsumgüter wie Bohnenkaffee, Kakao, Wal- und Haselnüsse, Korinthen, Sultaninen u. a. m. aus der Bundesrepublik bezogen wurden. In der Vorweihnachtszeit fürchtete die politische Führung mögliche Versorgungsrevolten in besonderem Maße. Die Bezahlung sollte durch Gegenlieferungen bei Textilien[879] und typischen Weihnachtswaren wie Spielsachen, Christbaumschmuck und Musikinstrumenten sichergestellt werden.[880] Auf diese Weise ließe sich a.) die traditionell lieferstarke Spielwarenindustrie und das Kleinhandwerk in Sachsen und Thüringen stützen sowie b.) der Passivsaldo auf Unterkonto II reduzieren. Für den Fall, dass diese Gegenlieferungen nicht ausreichten, dachte man daran, entsprechende Kontingente an Braunkohlebriketts zu liefern.[881] Das BMWi wertete die Tatsache, dass das MAI sein „härtestes"[882] Verhandlungsgut für den Erwerb von Konsumgütern einsetzte, als Indikator einer um sich greifenden Wirtschafts- und Versorgungskrise im anderen Teil Deutschlands.

Gleichwohl die Bundesregierung sich kooperativ zeigte, gelang es der DDR nicht, ihre Schwäche im innerdeutschen Handel zu überwinden. Selbst Zucker,

---

873 Vermerk, 5.5.1952 (BA, B 102/108268). Nakaths Angabe vom positiven Saldo für die DDR hält weder den amtlichen statistischen Angaben noch den Quellenbelegen stand. Nakath, Handel, S. 229.
874 Rundschreiben BMWi, 13.9.1952 (BA, B 102/17859).
875 Ebda.
876 Tatsächlich stiegen die Flüchtlingszahlen von 22.000 (12/1952) auf 58.000 (3/1953).
877 Jahresanalyse 1952. Bericht für die SKK, 5.2.1953 (BA, DL 2, Bl 63-64).
878 Ebda.
879 Aufzeichnung Kroll, BMWi, 23.10.1952; streng vertraulich (BA, B 137/8211).
880 Vermerk BMWi, 5.12.1952 (BA, B 102/5598).
881 Schreiben Leopold, TSI, an Herzig, BMWi, 4.11.1952 (BA, B 102/5598).
882 Ebda.

Nadelholz und Braunkohlebriketts, bislang die verlässlichsten Lieferposten, auf deren Kontingenterweiterung das MAI gegenüber der TSI immer wieder gedrängt hatte, vermochte sie Anfang 1953 nicht mehr im vereinbarten Umfange bereitzustellen.[883] Folgerichtig wuchs bis Februar 1953 der Passivsaldo auf 53 Mio. VE und überschritt den vertraglich auf 50 Mio. VE festgelegten Swing.[884]

Natürlich belastete diese Situation die seit dem 1. Dezember 1952 laufenden Verhandlungen für das Jahr 1953 erheblich.[885] Als Ausweg aus dieser verfahrenen Situation zog Orlopp die handelspolitische Notbremse und senkte das Bezugskontingent bei Eisen und Stahl auf 58,8 Mio. VE, damit erstmals unter die von der westdeutschen Industrie gewünschte Liefermenge von 100 Mio. VE.[886] Hierbei handelte es sich um ein überdeutliches Signal hinsichtlich der volkswirtschaftlichen Verfassung Ostdeutschlands. Schließlich bildete der Aufbau einer Schwer- und Investitionsgüterindustrie das Herzstück des ersten Fünfjahrplans. Die hierfür erforderlichen Eisen- und Stahlbezüge aus der Bundesrepublik waren deshalb bis dato nicht eingeschränkt worden. Offenkundig gab es im Winter 1952/53 keinen anderen Ausweg mehr. So diagnostizierte der SPK-Vorsitzende in seiner Analyse über die ersten beiden Jahre des Fünfjahrplans eine Überforderung der DDR-Volkswirtschaft aufgrund des Schwerindustrieprogramms, der Reparationsbelastungen und der nunmehr einsetzenden Aufrüstung. Deshalb, so Rau, sei eine Erfüllung der volkswirtschaftlichen Hauptaufgaben kaum noch zu gewährleisten.[887] Bereits im Sommer 1952 hatte er auf Probleme in der Stromerzeugung wegen fehlender Generatoren und Turbinen hingewiesen.[888]

Neben dieser unmittelbaren Reaktion unterzog das MAI bzw. SPK den innerdeutschen Handel einer grundlegenden Analyse, aus der es einige Schlüsse für die weitere Arbeit ableitete. In mehreren Expertisen benannten Ministerium und Plankommission folgende Akteure, die zur gegenwärtigen Misere maßgeblich beigetragen hätten:

➢ Die Bundesregierung versuchte nach Auffassung des MAI seit Anfang 1952 durch gezielte Warenlenkung die wirtschaftliche Entwicklung in der DDR zu stören. Im Verlauf des Jahres sei sie dann dazu übergegangen, westdeutsche Unternehmen, die ihr politisch nicht genehm waren, aus dem innerdeutschen Handel auszugrenzen: „Die Bestrebungen der Bonner Clique haben zum Ziel, die alten Wirtschaftsverbände unter der Ausschaltung der freien Initiative von Handel und Industrie neu zu erstellen und im Warenverkehr mit der DDR Preise und Warenlieferungen über auserlesene Firmen und Verbände zu diktieren."[889]

---

883 Protokoll der Außenhandelskommissionssitzung, 16.2.1953 (BA, DE 1, 21205).
884 Ebda.
885 Übersicht: Verhandlungen über Warenlisten 1953, 4.2.1953 (BA, DL 2, 1644, Bl. 66-67).
886 Protokoll: Verhandlung zwischen MAI und TSI, 28.1.1953 (BA, DL 2, 3395, Bl. 130).
887 „Die Sicherung der Durchführung des Fünfjahrplans ...", 12/1952 (SAPMO-BA, NY 4062, 83, Bl. 99-132).
888 Referat von Rau, II. Parteikonferenz, 9.-12.7.1952. Berlin 1952, S. 409-419, hier S. 412.
889 Handelspolitische Analyse für 1952, MAI, 2.1.1953 (BA, DL 2, Bl. 32-34).

➢ Die westdeutschen Wirtschaftsverbände würden das Selektionsverhalten Bonns übernehmen. Beispielsweise habe der Fachverband westdeutscher Röhrenproduzenten die VEH-DIA Metall gedrängt, nur noch Handelsverträge mit den Unternehmen Mannesmann A.G. oder den Rheinischen Röhrenwerken AG abzuschließen. Da die VEH-DIA Metall nicht einwilligte, habe sich das ins Auge gefasste Geschäft zerschlagen.[890]
➢ Die DDR-Außenhandelsunternehmen zeigten eine „äußerst ungenügende"[891] Arbeit. Sie schöpften westdeutsche Bezugsgenehmigungen nicht zu 100 % aus und kontrollierten die termingerechte und zufriedenstellende Ausführung abgeschlossener Geschäfte nur unzureichend. Darunter leide das Ansehen der ostdeutschen Produzenten und Produkte auf dem westdeutschen Markt. Außerdem würden sie die Kooperation mit dem MAI vernachlässigen.[892] Generell verfügten sie nur über mangelhafte Markt- und Preisinformationen, was wiederum zu nachteiligen Geschäftsabschlüssen führe. Handelsvertretungen vor Ort, die dieses Problem abstellen könnten, waren gerade erst im Aufbau begriffen.[893]
➢ Die zuständigen Parteiinstanzen hätten mit ihrer kurzfristig angelegten, von aktuellen Problemen diktierten innerdeutschen Handelspolitik die „Verstopfung" des Unterkontos 2 mit zu verantworten.[894]

Dem MAI blieb relativ wenig Handlungsspielraum, um auf die in der Analyse herausgearbeiteten Probleme adäquat zu reagieren. Sein Einfluss auf die Parteiinstanzen war bekanntlich sehr begrenzt, und im handelsoperativen Bereich konzentrierte man sich auf eine bessere Verquickung zwischen Ministerium, Handelsapparat und Produktion. Den systemimmanenten Schwachstellen des staatlichen Außenhandelsmonopols war damit indes nicht beizukommen.

Etwas größer gestalteten sich die Handlungsspielräume gegenüber der Bundesrepublik, wenn auch die eigene ökonomische Schwäche die meisten handelstaktischen Schachzüge ihrer Wirkung beraubten. Beispielsweise bemühte sich das MAI, bevorzugt mit klein- und mittelständischen westdeutschen Firmen ins Geschäft zu kommen.[895] Auf diese Weise versuchte man, ein Netz von Vertrauensfirmen in den verschiedensten Branchen aufzubauen.[896] Diesen gewährte man Ausschließlichkeitsverträge, d. h. bestimmte Waren wurden nur an die Vertrauensfirmen geliefert bzw. über sie bezogen. Als daraufhin die westlichen Behörden nur noch in begrenztem Umfange Warenbegleitscheine bzw. Bezugsgenehmigungen an ein und dieselbe Firma erteilten, reagierte die DDR mit einer Taktikänderung und schloss Generalvertreterverträge mit ausgewählten Bundesbürgern ab. Das hatte zur Folge, dass bestimmte Warengruppen über diese Ge-

---

890 Schreiben Dolling, VEH-DIA Metall, an MAI, 20.4.1953 (BA, DL2, 1612, Bl. 110).
891 Vermerk MAI, 2.10.1952 (BA, DL 2, 2701, Bl. 124-125).
892 Ebda.
893 Bericht: Überprüfung des VEH-DIA Nahrung, 3.12.1952 (BA, DL 2, 1649, Bl. 58-60).
894 Handelspolitische und -technische Analyse für 1952, 2.1.1953 (BA, DL 2, Bl. 32-34).
895 Ebda.
896 Schreiben F. Lange an MAI, 9.9.1952 (BA, DL 2, 1642, Bl. 14-15).

neralvertreter im Bundesgebiet vertrieben wurden. Auch einer solchen Praxis schob das BMWi einen Riegel vor. Fortan erteilte es Bezugsgenehmigungen nur, wenn der entsprechende Geschäftsvertrag ohne Mitwirken eines Maklers bzw. Generalvertreters zustande gekommen war.[897] Damit hatte dieser episodenhafte evolutionäre Wettlauf ein Ende gefunden.

Bemerkenswert war auch die Politisierung des innerdeutschen Handels im Kontext des II. Parteitages der SED. Seit Sommer 1952 wurden auf Verlangen der Partei sogenannte „politische Inspektoren"[898] im MAI und bei den VEH-DIA eingesetzt, welche die bundesdeutschen Unternehmer vor den eigentlichen Geschäftsverhandlungen über weltanschauliche Fragen und die aktuelle politische Lage „aufklären" sollten. Erst nach dieser Prozedur konnten die Geschäftsleute den zuständigen Sachbearbeiter kontaktieren.[899] Auf diese Weise hofften die SED-Handelsfunktionäre, Einfluss auf westdeutsche Wirtschaftskreise zu gewinnen, so dass sie bei Zeiten gegen Bonn agieren würden.

Immerhin bemühte sich die Sowjetunion, ihrem angeschlagenen Bundesgenossen zu helfen. So reduzierte sie den Rückkaufpreis für SAG zum 1. Januar 1953 um 50 % und die Warenlieferungen der DDR an die UdSSR von 563 Mio. Mark auf 200 Mio. Mark (= - 64,5 %) für das Jahr 1953. Zudem sicherte SKK-Chef Tschuikow eine wohlwollende Prüfung ostdeutscher Importwünsche aus der Sowjetunion zu.[900] Zusätzlich senkte die SKK den Reparationsplan beim Schiff- und Schwermaschinenbau um 20 %.[901] Dadurch entspannten sich die volkswirtschaftlichen Rahmenbedingungen der DDR, ohne dass es zu einem substantiellen Abbau des bestehenden Spannungspotentials beitrug.

Für die Bundesregierung ergab sich Anfang 1953 erstmals die Situation, aus einer Position der offenkundigen ökonomischen Überlegenheit heraus zu agieren. Dabei zeigte sich, dass sie keineswegs eine Destabilisierung des anderen Teils Deutschlands über den ökonomischen Hebel anstrebte. Das lag vor allem an der realpolitischen Einschätzung, nach der die Rahmenbedingungen des Kalten Krieges ein solches Ansinnen „utopisch"[902] erscheinen ließen; für eine politische Beeinflussung stand die DDR zu sehr unter Kuratel der Sowjetunion. Zudem war Erhard davon überzeugt, dass die DDR auch ohne den innerdeutschen Handel lebensfähig war.[903] Auf der anderen Seite, so der Minister, stärke der deutsch-deutsche Warentransfer den Widerstandswillen der DDR-Bevölkerung, sichere die Anbindung West-Berlins – nach wie vor die „größte Sorge im Interzonenhandel"[904] – und fördere seine notleidende Wirtschaft.

---

897 Schreiben BMWi an Sts. Lenz, Bundeskanzleramt, 21.8.1952 (BA, B 122/2231).
898 Schreiben TSI an BMWi, 27.6.1952; vertraulich (BA, B 102/5612).
899 Ebda.
900 Wilke/Voigt, „Neuer Kurs", S. 39-40.
901 Karlsch, Allein bezahlt?, S. 198.
902 Vermerk Kroll, BMWi, 11.10.1952 (BA, B 102/5611).
903 Vermerk handelspolitischer Standpunkt Interzonenhandel, 5.5.1953 (BA, B 102/108195).
904 Ebda.

Da das MAI neuerdings eine konstruktive Verhandlungsführung und die ostdeutschen Unternehmen eine größere Vertragstreue an den Tag legten, gab es für Bonn wenig Veranlassung, einen restriktiven handelspolitischen Kurs einzuschlagen: „Die Atmosphäre kann z. Zt. als äußerst günstig bezeichnet werden. Es ist deshalb schon aus politischen Gründen zweckmäßig, dem Interzonenhandel einen neuen Auftrieb zu geben."[905] Die aktuelle DDR-Verschuldung führte das BMWi nicht auf die politisch-ideologisch motivierte „Böswilligkeit"[906] zurück, den Swing zu einem zinslosen Dauerkredit umzufunktionieren. Vielmehr benannten die Bonner Handelsexperten vor allem Defizite des Zentralplanwirtschaftssystems als Ursache,[907] die Lieferverspätungen und Qualitätsmängel nach sich zogen. Deshalb stufte die westdeutsche Industrie ostdeutsche Produzenten nicht länger als „sichere, dauerhafte Bezugsquelle"[908] ein. Natürlich minderte ein solcher Trend deren Absatzchancen auf dem bundesdeutschen Markt. Überdies berücksichtigte die DDR die dort herrschenden Preisschwankungen nicht in angemessener Weise, was entweder zu niedrigen Gewinnspannen oder – bei überteuertem Angebot – zu Marktanteilsverlusten führen musste. Hinzu kam als externer Faktor, dass der übersättigte bundesdeutsche Markt einen enormen Lieferdruck bei Lebensmitteln, insbesondere Seefischen, bei Farben, Eisen-, Blech- und Metallwaren sowie bei Textilien und Leder auf die DDR erzeugte.[909]

Überzeugt von der ostdeutschen Hilfsbedürftigkeit und gleichzeitigen Bereitschaft zur Kooperation strebte das BMWi die Normalisierung des deutschdeutschen Handels an. Der seit August 1951 zu beobachtende Schrumpfungstrend sollte beendet und eine deutliche Ausweitung des Warenstromes herbeigeführt werden.[910] Prinzipiell orientierte man sich am Verflechtungsgrad der Vorkriegszeit und hatte z. B. die Wiederherstellung alter branchenspezifischer Verbundwirtschaften im Blick. Für das innerdeutsche Handelsvolumen nannte man als Zielgröße die Marke von 4,4 Mrd. RM des Jahres 1936.[911] Das war freilich noch Zukunftsvision. In der Gegenwart hielt man selbst die von der DDR-Regierung propagierte Forderung eines Handelsvolumens über 1 Mrd. VE angesichts der begrenzten Lieferkapazitäten Ostdeutschlands für illusorisch. Das BMWi bot dagegen ein Handelsvolumen von 720 Mio. VE an, das bei Bedarf aufgestockt werden konnte. Dabei plante man, 80 % mit Waren des gewerblichen Sektors und 20 % mit landwirtschaftlichen Gütern zu bestreiten.[912] Letztere sollten der Nahrungsmittelknappheit in der DDR entgegenwirken, wobei Erhard sich im Klaren darüber war, dass das Problem der gerechten Lebensmit-

---

905 Vermerk Graf, BMWi, 5.5.1953 (BA, B 102/108194).
906 Protokoll der Ländertagung, 16./17.10.1952 (BA, B 102/108254).
907 Ebda.
908 Vermerk Kroll, BMWi, 11.10.1952 (BA, B 102/5611).
909 Hausmitteilung Seeliger, BMWi, an Graf, BMWi, 15.8.1952 (BA, B 102/19876).
910 Ebda.
911 Vermerk handelspolitischer Standpunkt Interzonenhandel, 5.5.1953 (BA, B 102/108195).
912 Vertrauliche Aufzeichnungen, 25.11.1952 (BA, B 102/108243).

telverteilung nicht durch Bonn beeinflusst werden konnte.[913] Weiterhin war er erstmals bereit, „harte" Warenlieferungen durch „weiche" Gegenlieferungen bezahlen zu lassen. Mit diesen Maßnahmen erreichte man drei Ziele: erstens die Unterstützung eigener Krisenbranchen wie Eisen und Stahl und der Fischindustrie, zweitens die Verbesserung der ostdeutschen Versorgung und drittens die Zurückdrängung westeuropäischer Konkurrenz vom DDR-Markt.

Im Mai 1953 entschloss sich die Bundesregierung, durch Lebensmittellieferungen der Versorgungsnot jenseits der Elbe entgegenzuwirken. Zwar hatte der Kanzler noch kurz vor Weihnachten 1952 ein Hilfsangebot über Getreidelieferungen mit der Begründung abgelehnt, dieses käme nur der privilegierten Schicht und den bewaffneten Kräften zugute.[914] Aber aufgrund der mittlerweile noch angespannteren Versorgungslage beschloss das Bundeskabinett am 8. Mai 1953, dass „in dem Bewusstsein für die Verantwortung für alle Deutsche" die Verpflichtung erkannt wurde, „die Bevölkerung der sowjetischen Besatzungszone vor einer Hungerkatastrophe zu bewahren."[915]

Bonn war sich aber unsicher, auf welche Weise dies am effizientesten geschehen könnte. Die von Adenauer favorisierte Lösung, Lebensmittel für 100-150 Mio. VE durch Gegenlieferungen bezahlen zu lassen, stieß auf große Bedenken beim BMWi, der AG IZH und beim West-Berliner Senat. Sie fürchteten den Verlust der Warenbalance im innerdeutschen Handel. Außerdem nahmen sie an, dass zahlreiche Lebensmittel reexportiert oder zu überhöhten Preisen in den HO-Läden feilgeboten würden.[916] Schließlich entschied man sich für einen anderen Weg. Es wurden für Unterkonto II (Konsumgüter) eine Swingerhöhung um 20 Mio. VE angeboten, zweckgebunden für den Einkauf von Lebensmitteln. Angesichts der ostdeutschen Bereitschaft, den innerdeutschen Handel zu intensivieren, ging der BdL-Präsident Vocke davon aus, dass der bundesdeutsche Lieferüberschuss im Laufe des Jahres 1953 abgebaut werde.[917] Damit hielt er finanzpolitisch einen erhöhten Swing für vertretbar.[918] Bedenken des Bundesfinanzministers Schäffer schob Adenauer mit der Bemerkung „Helfen ist Christenpflicht"[919] beiseite. Da man sich im Klaren darüber war, dass die DDR einen in der Öffentlichkeit als „Frischfischkredit" wahrgenommenes Angebot ausschlagen würde, verzichtete man schließlich auf die Zweckgebundenheit der Swingerhöhung.[920]

---

913 Vermerk handelspolitischer Standpunkt Interzonenhandel, 5.5.1953 (BA, B 102/108195).
914 Gotto/Kleinmann/Schreiner (Bearb.), Zentrum, S. 508.
915 Enders/Reiser (Bearb.): Kabinettsprotokolle, Bd. 6, S. 62.
916 Schreiben Vocke an Adenauer, 28.5.1953 (BA, B 136, 3918).
917 Protokoll 293. Kabinettssitzung, 19.5.1953, in: Enders/Reiser (Bearb.): Kabinettsprotokolle, Bd. 6, S. 296-297. Dafür stimmten Kaiser, Blücher, Schäffer, Vockel.
918 Protokoll der 296. Kabinettssitzung, 2.6.1953, in: Ebda. S. 322-323;
919 Ebda.
920 Vermerk Graf, BMWi, 8.6.1953; vertraulich (BA, B 102/108194).

5.4. Der 17. Juni 1953 – der innerdeutsche Handel als Element deutschlandpolitischen Krisenmanagements

Der Aufstand am 17. Juni 1953 offenbarte nicht nur die funktionalen Defizite des ökonomischen Systems, sondern auch die mangelhafte Akzeptanz des politischen Regimes in der Bevölkerung. Die gewaltsame Niederschlagung des Aufstandes durch die sowjetische Armee indes führte aller Welt vor Augen, dass ein Machtwechsel in der DDR nur mit Blutvergießen und auf Kosten der Bevölkerung würde erfolgen können – wenn überhaupt. Wegen des unkalkulierbaren Risikos zielte die Haltung der USA wie auch Großbritanniens auf eine Stabilisierung der DDR, ja des gesamten sowjetischen Herrschaftsbereiches, der in der nachstalinschen Ära sehr labil war.[921] Für die Bundesregierung stellte sich somit überhaupt nicht die in der Öffentlichkeit diskutierte Frage, ob sie als Reaktion auf die gewaltsame Niederschlagung des Aufstandes ökonomischen Druck ausüben sollte, um das „wankende System Ulbricht-Grotewohl"[922] zu stürzen. Sie blieb bei ihrer bisherigen entgegenkommenden Politik mit dem Ziel, den Versorgungsgrad der breiten Masse mit Konsumgütern zu verbessern.[923] Das war auch nach Auffassung von West-Berlins Regierendem Bürgermeister Ernst Reuter, dessen Stimme in dieser Krisenzeit großes Gewicht hatte, der richtige Kurs. Er glaubte nicht an eine „Verelendungstheorie"[924] bezüglich der wirtschaftlichen Entwicklung der DDR, sondern ging davon aus, dass sie nach einer nur kurzfristigen Schwächeperiode zu neuer Stärke finden würde.[925] Daher hielt er einen handelspolitisch entgegenkommenden Kurs in mittelfristiger Perspektive für das Wohlergehen West-Berlins angemessen. In ähnlichem Sinne argumentierte die AG IZH und eine Mehrheit im Deutschen Bundestages.[926]

Auf zwei Wegen versuchte Bonn diese Ziele zu erreichen. Zum einen initiierte es in Abstimmung mit den USA eine bis Ende 1953 dauernde Lebensmittelpaketaktionen.[927] Hinzu kamen private Paketsendungen und Hilfsaktionen caritativer und kirchlicher Einrichtungen sowie private Spendenaktionen speziell für die politisch verfolgten Opfer des 17. Juni 1953, gefördert durch Mittel des Bundeshaushalts.[928] Zwar gerieten die Lebensmittel-Hilfsaktionen der Bundesregierung, ursprünglich als humanitäre Hilfe gedacht, in den Sog des laufenden Bun-

---

921 Ostermann, Christian M.: „Die beste Chance für ein Rollback"? Amerikanische Politik und der 17.6.1953. In: Kleßmann, Christoph/Stöver, Bernd (Hrsg.): 1953 – Krisenjahr des Kalten Krieges in Europa. Köln u.a. 1999, S. 115-139, hier S. 139; Larres, Klaus: Großbritannien und der 17.6.1953. Die deutsche Frage und das Scheitern von Churchills Entspannungspolitik nach Stalins Tod. In: Ebda., S. 155-179, hier S. 173.
922 Vermerk Haenlein, BMGF, an Sts. Lenz, BKA, 24.6.1953 (BA, B 136/7835).
923 Vermerk Vockel, 29.6.1953 über Gespräch mit Reuter (BA, B 102/108195).
924 Ebda.
925 Ebda.
926 Bulletin Presse- und Informationsamtes der Bundesregierung, 3. 7.1953, S. 1041.
927 Bericht BMGF, 16.1.1954 (BA, B 136/3918). Danach wurden 5 Mio. Pakete mit Wert von 30 Mio $ in die DDR verschickt. 1/3 der Sendungen ging nach Ost-Berlin.
928 Protokoll Kabinettssitzung, in: Enders/Reiser (Bearb.): Kabinettsprotokolle, Bd.6, S.62.

destagswahlkampfes und der ideologischen Auseinandersetzung im Rahmen des Ost-West-Gegensatzes.[929] Es erscheint aber doch fraglich, ob sie aus einem überwiegend propagandistischen Motiv konzipiert wurden.[930] Letztlich ist diese Frage schwer zu klären, da sich beide Beweggründe a.) keineswegs gegenseitig ausschlossen und b.) aufgrund identischer Zielstellung hinsichtlich ihres Gewichtes kaum zu werten sind. Zum anderen beschloss die Bundesregierung am 30. Juni 1953 ein umfassendes Hilfsprogramm im Rahmen des innerdeutschen Handels. Dieses sah die Erhöhung des Überziehungskredits vor, um so zusätzliche Lebensmitteleinkäufe der DDR in der Bundesrepublik zu ermöglichen.[931] In dessen Rahmen sicherte man der DDR eine sofortige Lieferung von Frühkartoffeln im Wert von 3 Mio. VE, ebenso Kaffee- und Kakaolieferungen zu.[932] Ergänzt wurde die Kreditierung über den Swing durch das Angebot, gegen Zahlung in DM-West weitere Lebensmittelkontingente zur Verfügung zu stellen, wie es Grotewohl in seiner Rede vor der Volkskammer eingefordert hatte.[933] Adenauer selbst drängte das Kabinett, Ernährungsgüter im Wert von 25 Mio.-Westmark zu offerieren, die bar bezahlt werden konnten.[934] Hier liegt der Ursprung jenes im Jahre 1958 eingerichteten Sonderkonto S, das Warenbezüge gegen DM-West-Bezahlung im Rahmen des Berliner Abkommens ermöglichte. Natürlich waren auch Eigeninteressen westdeutscherseits im Spiel. So verband man Lebensmittellieferungen mit der Forderung, bundesdeutsche Eisenbahner im Dienste der DDR-Reichsbahn zu 100 % in DM-West zu entlohnen.[935]

Gegenüber dem Bundeskabinett betonte Erhard, dass die Verhandlungen über die Warenlisten 1954 trotz der politischen Spannungen unter der Prämisse geführt würden, mit dem innerdeutschen Warenaustausch das „einzige noch vorhandene Bindeglied"[936] und damit den Gedanken der Wiedervereinigung in der Öffentlichkeit zu stärken. Dies bedeutete, dass man der DDR in Fragen der wirtschaftlichen Zusammenarbeit soweit entgegenkomme, wie es „politisch und wirtschaftlich tragbar wäre."[937] Konkret hieß das, ein möglichst umfangreiches Handelsvolumen mit breit gefächertem Warenspektrum in den Warenlisten zu vereinbaren. Erhard selbst gab erstmals grünes Licht, um der jahrelangen, propagandistisch vertretene Forderung der DDR nach einem Handelsvolumen von 1 Mrd. VE zuzustimmen. Das war auch kein gravierendes Problem, da selbst die Führung der DDR rasch erkannte, dass angesichts ihrer Lieferschwäche diese Zahl kaum erreicht werden würde. Folgerichtig, so Erhard, versuche die Bundes-

---

929 Ebda.
930 Larres, Großbritannien, S. 177.
931 Enders/Reiser (Bearb.): Kabinettsprotokolle, Bd. 6, S. 62.
932 Kabinettsvorlage, 20.6.1953 (BA, B 102/108193).
933 Regierungserklärung Grotewohls, 33./34. Sitzung der Volkskammer, 29./30.7.1953, Berlin 1953, S. 775.
934 Gotto/Kleinmann/Schreiner (Bearb.), Zentrum , S. 677.
935 Ebda.
936 Schreiben Sts. Westrick, BMWi, an Sts. Lenz, BKA, 7.12.1953 (BA, B 102/15706).
937 Ebda.

regierung möglichst hohe Lieferkontingente für Ernährung und Konsumgüter zu vereinbaren, um damit einen praktischen Beitrag zur Unterstützung der ostdeutschen Bevölkerung zu leisten. Im Gegenzug akzeptiere man keinen Bezug ostdeutscher Engpasswaren, um die Lebensbedingungen dort nicht zu verschärfen.

Für die die DDR bestand das Problem des angemessenen Krisenmanagements darin, dass sie auf der einen Seite Hilfsangebote aus der Bundesrepublik annehmen musste, um die allgemeine Unzufriedenheit zu dämpfen, auf der anderen Seite aber aus Prestigegründen ihre Hilflosigkeit nicht allzu sehr offenbaren durfte. Verdeutlichen lässt sich diese ambivalente Situation anhand der Reaktion Otto Grotewohls auf das US-Angebot einer Lebensmittelspende über 15 Mio. $. Vor der Volkskammer forderte er die Amerikaner auf, der DDR für diesen Betrag Lebensmittel nicht zu schenken, sondern zu verkaufen.[938] Damit wollte er unterstreichen, dass die DDR keineswegs auf mildtätige Spenden angewiesen war. Zugleich hätte Grotewohl einen ersten offiziellen Handelskontrakt zwischen den USA und der DDR eingeleitet. Hinsichtlich des internationalen Ansehens der DDR wäre dies natürlich ein großer Fortschritt gewesen.

Über den innerdeutschen Handel bemühte sich das MAI, vermehrt Konsumgüter zu beziehen.[939] Gleichwohl bestand es auf korrekte Bezahlung, um dem Stigma des Almosenempfängers zu entgehen.[940] Im Gegenzug legte das MAI größten Wert darauf, dass eigene Agrarlieferungen aus optischen Gründen in den Warenlisten aufgeführt wurden.[941] Im August beschloss man den zusätzlichen Bezug von Energie aus der Bundesrepublik.[942] Die erforderlichen Finanzierungsspielräume konnten mittels drei Maßnahmen geschaffen werden. Erstens nahm man das westdeutsche Angebot an, den Swing für Konsumgüter und Dienstleistungen von 20 auf 40 Mio. VE zu erhöhen. Allerdings bestand Orlopp auf dem Vermerk im Protokoll, dass diese Maßnahme „im gegenseitigen wirtschaftlichen Interesse"[943] erfolge. Ministerpräsident Grotewohl drängte denn auch auf die eilige Bestätigung des deutsch-deutschen Briefwechsels bezüglich der Swingerhöhung.[944] Zweitens schränkte man die Bezüge bei Eisen und Stahl erheblich ein. Im Juni beantragte das MAI, den Posten für Walzwerkerzeugnisse von 41 Mill. auf 25 Mio. VE für das Jahr 1953 zu senken.[945] Drittens lieferte man in den ersten Wochen nach dem 17. Juni mehr Braunkohle, als vertraglich festgeschrieben waren.[946] Überhaupt zeigte sich die DDR „peinlich bemüht", die vereinbarten Lieferungen termingerecht abzuwickeln.[947]

---

938 Regierungserklärung Grotewohls, 29./30.7.1953, S. 775.
939 Schreiben Gregor an Präsidium Ministerrat, 20.10.1953 (BA, DL 2, 51, Bl. 256-257).
940 Schreiben Haenlein, BMGF, an Sts. Lenz, BKA, 24.6.53 (BA B 136 7835).
941 Schreiben BMELF an Sts. Lenz, BKA, 25.11.1953 (BA, B 136/7835).
942 Schreiben Gregor an Präsidium Ministerrat, 20.10.1953 (BA, DL 2, 51, Bl. 256-257).
943 Schreiben Orlopp an Grotewohl, 16.6.1953 (BA, DL 2, 1646, Bl. 112).
944 Ebda. Heyl gibt irrtümlich Anhebung von 30 auf 50 Mio. VE an; Heyl, Handel, S. 85.
945 Schreiben Freund, MAI, an Schwager, SPK, 29.6.1953; geheim (BA, DL 2, 1335, Bl. 20).
946 Schreiben Haenlein, BMGF, an Sts. Lenz, BKA, 24.6.1953 (BA, B 136, 7835).
947 Ebda.

6. Handel zwischen zwei souveränen Staaten (1954-1958)

6.1. Die internationalen politischen Rahmenbedingungen

Stalins Tod am 5. März 1953, das Ende der bewaffneten Auseinandersetzung auf der koreanischen Halbinsel am 22. Juli selbigen Jahres sowie der mit dem Beginn der Ära Chruschtschow im Herbst 1953 einsetzende politische Kurswechsel in Moskau eröffneten „gute Möglichkeiten einer allgemeinen Versachlichung der Ost-West-Beziehungen"[948]. Die bisher gültige Lagertheorie[949], welche von der Prämisse eines historisch determinierten Konflikts zwischen kapitalistischen und sozialistischen Staaten ausging, wich der Theorie von der friedlichen Koexistenz. Ihr zentraler Gedanke lautete: die bestehende Systemkonkurrenz liefe keineswegs zwangsläufig auf eine gewaltsame Konfrontation zu, sondern könnte vielmehr in einem langfristigen Prozess des wirtschaftlich-technischen Wettbewerbs überwunden werden. An dessen Ende stünde die gewaltfreie Transformation der bürgerlich-kapitalistischen in die sozialistische Gesellschaft.[950] In Abgrenzung zu Stalin ging Chruschtschow davon aus, dass die Phase der friedlichen Koexistenz hinsichtlich ihrer zeitlichen Dimension nicht nur eine kurze Atempause, sondern eine langdauernde Epoche darstellte.[951]

Diese paradigmatische Modifikation der kommunistischen Ideologie Stalinscher Prägung implizierte für die sowjetische Handelspolitik gegenüber dem Westen einen Kurswechsel. Die bisherige, auf Abgrenzung bedachte Außenhandelsdoktrin wurde zugunsten der Lehre von der internationalen Arbeitsteilung und des ökonomischen Kooperationsbedarfs zwischen den beiden existierenden Weltmärkten aufgegeben.[952] Mittels eines intensivierten Güter-, Dienstleistungs- und Kapitaltransfers hofften die politisch Verantwortlichen in den sozialistischen Staaten, die technologischen und ökonomischen Rückstände ihrer Volkswirtschaften rasch aufholen zu können. Sie gingen davon aus, dass der dadurch bewirkte ökonomische Aufschwung einen höheren Lebensstandard nach sich ziehen werde, wodurch die Akzeptanz des eigenen Herrschaftssystems in der

---

948 Schlarp, Konfrontation, S. 66.
949 Rede von Andrej Shdanow auf der Gründungsversammlung des Kominform, 23.-27.9.1947; Übersetzung abgedr. in: AdG, 1947, S. 1209-1213.
950 Bericht des Zentralkomitees der KPdSU an den XX. Parteitag der KPdSU. Deutsche Übersetzung in: Die Presse der Sowjetunion, Nr. 21/22, 17.2.1956, S. 498ff. Den Bericht verfasste N.S. Chruschtschow.
951 Rechenschaftsbericht des ZK der KPdSU an den XXII. Parteitag der KPdSU. Deutsche Übersetzung in: Die Presse der Sowjetunion, Nr. 124, 20.10.1961, S. 2648.
952 Demgegenüber setzt Rudolph den Kurswechsel in der sowjetischen Außenhandelspolitik bereits mit der Moskauer Weltwirtschaftskonferenz 1952 an; Rudolph, Wirtschaftsdiplomatie, S. 61-62.

Bevölkerung gestärkt werden würde. Auch die Entwicklungsunterschiede zwischen kapitalistischen und sozialistischen Staaten würden sich, so lautete die optimistische Einschätzung, mit der Zeit nivellieren bzw. umkehren.[953]

Die Neuausrichtung der sowjetischen Außenhandelspolitik rief im Westen zwar verhaltene, aber tendenziell durchaus positive Resonanz hervor, selbst bei der seit Januar 1953 regierenden republikanischen Eisenhower-Administration in Washington.[954] Als wichtiger Indikator hierfür kann die Lockerung der Embargobestimmungen gelten. Umfaßten die strategischen Embargolisten I-III während des Korea-Krieges noch ca. 456 Posten international gehandelter Waren, so vermochten die westeuropäischen Staaten nach seiner Beendigung eine Reduzierung um rund 60 % gegenüber den USA durchzusetzen.[955]

All diese Faktoren beförderten den Ost-West-Handel. Er wuchs während der Jahre 1953 bis 1956 um 76,3 %, wohingegen der Intra-RGW-Handelszuwachs im selben Zeitraum eine vergleichsweise bescheidene Steigerungsrate von 14,6 % aufwies.[956] Für die OECD lag der Vergleichswert immerhin bei 40,8 %. Auch wenn man das niedrige Ausgangsniveau des blockübergreifenden Handels berücksichtigt, welches die hohen Steigerungsraten teilweise erklärt, erlebte der Ost-West-Handel dennoch eine erstaunlich-erfreuliche Renaissance.

Doch trotz dieser aussagekräftigen Zahlen brach Mitte der fünfziger Jahre keineswegs das goldene Zeitalter des Ost-West-Handels an. Dem standen allein schon der anhaltende innereuropäische Desintegrationsprozess auf politischem, militärischem und wirtschaftlichem Gebiet entgegen. Wichtige Marksteine dieser Entwicklung waren der im Jahre 1955 erfolgte Beitritt der Bundesrepublik zur WEU und NATO, die Gründung des Warschauer Paktes, dem die DDR von Beginn an zugehörte, sowie die 1957 ins Leben gerufene EWG. Letztere richtete sich zwar nicht explizit gegen den Ost-West-Handel, bewirkte im Endeffekt aber doch, dass dieser gegenüber dem Waren-, Kapital- und Dienstleistungstransfer innerhalb der Gemeinschaft an Boden verlor. Das lag u. a. daran, dass hier die Transaktionskosten aufgrund der Handelsliberalisierung deutlich zurückgingen, wohingegen dies für den Warentransfer nach Osteuropa nicht der Fall war.

Aktuelle politische Vorkommnisse, wie die Aufstände in Polen und Ungarn im Jahre 1956 oder auch die Suez-Krise (1956), sorgten dafür, dass das Konfliktpotential zwischen Ost und West, einschließlich seiner dem intersystemaren Handel abträglichen Auswirkungen, erhalten blieb.

---

953 Ebda.; hierzu auch Schlarp, Konfrontation, S. 69-70 und Stent, Wandel, S. 54-57.
954 Beispielsweise US-Außenminister John Forster Dulles in einem Schreiben an Adenauer, 25.7.1955, in: K. Adenauer: Erinnerungen 1953-1955. Stuttgart 1966, S. 472-473.
955 Mai, Gunther: Osthandel und Westintegration 1947-1957. Europa, die USA und die Entstehung einer hegemonialen Partnerschaft. In: Herbst et al. (Hrsg.), Marshallplan, S. 203-226, hier S. 219-220. Liste I wurde von 266 auf 188, Liste II von 102 auf 20 und Liste III von 88 auf 14 reduziert. Da einige Güter der Liste II auf Liste III transferiert wurden, umfaßte diese letztlich 62 Posten.
956 Schlarp, Konfrontation, S. 71.

6.2. Die Bundesrepublik Deutschland

6.2.1. Die politische und ökonomische Situation

Die Bundesrepublik Deutschland befand sich Ende 1953 in einer Phase der wirtschaftlichen Prosperität und politischen Stabilität. Der überzeugende Wahlsieg Konrad Adenauers vom September 1953 dokumentierte die mehrheitliche Zustimmung der Bevölkerung zur parlamentarischen Demokratie und sozialen Marktwirtschaft. Der Umstand, dass die KPD an der Fünf-Prozent-Hürde scheiterte und nicht mehr im Deutschen Bundestag vertreten war, bedeutete zugleich eine klare Absage an das von ihr vertretene Wirtschafts- und Gesellschaftsmodell, indirekt auch an das in der DDR existierende Herrschaftssystem. Die innere Stabilität der Bundesrepublik erwies sich in den sehr heftig geführten Auseinandersetzungen um Westintegration und Wiederbewaffnung als belastbar. Ebensowenig vermochten Parteiquerelen innerhalb der Regierungsparteien CDU bzw. FDP den politischen Weg Westdeutschlands ernsthaft in Frage zu stellen.

Einen wesentlichen Beitrag zu dieser Entwicklung leistete der allgemeine Wirtschaftsaufschwung, der zurecht als wichtiges Element der faktischen Verfassung der Bundesrepublik charakterisiert worden ist.[957] Nach den Turbulenzen der Anfangsjahre, geprägt von der „Durchbruchskrise"[958] und dem nachfolgenden Korea-Boom, steuerte die bundesdeutsche Volkswirtschaft seit 1953 einen ruhigeren, aufsteigenden Kurs. Die Arbeitslosenquote sank von 8,4 % im Jahre 1953 auf 3,7 % vier Jahre später.[959] Die Inflationsrate bewegte sich bei moderaten 2 %, und die Volkswirtschaft wuchs zwischen respektablen 7,1 % (1954) bis spektakulären 11,8 % (1955). Finanzminister Schäffer verzeichnete seit 1955 einen beachtlichen Haushaltsüberschuss, selbst die Leistungsbilanz, anfangs die Achillesferse der westdeutschen Volkswirtschaft, zeigte seit 1953 eine erfreuliche Entwicklung.[960] Mit den wachsenden Gold- und Devisen-, insbesondere Dollarreserven der BdL, relativierte sich die Bedeutung des diesbezüglichen Einspareffektes eines VE-gestützten innerdeutschen Handels.

Gegen Ende des hier behandelten Zeitraumes verdüsterte sich der bundesdeutsche Konjunkturhorizont kurzzeitig, und erstmals kamen Rezessionsängste auf. Steinkohlenbergbau bzw. Eisen- und Stahlbranche waren von einem Absatzeinbruch in besonderem Maße betroffen, was das Interesse ihrer Akteure am innerdeutschen Handel wegen der damit verbundenen Absatzchancen deutlich

---

957 Borchardt, Knut: Die Bundesrepublik in dem säkularen Trend der wirtschaftlichen Entwicklung. In: Conze, Werner/Lepsius, M. Rainer (Hrsg.): Sozialgeschichte der Bundesrepublik Deutschland. Stuttgart 1985, S. 20-45, hier S. 20.
958 Abelshauser, Wirtschaftsgeschichte, S. 63.
959 Statistisches Bundesamt (Hrsg.): Statistisches Jahrbuch, 1956, S. 121; dass. (Hrsg.), Statistisches Jahrbuch, 1960, S. 146, S. 218, S. 486.
960 Deutsche Bundesbank (Hrsg.): Monetäre Statistiken 1948-1987. 40 Jahre Deutsche Mark. Frankfurt a. M. 1988, S. 2ff.

steigerte. Wie noch zu zeigen sein wird, entwickelten die Unternehmensführungen demzufolge eine bemerkenswerte Eigendynamik im Kontakt mit DDR-Behörden, die einen partiellen Gegensatz zur Bundesregierung begründete. Das politische Bonn reagierte sehr scharf auf die Annäherung westdeutscher Wirtschaftsakteure an politische Akteure aus der DDR, was nicht zuletzt in der Sorge begründet lag, dass mit dem vorläufigen Ende des scheinbar unaufhaltsamen Wirtschaftsaufschwunges auch die innere Stabilität gefährdet sei, ein Schwächemoment, welches wiederum „Pankow" zu seinen Gunsten ausnutzen könnte.

Die innere Stabilität der Bundesrepublik korrespondierte mit ihrer politischen Aufwertung auf internationalem Parkett. Durch die Erlangung staatlicher Souveränität in Kombination mit der politischen und militärischen Integration in die westliche Staatengemeinschaft im Mai 1955 sowie die wirtschaftliche Einbindung in die EWG zwei Jahre später stieg Westdeutschland binnen weniger Jahre zu einem geachteten Akteur der internationalen Politik auf.

6.2.2. Handelspolitische Zielsetzungen

Aufgrund dieser politisch-ökonomischen Rahmenbedingungen, die in hohem Maße mit der ostdeutschen Instabilität kontrastierten, agierte die Bundesregierung gegenüber der DDR aus einer Position der Stärke heraus. Vollbeschäftigung und industrielle Kapazitätsauslastung bedingten ein nachlassendes Interesse westdeutscher Unternehmen am innerdeutschen Handel.[961] Tatsächlich bestand Mitte der fünfziger Jahre eine „echte Abnahmebereitschaft der Bundesrepublik für sowjetzonale Waren eigentlich nur bezüglich der Braunkohle und einiger Chemikalien."[962] Die bis dahin ebenfalls erwünschten Güter Bau- und Grubenholz, Zucker und Getreide spielten keine nennenswerte Rolle mehr.

Angesichts dieser Entwicklung wandte sich Adenauer gegen eine Vernachlässigung des innerdeutschen Handels, vielmehr sprach er sich für dessen Erweiterung aus, damit „die Beziehungen nicht abreißen."[963] Er hatte vor allem die mittelfristigen politischen, wirtschaftlichen und gesellschaftlichen Bande im Blick, die eine wichtige Voraussetzung für die Wiedervereinigung darstellten. Hinzu kamen humanitäre Aspekte, die seit der Winterkrise 1952/53 in der DDR – und nicht erst seit 1958, wie Schwarz argumentiert[964] – immer mehr in den Vordergrund gerückt waren. So bestand im Kabinett Einigkeit darüber, dass sich die

---

961 Schreiben Erhard an Adenauer, 25.8.1955 (BA, N 1239, 190, Bl. 156-164).
962 Protokoll: 32. Kabinettssitzung, 12.5.1954. In: Hüllbüsch/Trumpp (Bearb.), Kabinettsprotokolle, Bd. 7, S. 198.
963 Gesprächsaufzeichnung, 19.2. 1954, in: K. Adenauer, Teegespräche, Bd. 1, S. 536. In dieser Frage gab es einen tragfähigen Konsens mit der SPD-Opposition; Vorschläge der SPD zur Genfer Außenministerkonferenz im Oktober/November 1955, 14.10.1955; in: DzD, III. Reihe, Bd. 1, Frankfurt a. M., Berlin 1961, S. 438-444, hier S. 442. Zum Meinungsbild innerhalb der SPD Schmidt, Krieg, S. 174.
964 Schwarz, Staatsmann, S. 480.

Hilfsbereitschaft der Bundesrepublik in der Ausgestaltung des Warenverkehrs mit der DDR niederschlagen müsse. Dementsprechend strebte man an, die Lieferangebote primär mit Rücksicht auf die Konsumbedürfnisse der dortigen Bevölkerung zusammenzustellen.[965] An die TSI erging die Weisung, im Rahmen der Routineverhandlungen mit dem MAI ständig auf vermehrte DDR-Bezüge von Lebensmitteln zu drängen. Weiterhin erfolgte die Genehmigung von Warenbegleitscheinen bevorzugt im Bereich von Nahrungs- und Konsumgütern.[966] Komplementär dazu bediente die BSW ostdeutsche Bezugswünsche bei Investitionsgütern nachrangig.[967]

Es kann also keine Rede davon sein, dass die humanitären Motive der Bundesregierung nur vorgeschoben waren.[968] Vielmehr schlugen sie sich in konkreten handelspolitischen Akzenten nieder. Dem widerspricht auch nicht die Beobachtung, dass die Lieferbereitschaft westdeutscher Akteure bei Lebensmitteln und Konsumgütern keineswegs nur altruistischen Wurzeln entsprang, sondern sehr wohl mit ökonomischen Eigeninteressen verknüpft sein konnte. Im Falle des Bundesverkehrsministers Seebohm, der ungeachtet seines Rufes als deutschlandpolitischen Hardliners für ca. 50 in seinem Wahlkreis ansässige Firmen der krisengeschüttelten Konservenbranche zusätzliche Lieferkontingente in die DDR bei Erhard zu erwirken hoffte, kamen politische Eigeninteressen noch hinzu.[969] Im übrigen empfahl der Bundeswirtschaftsminister seinem Kabinettskollegen, sich direkt an den VEH-DIA Nahrung zu wenden. Die Chancen zur Realisierung eines solchen Geschäftes stünden nicht schlecht, da die DDR Lebensmittel derzeit bevorzugt beziehe und auch das Bundeskabinett um verstärkte Lieferungen bemüht sei.[970]

Unter dem Eindruck der voranschreitenden Desintegration beider deutscher Staaten setzte Ludwig Erhard seine seit 1952 zu beobachtende, der DDR entgegenkommende Handelspolitik fort. Er akzentuierte sie aber dahingehend neu, dass er nunmehr dafür plädierte, der Gegenseite „für wichtige politische Zugeständnisse auf wirtschaftlichem Gebiete bedeutende Gegenleistungen"[971] anzubieten. Beispielsweise hoffte der Bundeswirtschaftsminister, mittels Kreditofferten die Schaffung einer internationalen Straßen- bzw. Schienenverbindung vom Bundesgebiet nach West-Berlin durchzusetzen. Auf diese Weise hätte man die Personen- und Warenkontrollen ostdeutscher Behörden ausgeschaltet und den Berlinverkehr von störenden Eingriffen befreien können – wenn sich die DDR denn an die Vereinbarung halten würde. Auch die Einrichtung eines freien Zeit-

---

965   Protokoll der 29. Sitzung des Ausschusses für Gesamtdeutsche und Berliner Fragen, 11.3.1955 (DBt, PA).
966   Vermerk BMWi, 6.4.1956 (BA, B 102/20894).
967   Protokoll der 29. Sitzung des Bundestagsausschusses für Gesamtdeutsche und Berliner Fragen, 11.3.1955 (DBt, PA).
968   Diese Auffassung vertritt Roesler, Handelsgeschäfte, S. 200.
969   Schreiben Seebohm an Erhard, 18.6.1953 (BA, B 102/20893).
970   Schreiben Erhard an Seebohm, 3.8.1953 (BA, B 102/20893).
971   Schreiben Erhard an Adenauer, 25.8.1955 (BA, N 1239, 190, Bl. 156-164).

schriftenaustausches zwischen beiden deutschen Staaten stand auf Erhards Wunschliste.[972] Zweifelsohne barg dieser letzte Punkt einige Brisanz, weil der mit dem Schriftentausch verbundene Transfer unliebsamer Gedanken in beiden deutschen Staaten wenig geschätzt wurde.

Erhards Überlegungen riefen die Kritik des Kanzlers hervor. Er unterstellte, sein Minister sei zu wirtschaftlichen Vorleistungen gegenüber dem Osten bereit, ohne Konzessionen von der anderen Seite einzufordern. Ein solches Zugehen auf „Pankow", so der Vorwurf, unterlaufe die von der Bundesregierung angestrebte Westbindung.[973] In diesem Zusammenhang brach erneut jener grundsätzliche Dissens zwischen Bundeskanzler und Wirtschaftsminister in Fragen des Ost- und innerdeutschen Handels hervor, der bereits bei der Suspendierung des Berliner Abkommens im Winter 1951/52 offen zu Tage getreten war. Adenauer akzeptierte ein handelspolitisches Engagement nach Osten nur in dem engen Rahmen, der seiner Auffassung nach durch die Westintegration abgesteckt wurde, da andernfalls die Position der Stärke aufs Spiel gesetzt würde. Zugleich befürchtete er, dass der Bundeswirtschaftsminister bei seiner Vorliebe für wirtschafts- und handelspolitische Fragen und seinem - nach Adenauers Eindruck – unterentwickelten politischen Gespür genau diese superiore Position gegenüber dem Osten aus den Augen verliere.

Als besonders problematisch für die erwünschte Ausweitung des innerdeutschen Warenverkehrs erkannte Erhard die „erheblichen"[974] Strukturveränderungen in den Volkswirtschaften beider Teilstaaten. Bedingt durch die staatliche Förderung der Flüchtlingsindustrie hatten sich in der Bundesrepublik einige Wirtschaftszweige, bei denen die DDR traditionell leistungsfähig war, stärker etablieren können, z. B. die Textil-, Glas-, Keramik-, Spielwarenindustrie. Andere Branchen Westdeutschlands, wie die chemische Industrie, reduzierten ihren früheren arbeitsteiligen Verbund mit ostdeutschen Produktionsstätten, indem sie fehlende Produktionslinien mittlerweile selbst aufgebaut hatten bzw. die entsprechenden Lieferungen aus dem westlichen Ausland bezogen. Daher traf die DDR mit ihren konkurrenzfähigen Produkten auf einen außerordentlich schwierigen westdeutschen Absatzmarkt.[975]

Erhard setzte diesem Trend einen deutlichen Kontrapunkt: „In Ansehung der Politik der Bundesregierung, der Aufrechterhaltung und Wiederanknüpfung der Wirtschaftsbeziehungen zwischen beiden Teilen Deutschlands und der Förderung der von ihrem Hinterland abgeschnittenen Westberliner Wirtschaft müssen der Industrie der Bundesrepublik Opfer bis zur Grenze des Vertretbaren zugemutet werden."[976] Der Minister war durchaus bereit, den Bezug von unter ökonomischen Gesichtspunkten unerwünschten Produkten aus der DDR auch

---

972 Ebda.
973 Hahn, Wiedervereinigungspolitik, S. 162-164.
974 Kabinettsvorlage des Bundeswirtschaftsministers, 7.3.1955 (BA, B 136/7835).
975 Ebda.
976 Ebda.

gegen starken Widerstand von Wirtschaftsakteuren durchzusetzen;[977] so geschehen beispielsweise im Frühjahr 1954 beim zusätzlichen Bezug von Buchungsmaschinen im Wert von 10 Mio. VE, Glas- und Keramikerzeugnissen über 3,5 Mio. VE und Zucker über 20 Mio. VE aus der DDR. Bedenken des Bundesarbeitsministers, der hierin eine Gefährdung für „aufstrebende und blühende Betriebe mit mehreren tausend Beschäftigten (zu einem großen Teil Sowjetzonenflüchtlinge)"[978] erkannte, wurden im Kabinett überstimmt. Vielmehr legte die Bundesregierung fest, dass ein derartiges „sowjetzonales Aufstockungsangebot nicht a limine abgelehnt werden dürfe und dass die Verhandlungen über ein Gegenangebot geführt werden sollen."[979]

Diente der innerdeutsche Warenverkehr in der ersten Hälfte der fünfziger Jahre als Instrument, um einer volkswirtschaftlichen Desintegration Gesamtdeutschlands faktisch entgegenzuwirken, so gewann er im Kontext der doppelten Souveränitätserklärung als Symbol einer zu bewahrenden deutschen Einheit zusätzlich an Bedeutung. Aus diesem Grund betonte der Bundeswirtschaftsminister im Kabinett, aber auch gegenüber den Wirtschaftsverbänden, unmissverständlich die Priorität von Warenbezügen aus der DDR vor industriellen Partikularinteressen: „Die politische Notwendigkeit des Interzonenhandels soll gegenüber dem Schutzbedürfnis der westdeutschen Industrie Vorrang haben."[980] Offenkundig eröffnete das Bewusstsein neu gewonnener ökonomischer Stabilität und Überlegenheit weitere Gestaltungsspielräume in der innerdeutschen Handelspolitik als bisher. Konkret sahen Erhards Steuerungsvorschläge, mit denen er Kritik aus dem Bundeskanzleramt an seiner angeblich zu passiven Handelspolitik widerlegen wollte,[981] folgendermaßen aus:

➢ Waren, bei denen keine „empfindliche Marktstörung"[982] zu befürchten war, durften künftig ohne Bezugsbegrenzung eingeführt werden. Auf diese Weise hoffte der Minister, „traditionelle Wirtschaftsbeziehungen"[983], wie sie vor der deutschen Teilung bestanden hatten, zu bewahren.

➢ Die Zahl der „kritischen"[984], d. h. mengenmäßig beschränkten Güter galt es möglichst gering zu halten, ihre Kontingente hingegen an die Grenze des wirtschaftlich Zumutbaren auszudehnen. Nur so ließe sich die politisch-propagandistische Kritik aus der DDR abwehren, welche ein unzureichendes Ausschöpfen der vereinbarten Warenkontingente durch die westdeutsche Wirtschaft anprangerte.

---

977 Protokoll 32. Kabinettssitzung, 12.5.1954, in: Hüllbüsch/Trumpp (Bearb.), Kabinettsprotokolle, Bd. 7, S. 198-199.
978 Ebda.
979 Ebda., S. 199.
980 Kabinettsvorlage des Bundeswirtschaftsministers, 7.3.1955 (BA, B 136/7835).
981 Schreiben Sts. Globke, BKA, an Erhard, 1.2.1955 (BA, B 102/108196).
982 Kabinettsvorlage des Bundeswirtschaftsministers, 7.3.1955 (BA, B 136/7835).
983 Ebda.
984 Ebda.

➢ Daneben regte Erhard deutsch-deutsche Gespräche zwischen Unternehmen, den IHK und auf Fachverbandsebene an; einzige Bedingung: ostdeutsche Staats- und Parteifunktionäre durften wegen möglicher politischer Indoktrinationsgefahr nicht eingebunden sein.[985]
➢ Die Kreditvergabepolitik gegenüber Flüchtlings- und Industriebetrieben, die in direkter Konkurrenz zu ostdeutschen Produzenten standen, plante Erhard dahingehend zu ändern, dass nur noch „unbedingt notwendige"[986] Projekte unterstützt werden sollten. Das bedeutete, der Minister orientierte die staatliche Wirtschaftsstrukturpolitik an den volkswirtschaftlichen Bedürfnissen eines künftig wiedervereinten Deutschlands und räumte dieser Zukunftsoption Vorrang vor aktuellen Integrationsprogrammen für DDR-Flüchtlinge ein.
➢ Einfuhren von DDR-Waren über Drittländer sollten verboten werden. Nach Erhards Einschätzung bewertete die DDR ihren Westhandel aus politischen Gründen höher als den deutsch-deutschen Handel. Über Handelsabkommen und die Einrichtung von Außenhandelskammern mit quasikonsularischen Befugnissen strebe sie die diplomatische Anerkennung durch die Hintertüre an. Diesen Trend wollte die Bundesregierung nicht auch noch durch Dreiecksgeschäfte befördern. Zudem fehlten der DDR aufgrund solcher Transaktionen häufig Lieferkapazitäten direkt in die Bundesrepublik, was sich in ihrer Handelsbilanz nachteilig niederschlug.[987]

Erhards vergleichsweise liberale Handelspolitik implizierte die Ablehnung von wirtschaftlichen Boykottmaßnahmen. Er war überzeugt, dass sie wirkungslos bleiben mussten, da die DDR mit dem Auf- und Ausbau eigener Außenhandelsbeziehungen in die Lage versetzt war, Bezüge aus Westdeutschland anderweitig zu substituieren.[988] Dies galt selbst für die „Waffe Eisen und Stahl"[989]. Selbige Auffassung teilte der Regierende Bürgermeister West-Berlins, Otto Suhr, vor allem auch mit Blick auf die exponierte Lage seiner Stadt.[990]

Schwierigkeiten bereitete dem Wirtschaftsminister allerdings die Forderung der USA nach einer strikten Einhaltung der Embargobestimmungen auch im Warenverkehr mit der DDR. Bislang hatte er die CoCom-Listen für den innerdeutschen Handel als nicht verbindlich interpretiert, da er eine Form des Binnenhandels darstelle. Trotzdem akzeptierte Erhard eine „gewisse moralische Verantwortung"[991], bestimmte Warengruppen nicht an die DDR zu liefern. In der Praxis jedoch unterlief das BMWi seit 1952 die Embargobestimmungen im

---

985 Protokoll: 16. Sitzung des Kabinettsausschusses für Wirtschaft, 19.8.1954, in: Hollmann (Bearb.), Kabinettsausschuss, Bd. 2, S. 189-195, hier S. 194-195.
986 Kabinettsvorlage des Bundeswirtschaftsministers, 7.3.1955 (BA, B 136/7835).
987 Ebda.
988 Sprechzettel für Erhard, 14.11.1955 (BA, B 102/108146).
989 Vermerk für Otto Suhr, 2.11.1955 (LA, B Rep. 002, 11274).
990 Ebda.
991 Protokoll 29. Sitzung Ausschuss f. gesamtdt. und Berliner Fragen, 11.3.1955 (DBt/PA).

Handel mit der DDR.[992] Als die USA darüber Kenntnis erhielten, reagierten sie sehr verärgert.[993] Schließlich einigten sich die CoCom-Mitgliedsstaaten im Oktober 1955 auf die Einrichtung eines Special Comitees (SCom), welches sich als Unterabteilung nur um Fragen des innerdeutschen Handels kümmerte.[994]

Die 1954/55 zu beobachtende Neuakzentuierung der bundesdeutschen Handelspolitik gegenüber der DDR darf nicht mit einer Aufgabe der bisherigen politischen und ordnungspolitischen Interessen verwechselt werden. Nach wie vor waren sich die wirtschaftlichen und politischen Akteure Westdeutschlands darin einig, dass die Bemühungen der DDR, die innerdeutschen Wirtschaftsbeziehungen für eine de-facto-Anerkennung der Eigenstaatlichkeit zu funktionalisieren, entschieden und konsequent zurückgewiesen werden mussten.[995] Weiterhin strebte Erhard mittels einer zentralen Preisprüfung die Unterbindung der ostdeutschen Dumpingpraxis an. Denn es bestand die begründete Sorge, dass die DDR in bestimmten Marktsektoren auf diese Weise einen Verdrängungswettbewerb praktizierte.[996] Ganz ungelegen kamen ihm die Billigbezüge aus Ostdeutschland indes nicht, da er auf der anderen Seite beabsichtigte, die „preissenkenden Tendenzen"[997] des innerdeutschen Handels auszuschöpfen, um inflationären Ansätzen in der Bundesrepublik entgegenzuwirken.[998] Hintergrund dieser Überlegung bildete die absehbare Belastung des Bundesetats durch künftige Militärausgaben einschließlich ihrer preistreibenden Auswirkungen.[999] Schließlich lehnte Erhard auch die seit Herbst 1954 von DDR-Politikern öffentlichkeitswirksam eingeforderte Liberalisierung der westdeutschen Handelspraxis ab. Solange die DDR ihr „Autarkiestreben"[1000] nicht durch eine „weltoffene Wirtschafts- und Handelspolitik"[1001] ersetze, werde Bonn keine einseitige Liberalisierung des Interzonenhandels vornehmen.[1002]

Allerdings, und das ist bemerkenswert, lockerte sich in dieser letztgenannten Frage der bislang enge Schulterschluss mit der Wirtschaft. So ist seit Mitte der fünfziger Jahre zu beobachten, dass westdeutsche Unternehmen verstärkt den

---

992 Vermerk für Sts. Westrick, BMWi, 26.7.1955 (BA, B 102/57864).
993 Schreiben Brentano an Adenauer, 29.7.1955 (StBkAH, Nachlaß Konrad Adenauer, Aktenbestand Tresor, Nr. 40).
994 Aufzeichnung über die Konstituierung des internationalen Sondergremiums für den innerdeutschen Handel in Paris, 12.9.1955 (BA, B 102/435429).
995 Protokoll 32. Kabinettssitzung, 12.5.1954, in: Hüllbüsch/Trumpp (Bearb.), Kabinettsprotokolle, Bd. 7, S. 198.
996 Protokoll 22. Sitzung des Kabinettsausschusses für Wirtschaft, 17.12.1954, in: Hollmann (Bearb.), Kabinettsausschuss, Bd. 2, S. 262-265.
997 Ebda.
998 Ebda. In diesem Sinne auch Minister Blücher.
999 Zu den Hintergründen drohender Preissteigerungen Dickhaus, Monika: Die Bundesbank im westeuropäischen Wiederaufbau. Die internationale Wirtschaftspolitik der Bundesrepublik Deutschland 1948 bis 1958. München 1996, S. 200.
1000 Kabinettsvorlage des Bundeswirtschaftsministers, 7.3.1955 (BA, B 136/7835).
1001 Ebda.
1002 Ebda.

Kontakt nach Ostdeutschland suchten, indem sich beispielsweise auch renommierte Firmen auf der Leipziger Messe präsentierten. Mehr noch: im Rahmen der zahlreichen Gespräche mit ostdeutschen Behörden forderten sie ebenso wie diese eine Liberalisierung des innerdeutschen Handels von Seiten der Bundesregierung.[1003] Auch im direkten Kontakt mit Bundesministern vertraten führende Wirtschaftsakteure wie der Direktor der Ferrostaal A.G., Kuhlmann, diese Position.[1004]

6.3. Die DDR

6.3.1. Die politische und ökonomische Situation

Die politisch-ökonomische Situation in der DDR schätzte die SED-Führung nach dem für sie traumatischen Erlebnis des 17. Juni 1953 zwiespältig ein. Zwar war sie sich auf der einen Seite darüber im Klaren, dass es ihr weder gelungen war, die bestehenden ökonomischen Probleme zur allgemeinen Zufriedenheit zu lösen, noch die Zustimmung der Bevölkerungsmehrheit für das sozialistische Regime zu gewinnen. Andererseits gab es aber Hinweise auf eine Entspannung der Gesamtlage. Die Zusage der UdSSR, zum 1. Januar 1954 auf sämtliche noch ausstehenden Reparationsleistungen verzichten und die Besatzungskosten auf 5 % des Staatshaushaltes begrenzen zu wollen, bedeutete zweifelsohne eine wesentliche Verbesserung der volkswirtschaftlichen Rahmenbedingungen. Überdies sollten die noch verbliebenen 33 SAG-Betriebe an die DDR zurückgegeben werden – einzige Ausnahme: die SAG/SDAG Wismut.[1005] Der seit Frühjahr 1953 eingeschlagene „Neue Kurs" führte zu einer spürbaren Verbesserung der allgemeinen Versorgungslage mit Konsumgütern. Allerdings brach die wirtschaftspolitische Führung – im Einklang mit der Sowjetunion – den „Neuen Kurs" 1955 bereits ab und kehrte zu einer Politik zurück, die den Investitionsgüterbereich bevorzugt förderte. Dies schlug sich u. a. in umfangreicheren Bezugswünschen bei Eisen und Stahl aus der Bundesrepublik nieder.[1006] So forderte das MAI für das Jahr 1956 Eisen- und Stahllieferungen im Wert von 500 Mio. VE gegenüber 120 Mio. VE im Vorjahr (= + 316 %). Eine als dramatisch empfundene Zuspitzung der wirtschaftlichen Gesamtlage zeichnete sich im Frühsommer 1956 ab, als sowohl bei der Rohstoff- als auch Ernährungsgüterversorgung erhebliche Engpässe eintraten.[1007]

1003 Kurzbericht der Leipziger Herbstmesse, 26.9.1956 (BA, DL 2, 1376, Bl. 70-74).
1004 Vermerk: Gespräch Kuhlmann mit Blücher, 31.5.1955 (BA, B 102/20881).
1005 Kommuniqué, 23.8.1953, in: Dokumente, Bd. 1, S. 347-350.
1006 Protokoll Ausschuss f. Gesamtdeutsche und Berliner Fragen, 11.3.1955 (DbtPA).
1007 Steiner, Plan, S. 87.

Der anhaltende hohe Verlust an Humankapital blieb für die DDR ein gravierendes und ungelöstes Problem. Zwar sank die Flüchtlingsziffer von 331.000 Bürgern im Krisenjahr 1953 auf 184.000 im Jahr darauf. Aber schon 1955 war wieder ein Anstieg auf 252.000 Personen zu verzeichnen. Im darauffolgenden Jahr kehrte sogar 279.000 Personen der DDR den Rücken.[1008] Damit erreichte die Fluchtwelle ihren zweithöchsten Jahreswert überhaupt. Auf Dauer ließ sich der Verlust an Humankapital volkswirtschaftlich kaum verkraften.

Analog zur Entwicklung der Bundesrepublik ging auch die ökonomische Konsolidierung der DDR mit einem politischen Emanzipationsprozess einher. Bereits im Kontext der Niederschlagung des Aufstandes vom 17. Juni 1953 hatte die UdSSR indirekt eine Bestandsgarantie für die DDR abgegeben.[1009] Mit ihrer Erklärung vom 25. März 1954 delegierte sie erweiterte Souveränitätsrechte[1010] und gestand der DDR am 20. September 1955 die volle staatliche Souveränität zu.[1011] In Bonn wurde deutlich registriert, dass das MAI gegenüber der TSI nunmehr in „eigener Machtvollkommenheit"[1012] agierte. Bekanntlich erfuhr die DDR eine völkerrechtliche Anerkennung lange Jahre nahezu ausschließlich von den sozialistischen Staaten. Seit 1955 bildete daher der Kampf um eine globale internationale Anerkennung des eigenen Staates – insbesondere durch die Bundesregierung – das Hauptanliegen der DDR-Außenpolitik.[1013] Die Außenhandelspolitik hatte sich an dieser Vorgabe auszurichten.

6.3.2. Handelspolitische Zielsetzungen

Analog zur Deutschlandpolitik kommt den Jahren 1954/55 auch in der deutsch-deutschen Handelspolitik die Bedeutung einer „Art Wasserscheide"[1014] zu. Hatten die Wirtschaftsbeziehungen der DDR bislang als Medium gedient, um innerhalb bundesdeutscher Wirtschaftskreise gegen Adenauers Westintegrationskurs zu agitieren und insbesondere die „Volksmassen gegen die beabsichtigte Durchführung der Pariser Verträge und ihrer Ratifizierung im Deutschen Bundestag"[1015] zu mobilisieren, so zeichnete sich nunmehr ein Themenwechsel ab. Seit Mitte der 1950er Jahre fungierte der innerdeutsche Handel als wichtigstes Vehi-

---

1008 Heidemeyer, Flucht, S. 146.
1009 Ulbricht vor der Volkskammer, 25.11.1953, in: Dokumente z. Außenpolitik, Bd. I, S. 5.
1010 Erklärung der Sowjetregierung vom 25. März 1954 über die Gewährung der Souveränität an die Deutsche Demokratische Republik. In: DzD, Berlin (Ost), S. 501-502.
1011 Vertrag über die Beziehungen zwischen der Deutschen Demokratischen Republik und der Union der Sozialistischen Sowjetrepubliken. Gbl. DDR, Teil I, Nr. 107, 15.12.1955, S. 918-919.
1012 Vermerk Woratz, BMWi, 27.10.1955; streng vertraulich (BA, B 136/7827).
1013 Lemke, Michael: Die Außenbeziehungen der DDR (1949-1966). Prinzipien, Grundlagen, Zäsuren und Handlungsspielräume. In: Pfeil (Hrsg.), DDR , S. 63-80, hier S. 74.
1014 Schwarz, Ära Adenauer, S. 271.
1015 Aktenvermerk MAI, 23.2.1955 (BA, DL 2, 1643, Bl. 16-19).

kel, um die Botschaft von den zwei völkerrechtlich gleichrangigen deutschen Staaten nach Westen zu transportieren. Sie sollten die Voraussetzung für die Schaffung normaler zwischenstaatlicher Beziehungen herstellen.[1016] Erst mit der großen Koalition in Bonn und ihrem Kurswechsel gegenüber „Pankow" erfuhr der innerdeutsche Handel Ende der sechziger Jahre eine spürbare Entlastung von dieser inhaltlichen Zweckentfremdung.

Die deutsch-deutschen Wirtschaftsbeziehungen boten größeres taktisches Potential für eine politische Instrumentalisierung, als entsprechende Kontakte in Wissenschaft, Literatur, Kunst oder Sport. Schließlich erreichte man über diesen Weg einflussreiche Kreise der „nationalen Bourgeoisie"[1017], die aufgrund ihrer politisch eher konservativen Einstellung ansonsten kaum mit Kommunisten zusammengekommen wären und Botschaften jenseits des „Eisernen Vorhanges" von vornherein ablehnend gegenüber standen.[1018] Wegen der gegebenen Interessenkongruenz in ökonomischen Fragen hofften die handelspolitischen Strategen der SED und des MAI jedoch, diese weltanschauliche – oft auch emotionale – Barriere überwinden zu können.

Es gab einen weiteren Grund, weshalb die innerdeutschen Wirtschaftsbeziehungen bestens geeignet waren, das Postulat von der Eigenstaatlichkeit der DDR im Westen zu verbreiten. Da es mittlerweile offenkundig war, dass die Bundesregierung unter keinen Umständen eine sozialistische DDR offiziell anerkennen würde, blieb nur der Weg, die Akzeptanz der „Zwei-Staaten-Theorie" gleichsam in „homöopathischen Dosen", d. h. in kleinsten Schritten auf der Ebene technischer Kontakte durchzusetzen.[1019] Für eine solche Strategie bot der innerdeutsche Handel eine Fülle taktischer Umsetzungsmöglichkeiten.

Politische Inhalte werden bekanntlich über Sprache vermittelt. Folgerichtig betraf eine erste wichtige Anordnung die offizielle Terminologie. Seit Sommer 1954 wurden ministeriumsintern die Fachbegriffe des innerdeutschen Handels durch die entsprechenden Termini des Außenhandels ersetzt;[1020] ab 1960 wies die amtliche DDR-Statistik den Waren- und Dienstleistungstransfer mit Westdeutschland unter der Rubrik „Außenhandel" aus.[1021] Die sicherlich bedeutsamste, mittelfristig angestrebte Sprachkorrektur betraf die Signatarformel des Berliner Abkommens.[1022] Schon bei seiner Unterzeichnung im Jahre 1951 hatte der

---

1016 Hausmitteilung vom stv. Min. Weiss, MAI, an Min. Rau, 21.9.1958 (BA, DL 2, 3311, Bl. 3). So auch Walter Ulbricht „Die gegenwärtige Lage und der Kampf um das neue Deutschland." In: Protokolle und Verhandlungen des IV. Parteitages der Sozialistischen Einheitspartei Deutschlands vom 30. März bis 6. April 1954. Bd. 1, Berlin 1954, S. 18-176, hier S. 28. Im gleichen Sinne Lagebeurteilung BMGF, 17.6.1958 (BA, B 137/2996).
1017 Arbeitsanweisung 31/54 stv. Minister, MAI, 8.12.1954 (BA, DL 2, 1381, Bl. 281).
1018 Vorlage Freund, MAI, an Renneisen, 17.7.1954 (BA, DL 2, 125, Bl. 1-2). Verhandlungsdirektive, 17.11.1955 (BA, DL 2, 1322, Bl. 129-136, hier Bl. 130).
1019 Katzer, Nikolaus: „Eine Übung im Kalten Krieg." Die Berliner Außenministerkonferenz von 1954. Köln 1994, S. 166.
1020 Vorlage Freund, an Renneisen, 17.7.1954 (BA, DL 2, 125, Bl. 1-2).
1021 Staatl. Zentralverw. Statistik (Hrsg.), St. Jahrbuch der DDR. 1960. Berlin (Ost) 1961.
1022 Vermerk MAI, 27.1.1956 (BA, DL 2, 1322, Bl. 1-8, hier Bl. 4).

damalige Delegationsleiter Orlopp den Terminus „Währungsgebiet" nur mit Widerwillen akzeptiert. Unter den seit 1955 veränderten staatsrechtlichen Rahmenbedingungen war es eine geradezu zwingende Notwendigkeit, dieses bei der nächsten sich bietenden Gelegenheit zu revidieren, wollte man den Anspruch auf staatliche Souveränität der DDR international halbwegs überzeugend dokumentieren. Tatsächlich rechnete Bonn seit dieser Zeit ständig mit einer Kündigung des Berliner Abkommens und einer Neuregelung des innerdeutschen Handels in Form eines „Staatsvertrages".[1023] In diesem Punkt konnte sich die DDR jedoch während der vierzig Jahre ihrer Existenz nicht durchsetzen.

Von den im Westen ansässigen deutsch-deutschen Handelsgesellschaften verlangte das MAI, „die Tatsache der bestehenden zwei deutschen Staaten"[1024] in ihren Broschüren deutlicher zum Ausdruck zu bringen. Ein bedeutsames Forum, auf dem die „Zwei-Staaten-Theorie" international publik gemacht werden konnte, stellten die Tagungen der im März 1947 ins Leben gerufenen UN Economic Commission for Europe (ECE)[1025] dar. Seit im Jahre 1953 die Sowjetunion ihre Bereitschaft zur Zusammenarbeit mit dieser Organisation signalisiert hatte, partizipierte auch die DDR an deren Verhandlungen, bei denen neben dem wirtschaftlichen Wiederaufbau Europas vor allem die innereuropäischen Wirtschaftsbeziehungen auf der Agenda standen. Allerdings mussten sich ostdeutsche Vertreter anfangs mit dem Status einer Beratergruppe „Eastern Zone of Germany" innerhalb der sowjetischen Delegation begnügen. Auch wenn die bundesrepublikanische Abordnung im gleichen Sinne behandelt wurde, nahm man in Ost-Berlin Anstoß an dieser Einstufung und bemühte sich ebenso hartnäckig wie vergebens, diesen völkerrechtlich inferioren Status zu überwinden. Seit der 8. Tagung im März 1953 waren sowohl west- als auch ostdeutsche Abordnungen zugelassen, wobei um ihren jeweiligen Status in der Folgezeit heftig gerungen wurde.[1026] So berichtete der Staatssekretär im Ministerium für Außenhandel und Innerdeutschen Handel, Hüttenrauch, über die ECE-Tagung im Oktober 1954 stolz, wie er ungeachtet lautstarker Proteste der westdeutschen Delegation das „Tischschildchen ‚Eastern Zone of Germany' umgelegt und verdeckt"[1027] habe. Gegenüber dem Tagungsleiter und ECE-Sekretär Gunnar Myrdal habe er sein Verhalten mit dem Hinweis gerechtfertigt, dass immerhin eine „Regierungsdelegation der Deutschen Demokratischen Republik"[1028] am

---

1023 „Die wirtschaftspolitische Lage der Bundesrepublik und Westberlins im Verhältnis zu der Politik der ‚DDR' bzw. der Sowjetunion"; 17.6.1958 (BA, B 137/2996).
1024 Stellungnahme Freund zur „Genfer Denkschrift des Ausschusses zur Förderung des deutschen Handels vom 25.10.55", 31.10.1955 (BA, DL-2, 1343, Bl. 67-68).
1025 Zur Geschichte der ECE KOSTELECKÝ, Václav: The United Nations Economic Commission for Europe. The beginning of a history. Göteborg 1989; SIOTIS, Jean: Die ECE und Gesamteuropa. Köln 1969.
1026 Rudolph, Wirtschaftsdiplomatie, S. 61-66.
1027 Sitzungsprotokoll der außenpolitischen Kommission des Politbüros, 26.10.1954 (SAPMO-BA, DY 30 IV 2/2.115 Bl. 16-34, hier: Bl. 30).
1028 Ebda.

Verhandlungstisch sitze. Der ministeriumsinterne Bericht bewertet diesen Vorgang als bemerkenswerten Erfolg im Bemühen um internationale Anerkennung.

Bei Lichte betrachtet eine banale Episode, verdeutlicht sie dennoch, welch hoher Stellenwert repräsentativen Aspekten in der „Deutschen Frage" und der völkerrechtlichen Anerkennung der DDR beigemessen wurde. Um ein Bild aus der Schachwelt zu bemühen: jeder noch so geringe Positionsgewinn wurde als notwendiger Schritt auf dem langen, beharrlich verfolgten Weg zum Gewinn der Partie gewertet. Hinter dieser Strategie verbarg sich die Überzeugung, dass die entsprechende äußere Repräsentation eine de facto Souveränität der DDR im Bewusstsein der politischen Akteure schaffen könnte, die zu einem späteren Zeitpunkt einer juristisch codifizierten Anerkennung den Weg bereiten würde.

Tatsächlich aber sollte das beharrliche Insistieren auf eine völkerrechtlich als angemessen empfundene Präsentation des kleineren deutschen Staates bei der ECE nur wenig Wirkung zeitigen. Zwar wurde ihm am 5. Februar 1955 zugestanden, offiziell eine „Représentation permanente de la République Démocratique Allemande" einzurichten, was einen gewissen Statusgewinn bedeutete. Eine Vollmitgliedschaft jedoch, wie sie der Bundesrepublik 1955 angetragen und zum 21. März 1956 vollzogen wurde, blieb der DDR bis zu ihrer Aufnahme in die UNO im Jahre 1973 verwehrt.[1029] Verärgert schränkte Ost-Berlin seine Präsenz und Mitarbeit in der ECE ab 1958 ein.[1030] Die These, nach der das größere wirtschaftliche Potential der Bundesrepublik den Ausschlag für ihre gegenüber der DDR bevorzugte Behandlung gegeben habe, erscheint durchaus plausibel, zumal der sozialistisch eingestellte ECE-Generalsekretär Gunnar Myrdal einer Aufwertung der DDR eher positiv gegenüber stand. Offensichtlich war die Möglichkeit, über ökonomischen Erfolg völkerrechtliche Realitäten zu schaffen größer, als über die Mittel der auswärtigen Bildpolitik.

Auch westdeutsche bzw. -europäische Wirtschaftsmessen eigneten sich als Plattform für derartige Auftritte. Was vereinzelt bereits seit 1950 praktiziert worden war, die Präsenz ostdeutscher Unternehmen unter dem Label „Deutsche Demokratische Republik", wurde seit 1955 systematisch betrieben.[1031] Den zweifellos spektakulärsten Erfolg erzielte man 1959 auf der 12. Bremer Landesmesse, als die ostdeutschen Aussteller unter dem weithin sichtbaren Schild „10 Jahre Deutsche Demokratische Republik" von geschätzten 170.000 Besuchern wahrgenommen wurden.[1032] Interventionen des Bundesamtes für Verfassungsschutz, ja selbst des Bundeskanzlers, scheiterten an der unbeirrten Haltung des Regierenden Bürgermeisters der Hansestadt, Wilhelm Kaisen (SPD), der als Schirm-

---

1029 Klaus BOLZ/Bernd KUNZE: Wirtschaftsbeziehungen zwischen Ost und West – Handel und Kooperation, Hamburg 1973, S. 52; RUDOLPH, Wirtschaftsdiplomatie, S. 61-71.
1030 SIOTIS, ECE, S. 66.
1031 Sitzungsprotokoll MAI, 1.7.1954 (BA, DL 2, 1647, Bl. 21-27). Erfolge erzielte das MAI 1956 auf Messen in Köln, München und Brüsseler; Schreiben Brentano an Sts. Globke, BKA, 15.8.1956 (BA, B 136/3922).
1032 „Analyse über die Erfüllung des Außenhandelsplans. Teil Innerdeutscher Handel. Berichtszeitraum 1.1.-31.12.1959"; 21.1.1960 (SAPMO-BA, DY 30/IV 2/6.10/194).

herr dieser Veranstaltung in Erscheinung trat. Aufgrund seiner damaligen Funktion als amtierender Bundesratspräsident bekleidete er das zweithöchste Amt der Republik, was in Ost-Berlin genau vermerkt wurde. Aus dieser Konstellation ließ sich aber kein weiteres Kapital für die Anerkennungsfrage schlagen. Immerhin – das MAI sah sich durch diesen Vorgang in der Überzeugung bestärkt, dass der Interessengegensatz von Bund und Ländern für eigene Ambitionen hervorragend instrumentalisierbar sei, vor allem wenn er – wie im vorliegenden Fall – mit einem Parteiendissens zwischen CDU und SPD korrespondierte. Damit lag es durchaus richtig. Auch die unterschwellige Wirkung solcher Aktionen im Bewusstsein der westdeutschen Öffentlichkeit dürfte kaum zu bestreiten sein.

Zielten die bisher genannten Maßnahmen auf die nationale und internationale Etablierung neuer Begrifflichkeiten – und damit neuer Inhalte – ab, so bemühte sich das MAI weiterhin, die institutionellen Rahmenbedingungen der deutsch-deutschen Wirtschaftsbeziehungen gemäß des eigenstaatlichen Anspruches zu modifizieren. Wichtigstes Ziel hierbei war die Ausschaltung der zumindest im verwaltungsjuristischen Sinne Nicht-Regierungsinstanz TSI. So versuchte Minister Rau in mehreren Schreiben an seinen Kollegen Erhard, in denen er für den Ausbau des Handels „zwischen unseren beiden Staaten"[1033] plädierte, einen Dialog auf oberster Ebene einzuleiten. Mit einer Antwort aus Bonn hatte er allerdings nicht ernsthaft gerechnet.

Eine besonders skurrile Episode auf dem Weg zum Dialog auf einer höheren Hierarchiestufe ereignete sich am 21. Oktober 1958, als MAI-Chefunterhändler Behrendt unerkannt bis ins Bonner Vorzimmer des Bundeswirtschaftsministers gelangte und dort einen Brief von Minister Rau hinterlegte. Nachdem die Mitarbeiter im BMWi den Boten und Absender des Schreibens identifiziert hatten, verweigerten sie in großer Aufregung und nach Rücksprache mit dem Bundeskanzleramt nachträglich die Annahme des Briefes.[1034] Es galt unter allen Umständen den Eindruck zu zerstreuen, Bonn akzeptiere Regierungskorrespondenz aus Ost-Berlin. Auch von anderen DDR-Ministern sind Versuche zur postalischen Kontaktaufnahme mit Bonner Amtskollegen während jener Jahre dokumentiert, beispielsweise die Gesprächsinitiative von DDR-Verkehrsminister Kramer im Zusammenhang mit der Straßenbenutzungsgebührenerhöhung im April 1955 oder der Versuch eines Briefwechsels zwischen DDR-Arbeits- und Sozialminister Macher und seinem Bonner Amtskollegen Storch.[1035]

Die SED-Parteiführung ordnete noch eine weitere taktische Variante an, um die TSI aus den innerdeutschen Verhandlungen herauszudrängen und interministerielle Kontakte zu etablieren. Es ist zu beobachten, dass seit 1954/55 der ostdeutsche Verhandlungsführer in den Routinegesprächen Themen, die nicht direkt mit dem innerdeutschen Warenaustausch verknüpft waren, konsequent

---

1033 Schreiben Rau an Erhard, 24.10.1954 (BA, DL 2, 48, Bl. 61). Schreiben Rau an Erhard, 31.5.1955 (BA, DL 2, 3369, Bl. 40-41).
1034 Vermerk Vialon, BKA, für Sts. Globke, BKA, 21.10.1958 (BA, B 136/7836).
1035 FAZ, 6.4.1955; Protokoll Nr. 5 der Sitzung des Sekretariats des ZK der SED, 2.2.1955 (SAPMO-BA, DY 30/J IV 2/3/454, Bl. 14-16).

von der Tagesordnung verbannte. Statt dessen forderte er für solche Fragen die Einrichtung interministerieller, paritätisch besetzter Fachkommissionen, wie sie Ulbricht im Rahmen seines Konföderationsplans Ende 1956 vorschlagen sollte.[1036] Bonn verweigerte sich diesem Ansinnen beharrlich, da gemeinsame Kommissionen stets als Indiz für gegenseitige Anerkennung interpretiert werden konnten. Ein aussagekräftiges Fallbeispiel für eine solche Konstellation war der noch zu schildernde Streit um die Erhöhung der Straßenbenutzungsgebühr im Berlinverkehr während des Frühjahrs 1955. Den Durchbruch in der „Kommissionsfrage" erzielte die DDR beim ersten deutsch-deutschen Bauprojekt „Autobahnbrücke Hirschberg/Saale", als eine solche Expertenrunde Mitte der 1960er Jahre eingesetzt wurde.[1037]

Sogar bei Transaktionen, die in den Geltungsbereich des Berliner Abkommens fielen, lassen sich Bestrebungen nachweisen, die TSI zu marginalisieren oder gar auszugrenzen. Beispielsweise plante man ihre Ausschaltung bei der Vermittlung deutsch-deutscher Dienstleistungsgeschäfte, indem man sich direkt mit den interessierten westdeutschen Unternehmen verständigte.[1038] Selbiges lässt sich für das Problem des Schrotthandels nachweisen, dem aufgrund der Ressourcenknappheit in der DDR durchaus volkswirtschaftliche Bedeutung zukam.[1039] Dahinter verbarg sich letztlich die Absicht, nicht nur die TSI, sondern auch das BMWi aus dem Geschäftsanbahnungsverfahren zu verbannen.

Abschließend sei noch auf eine letzte, eher kurios anmutende Initiative hingewiesen. Im MAI plante man, bei der Bundesregierung durchzusetzen, dass dem MAI-Handelsbüro in Frankfurt a. M. exterritorialer Status verliehen werde, wie er etwa diplomatischen Vertretungen im Ausland zukommt.[1040] Der Gedanke erscheint jedoch geradezu abwegig, da Bonn einer ostdeutschen Einrichtung auf westdeutschem Boden niemals paradiplomatische Qualität zuerkannt hätte.

Unabhängig von den Bemühungen, über deutsch-deutsche Wirtschaftskontakte der Anerkennung durch Bonn näher zu kommen, strebte die DDR-Führung ganz im Sinne des Postulats von der „friedlichen Koexistenz" nach wie vor die „Steigerung des Warenverkehrs mit Westdeutschland im Kampf um den Weltfrieden"[1041] an. Als die TSI Zustimmung zum 1 Mrd. VE-Handelsvolumen

---

1036 Rede Ulbrichts vor dem 30. Plenum des ZK der SED, 31.12.1956, in: Siegler, Heinrich (Hrsg.): Wiedervereinigung und Sicherheit Deutschlands. Bonn, Wien, Zürich 1960, S. 58-59, hier S. 59. Bereits 1954 hatte Ulbricht unter Berufung auf den sowjetischen Außenminister Molotow die Einrichtung einer gesamtdeutschen Wirtschaftskommission gefordert; Ulbricht, Die gegenwärtige Lage, S. 186.
1037 Fäßler, „Brückenschlag". Die Einrichtung einer paritätischen technischen Kommission hatte heftige Kritik in der bundesdeutschen Öffentlichkeit nach sich gezogen.
1038 Vermerk MAI, 27.1.1956 (BA, DL 2, 1322, Bl. 1-8, hier Bl. 2).
1039 Protokoll 31. Sitzung Kabinettsausschusses für Wirtschaft, 5.7.1955, in: Hollmann (Bearb.), Kabinettsausschuss, S. 381-388.
1040 Vermerk MAI, 27.1.1956 (BA, DL 2, 1322, Bl. 1-8, hier Bl. 4).
1041 Schreiben Falkenberg, Handelsrat der DDR-Botschaft in der ČSR, an MAI, HA Handel mit den demokratischen Ländern, 29.6.1954 (BA, DL 2, 1335, Bl. 4-5). Handelspolitische Richtlinie Leipziger Frühjahrsmesse 1954, 2.3.1954 (BA, DL 2, 1355, Bl. 281).

signalisierte, legte das MAI nach und forderte vehement die Abschaffung des zentralen Ausschreibungs- und Genehmigungsverfahrens. Nur so lasse sich die von beiden Seiten angestrebte Erweiterung des Warenverkehrs tatsächlich erreichen.[1042] Dahinter verbarg sich der Gedanke, über einen ungehinderten Zutritt zum bundesdeutschen Markt diesen nach eigenen Vorstellungen zu beeinflussen.

Erstmals erfreute sich Ost-Berlin in dieser Frage der Unterstützung des BDI[1043], namentlich auch führender Vertreter der Schwerindustrie, unter ihnen Mommsen (Fa. Rheinrohr A.G., Duisburg) und Menges (Fa. Ferrostaal A.G., Essen), mit denen das MAI in regem Kontakt stand. Auch Fachleute anderer Branchen, darunter Diehlmann (Fa. Hoechst A.G., Frankfurt a. M.), drängten in Gesprächen mit Erhard auf weitergehende Reformen und Liberalisierungen im deutsch-deutschen Handel.[1044] Diese punktuelle Kooperation just zu jener Zeit war ein untrügliches Zeichen dafür, dass innerhalb der westdeutschen Unternehmerkreise das Bedrohungsgefühl durch den politisch-ideologischen Feind jenseits des „Eisernen Vorhanges" deutlich geschwunden war. Man war sich der Stabilität und Überlegenheit des eigenen Staates und seiner Marktwirtschaftsordnung in einem solchen Maße gewiss, dass der Handel mit der DDR primär unter betriebswirtschaftlichem Kosten-Nutzen-Kalkül betrieben wurde. Dies konnte bei entsprechender Interessenkonstellation dann zu Übereinstimmungen mit „Pankow" führen und sich gegen Bonn richten. Eine weitere Option, die sich aus der Annäherung der westdeutschen Industrie und der ostdeutschen Machthaber ergab, waren mögliche Kooperationen in Drittländern.[1045] Von der Kombination westdeutschen Kapitals und Know hows mit ostdeutschem Marktzugang zu den sozialistischen Staaten bzw. ihnen nahestehenden Entwicklungsländer erhofften sich beide Seiten einen umsatzsteigernden Synergieeffekt.

Um die „Vertiefung und Ausnutzung der Widersprüche zwischen den westdeutschen Monopolen und der Adenauerregierung"[1046] voranzutreiben, plante das MAI die Errichtung eines „Komitees zur Förderung des deutschen Handels"[1047]. In ihm sollten die westdeutschen Teilnehmer der Moskauer Weltwirtschaftskonferenz vom April 1952, die Mitglieder des Ostausschusses des BDI, des Ausschusses zur Förderung des deutschen Handels sowie der Fachverbände und IHKs vereint werden. Ziel einer solchen Institution war das koordinierte Intervenieren von Wirtschaftsakteuren beim BMWi im handelspolitischen Sinne der DDR. Letztlich scheiterte die Etablierung einer solchen übergeordneten

---

1042 Verhandlungsdirektive, 17.11.1955 (BA, DL 2, 1322, Bl. 129-136, hier S. 130).
1043 Jahresbericht BDI : Bericht über die Zeit 1. Mai 1955 bis 30. April 1956, S. 116.
1044 Aktenvermerk, 24.3.1955 (BA, DL 2, 1326, Bl. 190-191).
1045 So der Vorschlag von Ulbricht, Protokoll der Verhandlungen der 3. Parteikonferenz der Sozialistischen Einheitspartei Deutschlands, 24. bis 30. März 1956. Berlin 1956, S. 193.
1046 Konzeption für die Arbeit mit westdeutschen Wirtschaftskreisen; Autor: Ernst Lange, SED, Politbüro, 28.6.1954 (BA, DL 2, 1355, Bl. 282).
1047 Ebda.

Organisation am Widerstand der AG IZH, die eine derartige Konkurrenz mit erkennbarem Einfluss des MAI nicht tolerierte.[1048]

Als weiteres handelspolitisches Agitationsforum initiierte das MAI am 9. Februar 1954 die Gründung des „Ausschusses zur Förderung des deutschen Handels" bzw. wenig später des „Ausschusses zur Förderung des Berliner Handels."[1049] Bereits die organisatorische Trennung beider Ausschüsse dokumentiert das Bestreben der SED, West-Berlin aus dem engen politischen Verbund mit dem Bundesgebiet herauszulösen. Beide Ausschüsse, in denen sich Wirtschaftsvertreter aus West- und Ostdeutschland engagierten, kooperierten eng mit dem MAI. Es gelang ihnen zwar nicht, volkswirtschaftlich bzw. wirtschaftspolitisch einen nennenswerten Einfluss zu erlangen, aber sie sorgten doch für erhebliche Unruhe in Bonn und bei den Spitzenverbänden der Wirtschaft. Immerhin zählten Ende der fünfziger Jahre Bundestagsabgeordnete wie Rademacher (FDP), Margulies (FDP), Kalbitzer, Birkelbach, Wehr (alle SPD) und Löhr (CDU) zu regelmäßigen Besuchern ihrer Veranstaltungen.[1050]

Neben der politischen Aufwertung spielten selbstverständlich ökonomische Motive eine wichtige Rolle in der DDR-Handelspolitik. Bei einigen Waren erzielte sie in der Bundesrepublik deutlich höhere Preise als auf dem Weltmarkt. Dies galt für Vergaser- und Dieselkraftstoffe, Zucker, Braunkohlebriketts, die meisten Chemikalien, Kulturwaren u. a. m.

Tab. 8: Preisvorteile für die DDR bei Lieferungen/Bezügen im innerdeutschen Handel gegenüber dem Weltmarkt bei ausgewählten Gütern, Juli 1955[1051]

Lieferungen			
Ware	Bundesdt. Marktpreis	Weltmarktpreis	Preisvorteil (%)
Dieselkraftstoff	260 VE/t	135 VE/t	48,1
Vergaserkraftstoff	360 VE/t	160 VE/t	55,6
Zucker	625 VE/t	340 VE/t	45,6
Bezüge			
Ware	Bundesdeutscher Marktpreis	Weltmarktpreis	Preisvorteil (%)
Eichenschnittholz	460 VE/t	630 VE/t	27
Kinorohfilm	0,15 VE/lfdm	0,16 VE/lfdm	6,25
Stabstahl	344 VE/t	406 VE/t	15,3
Bandstahl, kalt gewalzt	896 VE/t	1138 VE/t	21,3

Die neue handelspolitische Dynamik der SED in puncto Eigenstaatlichkeit und politische Einflussnahme auf Westdeutschland kontrastierte indes mit der tatsächlichen handelsökonomischen Situation. „Die Lage im innerdeutschen Handel ist unbefriedigend und ruft Besorgnis bezüglich seiner nächsten Perspektiven hervor"[1052], lautete die nüchterne und illusionslose Bestandsaufnahme des MAI

1048 Sitzungsprotokoll der AG IZH, 13.10.1954 (RWWA, DIHT, 315-05).
1049 Plan: Verbesserung des Innerdeutschen Handels, 31.12.1953 (BA, DL 2, 1647, Bl. 184).
1050 Schreiben des BfV, 13.7.1959 (BA, B 137/2993).
1051 Schreiben MAI, an SPK, 21.7.1955 (BA, DL 2, 3911, Bl. 286-289).
1052 Vermerk für Sts. Hüttenrauch, MAI, 23.10.1953 (BA, DL 2, 1354, Bl. 12-14).

kurz nach dem niedergeschlagenen Juni-Aufstand. Der Debetsaldo belief sich Ende September 1953 auf 49,4 Mio. VE und lag damit nur knapp unterhalb des vereinbarten Swing von 50 Mio. VE.[1053] Ein Überschreiten dieser Marke hätte bedeutet, dass die Bundesregierung wichtige Lieferungen zurückhalten würde. Aufgrund der erkennbaren Gefahr weiteren Zahlungsverzugs, schien es nur eine Frage der Zeit, bis dieser Zustand eintreten würde.[1054]

Einige Ursachen für derartige Schwierigkeiten waren aus dem Vorjahr bekannt: nicht bediente Nachfrage, unattraktive Angebote, Lieferverspätungen und eine unangemessene Preispolitik.[1055] Vor allem verursachten Qualitätsdefizite bei elektrotechnischen Geräten, Holzbearbeitungs-, Werkzeug- und Büromaschinen volkswirtschaftlich schmerzhafte Absatzprobleme.[1056] Es ist davon auszugehen, dass es sich hierbei um systembedingte Schwächen handelt, da sie im gesamteuropäischen West-Ost-Handel immer wieder als Kritikpunkte genannt wurden.[1057] Weiterhin klagte das MAI über den gesättigten Markt in der Bundesrepublik, über Adenauers Politik der Westintegration sowie eine protektionistische Grundhaltung im Westen gegenüber dem Ostblock.[1058] Neben den bereits des öfteren genannten Zweigen der Flüchtlingsindustrie blockierten nach Meinung des MAI jetzt zusätzliche Unternehmen des Maschinen- und Fahrzeugbaus, Hersteller von Büro- und Buchungsmaschinen sowie Chemieproduzenten den innerdeutschen Warenverkehr.[1059]

Ein neues Problem erwuchs aus den Konflikten um die Nutzungsrechte an Patenten, eingetragenen Firmen- und Warenzeichen.[1060] Dies betraf Unternehmen, die vor dem II. Weltkrieg Produktionsstätten in West- und Ostdeutschland unterhalten hatten, aus denen dann nach 1945 zwei getrennte Firmen entstanden waren. Auch in den Westen geflohene Unternehmer stritten mit ihren im Osten verbliebenen Firmen um Firmen- und Warenzeichen sowie Patente. Schwerpunkte solcher Konflikte bildeten die Branchen Fahrzeugbau, Elektrotechnik,

---

1053 Ebda.
1054 Schreiben Renneisen, MAI, an Hein, 11.11.1953 (BA, DL 2, 1341, Bl 147).
1055 Ulbricht Walter: Aus dem Rechenschaftsbericht des Zentralkomitees. In: Über den weiteren Aufschwung der Industrie, des Verkehrswesens und des Handels in der Deutschen Demokratischen Republik. Berlin 1954, S. 7-16, hier S. 12.
1056 Analyse über die Entwicklung des Außenhandels und Innerdeutschen Handels im 1. Fünfjahrplan, 1.8.1955 (BA, DE 1, 3834). Zur allgemeinen Absatzschwäche aufgrund von Innovationsschwächen Heimann, Christian: Systembedingte Ursachen des Niedergangs der DDR-Wirtschaft. Das Beispiel der Textil- und Bekleidungsindustrie 1945-1989. Frankfurt a. M. 1997, S. 158-164.
1057 Protokoll der ECE-Konferenz, 13.-27.4.1953 (BA, B 102/7236, H. 1).
1058 Vermerk für Gursch, 21.12.1953 (BA, DL 2, 1647, Bl. 172-173).
1059 Ebda.
1060 Genannt wurden Zeiss, BMW und IFA. Analyse über die Entwicklung des Außenhandels und Innerdeutschen Handels im 1. Fünfjahrplan, 1.8.1955 (BA, DE 1, 3834). Eine erste Überblicksstudie über diesen bislang vernachlässigten Aspekt deutsch-deutscher Beziehungen Galli, Gernot: Der Streit um Warenzeichen. Ein besonderer Aspekt der deutschen Frage. Dresden 2001 (unveröff. Magisterarbeit).

Feinmechanik, Optik, Foto und Film.[1061] Die spektakulärste Auseinandersetzung um Firmennamen und -logo trugen die Lufthansa AG/Köln und die Lufthansa/Berlin während der Jahre 1954 bis 1963 aus.[1062]

Lange Zeit hatte die SED-Führung die Problematik aus ideologischen Gründen vernachlässigt. Warenzeichen galten als typisch kapitalistische Symbole, für die es in der neuen sozialistischen Wirtschaftsordnung keine Verwendung mehr gab[1063] – getreu dem Motto: der Schein ist nichts, der Inhalt alles. Zu spät nahm man die frühzeitige Warnung aus dem MAI ernst, nach der „die Frage der Warenzeichen der DDR in Beziehung zum Export sehr brennend geworden ist"[1064]. Auch der Konnex zwischen internationaler Anerkennung des eigenen Staates und der Durchsetzung eigener Rechtsansprüche auf derartige Güter blieb den SED-Oberen lange verborgen. Seit Mitte der fünfziger Jahre setzte ein Umdenken ein. Mit der Verabschiedung eines Warenzeichengesetzes in der Volkskammer am 17. Februar 1954, das zum 1. April selbigen Jahres in Kraft trat, schuf man wenigstens innerhalb der DDR die juristischen Voraussetzungen auf diesem Gebiet.[1065] International hatte aber die westdeutsche Konkurrenz bereits einen entscheidenden juristischen Vorsprung gewonnen, so dass die meisten Streitfälle zu ihren Gunsten entschieden wurden; so geschehen im Falle des Warenzeichens Agfa oder des Firmennamens „Deutsche Lufthansa" einschließlich des Logos in Form eines stilisierten, aufstrebenden Kranichs.

Ein weiterer Faktor, der die ostdeutsche Handelsbilanz dauerhaft belastete, waren die Dienstleistungen, die zu 66 % aus Transportleistungen westdeutscher Spediteure, Reedereien und Hafenbehörden resultierten. Für das Jahr 1953 belief sich der entsprechende Debetsaldo auf 41,5 Mio. VE. Da Bonn bei Swingüberziehung die Bezahlung in DM-West einforderte, das DDR-Finanzministerium die entsprechenden Anforderungen mangels Reserven aber abschlägig beschied, blieb nur noch der Ausweg, über zusätzliche Zucker- und Braunkohlelieferungen einen Finanzausgleich herbeizuführen.[1066] Das hätte aber bedeutet, dass der Passivsaldo auf Unterkonto III durch den Aktivsaldo auch Unterkonto I ausgeglichen würde. Einen solchen Querfinanzierungsmodus schloss das Berliner Abkommen allerdings aus, und Bonn war auch nicht bereit, einer Ausnahmegenehmigung zuzustimmen.

1061 Handelspolitische Zielsetzungen für 1955, Innerdeutscher Handel, Autor: Erich Freund, 7.4.1954 (BA, DL 2, 1372, Bl. 34-40). Das am besten erforschte Beispiel dieser Art ist der Streit zwischen Agfa/Leverkusen und Agfa/Wolfen; Karlsch, Zwischen Partnerschaft.
1062 Fäßler, Probelauf.
1063 Amt für Erfindungs- und Patentwesen (Hrsg.): Geschichte des Warenbezeichnungsrechts. Berlin 1959, S. 57.
1064 Vermerk von Wagner, MAI, 6.5.1952 (BA, DL 2, 3448, Bl. 250). Walter Ulbricht auf dem 16. Plenum des ZK der SED, 17.-19.9.1953; Bericht des ZK auf dem V. Parteitag der Sozialistischen Einheitspartei Deutschlands, Berlin 1958, S. 72.
1065 GBl. der DDR 1954, S. 71.
1066 Schreiben an Minister Gregor, 27.4.1954 (BA, DL 2, 1342, Bl. 244-245).

Über die Folgen der von der DDR zu verantwortenden Handelsprobleme, insbesondere der Liefer- und Zahlungsverspätungen, gab man sich im MAI keinen Illusionen hin. „Erstklassige"[1067] westdeutsche Vertragspartner würden sich einen ostdeutschen Zahlungsverzug nicht lange bieten lassen und aus dem innerdeutschen Handel aussteigen. Exemplarisch ließ sich dieser Trend anhand der Chemiebranche belegen: „Die Firma Bayer ist sehr schwer davon zu überzeugen, dass wir in Zukunft unseren Lieferverpflichtungen pünktlich nachkommen werden. Sie ist in dieser Hinsicht in den letzten Jahren zu sehr enttäuscht worden, so dass wiederholte Stockungen in ihrer Produktion eintraten. Falls es nun doch wieder zum Gespräch kommen sollte, wäre dies nur auf die persönliche Rücksprache zurückzuführen."[1068] Das Beispiel der Bayer A.G. Leverkusen, die traditionell enge Beziehungen zu ihren früheren Produktionsstätten auf dem Gebiet der DDR pflegte, zeigt, dass selbst in Industriezweigen, in denen die DDR leistungsstark war, ihr Ruf als säumiger Lieferant zum Abbruch von Handelskontakten führte. Daher rechnete man in Ost-Berlin damit, künftig mit „zweit- oder drittrangigen Firmen"[1069] vorlieb nehmen zu müssen. Die politischen Gefahren, die aus der katastrophalen Situation im innerdeutschen Handel erwuchsen, waren den Verantwortlichen im MAI bewusst. Sie fürchteten u. a. Propagandakampagnen des Westens[1070] und die Stornierung wichtiger Warenlieferungen.[1071]

Aus einer solchen Position der Schwäche heraus eine erfolgreiche Handelspolitik zu betreiben, die neben ökonomischen auch noch politische Zielsetzungen effizient umsetzte, war sicher eine schwierige Aufgabe. Doch trotz der ungünstigen Rahmenbedingungen kündigte die SED – im Einklang mit der sowjetischen Westhandelspolitik – für die kommenden Jahre eine „Exportoffensive"[1072] gegenüber der Bundesrepublik an. Dabei sollte die während der vergangenen Jahre eingetretene „ungesunde Verlagerung"[1073] des Handelswarenspektrums auf Roh- und Grundstoffe rückgängig gemacht und besonders die Lieferung technisch anspruchsvoller und lohnintensiver Produkte gefördert werden.[1074] Ausdrücklich kritisierten die zuständigen Parteistellen die intensiven Braunkohlelieferungen als Indiz dafür, dass im innerdeutschen Handel der „Weg des geringsten Widerstandes"[1075] eingeschlagen worden sei. Die Schwerpunktverlagerung auf Fertigwaren mit ihrer deutlich höheren Wertschöpfung war dem tatsächlichen Industriespektrum der DDR angemessen und versprach höhere Gewinnspannen. Folglich sah die mittelfristige Wirtschaftsplanung eine – bezo-

---

1067 Schreiben Renneisen, MAI, an Hein, MAI, 11.11.1953 (BA, DL 2, 1341, Bl 147).
1068 Bericht Dalchow und Wulf, MAI, 24.5.1954 (BA, DL 2, 1609, Bl. 14-16, hier Bl. 16).
1069 Schreiben Renneisen, MAI, an Hein, MAI, 11.11.1953 (BA, DL 2, 1341, Bl 147).
1070 Vermerk für Sts. Hüttenrauch, MAI, 23.10.1953 (BA, DL 2, 1354, Bl. 12-14).
1071 Vermerk für Sts. Hüttenrauch, MAI, 23.10.1953 (BA, DL 2, 1354, Bl. 12-14).
1072 Vermerk von Lange an Gursch, 5.1.1954 (BA, DL 2, 1366, Bl. 27).
1073 Analyse Außen- und Innerdeutscher Handel, 26.7.1955 (BA, DE 1, 31726, Bl. 1-16).
1074 Ebda.
1075 Ebda. Zur wirtschaftstheoretischen Erklärung Eucken, Walter: Grundsätze der Wirtschaftspolitik. 6. Aufl., Tübingen 1990, S. 96-97.

gen auf das innerdeutsche Gesamthandelsvolumen – anteilige Erhöhung der Lieferung von Maschinenbauerzeugnissen in die Bundesrepublik von 17 % im Jahre 1955 auf 19 % im Jahre 1960 vor.[1076] Die kurzfristige handelspolitische Direktive für 1957 setzte einen Schwerpunkt bei „aktiven Lohnveredelungsgeschäften"[1077], die ebenfalls eine besonders hohe Wertschöpfung aufwiesen.

Den Parteivorgaben entsprechend, schnürte das MAI folgendes Maßnahmenpaket, um den innerdeutschen Handel wieder ins Lot zu rücken:
➢ Warenlieferungen an die Bundesrepublik über Drittländer, die nicht in den Listen des Berliner Abkommens ihren Niederschlag fanden, wurden grundsätzlich verboten. Schließlich fehlten diese Kontingente in der offiziellen Handelsbilanz, was mit dazu beitrug, dass die DDR gegenüber der Bundesrepublik zunehmend und dauerhaft in die roten Zahlen rutschte.[1078]
➢ Aus demselben Grunde legte das MAI fest, nur noch Waren aus der Bundesrepublik zu beziehen, die dort ihren Ursprung hatten. Luxusgüter wie Kaffee oder Kakao strich man demzufolge von den Bezugslisten des Berliner Abkommens,[1079] womit aber das Problem nur auf die Außenhandelsbilanzen gegenüber anderen Lieferländern verlagert wurde.
➢ Der Mitte 1954 auf dem Dienstleistungskonto bestehende Debetsaldo in Höhe von 41,5 Mio. VE gedachte man durch Bareinzahlung in DM-West zu begleichen,[1080] um so neuen Handlungsspielraum zu gewinnen. Die hierfür erforderlichen Finanzmittel würden durch die demnächst zu erhöhende Straßenbenutzungsgebühr für Bundesbürger im Berlinverkehr aufgebracht werden. Hinzu kam die Aufforderung, ausschließlich den VEB Deutrans für Transporte im innerdeutschen Handel zuzulassen. In mittelfristiger Perspektive rechnete man durch den Ausbau des Rostocker Hafens zum Überseehafen ohnehin mit einem Abbau des strukturellen Dienstleistungsdefizits.[1081]

Die Maßnahmen zeitigten durchaus Erfolge. Beispielsweise erlangte die DDR im Laufe des Jahres 1954 wieder eine hohe Kreditwürdigkeit im Westen, die man unter allen Umständen bewahren wollte.[1082] Dienten diese Sofortmaßnahmen zur kurzfristigen Schaffung neuer handelspolitischer Spielräume, so plante man weitere Schritte, welche die institutionellen Rahmenbedingungen für einen Handel mit der Bundesrepublik optimieren sollten. Grundgedanke war die „Verlagerung der Handelstätigkeit in den Westen"[1083]. Künftig mussten DDR-Unternehmen gezielt bundesdeutsche Fachausstellungen und Messen beschicken. Die großen Warenhäuser rückten in den Fokus des handelspolitischen

---

1076 Erläuterungen zum 1. Vorschlag über die Entwicklung des Außenhandels und Innerdeutschen Handels im 2. Fünfjahrplan, 21.5.1955 (BA, DE 1, 31726, Bl. 1-9).
1077 Schreiben Seemann, MAI 3.8.1956 (BA, DL 2, 48, Bl. 15).
1078 Arbeitsanweisung Nr. 12/54 Freund, MAI, 16.6.1954 (BA, DL 2, 3910, Bl. 317).
1079 Protokoll Leiterbesprechung MAI, 29.7.1954 (BA, DL 2, 1348, Bl. 281-282).
1080 Schreiben Freund, MAI, an Lange, ZK-Sekretariat, 5.6.1954 (BA, DL 2, 1342).
1081 Schreiben Seemann, MAI, an Renneisen, MAI, 3.8.1956 (BA, DL 2, 48, Bl. 15).
1082 Vorlage Freund, 12.10.1954 (BA, DL 2, 1341, Bl. 30-31).
1083 Vermerk Lange an Gursch, 5.1.1954 (BA, DL 2, 1366, Bl. 27).

Interesses. Weiterhin plante das MAI den Aufbau eines dichten Vertreternetzes sowie die Einrichtung von Kommissions- und Konsignationslägern in der Bundesrepublik. Ein Warenmusterlager wurde beim Handelsbüro in Frankfurt a. M. angesiedelt. Schließlich beabsichtigte man noch den Abbau bürokratischer Hemmnisse beim Ersatzteil- und Kleinwarenhandel, da diese die westdeutsche Kundschaft beim Erwerb technisch anspruchsvollerer Geräte abschreckten.[1084]

Solchermaßen gestärkt, gedachte das MAI den politischen Einfluss auf die westdeutschen Geschäftspartner zu erhöhen. Das Handlungsmuster gestaltete sich dabei denkbar einfach: ökonomische Lockangebote gegen politisches Wohlverhalten der Unternehmer. Dokumentiert sind beispielsweise Direktkontakte des MAI bevorzugt zu westdeutschen Betriebsräten, in denen noch zahlreiche KPD-Mitglieder vertreten waren. So trat man an den Betriebsrat der Lanz-Traktoren-Werke in Mannheim mit einem Angebot über den Bezug von Traktoren im Wert von 2 Mio. VE heran, falls sich die Unternehmensleitung in Bonn erfolgreich für eine Liberalisierung des innerdeutschen Handels einsetzte. Später erhöhte das MAI sein Angebot gar auf 10 Mio. VE.[1085] Hintergrund der Offerte waren die seit 1952 aufgrund einer Steuernachforderung in Höhe von 2,4 Mio. DM existierenden Schwierigkeiten des Unternehmens, denen das Management mit verstärkten Exportbemühungen nach Osteuropa zu begegnen suchte.[1086]

Die Hauptaufgabe für die Leipziger Frühjahrsmesse 1955 lautete, mit westdeutschen Unternehmen möglichst zahl- und umfangreiche Verträge abzuschließen, die unbedingt eingehalten werden mussten. Damit aber durch diese Maßnahme die Handelsbilanz mit Westdeutschland nicht in die roten Zahlen abglitt, versah man derartige Verträge mit einer Art Widerrufklausel, d. h. sie wurden erst dann wirksam, wenn die westdeutschen Bezüge eine bestimmte Höhe erreicht hatten. Sollte Bonn eine restriktive Genehmigungspraxis an den Tag legen, setzte man darauf, dass die betroffenen Firmen im BMWi vorstellig würden, um vermehrte Bezüge aus der DDR zu erwirken.[1087]

Als besonders interessante und bislang vernachlässigte Zielgruppe benannte das MAI Klein- und Mittelbetriebe in der Bundesrepublik. Generell erhielten die VEH-DIA den Auftrag, ihre Geschäftspartner gezielt in politische Gespräche zu verwickeln und sie wenn möglich für die Nationale Front in der Bundesrepublik zu gewinnen. Die verstärkte Einbindung von politisch genehmen Unternehmen dieser Größenordnung in den deutsch-deutschen Handel diente der Schaffung einer breiteren Basis für die „nationalen Front im Kampf für die Wiedervereinigung Deutschlands" und die Forcierung des Kampfes gegen das „Adenauer-Regime".[1088] Nach Überzeugung der DDR-Handelsexperten ließen sich mittel-

---

1084 Maßnahmen zur Verbesserung der Arbeit im Innerdt. Handel; MAI, 31.12.1953 (BA, DL 2, 1647, Bl. 184).
1085 Schreiben Vockel an Adenauer, 19.5.1954 (BA, B 136/7835).
1086 Der Spiegel 10 (1956) Nr. 42, 24.10.1956, S. 25-26.
1087 Arbeitsanweisung des stv. Ministers, MAI, 8.12.1954 (BA, DL 2, 1381, Bl. 281).
1088 Länderbezugsprogramm, 29.10.1955 (BA, Dl 2, 1642, Bl. 128-132). Vermerk Wegwerth, 6.7.1955, vertraulich (BA, DL 2, 1343, Bl 116-117).

ständische Unternehmer aufgrund ihres vergleichsweise beschränkten ökonomischen Potentials zu politischem Entgegenkommen verleiten, wenn sie sich wirtschaftliche Vorteile davon versprachen. Allerdings verfügten sie nicht über den entsprechenden Zugang zum BMWi, was ihren Wert als politisch durchsetzungsfähige Wirtschaftsakteur relativierte. Auch bedeutete die Zusammenarbeit mit ihnen einen weitaus höheren Arbeits- und Verwaltungsaufwand im Vergleich zu Kooperationen mit der Großindustrie, weshalb kleinere Geschäfte bislang eher vernachlässigt worden waren.[1089] Dieser Befund deckt sich mit der Beobachtung, dass Zentralverwaltungswirtschaften tendenziell Vereinbarungen mit großen Volumina und geringen Produktspezifizierungen neigen.[1090]

Ein exakter Nachweis, wie erfolgreich die versuchte Einflussnahme ostdeutscher Politik- und Wirtschaftsakteure auf westdeutsche Unternehmer war, lässt sich naturgemäß nicht erbringen. Als Indikator für die subjektive Einschätzung dieses Problems kann aber die Warnung von TSI-Chef Leopold gelten, nach der ostdeutsche Kontorleiter massiven politischen Druck auf westdeutsche Kaufleute ausübten, und diese sich wie „weiches Wachs"[1091] verhielten.

6.3.3. Die Strategie der Sonderangebote

Wollte die DDR angesichts ihrer im Vergleich zur Bundesrepublik offenkundigen ökonomischen Unterlegenheit nicht auf eine aktive Handelspolitik verzichten, musste sie versuchen, auf untergeordneter Ebene wirtschaftlich schwächere Partner finden. Naturgemäß boten sich einzelne Unternehmen, Fachverbände oder Regional- bzw. Landesbehörden an. Die postulierten „inneren Widersprüche" des kapitalistischen, aber auch föderativen Systems in der Bundesrepublik, d. h. die Interessengegensätze zwischen Wirtschaft und Politik bzw. zwischen Bund und Ländern, sollten für eigene Zwecke instrumentalisiert werden.

Als öffentlichkeitswirksamste Form praktizierte das MAI seit 1954 eine Handelspolitik der Sonderangebote. „Diese Methode der handelspolitischen Auseinandersetzung führt zur Verstärkung des Widerspruches zwischen den Kapitalistengruppen und dem Bonner Staat, zur Verschärfung des Widerspruches zwischen einzelnen Kapitalistengruppen im Lande und zur Verschärfung des Widerspruches zwischen den westdeutschen und den ausländischen Kapitalisten, insbesondere denen der NATO-Staaten."[1092] Es verdient durchaus der Beachtung, dass der ideologische postulierte Antagonismus zwischen Proletariern und Kapitalisten überhaupt nicht thematisiert wird; in der handelpolitischen Praxis zeigt

---

1089 Dienstbesprechung Min. Rau, MAI. 27.5.1955 (BA, DL 2, 3911, Bl. 54-59, Bl. 56).
1090 Eucken, Grundsätze, S. 96-97.
1091 Referat von Leopold zum Thema „Außenhandel und Interzonenhandel", gehalten auf der Tagung der Internationalen Studiengesellschaft e. V. für wirtschaftliche, wissenschaftliche und kulturelle Zusammenarbeit, 5.-9.10.1959 (SAPMO-BA, DY 30/IV 2/6.10/212, Bl. 13).
1092 Stand und Perspektiven, 1954 (BA, DE 1, 3340, Bl. 621-627, hier S. 623).

sich im Gegenteil eine recht ausgeprägte Interessenkongruenz zwischen Arbeitnehmern und -gebern.

Ausgehend von der Überzeugung, dass Westdeutschland auf eine zyklische Überproduktionskrise zusteure – Lemke weist zurecht darauf hin, dass es sich bei dieser Art illusionärer Krisenerwartung um einen „relativ konstanten Faktor in der SED-Deutschlandpolitik"[1093] handelte –, erwartete man die Destabilisierung des dortigen politischen Systems durch eine bevorstehende Massenarbeitslosigkeit.[1094] So entwickelte das MAI den Plan, mittels gezielter Bezugsangebote an notleidende Branchen oder auch Regionen das Ansehen der DDR im Westen wie auch ihren dortigen Einfluss zu steigern. Als Zielgruppen benannten die Handelsexperten vornehmlich die Lederindustrie im Raum Offenbach, die bei Pirmasens angesiedelte Schuhindustrie und die Schneidwarenproduzenten in Remscheid bzw. Solingen. Insbesondere die beiden letztgenannten Branchen litten unter deutlich überhöhten Produktionskapazitäten.[1095] Hinzu kamen aus dem agrarischen Sektor die Küstenfischerei in Hamburg, Bremen und Schleswig-Holstein sowie die badischen Obst- und Weinbauern. Die volkswirtschaftlich, sozial und politisch bedeutsamsten Adressatengruppen war aber der Steinkohlenbergbau einschließlich der dazugehörenden Kokereien sowie die Stahlindustrie.[1096] Der sich abzeichnende Strukturwandel auf dem westdeutschen Energiemarkt und in der industriellen Produktion warf seinen Schatten voraus. Bonn verfolgte diese „SBZ-Diversionsstrategie" aufmerksam verfolgt.[1097]

Ein erstes Angebot erging Anfang 1954, rechtzeitig zum Landtagswahlkampf in Nordrhein-Westfalen, an die Steinkohleindustrie im Ruhrgebiet. Das MAI schlug vor, für zusätzliche 100 Mio. VE Zechenkoks und Steinkohle zu beziehen, die mit Warengegenlieferungen bezahlt werden sollten.[1098] Die Offerte war sowohl für die Unternehmensleitungen attraktiv, da die Zechen unter Absatzschwierigkeiten litten, als auch für die Kumpel, denen die zwangsweise verordneten Feierschichten als Wetterleuchten künftiger Arbeitslosigkeit erscheinen mussten. Daher konnte sich die SED-Führung berechtigte Hoffnungen machen, dass ihre Wahlkampfhilfe für die KPD im ehemals dunkelroten „Pott" auf fruchtbaren Boden fiel. Natürlich blieb dem BMWi diese Intention nicht verborgen. Es wäre ein leichtes gewesen, die Genehmigung rundweg zu verweigern, weil beispielsweise nur wenig attraktive Gegenlieferungen angeboten wurden.[1099]

1093 Lemke, Einheit, S. 126.
1094 Protokoll: IDH-Leiterbesprechung, 2.8.1954 (BA, DL 2, 1348, Bl. 281-282). Vermerk 48 der Ministerbesprechung, 10.9.1955 (BA, DL 2, 1376, Bl. 103-108, Bl. 107).
1095 Herter, Probleme, S. 36-37. Im Raum Remscheid bzw. Solingen war vor 1945 über 90% der gesamten deutschen Schneidwarenproduktion angesiedelt.
1096 Vermerk Ministerbesprechung, 10.9.1955 (BA, DL 2, 1376, Bl. 103-108, hier Bl. 107).
1097 Vermerk von Woratz, BMWi, 27.10.1955; streng vertraulich (BA, B 136/7837).
1098 Richtlinien für den Wahlkampf in Nordrhein-Westfalen, 27.4.1954 (SAPMO-BA, DY 30/J IV 2/2A/346, Bl. 1-25, hier Bl. 1). Zur westdeutschen Sicht Schreiben Vockel an Adenauer, 6.5.1954 (BA, B 136/7835).
1099 Ebda.

Darunter befanden sich Braunkohlebriketts im Wert von 10 Mio. VE, sowie ein weitaus schwieriger abzusetzendes Zuckerkontingent in Höhe von 20 Mio. VE. Allerdings empfahl sich eine solche, den hinsichtlich ihrer beruflichen Zukunft verunsicherten Kumpeln kaum zu vermittelnde Verweigerungshaltung nicht. Denn gerade in Wahlkampfzeiten galt es, mögliche Streiks oder Protestkundgebungen unbedingt zu vermeiden. Deshalb spielte das BMWi auf Zeit und ordnete der TSI an, der Gegenseite eine Prüfung der Unterkonten I - IV hinsichtlich ihrer Aufstockungsmöglichkeiten zu konzedieren.[1100] Die Tatsache, dass nach der Landtagswahl in Nordrhein-Westfalen das MAI jegliches Interesse an dem Sondergeschäft verlor und es demzufolge auch nicht zustande kam, entlarvt das primär wahlkampftaktische Motiv seiner Initiative.[1101]

Der nächste Vorschlag richtete sich an die bundeseigene Salzgitter AG. Die aktuelle Konzernsituation war durch ungenutzte Kapazitäten bei der Steinkohlenkoksherstellung gekennzeichnet. Daher offerierte das MAI ein Lohnveredelungsgeschäft, welches die Verkokung von 120.000 t Steinkohle oberschlesischer Herkunft beinhaltete. Das Projekt kam zustande, und auf diese Weise konnte die bereits geplante Stillegung einer Koksbatterie einschließlich des entsprechenden Abbaus von Arbeitsplätzen verhindert werden.[1102] Im strukturschwachen Zonenrandgebiet zählte dieser Erfolg, den die DDR für sich reklamierte, doppelt. Infolgedessen verzeichneten kommunistische Veranstaltungen in jener Region starken Zulauf, was mit großer Sorge in Bonn registriert wurde, namentlich von Bundesverkehrsminister Seebohm, der als IHK-Präsident des Bezirkes Braunschweig über die entsprechenden Detailinformationen verfügte.[1103]

Zum dritten Sondergeschäft: Am 31. Mai 1955 genehmigte das Politbüro den Vorschlag Raus, sich direkt an Erhard zu wenden und die zusätzliche Lieferung von 3,5 Mio. t/a Braunkohlebriketts gegen den Bezug von Steinkohle, Zechenkoks, Eisen- und Stahlwaren anzubieten.[1104] Raus Vorstoß beruhte auf einer Insiderinformation. Er hatte Kenntnis von Erhards Sorge um die aktuelle bundesdeutsche Braunkohleversorgung, die er wegen der unlängst erfolgten Stillegung dreier Braunkohlebrikettfabriken als gefährdet ansah. Einzig höhere Braunkohlebezüge aus der DDR boten nach der intern geäußerten Ansicht des Bundesministers eine ökonomisch sinnvolle Lösung. Raus handelspolitischer Schachzug in dieser Situation war in wirtschaftlicher wie politischer Hinsicht gut durchdacht: Höhere Marktanteile bei Braunkohle im Westen erweiterten den eigenen handelspolitischen Spielraum. Die bundesdeutschen Gegenlieferungen, Steinkohle und Zechenkoks, sicherten die „besonders ernste"[1105] Energieversor-

---

1100 Schreiben BMWi an Sts., BKA, 11.5.1954; streng vertraulich (BA B 102/108194).
1101 Protokoll 12. Sitzung des Kabinettsausschusses für Wirtschaft, 3.7.1954, in: Hollmann (Bearb.), Kabinettsausschuss, S. 142-155, hier S. 152-154.
1102 Ebda.
1103 Protokoll, 12.5.1954, in: Hüllbüsch/Trumpp (Bearb.), Kabinettprotokolle, Bd. 7, S. 199.
1104 Protokoll Nr. 26/55 der Politbürositzung, 31.5.1955 (SAPMO-BA, DY 30/J IV 2/2/423, Bl. 1-3). Schreiben Rau an Erhard, 31.5.1955 (BA, DL 2, 1340, Bl. 104-104
1105 Schreiben Rau an Ulbricht und Grotewohl, 24.5.1955 (BA, DL 2, 3369, S. 38-39).

gung bei den „Krisenherden" Reichsbahn und metallurgische Industrie. Politisch betrachtet ließ sich selbst ein nur indirektes Eingehen Bonns auf die per Brief übermittelte Offerte als intergouvernementaler Kontakt interpretieren. Würde hingegen das BMWi den ostdeutschen Vorschlag ignorieren, so könnte man dies trefflich in einer Propagandaaktion verwerten,[1106] deren Tenor lauten würde: Seht her, Adenauer setzt die westdeutsche Energieversorgung, Arbeitsplätze und die deutsche Wirtschaftseinheit leichtfertig aufs Spiel. Ulbricht folgte Raus Argumentation. Allerdings, so der Politbürobeschluss, dürfe dieses Geschäft nicht zu Lasten der einheimischen Versorgungslage gehen[1107] – offenkundig eine Konzession an die Juni-Krise von 1953.

Das Werben Ost-Berlins speziell um die Eisen- und Stahlindustrie sollte nicht ohne Erfolg bleiben. Dabei ist eine zeitliche Koinzidenz zwischen Absatzschwierigkeiten auf dem westdeutschen und -europäischen Markt und einer Annäherung der Unternehmen an „Pankow" zu registrieren. Erstmals seit Kriegsende waren auf der Leipziger Herbstmesse 1956, dem „Haupthandelszentrum zwischen zwei Weltwirtschaftssystemen"[1108], zahlreiche Großunternehmen der Bundesrepublik präsent, unter ihnen die Friedrich Krupp AG, die Hoesch AG, die Henkel Werke und die Mercedes Benz A.G.[1109] Der in Leipzig praktizierte Meinungsaustausch zwischen „Bossen" und „Genossen" überstieg in den folgenden Jahren des öfteren das von der Bundesregierung tolerierte Maß. So vermerkte der Staatssekretär im Bundeskanzleramt, Globke, anlässlich der Leipziger Frühjahrsmesse 1958 sehr kritisch: „Die Herren [Stahlindustriellen, P. F.] hätten sich den sowjetzonalen Stellen und dem SED-Minister Selbmann geradezu an den Hals geworfen".[1110] Anlass für diese Bemerkung war der Vorschlag des stellvertretenden SPK-Vorsitzenden Selbmann, dass die DDR im Falle langfristiger Lieferabkommen mit der bundesdeutschen Stahlindustrie ihre eigenen Produktionskapazitäten nicht weiter ausbauen würden.[1111] Diese Option war für die westdeutschen Manager geradezu bestechend. In unsicheren Zeiten wurde ihnen ein stabiler Absatzmarkt, die Marginalisierung der westeuropäischen Konkurrenz sowie der Status quo der ostdeutschen Produktionskapazitäten in Aussicht gestellt. Bemerkenswert hierbei ist der Umstand, dass die DDR-Regierung offenkundig mit den westdeutschen Unternehmen nicht nur im operativen Geschäft, sondern auch in handelspolitischen Grundsatzfragen Übereinstimmung erzielen wollte – was ihr sehr zum Verdruss der Bundesregierung auch gelang.

1106 Ebda.
1107 Protokoll Politbürositzung, 31.5.1955 (SAPMO-BA, DY 30/J IV 2/2/423, Bl. 1-3).
1108 Protokoll der Verhandlungen der 3. Parteikonferenz der Sozialisitischen Einheitspartei Deutschlands vom 24. bis 30. März 1956, Bd. I, Berlin 1956, S. 15.
1109 Kurzbericht Leipziger Herbstmesse, 26.9.1956 (BA, DL 2, 1376, Bl. 70-74). Auch Quartalsanalyse des MAI, HA IDH, über die Erfüllung des Außenhandelsplans 1956 per 31.3.1956; Planteil Innerdeutscher Handel, 12.4.1956 (BA, DL 2, 3915, Bl. 73-81).
1110 Vermerk Sts. Globke, BKA, 11.4.1958 (BA, B 136/7837). Selbmann war zu jenem Zeitpunkt kein Minister, sondern stellvertretender Vorsitzender der SPK.
1111 Ebda.

Die Taktik der adressatenorientierten Sonderangebote richtete sich nicht nur an einzelne Unternehmen oder Branchen, sondern auch an die einzelnen Bundesländer. So sah man gute Chancen, die Landesregierungen von Bremen, Hamburg und Schleswig-Holstein sowie Regionalverwaltungen des Ruhrgebiets und der Industriezentren Offenbach, Pirmasens und Solingen für eigene Interessen zu gewinnen und gegen den Bonner Kurs zu mobilisieren.[1112] Bei ihrem Versuch, die inneren Widersprüche des föderalistischen Systems der Bundesrepublik für die eigenen Interessen zu instrumentalisieren, beschloss das MAI Ende 1955 ein außerplanmäßiges, länderspezifisches Bezugsprogramm, unabhängig vom Berliner Abkommen enthalten.

Tab. 9: Länderbezugsprogramm des MAI, 10/1955[1113]

	Branche	Summe (Mio VE)
Bayern	Forsterzeugnisse Holzbearbeitungsmaschinen Spielwaren Bier Glas Papier Feinkeramik	$\sum = 20$
Niedersachsen	Lebensmittel Fisch Textilwaren	7,5 50 k. A.
Rheinland-Pfalz	Schuhe Schuhmaschinen Weinbau	10 k. A. 2
Schleswig-Holstein	Lübecker Marzipan Kunstleder Bagger Förderbänder	0,2-0,4 k. A. k. A. k. A.

k. A.: keine Angaben

Tab. 10: 200-Mio.-VE-Angebot des Ost-Berliner Magistrats, 1/1954[1114]

Bezüge aus West-Berlin (Mio VE)		Lieferungen nach West-Berlin (Mio VE)	
Eisen, Stahl, sonst. Metallwaren	100	Mineralöl	25
Landwirtschaftliche Güter Südfrüchte, Frischwaren	25	Maschinen, Fahrzeuge	32,5
Chemieprodukte, insb. Farbstoffe, Pharmazeutika	10	Feinmechanik, Optik	17,5
Sonstiges	65	Glas, Keramik	15
--	--	Lebensmittel, insb. Kartoffel, Zucker	18
--	--	Sonstiges	93
Gesamt	200	Gesamt	201

1112 Handelspolitische Zielsetzungen für 1955, 7.4.1954 (BA, DL 2, 1372, Bl. 34-40).
1113 Bezugsprogramm für die Bundesländer, 29.10.1955 (BA, Dl 2, 1642, Bl. 128-132). West-Berlin wurde nicht zu den Bundesländern gezählt.
1114 Schreiben Ost-Berliner Magistrat an West-Berliner Senat, 23.1.1954 (BA, B 102/108193)

Prädestiniert für diese Strategie war das exponierte West-Berlin, da es liefer- wie bezugsseitig von einer Ausweitung des Warenverkehres mit der DDR nur profitieren konnte. Die politische Führung der DDR musste ihrerseits ein Interesse daran haben, die Inselstadt wirtschaftlich vom Bundesgebiet zu separieren. Denn spätestens während des Aufstandes im Juni hatte sich gezeigt, welch ein Stachel die Stadt im eigenen Fleisch war. Daher bemühte sich die Führung, mittels gezielter Geschäftsangebote einen Keil zwischen West-Berlin und das Bundesgebiet zu treiben. Als maßgeblicher Akteur trat in diesem Falle nicht das MAI auf, dessen Vertreter als Verhandlungsführer vermutlich seitens des Regierenden Bürgermeisters West-Berlins zurückgewiesen worden wäre. Vielmehr wandte sich der Ost-Berliner Magistrat am 23. Januar 1954 mit dem Vorschlag an den West-Berliner Senat, ein gemeinsames Beratungsgremium zu konstituieren, das über ein Berliner Zusatzabkommen zum innerdeutschen Handel in Höhe von 200 Mio. VE beratschlagen sollte.[1115] Zeitlich fiel das Angebot mit der Eröffnung der Vier-Mächte-Konferenz in Berlin zusammen.[1116] Auch der beginnende Wahlkampf für die auf den 8. Dezember 1954 angesetzte Bürgerschaftswahl dürfte eine Rolle gespielt haben.

Hauptargument für diese Offerte war die These, dass eine ökonomische Gesundung West-Berlins nur in Orientierung auf die Gesamtstadt erfolgen könne. Die derzeit 200.000 Erwerbslosen in West-Berlin seien nicht nur dort ein Problem, vielmehr übten sie auch auf den Ostteil der Stadt „verheerende Auswirkungen auf Sitte und Moral"[1117] aus. Schwarzmarkt und massive Schiebereien gingen maßgeblich auf diese Problemgruppe zurück. Da der innerstädtische Handel durch das derzeitige Berliner Abkommen eher behindert denn gefördert werde, schlug der Magistrat dem Senat ein „Berliner <u>Zusatzabkommen</u>"[1118] vor. Hierfür stünden ostdeutscherseits Finanzmittel und Güter im ausreichenden Maße zur Verfügung. Wichtig sei, „dem alten Grundsatz von Treu und Glauben in vollem Umfang wieder Geltung zu verschaffen."[1119]

Diese Initiative zielte nicht nur auf die wirtschaftliche, sondern auch auf die politische Separierung West-Berlins vom Bundesgebiet ab. Mit der Einrichtung einer gemeinsamen Kommission transponierte man Ulbrichts deutschlandpolitisches Konföderationsmodell auf die Ebene der ehemaligen Reichshauptstadt. Im Prinzip zeichnete sich hier bereits die wenige Jahre später verkündete „Drei-Staaten-Theorie" ab, die West-Berlin als eigenständige politische Größe postulierte. Taktisch hoffte die DDR, in West-Berliner Wirtschaftskreisen Anklang zu finden, um möglicherweise auch innerhalb der Teilstadt Divergenzen zwischen politischer Führung und wirtschaftlichen Akteuren zu provozieren. In diesem Sinne ist auch die Heranziehung des alten kaufmännischen Grundsatzes „auf

---

1115 Ebda.
1116 Vermerk Hillenherms, BMELF, 6.6.1954 (BA, B 137/8210).
1117 Schreiben Ausschuss zur Förderung des Berliner Handels, 26.8.1954 (BA, B 137/8210).
1118 Ebda. Unterstreichung im Original.
1119 Ebda.

Treu und Glauben" zu interpretieren, mit dem man an einen system- und sektorenübergreifenden Kaufmannsethos appellierte.

Dem Vorstoß blieb jedoch die positive Resonanz versagt. Unisono lehnten der Regierende Bürgermeister Otto Suhr sowie die IHK Berlin den Vorschlag ab.[1120] Dabei kamen sie nicht einmal in die Verlegenheit, die deutschlandpolitische Dimension des Geschäftes als Ablehnungsgrund benennen zu müssen. Vielmehr begnügte sich Otto Suhr mit dem süffisanten Hinweis auf die bislang unerfüllten Lieferverpflichtungen der DDR gegenüber West-Berlin aus dem Vorjahr. Beispielsweise standen von 39,5 Mio. VE landwirtschaftlicher Erzeugnisse noch 22,1 Mio. VE aus. Bei Textilien waren bislang von 100 Mio. VE erst 37,5 Mio. VE, d. h. etwas mehr als ein Drittel, geliefert worden.[1121]

Abschließend sei noch auf den Sonderfall „Saarland" verwiesen. Anfang 1956 ordnete die ZK-Abt. HVA an, dass die Wirtschaftsbeziehungen zu diesem Territorium „mit Nachdruck"[1122] gefördert werden sollten. Dahinter stand die Absicht, lukrative Handelsverträge mit den Saarindustriellen über den Bezug von Steinkohle, Eisen und Stahl abzuschließen, ehe die Bundesregierung mit ihrer als restriktiv empfundene Handelspolitik auf über dieses Gebiet befinden würde.

6.4. Zankapfel Straßenbenutzungsgebühr

Zum 1. April 1955 erhöhte das DDR-Verkehrsministerium die Straßenbenutzungsgebühren für den westdeutschen Personen- und Lastkraftverkehr zwischen dem Bundesgebiet und Westberlin drastisch.[1123] Künftig musste für eine Pkw-Fahrt 40 DM-West (+ 800 %) und für eine Lkw-Fahrt bis zu 320 DM-West (+ 1100 %) entrichtet werden. Ohne Zweifel stellte diese Maßnahme einen harten Schlag gegen West-Berlin dar. Unschwer ließ sich ein Rückgang des Transitverkehrs antizipieren, ebenso die Verteuerung von Warenlieferungen aus dem bzw. in das Bundesgebiet. Für die West-Berliner Wirtschaft verkörperte diese Unsicherheit in Transportfragen einen zusätzlichen Standortnachteil, weshalb zahlreiche renommierte Firmen daran dachten, ihren Hauptsitz nach Westdeutschland zu verlegen.

1120 Presseerklärung Regierender Bürgermeister von West-Berlin, 23.1.1954 (BA, B 137/8210); Presseerklärung IHK Berlin, 23.1.1954 (BA, B 102/108193).
1121 Ebda.
1122 Thesen zur Saarfrage, 11.1.1956 (SAPMO-BA, DY 30/IV 2/6.10/216, Bl. 5).
1123 Nakath geht irrtümlich davon aus, es handele sich um die Einführung von Straßenbenutzungsgebühren; Nakath, Zur politischen Bedeutung, S. 230. Bereits 1952 hatte die SED-Führung an den Einsatz von Gebührenerhöhungen als Druckhebel gedacht; Badstübner/Loth (Hrsg.), Pieck, S. 384.

Offiziell begründete das DDR-Verkehrsministerium den Schritt mit den gestiegenen Straßeninstandhaltungskosten.[1124] Sicher hatten im Entscheidungsprozess über eine Gebührenerhöhung die erwarteten zusätzlichen Einnahmen in Höhe von 30-40 Mio. DM-West eine wichtige Rolle gespielt, zumal sie keineswegs zweckgebunden eingesetzt werden mussten. Bislang hatte man sich mit Einnahmen an Straßenbenutzungsgebühren in Höhe von rund 5,5 Mio. DM-West bescheiden müssen.[1125] Jetzt konnten die Mehreinnahmen für Bareinkäufe in der Bundesrepublik außerhalb des Berliner Abkommens genutzt werden. Auch der Ausgleich des chronisch defizitären Unterkontos III (Dienstleistungen) mittels Bareinzahlung wurde dadurch ermöglicht.

Bedeutsamer für den Entscheidungsfindungsprozess als der finanzielle Aspekte war aber das deutschlandpolitische Kalkül. Bereits seit Anfang 1954 hatte das DDR-Verkehrsministerium die Gebührenerhöhung geplant. Seinerzeit war die Angelegenheit nochmals verschoben worden, um die laufenden Verhandlungen über die Pariser Verträge durch Druck auf West-Berlin nicht unnötig zu forcieren. Erst nachdem deren Ratifizierung durch den Deutschen Bundestag erfolgt war, wurde der Gesetzesentwurf für die Gebührenerhöhung dem Präsidium des Ministerrats vorgelegt und von diesem an das ZK der SED weitergeleitet. Nach Rücksprache mit dem sowjetischen Botschafter, der das Vorhaben zur Angelegenheit der DDR erklärte, setzte man schließlich die Gebührenerhöhung zum 1. April 1955 in Kraft.[1126] Natürlich rechnete die SED-Führung vor allem wegen der Höhe der neuen Gebühren mit einem energischen Widerspruch der Bundesregierung. Darin erkannte sie eine willkommene Gelegenheit, den direkten Kontakt zwischen beiden Verkehrsministerien herbeizuführen.[1127] Deshalb verweigerte man gegenüber der TSI, die wie gewohnt Fragen des Berlinverkehrs in den Routinesitzungen mit dem MAI ansprechen wollte, konsequent das Thema „Straßenbenutzungsgebühren".[1128]

1124 Dass dies nur ein vorgeschobener Grund war, erkannten auch die politischen Experten des BMWi. Aktenvermerk von Krautwig, 5.4.1955 (BA, B 102/198142). Vermerk von Krautwig, 13.4.1955; geheim (BA, B 102/435429).
1125 Auskunft Otto Suhr, 19.4.1955 (BA, B 136/1498).
1126 Vermerk von Leopold, Ltr. der TSI, 6.4.1955 (BA, B 102/108142). Dabei traten allerdings deutliche Interessendivergenzen zwischen Vertretern der SED und Verkehrs- bzw. Handelsexperten zu Tage. Während erstere die Verunsicherung in der West-Berliner Bevölkerung begrüßten, zeigten sich letztere über die erneut zu erwartenden Schwierigkeiten im Handel mit der Bundesrepublik verärgert.
1127 Vermerk Krautwig, 5.4.1955 (BA, B 102/108142) sowie Vermerk Krautwig, 13.4.1955; geheim (BA, B 102/435429). Kurzprotokoll Staatssekretärsbesprechung, 12.4.1955, 18.4.1955; streng vertraulich (BA, B 102/108142).
1128 Vermerk Freund, 5.4.1955 (BA, DL 2, 1340, Bl. 162). Schreiben Rau an Erhard, 17.5.1955 (BA, DL 2, 1342, Bl. 2326). Darin lehnt Rau auch Verhandlungen über die Schrottbeschlagnahmungen mit der TSI ab. Ende Mai 1955 fasste das Politbüro hierzu einen offiziellen Beschluss; Protokoll 26/55 Politbürositzung, 31.5.1955 (SAPMO-BA, DY 30/J IV 2/2/423, Bl. 1-3).

Die Bundesregierung schloss ihrerseits jedoch offizielle Gespräche mit der DDR-Regierung kategorisch aus.[1129] Freilich deuteten mehrere Vertreter des BMWi ihren ostdeutschen Verhandlungspartnern sehr früh an, dass an interministerielle Kontakte in absehbarer Zukunft durchaus gedacht sei.[1130] Auch in anderen Punkten offerierten sie deutliches Entgegenkommen, beispielsweise die Möglichkeit ostdeutscher Bareinzahlungen auf das chronisch defizitäre Unterkonto III (Dienstleistungen) oder künftige Kooperationen bei Brücken-, Straßen- und Eisenbahnbauprojekten.[1131] Hierbei handelte es sich jedoch nur um inoffizielle, jederzeit zu dementierende Äußerungen. Nach außen hin ist eine nahezu einhellige Empörung in der Bundesrepublik und auch bei den Westmächten über die Straßenbenutzungsgebührenerhöhung dokumentiert. In einer fraktionsübergreifenden Erklärung kritisierte der Deutsche Bundestag die „sachlich völlig unbegründete"[1132] Gebührenerhöhung. Das Berliner Abkommen sei hierdurch verletzt worden, der Berlinverkehr und die Versorgung West-Berlins befänden sich in „ernster Gefahr"[1133]. Das Parlament forderte Bundesregierung und AHK auf, in Verhandlungen mit dem Sowjetischen Hohen Kommissar Puschkin eine Rücknahme der Maßnahme zu erreichen.[1134]

Die Bundesregierung verkündete in aller Deutlichkeit, dass sie sich aufgrund der Verletzung des Berliner Abkommens Sanktionen im innerdeutschen Handel vorbehalte.[1135] Als Sofortmaßnahme erklärte sie sich bereit, die anfallenden Gebühren fürs erste durch den Bundeshaushalt zu decken. Damit entlastete sie unmittelbar Spediteure und Unternehmen, mittelbar stärkte die Bundesregierung den Standort West-Berlin. Weiterhin stellte das BMWi ab dem 1. April 1955 keine Warenbegleitscheine auf Eisen- und Stahllieferungen sowie keine Bezugsgenehmigungen für Zucker mehr aus. Zudem sperrte es den zinslosen Überziehungskredit.[1136] Die TSI wurde angewiesen, als Begründung für diese Maßnah-

---

1129 Vermerk von Krautwig, 5.4.1955 (BA, B 102/108142).
1130 Vermerk Freund, MAI, über Besuch von Woratz, Kleindienst, beide BMWi, 6.4.1955 (BA, DL 2, 1340, Bl. 161); Vermerk Freund, MAI, über Besuch von Leopold, TSI-Ltr., am 1.4.1955, 2.4.1955 (BA, DL 2, 1340, Bl. 165); Vermerk Freund, MAI, über Besuch von Krautwig, 27.5.1955 (BA, DL 2, 1340, Bl. 116-117). Vermerk Freund, MAI, über Gespräch mit Leopold, 1.6.1955 (BA, DL 2, 1340, Bl. 111).
1131 Vermerk Freund, MAI, über Gespräch mit Leopold, 2.4.1955 (DL 2, 1340, Bl. 165).
1132 Drucksache 1316: Antrag der Fraktionen der CDU/CSU, SPD, FDP, GB/BHE, DP betreff Erhöhung der Straßenbenutzungsgebühr in der sowjetische besetzten Zone vom 31.3.1955. In: Verhandlungen des Deutschen Bundestages. Anlagen zu den stenographischen Berichten, Bd. 34. Bonn 1955. Intern bestritten Verkehrsexperten nicht die Notwendigkeit, wohl aber die Höhe der Gebührenerhöhung. Vermerk Freund, MAI, über Gespräch mit Leopold, 2.4.1955 (BA, DL 2, 1340. Bl. 165)
1133 Antrag der Fraktionen vom 31.3.1955.
1134 Ebda.
1135 Vermerk, 1.4.1955 (BA, B 136/10907); Vermerk, 4.4.1955 (BA, B 136/1498); Protokoll, 20.4.1955, in: Hollmann (Bearb.), Kabinettsprotokolle, Bd. 8, S. 234-235.
1136 Protokoll der 30. Sitzung des Kabinettsausschusses für Wirtschaft, 24.6.1955, in: Hollmann (Bearb.), Kabinettsausschuss, S. 365-380, hier S. 365-372. Vermerk von Woratz, BMWi, 2.7.1955 (BA, B 102/20881).

men nicht den Ärger wegen der Straßenbenutzungsgebühr zu nennen. Offiziell sollte der aktuell bestehende ostdeutsche Debetsaldo im innerdeutschen Handel angeführt werden.[1137] Mit der abkommensimmanenten Argumentation beabsichtigte das BMWi, den DDR-Behörden keinen Anlass zu Blockademaßnahmen gegen West-Berlin geben.

In Bonn herrschte Ratlosigkeit darüber, welche weiteren Schritte diesem Sofortprogramm sinnvollerweise folgen könnten. Mit Blick auf die Erwartungshaltung der ostdeutschen Bevölkerung, von der man vermutete, dass sie mehrheitlich Sanktionen des Westens wünsche, bestand regierungsintern kein Dissens über die Notwendigkeit einer deutlichen Gegenreaktion.[1138] Aber generell schätzte das BMWi die Chance, dass die DDR ihre Maßnahme unter wirtschaftlichem Druck zurücknehmen werde, als „utopisch" ein. Ein umfassender Handelsabbruch erschien mit Blick auf West-Berlins anfällige Wirtschaftslage als politisch riskant und ökonomisch sehr kostspielig.[1139] Hinzu kam die Einsicht, dass die eigenen „Waffen im Interzonenhandel ... nicht sehr scharf"[1140] waren. Schließlich hatte die DDR ihre Abhängigkeit von westdeutschen Lieferungen mittlerweile deutlich abbauen können. Nur bei Eisen, Stahl und Meeresfisch (!) erkannte Staatssekretär Westrick noch ein nennenswertes ökonomisches Druckpotential.[1141] Unabhängig von diesen Überlegungen befürchtete das BMWi nach den unbefriedigenden Erfahrungen mit dem Stahlembargo im Frühjahr 1950 und der Suspendierung des Berliner Abkommens im Winter 1951/52, dass die westdeutsche Industrie im Falle eines Embargos abermals Marktanteile in Ostdeutschland an die westeuropäische Konkurrenz verlieren könnte.[1142]

Bei der Suche nach geeigneten Sanktionsformen wurde die Erhebung einer speziellen innerdeutschen Handelsgebühr in Höhe von 10 % des jeweiligen Geschäftsvolumens diskutiert, welche den ostdeutschen Geschäftspartnern aufzubürden war. Mit dem kalkulierten Erlös in Höhe von 30-40 Mio. DM plante man, den westdeutschen Spediteuren die Straßenbenutzungskosten zu erstatten. Allerdings beurteilte das BMWi den Vorschlag zurückhaltend. Der potentielle Zollcharakter einer solchen Gebühr könnte dem innerdeutschen Handel eine Außenhandelskonnotation verleihen, so die Sorge. Überdies fürchtete die Bundesregierung in einem solchen Falle Gegenmaßnahmen der anderen Seite, so dass eine „Gebührenspirale" zu erwarten war.[1143] Die Erhebung einer Transitpauschale für den ostdeutschen Fernlastverkehr nach Westeuropa bzw. in Übersee fand ebenfalls keine Zustimmung, da die zu erwartende Verlagerung der

---

1137 Kurzprotokoll über Chefbesprechung, 12.4.1955; geheim (BA, B 102/435429).
1138 Kurzprotokoll Staatssekretärsbesprechung, 18.4.1955 (BA, B 102/108142).
1139 Vermerk Krautwig, 5.4.1955 und 13.4.1955 (BA, B 102/108142).
1140 Vermerk Sitzung des Gesamtdeutschen Ausschusses des Dt. Bundestages, 28.4.1955 (BA, B 102/108146).
1141 Ebda.
1142 Vermerk Woratz, BMWi, 18.4.1955 (BA, B 102/108142).
1143 Kurzprotokoll Chefbesprechung, 12.4.1955; geheim (BA, B 102/435429).

Warenströme aus dem Bundesgebiet in Nachbarstaaten die wirtschaftliche Desintegration Deutschlands befördern würde.[1144]

Schließlich verständigte sich das „Staatssekretärskränzchen" auf eine Taktik der handelspolitischen Nadelstiche. Unterhalb der Schwelle einer Verletzung des Berliner Abkommens intendierte man, durch Verzögerungen von Eisen- und Stahllieferungen die ostdeutsche Industrieproduktion zu behindern.[1145] Diesen Kurs trug auch die westdeutsche Wirtschaft mit – zumindest nach außen. Unabhängig von Bonn intervenierten Vertreter der Ruhrindustrie beim MAI und erklärten, dass sie angesichts der transportbedingt erheblich verteuerten elektrotechnischen Geräte aus West-Berlin, die für die Stahlproduktion unerlässlich waren, betriebswirtschaftliche Einbußen hinnehmen müssten. Deshalb stünde die Eisen- und Stahlindustrie voll und ganz hinter der Politik der Bundesregierung.[1146] Interne Schreiben der WV Eisen und Stahl an das BMWi belegen allerdings ihre harsche Kritik an der Verzögerung von Eisen- und Stahllieferungen in die DDR. Detailliert wies der Fachverband nach, dass Ostdeutschland problemlos aus anderen Staaten die schwerindustriellen Güter beziehen könnte, beispielsweise aus Japan gegen Kalilieferungen, aus Österreich auf Kredit, aus Schweden und – besonders brisant – aus dem Saargebiet. Gerade kleinere bundesdeutsche Edelstahlwerke, die auf ihren Lieferkontingenten sitzen blieben, seien daher in ihrer Existenz bedroht.[1147]

In einer anderen, sehr zentralen Frage wichen die Manager ebenfalls vom Bonner Kurs ab. Sie schlugen Gespräche zwischen den Verkehrsministerien beider Staaten vor, wenn auch aus anerkennungsrechtlichen Gründen keine Vollmachten vorgelegt werden sollten.[1148] Noch weiter ging der Vorstandsvorsitzende der Berliner AEG, Fritz Spennrath. Gegenüber Adenauer vertrat er die Ansicht, dass die Anhebung der Autobahngebühr keine rein politische Maßnahme darstelle, die sich gegen die Freiheit West-Berlins richte. Vielmehr sei die bisherige Gebühr mit Blick auf die Straßeninstandhaltungskosten zu niedrig angesetzt gewesen. Natürlich sei die DDR mit den neuen Gebühren erheblich über ein angemessenes Limit hinaus geschossen. Aber Spennrath ging davon aus, dass Einnahmen in Höhe von 15 – 20 Mio. VE, d. h. 50 % weniger als derzeit von den DDR-Behörden verlangt, durchaus berechtigt seien. Seiner Ansicht nach müsse hierüber auf höchster Expertenebene ein Dialog geführt werden, den er für politisch unproblematisch hielt.[1149]

Solche Argumente der Industrie stießen in Bonn keineswegs auf Unverständnis. Interessanterweise war es der Staatssekretär im Auswärtigen Amt, Wal-

---

1144 Ebda.
1145 Kurzprotokoll Staatssekretärsbesprechung, 18.4.1955 (BA, B 102/108142).
1146 Vermerk: Besprechung Siemer, MAI, und Kuhlmann, Dir. Fa. Ferrostaal bzw. Kayser-Eichberg, Vors. WV Eisen und Stahl, 20.7.1955 (BA, DL 2, 1372, Bl. 8-9).
1147 Schreiben WV Eisen und Stahl an Sts. Westrick, BMWi, 26.5.1955 (BA, B 102/20881).
1148 Ebda.
1149 Schreiben Spennrath an Adenauer, 13.4.1955 (StBkAH, Nachlaß Konrad Adenauer, 10.11, Mappe 1, Bl. 194-195).

ter Hallstein, eher bekannt für eine kompromisslose Linie gegenüber dem Osten, der dafür plädierte, die Kontakte der Wirtschaftsvereinigung Eisen und Stahl zur VEH-DIA Metall für weitere Sondierungsgespräche zu nutzen, nachdem der eigentliche Kommunikationskanal TSI-MAI zu dieser Frage von der DDR blockiert wurde.[1150]

Wieder einmal – zum letzten Mal – drängte die AHK Bonn zu einer schärferen Gangart gegenüber Ost-Berlin. Nachdem ihre beiden Protestnoten an Botschafter Puschkin[1151] und ein Gespräch am 20. Mai 1955 ohne nennenswerte Resultate geblieben waren, forderte sie ein Eisen- und Stahlembargo sowie die Bezugsverweigerung von Zucker.[1152] Im BMWi stießen diese Vorschläge wie gehabt auf wenig Gegenliebe. Schon Wochen zuvor hatte der zuständige Referatsleiter Woratz skeptisch auf die Haltung der Westmächte reagiert, wonach „die wirtschaftlichen Gesichtspunkte im Interzonenhandel dem Politikum der Straßenbenutzungsgebühr gegenüber zurückweichen müssen"[1153]. Zwar erwog man im BMWi nach dem Scheitern der alliierten Bemühungen „ernsthaft" eine Unterbrechung des deutsch-deutschen Handels, aber nur wenn die westlichen Verbündeten sich den Sanktionen anschließen würden. Denn nach den bisherigen Erfahrungen hatten westliche Unternehmen die Absenz der bundesdeutschen Konkurrenz auf dem ostdeutschen Markt dazu genutzt, ihre Position auszubauen. Als weitere conditio sine qua non erwartete Bonn eine Garantieerklärung der Westmächte für die Versorgung West-Berlins und für die Bereitstellung von Transportfrachtraum für die West-Berliner Wirtschaft.[1154] Schließlich wünschte man noch Zugriff auf die alliierten Braunkohlevorräte in der Inselstadt, um etwaigen Unruhen in der Bevölkerung vorzubeugen.[1155]

Angesichts der verfahrenen Situation bemühte sich Carl Krautwig, Ministerialdirigent im BMWi, gemeinsam mit MAI-Chefunterhändler Freund eine Lösung zu sondieren.[1156] Aber auch ihr inoffizielles Gespräch am 27. Mai 1955 brachte in der Sache keine Annäherung der Standpunkte.[1157] Erst als das MAI eine Senkung der Gebühren um 40 % in Aussicht stellte,[1158] falls sich das Bundesverkehrsministerium zu direkten Verhandlungen mit dem DDR-Verkehrsministerium bereit finden sollte, zeichnete sich ein Kompromiss ab. Bereits Anfang Juni 1955 trafen sich Experten beider Verkehrsministerien in

---

1150 Protokoll der 30. Sitzung des Kabinettsausschusses für Wirtschaft, 24.6.1955, in: Hollmann (Bearb.), Kabinettsausschuss, Bd. 2, S. 365-380, hier S. 365-372.
1151 American Foreign Policy. Basic Documents, 1950-1955. Bd. II. Washington D.C. 1957, S. 1758-1759; ebda., S. 1759-1760; Kurzprotokoll der Chefbesprechung am 5.4 1955, 12.4.1955; geheim (BA, B 102/435429).
1152 Vermerk Woratz, 21.5.1955 , streng vertraulich (BA, B 102/108146).
1153 Vermerk Woratz, 11.5.1955 (BA, B 102/108146).
1154 Vermerk Woratz, 20.5.1955; geheim (BA, B 102/108146).
1155 Vermerk Woratz, 21.5.1955; streng vertraulich (BA, B 102/108146).
1156 Ebda.
1157 Vermerk über Besprechung zwischen Krautwig, BMWi, HA Gewerbliche Wirtschaft, und Freund, MAI, HA IDH, 27.5.1955 (BA, DL 2, 48, Bl. 336-337).
1158 Protokoll Politbürositzung, 31.5.1955 (SAPMO-BA, DY 30/J IV 2/2/423, Bl. 1-3).

dieser Angelegenheit.[1159] Zwar einigten sich beide Seiten am 10. Juni auf eine Gebührenerhöhung um ca. 600 %.[1160] Da aber vom westdeutschen Ministerialdirigenten v. Dorrer eine regierungsamtliche Vollmacht eingefordert wurde, kam auch dieser Vermittlungsversuch nicht zu einem erfolgreichen Abschluss.[1161] Es bedurfte erst einer Erörterung der Angelegenheit auf internationaler Ebene, damit die verhärteten Fronten sich aufweichten. Auf der Außenministerkonferenz in San Francisco Mitte Juni 1955 signalisierte der sowjetische Außenminister Molotow den Westmächten Verhandlungs- und Kompromissbereitschaft. Da zugleich die Washingtoner Administration in Gesprächen mit Adenauer ihre Zustimmung zu sogenannten technischen Kontakten zu DDR bekundete, erweiterten sich die Verhandlungsspielräume beider deutscher Seiten.[1162]

Zwischenzeitlich entwickelte sich die deutsch-deutsche Handelsbilanz deutlich zuungunsten der Bundesrepublik mit dem Ergebnis, dass das Verrechnungskonto in der Summe einen Debetsaldo über 5,5 Mio. VE aufwies. Gezwungenermaßen erteilte das BMWi am 23. Juni 1955 erneut Warenbegleitscheine für Eisen und Stahl, um einen bilanztechnischen Ausgleich herzustellen. Die DDR-Behörden reagierten prompt mit der Einstellung sämtlicher Behinderungen im Berlinverkehr.[1163] Schließlich einigten sich Vertretern beider deutscher Verkehrsministerien während einer neuerlichen Verhandlungsrunde über eine Erhöhung der Straßenbenutzungsgebühr, die im Endeffekt 600 % über dem bisherigen Niveau angesiedelt war.[1164]

Der Verlauf dieses Konfliktes bestärkte Erhard und seine Handelsexperten in ihrer Auffassung, dass über den ökonomischen Druckhebel von der DDR künftig keine politischen Zugeständnisse mehr zu erwarten seien.[1165] Seit 1951, also seit der sechs Monate dauernden Suspendierung des Berliner Abkommens, bereite sie sich auf ein mögliches Handelsembargo vor. „Selbst ein geschlossenes Vorgehen der im NATO-Pakt verbündeten Mächte würde nur bedingten Erfolg haben, da die DDR Handelsbeziehungen zu neutralen Staaten wie Schweden, Schweiz Österreich und Finnland unterhält."[1166] Mit dieser Auffassung vermochte Erhard sich regierungsintern aber erst im Zusammenhang mit dem Mauerbau sechs Jahre später durchzusetzen.

1159 Vermerk des Leiters der Verbindungsstelle des Bundesverkehrsministeriums, 5.6.1955 (BA, B 102/108142). Die Treffen fanden am 2. und 4. Juni 1955 statt.
1160 Kommuniqué über die Verhandlungen zwischen dem Verkehrsministerium der SBZ und dem Beauftragten des Verkehrsminister der BRD über die am 1. April 1955 erhöhten Straßenbenutzungsgebühren vom 4. Juni 1955", in: Dorrer, W. von: Kontakte mit der SBZ im Bereich der Verkehrsverwaltung. Bonn 1966, S. 13.
1161 Vermerk BMWi, 27.10.1955; streng vertraulich (BA, B 136/7837).
1162 Protokoll 30. Sitzung des Kabinettsausschusses für Wirtschaft, 24.6.1955, in: Hollmann (Bearb.), Kabinettsausschuss, Bd. 2, S. 365-380, hier S. 365-372.
1163 Bericht des Leiters der Verbindungsstelle des BMVerk., 5.7.1955; streng vertraulich (BA, B 102/108142). Vermerk BMWi, 27.10.1955; vertraulich (BA, B 136/7837).
1164 Aktenvermerk Siemer, MAI, 14.7.1955 (BA, DL 2, 1372, Bl. 10-11).
1165 Sprechzettel für Kabinettssitzung, 14.11.1955 (BA, B 102/108146).
1166 Vermerk Woratz, BMWi, 27.10.1955; streng vertraulich (BA, B 136/7837).

6.5. Entwicklung des innerdeutschen Handel

Der innerdeutsche Handel entwickelte sich mit Wachstumsraten zwischen 17,6% und 56,4% während der Jahre 1954 bis 1957 sehr dynamisch, wohingegen 1958 erstmals seit Anfang dem Koreakrieg wieder ein leichter Rückgang des Handelsvolumens um 0,3% zu verzeichnen war. Der DDR-Außenhandel während dieses Zeitraumes wies im Vergleich dazu seine höchste Steigerungsrate mit 20% im Jahre 1956 auf, bei der Bundesrepublik waren es 16,6 % (1955).[1167] Das herausragende Umsatzwachstum des Jahres 1954 von 56,4 % erklärt sich aus einer Reihe von Sonderfaktoren und eignet sich daher nicht als Bewertungsmaßstab für die späteren Jahre. Aufgrund der niedrigen Handelsvolumina zwischen 1951 und 1953, sie resultierten aus dem Ost-West-Konflikt und der Wirtschaftskrise in der DDR, ergab sich nach teilweiser Überwindung der Ursachen zwangsläufig ein überdurchschnittlich hoher Anstieg des innerdeutschen Warentransfers. Weiterhin führten der Wegfall von Reparationszahlungen an die Sowjetunion sowie die Integration der verbliebenen 33 SAG-Betriebe in den Volkswirtschaftsplan dazu, dass die DDR im I. Quartal 1954 ihre Lieferungen in die Bundesrepublik sogar um 120% gegenüber dem Quartalsdurchschnitt des Jahres 1953 steigern konnte.[1168] Hinzu kam die erstmals vollständige Ausschöpfung der vereinbarten Wertgrenzen bei der Lieferung von Textilien, Maschinen, Leder, chemischen und landwirtschaftlichen Erzeugnissen.[1169] Bislang waren diesbezüglich vertraglich fixierte DDR-Liefermengen von westdeutschen Abnehmern nur teilweise abgerufen worden. Erhard, dem eine solche protektionistische Haltung ein Dorn im Auge war, hatte offenkundig seinen handelspolitischen Kurs, nach dem Bezüge aus der DDR auch gegen den Widerstand bundesdeutscher Wirtschaftsakteure erfolgen sollten, umsetzen können.

Tab. 11: Entwicklung des innerdeutschen Handels, 1954-1958[1170]

Jahr	Bezüge* (Mio. VE)	Lieferungen* (Mio. VE)	Umsatz (Mio. VE)	Umsatzveränderung gegenüber Vorjahr (%)
1954	449,7	454,4	904,2	56,4
1955	587,9	562,6	1150,5	27,2
1956	653,4	699,2	1352,7	17,6
1957	817,3	845,9	1663,3	23
1958	858,2	800,4	1658,6	- 0,3

*: Bezüge bzw. Lieferungen der Bundesrepublik Deutschland

1167 Zentralverwaltung für Statistik (Hrsg.), Statistisches Jahrbuch der DDR 1959, S. 573; Statistisches Bundesamt (Hrsg.), Statistisches Jahrbuch 1958, S. 323.
1168 Protokoll 6/54 der Politbürositzung, 18.5.1954 (SPAMO-BA, DY 30/J IV 2/2 A/350, Bl. 16). Bericht der Staatlichen Zentralverwaltung Statistik bei der SPK über die Erfüllung des Volkswirtschaftsplans I. Quartal 1954.
1169 Protokoll der 22. Sitzung des Kabinettsausschusses für Wirtschaft, 17.12.1954, in: Hollmann (Bearb.), Kabinettsausschuss, Bd. 2, S. 262-265.
1170 Statistisches Bundesamt (Hrsg.), Statistische Berichte/V/30, Warenverkehr, 1954-1958.

Tab. 12: Übersicht über Güter mit großer Lieferkapazität der DDR, 7/1955[1171]

Unterkonto	Warenart
I	Zucker
	Nadelschnittholz
	Vergaser-, Dieselkraftstoff
II	Textil-, Buchungs-, Werkzeugmaschinen
	Chemikalien
III	Gruben-, Rundholz
	Braunkohlenbriketts, Trockenkohle

Vor dem Hintergrund der Sonderfaktoren wird verständlich, dass das Umsatzwachstum des Jahres 1954 in den Folgejahren nicht erreicht werden konnte. Dennoch ging das BMWi im September 1954 von einem auch künftig sich ausweitenden deutsch-deutschen Warenverkehr aus. Die Lieferfähigkeit der DDR sei bei Braunkohle, Maschinen, Chemie, Textilien, Glas, Keramik, Büromaschinen sowie Spielwaren nicht zu bestreiten. Dies befähige sie, sogar die zunehmenden westdeutschen Dienstleistungen, insbesondere Transport- und Umschlagleistungen des Hamburger Hafens, kompensatorisch zu finanzieren.[1172]

Die Bonner Analyse deckte sich mit der optimistischen Einschätzung des MAI bezüglich der eigenen Liefermöglichkeiten. Doch die Liste derjenigen Güter, bei denen das Ministerium besonders großen Kapazitäten wähnte, offenbart das Dilemma des roh- und grundstofflastigen Handelswarenspektrums. Unter den devisenträchtigen Fertigwaren werden nur Erzeugnisse des traditionsreichen Textil-, Buchungs- und Werkzeugmaschinenbaus aufgeführt. Problematisch bei diesen Produkten erwies sich die wachsende Mühe der ostdeutschen Hersteller, dem internationalen Innovationstempo gerecht zu werden. Gerade frühere Exportschlager wie Büromaschinen erlebten seit Mitte der fünfziger Jahre einen rapiden Absatzeinbruch auf den westeuropäischen Märkten aufgrund veralteter Technik und verstaubtem Design.[1173] Noch aussagekräftiger als die Momentaufnahme des MAI bezüglich herausragender Lieferkapazitäten ist die Umsatzentwicklung der entsprechenden Güter. Der Absatz von Braunkohlenbriketts steigerte sich binnen vier Jahren um 251,3 %, bei Mineralölprodukten waren es immerhin noch 207 %; der Durchschnittswachstumswert für DDR-Lieferungen ins Bundesgebiet insgesamt belief sich während der Jahre 1954 bis 1958 hingegen nur auf 195 %. Eine deutlich unterdurchschnittliche Wachstumsrate von 187,7 % über vier Jahre wiesen hingegen die Lieferungen von technisch anspruchsvollen Erzeugnissen des DDR-Maschinenbaus auf.

Während der innerdeutsche Handel des Jahres 1955 noch zur beiderseitigen Zufriedenheit ausfiel,[1174] verzeichnete die amtliche Statistik für das darauffolgende Jahr einen Rückgang des Umsatzwachstums auf 17,6 %. Die Entwicklung traf

---

1171 Schreiben MAI an SPK, 21.7.1955 (BA, DL 2, 3911, B. 286-289)
1172 Unterrichtung des Ministers durch Woratz, BMWi, 20.9.1954 (BA, B 102/20834).
1173 Info über Leipziger Herbstmesse, 11.9.1957 (SAPMO-BA DY 30/J IV 2/2J/400).
1174 Kabinettsvorlage des Bundeswirtschaftsministers, 7.3.1955 (BA, B 136/7835).

den zuständigen Fachreferenten im BMWi, Woratz, relativ unvorbereitet: „Zusammenfassend muß ich erklären, dass die politischen Ereignisse der jüngsten Vergangenheit stärker gewesen sind und sich dadurch die ursprünglich gestellten Prognosen über die weitere Entwicklung des Interzonenhandels nicht verwirklicht haben."[1175] Zwei Ursachen waren für die rückläufige Tendenz ausschlaggebend: Erstens bewirkten die überdurchschnittlichen Steigerungsraten der beiden Vorjahre eine Konsolidierung zumindest hinsichtlich der Wachstumsdynamik, und zweitens zogen die im Zitat angesprochenen politischen Krisen des Jahres 1956 in Polen, Ungarn und am Suezkanal erhebliche wirtschaftliche Störungen für die DDR nach sich. Das Ausbleiben polnischer Steinkohlenlieferungen und ungarischer Bauxit- bzw. weiterer Rohstofflieferungen führten zu massiven Versorgungsproblemen in der DDR. Allein im letzten Quartal 1956 sanken die polnischen Steinkohlenkontingente um 60 % gegenüber dem III. Quartal, was dazu führte, dass bis zu drei der sechs Hochöfen im Eisenhüttenkombinat an der Oder stillgelegt werden mussten.[1176] Als Folge stellte sie Ende November 1956 ihre Braunkohlenlieferungen an das Bundesgebiet ganz ein und reduzierte diejenigen nach West-Berlin auf 2000 t täglich, was dessen Monatsbedarf von 100.000 t Braunkohlenbriketts bei weitem nicht deckte.[1177] Aufs ganze Jahr 1956 gerechnet vermochte die DDR statt der vorgesehenen 4,3 Mio. t Braunkohle nur 3,3 Mio. t (= 76,7 %) im Wert von 148 Mio. VE zu liefern; damit fehlten ihr 42 Mio. VE an Einnahmen. Da auch Zuckerlieferverträge in Höhe von 16 Mio. VE wegen der Missernte und des vorrangig zu bedienenden sowjetischen Bedarfs nicht mehr eingehalten werden konnten, musste die DDR Ende 1956 einen Debetsaldo von rund 73 Mio. VE auf dem Unterkonto I hinnehmen, der den vereinbarten Swing von 40 Mio. VE deutlich überschritt.[1178]

Doch es waren keineswegs nur die Krisen in Polen und Ungarn, die den innerdeutschen Handel einmal mehr zum Sorgenkind der DDR-Führung werden ließen. Denn schon im Frühjahr 1956, also deutlich vor den Unruhen, wurde die Lage als „sehr ernst"[1179] charakterisiert. Wegen nicht eingehaltener Lieferverpflichtungen und daraus resultierender negativer Kontostände drohte Bonn gar mit der kurzfristigen Kündigung des Berliner Abkommens. Bedenklich stimmte die Verantwortlichen im MAI, dass im Gegensatz zur ebenfalls kritischen Situation im Jahre 1951 nicht die Verweigerung von Bezugsgenehmigung durch westdeutsche Behörden die Ursache war, sondern die tatsächlich mangelhafte Lieferfähigkeit der eigenen Volkswirtschaft. Da half auch die Empfehlung des zuständigen SED-Funktionärs Lange wenig, zur Verschleierung dieses unerfreulichen

---

1175 Vermerk von Woratz, BMWi, IV A, an die BdL, 20.12.1956 (BA, B 102/108194).
1176 Rede Matern, 30.1./1.2.1957 (SAPMO-BA, DY30/IV 2/1/170, Bl. 356).
1177 Protokoll der 62. Sitzung des Wirtschaftsausschusses des Bundeskabinetts, 15.1.1957, in: Behrendt / Rössel (Bearb.), Kabinettsausschuß, Bd. 3, S. 323-330, hier 327.
1178 Schreiben Erhard an Vocke, BdL-Präsident, 20.12.1956 (BA, B 102/108194).
1179 Denkschrift Kolockey, 21.4.1956 (SAPMO-BA, DY 30/IV 2/6.10/200, Bl. 2-4).

Sachverhalts die „Lieferunfähigkeitslüge wieder aufzuwärmen".[1180] Sein Ratschlag kann als symptomatisch für ideologisch ausgerichtete Parteiinstanzen hinsichtlich ihres Umganges mit unliebsamen Erkenntnissen angesehen werden.

Folgt man der Ursachenanalyse des MAI, so war die seit dem III. Quartal 1955 betriebene Politik einer restlosen Ausnutzung des zinslosen Überziehungskredits Schuld an der kritischen Lage. Auf diese Weise habe sich der Positivsaldo im I. Quartal 1956 ins Gegenteil kehrte, verschärft durch die frostbedingten Lieferschwierigkeiten bei Braunkohle.[1181] Das MAI ging bei diesem Gut von 14 Mio. TRbl. Verlust bzw. Zahlungsrückstand aus; hinzu kamen 1,2 Mio. TRbl. Verlust aus dem Warenzeichenstreit zwischen Agfa Wolfen und Leverkusen sowie erhebliche Probleme beim Absatz von elektrotechnischen Geräten und Transportmaschinen.[1182] Alle Faktoren zusammen hätten bewirkt, dass der Lieferplan im I. Quartal 1956 nur zu 60 % erfüllt worden sei.[1183]

Die Gesamtverschuldung gegenüber der Bundesrepublik belief sich nach Feststellung der Bank deutscher Länder Ende 1956 auf 87,6 Mio. VE. Indes weigerte sich die DDR, ihre Schulden in DM-West zu bezahlen. Da sie auch die Aufnahme eines offiziellen Kredits ablehnte, rechnete das BMWi mit einem Überschreiten des Swing im ersten Halbjahr 1957 zwischen 70 und 100 Mio. VE. Angesichts einer vertraglich vereinbarten Kreditlinie von 50 Mio. VE sah sich die Bundesregierung gezwungen, bei den „harten" Gütern NE-Metalle, Eisen, Stahl und Steinkohle ihre Ausschreibungen den tatsächlichen Lieferungen aus der DDR anzugleichen. Lebensmittel und Konsumgüter blieben „wegen der politischen Rückwirkungen in der Öffentlichkeit"[1184] von dieser Maßnahme ausgenommen. Die Bundesregierung war sich durchaus bewusst, dass sie aus einer Position der Stärke heraus verhandeln konnte: „Die Lage in den Währungsgebieten der DM-Ost scheint so prekär zu sein, dass sich für die Westseite hier gewisse taktische Überlegungen von selbst anbieten."[1185]

Die DDR zeigte während der Jahre 1957/58 eine beachtliche Kooperationsbereitschaft, was seitens der Bundesregierung als „Politik der zweckmäßigen Atmosphäre"[1186] treffend charakterisiert wurde. Im gemeinsamen Jahresrückblick mit TSI-Leiter Leopold versicherte Minister Rau, dass der Bedarf Westberlins an Braunkohlenbriketts ungeachtet der Witterungsbedingungen „unter allen Umständen"[1187] gedeckt werden würde. Die rückläufigen Lieferungen im II. und III. Quartal 1956 seien auf die Krise in Polen und die damit verbundenen aus-

---

1180 Hausmitteilung Lange, ZK-Abt. HVA, an Norden, Sekretariat des ZK der SED, 6.7.1956 (SAPMO-BA, DY 30/IV 2/6.10/200, Bl. 12).
1181 Quartalsanalyse MAI, 12.4.1956 (BA, DL 2, 3915, Bl. 73-81).
1182 Ebda.
1183 Ebda.
1184 Vermerk Woratz, BMWi, an BdL, 20.12.1956 (BA, B 102/108194).
1185 Interzonenhandelsbericht Nr. 28/57, 14.6.1957 (BA, B 102/20952).
1186 „Die wirtschaftspolitische Lage der Bundesrepublik und Westberlins im Verhältnis zu der Politik der ‚DDR' bzw. der Sowjetunion"; BMGF, 17.6.1958 (BA, B 137/2996).
1187 Interzonenhandels-Bericht Nr. 31/57, 24.7.1957 (BA, B 102/20952).

bleibenden Steinkohle- und andere Warenlieferungen zurückzuführen, mithin als „Fall höherer Gewalt"[1188] zu betrachten.

Weiterhin beseitigte das MAI am 20. November 1957, nach mehr als sechs Jahren, den „leidigen Ursprungsnachweis"[1189] für in West-Berlin hergestellte Güter. In einem streng vertraulichen Gespräch mit Behrendt erwähnte Leopold das Angebot der Bundesregierung, 1958 für 60 Mio. VE Treibstoff ostdeutscher Produktion auf Unterkonto 8 anzurechnen. Dadurch wäre die DDR in die Lage versetzt, mehr Eisen und Stahl zu beziehen, wobei aber das von Bonn gewünschte Junktim zwischen Eisen/Stahl versus Braunkohlenbriketts außer Kraft gesetzt wäre. Für dieses Entgegenkommen erwartete Leopold, dass im Gegenzug der Ursprungsnachweis fallen gelassen würde. Tatsächlich einigten sich beide Seiten. Damit war die 1951 von den Amerikanern eingerichtete und von den Deutschen finanzierte „Handelsluftbrücke" mit einer Maximalkapazität von 3000 t/Monat – zuletzt hatte sie immerhin noch 850 t/Monat bewältigt – obsolet geworden. Alles in allem ersparte der Wegfall des Ursprungsnachweises West-Berlin einen bürokratischen Mehraufwand in Höhe von ca. 2 Mio. DM/a[1190]

Die Liberalisierung des Metallsektors war für die DDR von höchster Bedeutung. So ließ Behrendt durchblicken, dass die Eisen- und Stahllieferungen aus der Bundesrepublik unbedingt termingemäß abgewickelt werden müssten, da andernfalls ganze Fabriken stilliegen würden. Die Substitution der Bezüge durch Lieferungen aus den befreundeten sozialistischen Staaten waren als ungesichert anzusehen.[1191] In ihrer Not ging die DDR sogar soweit, direkte Devisengeschäfte bei Eisen und Stahl anzustreben. Im Gegensatz zu einer ähnlichen Situation im Jahre 1954[1192] zeigte sich das BMWi dieses Mal einverstanden, derartige Geschäfte im Jahr 1958 bis zu einer gewissen Wertgrenze von 50 Mio. VE zuzulassen. Zweifelsohne verhielt sich das BMWi in dieser Situation sehr kooperativ gegenüber der anderen Seite. Denn die Brisanz dieses handelspolitischen Vorgang lässt sich leicht daran ablesen, dass bei seinem Bekannt werden andere Branchen ähnliche Sonderregelungen einfordern würden. In diesem Fall stand das gesamte Berliner Abkommen, damit der innerdeutsche Warentransfer und letztendlich der Berlinverkehr, auf der Kippe. Deshalb wünschte das BMWi in diesem Falle absolute Diskretion, die tatsächlich auch eingehalten wurde.[1193]

Ein Problem des Jahres 1957 erkannten beide Seiten in der Ausschöpfung des Swings, der zu einer „Verstopfung" der Konten geführt habe. Seitens der DDR hätte sich aus der Organisationsreform 1956, welche den DIA größere Handlungsspielräume eröffnete, gewisse Probleme beispielsweise bei der Statistik ergeben, wo MAI und DIA mit unterschiedlichen Zahlen arbeiten würden. Als Ausweg diskutierte man die Bewältigung durch Zahlung von Devisen. Rau

---

1188 Schreiben Leopold, TSI, an BMWi, 4.2.1957 (BA, B 102/20952).
1189 Schreiben Reg.BM W.-Berlin, Brandt, an Leopold, TSI, 5.2.1958(LA, B Rep. 002, 11274).
1190 Schreiben Klein, Senator für Wirtschaft, an Brandt, 6.11.1957 (LA, B Rep. 002, 11274).
1191 Ebda.
1192 Schreiben Leopold an Freund, 12.2.1954 (BA, DL 2, 1639, Bl. 378).
1193 Vermerk Kleindienst, BMWi, 10. 10. 1957, vertraulich (BA, B 102/20882).

schlug daraufhin vor, ein „Unterkonto Geld" einzurichten, speziell für den Bezug von Eisen und Stahl. Leopold lehnte diese Warenbeschränkung ab, da man dann befürchten müsse, dass die Braunkohlelieferungen ausbleiben würden.[1194] Das Warenabkommen für 1957 wurde wie im Vorjahr auf 1 Mrd. VE festgesetzt. Da die Statistiken der Bundesrepublik und der DDR über den Stand des Interzonenhandels nicht übereinstimmen, wurde vereinbart, dass vom 1. Januar 1957 an neue Unterkonten mit den Nummern V - VIII eingerichtet wurden. Die bisherigen Unterkonten I - IV dienten nur noch für die laufenden Genehmigungen und Lieferfristen.[1195] Nach wie vor bereitete der Ausgleich des Unterkontos III (Dienstleistungen) große Schwierigkeiten, da die DDR nicht bereit war, Dienstleistungen, die von der DDR in bar verlangt werden, künftig über das Unterkonto III (neues Unterkonto VII) laufen zu lassen. Um eine annehmbare Regelung dieses Unterkontos zu erreichen, hatte die Bundesrepublik bisher jährlich 40 Mio. VE von den Warenkonten auf das Dienstleistungskonto überschrieben. Da dieser Betrag jedoch nicht ausreichte, wurde bei der Festlegung der Warenlisten für 1957 vereinbart, dass künftig 60 Mio. VE von den Unterkonten für Warenlieferungen zugunsten des Dienstleistungskontos abgebucht werden. Die Aufforderung an die DDR, ihren Debetsaldo gegenüber der Bundesrepublik durch Barzahlungen abzudecken, ist von ihr abgelehnt worden. Sie ist lediglich für Eisen und Stahl zu Barzahlungen bereit.[1196] Neu hinzu kam ein Konto „S", über welches die DDR Bareinzahlungen in DM-West tätigen und so Sondereinkäufe in der Bundesrepublik vornehmen konnte. Nach Auffassung des BMWi stärkte diese Einrichtung die Position Westdeutschlands, ohne dass daraus politische Erpressbarkeit der DDR abzuleiten wäre.[1197] Tatsächlich erreichte die DDR durch Wiederaufnahme der Braunkohlelieferungen, zusätzlichen Treibstofflieferungen und Bareinzahlung über 20 Mio. DM-West eine Behebung der Handelskrise bis März 1957.[1198] Doch auch 1958 hielt die kritische Außenhandelssituation der DDR an. Insbesondere gegenüber den Niederlande, Schweden und der Bundesrepublik bestand eine „außerordentlich angespannte Zahlungsbilanz". Insgesamt hatte die DDR im kapitalistischen Westen Schulden in Höhe von 224 Mio. TRbl.[1199] Angesichts dessen drang das BMWi beim Kanzler darauf, neue Kreditmöglichkeiten für die DDR zu schaffen. Allerdings hielt Adenauer es nicht für richtig, „den Auf- und Ausbau der Wirtschaft in der Sowjetzone zu finanzieren."[1200]

1194 Schreiben Leopold, TSI, an BMWi, 4.2.1957 (BA, B 102, Nr. 20952).
1195 Protokoll 59. Sitzung Kabinettsausschuss für Wirtschaft, 10.11.1956, in: Behrendt/Rössel (Bearb.), Kabinettsausschuss, Bd. 3, S. 284-297, hier S. 296.
1196 AdG vom 18.11.1956, S. 6103.
1197 Schreiben Krautwig, BMWi, an Sts. Thedieck, BMGF, 10.2.1958 (BA, B 102/16175).
1198 Vermerk Woratz, BMWi, 26.4.1957 (BA, B 102/108145).
1199 Vorlage an die Wirtschaftskommission beim Politbüro vom ZK, Abt. PuF, 20.6.1958; vertrauliche Verschlusssache (SAPMO-BA DY 30/IV 2/2.101/28, Bl. 170.
1200 Vermerk Haenlein, BMGF, 18.7.1958 (BA, B 136/7836).

7. Ultimatum – Kündigung – Mauerbau: Die innerdeutschen Handelsbeziehungen während der Berlinkrise

7.1. Im Kontext des Berlin-Ultimatums: handelspolitische Initiativen aus Ost-Berlin

Während der Jahre 1957 und 1958 bildete sich in den sozialistischen Staaten ein Gefühl der politischen, ökonomischen und militärischen Gleichwertigkeit, wenn nicht gar Überlegenheit gegenüber den kapitalistischen Ländern heraus. Nach den überstandenen Krisen in Polen und Ungarn 1956 wähnte man sich auf einem dynamischen volkswirtschaftlichen Wachstumskurs, der früher oder später den Sieg des sozialistischen Wirtschafts- und Gesellschaftssystems über das westliche Konkurrenzmodell sicherstellen würde.[1201] Der erfolgreiche Start des ersten Satelliten durch die Sowjetunion im Oktober 1957, dem Westen als „Sputnik-Schock" ins kollektive Gedächtnis eingegangen, verlieh diesem subjektiven Empfinden einen symbolisch dichten Ausdruck.[1202] Der militärstrategisch bedeutsame Aspekt war indes der Beweis, dass die Sowjetunion über taugliche Interkontinentalraketen verfügte und damit erstmals in der Lage war, die USA direkt mit Atomwaffen zu bedrohen.

Die eigenen Erfolge wurden um so höher bewertet, als sie mit einer Schwächephase der bis dahin so stetig prosperierenden Marktwirtschaften kontrastierten. Speziell in der Bundesrepublik Deutschland offenbarte während der Jahre 1957/58 das Erfolgsmodell „Soziale Marktwirtschaft" Krisenanzeichen: Erstmals seit ihrer Gründung sank die jahresdurchschnittliche Arbeitslosenquote nicht weiter und stagnierte bei 3,7 %. Die Inflationsrate kletterte über 2 % und die Industrieproduktion wuchs um vergleichsweise bescheidene 3,1 % im Jahre 1958. Sie lag damit deutlich unter den Werten früherer Jahre.[1203] Bedingt durch Aufrüstung und vermehrte Sozialausgaben musste Bundesfinanzminister Franz Etzel erstmals einen defizitären Haushaltsentwurf für das Jahr 1958 verantwor-

---

[1201] Über die subjektive Wahrnehmung der wirtschaftlichen Lage bzw. künftigen Entwicklung in beiden deutschen Staaten Schreiben von Ulbricht an Chruschtschow, 19.1.1961. Abgedruckt in Steiner, André: Politische Vorstellungen und ökonomische Probleme im Vorfeld der Errichtung der Berliner Mauer. Briefe Walter Ulbrichts an Nikita Chruschtschow. In: Mehringer, Hartmut (Hrsg.): Von der SBZ zur DDR. München 1995, S. 233-268, hier S. 249. Zur Einschätzung der allgemeinen (macht-)politischen Konstellation in Moskau und Ost-Berlin Lemke, Berlin-Krise, S. 105.

[1202] Zur Rezeption des „Sputnik-Schocks" in den westlichen Staaten und insbesondere bei John F. Kennedy Biermann, Harald: John F. Kennedy und der Kalte Krieg. Die Außenpolitik der USA und die Grenzen der Glaubwürdigkeit. Paderborn 1997, S. 39-54

[1203] Statistisches Bundesamt (Hrsg.): Statistisches Jahrbuch für die Bundesrepublik Deutschland, 1960. Stuttgart, Mainz 1960, S. 146, S. 218, S. 486.

ten.[1204] Die sich im Ruhrgebiet abzeichnende Strukturkrise, einhergehend mit wachsenden Kohlehalden, Absatzschwierigkeiten in der Stahlindustrie und drohender Massenarbeitslosigkeit, verlieh der eingetrübten Konjunkturstimmung deutlichen Ausdruck.[1205] Infolgedessen wuchs im Kanzleramt die Furcht vor Unruhen im „roten Ruhrgebiet".[1206] Es spricht somit einiges für die These Nonns, dass seit Ende 1958 die Sorge einer vom Bergbau auf die gesamte Bundesrepublik ausstrahlenden kommunistischen Renaissance für die Regierung handlungsleitenden Stellenwert erlangte.[1207]

Dagegen erlebte die DDR von 1957 bis 1959 eine Phase relativer Stabilität. Der amtlichen Statistik zufolge wuchs die jährliche Industrieproduktion zwischen 8 % (1957) und 12 % (1959).[1208] Damit übertraf ihre Wachstumsrate zumindest in der zeitgenössischen Wahrnehmung diejenige des reichen Nachbarn im Westen. Bei aller gebotenen Skepsis gegenüber diesen Angaben und ihrer deutsch-deutschen Vergleichbarkeit[1209] dienten sie als Entscheidungsgrundlage für die politische Führung der DDR, was die optimistische deutschlandpolitische Lageeinschätzung Ulbrichts verständlich macht. Mit der Währungsumstellung vom Oktober 1957 gelang eine hinreichende Abschöpfung des bestehenden Geldüberhangs. In der Öffentlichkeit stellte die DDR-Regierung diese Maßnahme als Schlag gegen West-Berliner „Schieber und Spekulanten" dar. Ein anderer Propagandaerfolg mit großer Signalwirkung war die bereits seit Jahren angekündigte Abschaffung der letzten Lebensmittelkarten am 28. Mai 1958, haftete ihnen doch der Beigeschmack von Kriegs-, Nachkriegs- und Mangelwirtschaft an.[1210] Endlich konnte die DDR in puncto unlimitierter Konsum- und Nahrungsgüterversorgung zumindest vordergründig mit der Bundesrepublik gleichziehen, in der die letzten, für Zucker geltenden Versorgungskarten 1951 abgeschafft worden waren. Dass damit allerdings erhebliche Versorgungsprobleme verknüpft waren, gestand Ulbricht nur in vertraulichen, der Öffentlichkeit vorenthaltenen Schreiben ein.[1211] Schließlich zeichnete sich noch ein spürbarer Rückgang der Flüchtlingsbewegung ab. Die Zahl der sich in den Westen absetzenden Personen

---

1204 Kabinettsprotokolle, Bd. 11, S. 36.
1205 Hierzu Kroker, Evelyn: Zur Entwicklung des Steinkohlenbergbaus an der Ruhr zwischen 1945-1980. In: Hohensee, Jens/Salewski, Michael (Hrsg.): Energie – Politik – Geschichte. Stuttgart 1993, S. 75-88; Nonn, Christoph: Die Ruhrbergbaukrise. Entindustrialisierung und Politik 1958-1969. Göttingen 2001.
1206 Schreiben Adenauer an Erhard, 20.12.1958 (BA, B 102/108200); auch Sitzungsprotokoll CDU-Bundesvorstand, 27.11.1958, abgedr. in: Adenauer: Frieden, S. 298-301.
1207 Nonn, Ruhrbergbaukrise, S. 96.
1208 Zentralverw. f. Statistik (Hrsg.), Statistisches Jahrbuch, 1959.
1209 Steiner zufolge haben die amtlichen Angaben den tatsächlichen Zuwachs der Nettoindustrieproduktion in der DDR zu hoch, in der Bundesrepublik zu niedrig wiedergegeben; Steiner, Vorstellungen, S. 236-237.
1210 Ulbricht hatte deshalb bereits seit 1956 die Abschaffung der Lebensmittelkarten angekündigt. Rede Ulbrichts, 13.11.1956 (SAPMO-BA, DY 30/IV 2/1/166, Bl. 297).
1211 Im Schreiben an Chruschtschow vom 21.5.1958 schilderte Ulbricht die wirtschaftlichen Schwierigkeiten, die sich aus diesem Schritt ergaben. Lemke, Berlinkrise, S. 51.

sank nach Angaben der bundesdeutschen Behörden von knapp 280.000 im Jahre 1956 auf rund 144.000 (- 48,6 %) drei Jahre später.[1212] Ostdeutsche Quellen weisen für das Jahr 1959 den deutlich niedrigeren Wert von rund 81.000 „Republikflüchtigen" aus,[1213] was Steiner zufolge auf das Eigeninteresse von Betrieben und Wohnbezirken zurückzuführen sei, die aus Gründen der Imagepflege politisch genehme und damit geschönte Zahlen nach oben meldeten. Die abflauende Fluchtbewegung wertete die SED-Führung als Indiz für eine zunehmende Akzeptanz des politischen Systems bei der eigenen Bevölkerung.

Unter dem Eindruck solch für ihn erfreulicher Daten verkündete Walter Ulbricht auf dem V. Parteitag der SED im Juli 1958 als „ökonomische Hauptaufgabe", dass bis zum Jahre 1961 „der Pro-Kopf-Verbrauch unserer werktätigen Bevölkerung mit allen wichtigen Lebensmitteln und Konsumgütern den Pro-Kopf-Verbrauch der Gesamtbevölkerung in Westdeutschland erreicht und übertrifft."[1214] Angesichts eines Produktivitätsrückstandes gegenüber der Bundesrepublik von ca. 50%,[1215] handelte es sich um eine unrealistische Zielvorgabe. Selbst wenn man die Einschätzung der SPK zugrundelegt, die von nur rund 25% Produktivitätsrückstand ausging,[1216] setzte sich das Regime unter hohen Erwartungsdruck, dem es wegen neuerlicher ökonomischer Krisenmomente Anfang der sechziger Jahre nur schwer standhalten konnte. Bezüglich des innerdeutschen Handels zog das MAI aus den Vorgaben des V. Parteitages die widersprüchliche Leitlinie, das Volumen auszuweiten, gleichzeitig aber die Substitutionsmöglichkeiten für westdeutsche Bezüge gründlich zu prüfen.[1217] Offenkundig sollte die Krisenanfälligkeit der DDR-Volkswirtschaft und damit die politische Erpressbarkeit des Regimes angesichts der noch ungelösten Berlinproblematik und der sich deshalb abzeichnenden deutschlandpolitischen Klimaverschlechterung in Grenzen gehalten werden.

Die Ende der fünfziger Jahre vermeintlich unmittelbar bevorstehende Umkehrung der ökonomischen und militärischen Machtverhältnisse zwischen Ost und West motivierte möglicherweise die Sowjetunion gemeinsam mit ihrem deutschen Partner zu einer neuen Initiative in der Deutschlandpolitik.[1218] Nachdem Ulbricht bereits am 27. Oktober 1958 die Hoheitsgewalt über ganz Berlin

---

1212 Hierbei handelt es sich um die registrierten Flüchtlinge bzw. Antragsteller in einem Notaufnahmeverfahren; DDR-Handbuch. Köln 1975, S. 313.
1213 Steiner, DDR-Wirtschaftsreform, S. 43.
1214 Protokoll der Verhandlungen des V. Parteitages der SED, 10. bis 16. Juli 1958, Berlin (Ost) 1959, S. 68-70.
1215 Schwarzer, Oskar: Der Lebensstandard in der SBZ/DDR 1945-1989. In: JbfW (1995) 2, S. 119-148, hier S. 123.
1216 Übersicht über die Entwicklung der Arbeitsproduktivität, 1959 (BA, DE 1/51761).
1217 Auswertung des V. Parteitages, 23.7.1958 (BA, DL 2, 1383, Bl. 18-27, hier Bl. 18).
1218 Die genaue Motivlage für das Berlin-Ultimatum ist nach wie vor nicht eindeutig geklärt; Harrison, Hope M.: Die Berlin-Krise und die Beziehungen zwischen der UdSSR und der DDR. In: Wettig, Gerhard (Hrsg.): Die sowjetische Deutschlandpolitik in der Ära Adenauer. Bonn 1997, S. 105-122, hier S. 109.

für die DDR beansprucht hatte,[1219] richtete Chruschtschow vier Wochen darauf eine Note an die drei Westmächte, in der er ultimativ den Abzug ihrer Truppen aus der ehemaligen Reichshauptstadt forderte. Künftig sollte West-Berlin den Status einer entmilitarisierten „Freien Stadt" erhalten und gemäß der „Drei-Staaten-Theorie" neben der Bundesrepublik und der DDR als eigenständige politische Einheit agieren.[1220] Der „kapitalistische Stachel" im „sozialistischen Fleisch" wäre auf diese Weise isoliert worden und könnte mittelfristig – im Sinne einer Vereinnahmung – möglicherweise sogar herausgezogen werden. Unabhängig von der kontrafaktischen Frage, ob die DDR diesen Schritt tatsächlich unternommen hätte, bewirkte das Berlin-Ultimatum eine tiefe Verunsicherung innerhalb der Bevölkerung vor Ort.

Mit Verkündung und Propagierung der „Drei-Staaten-Theorie" war freilich wenig gewonnen, solange sie im Westen auf Ablehnung stieß. Eine offizielle Zustimmung seitens der Regierungen in Washington, London, Paris und Bonn konnten die politischen Führungen der UdSSR und DDR realistischerweise nicht erwarten. Folgerichtig verlagerte man die Aktionen von der internationalen Bühne der hohen Diplomatie hinunter auf die kommunale Ebene. Durch die Herstellung direkter Kontakte zwischen DDR-Behörden und West-Berliner Senat wollte das Politbüro die politische Eigenständigkeit der Teilstadt und ihrer Administration unterstreichen. Von der Institutionalisierung wirtschaftlicher und politischer Bande versprach man sich zugleich die Lockerung der entsprechenden Bindungen ans Bundesgebiet. Gleichsam durch die Hintertür des Gewohnheitsrechts sollte die Akzeptanz der „Drei-Staaten-Theorie" im Bewusstsein der politischen und wirtschaftlichen Akteure der Inselstadt verankert werden.

7.1.1. Das Berliner Zusatzabkommen

Wichtigstes Instrument dieser Taktik waren wirtschaftliche Beziehungen in Form der bereits mehrfach offerierten „Sondergeschäfte". Gemäß Politbürobeschluss vom 19. August 1958 arbeiteten MAI und SPK ein speziell auf West-Berliner Bedürfnisse zugeschnittenes Angebot aus.[1221] Die Tatsache, dass diese Anordnung bereits im Sommer, also vor dem Chruschtschow-Ultimatum, erlassen worden war, spricht nicht gegen einen Zusammenhang zwischen der Initiative im Berlinhandel und der Drei-Staaten-Theorie. Denn letztere lässt sich bereits

---

1219 DzD, Bd. 3, T. 4, 3. Hbd., S. 1831-1850.
1220 Gleichlautende Note der Regierung der Sowjetunion an die Regierungen der drei Westmächte, 27.11.1958, in: Siegler (Hrsg.), Wiedervereinigung, S. 90-104. Lemke, Berlin-Krise, S. 99-107, Wettig, Gerhard: Die UdSSR und die Krise um Berlin. Ultimatum 1958 – Mauerbau 1961 – Modus vivendi 1971. In: DA 34 (2001), S. 592-613.
1221 Protokoll Nr. 34/58 der Politbürositzung, 19.8.1958 (SAPMO-BA, DY 30/J IV 2/2/606, Bl. 3). Notiz für Leuschner, SPK-Vors., 22.9.1958 (DE 1, 1304, Bl. 15).

in Äußerungen führender DDR-Politiker seit dem Sommer 1958 nachweisen,[1222] ihre Ursprünge reichen gar bis in das Jahr 1955 zurück.[1223]

Da es unwahrscheinlich war, dass der West-Berliner Senat ein DDR-Ministerium als Verhandlungspartner akzeptieren würde, betraute man den Oberbürgermeister Ost-Berlins, Ebert, mit der Kontaktaufnahme. Ebert, als Sohn des vormaligen SPD-Vorsitzenden und Reichspräsidenten Friedrich Ebert möglicherweise ein für „Westgenossen" akzeptabler Gesprächspartner, schlug im Namen des Magistrats seinem Amtskollegen Willy Brandt am 7. November 1958 ein separates Berliner Handelsabkommen vor. Dieses umfasste ostdeutsche Lebensmittel-, Roh- und Baustofflieferungen im Gesamtwert über 225 Mio. VE. Des weiteren sah es die Erhöhung der Milchlieferungen von 30 Mio. l auf 100 Mio. l für das 2. Halbjahr 1958 vor. Durch den Bezug von elektrotechnischen Geräten, Werkzeugen und Maschinen aus West-Berliner Produktion sollte die Handelsbilanz wieder ausgeglichen werden. Als besonderen Anreiz stellte das Ost-Berliner Stadtoberhaupt die mögliche Kooperation beim Petrochemieanlagenbau und im Chinahandel in Aussicht.[1224] Angesichts der Chemieprogramme in verschiedenen sozialistischen Staaten und des Riesenmarktes in Fernost boten beide Geschäftsfelder gute Perspektiven. Zusätzlich offerierte Ebert 10.000 Arbeitsplätze für Bewohner des Westteils der Stadt im Osten. Er wünschte 2000 Metallfacharbeiter, 2000 ungelernte Arbeitskräfte für die Metallindustrie, 900 Beschäftigte im Baugewerbe, 1700 bei Verkehr und Dienstleistungen sowie 3400 nicht näher spezifizierte Beschäftigte. Für das kommende Jahr 1959 stellte Ebert weitere 10.000 Arbeitsplätze in Aussicht. Diese Option barg für die DDR-Führung durchaus ambivalente Qualität. Ließ sich einerseits auf diese Weise der kommunale Arbeitskräftemangel etwas lindern, so lief andererseits die Maßnahme der seit 1952 zu beobachtenden generellen Abschottungstendenz zuwider. Schließlich plädierte Ebert noch für die Bildung einer gesamtberliner, paritätisch besetzten Wirtschaftskommission, die sich neben anderem mit der Grenzgängerfrage befassen sollte. Grundsätzlich drückte er die Hoffnung aus, dass der Westberliner Senat von seiner „Frontstadtpolitik"[1225] abrücken und sich zu einer innerstädtischen Kooperation bereit finden werde.

Alles in allem betrachtet umfasste die Offerte eine geschickt austarierte Mischung höchst attraktiver, aber auch sehr problematischer Elemente für den Adressaten. Auf der einen Seite entsprachen die ostdeutschen Lieferangebote exakt dem Bezugsprofil der Inselstadt: Braunkohle für den Hausbrand, Kies und

---

1222 Ebert, 28.6.1958, in: Prowe, Weltstadt, S. 315. Ulbricht sprach in seinem Referat auf dem V. Parteitag der SED am 12.7.1958 von einer „Neutralisierung" West-Berlins; in: DzD, Bd. 3, T. 4, 2. Hbd., S. 1391-1408, hier S. 1397.
1223 Zu den Ursprüngen der „Drei-Staaten-Theorie" Prowe, Weltstadt, S. 203-207.
1224 Schreiben Ebert an Brandt, 7.11.1958 (BA, B 102/198201); Ulbricht hatte das Schreiben in der vorliegenden Form genehmigt. (SAPMO-BA DY 30/IV 2/6.10/78). Das Milchangebot galt regierungsintern als nicht realisierbar, da die DDR keinen dem Weststandard entsprechenden tbc-Schutz garantieren konnte.
1225 Ebda.

Zement für die Bauindustrie und günstige Lebensmittel aus dem nahen Umland. Die entsprechenden Gegenlieferungen West-Berlins mit Schwerpunkt in der Elektro- und Maschinenbaubranche sorgten für eine bessere Auslastung seiner industriellen Produktionskapazitäten, mithin für eine Entlastung des Arbeitmarktes. Hierzu würden natürlich auch die angebotenen Arbeitsplätzen im Osten der Stadt beitragen. Über 60.000 West-Berliner Erwerbslose, das entsprach einer Jahresdurchschnittsquote von 6,3 % bezogen auf 1958,[1226] bildeten die Zielgruppe dieses Angebotes. Allerdings hatte Ebert hinsichtlich der Beschäftigungsverhältnisse die Frage offen gelassen, ob die Löhne und Sozialleistungen vollständig in DM-West gezahlt würden.[1227] Angesichts knapper Westmarkreserven der DNB und der Praxis analoger West-Ost-Arbeitsverhältnisse bei der Deutschen Reichsbahn und im südthüringischen Schieferbergbau war dies eher unwahrscheinlich. Im Falle aber, dass ein Teil des Lohnes bzw. der Sozialleistungen in DM-Ost entrichtet worden wäre, hätte sich die Attraktivität des Beschäftigungsangebots deutlich relativiert. Doch auch wenn nur wenige West-Berliner sich Arbeit im Osten suchen würden, hätte das Angebot seinen Zweck erfüllt. Denn es diente eigentlich vor allem als propagandistischer Kontrapunkt zu den ca. 40.000 ostdeutschen Pendler, die im Westteil der Stadt einer Tätigkeit nachgingen. Allein die Existenz dieser „Parasiten der Wirtschaft der DDR"[1228] strafte die Legende vom „Arbeiterparadies DDR" Lügen – ganz zu schweigen von dem damit verbundenen Verlust an Arbeitskräften für die sozialistische Volkswirtschaft. Der aus Senatsperspektive problematischste Baustein in Eberts Offerte war jedoch die paritätisch zu besetzende gesamtberliner Wirtschaftskommission. Mit ihrer Einrichtung wäre West-Berlin der Status eines eigenständigen politischen Subjekts zugewiesen worden. Eine solche Entwicklung galt es unter allen Umständen zu vermeiden.

Wie bei dem ersten „Berlin-Geschäft" aus dem Jahre 1954 lehnten daher sowohl der Senat als auch die Wirtschaftsvertreter der Inselstadt auch dieses mal das Angebot ab.[1229] Dabei war die Haltung der Unternehmer keineswegs von vornherein klar einzuschätzen, hatte die IG West-Berliner Kaufleute im Sommer 1958, also vor Beginn der zweiten Berlin-Krise, über ein separates Globalabkommen mit dem MAI verhandelt.[1230] Ihnen war jedoch angesichts der seit November 1958 veränderten politischen Rahmenbedingungen bewusst, dass die prekäre Lage ihrer Teilstadt keine Handlungsspielräume zuließ, die eine Lockerung der Westbindung bewirken könnten.[1231] Wirtschaftssenator Klein regte wegen des Chruschtschow-Ultimatums und in Sorge um die Inselstadt sogar an, den innerdeutschen Handel wieder in die Kompetenz der Alliierten zu verweisen

---

1226 Daten zur Entwicklung der Berliner Wirtschaft (West) 1950-1963, hrsgg. v. Senator für Wirtschaft. Berlin 1964, S. 1-2.
1227 Schreiben Ebert an Brandt, 7.11.1958 (BA, B 102/198201).
1228 Erklärung des Rats der Stadt Königswusterhausen, zit. nach Prowe, Weltstadt, S. 307.
1229 Presseerklärung IHK Berlin, 12.12.1958 (BA, B 102/198201).
1230 Bericht von Orlopp an Leuschner, SPK-Vors., 18.8.1958 (DE 1, 11360. Bl. 20).
1231 Presseerklärung IHK Berlin, 12.12.1958 (BA, B 102/198201).

um so das Junktim zwischen freiem Berlinverkehr und uneingeschränktem innerdeutschem Handel wieder zu festigen. Mit dieser Überlegung stand Klein jedoch weitgehend alleine da. Sein Vorschlag wurde u. a. vom deutschlandpolitischen Experten der CDU, Gradl, mit Blick auf die Souveränität der Bundesrepublik unmissverständlich zurückgewiesen.[1232]

Zusammenfassend lässt sich festhalten, dass das Berliner Sondergeschäft darauf abzielte, die Inselstadt politisch, ökonomisch, institutionell und auch im Bewusstsein der Öffentlichkeit vom Bundesgebiet zu separieren. Die zeitliche Koinzidenz mit dem Wahlkampf zum West-Berliner Abgeordnetenhaus, der Wahltag war auf den 7. Dezember 1958 terminiert, legt nahe, dass die Initiative Eberts zusätzlich als Unterstützung für die im Rennen befindliche SEW gedacht war.[1233] Ein Erfolg blieb in beiderlei Hinsicht verwehrt: Die politische und ökonomische Separierung West-Berlins vom Bundesgebiet konnte nicht befördert werden und die Einheitssozialisten kamen über einen bescheidenen Stimmenanteil von 2 % nicht hinaus.

7.1.2. Minister Raus „Hilfsangebot" (5.10.1958)

Bundesdeutsche Geheimdienstanalysen konstatierten parallel zu den ostdeutschen Bemühungen um West-Berlin auch beim Gütertransfer mit dem Bundesgebiet eine neue handelspolitische Dynamik der DDR und vermuteten dahinter eine Diversionsstrategie „Pankows".[1234] Tatsächlich glaubte das Politbüro angesichts der für das linke politische Spektrum desaströsen Landtagswahl in Nordrhein-Westfalen vom Sommer 1958, die relative Schwäche der westdeutschen Wirtschaft gezielt nutzen zu müssen, um verlorenes Terrain wieder gut zu machen.[1235] Die verschärften Interessengegensätze zwischen Unternehmen und Regierung sollten für die Realisierung des wichtigsten taktischen Zieles im innerdeutschen Handel instrumentalisiert werden: die Unterhöhlung des zentralen Ausschreibungs- und Genehmigungsverfahrens.[1236] Wäre dieses Pendant zum ostdeutschen Außenhandelsmonopol erst einmal ausgeschaltet, könnten die DDR-Außenhandelsunternehmen und -behörden weitaus größeren politisch-ökonomischen Einfluss als bisher auf westdeutsche Wirtschaftskreise nehmen.

1232 Kurzprotokoll Ausschuss für gesamtdt. und Berliner Fragen, 18.3.1959 (PADtBt).
1233 Protokoll Politbürositzung, 21.10.1958 (SAPMO-BA, DY 30/ J IV 2/2A/660).
1234 Schreiben des BfV an Rohn, BMGF, 14.12.1959; vertraulich (BA, B 137/16249). Unter Berufung auf eine als zuverlässig eingestufte, aber nicht näher spezifizierte Quelle.
1235 Protokoll Politbürositzung, 21.10.1958 (SAPMO-BA, DY 30/ J IV 2/2A/660).
1236 Handelspolitische Direktive für den Handel mit dem kapitalistischen Wirtschaftsgebiet für das Jahr 1960, 28.11.59 ausgearbeitet von stv. Min. Weiss, MAI, (BA SAPMO DY 30/IV 2/610/192). Schreiben BfV an Rohn, BMGF, 14.12.1959; vertraulich (BA, B 137/16249). Bemerkung zur Vereinbarung über den Innerdeutschen Handel für die Jahre 1958/59, 5.2.1958 (SAPMO-BA, DY 30/IV 2/6.10/200, Bl. 35).

Im Herbst 1958 wandte sich Minister Rau über die Presse mit einem spektakulären „Hilfsangebot der DDR"[1237] für notleidende Branchen in der Bundesrepublik an die westdeutsche Öffentlichkeit. Die DDR-Regierung erklärte sich bereit, 4 Mio. t Steinkohle, 200.000 t Eisen und Stahl sowie Chemikalien, Schuhe und Textilien im Wert von 80 - 90 Mio. VE außerhalb des Berliner Abkommens zu beziehen. Insbesondere die Steinkohle war für die DDR wegen des steigenden Energiebedarfs und der unzuverlässigen polnischen Lieferungen bedeutsam. Als Gegenlieferungen benannte sie 4 Mio. t Braunkohle, 650.000 t Weizen, 40.000 t Zucker und 20.000 t Schweinefleisch. Alles in allem bedeutete dies ein Geschäftsvolumen von 550 Mio. VE, was ungefähr 33 % des erwarteten innerdeutschen Handelsvolumens für das Jahr 1958 entsprach.[1238] Beide handelspolitische Initiativen, das Sondergeschäft mit der Bundesrepublik wie auch das Angebot an West-Berlin waren intentional als „Ausdruck einer aktiven Handelspolitik des Ministeriums für Außenhandel bei der Ausnutzung der Widersprüche des Kapitalismus"[1239] gedacht.

Raus „Hilfsangebot" wurde nicht im Rahmen der normalen innerdeutschen Handelsgespräche zwischen TSI und MAI erörtert, sondern über eine vielschichtige, gut aufeinander abgestimmte PR-Kampagne im Westen lanciert. Neben Presseartikeln in den verschiedensten Periodika ergingen Einladungen zu Informationsveranstaltungen von MAI-Vertretern an die Wirtschaftsvereinigung Eisen und Stahl sowie an den Unternehmerverband Ruhrkohle, d. h. an zwei der wichtigsten Adressaten unter den bundesdeutschen Wirtschaftsakteuren. Weiterhin versuchte der FDGB seine Partnerorganisationen DGB und IG Metall im Sinne des MAI zu instruieren. Zugleich richtete er Schreiben an Betriebsräte im Ruhrgebiet.[1240] Ziel dieser konzertierten Aktion war die Herstellung einer breiten Zustimmung innerhalb der westdeutschen Bevölkerung zu der Handelsofferte, um auf diese Weise öffentlichen Druck auf Bonn auszuüben. Als Sekundäreffekt erhoffte man sich natürlich eine generelle Imageverbesserung der DDR im Westen. Tatsächlich sorgte die PR-Kampagne in Westdeutschland für erhebliche Unruhe: Raus „Hilfsangebot" wurde von zahlreichen Betriebsräten ernsthaft diskutiert und die beiden angeschriebenen Wirtschaftsverbände zeigten sich durchaus gesprächsbereit. Erst auf Intervention des BMWi schlugen sie die Einladungen zu den Informationsveranstaltungen des MAI aus.[1241] So betrachtet trifft die Einschätzung des Ost-Berliner Ministeriums, nach der es gelungen war,

---

[1237] Information betreffend der Lage auf dem Gebiet des innerdeutschen Handels, 29.10.1958 (SAPMO-BA, DY 30/IV 2/2.029/90, Bl. 35).
[1238] Vermerk über Ressortbesprechung, 11.12.1958 (BA, B 102/108200).
[1239] Informationen über Probleme der Durchführung des Außenhandelsplanes 1958 und der Vorbereitung für 1959 (BA, DY 30/IV 2/2.101/33 Bl. 45-47, hier Bl. 47).
[1240] Vermerk Krautwig, 21.10.1958 (BA, B 102/16176).
[1241] Ebda.

„eine große Bewegung ins Leben zu rufen in bezug auf die Kohlesituation und zum anderen in bezug auf die Eisen- und Stahlsituation"[1242] durchaus zu.

Die Entscheidung über Annahme oder Ablehnung von Raus „Hilfsangebot" fiel der Bundesregierung keineswegs leicht.[1243] Insbesondere der mögliche Absatz von 4 Mio. t Steinkohle würde volks- und betriebswirtschaftlich eine spürbare Erleichterung bedeuten. Binnen neun Monate waren die Kohlenhalden von 0,75 Mio. t im Dezember 1957 auf über 10 Mio. t im August des darauffolgenden Jahres angewachsen, von denen nun knapp 40 % in die DDR geliefert werden könnten.[1244] Auch die absehbaren sozialen Spannungen im Ruhrgebiet – am 22. Februar 1958 war die erste Feierschicht von einigen Zechenleitungen angeordnet worden[1245] – ließen sich durch eine solche Maßnahme abbauen. Letztlich gab der durchsichtige propagandistische Charakter der DDR-Handelsinitiative den Ausschlag für eine Ablehnung im Kabinett. Parallel zur öffentlichkeitswirksamen Kommunikation bemühte sich am 21. Oktober 1958 MAI-Chefunterhändler Heinz Behrendt einmal mehr, direkt im BMWi interministerielle Verhandlungen aufzunehmen. Immerhin gelangte er bis ins Vorzimmer Erhards, ehe die zuständigen Mitarbeiter ihn aufhalten und des Hauses verweisen konnten.[1246] Aber unter dem Eindruck des Possenspiels von Behrendt im BMWi, der überdeutlichen politischen Stoßrichtung des gesamten Paketes und der lieferseitig von der DDR nur schwer einzuhaltenden Zusagen entschloss sich der Kabinettsausschuss für Wirtschaftsfragen am 23. Oktober 1958, die Offerte der DDR-Regierung abzulehnen.[1247] Offiziell gab Bonn jedoch den mangelnden Bedarf an Braunkohle und Weizen als Grund für die Entscheidung an.

Nach der Zurückweisung durch die Bundesregierung wandte sich das MAI mit konkreten Geschäftsangeboten direkt an interessierte wirtschaftliche Akteure in Westdeutschland. Es galt, „verstärkt unter westdeutschen Arbeitern und Unternehmern das Angebot zu popularisieren, die Argumente Bonns zu zerschlagen und die Bonner Regierung zu entlarven."[1248] Überraschenderweise strebte das Ministerium keine unmittelbaren Verhandlungen mit der Steinkohleindustrie an, was man in Anbetracht ihres herausgehobenen Stellenwertes im Rahmen des „Hilfsangebotes" hätte vermuten können. Der Grund war ein taktischer: „Um die Entwicklung einer breiten Bewegung der Bergarbeiter in Westdeutschland nicht zu hemmen, wurde jedoch mit der Ruhrkohlevertriebsgesellschaft ein Vorvertrag noch nicht geschlossen."[1249] Im Klartext: das MAI beab-

---

1242 Informationen über Probleme der Durchführung des Außenhandelsplanes 1958 und der Vorbereitung für 1959 (BA, DY 30/IV 2/2.101/33 Bl. 45-47, hier Bl. 47).
1243 Zur Kontroverse mit den beiden Protagonisten Adenauer und Erhard Sitzungsprotokoll CDU-Bundesvorstand, 27.11.1958, in: Adenauer, „Frieden", S.298-301.
1244 Kroker, Entwicklung des Steinkohlenbergbaus, S. 83.
1245 Ebda., S. 82.
1246 Vermerk Vialon, Bundeskanzleramt, 21.10.1958 (BA, B 136/7836).
1247 Vermerk über Ressortbesprechung, 11.12.1958 (BA, B 102/108200).
1248 Information Lange für Apel, 29.10.1958 (SAPMO-BA, DY 30/IV 2/2.029/90, Bl. 35).
1249 Ebda.

sichtigte, durch eine Verzögerung der Bezugsofferte bei Steinkohle die derzeitige Unruhe unter den Kumpel weiter zu schüren, dadurch die innenpolitische Situation Nordrhein-Westfalens zu destabilisieren und so gegen die konservative Landes-, indirekt auch gegen die Bundesregierung zu agieren. Mit Blick auf das politische Kräfteverhältnis in Nordrhein-Westfalen, absolute Mehrheit für die CDU, die kommunistischen Gruppierungen ohne jede Chance,[1250] muss allerdings festgehalten werden, dass die politische Wirkung einer solchen Handelstaktik in Ost-Berlin maßlos überschätzt wurde.

Folgerichtig diskutierte das MAI – übrigens auf Vermittlung des im Westen ungeliebten Ausschusses zur Förderung des deutschen Handels – erst einmal mit Vertretern eines Firmenkonsortiums der Eisen- und Stahlindustrie über die Auskopplung der Eisen-, Stahl- und Weizenkontingente aus dem „Hilfsangebot" von Rau.[1251] Als Hauptschwierigkeit erwies sich hierbei die Abnahme von 650.000 t Weizen, auf der die ostdeutsche Seite beharrte, für die es aber im Westen keine entsprechende Nachfrage gab.[1252] Um diese Hürde zu überwinden, entwickelte das Firmenkonsortium, welches mit der Phoenix-Rheinrohr AG, Thyssen AG, Krupp AG, Klöckner Werke AG, Hüttenwerk Oberhausen AG und der Establech GmbH die geballte Macht der Ruhrindustrie verkörperte, eine bemerkenswerte Aktivität. Zum einen knüpfte es Kontakte zum Im- und Exportkaufmann Robert Margulies, der zugleich als einflussreiches Mitglied des FDP-Bundesvorstandes und der Bundestagsfraktion fungierte. Ihm wurde ein Teil des ostdeutschen Weizens zum Verkauf angeboten, in der Erwartung, er werde seine politischen Verbindungen ins BMWi zur Realisierung des Gesamtgeschäftes nutzen. Weiterhin drängten die Eisen- und Stahlmanager ihre Kollegen in der Mineralölbranche zur Abnahme zusätzlicher DDR-Kontingente an Kraftstoffen. Dadurch würde sich der finanzielle Spielraum der DDR für Eisen- und Stahleinkäufe erweitern. Allerdings waren die Ölmanager aufgrund der Integration in das amerikanisch-britische Mineralölnetzwerk an Lieferverträge ihrer Muttergesellschaften gebunden. Daher verfügten sie nur über begrenzte Handlungsmöglichkeiten. Schließlich intervenierte das Konsortium direkt im BMWi, damit dieses einer staatlichen Subvention des Weizenbezugs in Höhe von 69 Mio. VE zustimmte.[1253]

Es gelang dem MAI gegen den Widerstand westdeutscher Bauernverbände, im Herbst 1958 mit den drei größten westdeutschen Getreidehandelsfirmen die Lieferung von 650.000 t Weizen in einem Vorvertrag festzuhalten.[1254] Eine Woche darauf, am 5. November 1958, folgte die Unterzeichnung eines gleichartigen

---

1250 Kommunalverband Ruhrgebiet (Hrsg.): Wahlen im Ruhrgebiet. Essen 1986.
1251 Aktenvermerk, 27.10.1958 (BA, DL 2, 299, Bl. 5); Schreiben Lange an Apel, 14.11.1958; persönlich; geschlossen (SAPMO-BA, DY 30/IV 2/2.029/90, Bl. 39).
1252 Information Lange, ZK-Abt. HVA, für Apel, 29.10.1958 (SAPMO-BA, DY 30/IV 2/2.029/90, Bl. 35).
1253 Schreiben Lange an Apel, 14.11.1958 (SAPMO-BA, DY 30/IV 2/2.029/90, Bl. 39).
1254 Information Lange, ZK-Abt. HVA, an Apel, 31.10.1958 (SAPMO-BA, DY 30/IV 2/2.029/90, Bl. 37).

Kontraktes mit dem Eisen- und Stahlkonsortium über den Bezug von 200.000 t Stahl.[1255] Schließlich beantragten die Unternehmen am 27. November 1958 die Genehmigung dieses „Gegenseitigkeitsgeschäfts" beim BMWi. Ihr Hauptargument war die während der kommenden Wintermonate drohende „Beschäftigungslücke" in der Schwerindustrie.[1256] Dabei erhielten die sechs Ruhrunternehmen Rückendeckung von der gesamten Wirtschaftsvereinigung Eisen und Stahl.[1257] Dies überrascht nicht weiter, übten die Firmen doch einen maßgeblichen Einfluss auf die Entscheidungsprozesse im eigenen Fachverband aus.

Bundesregierung wie TSI registrierte das autonome Vorgehen der Unternehmen sehr genau und übte harsche Kritik: „Das Verhalten der großen Firmen zeigt einen bedauerlichen Mangel an politischem Instinkt, wenn es ums Geschäft geht."[1258] Bonn fürchtete zum einen die (handels-)politische Beeinflussung der westdeutschen Industrie durch die DDR-Behörden. Zum anderen unterlief dieses Sondergeschäfte das Berliner Abkommen. Da in rascher Folge zahlreiche „namhafte"[1259] Firmen der Schuh-, Textil- und Chemieindustrie Vorverträge in Ost-Berlin abschlossen, drohte der Bundesregierung Ende der fünfziger Jahre die politische Kontrolle im innerdeutschen Handel zu entgleiten. Vor dem Hintergrund der Berlin-Krise wurde diese Tendenz als „überaus problematisch"[1260] bewertet. Daher beschloss das Kabinett auf Empfehlung des „Staatssekretärskränzchen", das „Weizen-Stahl-Geschäft" nicht zu genehmigen,[1261] um keinen Präzedenzfall zu schaffen. Die Argumentation des BMWi, dass in diesem Falle Massenentlassungen und -streiks im Ruhrgebiet drohten, die wiederum der kommunistischen Agitation Auftrieb verschaffen könnten, vermochte sich nicht durchzusetzen.[1262] Vielmehr fand der Hinweis des Auswärtigen Amtes Gehör, nach dem die Westmächte angesichts der aktuellen Berlin-Krise ein solches handelspolitisches Entgegenkommen nicht akzeptieren würden.[1263] In der konkreten Situation einer politischen Krise zeigte sich, dass im Bundeskabinett die politische über die ökonomische Rationalität obsiegte.

Natürlich bestand die Gefahr, dass westeuropäische Konkurrenzunternehmen in die Bresche springen und gleichartige Geschäfte mit der DDR vereinbaren würden. Ein derartiges Verhalten entsprach seit Beginn des Jahres 1958 dem handelstaktischen Kalkül des MAI, das logischerweise die Interessengegensätze der Unternehmen verschiedener NATO-Staaten zu seinen Gunsten nutzen woll-

---

1255 Info Lange, ZK-Abt. HVA, 7.11.1958 (SAPMO-BA, DY 30/IV 2/6.10/200, Bl. 36).
1256 Vermerk über Ressortbesprechung, 11.12.1958 (BA, B 102/108200).
1257 Protokoll der Arbeitsbesprechung am 24.2.1959, 13.3.1959 (BA, DL 2, 4525, Bl. 93).
1258 Schreiben von Haenlein, BMGF, an Adenauer, 15.12.1958 (BA, B 136/7837).
1259 Information von Lange für Apel über die Lage auf dem Gebiet des Innerdeutschen Handels, 29.10.1958 (SAPMO-BA, DY 30/IV 2/2.029/90, Bl. 35). Vermerk von Woratz, BMWi, 11.12.1958 (BA, B 136/7837).
1260 Vermerk über Ressortbesprechung, 11.12.1958 (BA, B 102/108200).
1261 Vermerk von BMWi, IV A 6, 11.12.1958 (BA, B 136/7837).
1262 Vermerk über Ressortbesprechung, 11.12.1958 (BA, B 102/108200).
1263 Schreiben AA an BMWi, 13.12.1958 (BA, B 102/435429).

te.[1264] Daher ließ am 19. Dezember 1958 das BMWi über das Auswärtige Amt die Außenhandelsbehörden der verbündeten Staaten eindringlich davor warnen, die Durchführung des „Stahl-Weizen-Geschäftes" durch einheimische Firmen zu genehmigen.[1265] Eine solche mangelhafte Solidarität könnte Bonn innenpolitisch angesichts der schwierigen Branchensituation weder dem Management noch der Belegschaft betroffener Firmen vermitteln.[1266]

Auch wenn die Antworten der Botschaften der USA, Großbritanniens, Frankreichs und der Benelux-Staaten durchweg im Sinne der Bundesregierung ausfielen, blieb ihre Warnung durchaus berechtigt. Denn die Erfahrungen der Vergangenheit hatten doch mehrfach gezeigt, dass die westeuropäische Konkurrenz Schwächeperioden der bundesdeutschen Industrie dazu nutzte, um die eigene Marktposition in der DDR, aber auch in ganz Osteuropa, auszubauen. Den konkreten Anstoß für jenes Intervenieren bei den Partnerländern gab dabei ein Kredit über 250 Mio. $, den London im September 1958, also unmittelbar vor Beginn der Berlinkrise, erstmals Moskau gewährte.[1267] Bislang hatten die USA derartige Unterstützungsmaßnahmen ihrer Partnerländer gemäß der Bestimmungen des „Battle Act"[1268] zu verhindern gewusst. Mit dem Ausscheren der Briten brach gewissermaßen die westliche „Kreditembargofront" gegenüber dem Ostblock zusammen. Die günstigen Finanzierungskonditionen verschafften der englischen Industrie einen Wettbewerbsvorteil insbesondere bei umfangreicheren Geschäften, wie im Industrieanlagenbau.[1269] Englands Aufstieg zu einer der führenden Osthandelsnationen setzte in Folge dieser Entscheidung Ende der fünfziger Jahre ein. Zwar orientierte sich London an den Regularien der Berner Union[1270], beispielsweise bei der vereinbarten Laufzeit von fünf Jahren, aber dennoch entwickelte sich in den sechziger Jahren ein „Kreditwettrennen" der Westeuropäer um die günstigsten Kreditkonditionen für Osteuropa. Andere Staaten, wie das deutlich zurückhaltendere Frankreich, mussten nachziehen.[1271] Bis zu einem gewissen Grad profitierten die sozialistischen Staaten natürlich hiervon. Die Bundesregierung verharrte relativ lange bei einer restriktiven „Kre-

---

1264 Schreiben des BfV an Rohn, BMGF, 14.12.1959; vertraulich (BA, B 137/16249). Unter Berufung auf zuverlässige Quelle. Bemerkung zur Vereinbarung über den Innerdeutschen Handel für 1958/59, 5.2.1958 (SAPMO-BA, DY 30/IV 2/6.10/200, Bl. 35).
1265 Gesprächsvermerk Kattenstroth, BMWi, 22.12.1958 (BA, B 102/435429).
1266 Vermerk Woratz, 17.12.1958; vertraulich (BA, B 137/16249).
1267 Schreiben Erhard an von Brentano, 10.9.1958 (ALES, NE I.4.38.6).
1268 Der nach dem Kongreßabgeordneten Laurie C. Battle benannte „Mutual Defense Assistance Control Act" war bis 1979 in Kraft.
1269 Der erwähnte 250 Mio. $-Kredit beispielsweise diente dem Aufbau einer Zellulose-Acetat-Spinnerei in der Sowjetunion durch die britische Firma Cortaulds. Smith, Glen Alden: Soviet Foreign Trade. New York 1973, S. 106.
1270 Hierbei handelt es sich um ein gentlemen's agreement von 18 westlichen Industriestaaten aus dem Jahre 1934, welches die internationalen Kreditbedingungen koordinierte.
1271 Pfeil, Ulrich: Die „anderen" deutsch-französischen Beziehungen. Die DDR und Frankreich 1949-1990. Köln 2004, S. 396-398.

ditostpolitik",[1272] was ihr heftige Kritik seitens der bundesdeutschen Industrie einbrachte.[1273] Angesichts weiterer Vorstöße vor allem britischer Wirtschaftsakteure, genannt sei die zwischen dem Federal Board of Industry und der Kammer für Außenhandel in London getroffene Handelsvereinbarung vom 20. Januar 1959, geriet Bonn immer mehr in die Defensive. Die im Rahmen dieses Abkommens zugesagten langfristigen Stahllieferungen Englands bezeichnete Adenauer als „Politikum ersten Ranges".[1274] Tatsächlich zeichnete sich damit eine handelsstrategische Schwerpunktverlagerung Ost-Berlins weg von der Bundesrepublik und hin zu den westeuropäischen Ländern ab.[1275]

7.2. Westdeutsche Unternehmen – ostdeutsche Handelsbürokratie: neue Partner?

Das im Zusammenhang mit dem „Hilfsangebot" der DDR zu beobachtende eigenmächtige Vorgehen der genannten Unternehmen, die den direkten Kontakt zum MAI suchten und fanden,[1276] war Ausdruck ihrer gewandelten Einstellung gegenüber dem Geschäftspartner DDR. Im Gegensatz zu früheren Jahren beurteilten sie den deutsch-deutschen Warenverkehr in erster Linie unter ökonomischen Aspekten und erst in zweiter Linie unter politischen Gesichtspunkten. „Wir machen, was wir im Interesse des Geschäftes für richtig halten und lassen uns von der Bundesregierung in dieser Beziehung keine Vorschriften machen,"[1277] brachte Ernst Stinnes, Vorstandsvorsitzender der Stinnes A.G., die weitverbreitete Meinung auf den Punkt. Die Sorgen der frühen fünfziger Jahre vor kommunistischer Infiltration und wirtschaftlicher Dominanz der DDR waren angesichts der nunmehr offen zu Tage getretenen ökonomischen Machtverhältnisse weitgehend geschwunden.

Wirtschaftsakteure, die sich in Zeiten konjunktureller Abkühlung profitable Geschäfte mit der DDR bzw. den Ostblockstaaten ausrechneten, zeigten ein erstaunlich hohes Maß an handelspolitischer Übereinstimmung mit dem MAI und dementsprechend an Divergenzen zum BMWi. Dabei überrascht weniger der Umstand, dass die ökonomische Rationalität einen hohen Stellenwert einnahm, als vielmehr die Beobachtung, dass weder das in seiner Freiheit bedrohte West-Berlin noch die 1959 überdeutlich hervortretenden Eigenstaatlichkeit der

---

1272 Stent, Wandel, S. 126.
1273 Schreiben Adenauer an Erhard, 20.12.1958 (BA, B 102/ 108200).
1274 Protokoll 106. KS, 6.5.1960, abgedr. in Kabinettsprotokolle Bd. 13, S. 196-197; Hoff, Henning: Großbritannien und die DDR 1955-1973. München 2003, S. 298-307.
1275 Handelspolitische Direktive für den Handel mit dem kapitalistischen Wirtschaftsgebiet für das Jahr 1960, 28.11.59 (BA SAPMO DY 30/IV 2/610/192).
1276 Im BMWi registrierte man diese Entwicklung sehr kritisch; Schreiben Krautwig, BMWi, an Sts. Westrick, BMWi, 3.12.1959 (BA, B 102/16177).
1277 Information Lange, ZK-Abt. HVA, für Apel, 29.10.1958 (SAPMO-BA DY 30/IV 2/2.029/90, Bl. 35).

DDR – genannt seien hier die Stichworte Genfer Konferenz und „Spalterflagge" – die Bereitschaft zur Kooperation mit dem sozialistischen Regime erkennbar dämpfte. Immerhin stand bis zu einem gewissen Grad die freiheitlich-demokratische Grundordnung auf dem Spiel, ebenso die deutsche Einheit und der Alleinvertretungsanspruch der Bundesrepublik. Offenkundig dominierten betriebswirtschaftliche Interessen diese übergeordneteren, auch abstrakteren Überlegungen, zumindest solange, wie das Gesamtsystem Bundesrepublik Deutschland als notwendige Rahmenbedingung für gesichertes und erfolgreiches Privatwirtschaften nicht gefährdet erschien.

Paradigmatisch lassen sich diese Ausführungen am Beispiel der Mannesmann AG belegen. Sein Interesse am äußerst lukrativen osteuropäischen Röhrengeschäft verleitete das Unternehmen dazu, mit dem Vorsitzenden der westdeutschen Abteilung des Ausschusses zur Förderung des deutschen Handels, Brans, einen Beratervertrag über 300.000 DM bei einer Laufzeit von 10 Jahren abzuschließen. Der bislang von Wirtschaftsverbänden wie Regierung als „fünfte Kolonne Pankows"[1278] stigmatisierte Ausschuss beförderte somit den Einstieg in den osteuropäischen Markt. Das BMWi, welches in dem Ausschuss ein DDR-Organ mit „rein politischer Zielsetzung" erkannte, fürchtete, dass die gesamte Eisen- und Stahlbranche unter Einfluss des Ausschusses geraten könnte. Daher erwog Erhard, den Ausschussmitgliedern Warenbegleitscheine für Lieferungen in die DDR künftig zu verweigern. Zugleich sollten die Unternehmen der Eisen- und Stahlbranche gezielt angesprochen und auf Distanz zu der Organisation gehalten werden.[1279] Da aber selbst CDU-Bundestagsabgeordnete weiterhin mit dem Ausschuss kooperierten und dies auch nicht aufzugeben gedachten, wirkte die Argumentation des BMWi wenig überzeugend.

Die Auseinandersetzungen zwischen lieferbereiten westdeutschen Industriezweigen bzw. dem Handel einerseits und dem BMWi andererseits über die Praxis des innerdeutschen Warenaustausches nahmen während der Jahre 1959/60 an Schärfe zu. Zahlreiche Unternehmer warfen Bonn die „Schädigung westdeutscher Wirtschaftsinteressen" vor und wollten „weitere Konzessionen im Interzonenhandel erzwingen."[1280] Hierzu zählte die Forderung der Eisen- und Stahlindustrie, die Warenbegleitscheine für Lieferungen in die DDR im Jahr 1959 en bloc zu genehmigen. Während das BMWi wegen der besseren Kontrolle und der dosierten handelspolitischen Druckausübung eine vierteljährige Genehmigungspraxis wünschte, protestierten führende Industrievertreter wie Ernst Wolf Mommsen so heftig dagegen, dass selbst der Kanzler sich einschaltete.[1281] Auf sein Betreiben hin wurde die Unternehmerinitiative „aus politischen Gründen"[1282] schließlich zurückgewiesen. Als Kompensation richtete die Bundesregierung im Jahre 1959 eine Art Ausfallbürgschaft auf 50 % der vertraglich ver-

---

1278 Jahresbericht des BDI, 1955, S. 13.
1279 Protokoll der Kontaktausschusssitzung, 7.7.1960 (BA, B 137/16249).
1280 Mitteilung Claussen, DIA Nahrung, 29.11.1958 (BA, DL 2/1383, Bl. 12-13).
1281 Vermerk Vialon, BKA, für Sts. Globke, BKA, 21.10.1958 (BA, B 136/7836).
1282 Vermerk BMWi, 16.1.1959 (BA, B 102/108200).

einbarten Stahllieferungen in die DDR ein.[1283] Eine solche im Außenhandel als „Hermesbürgschaft" bekannte Risikoabsicherung für Unternehmen existierte bislang im innerdeutschen Handel noch nicht und stellte einen ganz wesentlichen Faktor zu seiner Förderung dar. Schließlich waren gerade in Zeiten der politischen Krise Transaktionen über den „Eisernen Vorhang" hinweg betriebswirtschaftlich mit hohem Risiko behaftet.

Eine interessante Rolle kam in der ganzen Konfliktsituation Dr. Böhner, Direktor der Rohrleitung A.G.[1284] und zugleich Stiefschwiegersohn Ludwig Erhards, zu. Seine professionellen Ziele und familiären Beziehungen ließen ihn zu einem bevorzugten Gesprächspartner des MAI werden. Die frühesten Kontakte sind vom November 1958 nachgewiesen.[1285] Auch Böhner vertrat die Interessen seiner Branche in Übereinstimmung mit dem MAI. In mehreren Gesprächen mit Erhard, über deren Inhalt er MAI-Chefunterhändler Behrendt informierte, forderte er neben der Ausweitung des innerdeutschen Handelsvolumens auch eine großzügigere Kreditgenehmigung. Erhard versicherte, dass er keineswegs dem entgegenwirken wolle, bezweifelte indes die Lieferkapazitäten der DDR.[1286] In den folgenden Jahren kontaktierte das MAI mehrfach Böhner und erreichte auf diese Weise zumindest einen indirekten Informationsfluss zum Bundeswirtschaftsminister. Ein direktes Gespräch zwischen Erhard und Behrendt kam entgegen beiderseitiger Absichtserklärungen indes nicht zustande.

Ihren Höhepunkt erreichte die Auseinandersetzung zwischen Bonner Regierung und der Eisen- und Stahlindustrie im Gefolge der Leipziger Frühjahrsmesse 1960. Am 29. Februar 1960 trafen sich Ruhrindustrielle dort zu einer Besprechung mit Minister Rau, um den beiderseits als problematisch empfundenen Rückgang von Walzstahllieferungen für 1960 zu erörtern.[1287] Rau regte unter Hinweis auf den Aktivsaldo der DDR bei Unterkonto 8 (Stein-, Braunkohle, Eisen, Stahl etc.) an, entsprechende Vorverträge zu unterzeichnen. Auf diese Weise, so sein Kalkül, würden die Firmen im BMWi vorstellig werden, um ihre Vorverträge zu realisieren.

Zugleich erneuerte Rau den Wunsch nach einem langfristigen Abkommen über Walzstahllieferungen. Insbesondere bei Rohren, Zieh- und Tiefziehblechen, Walzdraht, feinem Stabstahl, Transformatoren und Dynamoblechen war die DDR auf bundesdeutsche Lieferungen nach wie vor angewiesen.[1288] Naheliegenderweise erfreute sich sein Vorschlag der Zustimmung der bundesdeutschen Gesprächspartner, die versicherten, „ ... dass ein Auftrag aus der DDR besser ist

---

1283 Bericht Unterrichtung Bundeskanzler, 21.7.1959; vertraulich (BA, B 102/12590).
1284 Hierbei handelte es sich um eine 100 %ige Tochtergesellschaft der Phoenix-Rheinrohr AG mit Stammsitz in Düsseldorf; ein Zweigbetrieb existierte in West-Berlin.
1285 Unterrichtung von Rau durch Behrendt, 5.12.1958 (BA, DL 2/1383, Bl. 548-552).
1286 Kurzinformation für Rau von Behrendt, 2.11.1959 (BA, DL 2, 3312, Bl. 49-50)
1287 Protokoll einer Besprechung zwischen Vertretern der WV Eisen und Stahl und Minister Rau, MAI, 9.3.1960 (BA, DL 2, 3322, Bl. 1-4, hier Bl. 3).
1288 Schreiben Ulbricht an Chruschtschow, 4.8.1961, in: Steiner, Vorstellungen, S. 258-259.

als irgendein anderer in der ganzen Welt."[1289] Zuletzt präsentierte Ernst Wolf Mommsen noch die Idee einer gesamtdeutschen, paritätisch besetzten Arbeitsgruppe „Eisen und Stahl".[1290]

Dieser Vorschlag, der den DDR-Initiativen zur Einrichtung deutschdeutscher Gremien auf politischer Ebene nahe kam, überspannte den Bogen. Die Gesprächsrunde zwischen westdeutschen Industriellen und dem ostdeutschen Minister Rau rief Adenauers schärfste Kritik hervor.[1291] Mommsens Anregung einer paritätischen Wirtschaftskommission berührte einen ganz sensiblen Aspekt der Anerkennungsproblematik und stellte eine „politische Mine"[1292] ersten Ranges dar. Deshalb beauftragte der Kanzler BDI-Präsidenten Berg, die Wirtschaftsvereinigung Eisen und Stahl wieder „zur Räson zu bringen"[1293]. Berg, der seinerseits durch den „Vorfall nicht nur die politische Einsicht, sondern auch die politische Zuverlässigkeit der deutschen Industrie"[1294] in Frage gestellt sah, kam der Bitte umgehend nach. Zwischenzeitlich weigerte sich die Bundesregierung wie auch die TSI, Vertreter der Ruhrwirtschaft zu handelspolitischen Gesprächen zu empfangen.

Die Vehemenz der Bonner Reaktion erklärt sich vor allem auch aus dem Umstand, dass die Vorgänge auf der Leipziger Frühjahrsmesse in aller Öffentlichkeit diskutiert wurden. Als Skandal beispielsweise empfanden Regierungsvertreter das Treffen am 6. März 1960 zwischen Mannesmann-Direktor Manning, Krupp-Vorstandsmitglied Prof. Hundhausen und Walter Ulbricht, über das die westdeutsche Presse in Wort und Bild berichtete. Hinsichtlich der internationalen Außenwirkung brachte der Kommentar von Franz von Hertzberg die Ängste konservativer Politiker auf den Punkt: „Muss nicht der halbwilde Neger aus Guinea an unserer westlichen Politik irre werden? Ihm verdenkt man es, wenn er mit Pankow Beziehungen aufnimmt. Und unsere groß sein wollenden Wirtschaftsführer, sicher nicht der SPD angehörend, lassen sich mit dem spitzbärtigen Kommunisten für die Weltöffentlichkeit fotografieren."[1295] Den allgemeinen politischen Kontext zu Hertzbergs ruppiger Bemerkung bildete die am 5. März 1960 von Ost-Berlin angekündigte Aufnahme diplomatischer Beziehungen zwischen der DDR und dem seit 1958 unabhängigen Guinea.[1296] Problematischer noch als mögliche völkerrechtliche Irritationen unter den – freundlicher ausgedrückt – „jungen Nationalstaaten" der sogenannten „Dritten Welt" er-

---

1289 Protokoll: Besprechung zwischen Vertretern der WV Eisen und Stahl und Minister Rau, MAI, 9.3.1960 (BA, DL 2, 3322, Bl. 1-4, hier Bl. 3).
1290 Ebda.
1291 Schreiben Sts. Westrick, BMWi, an Krautwig, BMWi, 11.3.1960 (BA, B 102/16177).
1292 Vermerk Woratz, BMWi, 14.3.1960 (BA, B 102/20884).
1293 Information Behrendt für Rau, 6.4.1960 (BA, DL 2, 3316, Bl. 158-166, hier Bl. 159).
1294 Schreiben BDI-Präsident Berg an Sohl, Thyssen AG, 14.3.1960 (BA, B 102/20884).
1295 Telegramm von Franz von Hertzberg an Erhard, 11.3.1960 (BA, B 102/20884). Von Hertzberg bezog sich auf Abbildungen in den Lübecker Nachrichten vom 10.3.1960, auf denen die Manager im Gespräch mit Ulbricht abgelichtet waren.
1296 Kilian, Hallsteindoktrin, S. 84-104.

schienen jedoch überaus kritische amerikanische Reaktionen auf die Annäherung von westdeutschen Wirtschafts- und ostdeutschen politischen Akteuren.

Diese Angelegenheit erhielt zusätzliche deutschlandpolitische Brisanz durch den Umstand, dass besagtem Gespräch zwischen Ulbricht und den westdeutschen Managern auch der niedersächsische Landwirtschaftsminister Alfred Kubel (SPD) beiwohnte. Nach umfangreicher Berichterstattung im Neuen Deutschland sah sich die Bundesregierung gezwungen, in scharfer Form bei der sozialdemokratischen Landesregierung in Hannover einen Bericht einzuholen, ohne indes weitere Konsequenzen bzw. innenpolitisches Kapital aus dem Vorgang ziehen zu können. Da auch eine Abordnung des Lübecker Magistrats in Leipzig Verhandlungen mit Vertretern der DDR führten, fürchtete Bonn ernste Konsequenzen und ein Entgleiten des deutschlandpolitischen Kurses.[1297]

Diese Eskalation im Frühjahr 1960 verzögerte das Anlaufen deutschdeutscher Kooperationen im Industrieanlagenbau um mehrere Jahre. Bereits seit 1959 hatte die Friedrich Krupp AG mit Partnern in der DDR über die Errichtung eines gemeinsamen Blass-Stahlwerkes verhandelt, um der immer dominanter auftretenden englischen Konkurrenz wirksam begegnen zu können.[1298] Nachdem das Projekt jedoch nicht vorankam, erklärte sich im Sommer 1960 die Gute-Hoffnungs-Hütte A.G., die traditionell über einen guten Draht nach Ost-Berlin verfügte, bereit, binnen drei Jahre die Anlage zu errichten und anzufahren. Dabei musste das Unternehmen die finanziellen Risiken selbst tragen, obwohl die Bundesregierung im Vorjahr eine Ausfallbürgschaft für den innerdeutschen Handel bereit gestellt hatte. Aber wegen der aktuellen Auseinandersetzung mit der Stahlindustrie hielt sie diese zurück. Zusätzlich verschleppte die Bundesregierung in Anbetracht des kritischen Ost-West-Gesamtklimas die Genehmigung für das Geschäft. Inoffiziell versuchte sie das Management der Gute-Hoffnungs-Hütte zur Aufgabe des Projektes zu bewegen.[1299] Ähnlich erfolglos entwickelten sich zwei Großaufträge für die Rohrleitung A.G., die trotz bester Beziehungen von Dr. Böhner zu Erhard kein grünes Licht aus dem BMWi erhielt.[1300]

Unabhängig vom BMWi und der TSI bemühten sich die Wirtschaftsakteure nicht nur um konkrete Einzelgeschäfte, wie etwa der FDP-Bundestagsabgeordnete Robert Margulies, der Anfang 1957 „in vorsichtiger Weise"[1301] den Einstieg in den deutsch-deutschen Getreidehandel sondierte. Vielmehr dachten einige, genannt sei hier der Nordrhein-Westfälische FDP-Politiker, spätere Bundesaußenminister und -präsident Walter Scheel, auch an eine weitere Institutionalisierung der Interessenvertretung im deutsch-deutschen

---

1297 Protokoll 100. Kabinettssitzung, 16.3.1960, in: Kabinettsprotokolle, Bd. 8, S. 144-146.
1298 Information Behrendt an Rau, 27.10.1959 (BA, DL 2, 3312, Bl. 53-54).
1299 Protokoll einer Kontaktausschusssitzung, 7.7.1960 (BA, B 137/16249).
1300 Vermerk von Behrendt, 12.7.1960 (BA, DL 2, 2316, Bl. 165).
1301 Vermerk: Gespräch zwischen dem Vorsitzenden des Ausschusses zur Förderung des deutschen Handels und Margulies, 29.1.1957 (SAPMO-BA, DY 30/IV 2/6.10/205).

Handel.[1302] Dabei ging es um die Gründung eines Interessenverbandes zum innerdeutschen Handel und die Herstellung von Kontakten zur FDP-Führung. Diese Kooperationsbereitschaft beabsichtigte das MAI durch Sondergeschäfte zu fördern. Zugleich setzte es sich dafür ein, dass die verbale Verunglimpfungen westdeutscher Unternehmen durch SED-Parteistellen deutlich eingeschränkt wurde und sich so ein günstigeres Gesprächsklima entwickeln konnte.[1303]

Bewiesen die DDR-Behörden im Umgang mit westdeutschen Kapitalisten eine bemerkenswert geringe ideologische Berührungsangst, so gab es doch gewisse Personen, mit denen sie nicht kooperierten. Zu diesen zählte der ehemalige Reichsbankpräsident und Reichsfinanzminister Hjalmar Schacht, mittlerweile Inhaber eines kleineren Hamburger Außenhandelsbankhauses. Schacht versuchte im Sommer 1959, über einen Mittelsmann den Kontakt zu Minister Rau herzustellen, um die Chancen zur Etablierung einer gesamtdeutschen Wirtschaftsgesellschaft auszuloten. Aufgabe dieser Sozietät sollte die Projektierung und Errichtung größerer Industrieanlagen in unterentwickelten Ländern sein.[1304] Eine Gruppe westdeutscher Industrieller, unter ihnen angeblich auch BDI-Präsident Fritz Berg und BMWi-Mitarbeiter Woratz, sei bereit, als Gesellschafter einen Kapitalgrundstock über 250 Mio. DM vorzustrecken, was ein sehr beachtliches Volumen darstellte. Abschließend bat der Reichsbankpräsident a. D., die Sache vertraulich zu behandeln, da sie „nicht die Billigung Adenauers"[1305] finde.

Die ökonomischen und deutschlandpolitischen Perspektiven einer solchen Kooperation waren nicht uninteressant, stellten sie doch für alle Beteiligten eine win-win-situation dar. Einmal erschlossen sich für die westdeutschen Firmen Märkte in sozialistischen Staaten der sogenannten „Dritten Welt", zu denen die DDR gute Beziehungen besaß. Zweitens konnte die DDR vom westlichen Kapital und technischen know-how profitieren. Drittens war nicht ausgeschlossen, dass mit diesem joint-venture-Projekt der Ausgangspunkt für weitere Kooperationen im wirtschaftlichen Bereich geschaffen wurde. Und vielleicht ergaben sich daraus sogar deutschlandpolitische Optionen. Möglicherweise haben diese Überlegungen subalterne Instanzen im MAI veranlasst, das Angebot genauer zu analysieren, ehe Walter Ulbricht sein unmissverständliches „Nein"[1306] verkündete. Er hatte scharfsichtig erkannt, dass Geschäfte mit Hitlers „Reichsbankier" – Schacht verkörperte wie kein anderer das System der verschleierten Aufrüstungsfinanzierung während der 1930er Jahre – für das politische Renommee des neuen, anderen Deutschlands nicht zu vereinbaren waren.

1302 Vermerk: Gespräch zwischen Walter Scheel und Ziller, Vorsitzender des Wirtschaftsrates der Volkskammer, 3.10.1956 (SAPMO-BA, DY 30/IV 2/6.10/205).
1303 Mitteilung Claussen, DIA Nahrung, 29.11.1958 (BA, DL 2/1383, Bl. 12-13).
1304 Schreiben Lange an Ulbricht, 6.7.1959 (SAPMO-BA, DY 30/IV 2/6.10/34).
1305 Ebda.
1306 Ebda. Handschriftliche Marginalie: „W. U. meint nein!" W. U. = Walter Ulbricht.

7.3. Trotz politischer Krise – business as usual

Die ablehnende Haltung der politischen Akteure in Bonn und West-Berlin gegenüber den bisherigen DDR-Sondergeschäften darf nicht dahingehend interpretiert werden, dass sie vor dem Hintergrund der sich verschärfenden Berlin-Krise eine restriktive Handelspolitik anstrebten. Im Gegenteil: Wie schon während des Juniaufstandes 1953 vermied das BMWi es auch jetzt, mittels handelspolitischer Sanktionen Öl ins Feuer zu gießen. Vielmehr bemühte es sich, die laufenden Verhandlungen und anstehenden Geschäfte möglichst wenig von der politischen Krise beeinträchtigen zu lassen. Heinrich Vockel, Berlinbeauftragter des Bundeskanzlers, forderte angesichts der prekären Stellung West-Berlins gar eine grundsätzliche Wende in der innerdeutschen Handelspolitik. Da es keine „harten" Waren in dem Sinne mehr gebe, dass die DDR auf sie in höchstem Masse angewiesen sei, müssten „harte" Waren dadurch geschaffen werden, dass man von der DDR möglichst viel kaufe. Dadurch würde die Bundesrepublik mehr liefern können und ein wirtschaftlicher Verbund zwischen der DDR und der Bundesrepublik würde eintreten. Das sei die beste Garantie für den ungehinderten Verkehr mit West-Berlin.[1307]

Die Ablehnung der bisherigen Sondergeschäfte durch die Bundesregierung lag darin begründet, dass sie ihre handelspolitische Steuerungskompetenz aufgrund der Eigenmächtigkeiten der Wirtschaftsakteure bedroht sah. Sondergeschäften, welche auf „ordentlichem" Wege zwischen TSI und MAI ausgehandelt wurden, stand sie dagegen durchaus aufgeschlossen gegenüber Gerade im Bereich der Steinkohle strebte man eine „Entlastung des einheimischen Kohlemarktes"[1308] durch zusätzliche Lieferungen in die DDR an. Beispielsweise unterzeichneten beide Seiten am 20. November 1958 eine Vereinbarung außerhalb des Berliner Abkommens über gegenseitige Warenlieferungen im Wert von 160 Mio. VE, immerhin 9,7 % des innerdeutschen Handelsvolumens jenes Jahres. Für den Bezug von Eisen, Stahl und Steinkohle (1 Mio. t) verpflichtete sich die DDR zu Gegenlieferungen von Braunkohlebriketts (1 Mio. t), Weizen (50.000 t) und Dieselkraftstoff, die über das Sonderkonto A verrechnet werden sollten.[1309]

Adenauer selbst vertrat die Meinung, vor allem die wichtigen Steinkohlesondergeschäfte mit der DDR seien auszubauen. Diese Überlegung wurde auch vom einflussreichen Stahlindustriellen Ernst Wolff Mommsen geteilt, nach dessen Überzeugung drei Szenarien in der gegenwärtigen Kohlekrise denkbar waren: a.) arbeitslose Bergleute, b.) „zerrissene amerikanische Verträge"[1310], gemeint waren bereits existierende Kontrakte über Steinkohleimporte aus den USA, oder c.) die Steigerung des Steinkohleabsatzes in die DDR.[1311] Da Variante a.) für die

---

1307 Schreiben Lange an Apel, 14.11.1958 (SAPMO-BA, DY 30/IV 2/2.029/90, Bl. 39).
1308 Unterrichtung des Bundeskanzlers, 20.11.58 (BA, B 102/12590).
1309 Bericht für Bundeskanzler über Interzonenhandel, 15.12.1958 (BA, B 102/12590).
1310 Schreiben Lange an Apel, 14.11.1958 (SAPMO-BA, DY 30/IV 2/2.029/90, Bl. 39).
1311 Ebda.

Bonner Regierung wegen der damit verbundenen Gefährdung des sozialen Friedens eine Schreckensvision darstellte,[1312] Variante b.) aufgrund rechtlicher und außenhandelspolitischer Zwänge nicht akzeptabel war, sprach alles für Variante c.). Aus diesem Grund bat am 20. Dezember 1958 der Kanzler seinen Wirtschaftsminister, zu prüfen, ob im Rahmen des Berliner Abkommens die DDR abermals zur Abnahme von 1 Mio. t Steinkohle zu bewegen sei. Diese Prüfung sollte im Benehmen mit allen Beteiligten, vor allem dem Auswärtigen Amt, den Bundesministerien der Finanzen und für gesamtdeutsche Fragen und der Deutschen Bundesbank erfolgen.[1313] Die Einbeziehung zahlreicher politischer Institutionen kann zweifelsohne als Indikator für die politische Aufladung des innerdeutschen Handels während jener Monate gelten.

Innerhalb der Bundesregierung wurde Adenauers Vorschlag skeptisch aufgenommen. Der Staatssekretär im BMGF, Franz Thedieck, lehnte es angesichts des aktuellen Konfrontationskurses in der Berlin-Krise ab, die DDR mit der wirtschaftsstrategisch besonders wichtigen Steinkohle zu beliefern. Dadurch fördere man ihre Wirtschaftspolitik, ohne im Gegenzug interessante Waren beziehen zu können: „Wie sehr ich auch aus innenpolitischen Gründen den Absatz von weiteren 1 Mio. t Steinkohle begrüßen würde, so dürften die politischen Nachteile, die gerade mit einer Lieferung von Steinkohle verbunden sind, z. Zt. besonders ins Gewicht fallen und damit eine Ablehnung eines diesbezüglichen Abkommens rechtfertigen."[1314] Sein Amtskollege Karl Carstens vom Auswärtigen Amt argumentierte mit Blick auf die internationale Öffentlichkeit: „Angesichts der durch die sowjetische Berlin-Note geschaffene Lage würden weder die Regierungen noch die öffentliche Meinung in den Ländern der westlichen Alliierten Verständnis dafür aufbringen, dass der sowjetischen Besatzungszone mit Zustimmung der Bundesregierung umfangreiche, über die Kontingente von 1959 und die vorgenannte Zusatzvereinbarung vom November 1958 hinausgehende Liefer- und Bezugsmöglichkeiten eröffnet werden sollen. Die neue Zusatzvereinbarung wäre im Gegenteil geeignet, bei den Alliierten den Eindruck eines wirtschaftlichen Entgegenkommens der Bundesrepublik gegenüber der SBZ zu erwecken."[1315] Aus diesem Grunde lehnte das Auswärtige Amt auch eine Swingerhöhung ab, mit denen zusätzliche Eisen- und Stahlkontingente hätten finanziert werden können, da in diesem Falle mit Demarchen zu rechnen sei.[1316]

Wie die Bundesregierung, so strebte auch die politische Führung der DDR einen stetigen Kurs im innerdeutschen Handel an. Allerdings gingen die Ost-Berliner Planungen davon aus, dass während der Jahre 1959/60 eine nennenswerte Erhöhung der Lieferungen in die Bundesrepublik wegen der dort herrschenden krisenhaften Entwicklung kaum zu erwarten sei. Generell wurde für den Westhandel die Direktive ausgegeben: „Die Möglichkeit der Umstellung

---

1312 Protokoll der CDU-Vorstandssitzung, 27.11.1958, in: Adenauer, Frieden, S. 298-301.
1313 Schreiben Adenauer an Erhard, 20.12.1958 (BA, B 102/ 108200).
1314 Schreiben Sts. Thedieck, BMGF, an Woratz, BMWi, 22.1.1959 (BA, B 102/108200).
1315 Schreiben Sts. Carstens, AA, an Erhard, BMWi, 8.1.1959 (BA, B 102/108200).
1316 Vermerk Sts. Carstens, AA, 23.6.1959 (PA/AA, B 2, 73).

vom kapitalistischen Wirtschaftsgebiet auf die sozialistischen Länder ist verstärkt wahrzunehmen. Dies ist insbesondere deshalb notwendig, um infolge der Wirtschaftskrise im K[apitalistischen] W[esten] eine größere Unabhängigkeit für unsere Bezüge zu erreichen."[1317] Wurde damit auf der Bezugsseite ein Kerngedanke der zwei Jahre später verkündeten „Aktion Störfreimachung" formuliert, sollte lieferseitig sehr wohl eine Ausweitung der innerdeutschen Handelsströme realisiert werden. Denn nach wie vor stellten bestehende Passivsalden auf den einzelnen Unterkonten eine Belastung für die DDR dar, zu deren mittelfristigen Abbau folgende Maßnahmen dienten:

➤ Abschluss langjähriger Kontrakte bei Braunkohlenbrikettlieferungen.[1318] Wegen des sich abzeichnenden Strukturwandels auf dem bundesdeutschen Energiesektor – verstärkte Nachfrage an Erdöl, in langfristiger Perspektive auch an Kernenergie – war für die sechziger Jahren ein massiver Rückgang beim Braunkohlenabsatz zu erwarten. Diesen Prozess versuchte man mit Lieferverträgen längerer Laufzeit hinauszuzögern.

➤ Ausweitung der Geschäftsabschlüsse über Heizöl-, Diesel- und Vergaserkraftstofflieferungen.[1319] Vor dem Hintergrund der mittelfristig erheblich verbesserten Mineralölversorgung durch die Sowjetunion plante die SPK, die gesamte Produktpalette der Petrochemie als strategische Kompensation für die sinkenden Braunkohlenlieferungen einzusetzen.

➤ Rasche Umstellung der Textilproduktion von Wolle bzw. Baumwolle auf Chemiefasern, entsprechend der veränderten Nachfrage auf dem bundesdeutschen Textilmarkt.[1320] Der Ende der fünfziger, Anfang der sechziger Jahre zu beobachtende Trend zu synthetischen Geweben bedrohte die Marktposition der traditionell lieferstarken ostdeutschen Textilproduktion. Angesichts der nachlassenden Konkurrenzfähigkeit auf innovationsintensiven Sektoren kam der Textil- und Bekleidungsbranche im innerdeutschen Handel aus Sicht der DDR jedoch eine besonders wichtige Rolle zu. Daher galt es, den Marktanteil im Westen mit Blick auf die Handelsbilanz unbedingt zu verteidigen, indem man die gewandelte Nachfrage mit einem adäquaten Angebot bediente.

➤ Schnelle Lieferungen im Werkzeugmaschinenbau, verbunden mit dem Aufbau eines gut organisierten Kundendienstes.[1321] Hoher Innovationsdruck durch die westliche Konkurrenz und Wettbewerbsnachteile wegen der Schwierigkeiten bei Kundendienst und Ersatzteillieferungen hatten in dieser Branche zu erheblichen Absatzschwierigkeiten der ostdeutschen Produzenten geführt. Dem sollte mit den angesprochenen Maßnahmen entgegengesteuert werden.

1317 Informationen über den Stand und die Probleme der Durchführung des Außenhandelsplanes 1958 und der Vorbereitung für 1959 (BA, DY 30/IV 2/2.101/33, Bl. 27).
1318 Schreiben BfV an Rohn, BMGF, 14.12.1959; vertraulich (BA, B 137/16249).
1319 Ebda.
1320 Ebda.
1321 Ebda.

➢ Konzentration auf die Lieferung von Kameras, Kleinschreibmaschinen, Lochstreifen- und elektrotechnischen Geräten.[1322] Diese Produkte boten aufgrund ihrer technisch anspruchsvollen Qualität eine hohes Maß an Wertschöpfung. Daher war ihr Absatz im Westen besonders geeignet, die Handelsbilanz zugunsten der DDR zu beeinflussen.
➢ Intensivierung des Kauf- und Versandhaushandels.[1323] Der Vertrieb über diese Unternehmen stellte für die DDR hinsichtlich der Kosten-Nutzen-Relation die effizienteste Lösung für eine flächendeckende Präsenz eigener Produkte in Westdeutschland dar. Demgegenüber wäre der Aufbau eines eigenen Vertriebsnetzes mit hohem Verwaltungsaufwand verbunden gewesen. Im Falle des Einsatzes von DDR-Bürgern im westlichen „Außendienst" käme noch das Problem der politisch-ideologischen Linientreue hinzu.

Tab. 13: Lieferungen der EKD an die DDR (Mio. DM), 1959-1962[1324]

Jahr	Stahl	NE-Metalle	Chemikalien	Wolle	Gummi	Leinsaat	Summe
1959	29,0	22,8	6,4	5,6	-	2,4	66,2
1960	15,3	11,2	-	-	2,0	-	28,5
1961	16,0	2,0	1,6	-	-	-	19,6
1962	15,0	5,0	3,8	13,0	1,4	-	38,2
Summe	75,3	41,0	11,8	18,6	3,4	2,4	152,5

Der mögliche Erfolg dieses Maßnahmenpakets wurde von der Ende 1959 und im Laufe des Jahres 1960 sich rasch verschlechternden allgemeinen Wirtschaftslage der DDR überlagert. Hierbei trafen mehrere Faktoren zusammen, die letztlich eine umfassende Krisensituation herauf beschwören, welche im Sommer 1961 zum Bau der Berliner Mauer führte. Die im April 1960 abgeschlossene Zwangskollektivierung der Landwirtschaft zog neben einem rapiden Anstieg der Flüchtlingszahlen auf knapp 200.000 Personen (1960)[1325] einen gleichermaßen deutlichen Rückgang der landwirtschaftlichen Produktion nach sich.[1326] Folglich verschlechterte sich die Versorgungslage bei Nahrungsmitteln, aber auch bei anderen Gütern des täglichen Bedarfs erheblich.[1327] Symptomatisch beispielsweise die Notwendigkeit von Zuckerimporten,[1328] bis dato ein Exportgut der ostdeutschen Wirtschaft. Die Situation in der Industrie war in hohem Maße von Engpässen geprägt.[1329] Versorgungsdefizite mit bestimmten (Walz-)Stahlsorten führten zu „Produktionsstockungen und unkontinuierlicher Arbeit."[1330] Auch

---

1322 Ebda.
1323 Ebda.
1324 Vermerk, 3.11.1962 (BA, B 137/16611)
1325 Hierzu Handbuch der DDR, S. 313.
1326 Diskussionsbeitrag von Ulbricht auf der Politbürositzung, 6.6.1961, abgedr. in: Hoffmann et al., DDR, S. 389-393;
1327 Bericht der ZK-Abt. HVA, 8.11.1961 (SAPMO-BA, DY 30/IV 2/2.029/14).
1328 Ministerpräsident Kosygin gegenüber Ulbricht, 26.2.1962; (PA/AA, MfAA, G-A 476).
1329 Schreiben Ulbricht an Chruschtschow, 19.1.1961, in: Steiner, Vorstellungen, S.249-250.
1330 Schreiben Ulbricht an Chruschtschow, 4.8.1961, in: Steiner, Vorstellungen, S. 258.

der Rückgang der Lieferungen, welche die evangelische Kirche zugunsten ihrer Gliedkirchen in der DDR tätigte, trug zu einer Verschärfung der Situation bei.

Aufgrund der eigenen Exportschwäche wuchs binnen kürzester Zeit die Verschuldung gegenüber dem kapitalistischen Ausland auf 550 Mio. VM, zumeist in Form kurzfristiger Kredite. Die Bruttoindustrieproduktion stieg im Jahre 1960 nur um 8 %, in der Bundesrepublik hingegen um 12 %.[1331] Mithin war an ein „Einholen und Überholen" der Bundesrepublik in absehbarer Zeit nicht mehr zu denken, was auf der 11. ZK-Tagung Ende 1960 offiziell eingestanden wurde.[1332] Vor diesem Hintergrund verliefen die innerdeutschen Verhandlungen über die Warenlisten für das Jahr 1960 aus ostdeutscher Sicht unbefriedigend. Weder konnte das Handelsvolumen gesteigert werden, noch zeichnete sich eine Änderung des westdeutschen Ausschreibungs- und Genehmigungsverfahrens ab. Auch die einjährige Laufzeit der Warenlisten blieb nach wie vor gültig. Den einzigen Erfolg, den MAI-Chefunterhändler Behrendt verbuchen konnte, war die Erhöhung der Eisen- bzw. Stahlkontingente auf 237 Mio. VE.[1333] Dennoch war im Frühjahr 1960 eine äußerst angespannte Situation bei der Eisen- und Stahlversorgung der DDR. Die Beschwerde der Deutschen Stahl- und Metallhandelsgesellschaft m.b.H. über zu geringe Westlieferungen unterstrich sie mit der Drohung, die technische Industrienormierung in der DDR von DIN auf die sowjetische GOST umzustellen. „Man habe sich in den Währungsgebieten der DM-Ost bisher immer gesträubt, den Werken einen solchen ‚Umschulungsprozess' zuzumuten. Der gegenwärtige Zustand, bei dem er nicht übersehen könne, mit welchen Stahleingängen zu rechnen sei, zwinge die Ostzone, ihre Werke endgültig auf Material aus der UdSSR umzustellen"[1334], gab TSI-Chef Leopold die Schilderung seines ostdeutschen Gesprächspartners wieder. Der sich hier abzeichnende, kaum rückgängig zu machende technische Desintegrationseffekt war weder im Sinne west- noch ostdeutscher Wirtschaftsakteure. Auch unter den Politikern beider Staaten sah man diesen Vorgang skeptisch. Experten des BMWi vermuteten zu Recht innerhalb der ostdeutschen Politiker eine Fraktionsbildung zwischen wirtschaftlich und nationalstaatlich orientierten Akteuren, die den gesamtdeutschen Aspekt förderten, und primär politisch-ideologisch denkenden Personen, die die Ostintegration befürworteten. Zur Unterstützung der erstgenannten Fraktion entschloss sich Bonn tatsächlich zu einer Erhöhung der Stahllieferungen. Denn mit Hilfe mehrjähriger Kontrakte bei Eisen, Stahl, Maschinenbau und Elektrotechnik hätte sie mäßigend auf die „Ideologen" einwirken und so Strukturen der deutschen Einheit bis dato bewahren können.[1335]

1331 Schreiben Ulbricht an Chruschtschow, 19.1.1961, in: Steiner, Vorstellungen, S. 249. Nach regierungsamtlichen Angaben der DDR; laut Bundesamt für Statistik wuchs die Nettoindustrieproduktion 1960 um 12 %. Statistisches Jahrbuch, 1963. S. 232.
1332 Prokop, Siegfried: Unternehmen „Chinese Wall". Die DDR im Zwielicht der Mauer, 2. Aufl., Frankfurt a. M. 1993, S. 136-138.
1333 Information Lange, ZK-Abt. HVA, 7.7.1960 (SAPMO-BA, DY 30/IV 2/2.029/90).
1334 Interzonenhandelsbericht 6/60, 10.2.1960 (BA, B 102/20954).
1335 Schreiben Krautwig an Sts. Westrick, 29.7.1960 (BA, B 102/106002).

7.4. Das revidierte Berliner Abkommen

Trotz erhöhter Ost-West-Spannungen im Sommer 1960 verständigten sich beide deutsche Staaten am 16. August 1960 über eine Revision des Berliner Abkommens und bekundeten damit ihren Willen zu kontinuierlicher Zusammenarbeit.[1336] Zugleich trat deutlich zu Tage, dass die innerdeutsche Handelspolitik gegenüber der allgemeinen Deutschlandpolitik ein bemerkenswertes Maß an Autonomie gewonnen hatte. Die Gründe für eine Revision des Berliner Abkommens lagen in erster Linie im handelstechnischen Bereich. Als wichtigste Neuerungen beschloss man:
- Eine unbefristete Geltungsdauer der Warenlisten. Das bedeutete, dass künftig die Warenlisten nicht stets aufs Neue verhandelt werden mussten, sondern nur noch in den Punkten, in denen eine der beiden Seiten Änderungswünsche vorbrachte. Durch die Konzentration auf das Wesentliche erhoffte man sich eine effizientere Verhandlungsführung.
- Die Reduktion der Unterkontenzahl von vier auf drei („harte" Waren, „weiche" Waren, Dienstleistungen). Die Altunterkonten aus den Jahren 1951-1957 wurden eingezogen. Weiterhin hatte das Sonderkonto S für Bareinzahlungen in DM-West durch die DDR Bestand.
- Erweiterung von Unterkonto I („harte Waren", bislang: Stein-, Braunkohle, Eisen, Stahl, Diesel- und Vergaserkraftstoffe) um die Gütergruppen Maschinen-, Fahrzeug-, Stahl-, Schiffbau, Elektrotechnik und Büromaschinen. Hiermit erreichte die DDR größere Spielräume beim Bezug von Eisen und Stahl, da sie in den neu hinzugenommenen Sparten durchaus über Lieferkapazitäten und konkurrenzfähige Produkte verfügte. Das veranschlagte Handelsvolumen für dieses Unterkonto belief sich nunmehr auf 560 Mio. VE beiderseits.
- Die Bezugs- bzw. Zahlungsgenehmigungen sollten unabhängig vom jeweiligen Kontostand ausgestellt werden. Künftig wurden Salden nicht mehr durch Warenlieferungen, sondern durch Barzahlungen in DM-West zum 30. Juni eines jeden Jahres ausgeglichen. Dieser jahrelangen Forderung der Bundesregierung stimmte das MAI nun überraschend zu. Das war deshalb möglich, weil die Erweiterung von Unterkonto I („harte" Waren) die DDR-Liefermöglichkeiten beträchtlich erweiterte und sich deshalb die Gefahr eines Debetsaldos auf dem handelsstrategisch wichtigsten Unterkonto reduzierte. Sollte es dennoch einmal erforderlich werden, Schulden durch Bareinzahlung in DM-West zu begleichen, so war dies mittels der gestiegenen DM-West-Einnahmen durch die Straßenbenutzungsgebühr gewährleistet.

Die revidierte Fassung des Berliner Abkommens offenbarte in drei Punkten eine Progression in den Handelsvereinbarungen, die auf mehr Liberalisierung und damit auf eine Normalisierung zulief: 1. Die Entwicklung von einer befristeten

---

[1336] Bekanntgabe der Vereinbarung zum Berliner Abkommen vom 16.8.1960. In: Beilage zum Bundesanzeiger Nr. 32, 15.2.1961.

Handelsvereinbarung (Frankfurter Abkommen, 8.10.1949) über ein Rahmenabkommen mit befristeten Warenlisten (Berliner Abkommen, 20.9.1951) bis zu einem Rahmenabkommen mit unbefristeten Warenlisten (Berliner Abkommen, 16.8.1960). 2. Die Reduktion der Unterkontenzahl von vier (Frankfurter Abkommen, 8.10.1049; Berliner Abkommen, 20.9.1951) auf drei bei gleichzeitiger Erweiterung des Warenspektrums pro Unterkonto (Berliner Abkommen, 16.8.1960). 3. Die Überwindung des „Kompensationscharakters"[1337] (Frankfurter Abkommen, 8.10.1949; Berliner Abkommen, 20.9.1951) durch Saldenausgleich mittels Barzahlung (Berliner Abkommen, 16.8.1960).

In den parallel zu den Gesprächen über die Abkommensrevision geführten Verhandlungen bezüglich der Warenlisten für das Jahr 1961 bemühte sich das MAI, als wichtigste handelspolitische Direktive die Ausweitung des Handelsvolumens binnen zwei Jahre auf beiderseits 1,5 Mrd. VE pro Jahr, darunter 250 Mio. VE Eisen und Stahl, sowie die Erhöhung des Swings auf 200 Mio. VE durchzusetzen.[1338] Das Bundeskabinett kam der anderen Seite in diesen konkreten Fragen des innerdeutschen Handels weit entgegen. Beispielsweise wurden Einwände des BMELF wegen der Erhöhung von Getreidebezügen um 20.000 t zurückgestellt.[1339] Der Bundeslandwirtschaftsminister hatte darauf hingewiesen, dass die bevorzugte Behandlung der DDR in dieser Frage einen Affront gegenüber den EWG-Partnern darstellen würde. Allerdings fand sein Argument, dem die Stichhaltigkeit nicht abgesprochen werden kann, keine Mehrheit, was ein bezeichnendes Licht auf das austarierte Verhältnis europa- und deutschlandpolitischer Aspekte wirft.

In grundsätzlicheren handelspolitischen Fragen gab es kein Aufweichen der westdeutschen Position. Weder stimmte die Bundesregierung einer Aufhebung sämtlicher Waren- und Wertbeschränkungen im innerdeutschen Handel zu, noch der bislang üblichen Trennung der Warenlisten für die Bundesrepublik bzw. West-Berlin.[1340] Dahinter stand das Kalkül, den Handel mit West-Berlin innerhalb des Berliner Abkommens gegen null zu fahren und somit zwangsläufig die Inselstadt aus dem innerdeutschen Handel zu verdrängen. An seine Stelle könnte dann ein Handelsabkommen zwischen der DDR und West-Berlin treten, wie es dem Postulat von den drei Staaten in Deutschland entspräche.[1341]

1337 Schreiben Woratz, BMWi, an Vialon, BKA, 29.7.1960 (BA, B 102/106002).
1338 Information Lange, ZK SED, an Ulbricht, 8.7.1960 (SAPMO-BA, DY 30/IV 2/6.10/34).
1339 Kurzprotokoll 117. Kabinettssitzung, 2.8.1960 (StBkAH, Nachlaß Konrad Adenauer, Aktenbestand Tresor, Nr. 32, Bl. 178-182).
1340 Lange, ZK SED, an Ulbricht, 8.7.1960 (SAPMO-BA, DY 30/IV 2/6.10/34).
1341 Ebda.

7.5. Kündigung als Eigentor?

7.5.1. Vorgeschichte

Am 30. September 1960 kündigte die Bundesregierung fristgerecht zum Jahresende das Berliner Abkommen. Dadurch spitzte sich die seit nunmehr zwei Jahren andauernde Berlin-Krise erneut zu. Die zum ersten und zugleich letzten Mal ausgesprochene Kündigung, jene schärfste Waffe im Arsenal handelspolitischer Instrumentarien, markierte einen Höhepunkt deutsch-deutscher Konfrontation. Ihre Überwindung durch die Verlängerung des Berliner Abkommens am 29. Dezember 1960 stellte indes einen Wendepunkt hin zu mehr Kooperation und Normalisierung der beiderseitigen Wirtschaftsbeziehungen dar. Sie nahm den deutschlandpolitischen Paradigmenwechsel der sechziger Jahre vorweg. Daher kommt den Monaten September bis Dezember 1960 sowohl hinsichtlich der Deutschlandpolitik im Allgemeinen wie auch der innerdeutschen Handelspolitik im Besonderen eine herausgehobene Bedeutung zu.

Was bewog die Bundesregierung zum überraschenden Schritt einer Kündigung? Schließlich war erst sechs Wochen zuvor die vertragliche Grundlage für die deutsch-deutschen Wirtschaftsbeziehungen überarbeitet und damit dem beiderseitigen Willen zur weiteren Zusammenarbeit Ausdruck verliehen worden. Der Konflikt um den innerdeutschen Handel lag in der seit Ende 1958 offen ausgebrochenen zweiten Berlin-Krise begründet. Als konkreter Auslöser fungierte die Ankündigung des Verbandes der Heimkehrer, Kriegsgefangenen und Vermisstenangehörigen Deutschlands, vom 1. bis 3. September 1960 ihre Jahrestagung in West-Berlin zu veranstalten und anschließend am 3. und 4. September den „Tag der Heimat" zu begehen. Der Verband setzte sich mit seiner hinsichtlich der nationalen wie internationalen Signalwirkung problematischen Ortswahl selbst über politische Bedenken des Außenministers hinweg. Von Brentano gelang es lediglich noch, die bereits zugesagte Teilnahme Adenauers als Redner zu verhindern.[1342]

Auf diese als Provokation empfundene Veranstaltung reagierte die DDR am 29. August 1960 mit verschärften Kontrollen beim Reiseverkehr zwischen dem Bundesgebiet und West-Berlin. Zugleich verhängte sie für die Dauer der Veranstaltungen, also vom 1. bis 4. September 1960, ein Besuchsverbot für Bundesbürger in Ost-Berlin.[1343] Nach offizieller Verlautbarung wurde damit der nationalen wie internationalen Öffentlichkeit die Eindämmung des westdeutschen „Revanchismus" vor Augen geführt. Tatsächlich aber dokumentierte die DDR

1342 Kosthorst, Brentano, S. 341; Baring, Sehr verehrter Herr Bundeskanzler, S. 288.
1343 Anordnung des Innenministeriums der Deutschen Demokratischen Republik vom 29.8.1960 über die Sperrung der Ostsektors von Berlin für die Zeit vom 31.8. – 4.9.1960, in: Dokumente zur Berlinfrage. 1944-1962. Hrsgg. v. Forschungsinstitut der Deutschen Gesellschaft für Auswärtige Politik e. V. 2. Aufl., München 1962, S. 447-448.

einmal mehr ihre Ablehnung von Bundesveranstaltungen öffentlicher oder privater Institutionen in der ihrer Auffassung nach eigenständigen politischen Einheit West-Berlin.

Natürlich musste die Bundesregierung auf die Verkehrsbehinderungen und das Besuchsverbot angemessen reagieren. Da Bundeskanzler Adenauer bis Mitte September im Urlaub weilte und Außenminister von Brentano sich auf einer längeren Südamerikareise befand,[1344] fiel Vizekanzler Erhard die Aufgabe zu, das regierungsinterne Krisenmanagement in Bonn zu koordinieren und Gegenmaßnahmen in die Wege zu leiten.[1345] Als erstes sagte TSI-Leiter Leopold die auf den 1. September 1960 terminierte Routinebesprechung mit dem MAI in Ost-Berlin ab, weil das verhängte Besuchsverbot für Bundesbürger per definitionem auch ihn selbst betreffe.[1346] Damit bewegte er sich bewusst innerhalb der DDR-Logik, um keine unnötige, voreilige Provokation zu verursachen. Weiterhin protestierte er gegen die verkehrsbehindernden Maßnahmen, die aufgrund des bestehenden Junktims eine ernste Gefährdung des deutsch-deutschen Handels darstellten. Es sei daher nicht ausgeschlossen, so Leopold, dass die in Kürze beginnende Leipziger Herbstmesse Nachteile erleiden werde.[1347] In seiner Antwort wies Behrendt darauf hin, dass die Angelegenheit nicht in seinen Kompetenzbereich falle und er den Protest daher nicht zur Kenntnis nehmen könne. Die Maßnahmen der DDR richteten sich gegen den westdeutschen „Revanchismus", nicht aber gegen den innerdeutschen Handel.[1348] Zugleich offerierte er Leopold eine Sondergenehmigung für seinen Besuch in Ost-Berlin, was von jenem in Konsequenz der eigenen Argumentation jedoch abgelehnt wurde.[1349]

Über die Unterbrechung des deutsch-deutschen Wirtschaftsdialogs hinaus plante Erhard Anfang September nur „technische Eingriffe ... fernab der großen politischen Bedeutung".[1350] Hierunter fielen die Absage der TSI für ihre Teilnahme an der am 4. September 1960 beginnenden Leipziger Herbstmesse, die Stornierung neuer Warenausschreibungen sowie eingehendere Kontrollen der VEB Deutrans-Lkw und des DDR-Schiffsverkehrs auf der Elbe.[1351] Die frühzei-

---

1344 Kosthorst sieht hierin einen Grund für die anfangs zögerliche Reaktion aus Bonn; Kosthorst, Brentano, S. 341.
1345 Schreiben Erhard an Adenauer, 7.9.1960 (StBkAH, Nachlaß Konrad Adenauer, Aktenbestand Tresor, Nr. 27).
1346 Mitteilung von Krautwig an Erhard, 31.8.1960 (BA, B 102/108149); Schreiben von Hillenherms an Behrendt, 31.8.1960 (SAPMO-BA, DY 30/3566, Bl. 1).
1347 Vermerk Kleindienst, BMWi, 31.8.1960. Fernschreiben von Hillenherms, TSI, an Behrendt, MAI, 31.8.1960 (BA, B 102/108149).
1348 Fernschreiben Behrendt an Hillenherms, weitergeleitet an Kleindienst und Krautwig; Vermerk Krautwig über Gespräch mit Globke, 2.9.1960 (BA, B 102/108149).
1349 Mitteilung Krautwig an Erhard, 31.8.1960 (BA, B 102/108149).
1350 Schreiben Erhard an Adenauer, 7.9.1960 (AdLES, Nachlass Ludwig Erhard, I 1/8, Bl.1).
1351 Vermerk Krautwig über Besprechung mit Globke am 2.9.1960, 3.9.1960; Vorlage Krautwig für Erhard, 7.9.1960 (BA, B 102/108149). Vermerk über die Sitzung des Arbeitskreises V der CDU/CSU-Fraktion, 20.9.1960.

tig diskutierte Suspendierung des Berliner Abkommens[1352] lehnte das BMWi wegen der rechtlich unklaren Lage ab. Zum einen war ein Junktim zwischen freiem Berlinverkehr und ungehindertem innerdeutschen Handel niemals schriftlich fixiert worden, zum anderen bezog sich die entsprechende mündliche Vereinbarung nur auf den Waren- nicht aber auf den aktuell betroffenen Personenverkehr zwischen dem Bundesgebiet und West-Berlin.[1353] Schwerwiegender als die juristische Argumentation wogen Erfahrungen aus dem Streit über die Straßenbenutzungsgebühren im Jahre 1955, als sich gezeigt hatte, dass die Wirtschaftsbeziehungen zur DDR wenig Ansatzmöglichkeiten boten, um politische Zugeständnisse durchzusetzen. Deshalb war man im BMWi davon überzeugt, dass sich nur Probleme untergeordneter Bedeutung über den Druckhebel innerdeutscher Handel regeln ließen: „Sollten jedoch im Rahmen der Berlinpolitik von den politischen Instanzen der anderen Seite Störungen des Westberlinverkehrs beschlossen werden, so wird nach allen Erfahrungen auch unter Einsetzung stärkster Druckmittel im Interzonenhandel es nicht möglich sein, die andere Seite zu Aufgabe ihrer Maßnahmen zu bewegen."[1354]

Auf Drängen des Bundeskanzler- und Auswärtigen Amtes sowie des Berliner Senats sah sich das BMWi jedoch genötigt, zumindest ein Teilembargo ins taktische Kalkül zu ziehen. Als vorbereitende Maßnahme hierfür erstellte es eine Übersicht über Art und Volumen der Eisen-, Stahl-, Maschinen- und Elektrotechniklieferungen in die DDR.[1355] Die Prognose über die Embargoeffizienz wurde unter Anhörung der betroffenen Industrien vorgenommen und kam zu dem Ergebnis, dass nur vorübergehende Störungen der ostdeutschen Volkswirtschaft erreicht werden könnten. Selbst unter Einbeziehung der westlichen Allianz würde sich nichts am lediglich temporären Charakter der Wirtschaftsprobleme jenseits des „Eisernen Vorhanges" ändern.[1356] Ob die anderen NATO-Staaten überhaupt zu einer solidarischen Haltung mit Bonn bereit wären, galt nach den ersten Konsultationen des Auswärtigen Amtes keineswegs als ausgemacht.[1357] Aber nur unter dieser Voraussetzung erschienen einschneidende handelspolitische Sanktionen gegen die DDR sinnvoll.[1358]

Vermochte sich das BMWi mit seinem zurückhaltenden Kurs regierungsintern anfangs noch durchzusetzen, so geriet es doch zunehmend unter Druck, als am 8. September 1960 die Situation eskalierte. An diesem Tag führte die DDR

1352 Vermerk Krautwig über Besprechung mit Globke am 2.9.1960, 3.9.1960 (BA, B 102/108149); Vorlage Krautwig für Erhard, 7.9.1960 (BA, B 102/108149). Der Regierende Bürgermeister West-Berlins, Willy Brandt, forderte bereits am 5.9.1960 die Suspendierung; Schmidt, Kalter Krieg, S. 344. Damit läßt sich dieser in der Forschung bislang als Hypothese diskutierte Sachverhalt als gesichert bestätigen; Koerfer, Kampf, S. 508 u. S. 515.
1353 Schreiben Krautwig an Erhard, 7.9.1960 (BA, B 102/108149).
1354 Stellungnahme BMWi zur Anfrage des AA, 8.9.1960 (BA, B 102/108149).
1355 Vorlage Krautwig für Erhard, 7.9.1960 (BA, B 102/108149).
1356 Schreiben Krautwig an Erhard, 20.9.1960 (BA, B 102/108149).
1357 Stellungnahme BMWi zur Anfrage des AA, 3.9.1960 (BA, B 102/108149).
1358 Vermerk Krautwig über Besprechung mit Globke, 3.9.1960 (BA, B 102/108149).

unbeschränkte Grenzkontrollen und die Visumpflicht für Bundesbürger bei der Einreise nach Ost-Berlin ein. Zugleich erklärte sie, ganz im Sinne der Drei-Staaten-Theorie, die bundesdeutschen Reisepässe der Bewohner West-Berlins beim Transit und bei der Einreise in die DDR nicht länger anzuerkennen.[1359] Die Westmächte protestierten scharf und verhängten am 12. September 1960 eine unbefristete Sperre der Temporary Travel Documents[1360] für Ost-Berliner Partei-, Staats- und Außenhandelsfunktionäre. Mit dieser Maßnahme unterband man deren Reise- und Geschäftstätigkeit in ganz Westeuropa und beeinträchtigte so den operativen Westhandel der DDR. In ihrem Gefolge ordnete die Bundesregierung an, die bei der Einreise nach Westdeutschland bislang übliche Ausstellung von Personalausweisen für ostdeutsche Bürger bis auf weiteres auszusetzen.[1361] Das war ein staatsrechtlich nicht unproblematischer Schritt, symbolisierte die Vergabe von Personalausweisen an DDR-Bürger doch das bundesdeutsche Selbstverständnis vom gesamtdeutschen Geltungsanspruches des Grundgesetzes. Da aber die Gefahr bestand, dass SED-Funktionäre und Außenhändler statt mit dem vorenthaltenen Temporary Travel Documents mit einem Bundespersonalausweis bzw. -reisepass in Westeuropa ihren Geschäften nachgingen, war Bonn gezwungen, diese Lücke zu schließen.

Die amerikanische Regierung beurteilte die aktuelle Situation als ähnlich dramatisch wie jene zur Zeit der Berliner Blockade 1948/49. Intern diskutierte sie gar die Drohung mit Atomwaffeneinsatz als taktisches Verhandlungsinstrument, falls die Repressionen gegen West-Berlin sich ausweiteten. Vehement drängte Washington, unterstützt von Frankreich, bei Erhard auf die sofortige Unterbrechung des innerdeutschen Handels.[1362] Der Bundeswirtschaftsminister konzedierte schließlich die Einrichtung einer deutsch-alliierten Arbeitsgruppe, die seit dem 15. September 1960 mögliche Aktionsszenarien diskutierte. So dachte man an die Sperrung des Nord-Ostsee-Kanals für Schiffe aus der DDR, an die Schließung der beiden ostdeutschen Handelsbüros in Frankfurt a. M. und in Düsseldorf, sowie an die Annahmeverweigerung von DDR-Lieferungen.[1363] Letzteres sollte ihre Verschuldung gegenüber der Bundesrepublik befördern und somit einen plausiblen Grund für einen eigenen Lieferstopp bieten.

Der nach wie vor im Urlaubsort Cadenabbia weilende Adenauer kritisierte das seiner Ansicht nach zauderliche Krisenmanagement seines Vizekanzlers

---

1359 Gbl. der DDR 51 (1960), S. 499.
1360 Hierbei handelte es sich um ein von dem Allied Travel Office ausgestelltes Dokument für DDR-Bürger, die in Staaten reisen wollten, welche den DDR-Paß als Reisedokument nicht anerkannten.
1361 Kurzprotokoll über die Sondersitzung der Bundesregierung am 12.9.1960 (StBkAH, Nachlaß Konrad Adenauer, Aktenbestand Tresor, Nr. 17, Bl. 141-144). Vermerk über die Sitzung des Arbeitskreises V der CDU/CSU-Fraktion, 20.9.1960. Vortrag Ernst Lemmer (BA, B 102/108149).
1362 Vermerk Krautwig, 15.9.1960 (BA, B 102/108149); bezüglich der amerikanischen Konsultationen mit dem Auswärtigen Amt Kosthorst, Brentano, S. 342.
1363 Vermerk Kleindienst, 19.9.1960 (BA Koblez, B 102/108149).

heftig und forderte energischere Maßnahmen gegen die DDR.[1364] In seiner Replik machte Erhard indes deutlich, dass ein allein von der Bundesrepublik initiiertes und aufrecht erhaltenes Embargo der DDR keine nennenswerten Schwierigkeiten bereiten werde. Zwar bestehe lieferseitig bei Walzstahl, Maschinen und Elektrotechnik eine starke Position, aber selbst bei diesen Posten betrage der bundesdeutsche Anteil am DDR-Bedarf nur 7 %.[1365]

Im weiteren Verlauf seiner Ausführungen entwarf der Wirtschaftsminister ein Szenario, dem zufolge ostdeutsche Eingriffe in den Berlinverkehr zu Gegenreaktionen der Alliierten und damit zu einer unkontrollierbaren, eskalierenden Handlungskaskade führen könnten, an deren Ende West-Berlin als sicherer Verlierer feststehe. Eine Luftbrücke, bislang probates Mittel zur Versorgung der Inselstadt in Krisenzeiten, sei angesichts des derzeitigen Handelsvolumens zwischen dem Bundesgebiet und West-Berlin über 12 Mrd. DM pro Jahr unrealistisch. Nach Berechnungen seines Hauses könnten maximal 40 % der benötigten Güter über eine Luftbrücke transportiert werden.[1366] Aus diesem Grund plädierte der Wirtschaftsminister dafür, in der Berlin-Frage „pfleglich zu operieren und nicht den starken Mann zu spielen, wenn wir uns zweifellos in der schwächeren Position befinden."[1367] Er sei nicht bereit, für die Eskalation der kritischen Gesamtlage die politische Verantwortung zu übernehmen. Dies sei ausschließlich Sache der Alliierten.[1368] Der Minister betonte abschließend, dass er das Auswärtige Amt veranlasst habe, die Chancen einer gemeinsamen Embargofront unter den befreundeten Staaten auszuloten. Zugleich warnte er Adenauer eindringlich, dass ohne eine solche internationale Bereitschaft eine Zuspitzung des Konfliktes dramatische Folgen für Berlin haben würde: „Das wäre das Allerschlimmste, was uns überhaupt passieren könnte."[1369]

Solange Erhard das Bonner Krisenmanagement leitete, also bis Adenauers Rückkehr an den Kabinettstisch am 21. September 1960, verfolgte er gegenüber der DDR weiterhin einen relativ zurückhaltenden Kurs der handelspolitischen Nadelstiche. Diese richteten sich vornehmlich gegen die Leipziger Messe. Am 20. September 1960 führte die Bundesregierung die Einzelgenehmigungspflicht für die Beschickung der Leipziger Messe durch westdeutsche Unternehmen ein. Gemeinsam mit dem BDI empfahl das BMWi den Managern, von bereits abgeschlossenen Verträgen für die Frühjahrsmesse 1961 zurückzutreten. Tatsächlich

---

1364 Schreiben Adenauer an Carstens, 13.9.1960 (StBkAH, Nachlaß Konrad Adenauer, Aktenbestand Tresor, Nr. 17). Schreiben von Adenauer an Erhard, 13.9.1960 (StBkAH, Nachlaß Konrad Adenauer, Aktenbestand Tresor, Nr. 43). Der Kanzler kritisierte das „skandalöse Verhalten der deutschen Wirtschaftler in Leipzig" und generell Erhards Krisenmanagement.
1365 Schreiben Erhard an Adenauer, 17.9.1960 (StBkAH, Nachlaß Konrad Adenauer, Aktenbestand Tresor, Nr. 43).
1366 Vermerk, 15.9.1960 ; Schreiben Erhard an Brentano, 23.9.1960 (BA, B 102/108149).
1367 Schreiben Erhard an Adenauer, 17.9.1960 (StBkAH, Nachlaß Konrad Adenauer, Aktenbestand Tresor, Nr. 43).
1368 Ebda.
1369 Ebda.

kündigte die Mehrzahl der Eisen- und Stahlunternehmen bis zum 30. September 1960 ihre Verträge.[1370] Weitere Maßnahmen ergriff das BMWi gegen ostdeutsche Wirtschaftsakteure auf bundesdeutschem Boden. So teilte es Mitgliedern des Ausschusses zur Förderung des deutschen bzw. Berliner Handels seit dem 13. September 1960 keine Warenbegleitscheine mehr zu. Auch die in der Bundesrepublik agierenden ostdeutschen Handelsfirmen Utimex und Mercator wurden vom innerdeutschen Handel ausgeschlossen.[1371] Diese Praxis bestätigte das Bundeskabinett offiziell im November 1960.[1372] Bereits Mitte Oktober hatten bis auf zehn Personen sämtliche westdeutschen Mitglieder die beiden Ausschüsse verlassen. Offenkundig fühlten sie sich weniger (deutschland-)politischen Idealen denn ihrer eigenen ökonomischen Rationalität verpflichtet. Ungeachtet ihrer zur Bedeutungslosigkeit herabgesunkenen Existenz beschloss das Politbüro im Oktober 1960 dennoch die Weiterführung beider Ausschüsse. Nach Überwindung der Krise, von deren Gelingen man in Ost-Berlin ausging, sollten sie als Kristallisationskerne neuer Zusammenschlüsse west- und ostdeutscher Unternehmen zur Verfügung stehen.[1373]

Bewegten sich alle diese Maßnahme auf dem Niveau von handelspolitischen „Nadelstichen", so schwebte die Frage nach einem Boykott des innerdeutschen Handels durch die Bundesregierung über allem im Raum. Dabei war man sich seitens der Bundesregierung der Gefahr bewusst, im Falle eines ausschließlich bundesdeutschen Embargos von der westeuropäischen Konkurrenz auf dem ostdeutschen bzw. -europäischen Markt an den Rand gedrängt zu werden.[1374] Aus diesem Grunde strebte Erhard die Einbindung der anderen NATO-Staaten in die handelspolitischen Sanktionen an. Diese sollten sich nicht nur gegen die DDR, sondern vor allem gegen die UdSSR, den eigentlichen Urheber der Krise, richten. Zudem wünschte Erhard die Integration der neutralen Staaten Schweiz, Österreich und Schweden in die Embargofront. Obwohl US-Botschafter Dowling nicht nur die Embargounterstützung der USA, sondern auch ihr politisches Einwirken auf besagte neutrale Länder zusicherte,[1375] stellte sich wenige Wochen später heraus, dass die Solidarität der westeuropäischen Staaten – wie in früheren Situationen – nicht in einem für einen Handelsboykott notwendigen Ausmaße gewährleistet war.

Nachdem bereits am 21. September 1960 in der ersten Kabinettssitzung unter Leitung des aus dem Urlaub zurückgekehrten Kanzlers die Front der han-

---

1370 Heyl, Handel, S. 133.
1371 Vermerk Krautwig, 15.9.1960 (BA, B 102/108149).
1372 Protokoll der 129. Kabinettssitzung, 15.11.1960, abgedr. in: Kabinettsprotokolle, Bd. 13, S. 389; veröffentlicht in Banz. Nr. 247, 22.12.1960, S. 1.
1373 Vorlage, 16.5.1961 (SAPMO-BA, DY 30/IV 2/6.10/20).
1374 Vermerk über die Sitzung des Arbeitskreises V der CDU/CSU-Fraktion, 20.9.1960. Vortrag Ernst Lemmer (BA, B 102/108149).
1375 Vermerk, 15.9.1960 (BA, B 102/108149). Schreiben Erhard an Brentano, 21.9.1960 (BA, B 102/108149). Gesprächsaufzeichnung über Treffen von Adenauer und Dowling, 30.9.1960 (StBkAH, Nachlaß Konrad Adenauer, Aktenbestand Tresor, Nr. 25).

delspolitischen Sanktionsbefürworter immer stärker geworden war, gab die sowjetische Note zu den Vorgängen um Berlin vom 26. September 1960[1376] den Ausschlag dafür, dass in der Folge die Kündigung des Berliner Abkommens unter maßgeblicher Initiative von Bundesaußenminister Brentano und unter dem Dauerdruck der Amerikaner im Bundeskabinett eine Mehrheit fand.[1377] Am 30. September 1960 beschloss das Kabinett in Abwesenheit der Minister Erhard und Lemmer sowie gegen die Stimmen von Staatssekretär Ludger Westrick und Verteidigungsminister Franz-Josef Strauss die Kündigung des Berliner Abkommens zum 1. Januar 1961.[1378] Auch West-Berlins Regierender Bürgermeister Willy Brandt, der an der Sondersitzung des Kabinetts teilnahm, stimmte der Entscheidung zu.[1379] Die frühzeitig von Adenauer informierten Oppositionspolitiker Ollenhauer und Wehner trugen stellvertretend für die SPD-Bundestagsfraktion den Kabinettsbeschluss ebenfalls mit.[1380] Zu einer Zeit heftigster und emotionalisierter innenpolitischer Auseinandersetzungen signalisierte der parteiübergreifende Konsens in weit stärkerem Maße als das heute der Fall wäre, wie gewichtig der gesamte Vorgang eingeschätzt wurde.

In der regierungsamtlichen Erklärung hieß es, ausschlaggebend für diese Entscheidung seien die Verstöße der DDR gegen den Vier-Mächte-Status von Groß-Berlin gewesen. Sie stellten eine wesentliche Veränderung der Geschäftsgrundlage dar und hätten nicht toleriert werden können.[1381] Allerdings enthielt der offizielle Kündigungstext auf Anraten der Amerikaner ein klares Bekenntnis zur Verhandlungsbereitschaft.[1382] Die Bundesregierung betonte nach der Kabinettssondersitzung die Notwendigkeit einer engen Abstimmung mit den Partnerländern und äußerte zugleich in ungewöhnlich scharfer Form die Erwartung, „dass kein deutscher Kaufmann, solange die Unrechtsmaßnahmen andauern, aus geschäftlichen Gründen in den Bereich der Zonenmachthaber reisen wer-

---

1376 Dokumente zur Deutschlandpolitik IV/5 (1969), S. 322-324. In dieser Note verurteilte die UdSSR in schärfster Form die Vertriebenentagung in West-Berlin.
1377 Schreiben Brentano an Adenauer, 28.9.1960 (BA, N 1239, 158/5, Bl. 1-3) Adenauer gegenüber Georg Schröder (1905-1987), Leiter des Bonner Büros der Welt am 10.11.1960. In: Adenauer, Teegespräche 1959-1961, bearb. v. Hanns Jürgen Küsters. Berlin 1988, S. 345. Vermerk, 19.7.1963 (PA/AA, B 2, 152).
1378 Veröffentlicht im Bulletin des Presse- und Informationsamtes der Bundesregierung vom 1.10.1960, Nr. 185, S. 1784. Nicht zutreffend ist die These, dass die Bundesregierung ihren Beschluß einstimmig gefaßt habe und die Westmächte diesem lediglich zugestimmt hätten; Schneider, Konflikte, S. 139. Kurzprotokoll über die Sondersitzung der Bundesregierung, 30.9.1960 (StBkAH, Nachlaß Konrad Adenauer, Aktenbestand Tresor, Nr. 32, Bl. 122-128).
1379 Kurzprotokoll über Sondersitzung der Bundesregierung, 30.9.1960 (StBkAH, Nachlaß Konrad Adenauer, Aktenbestand Tresor, Nr. 32, Bl. 122-128).
1380 Kurzprotokoll Fraktionssitzung, 4.10.1960, in: SPD-Fraktion, Bd. 8/II, S. 468-473.
1381 Bulletin Nr. 186, 4.10.1960, S. 1795.
1382 Ebda. Bezüglich des Insistierens Washingtons auf ein Bekenntnis zu Verhandlungsbereitschaft Vermerk über Gespräch zwischen Sts. van Scherpenberg, AA, mit dem französischen Botschafter, 17.11.1960 (PA/AA, B 2, 84).

den."1383 Schließlich verschärfte die West-Berliner Bereitschaftspolizei in jenen Tagen ihre Grenzkontrollen, da der Kanzler fürchtete, dass nach Bekanntwerden der Kündigung ein von Ulbricht entfachter „Volkszorn", bei dem die rund 50.000 ostdeutschen Grenzgänger in West-Berlin als Saboteure agieren würden, über die isolierte Stadt hereinbrechen könnte.1384

Offen bleibt die Frage, weshalb sich die Bundesregierung überhaupt zu diesem finalen handelspolitischen Schritt entschloss, wo doch einige gewichtige Argumente dagegen sprachen? Beispielsweise hatte die Regierung Adenauer fünf Jahre zuvor angesichts der Krise um die Erhöhung der Straßenbenutzungsgebühren in einer analogen Konfliktkonstellation sich gegen die Kündigung des Berliner Abkommens ausgesprochen. Hauptargument damals war die geringe ökonomische Abhängigkeit der DDR von der Bundesrepublik, die als Druckhebel nicht genügend Kraft entfalten würde, um politische Zugeständnisse zu erzielen. In der jetzigen Situation Ende 1960 ging die Bundesregierung von einer noch geringeren Abhängigkeit der DDR aus. Auf der anderen Seite war West-Berlin weitaus anfälliger für ostdeutsche Blockade, da es kaum noch hinreichend aus der Luft zu versorgen war. Zu den ungünstigen ökonomischen Kräfteverhältnissen gesellte sich ein politisches Argument, das gegen die Kündigung sprach. Natürlich rechnete die Bundesregierung damit, dass die DDR diese vertragsrechtliche Zäsur dazu nutzen werde, kompromisslos auf direkte, regierungsamtliche Wirtschaftskontakte zu drängen und versuchen werde, das neue Abkommen nach juristischen Kriterien zu einem Staatsvertrag aufzuwerten.1385

In der Forschung kursieren bislang nur unbefriedigende Erklärungsansätze für das Entscheidungsverhalten der Bundesregierung angesichts dieser Faktorenkonstellation. Sie laufen zumeist darauf hinaus, dass vor allem Adenauer und Brentano, aber auch die US-Regierung als Hintergrundakteur, einer grandiosen Fehlkalkulation aufgesessen seien.1386 Ihrer Analyse habe der drohende ostdeutsche Wirtschaftskollaps als Folge des innerdeutschen Handelsabbruchs zugrunde gelegen, was nicht der realen Situation entsprochen habe. Dieser Interpretationsansatz ist jedoch nicht nur sachlich unhaltbar, sondern er blendet auch die maßgeblichen Faktoren des Entscheidungsprozesses aus. Sachlich unhaltbar ist er deshalb, weil allen Kabinettsmitgliedern, auch den Kündigungsbefürwortern, bewusst war, dass eine solidarische westliche Embargofront kaum zu verwirklichen sein würde.1387 Somit erwartete niemand, dass sich die DDR unter dem ökonomischen Druck zu substantiellen politischen Zugeständnissen bereit erklären werde. Selbst das Auswärtige Amt als Hauptprotagonist eines Kündigungs-

---

1383 Kurzprotokoll über Sondersitzung der Bundesregierung, 30.9.1960 (StBkAH, Nachlaß Konrad Adenauer, Aktenbestand Tresor, Nr. 32, Bl. 141-149).
1384 Gesprächsaufzeichnung über Treffen von Adenauer und Dowling am 30.9.1960 (StBkAH, Nachlaß Konrad Adenauer, Aktenbestand Tresor, Nr. 25; nicht paginiert).
1385 Vermerk, 13.10.1960 (BA, B 102/108149).
1386 So etwa Kupper, Zum Interzonenhandel, S. 25.
1387 Vermerk, 13.10.1960 (BA, B 102/108149).

kurses glaubte nicht an nachhaltige wirtschaftliche Schwierigkeiten der DDR, nicht einmal in Anbetracht der aktuellen Versorgungs- und Produktionskrise.

Wenn sich Adenauer dennoch und im Gegensatz zur Situation 1955 zur Kündigung entschloss, dann mit der Intention, gegenüber den Verbündeten seine Standfestigkeit in der seit zwei Jahren währenden Berlin-Krise unter Beweis zu stellen. Daher konnte er, auch unter dem Eindruck der Moskauer Note vom 26. September 1960, den letzten Termin zur Kündigung des Berliner Abkommens nicht ungenutzt verstreichen lassen. Der Kündigung kam somit primär außenpolitische Signalwirkung zu, nach Adenauer sollte sie die „Diligentia restituieren gegenüber den Alliierten".[1388] Deshalb musste die fundierte handelspolitische Argumentation des BMWi gegen eine Kündigung letztlich ins Leere laufen,[1389] ging sie doch an Adenauers eigentlichen Beweggründen vorbei.

Zumindest hinsichtlich der amerikanischen Reaktionen stellte dieser Schritt einen Erfolg dar. Der Kanzler durfte sich durch eine Äußerung von US-Botschafter Dowling noch am 30. September 1960 bestätigt fühlen, nach der die öffentliche Meinung in den USA auf die Bonner Kündigung des Berliner Abkommens positiv reagiert habe. Dort sei man stets der Meinung gewesen, wirtschaftliche Maßnahmen brächten die DDR zur Räson, aber der erste Schritt müsse von der Bundesregierung kommen. Dowling selbst erkannte darin Führungsqualitäten der Bundesregierung, die dieser angesichts des politischen und ökonomischen Potentials des Landes automatisch zukäme. Daher biete sich für eine enge Zusammenarbeit mit den USA hervorragende Ansatzpunkte.[1390]

Möglicherweise haben auch Adenauers Planungen hinsichtlich einer verfahrenstechnischen Neugestaltung des deutsch-deutschen Handels eine Rolle gespielt. Vor dem Hintergrund der in den vergangenen beiden Jahren zunehmend eigenmächtiger agierenden Unternehmen, Landesregierungen und Kommunalvertretern – Adenauer schrieb von „skandalösem Verhalten"[1391] – sollte ein in West-Berlin ansässiger Ausschuss der bundesdeutschen Wirtschaft als Gegenpol zu einem nicht näher bezeichneten „SED-Ausschusses" eingerichtet werden, der den gesamten Handel mit der DDR abwickeln und auf diese Weise Einzelfirmen am Geschäftsabschluss hindern sollte.[1392] Berlin müsse nicht nur Verhandlungsort, sondern auch Warenumschlagplatz im deutsch-deutschen Handel werden, so die neue Konzeption, die sich aber allein aus transporttechnischen Gründen

---

1388 Adenauer zu Schröder, 10.11.1960. In: Adenauer, Teegespräche 1959-1961, S. 346.
1389 Kurzprotokoll über Sondersitzung der Bundesregierung am 30.9.1960 (StBkAH, Nachlaß Konrad Adenauer, Aktenbestand Tresor, Nr. 32, Bl. 122-128).
1390 Gesprächsaufzeichnung über Treffen von Adenauer und Dowling, 30.9.1960 (StBkAH, Nachlaß Konrad Adenauer, Aktenbestand Tresor, Nr. 25).
1391 Schreiben Adenauer an Erhard, 13.9.1960 (StBkAH, Nachlaß Konrad Adenauer, Aktenbestand Tresor, Nr. 43).
1392 Gesprächsaufzeichnung über Treffen von Adenauer und Dowling am 30.9.1960 (StBkAH, Nachlaß Konrad Adenauer, Aktenbestand Tresor, Nr. 25).

nicht verwirklichen ließ.[1393] Dennoch wird deutlich, wie sehr ein zunehmend autoritärer Kanzler bemüht war, mit straffen Zügeln die durchgehenden Pferde in Zaum zu halten.

Auf einen letzten Aspekt bezüglich des Entscheidungsprozesses bei Adenauer und im Bundeskabinett sei hingewiesen. Natürlich wurde die Entscheidungsfindung am 30. September 1960 dadurch erleichtert, dass die beiden Hauptgegner des Beschlusses, Erhard und Lemmer, in der entscheidenden Kabinettssitzung nicht persönlich anwesend waren. Hierin liegt auch ein interessanter, bislang in der Forschung gänzlich unbeachteter Nebenaspekt des Vorganges: Da der Bundeswirtschaftsminister für den Fall einer Kündigung des Berliner Abkommens mit seinem Rücktritt gedroht hatte, erzielte Adenauer eine empfindliche Brüskierung, ja Demütigung seines ungeliebten Kronprinzen und Außenminister von Brentano einen Punktsieg seines Hauses gegenüber dem BMWi im traditionsreichen regierungsinternen Wettstreit um die (außen-)handelspolitische Kompetenz. Derartige regierungsinterne Konfliktkonstellationen prägten bekanntlich die letzte Phase von Adenauers Amtszeit in hohem Maße, weshalb sie bei der Analyse des Gesamtvorganges als wichtiger Faktor zu berücksichtigen sind. Für diese Interpretation spricht auch der Inhalt des Briefes, den Adenauer am 13. September 1960 aus seinem Feriendomizil sandte. Darin greift er nicht nur dessen aktuelles deutschlandpolitisches Krisenmanagement scharf an, sondern wirft dem Vizekanzler generelles politisches Versagen vor, explizit auch auf dessen ureigenstem Terrain, der Wirtschaftspolitik.[1394]

7.5.2. Ringen um die Fortführung des Berliner Abkommens

Die DDR-Staats- und die SED-Parteiführung waren von der jüngsten Entwicklung im innerdeutschen Handel nicht allzu sehr überrascht worden, hatten sie eine Kündigung des Berliner Abkommens aufgrund der aktuellen Krisensituation durchaus ins Kalkül gezogen. Dem MAI lagen bereits im Sommer 1960, also noch vor Beginn der eigentlichen Krise, Informationen seitens des Ministeriums für Staatssicherheit vor, denen zufolge mit einem solchen Schritt der Bundesregierung zum Jahresende zu rechnen sei.[1395] Eine nähere Begründung für diesen Verdacht gab das MfS nicht an. Trotz Vorwarnung wurde Minister Rau, laut Informationen des BND, vom konkreten Ereignis Ende September dann doch überrascht. Ihn habe besonders geärgert, dass die Kündigung vertragskonform vonstatten gegangen sei und damit keinen Anlas zu juristisch begründeter Kritik geboten habe.[1396]

1393 Kurzprotokoll 131. Kabinettssitzung, 30.11.1960 (StBkAH, Nachlaß Konrad Adenauer, Aktenbestand Tresor, Nr. 32, Bl. 33-39, hier Bl. 33-36).
1394 Schreiben Adenauer an Erhard, 13.9.1960 (StBkAH, Nachlaß Konrad Adenauer, Aktenbestand Tresor, Nr. 43).
1395 Bericht über Treffen zwischen TSI und MAI, 20.10.1960 (BA, B 102/20955).
1396 Bericht des BND, 2.10.1960 (BA, B 137/16249).

Wie reagierten die politischen Akteure in der DDR auf die veränderte Lage? Erwartungsgemäß protestierte Walter Ulbricht am 4. Oktober 1960 öffentlich gegen den Schritt der Bundesregierung, deutete aber zugleich Verhandlungsbereitschaft seiner Seite an.[1397] Ähnliche Verlautbarungen ließ der Ministerrat vernehmen.[1398] Weitaus interessanter als diese PR-Pflichtübungen ist jedoch das regierungsinterne handelspolitische Krisenmanagement, welches in den Händen von Minister Rau lag, zu bewerten, da es Aufschluss über die tatsächliche Lageeinschätzung in den ostdeutschen Führungszirkeln gibt.

Wie reagierte Rau nun auf diese neue Situation? Seinen taktischen Überlegungen basierten auf zwei Prämissen: Zum einen war davon auszugehen, dass ein bundesdeutscher Lieferstopp Anfang Januar 1961 zu erheblichen volkswirtschaftlichen Schwierigkeiten in der DDR führen und möglicherweise die ohnehin angespannte aktuelle Wirtschaftslage zu einer erneuten Existenzkrise auswachsen lassen werde. Immerhin drohten ca. 10 % der DDR-Importe wegzufallen, darunter wichtige Kontingente an Spezialstählen. Als besonders gefährdet erkannte man auch die Situation im Transportwesen, wo das potentielle Ausbleiben westdeutscher Gas-Ruß-Kontingente die Reifenproduktion zum Erliegen bringen würde.[1399] Das Ausmaß der verheerenden Konsequenzen für die gesamte Volkswirtschaft war in diesem Falle kaum abzuschätzen.

Zum anderen aber erschien die Wahrscheinlichkeit, dass Bonn es wirklich zum Handelsabbruch kommen lassen werde, relativ gering. Diese Einschätzung speiste sich sowohl aus der Analyse des Kündigungstextes, als auch aus Informationen über das voraussichtliche handelspolitische Verhalten der NATO-Staaten und der neutralen westeuropäischen Länder Schweiz, Schweden und Österreich. In der veröffentlichten Kündigungsversion des Berliner Abkommens hatte die Bundesregierung ihre Verhandlungsbereitschaft zu seiner Fortführung so deutlich zum Ausdruck gebracht, dass – beiderseitige Kompromissbereitschaft vorausgesetzt – diese nur als eine Frage des Verhandlungsgeschicks erschien. Hinzu kam die zögerliche Haltung der Bonner Verbündeten, welche eine geschlossene westliche Embargofront gegen die DDR unwahrscheinlich machte. Nun war ein embargopolitischer Alleingang der Bundesregierung nach deren eigenen Worten nahezu ausgeschlossen. Sollte es dennoch dazu kommen, bot die Option, ausbleibende bundesdeutsche Lieferungen ersatzweise aus anderen kapitalistischen Ländern zu beziehen, nicht nur hinreichende Sicherheit für die eigene Volkswirtschaft, sondern auch eine Stärkung der eigenen Positionen in den anstehenden deutsch-deutschen Verhandlungen.[1400]

Einschränkend muss jedoch bemerkt werden, dass sich die DDR-Führung keineswegs sicher sein konnte, ob der Westen nicht doch ein für alle Länder verbindliches Handelsembargo praktizieren würde. Widersprüchliche Nachrich-

---

1397 Erklärung Ulbrichts, 4.10.1960, in: DzD, IV. R., Bd. 5, S. 358-381, hier S. 376-377.
1398 Erklärung Grotewohls, 6.10.1960, in: DzD, IV. R., Bd. 5, S. 387-392.
1399 Rundschreiben Apel, ZK-Sekretär Wirtschaft, 2.11.1960 (SAPMO-BA, DY 30/IV 2/2.029/115, Bl. 1-2). Gas-Ruß ist ein Grundstoff zur Reifenherstellung.
1400 Ebda.

ten über eine Verständigung der NATO-Staaten einschließlich neutraler Staaten wie Schweden, die Schweiz und Österreich auf einen Handelsboykott gegen die DDR sorgten in Ost-Berlin immer wieder für Planungsunsicherheit.[1401] Erst Anfang November zeichnete sich ab, dass Bonn seine Verbündeten nicht auf ein Embargo würde einschwören können.

Obwohl das MAI, ausgehend von diesen Vorüberlegungen, mit dem Weiterlaufen des innerdeutschen Handels nach dem 31. Dezember 1960 rechnete, entwickelte Minister Rau ein Programm zur Substituierung westdeutscher Güterlieferungen. Damit legt er den Grundstein für die im Januar 1961 verkündete „Aktion Störfreimachung" der DDR-Volkswirtschaft. Der vermeintliche Widerspruch zwischen optimistischer Lageeinschätzung und programmatischer Krisenplanung erklärt sich durch das seit vielen Jahren angestrebte Ziel der volkswirtschaftlichen „Unabhängigmachung" von der Bundesrepublik. Bislang hatte die politische Führung der DDR wenig Erfolge bei der Umsetzung dieser Vorgabe verbuchen können, da technische bzw. wissenschaftliche Eliten „eigensinnig" und hartnäckig an tradierten Westbezugsquellen festhielten.[1402] Die aktuelle Handelskrise bot daher einen geeigneten Anlass, um die Notwendigkeit einer weiteren ökonomischen Abkopplung von der Bundesrepublik auch den bislang sich verweigernden Personenkreisen – Betriebsdirektoren, Ingenieuren, Ärzten, Wissenschaftlern, Technikern – plausibel zu machen.

Ein weiteres Motiv für die programmatische Krisenplanung lag in der Überlegung, dass die Bundesregierung für die Zukunft möglicherweise kein umfassendes Abkommen mehr anstreben würde, sondern nur noch einzelne Geschäfte auf Unternehmens- bzw. Bundesländerebene. Diese könnten dann vergleichsweise flexibel und fein dosiert im Sinne einer repressiven Handelspolitik gehandhabt werden, ohne dass die DDR hinreichende Gründe geltend machen könnte, die Zufahrtswege nach West-Berlin zu blockieren.[1403] In der Tat sollte Bonn mit der zum Jahreswechsel 1960/61 neu eingeführten Widerrufklausel[1404] den von Ulbricht prognostizierten Weg der flexiblen und mit „chirurgischen

---

1401 Notiz des stv. Ministers über ein Treffen der NATO-Handelsräte in West-Berlin am 17./18.10.1960. Die Auskunft stammte aus NATO-Kreisen und beinhaltete eine angebliche Einigung auf einen Boykott der westlichen Staaten. (BA, DE 1, 12153, Bl. 2-4). Schreiben Rau, MAI, an Apel, ZK-Sekretär für Wirtschaft, 26.10.1960 (SAPMO-BA, DY 30/IV 2/2.029/131, Bl. 132-133). Rau berichtet über den Beschluss der Regierungen Großbritanniens, Italiens und der Türkei, die Handelsbeziehungen zur DDR nicht abzubrechen.
1402 Zur Begriflichkeit „Eigensinn" Lindenberger, Thomas: Die Diktatur der Grenzen. Zur Einleitung. In: Ders. (Hrsg.): Herrschaft und Eigen-Sinn in der Diktatur. Studien zur Gesellschaftsgeschichte der DDR . Köln, Weimar, Wien 1999, S. 13-44, hier S. 23.
1403 Diese Befürchtung äußerte Ulbricht gegenüber Chruschtschow in einem Gespräch in Moskau, 30.11.1960 (SAPMO-BA, DY 30/3566, Bl. 81-85).
1404 Hierbei handelte es sich um eine neue Klausel in den offiziellen Genehmigungsbedingungen von Einzelgeschäften, die ein bereits genehmigtes und in Abwicklung befindliches Geschäft widerrufen kann, sollten die Interessen der Bundesrepublik Deutschland dies erforderlich erscheinen lassen.

Schlägen" zu praktizierenden deutsch-deutschen Handelspolitik einschlagen. Dass die Bundesregierung ihn letztlich nicht beschritten hat, erklärt sich einerseits aus der politischen Entspannungssituation der sechziger Jahre und den mehrfachen Regierungswechseln sowie andererseits aus den manifesten Wirtschaftsinteressen, die gegen die Anwendung der Klausel sprach.

Seine Planungen zur Umstrukturierung von Außen- und innerdeutschen Handel konnte Rau auf ein Exposé von Fritz Selbmann aus dem Jahre 1959 aufbauen, welches vom Szenario eines Totalembargos der Bundesrepublik gegen die DDR ausging. Selbmanns Überlegungen enthielten bereits sämtliche Elemente des im darauffolgenden Jahren praktizierten Krisenmanagements: Verzicht auf Bezüge aus Westdeutschland in Höhe von 50 Mio. VE, Umlenkung der eigenen Lieferungen in andere Länder (185 Mio. VE) sowie eine Kreditbürgschaft der UdSSR über 200 Mio. TRbl. zwecks Importfinanzierung aus dem kapitalistischen Ausland.[1405] Raus Programm griff diese Gedanken auf und wies drei Wege zur partiellen Substituierung westdeutscher Lieferungen: Zum einen sollte die einheimische Produktion über Nachbau oder adäquate Ersatzkonstruktionen die entsprechenden Güter zur Verfügung stellen. Besonderes Augenmerk galt dabei der Ersatzteilversorgung im Chemieanlagenbau, welcher eine zentrale Rolle im laufenden Siebenjahrplan spielte. Hier empfahl Rau sogar die Einrichtung eigener „Nachbau-Abteilungen" in den Werken. Des weiteren müsse, so der Minister, in den Chemielabors die eigene Synthese von im Westen bereits entwickelten Substanzen, im pharmazeutischen Bereich sogenannte Generika, vorangetrieben werden. In diesem Bereich existiere im gesamten Ostblock eine große Nachfrage, so dass aus dem Kopieren westdeutscher Substanzen kein ökonomischer Nachteil erwachse. Schließlich kündigte Rau die Bildung „sozialistischer Planungsarbeitsgemeinschaften" an, deren Aufgabe darin bestand, die Konstruktions- und Produktionsvorbereitungen von wichtigen Engpassmaterialien vorzubereiten und notwendige Umstellungen im Investitionsplan vorzunehmen.[1406] Zweitens strebte Rau eine Erhöhung des Anteils embargosicherer Lieferungen bei sogenannten „Engpasswaren" aus den RGW-Staaten an.[1407] Daher maß er der dritten Variante, Substitution westdeutscher Produkte durch Bezüge aus dem neutralen bzw. kapitalistischen Ausland, weitaus größere volkswirtschaftliche Bedeutung zu.[1408]

Freilich war sich Rau zweier Schwachpunkte seines Programms wohl bewusst: So hegte der Minister wenig Vertrauen in die tatsächliche Lieferfähigkeit bzw. -bereitschaft der sozialistischen Staatengemeinschaft, was einer Verlagerung der Bezugsquellen nach Osteuropa enge Grenzen setzte.[1409] Wenig Hoffnung machte die Aussicht, solche Waren aus dem Westen zu beziehen, stellte doch die

---

1405 „Exposé über Maßnahmen im Falle von Störungen im Innerdeutschen Handel"; Autor: Fritz Selbmann, stv. SPK-Vors.; 20.2.1959 (BA, DE 1, 1181, Bl. 3-13).
1406 Protokoll Politbürositzung, 11.10.1960 (SAPMO-BA, DY30/J IV2/2/729,Bl.20-30).
1407 Ebda.
1408 Ebda.
1409 Ebda.

beachtliche aktuelle Auslandsverschuldung in Höhe von 575 Mio. TRbl. hierbei eine ernsthafte, den Handlungsspielraum limitierende Größe dar.[1410]

Weiterhin bemühte sich die politische Führung der DDR um wirtschaftliche Rückendeckung durch die UdSSR. Zu diesem Zwecke reiste am 25. November 1960 eine hochrangige Delegation, mit dabei Ulbricht, Leuschner und Rau, nach Moskau, um dort auf verstärkte materielle und finanzielle Hilfe zu dringen. Auf dem Wunschzettel standen vorrangig Stahl-, Wolle- und Baumwolle- sowie Zementlieferungen. Des weiteren machte Ulbricht deutlich, dass die aktuelle Verschuldung gegenüber dem kapitalistischen Westen zu Investitionskürzungen in so wichtigen Bereichen wie der chemischen Industrie, dem Maschinen- und Wohnungsbau führten. Dies würde nicht nur die Produktionsbedingungen belasten, sondern auch die soziale Stabilität der DDR in Frage stellen.[1411] Wider besseres Wissen betonte Ulbricht die Gefahr einer drohenden Embargofront aller NATO-Staaten gegen die DDR. Obwohl hiervon nicht überzeugt, sicherte Chruschtschow im Gegensatz zu seiner reservierten Haltung Anfang 1960 nunmehr weitreichende Hilfen zu,[1412] was wiederum den Verhandlungsspielraum der DDR gegenüber der Bundesrepublik vergrößerte. Chruschtschow rechtfertigte seine bisher zurückhaltende Position mit dem wenig plausiblen Argument, er habe nicht gewusst, dass die DDR von der Bundesrepublik ökonomisch abhängig sei.[1413] Da auch die anderen „Bruderstaaten" wirtschaftliche Unterstützung in Aussicht stellten – die sich dann als recht spärlich erweisen sollte[1414] – schien die Krise hinsichtlich des außenwirtschaftlichen Aspektes kontrollierbar.

Neben den die Produktions- und Außenhandelsstruktur betreffenden Maßnahmen zur „Störfreimachung" gedachte Rau flankierend handelspolitische Initiativen in der Bundesrepublik durchzuführen. Hauptansprechpartner waren hierbei diejenigen unter den westdeutschen Wirtschaftsverbänden, die ein großes Interesse am deutsch-deutschen Handel zeigten.[1415] Am 18. Oktober 1960 verabschiedete das Politbüro auf seinen Vorschlag einen Beschluss, in der Bundesrepublik eine Protestbewegung gegen die Kündigung des Berliner Abkommens zu initiieren.[1416] Durch das Hervorheben der eigenen Verhandlungs- und Kompromissbereitschaft sollte zugleich der Schwarze Peter nach Bonn geschoben werden.[1417] Eine analoge Taktik wandten die Außenhandelskammervertretungen auch gegenüber Unternehmen und Wirtschaftsverbände anderer westlicher Län-

---

1410 Protokoll Politbürositzung, 11.10.1960 (SAPMO-BA, DY 30/J IV2/2/729,Bl.20-30).
1411 Redeentwurf Ulbrichts, Oktober 1960 (SAPMO-BA, DY 30/3707, Bl. 25-37).
1412 Vermerk über Unterredung zwischen Ulbricht und Chruschtschow, 30.11.1060 (SAPMO-BA, DY 30/3566, Bl. 81-85).
1413 Ebda.
1414 Ihme-Tuchel, Beate: Das „nördliche Dreieck". Die Beziehungen zwischen der DDR, der Tschechoslowakei und Polen in den Jahren 1954 - 1962. Köln 1994, S. 325-333.
1415 Vermerk Rau, 2.11.1960 (SAPMO-BA, DY 30/IV 2/2/729, Bl. 24.)
1416 Information Ernst Lange, 5.12.1960 (SAPMO-BA, DY 30/IV 2/6.10/13).
1417 Protokoll Politbürositzung, 11.10.1960 (SAPMO-BA, DY30/J IV2/2/729,Bl.20-30).

der an, um sie gegen ein etwaiges internationales Embargo zu mobilisieren.[1418] Weiterhin ordnete die ZK-Abteilung HVA ein abermaliges bundesländerspezifisches Aktionsprogramm an, um bei den laufenden Verhandlungen über die Wiederaufnahme des Berliner Abkommens die Position der TSI zu schwächen.[1419]

Wie reagierten die westdeutschen politischen und wirtschaftlichen Akteure auf diese Mixtur defensiver und offensiver handelspolitischer Maßnahmen Ost-Berlins? Ließ sich die bislang geschlossene Ablehnungsfront aufrecht erhalten, oder würden einige Kandidaten aufgrund abweichender Eigeninteressen ausscheren? Es zeigte sich schon wenige Tage nach Kündigung des Berliner Abkommens, wie brüchig der gesamtgesellschaftliche Konsens Westdeutschlands in dieser Frage gewesen war. Die am innerdeutschen Handel interessierten Wirtschaftsakteure beurteilten trotz der DDR-Eingriffe im Berlinverkehr die Politik Bonns eher skeptisch. Dies galt vor allem für die West-Berliner Vertreter, deren Sorge um das eigene wirtschaftliche Wohlergehen vom Bundesaußenminister jedoch mit dem brüsken Hinweis auf den primär politischen Charakter der Krise zurückgewiesen wurde.[1420] Generell fürchteten die Unternehmer einen weiteren Vormarsch westeuropäischer Konkurrenz auf dem DDR-Markt. Dieser Trend manifestierte sich nach ihren Absagen für die Leipziger Frühjahrsmesse 1961 in der Übernahme ihre Ausstellungsflächen durch Briten und Niederländer, die sich als flexible Handelsakteure erwiesen.[1421]

Angesichts dieser erneuten Bedrohung der deutsch-deutschen Wirtschaftsbeziehungen zeigten sich insbesondere das Handels- und Transportgewerbe ausgesprochen verärgert. Willy Max Rademacher[1422], wichtigster politischer Protagonist dieser Gruppe, unterrichtete seine Gesprächspartner vom VEB-Deutrans über den großen Unmut „breitester Handelskreise" in der Bundesrepublik und bezeichnete in einem späteren Treffen die Kündigung gar als „ausgemachten Blödsinn"[1423]. Nach seiner Auffassung werde der Boykott ausgehen wie das „Hornberger Schießen"[1424]. Er sollte Recht behalten. Parteifreund Robert Margulies teilte Rademachers Kritik und riet dem MAI, die Namen der westeuropäischen Konkurrenzfirmen, welche die von den bundesdeutschen Unternehmen gekündigten Ausstellungsplätze auf der Leipziger Frühjahrsmesse übernehmen werden, zu veröffentlichen.[1425] Dadurch, so Margulies, würden sich die bundesdeutschen Wirtschaftsakteure benachteiligt fühlen und in Bonn auf eine Aufhe-

---

1418 Ebda.
1419 Informationen Lange, ZK, Abt. HVA, 5.12.1960 (SAPMO-BA, DY 30/IV 2/6.10/13).
1420 Schreiben Brentano an Klein, Bevollmächtigter West-Berlins beim Bund, 8.11.1960 (PA/AA, B 2, 118a).
1421 Vermerk Woratz, BMWi, 13.10.1960 (BA, B 102/108149).
1422 Willy Max Rademacher (1897-1971); 1922 Geschäftsführer und Gesellschafter einer Speditionsfirma; 1945 Mitbegründer und Vorstandsmitglied der Hamburger FDP; MdB 1949-1965; 1949-1953 Vorsitzender des BT-Ausschusses für Verkehrswesen.
1423 Bericht, 27.10.1960; streng vertraulich (SAPMO-BA, DY 30/IV 2/6.10/34).
1424 Ebda.
1425 Bericht über Gespräch mit Margulies, 7.11.1960 (SAPMO-BA, DY 30/IV 2/6.10/34).

bung der Sanktionen drängen. Vermutlich hatte der FDP-Politiker mit seiner Einschätzung der Stimmungslage innerhalb der Wirtschaft recht, denn generell fand die Forderung der Bundesregierung an die Wirtschaft, nicht zur Leipziger Frühjahrsmesse 1961 zu fahren, „vor allem bei einem Teil des Großkapitals eine nicht sehr vaterländische Antwort"[1426]. Dennoch bleibt Margulies' „consulting"-Tätigkeit gegenüber einem ostdeutschen Ministerium angesichts der deutschlandpolitischen Krisenzeit ein bemerkenswertes Faktum.

Ende Oktober sah sich der DIHT gezwungen, die ihm angeschlossenen IHKn daran zu erinnern, dass „die Verhandlungen mit der SBZ zentral und zwar von der hierfür zuständigen TSI geführt werden."[1427] Der nachdrückliche Hinweis auf diesen allseits bekannten und damit banalen Sachverhalt erklärt sich vor dem Hintergrund, dass einzelne westdeutsche Unternehmen und Wirtschaftsverbände trotz der aktuellen Krise im MAI Geschäftsverhandlungen geführt hatten. Dabei legten die beiden maßgeblichen Dachverbände, DIHT und BDI, selbst ein ambivalentes Verhalten zum Kündigungsvorgang an den Tag. Einerseits betonten sie, in den Entscheidungsprozeß über die Kündigung nicht einbezogen worden zu sein und gaben damit indirekt zu verstehen, dass sie mit dem Vorgang nicht einverstanden waren. Gleichwohl übten sich beide Organisationen in kritischer Loyalität zur Bundesregierung, insbesondere mit Blick auf die Nicht-Beteiligung an der kommenden Leipziger Frühjahrsmesse. Fraglos wurde ihre Haltung durch die Erfahrungen vom März 1960 geprägt, als es zu einem Eklat zwischen Adenauer und Wirtschaftsvertretern gekommen war.

Die Reaktionen der Bundesländer auf die Kündigung des Berliner Abkommens fiel entsprechend ihrer heterogenen politischen und ökonomischen Interessenlage recht uneinheitlich aus. Der Hamburger Senator für Wirtschaft und Verkehr, Engelhardt, setzte sich bei Erhard selbst und auf einer Konferenz der Landeswirtschaftsminister am 11. November 1960 nachdrücklich für eine Fortsetzung des deutsch-deutschen Handels ein.[1428] Unterstützung fand er durch die Landesregierung von Schleswig-Holstein, welche sich um die zu 100 % aus der DDR gedeckten Braunkohlenversorgung, um Maschinenbaubezüge sowie um den Absatz von Seefisch sorgte. Niedersachsen sah insbesondere beim Wasser-, Strom- und Gasbezug aus Ostdeutschland Schwierigkeiten für das Zonenrandgebiet voraus.[1429] West-Berlin zeigte einen Sinneswandel; nachdem der Regierende Bürgermeister Willy Brandt ursprünglich die Kündigung befürwortet hatte, drängte er seit November 1960 massiv auf neue Verhandlungen und ein Weiterführen des Berliner Abkommens.[1430] Demgegenüber konstatierten das Saarland,

---

1426 Die Welt, 3.10.1960, S. 2.
1427 Schreiben DIHT an BMWi, 27.10.1960 (BA, B 102/08149).
1428 Bericht, 13.10.1960; streng vertraulich (SAPMO-BA, DY 30/IV 2/6.10/34).
1429 Übersicht über die Auswirkungen des Interzonenhandelsabbruchs auf einzelne Bundesländer, 27.10.1960 (BA, B 102/108149).
1430 Schreiben Klein, Wirtschaftssenator West-Berlins, an Krautwig, 8.11.1960 (BA, B 102/108149).

Rheinland-Pfalz und Baden-Württemberg keine nennenswerten wirtschaftlichen Beeinträchtigungen und enthielten sich eines klaren Votums.[1431]

Auch die SPD-Opposition rückte von ihrer anfänglichen Unterstützung des Regierungskurses ab. Von den Bundestagsabgeordneten Kriedemann und Müller erfuhr das MAI Ende Oktober 1960, dass innerhalb der SPD bedeutsame Kreise Brandts Kündigungskurs nicht länger befürworteten. Weder Bundesregierung, noch Parteien, noch West-Berliner Administration hätten die Kündigung und ihre Folgen richtig eingeschätzt.[1432] In einem späteren Gespräch erklärte Kriedemann, dass Brandt selbst sich mittlerweile gegen die Unterbrechung des deutsch-deutschen Handels ausgesprochen habe. Angesichts des bevorstehenden Bundestagswahlkampfes und seiner Kanzlerkandidatur gebe es für ihn derzeit jedoch keinen Handlungsspielraum. Kriedemann empfahl MAI-Chefunterhändler Behrendt vor dem Hintergrund des zu beobachtenden Stimmungswandels im Westen, er möge in den kommenden Verhandlungsrunden mit der TSI hart bleiben. Eventuell lasse sich so ein kleiner Schritt in Richtung Anerkennung der DDR erreichen.[1433]

Damit bezogen neben den FDP-Abgeordneten Margulies und Rademacher auch Vertreter der SPD-Opposition deutliche Position gegen die Bundesregierung und machten dies ostdeutschen Gesprächspartnern kenntlich. Erstmals offenbarte sich in einer deutschlandpolitischen Krisenzeit ein Dissens, der wirtschaftliche und politische Eliten gleichermaßen erfasste und zugleich die große Debatte der sechziger und siebziger Jahre, „Politik der Stärke versus Politik der Entspannung", ankündigte.

Befördert wurde das abweichende Verhalten der genannten Akteure durch die kaum verborgene Konzeptionslosigkeit, mit der die Regierung Adenauer ihr Krisenmanagement betrieb. In der Öffentlichkeit machte sich der Eindruck breit, dass nach dem Eröffnungsschachzug „Kündigung" die weiteren Züge völlig unklar waren. Diese Unentschlossenheit stellte das eigentliche politische Problem des Kanzlers dar und reihte sich nahtlos in das schwache Gesamtbild seiner jüngeren Regierungspraxis der Jahre 1959/60 ein. Sowohl der Bundestagsausschuss für gesamtdeutsche Fragen wie auch die SPD-Opposition, die beide bislang die Kündigung mitgetragen hatten, übten heftige Kritik an der fehlenden deutschlandpolitischen Perspektive.[1434] Nach dem Urteil der eigentlich

---

1431 Übersicht über die Auswirkungen des Interzonenhandelsabbruchs auf einzelne Bundesländer, 27.10.1960 (BA Koblez, B 102/108149).
1432 Bericht: Gespräch Kriedemann und MAI, 26.10.1960 (SAPMO-BA, DY 30/IV 2/6.10/34).
1433 Bericht: Gespräch Kriedemann und MAI, 12.11.1960 (SAPMO-BA, DY 30/IV 2/6.10/34).
1434 Vermerk Kleindienst über informelles Gespräch mit Ellen, US-Botschaft, 10.10.1960 (BA, B 102/108149). Schreiben Wehner an Brentano, Erhard und Lemmer, 7.11.1960 (BA, B 102/108149).

regierungsfreundlichen Neuen Zürcher Zeitung offenbarte sich an diesem Punkt die ganze „Pleite der harten Politik gegenüber Pankow"[1435].

Besonders verheerend wirkte sich das Fehlen einer klaren Handlungslinie auf internationaler Bühne aus. Da weder NATO noch CoCom eine schlüssige Krisenbewältigungsstrategie von der Bundesregierung aufgezeigt wurde, hielten sich die Mitgliedstaaten mit Solidaritätsbekundungen verständlicherweise zurück.[1436] So musste Staatssekretär Blankenhorn am 4. November 1960 Adenauer mitteilen, dass die CoCom-Mitglieder der westdeutschen Forderung, bis auf weiteres keine Ausnahmegenehmigungen im Handel mit der DDR mehr zuzulassen, nicht zugestimmt hätten. Einzig die USA unterstützten die deutschen Forderungen vorbehaltlos. Japan habe den deutschen Vorschlag als politisch motiviert und wirtschaftlich wirkungslos abgelehnt. Die Niederlande, Norwegen, die Türkei und Großbritannien zogen sich auf die Position zurück, hierbei handele es sich um einen Vorgang, der nicht in die Zuständigkeit des CoCom falle, Belgien verwies ihn in den Kompetenzbereich der NATO. Die Franzosen hielten sich nach Anweisung ihrer Regierung ganz aus der Diskussion heraus. Überdies rechneten die Verbündeten ohnehin mit einer Neuauflage des Interzonenhandelsabkommens; daher erübrige sich ein strenges Vorgehen gegen die DDR.[1437]

Bestärkt wurde ihre Vermutung durch die am 13. Oktober 1960 wieder aufgenommenen routinemäßigen Handelsgespräche zwischen MAI und TSI. Allerdings beschränkten sich dabei beide Seiten auf die Klärung handelstechnischer Details noch abzuwickelnder Warentransfers. Mögliche Auswege aus der aktuellen Krise spielten in dem Gespräch keine Rolle. Das Bonner Auswärtige Amt hatte mit Blick auf die Erwartungshaltung insbesondere der Amerikaner eine Behandlung dieses Thema kategorisch untersagt. Für die Aufnahme neuer Verhandlungen fehlten substantielle Zugeständnisse der DDR, insbesondere bei der Visumpflicht und der Anerkennung bundesdeutscher Personalausweise für Bürger West-Berlins. Obwohl anderer Auffassung, beugte sich das BMWi dieser harten Linie.[1438] Auch der ostdeutsche Delegationsleiter Behrendt hielt sich an die Anweisung seines Ministers, fürs erste unter keinen Umständen über politische, vertragsrechtliche oder andere Fragen, beispielsweise verkehrstechnischer Natur, zu verhandeln.[1439] Daher war klar, dass diese frühe Kontaktaufnahme erst einmal eine gewisse Normalität im innerdeutschen Dialog herstellte, nicht aber Perspektiven für eine mittelfristige Weichenstellung eröffnete.

Die politische Führung in der DDR nutzte die Wiederaufnahme der Gespräche für den erneuten Versuch, einen Keil zwischen Bonn und West-Berlin zu treiben.[1440] Gemäß Ministerratsbeschluss vom 13. Oktober 1960 richtete Minis-

---

1435 Neue Zürcher Zeitung, 2.12.1960, S. 2.
1436 Vermerk Kleindienst über informelles Gespräch mit Ellen, US-Botschaft, 10.10.1960 (BA, B 102/108149).
1437 Fernschreiben, 4.11.60, vertrauliche Verschlusssache (BA, B 102/435425).
1438 Vermerk Kleindienst, BMWi, 8.11.1960; Verschlusssache (BA, B 102/108149).
1439 Direktive für Behrendt, 12.10.1960 (BA, DL 2, 2512, Bl. 33).
1440 Schreiben Ulbricht an Chruschtschow, 19.1.1961, in: Steiner, Vorstellungen, S. 246.

ter Rau ein Schreiben sowohl an Amtskollegen Erhard als auch an West-Berlins Regierenden Bürgermeister Brandt, in dem er Bezug auf die westdeutsche Verhandlungsbereitschaft nahm, welche in der Kündigung enthalten war. In seinem Schreiben forderte er die andere Seite auf, die Voraussetzungen für solche Verhandlungen zu schaffen.[1441]

Während im BMWi die Annahme dieses Briefes unter skurrilen Begleiterscheinungen abgelehnt wurde, nahm Brandt das Schreiben offiziell in Empfang und zur Kenntnis. Zwar gelang es Rau nicht, die West-Berliner Administration unter Führung Brandts offen von Bonn zu separieren. Allerdings lässt sich in den folgenden Tagen eine rege Gesprächsaktivität nachweisen. So traf sich Behrendt mehrfach mit dem West-Berliner Kaufmann und Brandt-Vertrauten Schiebold. Dieser teilte ihm mit, dass der Regierende Bürgermeister ohne Anweisungen aus Bonn keine eigenen Handlungen unternehmen werde. Verhandlungsbeauftragter der Bundesregierung und auch des West-Berliner Senats sei nach wie vor TSI-Leiter Leopold. Das MAI möge sich mit Leopold inoffiziell über den Abschluss einer neuen Warenliste für das kommende Jahr unterhalten. Dabei könne Ost-Berlin die Themen hinsichtlich des Bundesgebietes und West-Berlins separieren. Außerdem wünschte der Senat, dass das MAI via Leopold die Bundesregierung dazu auffordere, den Senat zu ersten Verhandlungen mit dem MAI zu ermächtigen.[1442] Damit deutete sich erstmals eine dynamische Vorreiterrolle des Senats unter Führung Brandts in Fragen der deutsch-deutschen Verständigung an, wie sie drei Jahre später bei den Passierscheinverhandlungen offen zu Tage treten sollten.

Ende Oktober zeichnete sich ab, dass die Bundesregierung wieder zu Verhandlungen mit der DDR über eine Vertragsverlängerung bereit war. Intern erarbeitete man beschleunigt Richtlinien über die Voraussetzungen und Bedingungen, unter denen Verhandlungen über ein neues Abkommen begonnen werden sollten.[1443] Als Schrittmacher erwies sich dabei abermals West-Berlin, dessen Wirtschaftssenator Klein am 8. November 1960 auf eine zügige Entscheidung für den Verhandlungsbeginn drängte. Wichtig sei dabei, dass eine einheitliche, West-Berlin einschließende Regelung gefunden werde. Hierfür biete sich nach wie vor das „Währungsgebiet" als Signatarformel an. Zugleich müssten der DDR mehr interessante Waren angeboten werden. Über einen Ausbau der Vertragsanlagen ließe sich zudem das Spektrum deutsch-deutscher Wirtschafts- und Verkehrskontakte deutlich ausbauen.[1444]

1441 Protokoll Politbürositzung, 18.10.1960; Anlage 9. Das Schreiben datiert vom 21.10.1960 (SAPMO-BA, DY 30/J IV 2/2/730, Bl. 25-29). Schreiben Rau an Brandt, 17.10.1960, Entwurf (BA, DL 2, 2512, Bl. 50).
1442 Vermerk über Gespräch mit Dr. Schiebold, 17.10.1960 (BA, DL 2, 3316, Bl. 137). Schiebold hatte zuvor Rücksprache mit dem Leiter der Senatskanzlei, Uhlitz, und Brandts Wirtschaftsreferenten Hoferecht gehalten.
1443 Schreiben Woratz an Westrick, 26.10.1960 (BA, B 102/108149).
1444 Schreiben Klein, Wirtschaftssenator West-Berlins, an Krautwig, 8.11.1960 (BA, B 102/108149).

Zwar sah sich das Auswärtige Amt durch die Anfang November verschärften DDR-Kontrollen im Berlinverkehr veranlasst, erneut drastischere Gegenmaßnahmen auch im laufenden Handel einzufordern. So sollten aktuelle Geschäfte im Wert von 350 Mio. VE, darunter immerhin 280 Mio. VE Eisen- und Stahllieferungen, bis auf weiteres eingefroren werden. Allerdings konnte sich sein Vertreter im „Staatssekretärskränzchen", der Gesandte Ritter, mit dieser Forderung gegen die geschlossene Ablehnungsfront der Amtskollegen anderer Ressorts nicht durchsetzen. Vielmehr forderten sie jetzt endlich eine handels- und deutschlandpolitische Gesamtkonzeption, ehe weitere konkrete Schritte beschlossen werden könnten.[1445] Die Bedeutung dieses Entscheidungsvorganges wird ersichtlich, wenn man sich vergegenwärtigt, dass er im Grunde genommen das Ende einer restriktiven Handelspolitik der Bundesregierung gegenüber der DDR markiert. Seit jenem 8. November 1960 vermochte sich das Auswärtige Amt auf diesem Gebiet nicht mehr gegen das BMWi durchzusetzen.

Auf der Kabinettssitzung am 9. November 1960 sprach sich Adenauer dafür aus, dass die Bundesregierung Vorschläge zu Wiederaufnahme von Verhandlungen mit der DDR machen sollte. Damit ging er auf Distanz zu seinem Außenminister, der erst die Rückgängigmachung der ostdeutschen Maßnahmen in Berlin forderte, ehe man bilaterale Gespräche aufnehme. Die Kabinettsrunde verständigte sich über die Bildung eines Ausschusses, gebildet aus Vertretern des AA, BMWi und BMGF, welcher die politischen Vorgaben für die anstehenden Verhandlungen erarbeiten sollte.[1446] Zwar blieb die Grundsatzentscheidung des Kabinetts für die Wiederaufnahme von Verhandlungen geheim, aber seit Mitte November kursierten Gerüchte, nach denen Adenauer selbst Kurt Leopold den Auftrag und die Vollmacht erteilt habe, ein neues IZH-Abkommen mit der DDR auszuhandeln.[1447]

Aber noch war es nicht so weit. Ehe die offizielle Verhandlungsrunde über eine Fortführung des Berliner Abkommens Anfang Dezember 1960 ihren Auftakt nahm, kam es – analog zu Krisen früherer Jahre – zu einem interministeriellen, deutsch-deutschen Dialog auf der mittleren Abteilungsleiterebene. Am 17. November 1960 trafen sich Krautwig, Krisenkoordinator im BMWi, und MAI-Chefunterhändler Behrendt zu einem informellen Treffen.[1448] Beide teilten die Auffassung, dass die Wirtschaftsgespräche ohne politische Vorbedingungen aufgenommen werden müssten. Krautwig sicherte zu, dass er Leopold dahinge-

---

1445 Vermerk über Ressortbesprechung, 8.11.1960 (BA, B 102/108149).
1446 Kurzprotokoll 128. Kabinettssitzung, 9.11.1960 (StBkAH, Nachlaß Konrad Adenauer, Aktenbestand Tresor, Nr. 32, Bl. 68-74, hier Bl. 70).
1447 Schreiben Krautwig an Sts. Westrick, BMWi, 15.11.1960 (BA, B 102/108149). Urheber des Gerüchts soll die Teerunde beim Kanzler sein. Adenauer im Gespräch gegenüber Georg Schröder am 10.11.1960; in: Adenauer, Teegespräche 1959-1961, bearb. v. Hanns Jürgen Küsters. Berlin 1988, S. 346. Bericht über Gespräch mit Gustav Heinemann, 15.11.1960; streng vertraulich (SAPMO-BA, DY 30/IV 2/6.10/34).
1448 Schreiben Krautwig, BMWi, an Sts. Westrick, BMWi, 17.11.1960 (BA, B 102/108149). Noch zwei Tage zuvor hatte Krautwig das Zustandekommen eines solchen Treffen für ausgeschlossen gehalten; Vermerk Krautwig, 15.11.1960 (BA, B 102/108149).

hend zu instruieren gedenke, rasch in Verhandlungen über die Möglichkeit einer Fortsetzung des innerdeutschen Handels einzutreten.[1449]

Tatsächlich empfahl der interministerielle Ausschuss in Bonn auf Drängen Krautwigs zwei Tage später, Leopold mit der offiziellen Verhandlungsaufnahme zu beauftragen. Dabei sollte die Passfrage einstweilen ausgeklammert und bei der Transitreiseregelung eine Liberalisierung durch zusätzliche Lieferangebote bei Eisen und Stahl in Höhe von 100 Mio. VE erreicht werden. Als wichtigste Ergänzung befürwortete der Ausschuss die Einführung der sogenannten Widerrufklausel, nach der Einzelgeschäfte vorab oder während der Abwicklung untersagt werden konnten, sollten die Interessen der Bundesrepublik dies erforderlich machen.[1450] Hierbei handelte es sich um einen Streitpunkt, der bis weit in die sechziger Jahre den innerdeutschen Handelsdialog belasten sollte.

Aufgrund eines Kabinettsbeschlusses vom 30. November 1960[1451] und der Beratungen im Wirtschaftskabinett am 1. Dezember 1960 kam es am darauffolgenden Tag zur ersten Beratung zwischen dem MAI und der TSI. Damit begann die „heiße" Verhandlungsphase über die Weiterführung des Berliner Abkommens. Die Positionen waren klar umrissen. TSI-Chef Leopold bot für den Fall der Wiederherstellung des Status quo ante dem 8. September 1960 im innerstädtischen Berlinverkehr ein sofortiges Anlaufen des deutsch-deutschen Warenverkehrs und das in Kraft treten des Berliner Abkommens zum 1. Januar 1961 an. Demgegenüber erklärte Behrendt diese Frage zur inneren Angelegenheit der DDR, über die es nichts zu verhandeln gäbe. Gleichzeitig drängte er auf die Einstellung der westdeutschen Maßnahmen gegen die Leipziger Frühjahrsmesse 1961.[1452] Trotz der noch bestehenden, vermeintlich unüberbrückbaren Gegensätze mehrten sich die Indizien für eine Einigung. Beispielsweise erkundigte sich Leopold am 6. Dezember 1960 inoffiziell nach den DDR-Warenlisten für das Jahr 1961.[1453] Eine Woche später wurde dann in einer längeren Verhandlungsrunde zwischen Leopold und Behrendt nahezu sämtliche Details deutschdeutscher Wirtschaftsbeziehungen angesprochen, ohne dass es zu einer Klärung kam.[1454] Den Forderungen des Westens – reibungsloser Transitverkehr, Abschaffung einer Aufenthaltsgenehmigung für westdeutsche Bürger in Ost-Berlin, Wegfall der Wasserstraßenbenutzungsgebühr, Bau der Autobahnbrücke Saale/Hirschberg – hielt die ostdeutsche Seite ihren Forderungskatalog entgegen: Zurücknahme aller gegen die Leipziger Messe gerichteter Maßnahmen, Aufhebung der Reisebeschränkungen für DDR-Bürger (Temporary Travel Boards),

---

1449 Vermerk Behrendt, MAI, 18.11.1960 (BA, DL 2, 2512, Bl. 35-40); Schreiben König an Dölling und Rau, 18.11.1960; streng geheim (BA, DL 2, 2512, Bl. 34-35); Parteiinformation für die Woche vom 14.-19.11.1960 (SAPMO-BA, DY 30/IV 2/6.10/27).
1450 Vermerk Staatssekretärssitzung, 19.11.1960 (BA, B 102/198149).
1451 Ebda.
1452 Schreiben Behrendt an Apel, 3.12.1960 (SAPMO-BA, DY 30/IV 2/6.10/29).
1453 Protokoll Ministerratssitzung, 3.12.1960 (BA, DC 20/ I/3, Bl. 335). Bericht Leopold, 7.12.1960 (BA, B 102/20955).
1454 Vermerk Gespräch zwischen MAI und TSI, 13.12.1960 (BA, DL 2, 3316, Bl. 15-22).

Zahlung der bislang verweigerten Provisionen an Utimex und Mercator, Aufhebung der Schikanen gegen die Ausschüsse zur Förderung des deutschen bzw. Berliner Handels, Wegfall der Widerrufklausel, Änderung der Signatarformel.[1455] Intern jedoch hatte das SED-Politbüro am 17. Dezember 1960 die „rückhaltlose Bereitschaft zur Fortführung des bestehenden Handelsabkommens"[1456] zur Grundlage weiteren Verhandelns gemacht. Damit tritt der überragende Stellenwert des deutsch-deutschen Handels im Kalkül der Ost-Berliner Führung deutlich zu Tage.

In dieser kritischen Phase bemühte das MAI abermals Dr. Böhner, Erhards Stiefschwiegersohn, als Kurier. Er überbrachte am 19. Dezember 1960 ein Schreiben Raus an Erhard,[1457] welches sich aber in der Wiederholung bisheriger, bereits hinlänglich bekannter Positionen erschöpfte.[1458] In den letzten Tagen vor der Weihnachtspause, vom 19. bis 22. Dezember 1960 verhandelten Leopold und Behrendt täglich. Am 21. Dezember 1960 beschloss das Bundeskabinett, Leopold zu ermächtigen, das neue Abkommen mit den bis dato vereinbarten Eckpunkten zu paraphieren.[1459] Aber erst in letzter Minute einigten sich beide Seiten am 29. Dezember 1960 auf ein Ergebnisprotokoll,[1460] und bestätigten in einem Briefwechsel das in Kraft treten des Berliner Abkommens zum 1. Januar 1961.[1461] Ein wichtiger, bislang von der Forschung übersehener Faktor beim Zustandekommen dieser Übereinkunft hatte die Bitte Adenauers an den sowjetischen Botschafter Smirnow gespielt, Moskau möge die DDR dazu bewegen, die Einbeziehung West-Berlins in das Berliner Abkommen zu akzeptieren. Zugleich deutete der Kanzler an, dass zwischen reibungslosen deutsch-sowjetischen Handelsbeziehungen, der entsprechende Vertrag sollte auch in den nächsten Tagen unterzeichnet werden, und den innerdeutschen Handelsbeziehungen durchaus ein Zusammenhang bestehe.[1462] Tatsächlich hatte Chruschtschow auf Ulbricht mäßigend eingewirkt und flexible Verhandlungsführung angemahnt.[1463]

Letzten Endes trat das Berliner Abkommen in seiner Fassung vom 16. August 1960 in Kraft, d. h. mit der umstrittenen Signatarformel „Währungsgebiet". Weiterhin behielt die DDR die Maßnahmen vom 8. September 1960 bei. Im

---

1455 Parteiinformation für 12.-17.12.1960 (SAPMO-BA, DY 30/IV 2/6.10/27).
1456 Protokoll, 17.12.1960 (SAPMO-BA, DY 30/IV 2/2/739, Bl. 16).
1457 Vermerk Behrendt, 20.12.1960, streng vertraulich (BA, DL 2, 3316, Bl. 56).
1458 Schreiben Rau an Erhard, 19.12.1960 (BA, DL 2, 2512, Bl. 29-32).
1459 Kurzprotokoll der 134. Kabinettssitzung, 21.12.1960 (StBkAH, Nachlaß Konrad Adenauer, Aktenbestand Tresor, Nr. 32, Bl. 1-6, hier Bl. 5).
1460 Protokoll: Verhandlungen zwischen TSI und MAI, 29.12.1960 (BA, DL 2,3316,Bl.14).
1461 Briefwechsel zwischen Leopold und Behrendt, 29.12.1960 (BA, DL 2, 3316, Bl. 14).
1462 Diese Episode ist vielfach überliefert, u. a. in Adenauer, Teegespräche 1959-1961, S. 345 u. S. 717; Kroll, Erinnerungen, S. 471; Carstens, Führung, S. 268-269; Baring, Herr Bundeskanzler, S. 290-298; Osterheld, „Ich gehe ...", S. 13. Allerdings hat die neuere Forschung hiervon kaum noch Kenntnis genommen und kommt demzufolge zu einer verzerrten Einschätzung der Vorgänge Ende Dezember 1960; von Heyl, Handel, S. 145-147; Lemke, Berlinkrise, S. 58-59.
1463 Chruschtschow an Ulbricht, 22.12.1960 (SAPMO-BA, DY 30/IV 2/202/110, Bl. 1-3).

Zusatzprotokoll zum geheimen Ergebnisprotokoll verpflichtete sie sich zur Wiedererrichtung der Autobahnbrücke „Saale/Hirschberg". Die dann durchgehend passierbare Autobahn Berlin-München würde die verkehrstechnische Anbindung der ehemaligen Reichshauptstadt an Süddeutschland entscheidend verbessern. Allerdings beschloss das Politbüro, mit diesem Punkt als Verhandlungspfund in künftigen Gesprächsrunden zu wuchern, was durchaus gelang.[1464]

Immerhin hatte sich die Bundesregierung mit der Kündigungsepisode einen gewissen Respekt der anderen Seite verschafft. Dies zeigte sich beispielsweise im Februar 1961, als DDR-Behörden vierzig evangelischen Kirchenvertretern die Einreise nach Ost-Berlin verweigerten. Als Leopold daraufhin gegenüber Behrendt erneute Sanktionen im deutsch-deutschen Warenverkehr andeutete, entschloss sich Ulbricht nach Rücksprache mit dem sowjetischen Botschafter zu einer entgegenkommenderen Linie.[1465]

7.5.3. Handel unter erschwerten Bedingungen: „Aktion Störfreimachung"

In Reaktion auf die handelspolitischen Erfahrungen des vergangenen Vierteljahres beschloss die SPK am 4. Januar 1961, mit der „Aktion Störfreimachung" die wirtschaftliche Abkopplung der DDR von der Bundesrepublik entscheidend voranzutreiben.[1466] Diese Maßnahme stellte indes keine Diskontinuität in der Handelspolitik gegenüber der Bundesrepublik dar. Schon seit mehreren Jahren wurden die AHU dazu angehalten, „besonders darauf zu achten, dass die Abhängigkeit von westdeutschen Erzeugnissen weiter verringert werde. Da es sich hierbei in der Hauptsache um eine ideologische Frage handele, sei die Agitation in dieser Frage zu verstärken."[1467] Die mit großem Aufwand propagierte „Aktion Störfreimachung" war somit weniger ein spektakulärer Schwenk in der Handelspolitik als der öffentlichkeitswirksam präsentierte Desintegrationskurs, der schon seit Anfang der fünfziger Jahre verfolgt worden war.

Dabei ging es zu keiner Zeit um eine völlige Lösung der wirtschaftlichen Bande zur Bundesrepublik, wie es in der älteren Literatur zu lesen ist.[1468] Vielmehr galt es, produktionstechnische Schlüsselprodukte aus Westdeutschland nicht länger in einem Umfange zu beziehen, dass ihr boykottbedingter Wegfall ernsthafte volkswirtschaftliche Störungen implizieren würde. Solche Güter sollten künftig entweder im eigenen Land hergestellt oder aus RGW-Ländern bezogen werden. Falls beides nicht möglich war, kam als letzte Variante ein Import

---

1464 Fäßler, „Brückenschlag", S. 987.
1465 Protokoll Politbürositzung, 14.2.1961 (SAPMO-BA, DY 30/J IV 2/2A/802, Bl. 3-4).
1466 SPK-Beschluß über Sicherung der DDR-Wirtschaft gegen willkürliche Störungsmaßnahmen, 4.1.1961 (BA, DE 1, 2465). Protokoll der Politbürositzung, 4.1.1961 (SAPMO-BA, DY 30/J IV 2/2/744). Über die politischen Intention Schreiben Ulbricht an Chruschtschow, 19.1.1961, in: Steiner, Politische Vorstellungen, S. 250.
1467 Schreiben BfV an Rohn, BMGF, 14.12.1959; vertraulich (BA, B 137/16249).
1468 Diese These vertritt etwa Gumpel, Handel , S. 80.

aus kapitalistischen Ländern in Betracht. Summa summarum sahen die Planungsdaten vor, dass rund 30 % der ostdeutschen FuE-Mittel für die Substitution westdeutscher Importe aufzuwenden wären. Für das Jahr 1962 beliefen sich die diesbezügliche Schätzungen auf 550 Mio. MDN.[1469]
Ergänzend dazu strebte die SPK eine Umstellung der technischen Normierung von DIN auf GOST bzw. die deutsche Variante TGL an.[1470] Im Gegensatz zur Handelsverlagerung stellte die letztgenannte Maßnahme eine kaum noch rückgängig zu machende Weichenstellung in Richtung produktionstechnische Desintegration Gesamtdeutschlands dar. Daher kam es in diesem Punkt zu ernsthaften und kritischen Nachfragen seitens der wirtschaftlichen und technischen Experten in den DDR-Betrieben, die mit der offenkundigen Aufgabe des Wiedervereinigungsziels nur bedingt einverstanden waren.[1471] Auch die Bundesregierung bekundete die Absicht, diese desintegrative Entwicklung durch wirtschaftliche Zugeständnisse aufhalten zu wollen.[1472]

Eine konsequente wirtschaftliche Abkopplung von Westdeutschland bedurfte, wenn sie denn Erfolg haben sollte, der massiven Unterstützung durch die UdSSR wie auch der anderen RGW-Staaten. Tatsächlich sicherte die Hegemonialmacht im Januar 1961 zusätzliche Lieferungen wichtiger Produkte wie chemische Rohstoffe, Walzstahl, Investitionsgütern und Lebensmitteln zu. Dabei verpflichtete sich Moskau, für die Restlaufzeit des Siebenjahrplans, also von 1962 bis 1965, der DDR diese Hilfen zukommen zu lassen.[1473]

Wie sah es mit der Effizienz bei der Umsetzung der „Aktion Störfreimachung" aus? Gelang es der DDR, ihre Bezüge von Schlüsselgütern für die Produktion aus der Bundesrepublik signifikant und nachhaltig zu senken? Immerhin verzeichnet die innerdeutsche Handelsstatistik für die Jahre 1960-1962 einen Umsatzrückgang von 15,5 %. Demgegenüber stieg im gleichen Zeitraum der Anteil des RGW um 16,5 % und nahm im Jahre 1962 74,9 % des DDR-Außenhandels ein.[1474]

Doch trotz dieser beachtlichen Außenhandelsumlenkungsquote bemängelten zentrale Parteiinstanzen, dass ein Absinken des innerdeutschen Handelsvolumens keineswegs gleichbedeutend mit einer Abnahme der Störanfälligkeit im

---

1469 Steiner, Plan, S. 125.
1470 Schreiben Lange, ZK-Abt. HVA, an Ulbricht, 30.12.1960 (SAPMO-BA, DY 30/IV 2/2.029/90, Bl. 119-121). Vorschläge für die weitere Arbeit nach Wiederingangsetzung des Berliner Abkommens. Über diese Absichten der SED-Führung war der BND genauestens informiert. Schreiben BND an BMGF, 26.6.1961; geheim (BA, B 137/16611).
1471 Protokoll der Sitzung der Wirtschaftskommission beim Politbüro, 28./29.4.1961 (SAPMO-BA, DY 30/IV 2/2.101/23, Bl. 10).
1472 Sitzungsprotokoll „Staatssekretärskränzchen", 11.5.1962 (BA, B 137/16247).
1473 Protokoll der Verhandlungen zwischen den Regierungsdelegationen über die weitere Entwicklung der ökonomischen Beziehungen zwischen der DDR und der UdSSR in den Jahre 1962-1965, 30.5.1961 (BA, DC 20/12070).
1474 Zentralverwaltung für Statistik (Hrsg.), Statistisches Jahrbuch, 1963.

gleichen Maße sei.[1475] Tatsächlich offenbart die Aufschlüsselung der Handelsumsätze nach den einzelnen Warengruppen, dass ausgerechnet bei der Position Eisen und Stahl gegen den rückläufigen Trend steigende Bezüge (+ 39,6 %) zwischen 1960 und 1962 verzeichnet wurden; selbiges gilt für Steinkohle und Steinkohlenkoks (+ 13,2 %). Dieser Befund überrascht, weil gerade bei diesen Warengruppen die Abhängigkeit der DDR vermeintlich am ausgeprägtesten war. Die Ursache für den Trend ist keineswegs in der unbotmäßigen „Westorientierung" einzelner VEB-Direktoren zu suchen. Vielmehr hatte die SPK selbst im Januar 1961 einen verstärkten Bezug dieser Warengruppen aus der Bundesrepublik angeordnet, was die Inkonsequenz im Wirtschaftskurs dokumentiert.[1476] Den kräftigsten Umsatzrückgang zwischen den Jahren 1960 bis 1962 hingegen verzeichnete die elektrotechnische Industrie (- 61,7 %), was vor allem zu Lasten West-Berliner Produzenten ging, gefolgt vom Maschinen- und Fahrzeugbau (- 54,3 %), der Chemieindustrie (- 47,5 %), der Feinmechanik- und Optikbranche (- 46,2 %) und der Textilindustrie (-39,5 %). Besonders auffällig ist der Einbruch beim Bezug von Düngemitteln (- 81,6 %), was in den Jahren 1963/64 erhebliche Probleme in der DDR-Landwirtschaft bereiten sollte.

Tab. 14: Auswahl militärisch relevanter Bezüge der DDR, 6/1961[1477]

Erzeugnisse	Material
Beatmungs- und Tauchgeräte	Pressluftflaschen (Druckbehälter)
Kfz-Decken für G 5	KS-11 Gewebe
MPi „K"	Bandstahl, kaltgew. 133x2C40/ C 35; dto. 40x4 MSt 3
Kappmesser	rostfreie Bleche
Pistolenmunition 7,62 TT, 7,65, 9,02; Karabinermunition M-43	Bandstahl CK 15-3,05x 38 mm Schell-Lack „Luna 57"
Leuchtpistole	C 45 K Ø 15 mm DIN 668
Karabinerschaft / Zapfenlager	C 60 K Ø 16 mm DIN 668
Kübelwagen P 3	Ölbehälter, Vorder-, Hinterachse, äußere, mittlere Spurstange, Kupplung, Motorhaube, Motor OM6-35 L

Einen Sonderfall stellten die militärtechnischen Güter dar, die bislang aus der Bundesrepublik bezogen worden waren. Die Notwendigkeit einer „Störfreimachung" auf diesem Gebiet ergab sich weniger aus der produktionstechnischen Schlüsselfunktion der betreffenden Waren, als aus ihrer Relevanz für die äußere Sicherheit.[1478] Auch hier häuften sich die Klagen darüber, dass den Mitarbeitern „die besondere Bedeutung der Unabhängigmachung für die Armee"[1479] nicht

---

1475 Bericht einer Parteikommission über die in der SPK bisher eingeleiteten Arbeiten und die weiteren Aufgaben zur Sicherung unserer Volkswirtschaft gegen militaristische Störversuche (SAPMO-BA, DY 30/IV 2/2.029/115, Bl. 103-126, hier 104-105).
1476 Erläuterungen zur Störfreimachung, Januar 1962 (BA, DE 1/42636, Bl. 1-12).
1477 Aufstellung über Verwendung von Importen aus Westdeutschland und anderen NATO-Staaten, Juni 1961 (BA/MA, VA-01 / 8531, Bl. 232-236)
1478 Schreiben Freyer, SPK, an Gen.Maj. Dickel, stv. Minister für Technik und Bewaffnung, 28.1.1961 (BA/MA Freiburg, VA-01/8530, Bl. 182).
1479 Protokoll: Beratung des stv. Ministers für Technik und Bewaffnung über den Stand der eingeleiteten Maßnahmen zur Sicherung der Wirtschaft der DDR gegen willkürliche

bewusst sei. Insbesondere der Bezug von Munitionsstahl und Funkmesstechnikzubehör westdeutscher Provenienz war nur schwer zu eliminieren,[1480] ebenso Graphitstopfen, die für die exportträchtige Panzerkettenproduktion unerlässlich waren. Wegen der betriebs- wie volkswirtschaftlich interessanten Seite dieses Produktes behielt man den Bezug aus Westdeutschland bei.[1481]

Sowohl die innerdeutsche Handelsstatistik als auch die Quellen belegen, dass der „Aktion Störfreimachung" weder umfassender noch dauerhafter Erfolg beschieden war. Bereits im Laufe des Jahres 1961 stellten die zuständigen Wirtschaftsfunktionäre immer wieder fest, dass der erste Schwung der „Aktion Störfreimachung" verebbt sei und die traditionellen Unternehmensbeziehungen nach Westdeutschland wiederbelebt würden.[1482]

Ein entscheidendes Problem bei der Umsetzung der Aktion lag in den „Beharrungskräften bei der Intelligenz und den Wirtschaftsführern"[1483]. So klagte Schürer[1484], dass nach Abschluss des Berliner Abkommens die Betriebe rasch wieder in alte Gleise zurückgekehrt seien und eng mit Westdeutschland kooperierten. Exemplarisch berichtete er von einer Zementanlagenfirma, welche die DDR in Indien baute. Die hierfür notwendigen Sacknähmaschinen wurden, anstatt im eigenen Land herzustellen, wieder aus der Bundesrepublik bezogen und nach Indien reexportiert. Nach Schürers Urteil lag dem Verhalten kein bewusster Widersetzungswille gegen die Parteivorgaben zugrunde. Vielmehr handelten die Fachleute zweckrational. Der Bezug von Maschinen – in diesem Falle Sacknähmaschinen – aus der Bundesrepublik war mit dem geringsten Aufwand verbunden, um den Gesamtauftrag – Zementanlage – in Indien zu erfüllen. Die Beschaffung besagter Maschinen aus einem RGW-Land, wie es die handelspolitische Konzeption vorsah, wäre mit deutlich höheren Transaktionskosten verbunden gewesen, da die Marktinformationen von dort schlechterer Qualität wären, als die, die über Westdeutschland vorlägen.[1485]

Schürers Eindruck wurde durch einen Bericht der vom Politbüro eingesetzten Untersuchungskommission bestätigt, welche den Stand der „Aktion Stör-

---

Störmaßnahmne militaristischer Kreise Westdeutschlands (BA/MA, VA-01/8530, Bl. 168-170).
1480 Übersicht über den Stand der ökonomischen Unabhängigmachung, 30.6.1961 (BA/MA, VA-01/8530, Bl. 160-161). Schreiben Rentzsch, Dir. VVB Unimak, an Gen.Maj. Dickel, stv. Minister für Technik und Bewaffnung, 15.7.1961 (BA/MA, VA-01/8530, Bl. 162). Schreiben MfNV, an Gen.Maj. Dickel, stv. Minister für Technik und Bewaffnung, 14.7.1961 (BA/MA, VA-01/8530, Bl. 163-165).
1481 Schreiben Chef der ITHV an Rauchfuß, MAI, 22.1.1962 (BA/MA, ITA/0055, Bl. 1-2); Schreiben Gen.Maj. Dickel, stv. Minister für Technik und Bewaffnung an Freyer, SPK, 10.2.1962 (BA/MA, ITA / 0055, Bl.11).
1482 Protokoll Wirtschaftskommission, Politbüro, 28./29.4.1961 (SAPMO-BA, DY 30/IV 2/2.101/23, Bl. 10).
1483 Ebda.
1484 Gerhard Schürer war zu jenem Zeitpunkt ZK-Abt.-Ltr. Planung, Finanzen und technische Entwicklung; zugleich Mitglied der Wirtschaftskommission beim Politbüro.
1485 Ebda.

freimachung" und die bei ihrer Realisierung auftretenden Probleme eruieren sollte. Die Überprüfung von vierzig VEB aus den Bereichen Chemie, Maschinenbau, Leicht-, Baustoff-, Verkehrs- und Rundfunkindustrie ergab einen „erheblichen Tempoverlust" bei der Durchführung des Störfreimachungsbeschlusses. Selbst nach dem Mauerbau und dem vermeintlich bevorstehenden Abschluss des Friedensvertrages mit der Sowjetunion, der neue Handelsrestriktionen Bonns wahrscheinlich werden ließ, lebte eine „Anzahl von Wirtschaftsfunktionären noch in der Illusion, dass [...] der innerdeutsche Handel irgendwie weitergehen werde. Während viele Genossen nach dem 13. August schlagartig begriffen haben, wie gefährlich solche Illusionen sind, sind auch Stimmen laut geworden, die sagen: ‚Der Westen hat das Abkommen nach dem 13.8. nicht außer Kraft gesetzt, er wird es auch nicht nach Abschluss eines Friedensvertrages tun.'"[1486] Neben diesen Resistenzen auf individueller Ebene scheiterte die „Aktion Störfreimachung" aber auch an Organisationsdefiziten. Schon nach wenigen Monaten konstatierte das MAI Planungsmängel bei der Umsetzung außenhandelsrelevanter Ziele. So schuf die Beseitigung von bestimmten Störanfälligkeiten an anderer Stelle deren neue. Beispielsweise stellte der VEB Karl Liebknecht in Magdeburg bislang aus der Bundesrepublik bezogene Kurbelwellen nunmehr selbst her. Für die Produktion benötigte der Betrieb Manometer, die in der DDR nicht erhältlich waren und für 400.000 VE aus Westdeutschland herbeigeschafft wurden.[1487] Ironie der Geschichte: Die Manometer waren bis 1960 in einem anderen Magdeburger Werk hergestellt worden, wegen Planumstellung wurde die Produktion aber aufgegeben. Dieses Exempel verdeutlicht das grundlegende Problem, dass bei der Substitution westdeutscher Güter durch Eigenherstellung häufig neue Westbezüge für den Produktionsprozess benötigt wurden. Dadurch wurde die gesamte „Aktion Störfreimachung" natürlich ad absurdum geführt.

Koordinierende Planungen zur Vermeidung solcher Pannen existierten nicht.[1488] Harsch kritisierte daher das MAI die mangelnde Kompetenz der SPK, falsche Berichterstattung über Erfolge bei der „Störfreimachung" sowie fehlende Kontrolle sowohl auf Bezirks- wie auf Zentralebene.[1489] Das ökonomische Zielsetzungskonflikt zwischen angestrebter Eigenproduktion vormaliger westdeutscher Güter und gleichzeitig Spezialisierung bzw. Verkleinerung der eigenen volkswirtschaftlichen Produktpalette war nicht aufzulösen.[1490]

1486 Bericht über den Instrukteurseinsatz der wirtschaftspolitischen Abteilungen zur Untersuchung des Standes der Arbeit zur Sicherung unserer Wirtschaft, 8.9.1961 (SAPMO-BA DY 30/IV 2/2.029/115, Bl. 152-158, hier Bl. 153).
1487 Vermerk, 14.4.1961 (SAPMO-BA, DY 30/IV 2/2.029/85, Bl. 158-161, hier Bl. 158).
1488 Bericht einer Parteikommission über die in der SPK bisher eingeleiteten Arbeiten und die weiteren Aufgaben zur Sicherung unserer Volkswirtschaft gegen militarosotsche Störversuche (SAPMO-BA, DY 30/IV 2/2.029/115, Bl. 103-126, hier 111).
1489 Ebda., Bl. 162.
1490 Bericht einer Parteikommission über die in der SPK bisher eingeleiteten Arbeiten und ie weiteren Aufgaben zur Sicherung unserer Volkswirtschaft gegen militarosotsche Störversuche (SAPMO-BA, DY 30/IV 2/2.029/115, Bl. 103-126, hier 107).

Tab. 15a: Bezüge (Mio. VE) der Bundesrepublik Deutschland (mit West-Berlin), 1958-1962[1491]

	1958	1959	1960	1961	1962
Getreide, Kartoffeln, Saatgut	14,5	23,3	74,	9,4	33,9
Fleisch, -waren	77,1	53,3	50,1	38,6	27,7
Zucker	13,8	28,6	20,4	31,6	22,7
Nahrungs-, Genuss-, Futterm.	19,6	31,4	35,6	28,9	33,4
Holz, -waren	17,0	21,1	24,2	35,8	31,0
Braunkohle	229,1	190,8	262,2	206,6	238,4
Mineralölprodukte, Motorenbenzin	117,1	164,1	177,4	166,6	253,1
Hartparaffin, Montanwachs	15,0	23,0	26,6	13,2	18,9
Chemieerzeugnisse	72,5	71,5	77,3	67,5	51,7
Metallbearbeitungsmaschinen	15,2	16,5	29,9	26,1	24,5
Büromaschinen	16,6	21,0	22,5	16,5	15,7
Sonst. Maschinen u. Fahrzeuge	35,2	33,7	26,8	27,8	20,6
Steine und Erden	23,8	20,9	25,2	25,4	18,7
Feinkeramik u. Glaswaren	14,6	15,6	17,1	12,4	13,9
Zellstoff, Papier, -waren	17,9	15,9	17,5	11,9	10,5
Textilwaren	93,1	98,0	147,2	137,1	103,1
Sonstiges	66,1	63,0	88,3	85,5	72,6
Gesamt	858,2	891,7	1122,5	940,9	914,4

Tab. 15b: Lieferungen (Mio. VE) Bundesrepublik Deutschland (mit West-Berlin), 1958-1962

	1958	1959	1960	1961	1962
Getreide, Kartoffel, Saatgut	0,6	2,5	2,8	1,3	2,0
Vieh, Fleisch, -waren	34,0	46,6	30,8	17,1	56,4
Häute, Felle	15,4	12,8	7,9	7,7	7,5
Fisch, -waren	16,3	11,1	9,5	8,2	17,0
Seewasserfisch	9,3	5,2	6,4	6,6	7,4
Kaffee, Kakao, Tabak	20,0	22,6	16,4	10,0	14,1
sonst. Nahrungs-, Genuss-, Futterm.	58,5	33,8	41,9	19,7	64,6
Holz, -waren	19,3	33,8	41,9	19,7	10,5
Steinkohle. -koks	40,4	121,7	33,6	39,4	39,2
Chemieerzeugnisse	97,7	131,5	136,3	112,4	71,5
Düngemittel	20,6	30,5	25,5	18,7	4,7
Eisen und Stahl	150,6	221,9	157,7	221,3	220,1
Eisen-, Blech-, Metallwaren	9,6	12,1	12,4	7,6	5,2
Stahlrohre, Draht, Kleineisen	71,5	100,2	108,0	113,1	106,6
Maschinen, Fahrzeuge	106,7	122,7	142,8	116,6	65,3
Elektroartikel	46,1	56,5	69,9	52,6	26,8
Feinmechanik, Optik, Uhren	10,4	17,2	18,0	15,7	9,7
Textilien und Bekleidung	23,5	42,4	48,4	42,2	29,3
Sonstiges	70,4	99,9	101,9	69,1	83,0
Gesamt	800,4	1078,5	959,5	872,9	852,7

1491 Statistisches Bundesamt (Hrsg.), Fachserie F, Reihe 6, 1960, S. 6-7; 1962, S. 6-7

Ein weiterer wichtiger Faktor, der maßgeblich den Misserfolg der Aktion mit verursachte, waren widersprüchliche politische Handlungsvorgaben. Die Aufforderung Moskaus, eine schuldenorientierte Handelspolitik gegenüber dem Westen im Allgemeinen und gegenüber der Bundesrepublik im Besonderen zu betreibe, ließ sich mit zeitgleich angestrebten Importbeschränkungen nicht in Einklang bringen.[1492] Weiterhin herrschte Unklarheit darüber, ob die „Aktion Stöfreimachung" sich nur auf die Bundesrepublik, oder auf sämtliche kapitalistische Staaten beziehe. Schürer und Mittag sprachen sich für ersteres aus. Ihr Hauptargument war das nun schon mehrfach zu beobachtende Verhalten westeuropäischer Wirtschafts- und politischer Akteure, die keineswegs in freiheitlichdemokratischer Solidarität den bundesdeutschen Kollegen beistanden. Daher drohe von ihnen kaum Boykottgefahr.[1493] Beide konnten sich auf einen Beschluss des 11. Plenums der SED vom Dezember 1960 berufen. Dennoch forderten führende Parteifunktionäre eine generelle Abkehr vom Westhandel. Eine grundsätzliche Festlegung dieser doch zentralen Zielvorgabe erfolgte nicht.

Dennoch hielt die politische Führung der DDR an der „Aktion Störfreimachung" das ganze Jahr 1961 über fest, was sich auf zwei politische Gründe zurückführen lässt. Zum einen musste bei einer frühzeitig vorgesehenen Schließung des „Schlupfloches" West-Berlin mit erneuten Handelsrestriktionen der Bundesregierung gerechnet werden. Dies galt - zum anderen – auch für den Fall einer Unterzeichnung des Friedensvertrages zwischen der DDR und der UdSSR. Daher erschien es ratsam, durch eine Fortsetzung der ökonomischen Abkopplung von Westdeutschland den diesbezüglichen Druckhebel in der Hand der Bundesrepublik weiter zu schwächen.

Stellt man sich die Fragen, wann und mit welchem Erfolg die „Aktion Störfreimachung" endete, stößt man in der Literatur weithin auf beredtes Schweigen. Tatsächlich existiert kein formeller Beschluss zu ihrer Beendigung, auch wenn Erich Apel im Jahre 1963 den Abbruch durchsetzte.[1494] Anhand zweier Indikatoren lässt sich eindeutig nachweisen, dass bereits zu Beginn des Jahres 1962 ein handelspolitischer Kurs eingeschlagen wurde, der nicht in Einklang mit der Störfreimachung zu bringen war. Hierbei handelte es sich um die komplexe Kreditanfrage in der Bundesrepublik. Explizit ordnete eine Direktive der ZK-Abteilung HVA für das Jahr 1963 an, dass die Verbesserung der Handelsbeziehungen zur Bundesrepublik als Mittel der politischen Entspannung genutzt werden sollte. Der Schwerpunkt der handelspolitischen Aktivität sei auf ökonomische Fragen zu legen, die Ausweitung des Swing, der Steinkohlebezüge und des Industrieanlagenbaus. Grundsätzlich sei der Handel zu entpolitisieren und Exportaufträge vorrangig zu behandeln.[1495] Damit hat man sich spätestens für 1963 von der

---

1492 Vermerk: Unterredung zwischen Mikojan und Rau, 23.2.1961 (SAPMO-BA, DY 30/IV 2/2.029/150).
1493 Sitzungsprotokoll Wirtschaftskommission beim Politbüro, 20.1.1961 (SAPMO-BA, DY 30/IV 2/2.101/22, Bl. 46-47).
1494 Steiner, Plan, S. 125.
1495 Handelspol. Direktive 1963, 12.1.1963 (SAPMO-BA, DY 30/IV A 2/6.10/275).

Vorstellung einer Desintegration bis hin zur Minimierung der westdeutschen Einflussmöglichkeiten verabschiedet. Hinsichtlich des Erfolgskriteriums der „Aktion Störfreimachung" müsste man natürlich vorneweg die Kriterien definieren; da aber die Bundesregierung in späteren Jahren nie die Probe aufs Exempel machte, kann man die Frage als hypothetisch einstufen; damit erübrigen sich im Prinzip weitergehende Überlegungen.

Grundsätzlich entwickelte sich der innerdeutsche Handel während des ersten Halbjahres 1961 unauffällig. Das Geschäftsklima wurde seitens bundesdeutscher Industrieller ungeachtet der ostdeutschen Zurückhaltung als angenehm bezeichnet.[1496] Das Hauptproblem bestand in der unausgeglichenen Handelsbilanz zuungunsten der DDR, die eine Umfunktionierung des Swing zum zinslosen Dauerkredit bewirkte.[1497] Weiterhin vermochte die DDR zum anberaumten Stichtag 30. Juni 1961 ihren Passivsaldo von 210 Mio. VE nicht abzubauen. Da sie sich als zahlungsunwillig erwiesen hatte, stellte Bonn ein Ultimatum zum 15. August 1961. Sollten die Kredite bis zu diesem Termin nicht in freien Devisen bedient worden sein, würde Bonn keine Ausfuhrgenehmigungen für weitere Warenlieferungen erteilen. Verschärft wurde die Situation durch die Verschuldung in Höhe von 196 Mio. VM gegenüber dem westlichen Ausland zum 30. Juni 1961.[1498] Tatsächlich gab Behrendt nach „zarten, dann immer massiver werdenden Andeutungen" von Leopold die aktuellen Zahlungsschwierigkeiten der DDR zu.[1499] Deren Gesamtlage verschärfte sich wegen der von Arbeitskräftemangel und Ernteausfällen geprägten Situation in der Landwirtschaft. Die Versorgung der Bevölkerung erreichte abermals eine kritische Schwelle und erste Unmutsbekundungen wurden bereits vernehmbar.[1500]

7.6. Der Bau der Berliner Mauer – politische Ohnmacht, handelspolitische Nadelstiche

Mit der physischen Isolierung West-Berlins vom Ostteil der Stadt und dem Umland erreichte die zweite Berlin-Krise ihren jähen Höhepunkt, steuerte aber zugleich auf ihr rasches, wenn auch unbefriedigendes Ende hin. Bekanntlich war das westliche Krisenmanagement erheblicher öffentlicher Kritik ausgesetzt, vielleicht am trefflichsten auf den Punkt gebracht von der Bild-Zeitung: „Der

---

1496 Schreiben AG IZH, 17.7.1961 (SAPMO-BA, DY 30/2/6.10/212). Vermerk: Gespräch Behrendt mit Kuhlmann, Fa. Ferrostaal AG, 5.7.1961 (SAPMO-BA DY 30/IV 2/6.10/212).
1497 Vermerk: Gespräch Behrendt mit Leopold, TSI, 7.7.1961 (SAPMO-BA, DY 30/IV 2/6.10/203).
1498 Schreiben Ulbricht an Chruschtschow, 4.8.1961, in: Steiner, Vorstellungen, S. 259-260.
1499 Interzonenhandelsbericht 16/61, 17.6.1961 (BA, B 102/20956).
1500 Beschluss des Ministerrats, 23.6.1961; in ADG 1961, S. 9183.

Westen tut nichts! Präsident Kennedy schweigt ..., Macmillan geht auf die Jagd ... und Adenauer schimpft auf Willy Brandt"[1501].

Allerdings gestaltete sich der Spielraum für effektive Gegenmaßnahmen sehr eng. Denn schließlich war völlig klar, dass Ulbricht um der Selbsterhaltung seines Regimes willen keinen Rückzieher machen konnte. Daher zogen weder die westlichen Regierungen noch die Bundesregierung eine erneute Kündigung des Berliner Abkommens ernsthaft in Erwägung,[1502] auch wenn Adenauer selbst kurzzeitig an einen Abbruch der Handelsbeziehungen zur DDR gedacht hatte. Da aber im Gegensatz zur Herbstkrise des Jahres 1960 dieses Mal Amerikaner, Franzosen und Briten einer moderaten Handelspolitik gegenüber der DDR zustimmten,[1503] verabschiedete sich der Kanzler rasch von dem Gedanken. Vor allem die Kennedy-Administration brachte gegenüber Bonn sehr deutlich zum Ausdruck, dass die technischen deutsch-deutschen Kontakte in ihrem neuen ostpolitischen Konzept eine wichtige Rolle spielten. Daher sollten sie nicht über Gebühr strapaziert werden.[1504] Selbst mit der vergleichsweise zurückhaltenden Forderung nach Einschränkung bzw. Streichung von Krediten, die der DDR von den westlichen Staaten gewährt worden waren, drang die Bundesregierung auf der interministeriellen EWG-Sitzung in Paris nicht durch.[1505] Das Auswärtige Amt musste sogar hartnäckig bei den Partnerstaaten intervenieren, damit sie ihre Präsenz auf der Leipziger Frühjahrsmesse 1962 reduzierten.[1506] Eine internationale westliche Solidarität mit der Inselstadt lässt sich somit vornehmlich im Bereich der Öffentlichkeitsarbeit nachweisen, wohingegen die Bereitschaft zur wirtschaftlichen Kooperation mit der DDR ungebrochen war.

Auch innenpolitisch fanden sich kaum gewichtige Befürworter für einen Handelsabbruch. Weder Willy Brandt als Oberhaupt der betroffenen Kommune, noch die West-Berliner Wirtschaftskreise erkannten hierin einen sinnvollen Schritt.[1507] Gleiches galt für die führenden Wirtschaftsverbände im Bundesgebiet.[1508] Einzig die West-Berliner CDU befürwortete mehrheitlich die Kündigung des Berliner Abkommens.[1509] Angesichts des recht eindeutigen Meinungsbildes

---

1501 Bild, 16.8.1961, S. 1.
1502 Vermerke über Staatssekretärsausschuss, 23.8.1961 u. 10.10.1961 (BA, B 102/105882).
1503 Vermerk Krautwig, 30.11.1961 (BA, B 102/105188).
1504 Gespräch Getzin, US-Botschaft, Kleindienst, BMWi, 20.11.1961 (BA, B 102/105882).
1505 Info Lange, ZK-Abt. HVA, an Ulbricht, 13.9.1961 (SAPMO-BA, DY 30/IV 2/6.10/34).
1506 Schreiben Sts. Lahr, AA, an Sts. Westrick, BMWi, 8.11.1961 (PA/AA, B10, 155).
1507 Kurzprotokoll der Fraktionssitzung, 18.8.1961, in: Die SPD-Fraktion, Bd. 8/II, S. 581-586. Zum Kenntnisstand innerhalb der SED Information von Lange, Abt. HVA an Ulbricht, 14.8.1961 (SAPMO-BA, DY 30/IV 2/6.10/203).
1508 Stellungnahme der West-Berliner IHK, 14.8.1961; Schreiben AG IZH an Leopold, 23.8.1961 (BA, B 102/105882).
1509 Info Lange, ZK-Abt. HVA an Ulbricht, 14.8.1961 (SAPMO-BA, DY 30/IV 2/6.10/203).

innerhalb der Bundesrepublik konnte das MAI bereits zwei Tage nach dem Mauerbau Entwarnung hinsichtlich der Embargogefahr geben.[1510]

Nachdem die Entscheidung gegen einen Abbruch des innerdeutschen Handels gefallen war, verblieben der Bundesregierung nur wenige Handlungsoptionen. Eine davon war die Beeinträchtigung der Leipziger Herbstmesse, der als international beobachtetes Aushängeschild große Bedeutung zukam. Am 17. August 1961 empfahl das Präsidium des BDI seinen Mitgliedsunternehmen nach Rücksprache mit Bonn, weder die Leipziger Herbst- noch Frühjahrsmesse zu beschicken.[1511] Von dem Plan, die Ständegebühr zwar zu entrichten, aber nicht zu erscheinen, um einen entsprechend deprimierenden Eindruck bezüglich der Messeattraktivität zu vermitteln, wurde das MAI rechtzeitig informiert.[1512] Als prophylaktische Maßnahme ordnete das MAI am 28. Juli 1961 die Aufstellung eines detaillierten Neubelegungsplanes an für den Fall, dass die LHM von westdeutschen Unternehmen boykottiert werde.[1513]

Zu Beginn der Messe meldete das MAI, dass 32 % der Aussteller aus der Bundesrepublik bzw. dem westlichen Ausland mit insgesamt 49 % der Ausstellungsfläche nicht erschienen seien. Insbesondere seien die großen Einzelunternehmen fern geblieben, wohingegen die kleineren Kollektivaussteller zumeist vertreten waren.[1514] Die Leipziger Frühjahrsmesse 1961 litt unter den Absagen der westdeutschen Eisen- und Stahlbranche, des Fahrzeugbaus, der Chemieindustrie und der Elektrotechnik. Bei Nahrungs- und Genussmittel, Textil- und Schuhindustrie indes verzeichnete man kaum Absagen.[1515] Auch spätere Leipziger Messen wurden von der westdeutschen Industrie boykottiert, wobei ein „Diskussionsclub" in der westdeutschen Eisen- und Stahlindustrie die Meinungsführerschaft in dieser Frage inne hatte.[1516]

Deutschlandpolitisch problematischer als der Mauerbau wurde in Bonn nach wie vor der mögliche Abschluss eines Friedensvertrages zwischen der Sowjetunion und der DDR eingestuft. Denn dadurch würde die Berlin-Frage in die Kompetenz der DDR-Behörden fallen und die Bundesregierung wäre gezwungen, direkt mit „Pankow" zu verhandeln. Zugleich befürchtete man die Einführung einer Zollgrenze und andere hoheitsrechtliche Elemente. Daher signalisierten sowohl TSI-Chef Leopold als auch verschiedene Wirtschaftsakteure unmissverständlich, dass in diesem Fall ein erneuter Abbruch des innerdeutschen Han-

---

1510 Vermerk: Verhandlungssituation mit TSI, 15.8.1961 (SAPMO-BA, DY 30/IV 2/6.10/203).
1511 Schreiben Berg, BDI-Präsident, an Brentano, 19.9.1961 (PA/AA, B 2, 76).
1512 Information Behrendt, MAI, 2.9.1961 (SAPMO-BA, DY 30/IV 2/6.10/60).
1513 Vermerk, 2.8.1961 (SAPMO-BA, DY 30/IV 2/6.10/60).
1514 Bericht des Leipziger Messeamtes, 3.9.1961 (SAPMO-BA, DY 30/IV 2/6.10/60).
1515 Bericht über den Stand der Vorbereitungen zur Leipziger Frühjahrsmesse 1962 (SAPMO-BA, DY 39/IV 2/6.19/61).
1516 Vermerk Behrendt über Gespräch mit Mommsen, 1.2.1962 (SAPMO-BA, DY 30/IV 2/6.10/61) Teilnehmer dieses Klubs waren u. a. Vertreter der Firmen Sohl/Phoenix Rheinrohr, Winkhaus, Reusch, Otto Wolf von Amerongen (Fa. Krupp).

dels bevorstünde.[1517] Erhards Stiefschwiegersohn, Böhner, prinzipiell sehr am innerdeutschen Handel interessiert, fasste seine Meinung über den Mauerbau in die Trias: „Unerhört, unglaublich und unmöglich". Und weiter. „Beim Friedensvertrag ist alles aus."[1518] Trotz seiner harschen Worte setzte sich Böhner weiterhin für eine Expansion des innerdeutschen Handels beim Bundeswirtschaftsminister ein. In westdeutschen Industriekreisen wie in der ostdeutschen Staats- und Parteibürokratie kursierten Hoffnungen über einen Aufschwung des innerdeutschen Handels. „Wenn die DDR sich ökonomisch interessant mache, dann würde sie mit Krediten überschüttet werden,"[1519] bekundete beispielsweise Industrieanwalt Dr. Sieger, der sich bester Kontakte zu BDI-Führungsetage erfreute. Auch Willy Max Rademacher, der sich in einem Kabinett Erhard Hoffnungen auf einen Ministerposten machte, beteuerte nur einen Monat nach dem Mauerbau seine Bereitschaft, am innerdeutschen Handel festzuhalten.[1520] Nach dem 13. August 1961 und dem 23. August 1961, als die DDR-Behörden erneut die Visumpflicht für den Besuch Ost-Berlins einführten, betrieb die Bundesregierung eine Politik, die den vertraglichen Verpflichtungen nachkam, aber keine weiteren Zugeständnisse beinhaltete.[1521]

1517 Vermerk: Gespräch Behrendt und Kuhlmann, Fa. Ferrostaal A.G., 6.7.1961 (SAPMO-BA, DY 30/IV 2/6.10/203)
1518 Bericht Behrendt, MAI, 16.8.1961 (SAPMO-BA, DY 30/IV 2/6.10/203).
1519 Vermerk Behrendt, 13.9.1961 (SAPMO-BA DY 30/IV 2/6.10/203).
1520 Info an Ulbricht, 25.9.1961 (SAPMO-BA, DY 30/IV 2/6.10/203).
1521 Protokoll „Kleiner Ausschuss Interzonenhandel", 23.11.1961 (BA, B 102/105882).

8. Wandel durch Handel (1962/63-1969)

8.1. Beginn der Entspannungspolitik auf internationaler Ebene

Nachdem noch zu Beginn der sechziger Jahre Berlin- und Kuba-Krise die „heißeste Phase" des Kalten Krieges markiert hatten, setzte in der Folgezeit ein „tiefgreifender ... Klimaumschwung"[1522] in den Ost-West-Beziehungen ein, der sich zum „Entspannungshoch"[1523] der späteren sechziger und siebziger Jahre entwickeln sollte. In aufmerksam rezipierten Reden formulierten sowohl der sowjetische Generalsekretär Chruschtschow als auch US-Präsident Kennedy konzeptionelle Überlegungen für ein friedliches Miteinander der beiden Machtblöcke, „to make the world safe in diversity"[1524]. Erste Erfolge dieser Entspannungspolitik schlugen sich 1963 in der Unterzeichnung des Atomteststopp- und Nonproliferationsvertrags von Atomwaffen nieder. Natürlich ließ sich das bestehende Konfliktpotential zwischen beiden Supermächten keineswegs schnell und vollständig abbauen. Stellvertreterkriege in der sogenannten „Dritten Welt", am bekanntesten zweifelsohne der Vietnamkrieg, prägten das weltpolitische Klima der sechziger Jahre ebenso wie Handelssanktionen. Doch trotz derartiger atmosphärischer Störungen schien die Kriegsgefahr in Europa aufgrund der schon länger bestehenden militärischen Pattsituation und der neuen intersystemaren Gesprächs- und Verständigungsbereitschaft seit 1963 weitgehend gebannt.[1525]

Infolge der allgemeinen Ost-West-Entspannung erwuchsen den USA immer größere Schwierigkeiten, die Westeuropäer in wichtigen strategischen Embargofragen gegenüber dem Ostblock zu disziplinieren. Angesichts des verminderten Bedrohungsgefühls setzte sich die Dynamik ökonomischer Eigeninteressen zunehmend über die politischen Argumente für ein gemeinsames Agieren gegen den ideologischen Gegner hinweg. So eskalierte im Jahre 1962 der amerikanische Versuch, den Ausbau des sowjetischen Erdöl- und Erdgaspipelinenetzes in Osteuropa mittels eines Lieferboykotts der hierfür benötigten Großröhren zu verzögern, zu einem heftigen Streit zwischen den NATO-Verbündeten. Während Großbritannien und Italien bekannt gaben, ungeachtet amerikanischer Proteste die von der Sowjetunion gewünschten Röhren zu liefern, entschloss sich die Regierung Adenauer, den handelspolitischen Vorgaben Washingtons Folge zu leisten. Daraufhin prallten die unterschiedlichen Interessen lieferbereiter westdeutscher Röhrenproduzenten, darunter u. a. die Mannesmann AG, Hoesch AG und Phoenix-Rheinrohr AG, und der Bundesregierung aufeinander. Die SPD-

---

1522 Schwarz, Ära Adenauer, S.297.
1523 Ebda.
1524 „Friedensrede" von J. F. Kennedy, 10.6.1963, in: EA 12 (1963), D 289-294.
1525 Hildebrand, Klaus: Von Erhard zur Großen Koalition 1963-1966. Stuttgart 1984, S. 83.

Opposition, selbst Vertreter der Koalitionspartei FDP unterstützten dabei die betroffenen Unternehmen, die sich vor allem gegenüber britischen Konkurrenten massiv benachteiligt fühlten.[1526] Zwar setzte sich Adenauer mit seiner Auffassung durch, aber in mittelfristiger Perspektive verdeutlichte der Konflikt die bei den westdeutschen Wirtschaftsakteuren dramatisch gesunkene Akzeptanz von Embargomaßnahmen gegen die sozialistischen Staaten. Die US-amerikanischen Getreidelieferungen des Jahres 1963 in die Sowjetunion beförderten diese Tendenz, erschien doch die Washingtoner Ost-Handelspolitik im Lichte dieses neuerlichen Geschäftes ausschließlich am ökonomischen Eigeninteresse der USA ausgerichtet und auf Kosten der bundesdeutschen Wirtschaft zu verlaufen. Namhafte Wirtschaftsvertreter sprachen in diesem Zusammenhang von „schmerzhaften Erfahrungen"[1527], hofften aber zugleich, dass nunmehr ein grundsätzlicher Wandel der Bonner Handelspolitik gegenüber der DDR wie dem gesamten Ostblock einsetzen würde.[1528]

Das sowjetische Entspannungsbemühen dürfte durch die seinerzeit aktuellen wirtschaftlichen Krisenmomente im eigenen Land, aber auch bei den eigenen Verbündeten, befördert worden sein.[1529] Nach Einschätzung der Moskauer Führung würde eine Klimaverbesserung zwischen Ost und West nicht nur Einsparungen im Militäretat ermöglichen, sondern auch wirtschaftliche und finanzielle Unterstützung seitens der kapitalistischen Staaten einbringen.[1530] Die sowjetische Dialogbereitschaft, die auch nach Chruschtschows Sturz 1964 von dessen Nachfolger Leonid Breshnew aufrecht erhalten wurde, implizierte zugleich eine Neuakzentuierung ihrer Deutschlandpolitik. Seit Anfang 1963 drohte Moskau nicht länger mit dem Abschluss eines einseitigen Friedensvertrages zwischen der Sowjetunion und der DDR. Ein solches Abkommen hatten Bonn und die Westalliierten bislang strikt abgelehnt und als deutschlandpolitischen „worst case" interpretiert. In diesem Falle nämlich würde die Annullierung von alliierten Rechten bezüglich West-Berlins zur Diskussion stehen, damit zugleich Status und Sicherheit der Inselstadt. Zugleich böten die anstehenden Verhandlungen mit der DDR die von Ulbricht ersehnte Chance einer internationalen Aufwertung des eigenen Staates und der eigenen Herrschaft.

Der Westen reagierte kooperativ auf das sowjetische Einlenken und legte eine bis dato ungekannte Großzügigkeit bei der Kreditvergabe an den Tag. Bis Anfang der sechziger Jahre hatten die USA und ihr gehorsamster Verbündeter, die Bundesrepublik, als einzige NATO-Staaten ein Ausfuhrverbot von Waren auf Kredit in den Ostblock praktiziert.[1531] Die anderen Partnerländer gewährten

---

1526 Stent, Wandel, S. 87-112; Schlarp, Konfrontation, S. 312-320; Rudolph, Wirtschaftsdiplomatie, S. 155-194.
1527 Gespräch Mommsen/Behrendt, 8.4.1963 (SAPMO-BA, DY 30/IV A 2/6.10/282).
1528 Ebda.
1529 Geheimdossier, 22.9.1963 (StBkAH, Nachlaß Adenauer, Aktenbestand Tresor, 27).
1530 Segbers, Klaus: Der sowjetische Systemwandel. Frankfurt a. M. 1989, S. 34-36.
1531 Das US-Handelsministerium hatte dieses Verbot bereits 1957 durchbrochen, als es Getreidelieferungen nach Polen auf Kredit gestattete; Ihme-Tuchel, Dreieck, S. 161.

entsprechend den Vorgaben der „Berner Union" Kapitalhilfen mit Zahlungszielen von bis zu fünf Jahren.[1532] Im Sommer 1963 nun änderte sich die Situation. Der bisherige Vorreiter in puncto Liberalisierung des Ost-West-Handels, Großbritannien, der es stets vermieden hatte, sich im Voraus auf wirtschaftliche Gegenmaßnahmen festzulegen,[1533] kündigte an, nicht länger die Fünf-Jahre-Laufzeit einhalten zu wollen.[1534] In der Folge entwickelte sich ein internationales „Kreditwettrennen"[1535], in dem sich die westlichen Staaten mit immer umfangreicheren und günstigeren Finanzierungshilfen gegenüber den sozialistischen Ländern einen größeren Anteil am dortigen Absatzmarkt zu sichern suchten. Frankreich beispielsweise schloss 1964 ein Kreditabkommen mit der Sowjetunion ab, dessen offizielle Laufzeit mit sieben Jahren angegeben wurde, das sich tatsächlich aber auf 10 Jahre belief.[1536] Selbst Präsident Kennedy ordnete in den letzten Monaten seiner kurzen Amtszeit die Neuregelung der Kreditpraxis gegenüber der zweiten Supermacht und ihren Partnern an.[1537]

In logischer Konsequenz dieses Kurswechsels drängten während der Folgejahre US-amerikanische, französische und auch britische Firmen zunehmend auf den DDR-Markt – besser: in den Plan.[1538] Beispielsweise errichtete im Jahre 1965 ein französisches Tochterunternehmen der Standard Oil Company ein Acrynitryl-Werk in Schwedt a. d. Oder. Hierbei handelte es sich nach Auffassung des FDP-Europaratsabgeordneten Rutschke um eine handelspolitische „Bombe",[1539] aber keineswegs um einen Einzelfall. Großbritannien baute zur selben Zeit für 44 Mio. $ ein Chemiewerk ebenfalls in Schwedt a. d. Oder, die französische Schneider-Cruizot errichtete eine Stickstofffabrik nahe Leipzig.[1540] Hauptleidtragender dieser Entwicklung war die westdeutsche Industrie. Aufgrund der restriktiven Kreditpolitik der Bundesregierung und dem „Damoklesschwert" Widerrufklausel drohte ihre traditionell führende Position im Ost- und innerdeutschen Geschäft verloren zu gehen. Denn angesichts der finanziell eng gesteckten und politisch schwer kalkulierbaren Rahmenbedingungen war kaum ein westdeutsches Unternehmen bereit, das Risiko eines umfangreichen Industrieanlagenbaus einzugehen. Folgerichtig steigerten 1965 die westlichen Industrie-

---

1532 Pisar, Samuel: Coexistence and Commerce. New York 1970, S. 111-112.
1533 Vermerk über „Staatssekretärskränzchen", 17.8.1965 (BA, B 137/16252).
1534 Protokoll Sitzung Bundesregierung und Ostausschuss der deutschen Wirtschaft, 18.7.1963 (StBkAH, Nachlaß Konrad Adenauer, Aktenbestand Tresor, Nr. 27).
1535 Stent, Wandel, S. 126.
1536 Gespräch Behrendt/Brannenkämper, 28.10.1964 (SAPMO-BA, DY 30/IV 2/6.10/283).
1537 Ebda.
1538 Ausführungen Sts. Lahr, AA, 21.1.1965 (BA, B 137/16611).
1539 Rede des FDP-Abgeordneten Rutschke (MdER), 27.1.1965, abgedr. in: DzD, IV. Reihe, Bd. 11, 1. Hb. (1965), S. 102-104, hier S. 104.
1540 Interview Mendes in: Der Spiegel 19 (1965) 16, S. 416-421, hier S. 417-418. Auch Volkskammerrede von Minister Balkow, 14.1.1965, abgedr. in: DzD, IV. Reihe, Bd. 11, 1. Hb., S. 53-57, hier S. 55-57. Zur überragenden Dringlichkeit der Errichtung einer Stickstofffabrik Information der SPK für Apel, ohne Datum (BA, DE 1, 51757).

staaten ihren Anteil am DDR-Außenhandel von 10,4% (1964) auf 12,2%, wohingegen der bundesdeutsche Anteil mit 9,5% nahezu stagnierte.

Aufgrund dieser Entwicklung erkannte das Auswärtige Amt handelspolitischen Koordinierungsbedarf auf europäischer Ebene und bemühte sich über mehrere Jahre hinweg, bei den Partnern eine Reduzierung der Kreditgewährung an die DDR zu erreichen. Außerdem sollten mit Ostdeutschland nur Außenhandelskammerabkommen[1541] mit einjähriger Laufzeit geschlossen werden, was die Kooperation eingrenzen und sprunghafte Handelsausweitungen vermeiden würde.[1542] Offenkundig zeitigte der „starke politische Druck", den Bonn auf seine Partner in Form einer „Wohlverhaltensklausel" ausübte, durchaus Folgen, klagten DDR-Außenhandelsfunktionäre doch, dass die westeuropäischen Staaten keine Handelsabkommen auf Regierungsebene mit der DDR abschließen würden. Auch werde der Marktzugang für die DDR in den kapitalistischen Staaten durch Reisebehinderungen, die Einstufung in die höchsten Zolltarife oder die herabsetzende Warenbezeichnungspraxis von DDR-Produkten mit dem Label „Produced in the Soviet Ocupied Zone" erschwert.[1543] Trotz dieser Klagen vermochte Bonn das Vordringen der Westeuropäer auf dem DDR-Markt nicht dauerhaft zu unterbinden. So war nach Auffassung des Generalbevollmächtigten der Friedrich Krupp AG, Berthold Beitz, die Bundesregierung genötigt, ihre restriktive Kreditpraxis gegenüber Ost-Berlin zu lockern.[1544]

8.2. Herbst 1963 – Wachwechsel in Bonn

8.2.1. Von Adenauer zu Erhard

Es veränderten sich aber nicht nur die internationalen Rahmenbedingungen für den deutsch-deutschen Warentransfer, auch innerhalb der Bundesrepublik vollzog sich seit 1962 ein fundamentaler politischer Wandel, der Auswirkungen auf die innerdeutsche Handelspolitik zeitigte. Ein entscheidender Faktor hierbei war die Autoritätserosion des wichtigsten politischen Akteurs, Konrad Adenauer. Zahlreiche umstrittene Entscheidungen und Vorgänge – genannt seien die unglückliche Bundespräsidentschaftsposse im Jahre 1959, die von der Öffentlichkeit als konzeptionslos wahrgenommene Kündigung des Berliner Abkommens

---

1541 Dabei handelte es sich um die übliche Handelsvertragsform zwischen der DDR und westlichen Staaten seit den sechziger Jahre. Sie wurden zwischen den Niederlassungen der DDR-Außenhandelskammer in den jeweiligen Hauptstädten und den dortigen Wirtschaftsverbänden abgeschlossen. So vermieden die westlichen Staaten einen offiziellen Handelsvertrag mit der DDR; Dietsch, Außenwirtschaftliche Aktivitäten, S. 83-99.
1542 Vermerk von Lahr, Sts. AA, 25.1.1965 (PA/AA, B 38, 94).
1543 Denkschrift: Probleme der Entwicklung des Handels der Deutschen Demokratischen Republik mit dem kapitalistischen Wirtschaftsgebiet; verm. 1965 (BA, DE 1/51757).
1544 Vermerk: Gespräch Beitz/Behrendt, 4.2.1965 (SAPMO-BA, DY 30/IV A 2/6.10/284).

Ende 1960, die ungeschickte Reaktion auf den Bau der Berliner Mauer August 1961, der menschlich wie politisch problematische Umgang mit dem innenpolitischen Widersacher Willy Brandt und dem innerparteilichen Konkurrenten Ludwig Erhard sowie die Spiegelaffäre 1962 – hatten seinen Nimbus als Mann des untrüglichen politischen Instinkts für richtige Entscheidungen in Zweifel gezogen. Hinzu kam der Umstand, dass Adenauer nach dem Verlust der absoluten Mehrheit bei der Bundestagswahl im Herbst 1961 auf Druck von Parteifreunden ohnehin nur für eine halbe Legislaturperiode angetreten war, und somit in gewissem Sinne als „lame duck" agierte.

Auch hinsichtlich der Außen- und Deutschlandpolitik sah sich der Kanzler mehr und mehr isoliert. So bewahrte er zur seit dem 20. Januar 1961 amtierenden US-Administration unter Präsident Kennedy sowohl persönliche, als auch politische Distanz. Vor allem den 1963 deutlicher zu Tage tretenden Entspannungskurs Washingtons beurteilte Adenauer sehr skeptisch und passte nur zögernd seinen bis dahin wenig flexiblen Konfrontationskurs gegenüber „Pankow" an. Es blieb der oppositionellen SPD unter Führung des West-Berliner Regierenden Bürgermeisters Willy Brandt überlassen, mit einer „Politik der kleinen Schritte" neue konzeptionelle Akzente in der Deutschlandpolitik zu setzen. Brandts enger Vertrauter und Leiter des Berliner Presse- und Informationsamtes, Egon Bahr, stellte in seiner berühmten, an der Evangelischen Akademie in Tutzingen gehaltenen Rede die einprägsame Formel vom „Wandel durch Annäherung"[1545] zur Diskussion und brachte damit die deutschland- und ostpolitische Alternative zu Adenauers „Politik der Stärke" auf den Punkt.

Man würde allerdings Adenauer nicht gerecht werden, unterschlüge man die vorhandenen Ansätze einer flexibleren Deutschland- und Ostpolitik vor allem in den letzten Jahren seiner Kanzlerschaft.[1546] Neben den bekannten strategisch ausgerichteten Entwürfen, stellvertretend sei hier auf die „Österreich-Lösung" oder den „Globke-Plan" verwiesen, übte sich Bonn im Rahmen der sogenannten technischen Kontakte seit 1963 sehr wohl in einigen „kleinen Schritten": das Problem zusätzlicher Eisenbahnverbindungen zwischen dem Bundesgebiet und West-Berlin sowie Fragen des Postverkehrs und der Telekommunikation wurden erörtert. Nicht unerwähnt bleiben kann in diesem Kontext der unter größter Geheimhaltung anlaufende sogenannte „Häftlingsfreikauf".[1547]

Konzeptionell schuf der seit Herbst 1961 amtierende Außenminister Schröder mit der „Politik der Bewegung"[1548] die Rahmenbedingungen eines flexiblen Agierens gegenüber dem Ostblock. Kerngedanke des Konzeptes war die Isolation der DDR innerhalb des RGW, indem die Bundesrepublik ihre Handelsbeziehungen zu den übrigen sozialistischen Staaten intensivierte. Die Kommunikation

---

1545 Egon Bahr, Wandel durch Annäherung, in: AdG (1963), 15.7.1963, S. 10700 f.
1546 Schwarz, Hans-Peter: Adenauer. Der Staatsmann 1952-1967. Stuttgart 1991, S. 426.
1547 Rehlinger, Ludwig A.: Freikauf. Die Geschäfte der DDR mit politisch Verfolgten 1963-1989. Ungek. Ausg., Berlin, Frankfurt a. M. 1993.
1548 Schröder, Gerhard: Grundprobleme der Außenpolitik der Bundesrepublik Deutschland. In: EA 17 (1962), S. 581-594. Eibl, Politik, S. 415-436; Oppelland, Schröder, S. 475-481.

sollte über in den jeweiligen Hauptstädten einzurichtende Handelsmissionen gewährleistet werden. Bei Lichte betrachtet, stellte Schröders Strategie eine umgepolte Version der „Magnettheorie" dar. Gemäß dieses Modells wirkt die ökonomische Anziehungskraft der Bundesrepublik nicht mehr direkt auf die DDR ein, wie das im „Original" angedacht war, sondern vielmehr auf die nationalstaatliche Umgebung. Der angestrebte Effekt wäre im Falle des Gelingens derselbe: Isolation der DDR im eigenen Lager, worauf sie wegen mangelnder innerer Stabilität mit Kompromissbereitschaft bei der Wiedervereinigungsfrage reagieren müsste – natürlich stets in Absprache mit der Hegemonialmacht. In Umsetzung der „Politik der Bewegung" schloss die Bundesregierung während der Jahre 1963/64 Handelsabkommen mit Polen, Rumänien, Ungarn und Bulgarien ab. Zusammenfassend lässt sich festhalten, dass sich das langjährige Postulat von der „Entspannung durch Wiedervereinigung" in ersten Ansätzen bereits Ende der Ära Adenauer zum Konzept der „Wiedervereinigung durch Entspannung" umkehrte, wobei nicht übersehen werden darf, dass Schröders Konzept nur noch bedingt die Handschrift Adenauers trug.[1549] Bezogen auf das hier zu untersuchende Thema bleibt die Frage, wie sich ein solcher politischer Strategiewechsel in praktische Handelspolitik gegenüber der DDR niederschlug.

Mit der Amtsübernahme Erhards am 16. Oktober 1963 agierte erstmals ein Kanzler, der eine grundsätzlich liberalere deutsch-deutsche Handelspolitik als bislang befürwortete. Dadurch schwächte sich der regierungsinterne Antagonismus Bundeskanzleramt/Auswärtiges Amt versus BMWi bezüglich des innerdeutschen Handels deutlich ab, wenn er auch nicht gänzlich überwunden werden konnte, wie die Kritik von Lahr, Staatssekretär des Auswärtigen Amtes, an der Kreditpolitik des BMWi gegenüber der DDR belegt.[1550] Zwar hinterließ Erhards kurze und glücklose Kanzlerschaft insgesamt wenig deutschlandpolitische Spuren. Allerdings wurden zu seiner Zeit zahlreiche der späteren Liberalisierungsmaßnahmen öffentlich diskutiert, auch wenn sie sich noch nicht in Verordnungen oder Vereinbarungen mit der DDR niederschlugen. So sprach sich beispielsweise der Minister für Gesamtdeutsche Fragen, Erich Mende, schon 1965 nachdrücklich für eine Abschaffung der Widerrufklausel bzw. des Saldenausgleichs aus, lehnte eine Kündigung des Berliner Abkommens oder gar ein Embargo als deutschlandpolitisches Instrument ab und befürwortete die Einrichtung paritätisch besetzter deutsch-deutscher Kommissionen zur Klärung technischer Fragen.[1551] Gerade der letzte Punkt war lange Jahre als politisch besonders brisant eingestuft worden, glaubte man durch paritätisch besetzter Gremien die faktische Anerkennung der DDR anzuzeigen. Unter der Leitung von Mende vollzog das BMGF eine deutschlandpolitische Kehrtwende und lag fortan mit dem BMWi in Fragen des innerdeutschen Handels meist auf einer Linie. Mehr

---

1549 Adenauer, Konrad: Erinnerungen 1959-1963, Bd. 4. Stuttgart 1968, S. 202.
1550 Vermerk „Staatssekretärskränzchen", 11.9.1962 (BA, B 137/16611).
1551 Interview Mendes, in: Der Spiegel 19 (1965) 16, S. 416-421, hier S. 417-418. Volkskammerrede Balkow, 14.1.1965, abgedr. in: DzD, IV. Reihe, Bd. 11, 1. Hb., S. 53-57.

noch: mit seinen Vorschlägen bestätigte der Minister indirekt die Berechtigung entsprechender Forderungen Ost-Berlins.

Mende zog die handelspolitisch rationalen Konsequenzen aus den jüngsten Liberalisierungstendenzen im Ost-West-Handel. Sie engten nämlich den Gestaltungsspielraum der Bundesregierung gegenüber Ost-Berlin dahingehend ein, dass Restriktionen weitgehend wirkungslos bleiben mussten. Denn die sozialistischen Handelspartner vermochten die westlichen Staaten gegenseitig auszuspielen, was die oppositionelle SPD mit deutlichen Worten anprangerte.[1552] Die einzig vernünftige Option bei den gegebenen internationalen Rahmenbedingungen bestand nach Mendes Überzeugung in der Schaffung ökonomischer Abhängigkeiten, wie es das Konzept des Wandels durch Annäherung implizierte.[1553] Der sowjetische Diplomat Kwizinskij bemühte für diesen Zusammenhang das Bild vom „goldenen Angelhaken"[1554], der für die DDR ausgeworfen wurde und den sie tatsächlich verschluckt habe. Kwizinskij bezog sich zwar auf die bundesdeutschen Milliardenkredite 1983/84, aber sein Bild trifft auch den Kern von Mendes konzeptionellen Überlegungen.

Dass es nicht bereits während der Amtszeit Erhard zu einem grundsätzlichen Kurswechsel in der innerdeutschen Handelspolitik kam, lag an der deutschlandpolitischen Unsicherheit des Kanzlers, vor allem auch in Kreditfragen.[1555] Zudem veranlasste sein defensives Auftreten gegenüber amerikanischen Forderungen und die unzulängliche Vertretung westdeutscher Wirtschaftsinteressen gegenüber Washington die darob unzufriedenen Wirtschaftsvertreter zu heftiger Kritik.[1556] Als Fallbeispiel kann ein für das Jahr 1965 geplantes Röhrengeschäft zwischen der westdeutschen Stahlindustrie und der DDR gelten, welches wegen US-amerikanischer Intervention zu platzen drohte. Es handelte sich dabei um die Lieferung von 7000 t Großrohre, die für kommunale Gas- und Wasserversorgungssysteme in Ostdeutschland bestimmt waren. Angeblich eigneten sie sich nicht für den Erdöltransport, weshalb nach Meinung von Ernst Wolf Mommsen, Direktor der mit der Lieferung beauftragten Phoenix-Rheinrohr AG, die CoCom-Embargobestimmungen nicht anzuwenden wären. Sein direkter Draht zu Außenminister Schröder konnte jedoch ebenso wenig verhindern, dass die Röhrenlieferung dem Embargoverdikt zum Opfer fiel, wie der zutreffende Hinweis, dass im innerdeutschen Handel seit jeher eine andere Praxis geherrscht habe, als im Osthandel. Der Unmut bei den betroffenen Managern über Erhards

---

1552 SPD-Pressedienst, 28.1.1965, S. 6.
1553 Interview Mende, 13.3.1965, abgedr. in: DzD, IV. Reihe, Bd. 11, 1. Hb., S. 16-20, S. 17.
1554 Kwizinskij, Sturm, S. 255.
1555 Rede Erhard, 21.1.1965, abgedr. in: DzD, IV. Reihe, Bd. 11, 1. Hb., S. 39-46, S. 45.
1556 Vermerk: Gespräch Brannenkämper, Salzgitter AG, und Behrendt, MAI, 14.6.1965 (SAPMO-BA, DY 30/IV A 2/6.10/284).

schwaches Agieren gegenüber Washington war nicht zuletzt mit Blick auf das verpasste Röhrengeschäft von 1962 groß.[1557]

Die handelspolitische Reserviertheit Bonns gegenüber Ost-Berlin offenbarte sich auch in des Kanzlers Haltung gegenüber der Leipziger Messe. Noch 1964 hatte das Auswärtige Amt „nationale Disziplin"[1558] von der westdeutschen Industrie dahingehend erwartet, dass „über geschäftliche Interessen das große Anliegen aller Deutschen nicht in den Hintergrund gedrängt werde."[1559] Anlass für diese Bemerkung waren Pläne der Firma Ferrostaal, die auf der Leipziger Herbstmesse 1964 eine Industriegroßanlagenschau konzipiert hatte, um der agilen westeuropäischen Konkurrenz Paroli zu bieten.[1560] Auch Kanzler Erhards Stiefschwiegersohn Böhner, am Industrieanlagengeschäft mit der DDR brennend interessiert, schlug aus „familiärer Rücksicht"[1561] die Einladung von MAI-Chefunterhändler Behrendt zur Leipziger Frühjahrsmesse 1965 aus – und damit auch die Option auf gute Geschäftsabschlüsse.

Einer der wenigen handelspolitisch innovativen Erfolge, den die Regierung Erhard verzeichnen konnte, war der Einstieg ins deutsch-deutsche Lizenzgeschäft. Im Jahre 1965 unterzeichneten die VVB Automobilbau Magdeburg und die MAN AG einen entsprechenden Vertrag, der die Lizenzproduktion von Schwerlastkraftwagen Nürnberger Herkunft in der DDR regelte. Im Sekretariat des SED-Zentralkomitees maß man dem Vorgang herausragende und wegweisende Bedeutung zu, erkannte man doch hierin ein Modell für künftig Lizenzkooperation über die Außenhandelsfirma LIMEX.[1562]

8.2.2. Neue handelspolitische Akzente der Großen Koalition

Erst die seit dem 1. Dezember 1966 amtierende Große Koalition vollzog den in der Öffentlichkeit seit längerem diskutierten Richtungswechsel in der Deutschlandpolitik. Bezogen auf den innerdeutschen Handel betraf das zum einen die Gesprächsebene. Seit 1967 akzeptierte Bonn deutsch-deutsche Kontakte zwischen den obersten Bundesbehörden – sprich Ministerien – bzw. Landesbehörden bis hinauf zur Staatssekretärsebene.[1563] Selbst Bundeskanzler Kiesinger korrespondierte, im Gegensatz zu seinen Vorgängern, mit dem Ost-Berliner Amts-

---

1557 Schreiben Mommsen an Schröder, 22.3.1966 (PA/AA, B 2, Bd. 152, Bl. 178-180); Schreiben Berg an Adenauer, 21.4.1966 (PA/AA, B 10, 230); Schreiben Mommsen an Berg, BDI-Präsident, 26.4.1966 (PA/AA, B 10, 230).
1558 Vermerk Sts. Lahr, 7.8.1964 (PA/AA, B 2, 152).
1559 Ebda.
1560 Ebda.
1561 Vermerk: Gespräch Behrendt/Böhner, 29.1.9165 (SAPMO-BA, DY 30/IV A 2/6.10/284).
1562 Protokoll ZK-Sekretariatssitzung, 19.5.1965 (SAPMO-BA, DY 20/IV J 2/3/1077, Bl. 126-127).
1563 „Möglichkeiten gesamtdeutscher Politik", 22.2.1967 (BA, B 137/16247).

kollegen, Ministerpräsidenten Stoph.[1564] Ausgenommen wurden von der Regelung nur die Ressorts mit internationaler Resonanz, also das Auswärtige Amt, das Bundesministerium für Wirtschaftliche Zusammenarbeit sowie das Bundesministerium für Verteidigung.[1565] Infolge dieser neuen Gesprächskultur verlor der Kommunikationskanal TSI-MAI ab 1967 seinen Unikat-Status. Dementsprechend konzentrierte sich das Spektrum der in den Routineverhandlungen zu erörternden Themen auf die Belange von Wirtschaft und Handel; technische, paraökonomische, humanitäre oder gar politische Fragen wurden jetzt andernorts besprochen.[1566]

Unter Federführung von Bundeswirtschaftsminister Karl Schiller (SPD) verbesserte die Große Koalition seit dem Jahre 1967 mit einer ganzen Reihe von Liberalisierungsbestimmungen die Rahmenbedingungen für den deutsch-deutschen Waren- und Dienstleistungstransfer. Die wichtigsten Liberalisierungsmaßnahmen, Kreditfreigabe sowie Abschaffung der Widerrufklausel und des Saldenausgleiches, brachte die neue Regierung ohne großes Aufheben über die Bühne.[1567] Vor allem die Preisgabe der Widerrufklausel signalisierte allen Beteiligten, dass künftig deutschlandpolitische Wechsellagen nicht mehr auf den Handel durchschlagen sollten. Darüber hinaus führte sie eine Bundesgarantie für Investitionsgüterlieferungen in die DDR ein, rief eine Gesellschaft zur „Finanzierung von Industrieanlagen" ins Leben, hob zahlreiche Warenbegrenzungen auf, um nur einige Punkte ihrer Liberalisierungsbemühungen aufzuzählen. Mit diesem umfangreichen, rund zwanzig Maßnahmen beinhaltenden Katalog reagierte Bonn auf die bereits Anfang 1965 vom BMWi geäußerte Sorge, dass die westlichen Nationen der Bundesrepublik auf dem DDR-Markt den Rang ablaufen könnten. Ein Indikator für diese aus Bonner Sicht bedenkliche Entwicklung waren die Absatzzahlen bei Maschinen und Fahrzeugen. Während die Bundesrepublik 1960 Produkte dieser Art für 210 Mio. VE geliefert hatte, sank der Absatz bis 1965 auf 105 Mio. VE; er wurde vom Absatz der EWG-Staaten und Großbritannien überflügelt, der von 29 Mio. VE im Jahre 1960 auf 110 Mio. VE fünf Jahre später anstieg.[1568]

Der von Karl Schiller verfolgten Liberalisierungskurs im innerdeutschen Handel fand die Unterstützung sowohl von Bundeskanzler Kiesinger, als auch von Außenminister Brandt und vom Bundesminister für Gesamtdeutsche Fragen, Herbert Wehner. Damit war die während der Ära Adenauer und Erhard zu beobachtende regierungsinternen Divergenzen weitgehend überwunden. Der einzige unter den Kabinettsmitgliedern, der immer wieder den innerdeutschen Handel aus ressort- und auch parteipolitischen Interessen gewissen Restriktionen

---

1564 Kroegel, Dirk: Einen Anfang finden! Kurt Georg Kiesinger in der Außen- und Deutschlandpolitik der Großen Koalition. München 1997, S. 141-168.
1565 „Möglichkeiten gesamtdeutscher Politik", 22.2.1967 (BA, B 137/16247).
1566 Ebda.
1567 Ebda. Vermerk über Verhandlungen zwischen TSI und MAI, 7./9.8.1967 (BA, DL 2, 6387, Bl. 201-211, hier Bl. 201).
1568 Vermerk: Sitzung Auswärtiger und gesamtdt. Ausschuss, 21.1.1965 (BA, B 137/16611).

zu unterwerfen suchte, war Bundesfinanzminister Strauß (CSU).[1569] In seiner Person deckten sich ressortspezifische und parteipolitische Vorbehalte gegen eine großzügige Kooperation mit den Sozialisten in der DDR.

Im Deutschen Bundestag konnte sich die Bundesregierungen auf einen breiten, fraktionsübergreifenden Parteienkonsens stützen. Als besonders rührig im Sinne einer Förderung des innerdeutschen Warentransfers zeigte sich eine Gruppe von CDU-Abgeordneten, zu denen im Kern Hans Dichgans, Hans Pohle und Erik Blumenfeld zählten.[1570] Besonders Dichgans[1571] wuchs in seiner Doppelfunktion als Politiker und Verbandsfunktionär zu einer Schlüsselfigur in den deutsch-deutschen Wirtschaftsgesprächen der späten sechziger Jahre heran. Die Vorschläge dieser Parlamentariergruppe wiesen mehrfach in eine gänzlich neue Richtung. Beispielsweise schlug Dichgans im Jahre 1967 Egon Bahr eine „Freihandelszone Berlin" vor, die den Zusammenschluss West- und Ost-Berliner Territorien beinhalten sollte. Ihr Vorteil bestünde in der massiven Senkung von Transaktionskosten im Berlinhandel. Politisch, darüber war sich Dichgans im klaren, lag das Problem seines Konzeptes in der inhaltlichen Kongruenz zu früheren Initiativen Walter Ulbrichts, des Vision von einer „Freien Stadt Berlin" auf die Isolierung West-Berlins und mutmaßliche spätere Integration in die DDR abzielte. Die Befürchtungen waren berechtigt, denn auch in den sechziger Jahren beinhaltete die handelspolitische Grundkonzeption des MAI eine Separierung West-Berlins vom Bundesgebiet. Angestrebt wurde u. a. die Intensivierung des politischen Einflusses vor allem auf klein- und mittelständische Betriebe, aber auch auf Großunternehmen wie die AEG.[1572] Daher zog Dichgans als Alternative auch die politisch weniger brisante Version eines „wirtschaftlichen Kontaktzentrums Berlin", etwa in Form einer internationalen Messe oder des zollfreien Veredelungsverkehrs in Betracht.[1573]

Eine andere Überlegung wies in die Richtung deutsch-deutscher Großprojekte. Bei seinen Gesprächspartner, unter ihnen Otto Wolff von Amerongen und Egon Bahr, fand der CDU-Politiker viel Verständnis.[1574] Der einflussreiche Wolff von Amerongen sicherte seine ausdrückliche Unterstützung in der Frage zu, wie man „ein solches Projekt in westdeutschen Chefetagen schmackhaft machen könnte."[1575] Dichgans Initiativen trafen auch bei Bundeswirtschaftsminister Schiller auf ein offenes Ohr. Schiller konnte sich mit dem Gedanken von deutsch-deutschen Verhandlungen auf Ministerebene grundsätzlich anfreunden.

1569 Gesprächsvermerk Dichgans, 8.9.1967 (BA, N 1281/22).
1570 Schreiben Dichgans an Ernst Wolf Mommsen, 9.12.1966 (BA, N 1281/46).
1571 Hans Dichgans (1907-1980), CDU-Bundestagsabgeordneter 1961-1969, CDU-Abgeordneter im Europarat 1969-1972, Vorstandsmitglied der WV Eisen und Stahl 1953-, seit 1955 Hauptgeschäftsführer der WV Eisen und Stahl, seit 1958 Geschäftsführendes Vorstandsmitglied des BDI, seit 1957 Hauptgeschäftsführer des BDI.
1572 Handelspolitische Konzeption für das Jahr 1962, 11.12.1961 (BA, DL 2, VA N/690).
1573 Schreiben Dichgans an Bahr, 19.5.1967 (BA, N 1281/23).
1574 Schreiben Dichgans an Otto Wolf von Amerongen, 2.5.1967 (BA, N 1281/23).
1575 Ebda.

Auch joint-venture-Projekte zwischen westdeutschen Firmen und DDR-Unternehmen in Drittländern, hielt Schiller für wünschenswert, erkannte jedoch in der Schwerfälligkeit der ostdeutschen Bürokratie ein ernsthaftes Hindernis auf diesem Wege.[1576] Weitere Kooperationsmöglichkeiten ergaben sich aus den Plänen West-Berliner Wirtschaftskreise, ein Braunkohlenkraftwerk an die DDR zu liefern. Im Gegenzug sollte Strom im Wert von 30 Mio. VE (= 1 Mrd. kwh) als Bezahlung in die Inselstadt geliefert werden. Darüber hinaus würde die DDR eine Starkstromleitung vom Bundesgebiet nach West-Berlin über ihr Territorium hinweg gestatten. Das Bundeskabinett stimmte diesem Vorschlag am 11. Oktober 1967 zu.[1577] Auch in anderen Bereichen kam es zu einer deutsch-deutschen Verständigung. Im Jahre 1968 einigten sich das Bundespostministerium und das DDR-Postministerium auf die rückwirkende Zahlung von 30 Mio. VE / a ab 1967. Im Gegenzug verzichtete die DDR auf ihre Forderung über 1,8 Mrd. DM, die seit 1948 aufgelaufen seien. Zudem sicherte sie die Wiederaufnahme des innerdeutschen Telefon- und Telegrammverkehrs zu. All diese Indizien belegen, dass die Berührungsängste der fünfziger Jahre längst einer deutsch-deutsche Kooperationseuphorie auf wirtschaftlichem Gebiet gewichen waren. Erfreut berichteten Manager, die nach Ost-Berlin gefahren waren, sie hätten dort eine „freundliche und gesprächsbereite Atmosphäre" vorgefunden, „völlig verschieden von dem Klima der vergangenen Jahre, in der die Ost-Berliner Funktionäre im wesentlichen politisch-polemische Reden hielten".[1578]

Allerdings blieb auch die Deutschlandpolitik der Großen Koalition von Rückschlägen nicht verschont. Beispielsweise verschlechterte sich im Zuge der tschechoslowakischen Krise mit der Erhöhung des Zwangsumtausches am 11. Juni 1968[1579] und der Einführung verschärfter Pass- und Visabestimmungen auch das innerdeutsche Klima erneut. Für einen Tagesaufenthaltsgenehmigung mussten Bundesbürger DM 5,- entrichten, eine einfache Transitreise kostete DM 5,-, die Hin- und Rückfahrt das Doppelte. Die neuen Maßnahmen wirkten sich auch auf den deutsch-deutschen Warentransfer aus, etwa bei der strengeren Reglementierung falsch ausgestellter Warenbegleitscheine. Nunmehr mussten die Fahrer bei der Zollstelle neue Formulare ausfüllen, was einer Angleichung an die Außenhandelspraxis bedeutete.[1580] Natürlich war Bonn bestrebt, derartige Tendenzen im Keim zu ersticken. Und auch nach den Maßnahmen des 11. Juni 1968 steuerte die DDR einen handelspolitischen Konfliktkurs. Die Warenverkehrsgebühren wurden erhöht, die Milchversorgung West-Berlin gestört, wirtschaftliche Repressalien angekündigt, Desinteresse am innerdeutschen Handel bekundet sowie die Ankündigung, die Aufträge nach West-Berlin wegen des Bundesparteitages der CDU deutlich zu verringern.[1581]

1576 Schreiben Schiller an Dichgans, 10.10.1967 (BA, N 1281/46).
1577 Vermerk Albertz, Reg. Bürgermeister West-Berlin, 25.12.1967 (LA, B Rep.0029868).
1578 Schreiben Dichgans an Wehner, 13.8.1967 (BA, N 1281/22).
1579 GBl. DDR II, 1968, S. 331-332.
1580 Vermerk Hartenfeld, BMWi, 10.1.1969 (BA, B 102/105939).
1581 Vermerk BMGF, Abt. II 1, 21.10.1968 (BA, B 137/16208).

Bestärkt durch alliierten diplomatischen Druck[1582], schlug das Auswärtige Amt als Gegenmaßnahmen vor, die beiden ostdeutschen Handelsbüros in Frankfurt a. M. bzw. Düsseldorf vom Verfassungsschutz beobachten zu lassen. Weiterhin sollte die geplante Einrichtung der TSI-Dependance in Ost-Berlin aufgeschoben werden.[1583] Diese Maßnahmen seien erforderlich, da die NATO-Partner konsequente Reaktionen erwarteten.[1584] Zwar befürwortete mit Karl Carstens auch der neue Chef des Bundeskanzleramtes diesen Kurs, aber Herbert Wehner erkannte recht präzise den bescheidenen Wert dieser Aktionen. Da eine Überwachung ohnehin von Zeit zu Zeit betrieben wurde und wäre die Verzögerung der TSI-Einrichtung diskutabel, bliebe letztlich aber wirkungslos.[1585] Auch Klaus von Dohnany und Carl Krautwig wiesen aus deutschandpolitischen Gründen das „von den Alliierten aufgezwungene Junktim" als ein „Bumerang" zurück.[1586] Ihren Argumenten folgend, wollte Karl Schiller Eingriffe im Warenverkehr solange vermeiden, wie die DDR diesen nicht mit physischer Gewalt unterbinden würde. Selbst Aktionen gegen den Personenverkehr von und nach West-Berlin wollte er nicht mit „Retorsionsmaßnahmen" im Handelsverkehr unterhalb der Abkommensverletzung beantworten.[1587] Mit seiner Auffassung gelang es dem Bundeswirtschaftsminister, sich regierungsintern weitestgehend durchzusetzen. Der deutsch-deutsche Handel konnte auch nach 1969 relativ unbeschadet seinen Fortgang nehmen. Zugleich zeichnete sich der künftige handelspolitische Kurs sowohl der sozialliberalen, aber auch der späteren christlich-liberalen Koalition ab.

Unbeeindruckt von all den politischen Veränderungen zeigte sich die wirtschaftliche Entwicklung der Bundesrepublik bis 1966 in beachtlicher Verfassung. Die Volkswirtschaft wies solide Steigerungsraten beim Bruttosozialprodukt zwischen einem Minimum von 2,5 % (1966) und einem Maximum von 6,6 % (1964) auf, das Industrieproduktionswachstum betrug im Minimum 1,3 % (1966) und im Maximum 7,9 % (1964), die Inflation bewegte sich in einem Korridor zwischen 2 bis 3 % und die Arbeitslosenquote verharrte unter 1 %.[1588] Naheliegenderweise ermöglichte diese wirtschaftliche Lage ein gelassenes Auftreten gegenüber dem „armen" Bruder im Osten. Die optimistische Konjunkturstimmung kippte aber 1966/67 binnen kürzester Zeit. Die Arbeitslosenquote schnellte auf 2,1 %. Auch die übrigen Wirtschaftsindikatoren signalisierten eine kritische Entwicklung, und erstmals in der Geschichte der Bundesrepublik war ein negatives Wirtschaftswachstum zu verzeichnen.[1589] Zusammen mit den Veränderungen der Regierungskoalition und den sozialen Erschütterungen 1967/68 schien die

---

1582 Vermerk BMGF, 13.7.1968; geheim (BA, 137/16208).
1583 Schreiben AA an BMWi, BMI, BMGF, 20. 6.1968 (BA, B 137/1299).
1584 Vermerk Staatssekretärsbesprechung, 21.6.1968; Verschlusssache (BA, B 137/16208).
1585 Schreiben von Wehner, BMGF, an Brandt, AA, 28.6.1968 (BA, B 137/16208).
1586 Vermerk über Staatssekretärsbesprechung, 21.6.1968 (BA, B 137/16208).
1587 Vermerk des BMGF, 20.1.1969; geheim (BA, B 137/16208).
1588 Statistisches Bundesamt (Hrsg,), Statistisches Jahrbuch 1967, S. 139, S. 234, S. 520.
1589 Ebda. 1968, S. 132, S. 138, S. 494.

Bundesrepublik als Ganzes auf dem Prüfstein zu stehen. Aber im Gegensatz zu ähnlich kritischen Konjunkturphasen 1950/51 und 1957/58 trat dieses Mal kein offener Dissens zwischen politischen und Wirtschaftsakteuren in Fragen des innerdeutschen Handels zu Tage. Ihre Interessenlagen waren Mitte/Ende der sechziger Jahre soweit kongruent, dass dem Lieferbedürfnis der unter Absatzschwäche leidenden westdeutschen Industrie die Handelsliberalisierungsmaßnahmen des BMWi entgegenkamen.

8.3. Die politische und ökonomische Situation der DDR, 1962-1969

Im Gegensatz zur Bonner Entwicklung stand in Ost-Berlin kein mit einer deutschlandpolitischen Neuausrichtung verbundener Machtwechsel an. Walter Ulbricht saß vergleichsweise fest und unangefochten im Sattel. Gewiss hatte das sozialistische Regime in der DDR mit dem Bau der Berliner Mauer national wie international einen Offenbarungseid hinsichtlich seiner mangelhaften Akzeptanz in der eigenen Bevölkerung leisten müssen. Dennoch gelang es ihm mit dieser Notbremse, dem demographischen Aderlass Einhalt zu gebieten und das politische bzw. wirtschaftliche System zu stabilisieren. Maßgebliche Vertreter der Partei- und Staatsführung gingen davon aus, dass die erfolgreich bewältigte Kündigungskrise des Berliner Abkommens, die „Aktion Störfreimachung" und der Berliner Mauerbau den westdeutschen Kontrahenten die Stabilität der DDR unmissverständlich klar gemacht hätten.[1590] Ob dem so war, bleibt dahingestellt; allerdings verschaffte sich die Führung speziell durch den Mauerbau die nötige Handlungsfreiheit, um dringend anstehende Reformprojekte zu verwirklichen.

Getrübt wurde diese hinsichtlich der Rahmenbedingungen eigentlich günstige Lage vornehmlich durch zwei Faktoren, die der DDR-Führung erhebliches Kopfzerbrechen bereiteten. Einmal stand sie der globalen Entspannungspolitik mit einer gewissen Skepsis gegenüber, fürchtete sie doch, dass ein Ausgleich zwischen Washington und Moskau über den eigenen Kopf hinweg den Verlust der staatlichen Existenz bedeuten könnte. Analoge Erwägungen stellte man mit Blick auf die bundesdeutsche „Politik der Bewegung" an. Dahinter stand die Überzeugung, dass es „in den Methoden eine nahezu vollständige Kongruenz zwischen amerikanischer und westdeutscher Ostpolitik gibt.

➢ Bonn sieht ebenso wie die USA Handel, Kultur und Touristik als erfolgversprechende Felder der Aufweichungsstrategie an (Handelsabkommen mit einer Reihe von Ländern, Angebot offizieller Kulturverhandlungen);
➢ Bonn koppelt - ebenso wie die USA - Handel und Touristik;
➢ Bonn versucht - ebenso wie die USA - für wirtschaftliche Konzeptionen politische Zugeständnisse zu erlangen.

1590 Vorlage Stoph an Ulbricht: „Politische und ökonomische Konzeption des Handels mit Westdeutschland", 10.10.63 (BA, DC 20/4341, Bl. 63-93, hier Bl. 68).

> Schröders 'abgestuftes System' der wirtschaftlichen Beziehungen ist nichts anderes als eine abgewandelte Form des US-Prinzips der Selektivität."[1591]

Derartige Befürchtungen der DDR-Führung entbehrten keineswegs jeglicher politischen Rationalität, auch wenn eine Freigabe ihres Staates aus dem sowjetischen Machtbereich zum damaligen Zeitpunkt nicht auf der Tagesordnung stand. Aber eine grundsätzliche Ungewissheit blieb, die durch Gesprächshinweise westdeutscher Unternehmer genährt wurde. Beispielsweise berichteten Vertreter der bundeseigenen Salzgitter AG und des Siemens-Konzerns übereinstimmend von Bonner Bestrebungen, den Anlagenbau zur Rohstoffverarbeitung in den sozialistischen Staaten zu koordinieren und zu vereinheitlichen. Letztlich hoffte die Bundesregierung, auf diese Weise Rohstofflieferungen der osteuropäischen Staaten ins eigene Land umlenken und damit drosseln zu können.[1592] Einige westdeutsche Eisen- und Stahlunternehmen schlossen sich 1964 zu einem Konsortium zusammen, das eine Kontrolle des bundesdeutschen Ex- und Imports dieser Gütergruppe anstrebte, ebenso die Kontrolle westlicher Konkurrenzunternehmen sowie die Ausschaltung des Zwischenhandels. Solchermaßen sollte die DDR innerhalb des RGW auf dem Stahlsektor isoliert werden.[1593]

Im Gegensatz zu diesen „handelstaktischen Blaupausen", die sich in der realen Politik nicht umsetzen ließen, belegt nachstehendes Beispiel, dass die „Politik der Bewegung" Erfolge für die Bundesrepublik bringen könnte. Es war nämlich der westdeutschen Lufthansa AG gelungen, ihre gleichnamige ostdeutsche Konkurrenz, deren Namensrechte umstritten waren, Anfang der sechziger Jahre innerhalb des sozialistischen Lagers zu isolieren und schließlich am 1. September 1963 zur Aufgabe zu zwingen. Die DDR-Lufthansa musste unter Verlust von Firmennamen und -logo in die bereits 1958 gegründete Interflug m.b.H. überführt werden.[1594] Die Quintessenz dieser Episode lag in der Erkenntnis, dass die sozialistische Solidarität den Verlockungen eines hinsichtlich seines ökonomischen Potentials überlegenen Wirtschaftsakteurs aus der Bundesrepublik nicht standgehalten hatte. So war auch nicht auszuschließen, dass sich dieses Interaktionsschema erneut abspielen würde, wenn in analoger Konstellation ein politischer Akteur aufträte, die Bundesregierung. Dieses Szenario aber entsprach exakt dem Kalkül Schröders „Politik der Bewegung", weshalb Ost-Berlin die wirtschaftliche Annäherung der Bundesrepublik an die anderen sozialistischen Staaten mit allergrößtem Argwohn verfolgte.

Der zweite Faktor, welcher der SED-Führung Kopfzerbrechen bereitete, war die katastrophale Wirtschaftslage. Die Auswirkungen von Versorgungsengpässen und Produktionsrückständen verstärkten sich durch den Umstand, dass die Sowjetunion wegen eigener Schwierigkeiten nicht in der Lage war, dringend erforderliche Zusatzlieferungen bereitzustellen. Im Jahre 1964 spitzte sich die Lage dra-

---

1591 Protokoll Politbürositzung, 15.9.1964 (SAPMO-BA, DY 30/J IV 2/2/949, Bl. 49).
1592 Vermerk über Gespräch zwischen Mauershof, Salzgitter AG, und Behrendt, MAI, 26.3.1964 (SAPMO-BA, DY 30/IV A 2/6.10/283).
1593 Vermerk, 23.1.1962 (SAPMO-BA, DY 30/3566).
1594 Zu dem Vorgang und seinen zeitgeschichtlichen Hintergund Fäßler, Probelauf.

matisch zu: das Ausbleiben von Getreide, Fleisch, Butter und Wolle in Höhe von 650 Mio. VM zog Substitutionskäufe im Westen über 800 Mio. VM nach sich; die Differenz errechnete sich aus den höheren Weltmarktpreisen. Diese in Devisen zu erbringenden Ausgaben gingen zu Lasten fest eingeplanter und dringend benötigter Technologieimporte; deren Ausfall implizierte Abstriche in der Produktivität und Exportfähigkeit.[1595]

Die Überwindung der aktuellen Wirtschaftskrise sowie die Umsetzung des in Planung befindlichen Reformkonzeptes „Neues ökonomisches System der Planung und Leitung" konnte daher weniger auf Lieferungen aus dem RGW-Bereich rechnen und musste sich zwangsläufig nach Westen orientieren. Aber auch in dieser Himmelsrichtung war der außenhandelspolitische Spielraum durch große Devisenliquiditätsprobleme eingeengt, insbesondere gegenüber Dänemark, Schweden, Finnland, Griechenland, Frankreich, Japan, Italien und der Bundesrepublik. Der für das Jahr 1964 anvisierte Handelsüberschuss in Höhe von 160 Mio. VM hatte sich in ein Defizit über 244 Mio. VM gekehrt.[1596] So rückte vor allem der innerdeutsche Handel in den Mittelpunkt des Interesses, da hier – bedingt durch die Handelskrise 1960/61 – großer Nachholbedarf bestand. Zudem bezifferten DDR-Statistiker die volkswirtschaftliche Belastung der „Aktion Störfreimachung", d. h. vor allem die Bezugsverlagerung von bundesdeutschen Waren in andere westliche Länder, auf 400 Mio. VM / a bezifferten.[1597] Dies galt es rückgängig zu machen.

Die neue handelspolitische Geschäftigkeit der DDR fand uneingeschränkte Unterstützung aus Moskau. Chruschtschow wies Ulbricht darauf hin, wie sehr ein florierender deutsch-deutscher Warentransfer im Sinne des RGW und besonders der Sowjetunion sei. Daher forderte er einen langfristigen Handelsvertrag zwischen der DDR und er Bundesrepublik einschließlich umfangreicher Kreditgeschäfte. Zugleich warnte er vor übertriebenen „Nadelstichen" gegen West-Berlin, um das den Ost-West-Dialog nicht unnötig zu belasten.[1598] Der sowjetische Außenhandelsminister Mikojan bemerkte gegenüber seinem Amtskollegen Rau, dass eine Ausweitung des innerdeutschen Handels auf Schuldenbasis kein Problem darstelle. Wichtig sei, in der Öffentlichkeit den Eindruck eigener ökonomischer Schwäche zu vermeiden. Vielmehr sollte man die Verschuldung auf einen expandierenden innerdeutschen Handel zurückführen, den die DDR aus nationalen Gründen betreibe. Des weiteren sei darauf zu achten, dass die Rückzahlung in Form von Warenlieferungen akzeptiert werde; eine Schuldenbegleichung in VM sollte nur im Notfalle erfolgen.[1599]

1595 Denkschrift: Probleme der Entwicklung des Handels der Deutschen Demokratischen Republik mit dem kapitalistischen Wirtschaftsgebiet; vermutlich 1965 (BA, DE 1/51757).
1596 Information Nr. 80 der SPK für Apel, 22.9.1965 (BA, DE 1/51757).
1597 Vorlage Stoph an Ulbricht: „Politische und ökonomische Konzeption des Handels mit Westdeutschland", 10.10.63 (BA, DC 20/4341, Bl. 63-93, hier Bl. 68).
1598 Schreiben BfV an BMGF, 12.6.1963 (BA, B 137/16247).
1599 Unterredung Rau/Mikojan, 23.2.1962 (SAPMO-BA, DY 30/IV 2/2.029/144, Bl. 2).

Doch bei aller volkswirtschaftlicher Rationalität, die für eine Intensivierung der deutsch-deutschen Wirtschaftsbeziehungen sprach, verlor die SED-Führung keineswegs die politische Rationalität aus den Augen: Nutzung des innerdeutschen Handels als Medium zur Durchsetzung deutschlandpolitischer Ziele. Oberstes und unverrückbares Ziel blieb dabei die Erlangung der völkerrechtlichen Anerkennung des eigenen Staates durch die Bundesrepublik. „Stoß gegen die Hallsteindoktrin"[1600], lautete die Vorgabe. Mit Hilfe folgender taktisch-handelspolitischer Schritte hoffte man diesem Ziel näher zu kommen:

Zum einen strebte man – mit Unterstützung der Sowjetunion[1601] – die Umwandlung des Berliner Abkommens in einen Handelsvertrag mit staatsrechtlicher Qualität an. Er sollte zwischen Regierungsvertretern der Bundesrepublik und der DDR unter klarer Benennung beider Staaten vereinbart werden. Mit West-Berlin plante die SED-Führung den Abschluss eines separaten Vertrages. Damit zusammenhängend würde die bisherige „Währungsgebiete"-Signatarformel entfallen, und der Verhandlungspartner TSI müsste in den Routinesitzungen durch einen Bonner Ministeriumsvertreter ersetzt werden.[1602]

Ausdrücklich vermerkten die Konzeptstudien, dass bei allen geplanten Modifikationen darauf zu achten sei, dass der deutsch-deutsche Warenfluss nicht unterbrochen würde. Wenn man so will, bedeutet diese partei- und regierungsinterne conditio sine qua non eine Anerkennung des Primats der Wirtschaft über die Politik, was angesichts der in den Jahren 1962/63 kritischen wirtschaftlichen Gesamtlage in der DDR durchaus nachvollziehbar ist.

Tatsächlich erzielte die DDR hinsichtlich der Unterschriftsformel auf zwei Nebenschauplätzen Einzelerfolge. Zum einen verständigten sich Ende 1963 der Vertreter des West-Berliner Senats, Horst Korber, und des Ost-Berliner Ministeriums für Kultur, Erich Wendt, bei der Unterzeichnung des Passierscheinabkommens auf die Vermeidung der Signatarformel „Währungsgebiete".[1603] Nur neun Monate später erschien in einem Zusatzprotokoll zur Vereinbarung über den Wiederaufbau der Autobahnbrücke Saale/Hirschberg erstmals in einem deutsch-deutschen amtlichen Dokument der Terminus „Ministerium der Deutschen Demokratischen Republik" als Unterzeichnungsformel. Die Unachtsamkeit des westdeutschen Verhandlungsführers erregte in Bonn größten Unmut.[1604] Denn zu Recht ging man von der als „Staudammthese" zu charakterisierenden Überlegung aus, nach der ein formaljuristischer deutschlandpolitischer Dammbruch nicht wieder zu beheben sei. Die Aushöhlung der Hallstein-Doktrin und

---

1600 Anleitung durch Genossen Stoph, 5.7.1963 (SAPMO-BA, DY 30/IV A 2/6.10/282).
1601 Schreiben BND an BMGF, 26.7.1962; geheim (BA, B 137/16247).
1602 Diese Konzeption ist für die Jahre 1962/63 vielfach dokumentiert: Handelspolitische Direktive für den Handel der DDR mit Westdeutschland und Westberlin, 2.1.1962 (SAPMO-BA, DY 30/IV 2/6.10/193). Vorlage Stoph an Ulbricht: „Politische und ökonomische Konzeption des Handels mit Westdeutschland", 10.10.63 (BA, DC 20/4341, Bl. 63-93, hier Bl. 70). Briefentwurf an Adenauer, 30.11.61 (BA, DC 20 I/3, 350, Bl. 3-6).
1603 Ohmren, Passierscheinabkommen.
1604 Fäßler, „Brückenschlag", S. 991.

die internationale völkerrechtliche Anerkennung der DDR war dann nur noch eine Frage der Zeit.

Schließlich strebte die politische Führung der DDR aus den bekannten Gründen noch die Einrichtung paritätisch besetzter technischer Kommissionen beider deutscher Staaten an.[1605] Dieses gelang erstmals im Rahmen des ersten gemeinsamen Bauprojektes, der Autobahnbrücke Saale/Hirschberg – eine doppelte Premiere.[1606] Seit jenem Zeitpunkt (Sommer 1964) unterband das MAI sämtlich Ansätze von TSI-Chef Leopold, in den Routinegesprächen „fremde Fragen"[1607] zu erörtern. Zu den sogenannten „fremden Fragen" zählten u. a. die Anerkennung von Bundesreisepässen für West-Berliner Bürger, der Anstrich der Autobahnbrücke Dreilinden, die Handhabung von Abrisshäusern in Berlin-Steglitz, das Problem der Familienzusammenführung, die Frage der Urnenüberführung sowie Reparaturmaßnahmen an der Eckertalsperre.

Ein letzter und wichtiger Aspekt war die terminologische Angleichung des Außenhandels und innerdeutschem Handels im regierungsamtlichen Sprachgebrauch der DDR. Allerdings verband sich mit dieser Maßnahme die Sorge, die Bundesregierung könnte den Außenhandelsanspruch wörtlich nehmen und die tarifären Vergünstigungen des innerdeutschen Handels für die DDR streichen. Zwar hielt man eine Zollerhebung durch die westlichen Behörden für unwahrscheinlich, da dies ihrer „Theorie des Ausschließlichkeitsrechts für ganz Deutschland"[1608] widerspräche. Aber die Einführung von höheren Weltmarktpreisen und die Abschaffung des Verrechnungseinheitensystems im innerdeutschen Handel war durchaus denkbar. Beides hätte die Devisenbestände der Deutschen Notenbank ungebührlich strapaziert. Mit Blick auf diese unerwünschte Nebenwirkungen verschob man daher die Umbenennung des MAI auf einen Zeitpunkt, bei dem erkennbar war, dass die Bundesregierung dieses ohne ernsthafte Störmanöver hinnehmen würde.

Indes drängten ideologisch „gefestigtere" Parteifunktionäre darauf, 1964 oder 1965 die entsprechenden Änderungen vorzunehmen. Denn es sei abzusehen, dass bis dahin wichtige tarifäre Vergünstigungen, beispielsweise die Mineralölzollbefreiung, wegen der EWG-Gesetzgebung wegfallen würden. Auch sei mit einer Einführung von Weltmarktpreisen in der Bundesrepublik zu rechnen. Daher gebe es keine volkswirtschaftlichen Argumente dafür, der westdeutschen Interpretation eines innerdeutschen „Binnenhandels" – damit indirekt der Hallstein-Doktrin – Vorschub zu leisten.[1609]

1605 Vorlage Stoph an Ulbricht: „Politische und ökonomische Konzeption des Handels mit Westdeutschland", 10.10.63 (BA, DC 20/4341, Bl. 63-93, hier Bl. 63).
1606 Fäßler, „Brückenschlag, S. 991-992.
1607 Vermerk Behrendt, MAI, für Ulbricht, 25.9.1964 (SAPMO-BA, DY 30/IV a 2/6.10/283).
1608 Vorlage Stoph an Ulbricht: „Politische und ökonomische Konzeption des Handels mit Westdeutschland", 10.10.63 (BA, DC 20/4341, Bl. 63-93, hier Bl. 71-72).
1609 Ebda., Bl. 63-93.

Tatsächlich erfolgte im Jahre 1967 dann die Umbenennung des MAI in „Ministerium für Außenwirtschaft", wobei hinsichtlich der Kompetenzen keine Änderung eintrat. Die Bemühungen, beide Handelsbüros in Westdeutschland im gleichen Sinne neu zu etikettieren („Ministerium für Außenwirtschaft, Büro Frankfurt a. M/Düsseldorf"), scheiterten am Widerstand der Bundesregierung.[1610] Ansonsten änderte sie aber von ihrer Seite nichts am Binnenhandelsstatus des deutsch-deutschen Warentransfers.

Neben diesen politisch-taktischen Zielen verfolgte das MAI rein handelspolitische. Das wichtigste unter ihnen war die Abschaffung der einseitig von Bonn im Jahre 1961 eingeführten Widerrufklausel. Sie bedeutete nicht nur ein Sanktionierungsinstrument, das gegen die DDR-Regierung eingesetzt werden konnte, sondern beeinträchtigte insbesondere längerfristige und umfangreichere Transaktionen, da das Risiko einer Geschäftsstörung unverhältnismäßig hoch war. Aus diesem Grunde forderten nicht nur Vertreter der ostdeutschen Partei- und Staatsbürokratie sowie der Wirtschaft deren Abschaffung. Vielmehr unterstützten bundesdeutsche Unternehmer sie in diesem Anliegen.[1611]

Exemplarisch lassen sich die Kontakte zur bundeseigenen Salzgitter AG anführen. Hier erkannte das MAI ausbaufähige Geschäftsbeziehungen. Dies wurde besonders deutlich in Gesprächen zwischen dem Vorstandsvorsitzenden der Salzgitter AG, Ende, und Minister Rau. Ende signalisierte sein Interesse an Anlagenlieferung in die DDR, worauf ihn Minister Balkow auf die Wettbewerbsnachteile Kreditbedingungen und Widerrufklausel hinwies. Dagegen erwiderte Ende, dass die Widerrufklausel keinerlei Bedeutung beizumessen sei und bei den Krediten sich die Bundesregierung dem internationalen Trend nicht wird verschließen können.[1612] Ebenfalls in dieser Frage konferierten Vertreter des MAI mit Politikern wie Dichgans, Margulies und Rademacher, die zugleich als Wirtschaftsakteure auftraten.

Ein weiteres Monitum, welches die DDR gerne aus der Welt geräumt hätte, war der alljährliche Saldenausgleich.[1613] Diese Regelung beinhaltete eine Glattstellung der innerdeutschen Handelskonten beider Seiten zu einem vereinbarten Zeitpunkt - meist war es der 30. Juni eines jeden Jahres. Dadurch konnte die DDR, die bislang den Swing zu einem zinslosen Dauerkredit umfunktioniert hatte, diesen geldwerten Vorteil nicht länger ausnutzen. Nach Auffassung des Politbüros beliefen sich die finanziellen Einbußen auf 100 Mio. VE / a.[1614] Dem Saldenausgleich kam handelspolitisch und volkswirtschaftlich eine nur unterge-

---

1610 Vermerk Schnekenburger, BKA 15.9.1968 (BA, B 136/6721).
1611 Stellvertretend: Vermerk über Gespräch zwischen Kuhlmann, Ferrostaal AG, und Behrendt, MAI, 11.2.1965 (SAPMO-BA, DY 30/IV A 2/6.10/284).
1612 Vermerk über den Besuch des Generaldirektors und Vorstandsvorsitzender der Salzgitter AG, Dr. Ende, bei Minister Balkow, 26.10.1964 (BA, DC 20/4341, Bl. 146-148).
1613 Vorlage Stoph an Ulbricht: „Politische und ökonomische Konzeption des Handels mit Westdeutschland ", 10.10.63 (BA, DC 20/4341, Bl. 63-93, hier Bl. 65). Briefentwurf der DDR-Regierung an Adenauer, 30.11.61 (BA, DC 20 I/3, 350, Bl. 3-6).
1614 Protokoll Politbürositzung, 10.12.1963 (SAPMO-BA, DY30/J IV 2/2/909, Bl. 20-21).

ordnete Bedeutung zu. Er wurde gerade zweimal vorgenommen, am 30. Juni 1963 und am 30. Juni 1967. Zu beiden Terminen gelang es der DDR, ihren Debetsaldo rechtzeitig auszugleichen. Die Tatsache, dass Bonn den Saldenausgleich sehr nachsichtig handhabe, belegt, dass es darin vor allem einen wichtigen Beitrag für die eigene Verhandlungsmasse in den innerdeutschen Wirtschaftsgesprächen sah.

Neben einigen weiteren Forderungen zweitrangiger Natur, beispielsweise der Wunsch nach Aufhebung der Warenbegrenzung, beherrschten vor allem zwei Streitpunkte den deutsch-deutschen Wirtschaftsdialog während der sechziger Jahre: Die Kreditfrage und der Mineralölsteuerausgleich. Aufgrund ihrer herausragenden Bedeutung werden sie nachfolgend in eigenen Unterkapiteln analysiert.

8.4. Die Entwicklung des innerdeutschen Handels

Nachdem das innerdeutsche Handelsvolumen, welches im Jahre 1960 bereits die 2 Mrd. VE-Grenze überschritten hatte, im Zuge der „Aktion Störfreimachung" binnen zwei Jahre um 11,6 % auf rund 1,8 Mrd. VE gesunken war, erholte es sich in einer dynamischen Rekonstruktionsphase und überschritt 1966 die 3 Mrd. VE-Schwelle (= + 66,9 %). Diese Entwicklung resultierte nicht aus der eigensinnigen Westorientierung von Betriebsdirektoren, wie man vermuten könnte, sondern entsprach durchaus der Intention der DDR-Volkswirtschaftsplanung. Sie peilte das Umsatzniveau des Jahres 1960 an, ohne aber erneute volkswirtschaftliche Dependenzen gegenüber Westdeutschland entstehen zu lassen.[1615]

Offenkundig wurde das letztere Ziel verfehlt, denn 1965 konstatiert die SPK für das Vorjahr, dass der Anteil unersetzlicher Bezüge aus Westdeutschland im Bereich Metallurgie 65 % des Gesamtimports betrage. Die entsprechende Angabe für die Metallverarbeitung lautete 52 %, für die Chemieindustrie 57 %. Edelstähle und Rohre im Wert von 25 Mio. VE waren grundsätzlich nicht substituierbar, ebenso Maschinen- und Industrieanlagenbezüge über 250 Mio. VE.[1616] Um noch ein drastisches Beispiel anzuführen: die gesamte DDR-Nachrichten- und Rundfunktechnik hing von der bundesdeutschen Lieferung von 200 t plattiertem Bandstahl ab.[1617]

1615 „Politische und ökonomische Konzeption des Handels mit Westdeutschland", 10.10.63 (BA, DC 20/4341, Bl. 63-93, hier Bl. 66).
1616 „Probleme der Entwicklung des Handels der Deutschen Demokratischen Republik mit dem kapitalistischen Wirtschaftsgebiet"; vermutlich 1965 (BA, DE 1/51757).
1617 Information der SPK für Apel, 23.9.1965 (BA, DE 1/51727).

Tab. 16: Lieferungen/Bezüge der Bundesrepublik im innerdeutschen Handel, 1963-1969[1618]

Jahr	Bezüge (Mio. VE)			Lieferungen (Mio. VE)			Umsatz (Mio. VE)	Saldo* (Mio. VE)
	Waren	Dienstl.	Insgesamt	Waren	Dienstl.	Insgesamt		
1963	1005	24	1029	834	73	907	1936	-122
1964	1083	29	1112	1069	124	1193	2305	81
1965	1214	35	1249	1106	119	1225	2474	-24
1966	1274	50	1324	1527	154	1681	3005	357
1967	1195	60	1255	1338	153	1491	2746	236
1968	1363	87	1450	1293	166	1459	2909	9
1969	1577	79	1656	1899	179	2078	3734	422

* zu Lasten der Bundesrepublik Deutschland

Einen abermaligen Einbruch verzeichnet die Handelsstatistik in den Jahren 1966/67. Die Ursachen für den Rückgang um immerhin 8,6 % auf 2,75 Mrd. VE lagen zum einen in der ersten bundesdeutschen Rezession und zum anderen in den Absatzschwierigkeiten der DDR bei Braunkohle und Mineralölprodukten begründet. In Reaktion auf diese Entwicklung verabschiedete die Große Koalition ein umfangreiches Bündel an Liberalisierungsmaßnahmen, um auf diese Weise die ökonomische Attraktivität des innerdeutschen Handels zu steigern. Dies war dringend erforderlich, da im gleichen Zeitraum die westeuropäische Konkurrenz ihren Anteil am DDR-Außenhandel hatte leicht steigern können. Tatsächlich zeitigte der handelspolitische Kurswechsel Bonns rasche Wirkung, und das innerdeutsche Handelsvolumen stieg bis 1969 auf die Rekordhöhe von 3,7 Mrd. VE (+ 36 %). Aus Sicht westdeutscher Unternehmern wurde der Tatbestand, dass während beider Stagnations- bzw. Depressionsphasen im innerdeutschen Handel, 1960/62 und 1967, zugleich ein expandierendes Westhandelsvolumen der DDR zu beobachten war, als überaus problematisch empfunden. Schließlich zählte der ostdeutsche Markt zu ihren ureigensten Absatzgebieten, den sie auf gar keinen Fall an die Unternehmen anderer Länder verlieren wollte. Verantwortlich machten sie hierfür vor allem die noch zu behandelnde restriktive Kreditpolitik Bonns, die eine Wettbewerbsverzerrung zuungunsten der heimischen Produzenten bedeute.[1619]

Hinsichtlich der deutsch-deutschen Handelsbilanz lässt sich – mit Ausnahme der Jahre 1963 und 1965 – ein steter und hoher Aktivsaldo der Bundesrepublik erkennen. Er erklärt sich aus einer strukturellen Schieflage, die sich in den sechziger Jahren einstellte. Zu den verursachenden Faktoren zählten a.) ein Dauerdefizit der DDR im Dienstleistungssektor, b.) der dramatische Einbruch beim Braunkohlenbrikettabsatz und c.) das Abschmelzen der Gewinnspanne bei Mineralölprodukten aufgrund der EWG-Steuerrechtsänderung zum 1.1.1964.

1618 Bundesamt für Wirtschaft, Tab. E 25-L/B; die Angaben des BAW weichen aufgrund einer anderen Erhebungsmethode von denen des Bundesamtes für Statistik ab. Entwicklungstendenzen und Bezüge/Lieferungen-Relationen stimmen indes überein.
1619 Schreiben AG IZH an BMWI, 23.10.1964 (RWWA, 351-3),

Tab. 17: Regionalstruktur des DDR-Außenhandels 1960-1969[1620]

Jahr	AH-Umsatz (Mio. VM)	UdSSR (%)	Übrige RGW-Staaten (%)	Sonst. soz. Länder (%)	Entwicklungsländer (%)	Westl. Industriestaaten (%)	BRD (%)
1960	18.487,4	42,8	24,8	7,0	4,3	10,8	10,3
1961	19.034,6	43,8	27,1	4,1	4,8	11,0	9,2
1962	20.098,5	48,9	26,0	4,1	3,6	9,1	8,3
1963	21.182,9	48,6	25,9	4,1	3,5	9,5	8,6
1964	23.373,6	46,6	25,7	4,1	3,8	10,4	9,4
1965	24.693,2	41,1	28,3	4,4	4,5	12,2	9,5
1966	26.963,8	41,5	26,7	5,0	4,6	12,1	10,2
1967	28.286,1	42,0	27,4	4,8	4,5	12,3	9,0
1968	30.172,6	42,6	28,9	4,5	4,1	11,2	8,7
1969	34.760,8	41,1	27,5	4,1	4,2	13,1	10,0

Ansonsten offenbart das Handelswarenspektrum der Jahre 1963 bis 1969 wenig Auffälligkeiten. Zufrieden vermerkte der West-Berliner Wirtschaftssenator König, dass die DDR-Angebotspalette bei landwirtschaftlichen Produkten, Textilien und allgemeinen Konsumgütern an Qualität und Vielfalt deutlich zugenommen habe.[1621] Allerdings darf nicht verkannt werden, dass zahlreiche Güter, beispielsweise Textilien, Möbel, Baumaterialien und Lebensmittel, nach Einschätzung der SPK auf anderen Auslandsmärkte nicht absetzbar waren.[1622] Auf der Bezugsseite zeigte die DDR nach wie vor großes Interesse an bundesdeutschen Maschinenbauerzeugnissen und elektrotechnischen Geräten. Bei Eisen und Stahl wie auch bei Steinkohle hingegen sank das Interesse, da sie zum einen mittlerweile selbst über eine respektable Eisen- und Stahlindustrie verfügte und bei der Steinkohle zunehmend auf polnische Gruben zurückgriff.[1623]

8.4.1. Die Kreditfrage

Bereits 1962 rückte im Rahmen der deutsch-deutschen Wirtschaftsgespräche ein neues handelspolitisches Thema in den Vordergrund, das während der gesamten sechziger Jahre eine dominierende Rolle spielen sollte: die Kreditfrage. In einem bislang unbekannten Maße drängte die DDR auf bundesdeutsche Finanzhilfen, was angesichts der im Vorjahr eingeleiteten „Aktion Störfreimachung" und des als Affront zu wertenden Mauerbaus einen überraschenden Kurswechsel bedeu-

---

1620 Statistisches Jahrbuch der DDR 1977, Berlin (Ost), S. 257-258
1621 Vermerk des West-Berliner Wirtschaftssenators über Entwicklung des Interzonenhandels, 12.12.1966 (LA, B Rep. 002, 9868, Bl. 3-23)
1622 „Probleme der Entwicklung des Handels der Deutschen Demokratischen Republik mit dem kapitalistischen Wirtschaftsgebiet"; vermutlich 1965 (BA, DE 1/51757).
1623 Mühlfriedel, Industrie, S. 396.

tete. Hintergrund war der enorme Investitions- und Modernisierungsbedarf, der zusätzliche Kontingente an Energieträgern (Steinkohlen) und vor allem den Bezug ganzer Industrieanlagen, umfangreicher Maschinenkontingente und Lizenzverträge einschloss. Mit Hilfe dieser kreditfinanzierten Maßnahmen sollte der Wirtschaftskrise in der DDR Einhalt geboten werden; Ziel war es, die „technische Revolution zu importieren".[1624] Das war auch dringend nötig, denn Mitte der sechziger Jahre hatte die DDR-Wirtschaftsplanung sehr wohl erkannt, dass der technologische Abstand zu Westen wegen „ungenügender Maschinenimporte" weiter zunahm.[1625]

Diese jüngste Entwicklung im innerdeutschen Handel stellte keinen „deutschen Sonderhandelsweg" dar, vielmehr fügte sie sich in den generellen Trend der Ost-West-Wirtschaftsbeziehungen ein.[1626] Aufgrund des enormen Investitions- und Modernisierungsbedarfs aller sozialistischer Volkswirtschaften nahm das Kreditgeschäft zwischen beiden Blöcken während der sechziger Jahre einen ungeheuren Aufschwung und ergänzte gewissermaßen die neue politische Gesprächskultur. Industrieanlagenbau und Röhrengeschäft bildeten die interessantesten Geschäftsoptionen, weshalb kapitalistische wie sozialistische Staaten an umfangreichen und langfristigen Kreditlinien gleichermaßen interessiert waren.

Das von der politischen Führung der DDR entworfene komplexe Kreditanliegen, welches MAI-Chefunterhändler Behrendt im ersten Halbjahr 1962 an die TSI herantrug, enthielt drei Bausteine: Am 13. Februar 1962 unterbreitete er folgenden Vorschlag:[1627] Über einen Zeitraum von zehn Jahren wünschte die DDR den Bezug von 3 Mio. t Steinkohle (= 225 Mio. VE) pro Jahr, d. h., insgesamt belief sich das Gesamtvolumen auf beachtliche 2,25 Mrd. VE. Die Bezahlung sollte durch im Jahre 1967 einsetzende Warengegenlieferungen erfolgen und bis 1976 andauern.[1628] Das Politbüro war der Überzeugung, dass die Bundesregierung wegen der Krise im heimischen Steinkohlenbergbau auf den Vorschlag eingehen würde, auch wenn sie an zusätzlichen Bezügen aus der DDR, hierunter fielen neben Maschinenbauerzeugnissen vor allem Mineralölprodukte im Wert von 150 Mio. VE / a, wenig Interesse haben dürfte.[1629]

In seinen Grundzügen glich dieses Geschäft dem sogenannten „Hilfsangebot", welches Außenhandelsminister Heinrich Rau im Oktober 1958 der westdeutschen Öffentlichkeit präsentiert hatte. Es war seinerzeit von der Bundesre-

---

1624 Ulbricht, Walter: Probleme des Perspektivplans bis 1970. Referat, gehalten auf der 11. Tagung des ZK der SED, 15.-18.12.1965. Berlin 1966, S. 60.
1625 „Probleme der Entwicklung des Handels der Deutschen Demokratischen Republik mit dem kapitalistischen Wirtschaftsgebiet"; vermutlich 1965 (BA, DE 1, 51757).
1626 Schlarp, Konfrontation, S. 342-352.
1627 Schreiben Kleindienst an AA, BMGF, BMF, BKA, 2.5.1962; geheim (BA, B 137/16247). Das Bundeskabinett erörterte den Vorschlag am 21.3.1962. Vermerk über die Ausweitung des Interzonenhandels; hier: Kreditwünsche der SBZ, 1/1963 (BA, B 137/16611, Bl. 168-182, hier S. 168). Zur den Entscheidungsvorgängen in der DDR Protokoll Nr. 4/62 der Politbürositzung, 30.1.1962 (SAPMO-BA, DY 30/J IV 2/2/811, Bl. 6-8).
1628 Protokoll Politbürositzung, 30.1.1962 (SAPMO-BA, DY 30/J IV 2/2/811, Bl. 6-8).
1629 Ebda., Anlage 6 (SAPMO-BA, DY 30/J IV 2/2/811, Bl. 19-21).

gierung wegen der Berlinkrise und der Unbotmäßigkeit der westdeutschen Unternehmen abgelehnt worden. Allerdings enthielt das neuerliche Paket eine ganz wesentliche Änderung. Die Steinkohlenbezüge sollten durch zeitlich versetzte Gegenlieferungen bezahlt werden. Das bedeutete, dass während der immerhin fünf Jahren dauernden Vorauslieferungen die Finanzierung der Kohlenkontingente irgendwie gewährleistet werden musste. Da der sieche Ruhrbergbau zu diesem finanziellen Kraftakt sicher nicht in der Lage war, kamen als Kreditgeber primär die Bundesregierung bzw. das Land Nordrhein-Westfalen in Frage. Auch ein Banken- bzw. Unternehmenskonsortium hätte diese Aufgabe übernehmen können, wobei in diesem Falle eine Bundesbürgschaft zur Absicherung erforderlich gewesen wäre. In beiden Fällen aber, und das entsprach dem Kalkül des Politbüros, hätte die DDR den Einstieg ins Kreditgeschäft im Rahmen des innerdeutschen Handels geschafft.[1630] Wegen der Bedeutung des gesamten Unterfangens forderte das Politbüro unbedingte Vertraulichkeit, da ansonsten die Anfrage als ein Eingeständnis in die eigene wirtschaftliche Notsituation aufgefasst werden könnte.

Nur einen Monat später schlug Behrendt ein weiteres Warenkreditabkommen über 500 Mio. VE vor, welches sehr zügig abgewickelt werden sollte. Noch im selben Jahr planten die Wirtschaftsfunktionäre die Finanzierung von Anlauf- und Projektierungskosten über 25 Mio. VE. Für die Jahre 1963 und 1964 wünschte das MAI dann Maschinenlieferungen und die Errichtung vollständiger Industrieanlagen im Wert von 475 Mio. VE. Die Rückzahlung setzte man ab dem Jahre 1965 an, wobei erst die Zinsen, anschließend die Tilgungen in Form von Warenlieferungen getätigt werden sollten.[1631] Als letzten Vorstoß bemühte sich Behrendt am 18. April 1962, das Unterkonto 2 (landwirtschaftliche Erzeugnisse, Chemikalien, Textilien, Sonstiges) finanziell zu entlasten. Zudem wünschte er zusätzlich Kredite für den Bezug landwirtschaftlicher Erzeugnisse (30 Mio. VE), Chemieprodukte (20 Mio. VE) und Textilien (15 Mio. VE).[1632]

Die komplexe handels- und kreditpolitische Offensive der DDR stellte die Bundesregierung vor eine schwierige Entscheidungsfindung. Franz Thedieck, einflussreicher Staatssekretär im BMGF, brachte die klassische Dilemma-Situation auf den Punkt: „Ist es wichtiger, einen bereits höchst notleidenden Schuldner, dem man den offenen Bankrott eigentlich jeden Tag wünscht, in den Bankrott zu treiben, oder durch einen Kredit zu Bedingungen zu zwingen?"[1633] Hierbei handelte es sich aus westdeutscher Sicht um die Gretchenfrage der innerdeutschen Wirtschaftsbeziehungen, der sich auch noch Franz-Josef Strauß Anfang der achtziger Jahre stellen musste.

1630 Ebda.
1631 Schreiben Sts. Westrick, BMWi, an Sts. Thedieck, BMFG, 18.4.1962; geheim (BA, B 137/16247). Analyse des Handels mit Westdeutschland und West-Berlin im Jahre 1962 (SAPMO-BA, DY 30/IV A 2/6.10/275).
1632 Vermerk BMGF, 29.5.1962 (BA, B 137/16247).
1633 Ebda.

Zurück ins Jahr 1962: Vor allem das langfristig angelegte Kohlenangebot war bei der „derzeitigen Tendenz zur Zechenstillegung" und angesichts 11 Mio. t Steinkohle auf Halde aus arbeitsmarkt-, wirtschaftsstruktur- und konjunkturpolitischen Gründen „hochinteressant."[1634] Während das BMWi sich daher für eine Annahme des Geschäftes aussprach und dabei auch Proteste der westlichen Ölkonzerne wegen der zusätzlichen ostdeutschen Mineralöllieferungen in Kauf nehmen wollte, widersprachen das Auswärtige Amt und das BMGF uni sono. Zwar trage dieses Geschäft zur Erhaltung der deutschen Wirtschaftseinheit bei und gebe eventuell eine Handhabe, die bevorstehende Einführung der sowjetischen technischen Industrienorm GOST in der DDR zu unterbinden. Aber man dürfe nicht übersehen, dass die ostdeutsche Bevölkerung, die seinerzeit die Kündigung des Berliner Abkommens lebhaft begrüßt hatte, von einer westdeutschen Kreditgewährung tief enttäuscht sein dürfte. Zudem ermögliche das Kohlenabkommen der DDR propagandistische Einflussnahme auf die „roten" Kumpel im Pott, die dann Druck auf Bonn ausüben könnten.[1635]

Daher waren beide Ministerien nur bereit, Kohlenbezüge und die wesentlich interessanteren Maschinenbauerzeugnisse aus der DDR im Rahmen einer Aufstockung des Berliner Abkommens zu beziehen. Auf diese Weise ließe sich nicht nur das Junktim zwischen Berlinverkehr und innerdeutschen Handel stärken, sondern auch kritische Bemerkungen der verbündeten Staaten umgehen. Abschließend sprach sich auch noch das BMF aus finanzpolitischen Gründen gegen einen Bundeskredit und bestenfalls für eine Bundesbürgschaft aus.[1636] So ließ sich die Finanzbelastung des Haushalts auf die Privatwirtschaft abwälzen; der Bund musste nur den Risikoausgleich tragen.

Die regierungsinterne Machtkonstellation wie auch die Argumentation der Kreditgegner zeigte noch ein letztes Mal die Struktur der fünfziger Jahre. Interessant dabei ist, welche Bedeutung nach wie vor der Gefahr des „Drucks von der Straße", ausgehend von den Ruhrkumpel, beigemessen wurden. Um der – wenig realistischen – Bedrohung durch einen ostdeutschen „Verzweiflungsangriff"[1637] auf West-Berlin entgegenzuwirken und kein offenes Scheitern der Kreditfrage zu provozieren, beschloss die Bundesregierung in einer frühen Entscheidungsphase, ein Paket mit „höchst plausiblen und vernünftigen Gegenbedingungen"[1638] zu schnüren, über das en bloc verhandelt werden sollte. Bei den Bedingungen unterschied man zwischen „reinen Propagandavorschlägen"[1639] – Wegräumen der Berliner Mauer, Verkehrsfreiheit in ganz Berlin, Freiheit des Interzonenverkehrs in beide Richtungen, Entlassung der ca. 8000 politischen Häftlinge, die seit dem 13.8 1961 in Haft sitzen –, „unverzichtbaren Bedingun-

---

1634 Sitzungsprotokoll „Staatssekretärskränzchen", 11.5.1962 (BA, B 137/16247).
1635 Ebda.; Vermerk von Woratz, BMWi, 16.5.1962, geheim (BA, B 137/16247).
1636 Ebda. Auch Vermerk BKA, 29.5.1962; geheim (BA, B 137/16247).
1637 Vermerk Sts. Thedieck, BMGF, 29.5.1962 (BA, B 137/16247).
1638 Ebda.
1639 Ebda.

gen"¹⁶⁴⁰ – Verbot von Transitbehinderungen, Verbot von Verhaftungen auf den Transitstrecken, Medikamentenlieferung, innerberliner Besuchsverkehr von West nach Ost, Zulassung eine Zwangskontingentes (100.000 Personen p.a.) an Interzonenreisenden, Verbesserungen im Zugverkehr, Verbot der Anwendung von Zollgesetzen auf den Berlin- und Interzonenverkehr, Notwegerecht, Aufgabe von S-Bahnhöfen der DDR in West-Berlin – und wichtigen Voraussetzungen, die nicht Bedingungen sein sollten"¹⁶⁴¹ – Pauschalierung der Straßenbenutzungsgebühr, Telefonverkehr in ganz Berlin, Gas, Elektrizität, Frischwasser.¹⁶⁴²

In einem weiteren Schritt entschied das „Staatssekretärskränzchen", das Warenkreditgeschäft über 2,75 Mrd. VE abzulehnen, da die DDR entsprechende politische Vorbedingungen, i.e.L. dem Wegfall der Berliner Mauer, nicht würde zustimmen können. Deshalb konzentrierte man sich in den Verhandlungen auf die beiden anderen Geschäfte, die innerhalb des Berliner Abkommens abzuwickeln waren.¹⁶⁴³

Noch ehe über diese abgespeckte Variante verhandelt werden konnte, scheiterte das ganze Projekt an einer gezielten Indiskretion, welche von interessierter Seite Verhandlungsinterna an die westdeutsche Presse gelangen ließ. Aus Furcht vor einem zu großen Gesichtsverlust zog daraufhin das MAI sein Kreditersuchen zurück und legte das Paket einstweilen auf Eis. Eine Neuverhandlung verhinderte dann die weltweites Aufsehen erregende Erschießung von Peter Fechter an der Berliner Mauer am 22. August 1962, die ein eindrückliches Bild von der Brutalität des DDR-Grenzregimes vermittelte.¹⁶⁴⁴

Doch die enormen Wirtschaftsprobleme erzeugten seitens der DDR-Führung erheblichen Handlungsbedarf und Konzessionsbereitschaft. So erklärte im September 1962 Ulbricht unter dem Eindruck der Schiessereien an der Mauer erstmals sein Einverständnis, über wirtschaftliche und über ein „Minimum an politischen Fragen" gleichzeitig zu verhandeln.¹⁶⁴⁵ Zusätzlich bemühte sich das MAI intensiv um die Kontakte zur westdeutschen Wirtschaft, die ihrerseits in Bonn zugunsten einer Handelsliberalisierung intervenieren sollte. Behrendt beabsichtigte, über Erhards Stiefschwiegersohn Böhner den ostdeutschen Wunsch nach einer Swingerhöhung dem BMWi zu vermitteln. Da Böhner als Direktor eines Industrieanlagenunternehmens an Lieferungen in die DDR stark interessiert war, rechnete Behrendt mit einem Erfolg der Maßnahme. Daher schlug er dem Minister vor, prüfen zu lassen, welche Aufträge an Böhners Firma vergeben werden könnten.¹⁶⁴⁶ Allerdings waren Böhners Auskünfte alles andere als befriedigend. So äußerte sich Erhard zwar positiv über Geschäfte mit der DDR, wei-

---

1640 Ebda.
1641 Ebda.
1642 Ebda.
1643 Vermerk, 10.7.1962 (BA, B 137/16247); Vermerk über Sitzung des Arbeitskreises V der CDU/CSU-Bundestagsfraktion, 19.6.1962; geheim (BA, B 137/16247).
1644 Vermerk BMWi, 1.9.1962 (BA, B 137/16611).
1645 Sonderbericht Nr. 5, 18.9.1962; geheim (BA, B 137/16611).
1646 Reisebericht Behrendt, 3.8.-11.8.1962 (SAPMO-BA, DY 30/IV 2/6.10/204).

gerte sich aber entgegen seiner früheren Gewohnheit, mit Böhner ausgiebiger über den innerdeutschen Handel zu diskutieren.[1647]

Intensiviert wurden auch die Konsultationen zwischen west- und ostdeutschen Unternehmensvertretern. Dabei trat eine Interessenkongruenz bezüglich wirtschaftlicher Sachfragen zu Tage. Schmitt, Vorsitzender der AG IZH, zugleich Vorstandsvorsitzender der in West-Berlin ansässigen AEG, sicherte in einem Gespräch mit dem Leiter des VEH-DIA Elektrotechnik, Fenske, zu, dass er sich in Bonn für längerfristige Kredite einsetzen wolle. Zugleich betonte er aber, dass er zwar seine Interessen im BMWi vortragen würde, dass er sich aber nicht in Gegnerschaft zur Regierung begeben würde. Der Grund lag in der Abhängigkeit der AEG von Rüstungsaufträgen des Bundes.[1648]

Erst im September 1962 einigte sich das Bonner „Staatssekretärskränzchen" auf die Taktik der „schrittweisen Zugeständnisse bei schrittweisem Entgegenkommen"[1649], d. h. einer klassischen „tit-for-tat"-Situation. Konkret bedeutete das die Gewährung einer Swingerhöhung um 200 Mio. VE für ostdeutsche Zugeständnisse bei Familienzusammenführungen, Arzneimittellieferungen und beim innerstädtischen Berlinverkehr.[1650] Welch hohen politischen Stellenwert Kanzler Adenauer dem ganzen Problem beimaß, belegt sein Drängen, bis zu seinem USA-Besuch Mitte November 1962 ein präsentables Resultat vorweisen zu können.[1651] Er berichtete dann auch Präsident Kennedy detailliert über die DDR-Anfragen, welche offenkundig von Chruschtschow befürwortet worden seien. Zugleich unterstrich er die Haltung der Bundesregierung, sich auf die Taktik „Kredit versus humanitäre Konzessionen" einzulassen.[1652] Tatsächlich erteilte Ende 1962 das BMWi eine Direktive an Leopold, dass er Behrendt einen Swing über 400 Mio. VE anbieten sollte. Als Gegenleistungen sei zu erbringen: reibungsloser Personenverkehr zwischen West- und Ostberlin, großzügige Familienzusammenführung, Aufhebung des Verbots, Medikamente in Privatpaketen in die DDR zu schicken sowie die Transferleistungen von Pensionen bzw. Renten über das Berliner Abkommen.[1653]

8.4.2. Der Mineralölstreit

Als im Jahre 1963 die politische Führung der DDR mit dem „Neuen ökonomischen System der Planung und Leitung" eine grundlegende Reform des Wirtschaftssystems einleitete, befand sich das Land in einer dramatischen wirtschaft-

---

1647 Vermerk Behrendt, 28.9.1962 (SAPMO-BA, DY 30/IV 2/6.10/204).
1648 Vermerk Lange für Ulbricht, 1.12.1962 (SAPMO-BA, DY 30/IV 2/6.10/212).
1649 Vermerk „Staatssekretärskränzchen", 11.9.1962 (BA, B 137/16611).
1650 Ebda.
1651 Vorlage, 12.11.1962 (StBkAH Rhöndorf, Aktenbestand Tresor,Nr.89,Bl.592-593).
1652 Vermerk über Gespräch zwischen Adenauer und Kennedy, 14.11.1962 (StBkAH Rhöndorf, Aktenbestand Tresor, Nr. 89, Bl. 594-600, hier Bl. 599-600).
1653 Handlungsdirektive für Leopold, 12.12.1962 (BA, B 137/16247).

lichen Krisensituation.[1654] Eine wenig beachtete Facette des Szenarios stellte die strukturelle Schieflage im innerdeutschen Handel dar, die durch grundlegende Veränderungen auf dem Energiesektor hervorgerufen worden war.

Gemäß dem 1959 verabschiedeten Sieben-Jahr-Plan kam dem Ausbau der petrochemischen Industrie in der DDR eine zentrale volkswirtschaftliche Bedeutung zu. Dabei konnte die Wirtschaftsplanung auf günstige und umfangreiche Lieferungen aus der Sowjetunion bauen, zumal in Erwartung auf das für Anfang der sechziger Jahre geplante Auf- und Ausbau des osteuropäischen Pipelinesystems. Sowohl die Deckung der Eigenbedarf als auch der Reexport in die Bundesrepublik war somit gesichert. Die Weiterverarbeitung und Veredelung von sowjetischem Rohöl innerhalb der DDR zu Mineralöl, Diesel- (DK) und Vergaserkraftstoff (VK) erlaubte ihr den eigentlich untersagten Reexport der Produkte in die Bundesrepublik. Ein Zollaufschlag blieb gemäß des Binnenhandelsstatus eines deutsch-deutschen Warentransfers aus. Durch diese Konstellation war es der DDR im Jahre 1963 möglich, die Benzin für 259 VE / t und Diesel für 268 VE/t zu verkaufen, deutlich unter Weltmarktpreis, aber mit enorm hoher Gewinnspanne.

Tab. 18: Braunkohlen- und Mineralöllieferungen der DDR, 1951/69[1655]

Jahr	Braunkohle, -briketts (Mio. VE)	Anteil an Gesamtlieferungen (%)	Diesel-/Vergaserkraftstoff (Mio. VE)	Anteil an Gesamtlieferungen (%)
1951	6,8	3,7	14,9	8,0
1952	23,5	18,4	9,8	7,7
1953	72,2	25,1	36,5	12,7
1954	109,7	24,9	56,3	12,8
1955	164,1	28,3	58,7	10,1
1956	148,6	22,7	90,7	13,9
1957	182,9	22,4	133,9	16,4
1958	229,1	26,7	117,1	13,6
1959	190,8	21,4	164,1	18,4
1960	262,2	23,4	177,4	15,8
1961	206,6	22,0	166,6	17,7
1962	238,4	26,1	176	19,2
1963	253,4	24,9	191,7	18,6
1964	247,4	24,1	42,5	4,1
1965	208,0	16,5	50,0	4,0
1966	162,3	12,1	48,5	3,6
1967	116,1	9,2	0	0
1968	107,5	7,5	0	0
1969	93,5	6,0	11,5	0,7

Handelsstrategisch sollte die Mineralölproduktpalette im innerdeutschen Handel die Braunkohle ersetzen. Schon seit Ende der fünfziger Jahre rechnete

---

1654 Hierzu Steiner, Wirtschaftsreform.
1655 Statistisches Bundesamt (Hrsg.), Fachserie F, Reihe 6, 1956, 1961 u. 1969.

das Politbüro wie auch das MAI binnen weniger Jahre mit einem drastischen Marktanteilseinbruch ostdeutscher Braunkohle an der bundesdeutschen Energieversorgung.[1656] Doch das Kalkül dieser an sich vernünftigen Planung ging nicht auf. Hauptursache hierfür waren steuerpolitische Änderungen in der Bundesrepublik im Rahmen des „Gesetzes über die Umstellung der Abgaben auf Mineralöl"[1657]. Im Zuge der Harmonisierung des EWG-Außenzolls beseitigte die Bundesregierung zum 1. Januar 1964 den bislang erhobenen Importzoll für Mineralöl in Höhe von 129 DM/t. Als finanzielle Kompensation erhöhte sie zum 1. Januar 1964 die bestehende Mineralölsteuer um den wegfallenden Zollbetrag von 129,- DM/t. Dadurch gewährleistete man ein stabiles Preisgefüge auf dem Energiemarkt und schützte das krisengeschüttelte Konkurrenzprodukt Steinkohle, welches in einer tiefen Absatzkrise steckte.[1658]

Zeitgleich beendete die Bundesregierung mit der Aufhebung der Hydriersteuerpräferenz[1659] die Subventionierung der entsprechenden Branche und ihrer petrochemischen Produkte. Hierzu verpflichtete sie die neuen EWG-Regularien, aber auch die volkswirtschaftliche Vernunft. Denn die Hydriersteuerpräferenz hatte mittlerweile auch ihren ursprünglichen Zweck, die Einsparung von Mineralölimporten und damit von Devisen, angesichts einer seit Jahren aktiven bundesdeutschen Handelsbilanz verloren. Zudem war die Hydriersteuerpräferenz an die Umstellung von Kohlehydrierung auf Rohölraffinierung verbunden gewesen, ein Prozess, der Anfang der sechziger Jahre weitgehend abgeschlossen war. Zu diesem Zeitpunkt existierten bundesweit nur noch wenige Betriebe, die 10 % der Förderung erhielten; die übrigen 90 % wurden nach Einschätzung des Politbüros als Subventionierung für ostdeutsche Mineralöllieferungen gezahlt.[1660]

Die Folgen des neuen Mineralölsteuergesetzes waren für die Handelsbilanz der DDR gegenüber der Bundesrepublik gravierend. Es bedeutete a.) den Verlust der Zollfreiheit in Höhe von 129 DM/t und b.) die Belastung der eigenen Produkte um den gleichen Betrag wegen der Steuer. Legt man die Zahlen des Jahres 1963 bzw. die Planungen für 1964 zugrunde, so ging das Politbüro von einem Gesamtverlust in Höhe von ca. 115 – 125 Mio. VE p. a. aus, was immerhin rund 10 % ihrer Lieferungen in die Bundesrepublik bedeutete.[1661] Statt 170 Mio. VE erwartete man nur noch einen Erlös über 45 Mio. VE.[1662] Allein der aufgrund der abgeschafften Hydriersteuerpräferenz verursachte Preisrückgang

---

1656 Vermerk über Gespräch zwischen Dir. Dihlmann (Hoechst) und Behrendt, MAI, HA IDH, 4.6.1959 (BA, DL 2, 2151, Bl. 37-38); auch Protokoll 29/63 Politbürositzung, 27.8.1963 (SAPMO-BA, DY 30/J 2/2/893, Bl. 16).
1657 BGBl. T. 1, 31.12.1963, S. 995-1002.
1658 Vermerk BMGF, 12.9.1963 (BA, B 137/3696).
1659 Hierbei handelte es sich um die steuerliche Begünstigung der Braunkohlenhydrierung.
1660 Sitzungsprotokoll Politbüro, 27.8.1963 (SAPMO-BA, DY 30/J IV 2/2/893, Bl. 12).
1661 Sitzungsprotokoll Politbüro, 10.12.1963 (SAPMO-BA, DY 30/J IV2/2/909, Bl. 20).
1662 Vermerk BMGF 26.6.1967 (BA, B 137/6767).

betrug bei Benzin 121,50 VE/t und bei Dieselkraftstoff 63,- VE/t. Die Einbußen aufgrund des Wegfalls des Importzolls lag einheitlich bei 129,- VE/t[1663].

Trotz des dramatischen Gewinneinbruches ergab sich für die DDR die Notwendigkeit, auch künftig Treibstoffe in die Bundesrepublik zu liefern, da das Gesamtliefervolumen von ca. 118 Mio. VE nicht durch andere Exportwaren ausgeglichen werden konnte. Als Gegenlieferung für Eisen, Stahl, Steinkohle und Maschinen über Unterkonto 1 waren sie unersetzlich.[1664] Angesichts der überaus kritischen Situation, hier gilt es an die allgemeine Wirtschaftskrise der DDR und der Sowjetunion zu erinnern, entschloss sich das Politbüro Ende 1963 zu einigen Sofortmaßnahmen, deren hemdsärmeliger Charakter dokumentieren, wie sehr man mit dem Rücken zur Wand stand. Zum einen sollte die fürs I. Quartal 1964 vorgesehene Lieferung von 40.000 t DK und 35.000 t VK ins IV. Quartal 1963 vorgezogen werden, um so den noch geltenden Zollvorteil in Höhe von 14 Mio. VE einzustreichen. Zum zweiten ordnete das Politbüro für Januar 1964 eine Preiserhöhung bei Braunkohlenbriketts an; kalkulierter Mehrerlös: rund 9 Mio. VE. Drittens gedachte man bei Getreide das Preisgefälle zwischen Weltmarkt und „Westmarkt ... durch zusätzliche Manipulationen"[1665] auszunutzen und erhoffte sich eine Gewinnsteigerung über 4 Mio. VE. Einkaufsrabatte bei der krisengeschüttelten westdeutschen Eisen- und Stahlindustrie waren mit 5 Mio. VE veranschlagt; summa summarum sollten diese Maßnahmen 32 Mio. VE ergeben, die nicht für weitere Importe, sondern zur Deckung von Handelsbilanzdefiziten vorgesehen waren.[1666]

Aufgrund der ökonomischen Schwierigkeiten, die sich durch die Mineralölfrage ergaben, prüften Ulbricht und Apel ernsthaft eine Kündigung des Berliner Abkommens zum 1. Januar 1964. Mit dieser Drohung, die das zeitgleich verhandelte Passierscheinabkommen, die Autobahnbrücke Saale/Hirschberg und Vereinbarungen über Telekommunikation und Postverkehr ebenfalls betreffen würde, hofften sie auf ein Entgegenkommen der Bundesregierung.[1667] Westdeutscherseits war man deshalb durchaus bemüht, die Situation zu entschärfen. Das „Staatssekretärskränzchen" einigte sich darauf, Unterhändler Leopold als Direktive mit auf den Weg zu geben, dass es sich bei den Steueränderungen um ausschließlich wirtschaftlich motivierte und nicht politisch motivierte Maßnahmen handelte. Daher sei man bereit, gemeinsam mit der DDR eine für beide Seiten akzeptable Übergangsregelung zu suchen.[1668] Schließlich beschloss das Bundeskabinett am 18. September 1963, der DDR als Übergangsregelung eine Ausgleichszahlung in Höhe von 40 bis 50 Mio. VE in Aussicht zu stellen, was 82,- DM/t entsprach. Zugleich sollte eine Verschiebung des Saldenausgleichs um ein Jahr zugestimmt werden. Ziel war es, die DDR stärker an die Bundesrepublik zu

---

1663 Sitzungsprotokoll Politbüro, 27.8.1963 (SAPMO-BA, DY 30/J IV 2/2/893, Bl. 15).
1664 Sitzungsprotokoll Politbüro, 10.12.1963 (SAPMO-BA, DY 30/J IV2/2/909, Bl. 20).
1665 Ebda.
1666 Ebda.
1667 Vermerk Krautwig, 7.9.1963 (BA, B 137/3696).
1668 Vermerk Krautwig, 17.9.1963. (BA, B 137/6767)

binden.[1669] Das MAI sah seine Forderung nach voller Beibehaltung bisheriger Preise, d.h. Ausgleich 75 Mio. VE (129,- /t), als nicht durchsetzbar an, lehnte aber den Vorschlag West dennoch ab.[1670] Völlig überraschend kam die Bundesregierung der DDR doch noch sehr weit entgegen und bot die geforderten 75 Mio. VE als Ausgleichszahlung. Die Summe errechnete sich aus einer Liefermenge von 582.000 t, bei der pro Tonne 129 DM erstattet wurden.[1671]

In den folgenden Jahren 1963-1969 stellte die Mineralölproblematik das größte Ärgernis für die DDR im deutsch-deutschen Handel dar,[1672] das Mineralölsteuergesetz galt als Ausdruck der westdeutschen „Politik der ökonomischen Schädigung und politischen Erpressung im Handel mit der DDR"[1673]. In der Sache vertrat das Politbüro die Auffassung, dass nach dem „Frankfurter Abkommen" vom 8. Oktober 1949 die westdeutschen Marktpreise für die Preisbildung im innerdeutschen Handel verbindlich sei, wobei die Ersetzung des preisbildenden Elements „Importzoll" durch „Mineralölsteuer" keine Auswirkung auf den innerdeutschen Handel haben dürfe. Akzeptiere man dieses Argument, so müsse der DDR die Steuererhöhung von DM 129,- pro Tonne erstattet werden, immerhin ca. 75 Mio. VE bei einer für 1964 vorgesehenen Liefermenge von 560.000 t Treibstoff.[1674]

Ein weiteres Angebot an die DDR, für die Jahre 1965-1967 zusammen 100 Mio. DM zu zahlen, wie es der Kabinettsbeschluss vom 12. Mai 1965 vorsah, scheiterte an der Unterschriftenfrage, die bis dato offen war.[1675] Eigentlich hatte man in Bonn gehofft, mit den abgesprochenen degressiven Ausgleichszahlungen, vorgesehen waren für das Jahr 1965 60 Mio. VE, 1966 noch 30 Mio. VE und 1967 als letzte Rate 10 Mio. VE[1676], einen tragfähigen Kompromiss gefunden zu haben. Indes trog die Hoffnung, bereits im Jahre 1965 scheiterte die entsprechende Vereinbarung an der Signatarformel.[1677]

Knapp zwei Jahre lang gab es im innerdeutschen Dialog keine Fortschritte zu verzeichnen, so auch nicht beim Problem Mineralöl. Erst mit der großen Koalition, die Anfang Dezember 1966 ihren Dienst aufnahm, kam Bewegung in die Verhandlungen. Die DDR versuchte über verschiedene Kanäle die Verhandlungsbereitschaft der neuen Bundesregierung auszuloten.

1669 Schreiben Erhards an StS, BKA, 7.12.1963 (BA, B 137/6767).
1670 Sitzungsprotokoll Politbüro, 10.12.1963 (SAPMO-BA, DY 30/J IV2/2/909, Bl. 20).
1671 Vermerk: Gespräch Behrendt/westdt. Unternehmern, 9.1.64 (SAPMO-BA, DY 30/IV A 2/6.10/283).
1672 Schreiben Dichgans an Pohle, 14.7.1967 (BA, N 1281/2).
1673 Sitzungsprotokoll Politbüro, 10.12.1963 (SAPMO-BA, DY 30/J IV2/2/909, Bl. 20).
1674 Ebda.
1675 Vermerk über Besprechung MAI/TSI, 24.1.1964 (SAPMO-BA, DY 30/IV A 2/6.10/283).
1676 Vermerk, 26.6.1967 (BA, B 137/6767).
1677 Schreiben Pohle an Strauß, 7.7.1967 (BA, N 1281/2).

Einer dieser Kontakte fand zwischen Behrendt und Ernst Wolf Mommsen[1678] im Dezember 1966 statt. Dabei erkundigte sich Behrendt, ob die neue Bundesregierung eine Weihnachtsregelung in der Passierscheinfrage mit der vollen Erstattung der Mineralölsteuer und der fortgefallenen Hydriersteuerpräferenz honorieren würde. Mommsen wiederum trug Schiller dieses vor und deutete größere Geschäfte mit der DDR an, die auch Steinkohlelieferungen einbeziehen würden.[1679] Demgegenüber hielt sich das BMWi bedeckt und befürwortete die Behandlung wirtschaftlicher Fragen im Rahmen des Berliner Abkommens. Zwar sei generell nichts gegen den Grundsatz „politische gegen wirtschaftliche Zugeständnisse" einzuwenden, aber die Kopplung der Passierscheinfrage mit dem Mineralölproblem sei nicht sinnvoll. Eher könne man hier an eine außerplanmäßige Kreditgewährung denken.[1680]

Schließlich zog die DDR aus dem Preisverfall bei Mineralöl die Konsequenzen und stellte ihre Lieferungen in die Bundesrepublik zum 1. Januar 1967 ein. Dieser Umstand rief eine fraktionsübergreifende Initiative von Bundestagsabgeordneten auf den Plan, deren Initiator der CDU-Abgeordnete Dichgans war. Er hielt den Umstand, dass die deutsch-deutsche Grenze zur „Verbrauchssteuergrenze" gemacht worden war, wirtschaftspolitisch für zweckmäßig, deutschlandpolitisch für katastrophal. Daher wollte er mit seinem Gesetzentwurf den notwendigen wirtschaftlichen Schutz gewährleisten, zugleich aber Maßnahmen in den Kompetenzbereich der Bundesregierung zu legen. Die Pointe seines Entwurfes lag darin, die ostdeutschen Behörden zu Mitwirkung bei der Mineralölgesetzgebung zu zwingen. Im Gegenzug könnte man Kohle liefern, die ohnehin auf Halde liege.[1681]

Die regierungsinternen Auseinandersetzungen um die Frage, wie man gegenüber der DDR wegen des Mineralölproblems auftrete, spielte sich in erster Linie zwischen Wirtschaftsminister Schiller und Finanzminister Strauß ab. Beide personifizierten grundsätzlich unterschiedliche deutschlandpolitische Strategien. Während Schiller in Anlehnung an Bahrs These vom „Wandel durch Annäherung" der DDR finanzielle weit entgegenkommen wollte, sprach sich Strauß, ganz in der Tradition Adenauerscher „Politik der Stärke" strikt gegen irgendwelche Zugeständnisse aus. Schiller schlug Strauß vor, der DDR für die Jahre 1965 und 1966 Steinkohlelieferungen im Wert von 100 Mio. VE als Ausgleich für die Verluste im Mineralölbereich zur Verfügung zu stellen. Des weiteren solle für Treibstoff aus der DDR keine Steuer erhoben werden, falls dort bereits der Treibstoff besteuert würde.[1682] In seinem Antwortschreiben bemerkte Strauß, dass er Schillers Position, die im übrigen mit einer Initiative von Dichgans und Pohle übereinstimme, nicht zustimmen könne. Angesichts der notwendigen „drastischen Ausgabekürzungen" seien zusätzliche Ausgaben dieser Höhe nicht

---

1678 Direktor der Phoenix-Rheinmetall.
1679 Vermerk, 14.12.1966 (BA, B 137/6767).
1680 Ebda.
1681 Schreiben Dichgans an Pohle, 25.4.1967 (BA, N 1281/2).
1682 Schreiben Schiller an Strauß, 14.7.1967 (BA, B 137/6767).

zu verantworten. Überdies impliziere die These vom einheitlichen Steuergebiet weitere Erlasse u.a. bei Tabak.[1683]

Der Stand der Situation im Februar 1968 lässt sich folgendermaßen umschreiben: Schiller schlug eine Mineralölsteuersenkung um 129 DM/t für Treibstoffe aus der DDR vor. Als Alternative käme eine degressive Ausgleichszahlung oder eine Einmalzahlung über 120 Mio. VE in Betracht.[1684] Strauß lehnte alle Vorschläge ab mit der Begründung, dass eine Regelung nur bei einer „politischen Gesamtlösung" gefunden werden könne. Einseitige Vorleistungen der Bundesrepublik führten nur zu weiteren Forderungen der DDR. Zudem bestünde haushaltstechnisch kein Spielraum hierfür.[1685]

In letzter Konsequenz vermochte sich jedoch Schiller gegen seinen Widersacher durchzusetzen. So einigten sich in den Verhandlungen zwischen der TSI und dem MAI am 5. und 6. Dezember 1968 beide Seiten darauf, dass die Bundesregierung zum 31. Dezember 1968 einen Betrag von 75 Mio. VE als Ausgleich überweise und zum 31. Dezember 1969 nochmals 45 Mio. VE.[1686] Damit fand das wohl umstrittenste Kapitel deutsch-deutscher Wirtschaftsbeziehungen der sechziger Jahre sein Ende.

1683 Schreiben Strauß an Schiller, 27.7.1967 (BA, B 137/6767).
1684 Schreiben Schiller an Chef des BKA, 13.2.1968 (BA, B 136, 6721).
1685 Stellungnahme Strauß zu Schiller, 20.2.1968 (BA, B 136, 6721).
1686 Ergebnisbericht TSI, 9.12.1968 (BA, B 136, 6722).

9. Schlussbetrachtungen

Der Kalte Krieg, jene jahrzehntelange Auseinandersetzung zwischen sozialistischen und kapitalistischen Staaten um die Überlegenheit des jeweils eigenen politischen, sozialen und ökonomischen Ordnungsmodells, wurde in hohem Maße vom wirtschaftlichen Konkurrenzverhältnis geprägt und letztlich mit entschieden. Daher kommt der „Schnittstelle" Ost-West-Handel im Kontext der internationalen Systemkonfrontation überragende historische Relevanz zu. Dies gilt in gleichem Maße auf nationaler Ebene für den innerdeutschen Handel: „Unter den Bedingungen des geteilten Landes wurde der Ost-West-Handel, vor allem der wirtschaftliche Austausch mit der DDR, zu einem herausragenden Feld der deutschen Ostpolitik."[1687] Er stellte während der ersten beiden Jahrzehnte des Bestehens beider deutscher Staaten das Hauptbetätigungsfeld staatlicher und wirtschaftlicher Akteure im Bereich praktischer Deutschlandpolitik dar.

Die nachstehenden Bemerkungen beschränken sich nicht nur auf ein komprimierendes Resümee der historisch-empirischen Befunde. Vielmehr gehen sie auch auf die beiden eingangs gestellten Fragen ein:
➢ Welche Rückschlüsse ergeben sich aus der Entwicklung der innerdeutschen Handelsbeziehungen bezüglich der Kompatibilität von unterschiedlichen Wirtschaftsordnungen mit ihren jeweiligen Steuerungsmechanismen, wenn sie miteinander in Austauschbeziehungen treten?
➢ Wie lässt sich das in den deutsch-deutschen Handelsbeziehungen zu beobachtende Spannungsverhältnis von Politik und Ökonomie in den säkularen Trend einer zunehmend dominanter auftretenden Wirtschaft einbetten? Ist es als Indikator einer sukzessiven Verschmelzung von Politik und Wirtschaft zu interpretieren, ein Prozess, der insbesondere in der zweiten Hälfte des 20. Jahrhunderts an Dynamik gewonnen hat?

9.1. Wirtschaftlich unterschiedlich leistungsstarke Handelspartner

Die deutsch-deutschen Handelsbeziehungen verknüpften zwei von Beginn an unterschiedlich leistungsstarke Partner. Aufgrund der wirtschaftsstrukturellen Teilungsdisproportionen, des dauerhaften Verlusts an Humankapital, der hohen und langjährigen Reparationsbelastungen, des nachteiligen, innovationshemmenden Wirtschaftssystems sowie der Einbindung in die wirtschaftlich-technisch rückständige osteuropäische Staatengemeinschaft vermochte die SBZ/DDR zu keiner Zeit als ökonomisch gleichwertiger Akteur gegenüber der Trizone/Bundesrepublik am Verhandlungstisch aufzutreten.

1687 Petzina, Deutschland, S. 153.

Diese wiederum erlangte, begünstigt durch eine relativ ausgewogen strukturierte Volkswirtschaft, die deutlich geringeren Reparationsleistungen, den bis 1961 steten Zufluss an Humankapital aus der DDR, die effizientere, innovationsfördernde Wirtschaftsordnung, die Integration in die hochindustrialisierte Staatengemeinschaft Westeuropas bzw. Nordamerikas sowie die Aufbauhilfe im Rahmen des European Recovery Program binnen weniger Jahre ein deutliches ökonomisches Übergewicht gegenüber der DDR. Seit der ostdeutschen Wirtschafts-, Versorgungs- und Existenzkrise 1952/53 waren sich die politischen Akteure beider Seiten dieses Sachverhalts bewusst.

Im Laufe der 1950/60er Jahre verschlechterte sich die handelspolitische Position der DDR gegenüber der Bundesrepublik. Ihr wichtigster Lieferposten, Braunkohlenbriketts, erfuhr wegen des Strukturwandels auf dem Energiesektor seit 1963 einen erheblichen Nachfragerückgang. Bei der als handelsstrategische Kompensation ausgebauten Mineralölproduktpalette verzeichnete die DDR im darauffolgenden Jahr einen Gewinneinbruch um 73 %. Ursache hierfür waren die zum 1. Januar 1964 in Kraft getretene EWG-einheitliche Abschaffung des Außenzolls auf Mineralöl, die zeitgleiche Einführung der Mineralölsteuer sowie der Wegfall der Hydriersteuerpräferenz. Dadurch verloren die DDR-Lieferungen ihren begünstigten tarifären Status und wiesen gegenüber Importen aus dem Nahen Osten nicht mehr ein so außerordentlich attraktives Preis-Leistungs-Verhältnis auf. Auch bei anderen wichtigen Liefergütern des Roh- und Grundstoffsektors erlebte die DDR massive Absatzeinbrüche. Schon in den frühen fünfziger Jahre hatte z. B. Bau- und Grubenholz rasch an Bedeutung eingebüßt, da zum einen die ostdeutschen Forstbestände an ihre Lieferkapazitätsgrenze stießen und zum anderen mit dem Abflauen des Baubooms der Nachkriegszeit die Nachfrage zurückging. Technisch anspruchsvollere Handelsgüter, beispielsweise Erzeugnisse der traditionsreichen Produktionssparten Druck-, Büro- oder Textilmaschinenbau, die eine hohe Wertschöpfung bargen, konnte die DDR anfangs wegen des enormen UdSSR-Bedarfs nur in unzureichendem Maße für den innerdeutschen Handel bereitstellen. Zwar nahmen mit dem Absinken der sowjetischen Nachfrage seit 1953 die Lieferkapazitäten für den Warentransfer in die Bundesrepublik zu. Nunmehr aber konstatierten ostdeutsche Außenhändler eine nachlassende Konkurrenzfähigkeit der DDR-Maschinenbauerzeugnisse auf dem Westmarkt. Ihrer Auffassung nach lag das in der zu niedrigen Innovationsfrequenz ostdeutscher Betriebe begründet, weshalb deren Produkte im Vergleich zu westlichen Erzeugnissen technisch und optisch rückständig erschienen. Zusätzlich schädigten nicht eingehaltene Liefertermine und mangelhafte Ersatzteilversorgung das Image von DDR-Unternehmen im Westen nachhaltig. Hinzu kamen noch ein oftmals unzureichendes Vertriebsnetz und der unzuverlässige Kundendienst. In technologieintensiven Sparten stellten und stellen Kompetenzen im Servicebereich das entscheidende Kaufargument dar.

Die hier benannten Monita resultierten teilweise aus den systemimmanenten Bedingungen einer sozialistischen Zentralverwaltungswirtschaft. So wurde die Frage der Ersatzteilversorgung in den primär auf Produktionsausstoß von Fertigwaren ausgerichteten Plänen sträflich vernachlässigt. Die Probleme beim Kundendienst vor Ort gingen auf das Akzeptanzdefizit des sozialistischen Regimes bei der eigenen Bevölkerung zurück. Es führten dazu, dass Geschäfts- und Servicereisen in den Westen wegen Fluchtgefahr auf ein Minimum begrenzt wurden und mit unverhältnismäßig hohem bürokratischen (Überwachungs-) Aufwand verbunden waren. Neben den „hausgemachten" Defiziten engten Konkurrenzprodukte westlicher Staaten sowie die einseitig nach Westen praktizierte Handelsliberalisierung der Bundesregierung den bundesdeutschen Absatzmarkt für ostdeutsche Anbieter weiter ein. Auch die sich rasch etablierenden Flüchtlingsbetriebe, welche zumeist in typischen „DDR-Branchen" (Glas, Keramik, Textil, Spielwaren u. a. m.) angesiedelt waren, erkämpften sich Marktanteile auf Kosten ostdeutscher Produzenten. Die zeitliche Koinzidenz von Absatz- und Gewinneinbußen bei Roh- und Grundstoffen mit unzureichender Kompensation durch technisch anspruchsvolle Fertigwaren führte Mitte der sechziger Jahre zu einer strukturellen Schieflage im innerdeutschen Handel, welche die DDR bis zu ihrem Ende nicht mehr auszugleichen in der Lage war.

Auch die Bundesrepublik verlor ihre ursprünglich starke Handelsposition, insbesondere bei Eisen- und Stahlprodukten, Steinkohle und Maschinenbauerzeugnissen. Der ostdeutsche Aufbau einer eigenen Schwerindustrie und die Verlagerung von ehemals innerdeutschen Handelsströmen nach Osteuropa bewirkte eine relative und wachsende volkswirtschaftliche Autonomie der DDR gegenüber Westdeutschland. Zwar bestand die ganzen Jahre über ein hoher Bedarf an bundesdeutschen Spezialstählen, aber letztlich ließ sich daraus kein politisches Druckpotential aufbauen, welches die DDR zu substantiellen Zugeständnissen gezwungen hätte. Denn es gelang Ost-Berlin, anderweitige Bezugsquellen zu erschließen. Westeuropäische Unternehmen waren schon 1950 bereit, bundesdeutsche Boykottmaßnahmen gegen die DDR zu unterlaufen. Sie orientierten sich primär am betriebswirtschaftlichen Eigeninteresse und nutzten deutschlandpolitische Krisen, um ihre Marktpräsenz in der DDR auszubauen. Beim Industrieanlagenbau etwa, der sich in den sechziger Jahren als neues Geschäftsfeld etablierte, verschaffte vor allem Bonns restriktive Kreditpolitik den Westeuropäern einen erheblichen Wettbewerbsvorteil.

Somit präsentiert sich hinsichtlich der Entwicklung der handelspolitischen Kräfteverhältnisse im innerdeutschen Waren- und Dienstleistungsaustausch während der Jahre 1949 bis 1969 ein ambivalentes Bild. Auf der einen Seite öffnete sich die volkswirtschaftliche Leistungsschere zwischen der DDR und der Bundesrepublik stetig weiter. Auf der anderen Seite und gegen diesen Trend nahm das ökonomische und politische Druckpotential des innerdeutschen Handels, welches Bonn möglicherweise gegen Ost-Berlin hätte instrumentalisieren können, kontinuierlich ab. Im Kontext dieser wirtschaftlichen und handelspolitischen Rahmenbedingungen wandelten sich die politischen Zielsetzungen, welche die Regierungen beider deutscher Staaten mit dem deutsch-deutschen Warentransfer verknüpften.

9.2. Der innerdeutsche Handel als deutschlandpolitisches Instrument aus der Sicht der DDR-Führung

Gleichwohl man sich in den Leitungsgremien der SED und in den obersten staatlichen Behörden seit 1952/53 der eigenen ökonomischen Schwäche bewusst war, sah man darin keinen Hinderungsgrund, den innerdeutschen Handel offensiv für eigene politische und wirtschaftliche Ziele zu nutzen.[1688] Beide finale Kategorien lassen sich in letzter Konsequenz nicht voneinander trennen. Schließlich entscheidet über die Akzeptanz, Existenz und Stabilität eines (wirtschafts-)politischen Systems nicht zuletzt seine Steuerungskompetenz ökonomischer Prozesse. Welches waren nun die politischen und wirtschaftlichen Ziele Ost-Berlins, die mittels deutsch-deutscher Handelsbeziehungen erreicht werden sollten? Das überragende strategisch-politische Ziel lag in der Überwindung des Kapitalismus durch den Sozialismus.[1689] Bezogen auf Deutschland bedeutete das die Wiedervereinigung unter den in der DDR herrschenden politischen, ökonomischen und gesellschaftlichen Systembedingungen. Ein solcher Vorgang setzte einen in jeder Hinsicht attraktiven sozialistischen Staat voraus, der nach innen allseits akzeptiert und nach außen völkerrechtlich anerkannt wurde. Dabei ging die politische Führung davon aus, dass zwischen beiden Faktoren eine positive Rückkopplung im Sinne der wechselseitig Verstärkung vorlag, d. h. die internationale völkerrechtliche Anerkennung würde die innere Stabilität befördern und vice versa.

Der wichtigste Akteur, den es von der Souveränität zu überzeugen galt, war die Bundesregierung. Durch ihren Alleinvertretungsanspruch ignorierte sie nicht nur die DDR, wie die übrigen Staaten der westlichen Welt, sondern sie sprach ihr wegen fehlender demokratischer Legitimation darüber hinaus die Existenzberechtigung ab. Hinzu kam als Spezifikum die überragende Akzeptanz des bundesdeutschen politischen, wirtschaftlichen und gesellschaftlichen Modells innerhalb der DDR-Bevölkerung. Folglich würden sich einer Anerkennung der DDR durch die Bundesrepublik nicht nur die internationalen Akteure anschließen; zugleich würde ein solcher Schritt die Akzeptanz im Innern steigern – so zumindest die Erwartung. Ihren prägnanten Ausdruck fand das Anerkennungsbestreben Ost-Berlins in der 1955 formulierten „Zwei-Staaten-Theorie", welche drei Jahre später zur „Drei-Staaten-Theorie" erweitert wurde. Da beide Theorien völkerrechtlicher Natur kaum durch einen diplomatischen Akt von Bonn Bestä-

---

[1688] Daher muss Kims These, Ost-Berlin habe im Innerdeutschen Handel keine politische Bedeutung beigemessen, zurückgewiesen werden; Kim, Außenwirtschaft, S. 120.
[1689] Die Frage, ob es sich hierbei um ein originär auf die marxistisch-leninistische Ideologie zurückzuführende Zielvorgabe handelte oder ob es sich nicht aus institutionstheoretischer Sicht um pragmatische Machtpolitik handelte, welche durch die Ideologie moralisch aufgewertet wurde, läßt sich an dieser Stelle nicht weiter diskutieren. Für das Verständnis von Herrschaftssystemen ist aber eine Analyse des faktischen Stellenwerts der ihnen zugrundeliegenden Ideologien bzw. ihrer Rolle als Orientierungsgröße für realpolitisches Handeln unerläßlich.

tigung erfahren dürften, strebte die SED-Führung dieses Ziel vermittels zahlreicher kleiner Schritte an. Hierbei boten die innerdeutschen Handelsbeziehungen unter allen deutsch-deutschen Beziehungsebenen die erfolgversprechendste Perspektive, weil ein Abkommen existierte, das als Kristallisationskern für einen völkerrechtlichen Vertrag in Frage kam, ein Kommunikationskanal ständige Gespräche ermöglichte, die dereinst zum interministeriellen Dialog ausgebaut werden könnten, und Einfluss auf wichtige Wirtschaftsakteure genommen werden konnte, die ihrerseits über einen hervorragenden Draht nach Bonn und über politischen wie gesellschaftlichen Einfluss verfügten.

Die ostdeutsche Verhandlungstaktik setzte folgerichtig an diesen drei Punkten an. Das MAI bemühte sich stets, die Umwandlung des Berliner Abkommens, welches den Charakter eines Verwaltungsabkommens aufwies, in einen Handelsvertrag völkerrechtlicher Qualität durchzusetzen. Die Signatarformel sollte dahingehend geändert werden, dass als Vertragspartner explizit die „Deutsche Demokratische Republik" und die „Bundesrepublik Deutschland" genannt würden. Zudem wünschte das MAI die vertragliche Exklusion West-Berlins, um seine Isolation gemäß der „Drei-Staaten-Theorie" zu befördern. Mit der Inselstadt gedachte man einen eigenen Handelsvertrag abzuschließen.

Der Nachdruck, mit dem das MAI in den Verhandlungen auf die Umsetzung dieser Forderungen drängte, korrelierte eng mit der deutschlandpolitischen Gesamtlage. Vor allem seit Beginn der Berlin-Krise 1958 und im Laufe sechziger Jahre entwickelte die DDR-Führung eine Vehemenz, die bis zur drohenden Kündigung des Berliner Abkommens reichte. Letztlich waren es wirtschaftliche Argumente, die sie vor diesem Schritt zurückschrecken ließen. Zwar vermochte sich Ost-Berlin in vertragsrechtlichen Fragen des Berliner Abkommens nicht durchzusetzen, aber bei den Abkommen über die Berliner Passierscheinregelung (1963) und den Bau der Autobahnbrücke Saale/Hirschberg (1964), beide eng mit den innerdeutschen Wirtschaftsbeziehungen verknüpft, erzielte es hinsichtlich der Signatarformel einen ersten Einbruch in die westdeutsche Position. Die seit 1966 zu beobachtende deutschlandpolitische Annäherung sowie der Abschluss des Grundlagenvertrages im Jahre 1972 führten jedoch dazu, dass eine rechtliche Modifikation des Berliner Abkommens entbehrlich wurde und angesichts möglicher wirtschaftlicher Repressalien inopportun erschien. Dieser Umstand erklärt, weshalb das Berliner Abkommen bis zur Überwindung der deutschen Teilung 1990 ohne nennenswerte vertragsrechtliche Änderungen Bestand hatte.

Den institutionalisierten Kommunikationskanal MAI-TSI wünschte Ost-Berlin durch einen direkten Gesprächsweg ins BMWi zu ersetzen. Dies gelang ihm während des Untersuchungszeitraumes indes nur in Krisenzeiten, so bei den Anlaufschwierigkeiten des Berliner Abkommens (1951/52), der Erhöhung der Transitgebühren (1955) und der Kündigung des Berliner Abkommens (1960). Damals setzten sich die BMWi-Unterabteilungs- bzw. Referatsleiter Kroll und Krautwig mit den jeweiligen ostdeutschen Hauptabteilungsleitern des MAI inoffiziell zusammen, um einen Ausweg aus der schwierigen Situation zu sondieren. Solche intergouvernementalen Kontakte stellten für den westdeutschen Gesprächspartner ein durchaus persönliches Risiko dar, hatte ein Kabinettsbeschluss selbige doch wegen der Anerkennungsproblematik strikt untersagt. Zu keinem Zeitpunkt jedoch nutzten die DDR-Gesprächspartner diesen Umstand zur Desavouierung ihres Gegenübers aus, was auf ein gewisses Vertrauensverhältnis auf persönlicher Ebene hindeutet. Schließlich knüpften seit Beginn der Großen Koalition im Dezember 1966 Staatssekretäre, Minister bis hinauf zum Bundeskanzler deutsch-deutsche Kontakte. Aufgrund dieser Entwicklung reduzierte sich die Bedeutung des Kommunikationskanals TSI-MAI auf seine handelspolitische Funktion. Bis dato waren Themen wie Berlinverkehr, (Wasser-)Straßenbenutzungsgebühren, Grenzverletzungen, Beschlagnahmungen, Verhaftungen, grenzüberschreitende Arbeitsverhältnisse, gemeinsame Bauprojekte, Familienzusammenführung u. a. m. in den Routineverhandlungen zumindest angeschnitten worden. Das war Ende der 1960er Jahre vorbei; die umfangreichen Verhandlungen über Post-, Telekommunikations- und Verkehrsabkommen während der Jahre 1970/71 wie auch die Gespräche bezüglich des Grundlagenvertrages, liefen nicht mehr über den Kommunikationskanal TSI-MAI.

Der dritte Weg zur hartnäckig erstrebten Anerkennung führte über die vermeintlichen oder tatsächlichen Interessendivergenzen bestimmter sozialer Gruppen innerhalb der Bundesrepublik. Hierbei hoffte Ost-Berlin vor allem, die Antagonismen zwischen Wirtschafts- und politischen Akteuren sowie zwischen Bundes- und Landesakteuren in seinem Sinne instrumentalisieren zu können. Bemerkenswerterweise spielte der vom Marxismus-Leninismus postulierte Antagonismus Proletariat – Bourgeoisie in dieser Konstellation überhaupt keine Rolle; vielmehr implizierte die Taktik eine ökonomisch motivierte Interessenkongruenz von westdeutschen Arbeitnehmern und -gebern in bezug auf Handelsofferten aus Ostdeutschland.

Der eigenen ökonomischen Unterlegenheit durchaus einsichtig, bemühten sich die handelspolitischen Akteure der DDR darum, eine punktuelle bzw. sektorale Überlegenheit auf der Ebene wirtschaftlicher und politischer Subsysteme in der Bundesrepublik zu gewinnen. Von der so erlangten Position der relativen Stärke erhoffte man sich bessere Chancen zur politischen und wirtschaftlichen Einflussnahme. Die Adressaten dieser Sonderangebote ergaben sich aus der jeweiligen konjunkturellen Wirtschaftslage in der Bundesrepublik. Es waren vornehmlich Unternehmen krisengeschüttelter Branchen, die ein Interesse an zusätzlichen Absatzchancen haben mussten, sowie einzelne Bundesländer, für die 1954 sogar ein länderspezifisches Bezugsprogramm aufgelegt wurde. Als sich beispielsweise Ende der fünfziger Jahre die westdeutsche Kohle- und Stahlkrise abzeichnete, offerierte die DDR ein aufsehenerregendes „Hilfsangebot", in dessen Rahmen sie anbot, Kohle, Eisen und Stahl über 560 Mio. VE zu beziehen. Im Fahrwasser dieses Projektes bemühten sich weitere westdeutsche Unternehmen anderer Branchen um zusätzliche Aufträge aus der DDR, so dass der Bundesregierung zwischenzeitlich die Kontrolle des deutsch-deutschen Warentransfers zu entgleiten drohte. Mit Blick auf die aktuelle und durchaus dramatische zweite Berlinkrise war eine solche Situation seitens Bonns nicht zu tolerieren.

Daher zog das BMWi die handelspolitische Notbremse und verweigerte dem „Hilfsangebot", wie auch allen weiteren Sondergeschäften, seine Genehmigung. Dies führte zu Zerwürfnissen zwischen wirtschaftlichen und politischen Akteuren in der Bundesrepublik, welche sich über mehrere Jahre hinziehen sollten. Anhand dieses Beispiels ist der Nachweis zu erbringen, dass der DDR ein partielles, wenn auch zeitlich beschränktes Auseinanderdividieren von politisch und wirtschaftlich orientierten westdeutschen Akteuren tatsächlich gelungen ist.

Auf Länderebene richtete das MAI bevorzugt an Nordrhein-Westfalen und West-Berlin Offerten über Zusatzabkommen. Ihre zeitliche Koinzidenz zu Landtagswahlen legt die Vermutung nahe, dass dadurch Einfluss auf das Wählerverhalten zugunsten sozialistischer Parteien genommen werden sollte. Mittlerweile sind derartige Bestrebungen eindeutig nachgewiesen, ihr Misserfolg durch die Wahlergebnisse indes auch. Weder vermochten die landesspezifischen Zusatzabkommen das Abstimmungsverhalten der Bevölkerung in erkennbarem Maße beeinflussen, noch die Politik der Landesbehörden. Aufgrund der sich ändernden politischen Großwetterlage in den sechziger Jahre stellte die DDR ihre Strategie der Sonderangebote ein. Nunmehr erwies sich die Handelspolitik der Bundesregierung als hinreichend flexibel und entgegenkommend, um die ökonomischen Bedürfnisse Ostdeutschlands zufrieden zu stellen.

Zusammenfassend lässt sich festhalten, dass die politische Führung der DDR die innerdeutschen Wirtschaftsbeziehungen in den Dienst deutschlandpolitischer Zielsetzungen stellte. Neben dem Streben nach völkerrechtlicher Anerkennung lässt sich für die frühen fünfziger Jahre noch das Bemühen nachweisen, die drohende Westintegration der Bundesrepublik zu verhindern oder doch wenigstens zu verzögern. Beispielsweise lockte man im unmittelbaren Vorfeld der Unterzeichnung des Grundlagenvertrages (Mai 1952) Bonn mit Verhandlungen über die Berlinfrage, um so die AHK auf diesem Gebiet zu marginalisieren. Die Erfolgsbilanz derartiger Ansätze nimmt sich bescheiden aus. Weder gelang es, mit Hilfe der deutsch-deutschen Wirtschaftsbeziehungen die Anerkennung des eigenen Staates zu vermitteln, noch die Westintegration der Bundesrepublik zu verhindern, noch erreichte man die Isolierung West-Berlins. Auch die vermeintlichen „inneren Widersprüche" des kapitalistischen Systems erwiesen sich nicht als so gravierend, dass sie für eine ernsthafte Destabilisierung des politischgesellschaftlichen Systems Bundesrepublik Deutschland ausgereicht hätten.

9.3. Der innerdeutsche Handel als deutschlandpolitisches Instrument aus der Sicht der Bundesregierung

Seitens der Bundesregierung dominierte von Beginn an der Wille zur Durchsetzung und Wahrung des Alleinvertretungsanspruches auch die deutsch-deutschen Handelsbeziehungen. Vertragsrechtlich und in der Handelspraxis durfte demzufolge keinerlei Hinweis auf eine völkerrechtliche Anerkennung der DDR enthalten sein. Diese Vorgabe vermochte Bonn in der konkreten Ausgestaltung der

Handelsbeziehungen weitestgehend einzuhalten. Das Berliner Abkommen entbehrte als Quasi-Verwaltungsabkommen jeglichen Staatsvertragscharakters, die Signatarformel „Währungsgebiete" umging das Problem der namentlichen Nennung der DDR und konstituierte zugleich die politische Einheit „Bundesrepublik – West-Berlin".

Mit der Zuerkennung der Souveränität an beide deutsche Teilstaaten im Jahre 1955, der Verkündung der „Zwei-Staaten-Theorie" bzw. der „Drei-Staaten-Theorie" sah sich die Bonn gezwungen, insbesondere die Bindung der Inselstadt an das Bundesgebiet immer wieder zu bekräftigen. Aus diesem Grunde wiesen sowohl die Bundesregierung, als auch der West-Berliner Senat spezielle Handelsofferten der DDR an West-Berlin zurück, so geschehen 1954 und 1958.

Allerdings konnte das BMWi nicht verhindern, dass die andere Seite zuweilen einen Punktgewinn im Ringen um die faktische Anerkennung verbuchen konnte. So gelang es ostdeutschen Unternehmen immer häufiger, auf bundesdeutschen Messen unter der Herkunftsbezeichnung „Deutsche Demokratische Republik" zu firmieren. Zu den Punktgewinnen zählen auch die beiden bereits erwähnten Vereinbarungen über das Berliner Passierscheinabkommen (1963) und den Bau der Autobahnbrücke Saale/Hirschberg (1964), die erstmals nicht die Signatarformel „Währungsgebiete" aufwiesen. Im Zusammenhang mit dem Brückenbauprojekt setzte die DDR zudem eine paritätisch besetzte deutsch-deutsche technische Kommission durch, was einer der zentralen, seit 1949 erhobenen Forderungen ihrer politischen Führung entsprach.

Die Hoffnung der sozialistischen Machthaber in Ost-Berlin, über solche minimalen Erfolge sukzessive eine faktische Anerkennung zu erzielen, erfüllte sich jedoch nicht. Vielmehr gelang es der Bundesregierung, die innerdeutschen Wirtschaftsbeziehungen in letzter Konsequenz nicht zum Vehikel für die Anerkennung der DDR werden zu lassen – wohl auch, weil mit der allgemeinen Entspannung und der Unterzeichnung des Grundlagenvertrages Anfang der siebziger Jahre dieses von der anderen Seite nicht mehr angestrebt wurde. Ob die Entpolitisierung der deutsch-deutschen Wirtschaftsbeziehungen auch ohne beiderseitige Annäherung eingetreten wäre, muss letztlich offen bleiben.

Das zweite strategische Ziel der Bonner Deutschlandpolitik, die Vereinigung beider Staaten innerhalb parlamentarisch-demokratischer Rahmenbedingungen, wirkte sich ebenfalls auf die innerdeutschen Handelsbeziehungen aus. Sie erschienen als geeignetes Medium, um die Rudimente volkswirtschaftlicher Einheit und Arbeitsteilung zu konservieren. Die Ausweitung des deutsch-deutschen Warentransfers begründete das BMWi daher immer auch mit dem Argument der nationalen Einheit. Ausdrücklich forderte es mehrfach die westdeutsche Industrie auf, mit Blick auf die gesamtdeutsche Wirtschaftseinheit Eigeninteressen zurückzustellen und Konkurrenzprodukte aus der DDR zu tolerieren bzw. ihren Absatz gegenüber Produkten westlicher Provenienz zu fördern. Selbst die bei der Bundesregierung wohlgelittenen Flüchtlingsbetriebe erlebten seit 1955 Einschnitte in den Förderprogrammen, da ihr Produktionsspektrum die ostdeutschen Absatzmöglichkeiten einschränkten.

Ein handelspolitischer Zielsetzungskonflikt ergab sich für die Bundesregierung aus der ebenfalls angestrebten ökonomischen Westintegration und der damit verbundenen Außenhandelsliberalisierung. Zwar versuchte das BMWi einer übermäßigen Verlagerung ehemals innerdeutscher Binnenhandelsströme nach Westen entgegenzuwirken, aber letztlich erwiesen sich die ökonomischen Rationalitätskriterien – attraktivere Handels- und Geschäftspartner, ordnungsstrukturelle Vorteile, geringere Transaktionskosten – ausschlaggebend dafür, dass dies nur in unzureichendem Maße gelang. Der deutsch-deutsche Warenverkehr blieb volkswirtschaftlich ein marginaler Faktor für die Bundesrepublik. Seine Klammerfunktion hinsichtlich der Wirtschaftseinheit muss angesichts der international zunehmend verflochtenen westdeutschen Volkswirtschaft als geringfügig eingestuft werden.

Es ist ein bemerkenswerter Umstand, dass Bonn die seit 1952/53 offenkundige wirtschaftliche Überlegenheit nicht dahingehend instrumentalisierte, dass es handelspolitischen Druck auf Ost-Berlin mit dem Vorsatz ausübte, eine gezielte Destabilisierung des sozialistischen Regimes in Krisenzeiten herbeizuführen. Im Gegenteil: Das federführende BMWi hatte bereits im Herbst 1952 anlässlich der ernsten Versorgungskrise in der DDR eine entgegenkommende Handelspolitik praktiziert und dies u. a. mit humanitären Motiven begründet.[1690] Diese Linie, die das BMWi unabhängig jedweder Entspannungsüberlegungen entwickelt hatte, behielt es weitestgehend bei. Weder im Zuge des 17. Juni 1953 noch im Umfeld des 13. August 1961 können Destabilisierungsabsichten seitens der Bundesregierung nachgewiesen werden. Die realen militärischen Machtverhältnisse, wie sie anlässlich des Aufstandes von 1953 zu Tage getreten waren, ließen ein solches Ansinnen unverantwortlich erscheinen. Eine sanktionsorientierte Handelspolitik verfolgte Bonn fast ausschließlich, wenn der Status, die Sicherheit West-Berlins oder der Zugang zur Inselstadt tangiert wurde, so geschehen beim Streit um die Straßenbenutzungsgebühren im Jahre 1955 oder bei der Einschränkung des innerberliner Verkehrs 1960. Nur einmal ordnete das BMWi einen Boykott an, der nicht im unmittelbaren Kontext mit der Berlinproblematik stand: die Verhängung des Eisen- und Stahlembargos im Frühjahr 1950 erfolgte wegen vermeintlich zu umfangreicher Lieferungen dieser Art in die DDR, welche das militärische Potential des sozialistischen Lagers stärkten. Treibende Kraft hinter dieser Maßnahme war die AHK, wohingegen sich das BMWi bemühte, Umfang und zeitliche Dauer der Sperre zu begrenzen.

Im Zuge sämtlicher Boykottmaßnahmen musste die Bundesregierung schmerzlich erfahren, dass die politische Solidarität der freiheitlich-demokratischen Staaten keine hinreichende Voraussetzung für ein gemeinsame wirtschaftliche Embargofront gegen die DDR darstellte. Mehrfach erwies sich die ökonomische Rationalität als handlungsbestimmend, nicht nur bei den west-

---

[1690] Damit ist dieses Motiv als handlungsleitende Größe bereits für die frühen fünfziger Jahre belegt; Schwarz ging bislang davon aus, dass humanitäre Aspekte erst gegen Ende der fünfziger Jahre eine nachweisliche Rolle in der Deutschlandpolitik der Regierung Adenauer gespielt haben; Schwarz, Adenauer, S. 480.

europäischen Wirtschaftsakteuren, sondern auch bei den außenhandelspolitischen Steuerungsinstitutionen in den jeweiligen Regierungen. Ausgehend von dieser Erfahrung und der Tatsache, dass seit Anfang der sechziger Jahre die Liberalisierung im Ost-West-Handel bedeutende Fortschritte machte, erübrigten sich Planungen bezüglich eines Handelsboykotts gegen die DDR.

9.4. Akteure, Interessen und Durchsetzungsvermögen

Zweifelsohne bestimmten die wichtigsten politischen Akteure – Bundesregierung, Partei- und Staatsführung in Ost-Berlin – die Gestaltung der innerdeutschen Handelsbeziehungen in entscheidendem Maße. Es darf aber nicht vergessen werden, dass sowohl auf internationaler, wie auch auf nationaler Ebene zahlreiche weitere Akteure mit divergierenden Partialinteressen und variablem Durchsetzungsvermögen den Gang der Dinge mit beeinflussten.

Während der frühen fünfziger Jahre übten sowohl die AHK als auch die SKK nicht nur eine Kontroll-, sondern auch eine gestaltende Funktion auf die innerdeutschen Handelsbeziehungen aus. Die erste westdeutsche Handelssanktion, das Eisen- und Stahlembargo des Jahres 1950, war ebenso Ausdruck alliierter Einflussnahme, wie verschiedentliche Störungen der Wasser-, Gas-, Elektrizitätsoder auch der Lebensmittelversorgung West-Berlins auf Initiative der SKK zurückzuführen sind. Die Interessen von AHK/SKK orientierten sich in hohem Maße an den deutschland- und weltpolitischen Planungen der Regierungen in Washington, Paris, London und Moskau; die Belange der deutschen Wirtschaft spielten dabei eine untergeordnete Rolle. Daraus resultierten, entgegen der bisherigen Forschungsmeinung,[1691] erhebliche politische Auseinandersetzungen zwischen den deutschen und alliierten Instanzen. Den Akteuren west- wie ostdeutscher Provenienz gelang es im Verlauf dieses Kräftemessens mit den Vertretungen der Siegermächte, die eigenen Handlungsfreiräume auszuweiten.

Mit der Auflösung von AHK und SKK 1954/55 endete naheliegenderweise ihre Interventionen in die innerdeutsche Handelspolitik. Die an ihre Stelle tretenden offiziellen diplomatischen Kontakte zwischen der DDR und der Sowjetunion bzw. der Bundesrepublik und den Westmächten berührten zwar auch die deutsch-deutschen Wirtschaftskontakte, aber doch in weit geringerem Maße und mit anderer Qualität als zuvor. Sie nahmen eher informativen und konsultatorischen Charakter an, direktive Momente lassen sich nur noch in den Fällen nachweisen, in denen die Berlinfrage unmittelbar tangiert wurde.

Auf nationaler Ebene lässt sich feststellen, dass die Handelspolitik der Bundesregierung gegenüber der DDR von einem regierungsinternen Antagonismus zwischen Bundeskanzler- und Auswärtigen Amt auf der einen, und dem BMWi auf der anderen Seite geprägt war. Dieser Konflikt hatte mehrere Ursachen. Ursprünglich standen klassische ressortspezifische Interessengegensätze im Mit-

---

1691 Petzina, Wirtschaftsbeziehungen, S. 183.

telpunkt. Während das Bundeskanzleramt und das Auswärtige Amt als Ansprechpartner der USA die internationale Dimension des innerdeutschen Handels reflektierten und demzufolge zu einer restriktiven Strategie neigten, hatte das BMWi vornehmlich die Interessen der eigenen Wirtschaft und die volkswirtschaftliche Integration Gesamtdeutschlands im Blick. Daraus resultierte eine zumeist liberale Handelspolitik. Ergänzt wurde dieser Gegensatz durch die unterschiedliche Einschätzung der Effektivität eines (Teil-) Embargos, insbesondere bei Berücksichtigung der meist kontraproduktiven Haltung der Wirtschafts- und politischen Akteure in den westlichen Staaten.

Neben diesen durchaus auf politisch rationaler Ebene ablaufenden Kontroversen muss während der Ära Adenauer die zunehmende persönliche Gegnerschaft zwischen dem Kanzler und seinem „Kronprinzen", dem Wirtschaftsminister, berücksichtigt werden. Diese korrelierte mit unterschiedlichen Auffassungen in der Sachfrage und führte zu verhärteten Fronten. In gewisser Weise galt dies auch für das Verhältnis zwischen BMWi und dem Auswärtigen Amt. Hier existierte traditionellerweise eine Rivalität in Fragen des Außenhandels, die auf den innerdeutschen Handel als Teil der Deutschlandpolitik transferiert wurde.

Diese regierungsinternen Konflikte traten insbesondere in politischen Krisenzeiten offen zu Tage. So zögerte Erhard im Gegensatz zu Adenauer mit der Verhängung des Eisen- und Stahlembargos im Frühjahr 1950, der Suspendierung des Berliner Abkommens Ende 1951, sowie der Kündigung des Berliner Abkommens Ende 1960. Auf der anderen Seite war sein Haus stets die treibende Kraft, wenn es darum ging, Handelsstockungen zu überwinden. Dabei scheute man sich auch nicht, interministerielle Kontakte auf mittlerer Ebene als Krisenmanagement einzusetzen. Des weiteren ist es auf die klare Haltung des BMWi zurückzuführen, dass in der Existenzkrise der DDR 1952/53 kein handelspolitischer Destabilisierungskurs eingeschlagen wurde, ebenso wenig nach dem Mauerbau 1961. Vielmehr praktizierte das BMWi seit 1952 eine der DDR ausgesprochen entgegenkommende Politik, deren Motive weniger im Entspannungsgedanken, denn in dem Willen, Rudimente volkswirtschaftlicher Ganzheit zu bewahren, zu suchen sind.

Seit dem Wechsel Erhards ins Kanzleramt im Oktober 1963 schwächte sich der regierungsinterne Antagonismus „Auswärtiges Amt versus BMWi" in Fragen des innerdeutschen Handels bis zu einem gewissen Grad ab. Er wurde im Verlauf der Großen Koalition vom Dissens zwischen dem BMWi unter Leitung Karl Schillers (SPD) und dem BMF unter der Führung von Franz-Josef Strauß (CSU) überlagert. Auch hier greift die Logik der ressortspezifischen Interessen: die zentrale Frage des innerdeutschen Handels während der sechziger Jahre war die Kreditgewährung an die DDR, was bekanntlich ein wichtiges Anliegen des BMF bildete. Es musste die damit verbundenen Finanzmittel im Bundeshaushalt aufbringen und etwaige Risiken verantworten. Deshalb lehnte das BMF eine allzu liberale Kreditpolitik gegenüber der DDR allein schon aus haushaltstechnischen Gründen ab. Hinzu kamen die deutschlandpolitischen Vorbehalte des Bundesfinanzministers, der zugleich als CSU-Politiker dachte und handelte. Die umgekehrte Situation finden wir im BMWi vor: aus ressortspezifischen Interessen an einer kreditunterstützten Ausweitung des innerdeutschen Handels interessiert, deckte sich diese Linie mit den deutschlandpolitischen Vorstellungen des sozialdemokratischen Wirtschaftsministers. Das Auswärtige Amt unter Leitung Willy Brandts (SPD) rückte in den Hintergrund der regierungsinternen Auseinandersetzungen um den innerdeutschen Handel. Das lag a. an seiner generellen Entpolitisierung, b.) an der Interessenkongruenz von Entspannungs- und Handelspolitik und damit c.) an der Interessenkongruenz der SPD-geführten Ministerien AA/BMWi.

Die Haltung der am innerdeutschen Handel interessierten westdeutschen Wirtschaftsakteure zeichnete sich durch eine zunehmende Autonomie von politischen Vorgaben aus. Während der frühen fünfziger Jahre, als die Angst vor kommunistischer Infiltration sie um die eigene Existenz fürchten ließ, waren sie bereit, die handelspolitische Steuerungs- und Kontrollkompetenz der Bundesregierung zu akzeptieren. Je mehr das politische und militärische Bedrohungspotential, das von der DDR ausstrahlte, schwand, je mehr das Gesamtsystem „Bundesrepublik Deutschland" an Überzeugungskraft und Stabilität gewann, um so unbefangener orientierten sich die Wirtschaftsakteure an betriebswirtschaftlichen Eigeninteressen. Politische Vorgaben wurden zunehmend ignoriert. Dies ging soweit, dass während der zweiten Berlinkrise dem BMWi die Steuerungskompetenz des innerdeutschen Handels zu entgleiten drohte. Erst nach harten Auseinandersetzungen beugten sich die führenden Unternehmen, Wirtschafts- und Dachverbände den Bonner Wünschen.

Letzten Endes jedoch setzten sich die Wirtschaftsakteure mit ihrem Annäherungskurs an die DDR durch. So zeichnete sich während der sechziger Jahre eine Intensivierung der Handelskontakte zwischen westdeutschen Wirtschaftsvertretern und ostdeutscher Handelsbürokratie ab. Die zögerliche Bundesregierung stellte spätestens seit 1966/67 einen tragfähigen Interessenkonsens in Fragen des innerdeutschen Handels mit der kooperationsfreudigen Industrie her und verabschiedete weitreichende Maßnahmen zur Dereglementierung des Handels mit der DDR.

Die institutionellen Strukturen einschließlich der damit verbundenen akteursspezifischen Interessenlagen in der DDR unterschieden sich ganz wesentlich von denen in der Bundesrepublik. Ausgehend von einer klaren Dreigliederung Partei – Staat – Außenhandelsbetriebe wird deutlich, dass die handelspolitischen Grundlinien innerhalb einer verwirrenden Vielfalt von Parteiinstanzen ausgearbeitet wurden.

Nur in wenige, markante Entscheidungsvorgänge griff Walter Ulbricht persönlich ein, so beispielsweise während der Kündigungskrise Ende 1960 oder in der Kreditfrage während der Jahre 1962/63. Das handelspolitische Alltagsgeschäft erledigten die ZK-Abt. HVA bzw. seit dem Jahre 1958 die Wirtschaftskommission beim Politbüro unter Leitung von Erich Apel bzw. Günter Mittag. Eine klar festgelegte Kompetenzabgrenzung beider Institutionen lässt sich dabei nicht erkennen, allerdings erweist sich die Wirtschaftskommission im Laufe der

Zeit als die bestimmende handelspolitische Zentrale. Eine dem Bonner Regierungsstil analoge Form der internen Konfliktaustragung ist innerhalb der SED-Strukturen kaum nachzuweisen, gleichwohl Interessengegensätze zwischen politisch-ideologisch bzw. ökonomisch-rational ausgerichteter Handelspolitik zu erkennen sind. Eine institutionenspezifische Zuordnung der Interessenlagen fällt indes schwer, da unter dem Eindruck ökonomischer Krisensituationen zumeist ein übergreifender Konsens hergestellt wurde, so geschehen nach dem 17. Juni 1953 oder anlässlich der volkswirtschaftlichen Krise 1962/63.

Die Weisungen und Direktiven der SED gingen entweder direkt oder via Ministerrat an das MAI. Dessen Hauptabteilung Innerdeutscher Handel koordinierte die Parteivorgaben, die SPK-Plangrößen und die Verhandlungsergebnisse mit der TSI. Aus diesem Input bemühte sich der zuständige Hauptabteilungsleiter, eine effiziente Handelspolitik gegenüber der Bundesrepublik zu gestalten.

Dabei befand sich das Ministerium aufgrund der dauerhaften Krisensituation im innerdeutschen Handel und der strukturellen Mittellage zwischen politischem (SED) und operativem Bereich (DIA/AHU) in der schwächsten Position. Kontinuierliche Kritik von Parteivertretern wegen ideologischer Nachlässigkeiten in den Verhandlungen mit der TSI und Beanstandungen seitens der Außenhandelsbetriebe wegen bürokratisch-schwerfälliger Handhabung der Geschäftstätigkeit ließen das MAI zum Sündenbock für systemimmanente Defizite werden. Ein konstruktiver Interessenausgleich hingegen war unter diesen Bedingungen kaum herbeizuführen.

Die mit der operativen Geschäftstätigkeit betrauten Außenhandelsbetriebe entwickelten zu keinem Zeitpunkt eine der westdeutschen Verbandskultur entsprechende politische Gestaltungskraft. Ihre Interessenwahrnehmung gegenüber der Partei- und Staatsbürokratie beschränkte sich in aller Regel auf betriebs- bzw. branchenspezifische Belange. Sie entwickelten keinerlei konzeptionellen wirtschafts- bzw. handelspolitischen Überlegungen und traten gegenüber der Bonner Regierungsadministration nicht als Gesprächspartner auf, wie das umgekehrt durchaus der Fall war. In diesem Sinne existierte zu den westdeutschen Wirtschaftsakteuren kein ostdeutsches Pendant.

9.5. Strukturelle Adaptationen im Handel zwischen zwei unterschiedlichen Wirtschaftssystemen

Die innerdeutschen Wirtschaftsbeziehungen bildeten eine Schnittstelle zwischen zwei unterschiedlichen politischen, wirtschaftlichen und gesellschaftlichen Systemen. Zumindest anfangs standen sie in einer durchaus existenzbedrohenden Konkurrenz zueinander. Daher schenkten die politischen Akteure beider Seiten dieser Schnittstelle aus Gründen der eigenen Sicherheit und des Machterhalts besondere Aufmerksamkeit.

Das ostdeutsche Ansinnen, den wirtschaftlichen Liberalismus und politischen Föderalismus als Ansatz zu verwenden, um wenigstens partielle ökonomische

Überlegenheit zu gewinnen, wurde durch das staatliche Außenhandelsmonopol, welches ein Signum sozialistischer Zentralverwaltungswirtschaften darstellte, begünstigt. Politische Zielsetzungen, so die Theorie, ließen sich mit seiner Hilfe effizient und präzise in Handelsoperationen umsetzen. Abweichendes, eigensinniges Verhalten, welches sich an anderen, beispielsweise betriebswirtschaftlichen Zielsetzungen orientierte, war nicht vorgesehen. Zweifelsohne bot das System der sozialistischen Zentralverwaltungswirtschaft auf dem Papier die günstigeren strukturellen Voraussetzungen, um politische Ziele mit den Mitteln des Handels zu verfolgen, als dies bei der außenhandelspolitisch liberal ausgerichteten Marktwirtschaftsordnung der Fall war.

Allerdings zeigte sich, dass während der frühen 1950er Jahre von einem konsequent umgesetzten Außenhandelsmonopol, welches beim MAI lag, keine Rede sein konnte. So traten Privatunternehmen, VEB, VVB, SAG, die HO und selbst Industrieministerien häufig autonom und ohne planmäßige Abstimmung mit dem MAI im Westen als Ein- und Verkäufer auf. Auch die staatlichen Außenhandelsbetriebe verfolgten immer wieder eine an Eigeninteresse und nicht am Außenhandelsplan ausgerichtete operative Praxis. Offenkundig erteilten auch Parteiinstanzen außerplanmäßige Direktiven an die Außenhandelsunternehmen, ohne das MAI darüber zu informieren. Schließlich ist noch das Beharrungsvermögen der technischen, kaufmännischen und wissenschaftlichen Experten in den Betrieben zu benennen, die in Folge der sogenannten „Westkrankheit" Waren nicht wie vorgesehen aus RGW-Staaten, sondern über langjährige Quellen aus der Bundesrepublik bezogen. Aufgrund dieser zahlreichen „eigensinnigen" Akteure geriet nicht nur die Verwirklichung des Planteils „Innerdeutscher Handel" im Volkswirtschaftsplan durcheinander. Zusätzlich unterhöhlte die Vielzahl ostdeutscher Wirtschaftsakteure den strukturellen Vorteil eines Außenhandelsmonopols, nämlich Angebot und Nachfrage in einer Hand zu halten und so preisbestimmende Wirkung entfalten zu können. Erst Ende der fünfziger Jahre ebbten diesbezügliche Klagen des Ministeriums ab, ohne je ganz zu verstummen.

War es in den ersten Jahren des innerdeutschen Handels die unzulängliche Umsetzung, die die Erwartungen in das Außenhandelsmonopol als effizientes Instrument eines politisch gesteuerten innerdeutschen Handels enttäuschte, so zeigte sich in den späteren Jahren, dass es wegen struktureller Defizite keinen Vorteil gegenüber dem Außenhandelssystem der Bundesrepublik darstellte. Es erwies sich nämlich als viel zu schwerfällig, um dem hohen Innovationstempo westlicher Marktwirtschaften und den rasch wechselnden Marktverhältnissen gerecht zu werden. Vor allem die Trennung von Produktion und operativem Handel führte zu Fehleinschätzungen des bundesdeutschen Absatzmarktes hinsichtlich Preis- und Warengestaltung.

Auf der anderen Seite sind für die frühen fünfziger Jahre große Sorgen bei wirtschaftlichen und politischen Akteuren in der Bundesrepublik wegen der vermeintlichen systembedingten Nachteile im Handel mit der DDR gut dokumentiert. Allgemein fürchteten sie die massive und gezielte Infiltration bzw. Destabilisierung der westdeutschen Wirtschaft und Gesellschaft durch kommunistische Wirtschaftsagenten. Daher konnte sich das BMWi mit seinen Plänen zur Schaffung eines Funktionsäquivalents zum DDR-Außenhandelmonopol breiter Unterstützung sicher sein. Konkret bedeutete das, dass sowohl die Verhandlungsführung über die vertraglichen Rahmenbedingungen und die Warenlisten, als auch die Ausschreibung der Waren und ihre Liefer- bzw. Bezugsgenehmigung monopolisiert werden mussten.

Zu diesem Zwecke initiierte das BMWi die TSI als formal nicht-staatliche Verhandlungs- sowie die BSW als behördliche Kontroll- und Genehmigungsinstanz im innerdeutschen Handel. Die entsprechenden Kompetenzen der Länder und die Autonomie der Unternehmen wurden bereits 1950/51 zurückgedrängt. Auf diese Weise verhinderte Bonn, dass der Föderalismus bzw. die liberale Marktwirtschaftsordnung der Gegenseite ein taktisches Übergewicht auf untergeordneter Ebene erlangte.

Auch die Wirtschaftsakteure in Westdeutschland bemühten sich über branchenspezifische Zusammenschlüsse, Leithandelsfirmensystem und Generalvertretungen gegenüber der DDR kompakt und koordiniert aufzutreten. Ihre Forderungen nach Schutz vor ostdeutscher Infiltration kulminierten im Ruf nach einer „Wirtschaftsbundespolizei". Somit lässt sich festhalten, dass westdeutscherseits dem sozialistischen Außenhandelsmonopol ein behördliches Funktionsäquivalent sowie privatwirtschaftliche Selbstbeschränkungen entgegengestellt wurden.

Freilich erodierten diese monopoläquivalenten Strukturen aufgrund der zunehmenden Handlungsautonomie der Wirtschaftsakteure auf nationaler wie internationaler Ebene. In Konsequenz dieser Entwicklung vermochte die Bundesregierung, wollte sie nicht gleich Don Quichotte gegen die Liberalisierung des Ost-West-Handels ankämpfen, seit Mitte der sechziger Jahre kaum länger und überzeugend mit Handelsrestriktionen gegenüber der DDR zu drohen. Folgerichtig praktizierte sie spätesten ab 1966/67 eine konsequente Dereglementierung des innerdeutschen Handels; Kontakte zwischen politischen und wirtschaftlichen Akteuren beider Seiten standen fortan auf der Tagesordnung.

9.6. Zur Interdependenz von politischen und wirtschaftlichen Interessen in den deutsch-deutschen Handelsbeziehungen

Die abschließenden Bemerkungen zur Interdependenz von wirtschaftlichen und politischen Interessen in den deutsch-deutschen Handelsbeziehungen knüpfen an Überlegungen Zieburas an, nach denen die wachsende gegenseitige Durchdringung von politischem und wirtschaftlichem Subsystem ein Kennzeichen moderner Industriestaaten des 20. Jahrhunderts darstellt.[1692] Diesen Gedanken

---

1692 Ziebura, Weltwirtschaft, S. 15-16.

weiterführend, postulierte Tudyka die zunehmende Dominanz wirtschaftlicher gegenüber politischen Interessen als säkularen Trend.[1693]

Bezogen auf das Untersuchungsobjekt „deutsch-deutsche Handelsbeziehungen" ist die Frage der Interdependenzen von Wirtschaft und Politik auf zwei Ebenen zu diskutieren. Einmal gilt es, die Konstellation innerhalb beider Teilstaaten zu ergründen, zum anderen interessiert das Wechselverhältnis beider Felder im zwischenstaatlichen Bereich. Damit erweist sich die Fallstudie „deutsch-deutsche Handelsbeziehungen 1949-1969" als besonders geeignet, um an ihrem Beispiel das Spannungsverhältnis von Politik und Wirtschaft zu diskutieren:

➢ Hier treffen zwei gegensätzliche Ordnungssysteme mit unterschiedlichen Ausgleichsmechanismen zwischen politischen und ökonomischen Interessen aufeinander;

➢ Auf zwischenstaatlicher Ebene steht der nationalstaatliche Einheitsgedanke in Widerspruch zu Abschottungstendenzen seitens der DDR bzw. dem Sicherheitsbedürfnis der parlamentarischen Demokratie in Westdeutschland. Diese Motive implizieren kaum miteinander in Einklang zu bringende handelspolitische Zielvorgaben;

➢ Der Zeitraum 1949-1969 umfasst zwei Abschnitte, in denen grundsätzlich verschiedene politische Konfliktstrategien verfolgt wurden. Sie können vereinfacht als Konfrontations- (1949-1962) und Entspannungsphase (1962-1969) charakterisiert werden. Beide Konfliktlösungsstrategien zeitigten spezifische Auswirkungen auf den Ost-West- bzw. den innerdeutschen Handel.

Eine Überprüfung der Thesen Zieburas und Tudykas am vorliegenden Fallbeispiel ist keineswegs einfach zu operationalisieren. Es bieten sich indes einige Indikatoren an, die Aussagekraft über das Spannungsverhältnis ökonomischer und politischer Interessen und -träger besitzen, ohne dass sie eine letztgültige Erklärungskraft beanspruchen dürfen. Zu diesen Indikatoren zählen:

➢ der Wandel von einer anfänglich bestehenden Interessenkongruenz zwischen wirtschaftlichen und politischen Akteuren hin zu Interessendivergenzen. Erst aufgrund erkennbarer Interessenunterschiede erwächst ein Spannungspotential, welches weitere Aussagen über das Verhältnis beider Gruppen zulässt;

➢ wachsenden Autonomie des wirtschaftlichen gegenüber dem politischen Subsystem, einhergehend mit einer abnehmenden Steuerungskompetenz der politischen Instanzen;

➢ Vorrang ökonomischer gegenüber politischer Motive in konkreten Entscheidungssituationen sowie

➢ die Integration ökonomischer Interessen in originär politische Konzepte.

Eine Überprüfung der genannten Indikatoren auf die deutsch-deutsche Handelspolitik in der Bundesrepublik ergibt folgende Befunde: Zu Beginn der fünfziger Jahre war wegen des vom sozialistischen System in der DDR ausgehenden Bedrohungspotentials eine weitgehende Kongruenz politischer und wirtschaftli-

---

1693 Tudyka, Gesellschaftliche Interessen, S. XI.

cher Interessenlagen gegeben, zumindest hinsichtlich der Errichtung eines Funktionsäquivalents zum DDR-Außenhandelsmonopol. Noch während der fünfziger Jahre erodierte dieser Konsens. Die aufbrechenden Interessengegensätze zwischen politischen und wirtschaftlichen Akteuren (Indikator a) korrelierten in ihrem Ausmaß mit dem graduell sinkenden subjektiven Bedrohungsgefühl, als auch mit der sich verschlechternden konjunkturellen Lage 1957/58. Erstmals dominierten während der Jahre 1958/60 ökonomische Eigeninteressen die Handlungsweisen von Unternehmen (Indikator b), obwohl die aktuelle zweite Berlinkrise eine potentielle Gefährdung des parlamentarisch-demokratischen Systems, mithin der Grundlage ihres wirtschaftlichen Handelns, darstellte.

Die Disziplinierungs- und Sanktionsmaßnahmen der Bundesregierung gegenüber den unbotmäßigen Unternehmen wurde zunehmend von der seit Mitte der fünfziger Jahre stärker auf den osteuropäischen Märkten bzw. dem ostdeutschen Markt agierenden westlichen Konkurrenz eingeengt. Aus dieser Situation ergab sich für Bonn ein Zielsetzungskonflikt. Einerseits lag ihr an der Kontrolle und Reglementierung des innerdeutschen Handels aus deutschlandpolitischen Erwägungen, andererseits sah sie durch das offensive Auftreten der Westeuropäer, Nordamerikaner und Japaner die Interessen der eigenen Wirtschaft gefährdet. In dieser Situation blieb ihr keine vernünftige Alternative zur Liberalisierung der Handelspolitik gegenüber der DDR (Indikator c), wie sie dann Ende der sechziger Jahre umgesetzt wurde. Aufgrund der zeitlichen Koinzidenz mit dem deutschlandpolitischen Paradigmenwechsel hin zur Entspannungspolitik konnte diese Zwangssituation dahingehend kaschiert werden, dass der Dereglementierungskurs als Ergebnis politischen Kalküls präsentiert wurde (Indikator d).

Die Anwendung des genannten Indikatorenkataloges auf das politische und handelspolitische System der DDR stößt auf gewisse Schwierigkeiten, weil hier die Trennung der Subsysteme „Wirtschaft" und „Politik" institutionell nicht in der Form existierte, wie es in Marktwirtschaftsordnungen gegeben ist. Die Vormachtstellung der Partei implizierte nach allgemeiner Auffassung ein Primat der Politik gegenüber der Wirtschaft. Tatsächlich wies das gesellschaftliche Subsystem „Wirtschaft" nur eine politisch deutlich eingeschränkte Autonomie auf.[1694] Hier wäre an erster Stelle die politisch-ideologischen Festlegungen im Bereich der Eigentumsverhältnisse an Produktionsmitteln sowie der zentral geplanten Wirtschaftsentwicklung zu nennen. Umgekehrt jedoch war auch die Politik wirtschaftlichen Sachzwängen unterworfen, wollte sie die eigene Herrschaft nicht fahrlässig aufs Spiel setzen. Sehr deutlich kommt diese Zwangslage in den Krisen 1952/53 bzw. 1961/63 zum Ausdruck. Geradezu Beginn der Reformperiode 1963 forderte das Politbüro expressis verbis den Vorrang handelspolitischer gegenüber deutschlandpolitischer Ziele.

Da die Partei bzw. die staatliche Bürokratie unternehmerisches Handeln bis zu einem gewissen Grad durch ihre Wirtschaftspolitik substituierte, fielen auftretende Konflikte zwischen makro- und mikroökonomischen sowie zwischen

---

[1694] Pollack, offene Gesellschaft, S. 187.

politischen und ökonomischen Zielsetzungen mithin in die Kompetenz von Partei bzw. Staat. Diese Konstellation musste zwangsläufig die Steuerungskapazität der damit betrauten Instanzen überfordern, was sich in einem permanenten Krisenmanagement niederschlug. Deshalb zeigte die DDR-Handelspolitik keineswegs eine der politisch-ideologischen Vorgaben gemäße innere Stringenz, sondern vollzog aufgrund der Reaktion auf wirtschaftliche Krisenerscheinungen immer wieder überraschende Kurswechsel, beispielsweise bei den Kreditersuchen des Jahres 1962, welche unmittelbar im Anschluss an die beiden Abschottungsmaßnahmen „Aktion Störfreimachung" und Bau der Berliner Mauer gestellt wurden und diesen intentional widersprachen.

Abschließend sei noch auf das wechselseitige Verhältnis von Deutschlandpolitik und deutsch-deutschen Handelsbeziehungen eingegangen. Große Beliebtheit erfreut sich in diesem Zusammenhang die sogenannte „Thermometerthese"[1695], nach der die Handelsbeziehungen einen zuverlässigen Indikator für Temperaturschwankungen im Verhältnis zwischen beiden deutschen Staaten bzw. in den Ost-West-Beziehungen allgemein darstellten. Beispielsweise konstruiert Staritz einen unmittelbaren Kausalzusammenhang zwischen dem Ausbruch des Koreakrieges und dem Rückgang des Warentransfers über die Demarkationslinie im Juni 1950.[1696] Ausgehend von solchen vermeintlich eindeutigen historisch-empirischen Einzelergebnisse leitet sich daraus die generalisierende These ab, dass der „Kalte Krieg" der fünfziger Jahre vom „bellum mercatorium", vornehmlich in Gestalt des strategischen Embargos, flankiert wurde. In logischer Konsequenz dieses Gedankens begleitete die „pax mercatoria" den internationalen wie nationalen Entspannungskurs in Form westlicher Kredithilfen und Industrieanlagenlieferungen. Gleichwohl sich diese Sichtweise für den Ost-West-Konflikt sich in groben Zügen halten lässt, muss hinsichtlich des innerdeutschen Handels doch eine deutliche Differenzierung vorgenommen werden. Denn sie vermag weder den Anstieg des Handelsvolumens bei Ausbruch des Koreakrieges im Sommer 1950 zu erklären, noch die Ausweitung des innerdeutschen Warentransfers während des Jahres 1952, als die politische Desintegration Deutschlands einen gewaltigen Sprung machte. Des weiteren lässt sich der Beginn einer liberalen Handelspolitik in keine zeitliche Koinzidenz mit dem Auftakt zu Entspannungspolitik bringen, sie setzte vielmehr rund zehn Jahre früher angesichts der Versorgungskrise in der DDR 1952/53 ein. Eine direkte Korrelation zwischen politischer Klimaentwicklung und praktischer Handelspolitik lässt sich anhand des deutsch-deutschen Waren-, Dienstleistungs- und Kapitaltransfers nicht belegen. Vielmehr entwickelte auch die innerdeutsche Handelspolitik schon sehr frühzeitig eine hohe Autonomie von deutschlandpolitischen Konjunkturen.

1695 Schubert, Interzonengrenze, S. 71.
1696 Staritz, Geschichte der DDR, S. 58. Ein solcher Zusammenhang ist nicht gegeben.

Abkürzungsverzeichnis

AA	Auswärtiges Amt.
AdG	Archiv der Gegenwart
AG	Arbeitsgemeinschaft
AG IZH	Arbeitsgemeinschaft Interzonenhandel
AHB	Außenhandelsbetrieb
AHK	Alliierte Hohe Kommission
AHU	Außenhandelsunternehmen
AK IZH	Arbeitskreis Interzonenhandel
ALES	Archiv der Ludwig-Erhard-Stiftung
APuZ	Aus Politik und Zeitgeschichte
AZKW	Amt für Zoll und Kontrolle des Warenverkehrs
BA/MA	Bundesarchiv/Militärarchiv
BAO	Berliner Absatzorganisation G.m.b.H.
BAW	Bundesamt für die gewerbliche Wirtschaft
BDI	Bundesverband der deutschen Industrie
BdL	Bank deutscher Länder
BfV	Bundesamt für Verfassungsschutz
BGAH	Bundesverband des Groß- und Außenhandels
BIP	Bruttoinlandprodukt
BKA	Bundeskanzleramt
BMELF	Bundesministerium für Ernährung, Landwirtschaft und Forsten
BMGF	Bundesministerium für gesamtdeutsche Fragen
BMV	Bundesministerium für Verteidigung
BMVerk.	Bundesministerium für Verkehr
BMWi	Bundesministerium für Wirtschaft
BND	Bundesnachrichtendienst
BPO	Betriebsparteiorganisation
BSW	Bundesstelle für den Warenverkehr
CoCom	Coordinating Committee for East-West-Trade Policy
DA	Deutschland-Archiv
DAHA	Deutscher Außenhandel, Anstalt des öffentlichen Rechts
DGB	Deutscher Gewerkschaftsbund
DHG	Deutsche Handelsgesellschaft
DHZ	Deutsche Handelszentrale
DIA	Deutscher Innen- und Außenhandel
DIHT	Deutscher Industrie- und Handelstag
DIM	Deutsches Institut für Marktforschung
DIW	Deutsches Institut für Wirtschaftsforschung
DK	Dieselkraftstoff
DNB	Deutsche Notenbank
DVAH	Deutsche Verwaltung für Außenhandel
DVIA	Deutsche Verwaltung für Interzonen- und Außenhandel
DWK	Deutsche Wirtschaftskommission
DzD	Dokumente zur Deutschlandpolitik
EA	Europa-Archiv
ECE	Economic Commission for Europe
EG	Europäische Gemeinschaft

EGKS	Europäische Gemeinschaft für Kohle und Stahl
EKD	Evangelische Kirche in Deutschland
ERP	European Recovery Program
EURATOM	Europäische Atomgemeinschaft
EVG	Europäische Verteidigungsgemeinschaft
EWG	Europäische Wirtschaftsgemeinschaft
EZU	Europäische Zahlungsunion
FDGB	Freier Deutscher Gewerkschaftsbund
GATT	General Agreement on Tariffs and Trade
GEFO	Gesellschaft zur Förderung des Osthandels
GG	Geschichte und Gesellschaft
GIH	Gesellschaft für Innerdeutschen Handel
GO	Grundorganisation
GVBl.	Gesetzes- und Verordnungsblatt
HA	Hauptabteilung
HA IDH	Hauptabteilung Innerdeutscher Handel
HiCoG	High Commission of Germany
HMRG	Historische Mitteilungen zur Regionalgeschichte
HO	Handelsorganisation
HV	Hauptverwaltung
HVIAH	Hauptverwaltung Interzonen- und Außenhandel
HVA	(ZK-Abteilung) Handel, Versorgung, Außenhandel
IDH	Innerdeutsche(r) Handel
IHK	Industrie- und Handelskammer
IOB	Interessenorganisation der in der Sowjetzone enteigneten Betriebe
ITA	Ingenieurstechnische Abteilung
IZH	Interzonenhandel
JbfW	Jahrbuch für Wirtschaftsgeschichte
KoKo	(Bereich) Kommerzielle Koordinierung
KPdSU	Kommunistische Partei der Sowjetunion
KW	Kapitalistisches Wirtschaftsgebiet
LArch	Landesarchiv
LDP	Liberal-Demokratische Partei
LMA	Leipziger Messeamt
M	Mark (der DDR)
MAH	Ministerium für Außenhandel
MAI	Ministerium für Außenhandel und Innerdeutschen Handel
MAM	Ministerium für Außenhandel und Materialversorgung
MAW	Ministerium für Außenwirtschaft
MfAA	Ministerium für Auswärtige Angelegenheiten
MfS	Ministerium für Staatssicherheit
MHV	Ministerium für Handel und Versorgung
MIAM	Ministerium f. Innerdeutschen Handel, Außenhandel, Materialversorg.
MP	Ministerpräsident
MRG	Militärregierungsgesetz
NATO	North Atlantic Treaty Organization
NE-Metalle	Nichteisen-Metalle
NSW	Nichtsozialistisches Wirtschaftsgebiet
NVA	Nationale Volksarmee

OECD	Organization for Economic Cooperation and Development
OEEC	Organization for European Economic Cooperation
PA/AA	Politisches Archiv/Auswärtiges Amt
PADtBt	Parlamentsarchiv des Deutschen Bundestages
PO	Parteiorganisation
PuF	(ZK-Abteilung) Planung und Finanzen
RGW	Rat für Gegenseitige Wirtschaftshilfe
RM	Reichsmark
RWWA	Rheinisch-Westfälisches Wirtschaftsarchiv
SAPMO-BA	Stiftung Archiv der Parteien und Massenorganisationen der DDR im Bundesarchiv
SAG	Sowjetische Aktiengesellschaft
SBZ	Sowjetische Besatzungszone
SDAG	Sowjetisch-deutsche Aktiengesellschaft
SED	Sozialistische Einheitspartei Deutschlands
SEW	Sozialistische Einheitspartei West-Berlins
SKK	Sowjetische Kontrollkommission
SMAD	Sowjetische Militäradministration in Deutschland
SPD	Sozialdemokratische Partei Deutschlands
SPK	Staatliche Plankommission
StJb	Statistisches Jahrbuch
StJbAh	Statistisches Jahrbuch Außenhandel
StKAH	Stiftung Konrad-Adenauer-Haus
Sts.	Staatssekretär
SW	Sozialistisches Wirtschaftsgebiet
ToT	Terms of Trade
TRbl	Transferabler Rubel
TSI	Treuhandstelle für den Interzonenhandel
UN	United Nations
USA	United States of America
VDM	Valuta-DM
VfZ	Vierteljahreshefte für Zeitgeschichte
VEB	Volkseigener Betrieb
VK	Vergaserkraftstoff
VM	Valutamark
VSWG	Vierteljahresschrift für Sozial- und Wirtschaftsgeschichte
VVB	Vereinigung Volkseigener Betriebe
VWR	Volkswirtschaftsrat
ZfG	Zeitschrift für Geschichtswissenschaft
ZfU	Zeitschrift für Unternehmensgeschichte
ZK	Zentralkomitee

Tabellen- und Abbildungsverzeichnis

Tabellenverzeichnis

Tab. 1:	Kriegssachschadensquote in Deutschland, 1945	21
Tab. 2:	Bruttoindustrieproduktion in Teilgebieten Deutschlands, 1939/44 (1936 = 100)	25
Tab. 3:	Prozentualer Anteil der Lieferungen/Bezüge an der Gesamtproduktion zwischen den deutschen Regionen und mit dem Ausland, 1936	26
Tab. 4.a:	Bezüge der SBZ aus den Westzonen, 1.1.1946-30.9.1948	37
Tab. 4.b:	Lieferungen der SBZ in die Westzonen, 1.1.1946-30.9.1948	37
Tab. 5:	Bezüge/Lieferungen der Bundesrepublik Deutschland (mit West-Berlin), 1950/51	112
Tab. 6:	„Liste einiger Schwerpunktwaren, die ständig von den Produktionsministerien angefordert werden und die nur in Westdeutschland zu beziehen sind", 2/1952	138
Tab. 7a:	Bezüge der Bundesrepublik (mit West-Berlin), 1951/53	146
Tab. 7b:	Lieferungen der Bundesrepublik (mit West-Berlin), 1951/53	146
Tab. 8:	Preisvorteile für die DDR bei Lieferungen/Bezügen im innerdeutschen Handel gegenüber dem Weltmarkt, 7/1955	173
Tab. 9:	Länderbezugsprogramm, 10/1955	183
Tab. 10:	Das 200-Mio.-VE-Angebot des Ost-Berliner Magistrats, 1/1954	183
Tab. 11:	Entwicklung des innerdeutschen Handels, 1954-1958	192
Tab. 12:	Übersicht über Güter mit großer Lieferkapazität der DDR, 1/1955	193
Tab. 13:	EKD-Lieferungen an die DDR, 1959-1962	219
Tab. 14:	Auswahl militärisch relevanter Bezüge der DDR, 6/1961	247
Tab. 15a:	Bezüge der Bundesrepublik (mit West-Berlin), 1959-1962	250
Tab. 15b:	Lieferungen der Bundesrepublik (mit West-Berlin), 1959-1962	250
Tab. 16:	Lieferungen/Bezüge der Bundesrepublik, 1963-1969	275
Tab. 17:	Regionalstruktur des DDR-Außenhandels, 1960-1969	276
Tab. 18:	Braunkohlen- und Mineralöllieferungen der DDR, 1951-1969	282

Abbildungsverzeichnis

Abb. 1:	Anteil der Westzonen/SBZ an der Förderung/Produktion ausgewählter Rohstoffe/Industriegüter, 1937	23
Abb. 2:	Monatliche Lieferungen/Bezüge der BRD, 1950	110
Abb. 3:	Monatliche Lieferungen/Bezüge der BRD, 1951	126
Abb. 4:	Mtl. Lieferungen/Bezüge der BRD (10/1951-10/1952)	132

Quellen und Literaturverzeichnis

I. Quellen

I.1. Archivalische Quellen

1. **Stiftung Archiv der Parteien und Massenorganisationen der DDR im Bundesarchiv (SAPMO-BA), Berlin**

Bestand Sozialistische Einheitspartei Deutschlands

DY 30/IV 2/1	Tagungen des Zentralkomitees
DY 30/IV 2/1.01	Konferenzen und Beratungen des Zentralkomitees
DY 30/IV 2/2.029	Büro Erich Apel und Wirtschaftskommission beim Politbüro
DY 30/IV 2/2.1	Zentralsekretariat
DY 30/IV 2/2.101	Wirtschaftskommission beim Politbüro
DY 30/J IV 2/201	Büro Walter Ulbricht
DY 30/J IV 2/202	Büro Walter Ulbricht
DY 30/IV 2/3	Beschlüsse der Parteiführung
DY 30/IV 2/6.03	ZK, Bereich Wirtschaftspolitik, Abt. Grundstoffindustrie
DY 30/IV 6.08	ZK-Abteilung Planung und Finanzen
DY 30/IV 2/6.10	ZK-Abteilung Handel, Versorgung, Außenhandel
DY 30/IV A2/6.10	ZK-Abteilung Handel, Versorgung, Außenhandel
DY 30/IV A 2/2.021	Büro Günter Mittag
DY 30/IV 2/2	Reinschriftprotokolle der Sitzungen des Politbüros
DY 30/IV 2/2A	Arbeitsprotokolle des Politbüros
DY 30/J IV 2/2	Reinschriftprotokolle der Sitzungen des Politbüros
DY 30/J IV 2/2A	Arbeitsprotokolle des Politbüros
DY 30/J IV 2/3	Reinschriftprotokolle der Sitzungen des Sekretariats
DY 30/IV 2/3A	Arbeitsprotokolle der Sitzungen des Sekretariats
DY 30/IV 2/3	Reinschriftprotokolle der Sitzungen des Sekretariats
DY 30/J IV 2/3A	Arbeitsprotokolle der Sitzungen des Sekretariats

Nachlässe

NY 4062	Nachlaß Heinrich Rau
NY 4090	Otto Grotewohl
NY 4182	Nachlaß Walter Ulbricht
NY 4209	Nachlaß Josef Orlopp
NY 4435	Nachlaß Josef Orlopp

2. **Bundesarchiv (BA), Abteilung DDR, Berlin**

DC 20	Ministerrat, Bestände: Sekretariat Otto Grotewohl, Sekretariat Bruno Leuschner, Sekretariat Willi Stoph, Sekretariat Walter Ulbricht
DC 20/I/3	Protokolle der Sitzungen des Ministerrats
DC 20/I/4	Protokolle der Sitzungen des Präsidiums des Ministerrats
DE 1	Staatliche Plankommission
DL 2	Ministerium für Außenhandel und Innerdeutschen Handel

3. Bundesarchiv, Abteilung Bundesrepublik Deutschland, Koblenz

B 102	Bundesministerium für Wirtschaft
B 116	Bundesministerium für Ernährung, Landwirtschaft, Forsten
B 122	Bundespräsidialamt Theodor Heus
B 136	Bundeskanzleramt
B 137	Bundesministerium für Gesamtdeutsche Fragen
B 137I	Forschungsbeirat f.ür Fragen der Wiedervereinigung Deutschlands
B 356	Treuhandstelle für den Interzonenhandel

Nachlässe
N 1018	Nachlaß Jakob Kaiser
N 1080	Nachlaß Franz Blücher
N 1137	Nachlaß Karl Carstens
N 1174	Nachlaß Franz Thedieck
N 1178	Nachlaß Hans Christoph Seebohm
N 1229	Nachlaß Karl Schiller
N 1239	Nachlaß Heinrich von Brentano
N 1281	Nachlaß Hans Dichgans

4. Politisches Archiv des Auswärtigen Amtes (PA/AA), Berlin
B 1	Ministerbüro
B 2	Büro des Staatssekretärs
B 10	Wirtschaftspolitische Abteilung

5. Bundesarchiv Militärarchiv (BA/MA), Freiburg
ITA	Ingenieurs-technischer Außenhandel

6. Deutscher Bundestag, Parlamentsarchiv, Bonn (DBt/PA)
Bundestagsausschuss für Gesamtdeutsche und Berliner Fragen

7. Landesarchiv Berlin (LA)
C Rep. 104	**Magistratsverwaltung für Inneres**
B Rep. 002	Senatskanzlei

8. Stiftung Bundeskanzler-Adenauer-Haus, Rhöndorf (StBkAH)
Nachlass Konrad Adenauer:
C I 2.2.	Aktenbestand Tresor

9. Archiv der Ludwig Erhard Stiftung, Bonn (AdLES)
Nachlass Ludwig Erhard

10. Rheinisch-Westfälisches Wirtschaftsarchiv, Köln (RWWA)
315	Arbeitsgemeinschaft Interzonenhandel

I.2. Gedruckte Quellen

Adenauer – Briefe, Bd. III: 1949-1951. Hrsgg. v. Rudolf Morsey u. Hans-Peter Schwarz. Berlin 1985
Adenauer – Teegespräche 1950-1954. Hrsgg. v. Rudolf Morsey u. Hans-Peter Schwarz. 2. Aufl., Berlin 1985
Adenauer – Teegespräche 1959-1961. Hrsgg. v. Rudolf Morsey u. Hans-Peter Schwarz. Berlin 1988
Adenauer, Konrad: Erinnerungen 1933-1959. Stuttgart 1967
Akten zur Auswärtigen Politik der Bundesrepublik Deutschland. Hrsgg. v. Schwarz, H.-P.
    Bd. 1: Adenauer und die Hohen Kommissare 1949-1951. Hrsgg. v. Pommerin, Reiner. München 1989
    Bd. 2: Adenauer und die Hohen Kommissare 1952. Hrsgg. v. Schwarz, Hans-Peter. München 1990
    1949/50: Sept. 1949 bis Dez. 1950. Bearb. v. Kosthorst, Daniel. München 1997
    1951: 1. Januar bis 31. Dezember 1951. Bearb. v. Jaroch, Matthias. München 2000
    1952: 1. Januar bis 31. Dezember 1952. Bearb. v. Koopmann, Martin. München 2000
Akten zur Auswärtigen Politik der Bundesrepublik Deutschland, 1963-1969. Hrsgg. v. Schwarz, Hans-Peter, München 1994-2000
Akten zur Vorgeschichte der Bundesrepublik Deutschland 1945-1949, Bd. 1-5. München/Wien 1976-1981
American Foreign Policy. Basic Documents, 1950-1955. Bd. II. Washington D.C. 1957
Amtsblatt der Alliierten Kommandantur 1951
Amtsblatt der Alliierten Hohen Kommission, 1 (1949) – 126 (1955)
Amtsblatt der Militärregierungen in Deutschland – Amerikan. Kontrollgebiet, 1945-1949
Amtsblatt der Militärregierungen in Deutschland – Britisches Kontrollgebiet, 1945-1949
Amtsblatt des französischen Oberkommandos in Deutschland 1945-1949
Außenhandel – German Foreign Trade, hg. Verwaltung des Vereinigten Wirtschaftsgebietes/Bundesministerium für Wirtschaft, Jg. 1-3, Frankfurt a. M., Bonn 1948-1950
Auswärtiges Amt (Hrsg.): 40 Jahre Außenpolitik der Bundesrepublik Deutschland. Eine Dokumentation. Stuttgart 1989
Badstübner, Rolf/Loth, Wilfried (Hrsg.): Wilhelm Pieck – Aufzeichnungen zur Deutschlandpolitik 1945 – 1953. Berlin 1994
Bank deutscher Länder (Hrsg.): Statistisches Handbuch der Bank deutscher Länder 1948 –1954. Frankfurt a. M. 1955
Baring, Arnulf (Hrsg.): Sehr verehrter Herr Bundeskanzler! Heinrich von Brentano im Briefwechsel mit Konrad Adenauer 1949-1962. Hamburg 1974.
Bericht des Zentralkomitees der KPdSU an den XX. Parteitag der KPdSU. Deutsche Übersetzung in: Die Presse der Sowjetunion, Nr. 21/22, 17.2.1956
Bericht des ZK auf dem V. Parteitag der Sozialistischen Einheitspartei Deutschlands. Berlin 1958
Bericht über die erste Zonenkonferenz der Zentralen Kontrollkommission der Landeskontrollkommissionen und der Volkskontrolleure am 27./28.4.1949. Berlin 1949
Berlin. Ringen um Einheit und Wiederaufbau. 1948-1951. Hrsgg. v. Senat von Berlin, bearb. v. Behrend, Hans-Karl/Hebing, Richard/Lampe, Albrecht. Berlin 1959
Brandt, Willy: Begegnungen und Einsichten. Die Jahre 1960-1975. Hamburg 1976
Buchstab, Günter (Hrsg.): Adenauer: „Es muß alles neu gemacht werden." Die Protokolle des CDU-Bundesvorstandes 1950-1953. Stuttgart 1986

Buchstab, Günter (Hrsg.): Adenauer: „Wir haben wirklich „ewtas geschaffen." Die Protokolle des CDU-Bundesvorstandes 1953-1957. Düsseldorf 1990
Buchstab, Günter (Hrsg.): Adenauer: „... um den Frieden zu gewinnen." Die Protokolle des CDU-Bundesvorstandes 1957-1961. Düsseldorf 1994
Buchstab, Günter (Hrsg.): Adenauer: „Stetigkeit in der Politik." Die Protokolle des CDU-Bundesvorstandes 1961-1965. Düsseldorf 1998
Bulletin des Presse- und Informationsamtes der Bundesregierung. Bonn 1951 ff.
Bundesanzeiger, hrsgg. v. Bundesministerium der Justiz. Bonn 1949-1972
Bundesgesetzblatt, div. Jgge.
Bundesministerium für Wirtschaft (Hrsg.): Der Wissenschaftliche Beirat beim Bundesministerium für Wirtschaft. Sammelband der Gutachten 1948-1972. Göttingen 1973
Carstens, Karl: Politische Führung. Erfahrungen im Dienst der Bundesregierung. Stuttgart 1971
Carstens, Karl: Erinnerungen und Erfahrungen. Boppard 1993
Clay, Lucius: Entscheidung in Deutschland. Frankfurt a. M., o. J.
Der Bundesminister für Justiz (Hrsg.): Regelungen des innerdeutschen Wirtschaftsverkehrs. Zusammenstellung amtlicher Texte. Bonn 1987
Der Bundesminister für Wirtschaft (Hrsg.): Berichte über den Interzonenhandel. 1961-1971 Bonn 1961-1971
Der Gesamtdeutsche Ausschuß. Sitzungsprotokolle des Ausschusses für gesamtdeutsche Fragen des Deutschen Bundestages 1949-1953. Düsseldorf 1998.
Deutschen Bundesbank (Hrsg.): Monetäre Statistiken 1948-1987. 40 Jahre Deutsche Mark. Frankfurt a. M. 1988
Die Kabinettsprotokolle der Bundesregierung. Bde. 1-14. Boppard a. Rh., München 1982-2004
Die Kabinettsprotokolle der Bundesregierung. Kabinettsausschuß für Wirtschaft. Bde. 1-3. München 1999-2001
Die SPD-Fraktion im Deutschen Bundestag. Sitzungsprotokolle 1949-1957. 1. Halbband: 1.- 181. Sitzung 1949-1953. Düsseldorf 1993.
Direktive für den zweiten Fünfjahrplan zur Entwicklung der Volkswirtschaft in der Deutschen Demokratischen Republik 1956 bis 1960. Beschluß der 3. Parteikonferenz der Sozialistischen Einheitspartei Deutschlands, Berlin 24. bis 30. März 1956. Berlin 1956.
DIW (Hrsg.): Die deutsche Wirtschaft zwei Jahre nach dem Zusammenbruch. Tatsachen und Probleme. Berlin 1947
DIW (Hrsg.): Wirtschaftsprobleme der Besatzungszonen. Berlin 1948
Dokumente zur Außenpolitik der Deutschen Demokratischen Republik. Bd. 1-17. Hrsgg. v. Deutschen Institut für Zeitgeschichte. Berlin 1954-1971
Dokumente zur Deutschlandpolitik. Bundesministerium f. Gesamtdeutsche Fragen (Hrsg.)
III. Reihe, Bd. 1 (1955) – Bd. 4 (1958). Bonn, Berlin 1961-1969
IV. Reihe, Bd. 1 (1959) – Bd. 12 (1966). Bonn, Berlin 1971-1981
V. Reihe, Bd. 1 (1966) – Bd. 4 (1969). Bonn, Berlin 1983-1987
Dokumenten zur Deutschlandpolitik der Sowjetunion. Bde. 1-3, Hrsgg. v. Deutschen Institut für Zeitgeschichte, Berlin (Ost), 1957-1968
Dokumente zur Geschichte der Sozialistischen Einheitspartei Deutschlands.
Beschlüsse und Erklärungen des Zentralsekretariats und des Parteivorstandes. Bd. I. Berlin 1951
Beschlüsse und Erklärungen des Zentralkomitees sowie seines Sekretariats und seines Politbüros. Bd. II-XII. Berlin 1952-1970

Erhard, Ludwig: Wirtschaftliche Probleme der Wiedervereinigung. In: Ders.: Deutsche Wirtschaftspolitik. Der Weg der Sozialen Marktwirtschaft. Neuausg., Düsseldorf u.a. 1992, S. 225-230
Erhard, Ludwig: Wohlstand für alle. Neuausg., Düsseldorf 1997, S. 266
Foreign Relations of the United States. 1949, Vol. III. Councils of Foreign Ministers; Germany and Austria. Washington 1974
Forschungsbeirat für Fragen der Wiedervereinigung Deutschlands beim Bundesminister für gesamtdeutsche Fragen: Tätigkeitsbericht 1952/1953. Bonn 1954
Freund, Erich: Keine Handelsgrenze durch Deutschland. Berlin (Ost) 1956
Gesetzblatt der Deutschen Demokratischen Republik. Berlin, Teile I und II, div. Jgge.
Gesetzes- und Verordnungsblatt für Groß-Berlin, 1950
Gotto, Klaus/Kleinmann, Hans-Otto/Schreiner, Reinhard (Bearb.): Im Zentrum der Macht. Das Tagebuch von Staatssekretär Lenz 1951-1953. Düsseldorf 1989
Grimm, Hans-Günther: Außenhandel und Innerdeutscher Handel. Eine Sammlung der wichtigsten gesetzlichen Bestimmungen nach dem Stand vom Juni 1960. Berlin 1960
Grotewohl, Otto: Im Kampf um die einige Deutsche Demokratische Republik. Reden und Aufsätze. Bd. I, 2. Aufl. Berlin (Ost) 1959
Hoffmann, Dierk/Schmidt, Karl-Heinz/Skyba, Peter (Hrsg.): Die DDR vor dem Mauerbau. Dokumente zur Geschichte des anderen deutschen Staates 1949-1961. München 1993
Judt, Matthias (Hrsg.): DDR-Geschichte in Dokumenten. Beschlüsse, Berichte, interne Materialien und Alltagszeugnisse. Berlin 1998
Kaiser, Jakob: Wir haben Brücke zu sein. Reden, Äußerungen und Aufsätze zur Deutschlandpolitik. Köln 1988
Kroll, Hans: Lebenserinnerungen eines Botschafters. Köln, Berlin 1964
Küsters, Hanns Jürgen (Bearb.): Dokumente zur Deutschlandpolitik. II. Reihe/ Band 2. Die Konstituierung der Bundesrepublik Deutschland und der Deutschen Demokratischen Republik. 7. September bis 31. Dezember 1949. Veröffentlichte Dokumente. München 1996
Küsters, Hanns Jürgen/Hofmann, Daniel (Bearb.): Dokumente zur Deutschlandpolitik. II. Reihe/ Band 3. Die Konstituierung der Bundesrepublik Deutschland und der Deutschen Demokratischen Republik 1. Januar bis 31. Dezember 1950. Veröffentlichte Dokumente. München 1996
Lambers, Hans Jürgen (Hrsg.): Das Ost-Embargo. Frankfurt a. M., Berlin 1956
Leutner, Mechthild (Hrsg.): Bundesrepublik Deutschland und China 1949 bis 1995. Politik – Wirtschaft – Kultur. Eine Quellensammlung. Berlin 1995
Mehnert, Klaus/Schultz, Heinrich: Deutschland-Jahrbuch 1949. Essen 1949
Ministerium des Inneren der Deutschen Demokratischen Republik (Hrsg.): Die Handelspolitik der Deutschen Demokratischen Republik. Teil I: Die Bedeutung und die Entwicklung des Innerdeutschen Handels. Nr. 54 (1951)
Ministerialblatt der DDR, div. Jgge.
Münch, Ingo von (Hrsg.): Dokumente des geteilten Deutschland. 2 Bde., Stuttgart 1976
Orlopp, Josef: West und Ost im deutschen Außenhandel. Ost-Berlin 1948
Orlopp, Josef: Der Handel zwischen der sowjetischen Besatzungszone und den westlichen Besatzungszonen Deutschlands. Ost-Berlin 1949
Orlopp, Josef: Interzonenhandel. Ein Schritt zur wirtschaftlichen Einheit Deutschlands. Berlin 1949
Orlopp, Josef: Eine Nation handelt über Zonengrenzen. Streifzug durch die Geschichte des innerdeutschen Handels. Berlin 1957

Protokolle und Verhandlungen des IV. Parteitages der Sozialistischen Einheitspartei Deutschlands vom 30. März bis 6. April 1954. Bd. 1, Berlin 1954
Protokoll der Verhandlungen der 3. Parteikonferenz der Sozialistischen Einheitspartei Deutschlands, 24. bis 30. März 1956. Berlin 1956
Protokoll der Verhandlungen des V. Parteitages der SED, 10. bis 16. Juli 1958. Berlin (Ost) 1958
Protokoll der Verhandlungen des VI. Parteitages der SED, 15. bis 21. Januar 1963. Berlin (Ost) 1963
Protokoll der Verhandlungen des VII. Parteitages der SED, 15. bis 19. Juni 1957. Berlin (Ost) 1967
Rau, Heinrich: Für die Arbeiter- und Bauernmacht. Ausgewählte Reden und Aufsätze 1922-1961. Berlin 1984
Rechenschaftsbericht des ZK der KPdSU an den XXII. Parteitag der KPdSU. Deutsche Übersetzung in: Die Presse der Sowjetunion, Nr. 124, 20.10.1961, S. 2648-2650
Selbmann, Fritz: Für eine gesamtdeutsche Wirtschaftspolitik. Berlin 1949
Selbmann, Fritz: Interzonenhandel und Wirtschaftseinheit. Berlin 1949
Siegler, Heinrich (Hrsg.): Wiedervereinigung und Sicherheit Deutschlands. 2 Bde., Bonn, Wien, Zürich 1960
Sozialistische Einheitspartei Deutschlands (Hrsg.): Der Deutsche Zweijahrplan für 1949-50. Der Wirtschaftsplan für 1948 und der Zweijahrplan 1949-1950 zur Wiederherstellung und Entwicklung der Friedenswirtschaft in der sowjetischen Besatzungszone Deutschlands. Berlin 1948
Staatliche Zentralverwaltung für Statistik (Hrsg.): Statistisches Jahrbuch der Deutschen Demokratischen Republik 1 (1955) - 15 (1969). Berlin (Ost) 1955-1969
Statistisches Amt des Vereinigten Wirtschaftsgebietes (Hrsg.): Statistische Berichte, Arb.Nr. V/1a/1-9, Der Interzonenhandel (der Länder) des Vereinigten Wirtschaftsgebietes. April 1948 bis Dezember 1948. Wiesbaden Biebrich 1948-1949
Statistisches Amt des Vereinigten Wirtschaftsgebietes (Hrsg.): Statistische Berichte, Arb.Nr. V/1/20a - 26a: Der Interzonenhandel der Bundesrepublik Deutschland mit der Sowjetischen Besatzungszone und dem Sowjetischen Sektor von Berlin. Januar 1950 bis Juli 1950. Wiesbaden 1950
Statistisches Bundesamt (Hrsg.): Statistische Berichte. Arb. Nr. V/1/27a-38a. Der Interzonenhandel der Bundesrepublik Deutschland mit der Sowjetischen Besatzungszone und dem Sowjetischen Sektor von Berlin. August 1950 bis Juli 1951. Wiesbaden 1950-1951
Statistisches Bundesamt (Hrsg.): Statistische Berichte /V/22, Der Interzonenhandel der Bundesrepublik Deutschland mit der Sowjetischen Besatzungszone und dem sowjetischen Sektor von Berlin. Nr. 1a, Wiesbaden 1950
Statistisches Bundesamt (Hrsg.): Statistische Berichte /V/22, Interzonenhandel der Bundesrepublik Deutschland mit dem Währungsgebiet der DM-Ost. Nr. 2a-4a Wiesbaden 1950-1951
Statistisches Bundesamt (Hrsg.): Statistische Berichte /V/30, Warenverkehr im Interzonenhandel zwischen den Währungsgebieten der DM-West und der DM-Ost (anfangs: Der Interzonenhandel des Bundesgebietes mit dem Währungsgebiet der DM-Ost). Nr. 1-155, Wiesbaden 1951 - 1961
Statistisches Bundesamt (Hrsg.): Fachserie F, Reihe 6, Warenverkehr zwischen den Währungsgebieten der DM-West und der DM-Ost. Stuttgart 1962-1969
Statistisches Bundesamt (Hrsg.): Fachserie F, Reihe 6, Warenverkehr mit der Deutschen Demokratischen Republik und Berlin-Ost. Stuttgart 1970-1973

Statistisches Bundesamt (Hrsg.): Fachserie 7, Außenhandel, Reihe 1. Stuttgart 1953
Statistisches Bundesamt (Hrsg.): Statistisches Jahrbuch für die Bundesrepublik Deutschland. Wiesbaden 1952-1970
Strauß, Franz-Josef: Die Erinnerungen. Berlin 1989
Ulbricht, Walter: Neue Verhältnisse – neue Aufgaben – neue Methoden. In: Ders.: Zur sozialistischen Entwicklung der Volkswirtschaft seit 1945. Berlin 1959, S. 254-267
Ulbricht, Walter: Brennende Fragen des Neuaufbaus Deutschlands. Referat, gehalten auf dem II. Parteitag der SED vom 20. bis 24. September 1947. In: Ders.: Zur sozialistischen Entwicklung der Volkswirtschaft seit 1945. Berlin 1959, S. 52-89
Ulbricht, Walter: Der Zweijahrplan zur Wiederherstellung und Entwicklung der Friedenswirtschaft. Referat, gehalten auf der 11. Tagung des Parteivorstandes der SED am 29. und 30. Juni 1948, in: Ders.: Zur sozialistischen Entwicklung der Volkswirtschaft seit 1945. Berlin 1959, S. 111-138
Ulbricht, Walter: Zur sozialistischen Entwicklung der Volkswirtschaft seit 1945. Berlin 1959
Ulbricht, Walter: Probleme des Perspektivplans bis 1970. Referat, gehalten auf der 11. Tagung des Zentralkomitees der Sozialistischen Einheitspartei Deutschlands, 15.-18.12.1965. Berlin 1966
United States Economic Policy Toward Germany. The Department of State, USA, Publication 2630, European Series 15. Washington 1950
United States Strategic Bombing Survey: The effects of strategic bombing on the German war economy. Overall Economic Effects Division, October 31, 1945
The United States Strategic Bombing Survey. Vol. 1, New York 1976
Verhandlungen des deutschen Bundestages. Stenographische Berichte. Bonn 1949ff.

Periodika:
Keesing's Archiv der Gegenwart, div. Jgge.
Der Außenhandel und der innerdeutsche Handel. Zeitschrift für Handelspolitik und Handelspraxis, 1 (1951) - 19 (1969)
Der Spiegel
Die Berliner Wirtschaft. Mitteilungen der Industrie- und Handelskammer zu Berlin e. V.
Die Presse der Sowjetunion
Die Welt
DIHT (Hrsg.), Tätigkeitsbericht. Div. Jgg.
Frankfurter Allgemeine Zeitung
Informationen über den Ost-West-Handel 1 (1955)-14 (1969)
Jahresbericht des Bundesverbandes der Deutschen Industrie, div. Jgge.
Neue Zürcher Zeitung

II. Literatur

Abelein, Manfred: Die Verhandlungen über die Internationalisierung der Zufahrtswege nach Berlin seit dem Herbst 1961. In: EA 18 (1963), S. 444-450

Abelshauser, Werner: Wirtschaft in Westdeutschland 1945-1948. Rekonstruktion und Wachstumsbedingungen in der amerikanischen und britischen Zone. Stuttgart 1975

Abelshauser, Werner: Zur Entstehung der „Magnet-Theorie" in der Deutschlandpolitik. In: VfZ 27 (1979) 4, S. 661-679

Abelshauser, Werner: Ansätze „Korporativer Marktwirtschaft" in der Korea-Krise der frühen Fünfziger Jahre. In: VfZ 30 (1982) 4, S. 715-756

Abelshauser, Werner: Wirtschaftsgeschichte der Bundesrepublik Deutschland 1945-1980. Frankfurt a. M. 1983

Abelshauser, Werner: Hilfe und Selbsthilfe. Zur Funktion des Marshallplans beim westdeutschen Wiederaufbau. In: VfZ 37 (1989), S. 85-113

Abelshauser, Werner: Der „Wirtschaftshistorikerstreit" und die Vereinigung Deutschlands. In: Bauerkämper, Arnd/Sabrow, Martin/Stöver, Bernd (Hrsg.): Doppelte Zeitgeschichte. Deutsch-deutsche Beziehungen 1945-1990. Bonn 1998, S. 404-416

Abelshauser, Werner: Kriegswirtschaft und Wirtschaftswunder. In: VfZ 47 (1999) 4, S. 503-538

Adler-Karlsson, Gunnar: Western Economic Warfare. Stockholm 1968

Adler-Karlsson, Gunnar: Die Deutsche Frage und der Ost-West-Handel. In: Außenwirtschaft. Zeitschrift für internationale Wirtschaftsbeziehungen 25 (1970) 3, S. 325-342

Adler-Karlsson, Gunnar: Der Fehlschlag. 20 Jahre Wirtschaftskrieg zwischen Ost und West. Wien, Frankfurt, Zürich 1971.

Adler-Karlsson, Gunnar: The US-Embargo: Inefficient and Counterproductive. In: Außenwirtschaft. Zeitschrift für internationale Wirtschaftsbeziehungen 35 (1980), S. 170-187

Albrecht, Ullrich/Heinemann-Grüder, Andreas/Wellmann, Arend: Die Migration deutscher Naturwissenschaftler und Techniker in die Sowjetunion um 1945. Endbericht des DFG-Projektes. Berlin 1990

Ambrosius, Gerold: Internationale Wirtschaftsbeziehungen. In: Ambrosius, Gerold/Petzina, Dietmar et al. (Hrsg.): Moderne Wirtschaftsgeschichte. Eine Einführung für Historiker und Ökonomen. München 1996, S. 305-336

Amt für Erfindungs- und Patentwesen (Hrsg.): Geschichte des Warenbezeichnungsrechts. Berlin 1959

Arndt, Rudi: Der innerdeutsche Handel. In: DA 1 (1968) 4, S. 370-373

Baar, Lothar/Karlsch, Rainer/Matschke, Werner: Kriegsschäden, Demontagen und Reparationen. In: Materialien der Enquete-Kommission „Aufarbeitung von Geschichte und Folgen der SED-Diktatur in Deutschland". Bd. II/2: Machtstrukturen und Entscheidungsmechanismen im SED-Staat und die Frage der Verantwortung. Baden-Baden 1995, S. 868-988

Baar, Lothar/Karlsch, Rainer/Matschke, Werner: Studien zur Wirtschaftsgeschichte. Berlin 1993

Bähr, Johannes: Die Firmenabwanderung aus der SBZ/DDR 1945-1950. In: Fischer, Wolfram/Müller, Uwe/Zschaler, Frank (Hrsg.): Wirtschaft im Umbruch. Strukturveränderungen und Wirtschaftspolitik im 19. und 20. Jahrhundert. St. Katharinen 1997, S. 229-249

Bähr, Johannes: Institutionenordnung und Wirtschaftsentwicklung. Die Wirtschaftsgeschichte der DDR aus der Sicht des zwischendeutschen Vergleichs. In: GG 25 (1999), S. 530-555

Bähr, Johannes: Die Raumstruktur der Elektro- und Elektronikindustrie in der Bundesrepublik und in der DDR (1945-1989). Zum Verhältnis von Standortentwicklung, Arbeitskräfterekrutierung und technologischem Wandel in beiden Teilen Deutschlands. In: Baar, Lothar/Petzina, Dietmar (Hrsg.): Deutsch-deutsche Wirtschaft 1945 bis 1949. Strukturveränderungen, Innovationen und regionaler Wandel. Ein Vergleich. St. Katharinen 1999, S. 193-218

Bähr, Paul: Handel und Händel zwischen Ost und West. Die Europäische Gemeinschaft und die Staatshandelsländer. In: EA 28 (1973), S. 173-182

Baring, Arnulf: Außenpolitik in Adenauers Kanzlerdemokratie. Bonns Beitrag zu Europäischen Verteidigungsgemeinschaft. München, Wien 1969

Bark, Dennis: Die Berlin-Frage 1949-1955. Verhandlungsgrundlagen und Eindämmungspolitik. Berlin, New York 1972

Barthel, Horst: Die wirtschaftlichen Ausgangsbedingungen der DDR. Berlin 1979

Bauer, Wilhelm: Der allgemeine wirtschaftliche Charakter der Zonen. In: DIW (Hrsg.): Wirtschaftsprobleme der Besatzungszonen. Berlin 1948, S. 5-21

Behrendt, Willy: Probleme der derzeitigen Kontingentierungsverfahren im Innerdeutschen Handel, aufgezeigt am Beispiel der Textilbezüge. Heidelberg 1980

Beier, Achim: Die Stellung der Leipziger Messe in der DDR bis zum Mauerbau (1949 bis 1961). In: Zwahr, Hartmut/Topfstedt, Thomas/Bentele, Günter (Hrsg.): Leipzigs Messen 1497-1997. Teilband 2: 1914-1997. Köln, Weimar, Wien 1999, S. 655-665

Bellers, Jürgen: Außenwirtschaftspolitik der Bundesrepublik Deutschland 1949-1989. Münster 1990

Bender, Peter: Herbert Wehner und die Deutschlandpolitik. In: Jahn, Gerhard (Hrsg.): Herbert Wehner. Köln 1976, S. 39-50

Berg, Michael von: Probleme des Ost-West-Handels. Teil I: Spezielle Aspekte des Handelsverkehrs zwischen Bundesrepublik Deutschland – Sowjetischer Besatzungszone – UdSSR. Berlin 1963

Berg, Michael von: Die strategische Bedeutung des Ost-West-Handels im Rahmen der weltpolitischen Auseinandersetzung. Leiden 1966

Berg, Michael von: Zwanzig Jahre Interzonenhandel. Wirtschaftliche und politische Entwicklung einer gesamtdeutschen Institution. Berlin, Bonn 1967

Berg, Michael von: Politische und ökonomische Problem des Ost-West-Handels. Berlin 1968

Berghahn, Volker: Unternehmer und Politik in der Bundesrepublik. Frankfurt a. M. 1985

Berghahn, Volker R./Friedrich Paul J.: Otto A. Friedrich, ein politischer Unternehmer. Sein Leben und seine Zeit, 1902-1975. Frankfurt a. M., New York 1993

Besson, Waldemar: Die Außenpolitik der Bundesrepublik Deutschland. Erfahrungen und Maßstäbe. Frankfurt a. M. 1973

Bethkenhagen, Jochen/Kupper, Siegfried/Lambrecht, Horst: Die Außenwirtschaftsbeziehungen der DDR vor dem Hintergrund von Kaltem Krieg und Entspannung. In: Beiträge zur Konfliktforschung 10 (1980) 4, S. 39-71

Beuck, W.: Zonenprobleme. Sonderfragen aus Ostbeziehungen der Wirtschaft. Verlag für Wirtschaft und Sozialpolitik, 2. erw. Aufl., Hamburg 1948

Blohm, Georg: Die Handelsbeziehungen zwischen Mitteldeutschland und der Bundesrepublik Deutschland im Agrarbereich. In: Fünfter Tätigkeitsbericht 1965/69 des Forschungsbeirates für Fragen der Wiedervereinigung Deutschlands beim Bundesminister für gesamtdeutsche Frage. Bonn, Berlin 1969

Biermann, Harald: John F. Kennedy und der Kalte Krieg. Die Außenpolitik der USA und die Grenzen der Glaubwürdigkeit. Paderborn 1997

Biskup, Reinhold: Deutschlands offene Handelsgrenze. Die DDR als Nutznießer des EWG-Protokolls über den innerdeutschen Handel. Frankfurt a. M., Berlin 1976

Bode, Bernard: Liberal-Demokraten und „deutsche Frage". Frankfurt a. M. 1997

Böttcher, Holger/Loose, Henning: Hansestadt im Interzonenhandel. Lübecks Beziehungen zur Mecklenburg 1947-1950. In: Zeitschrift des Vereins für Lübeckische Geschichte und Altertumskunde 68 (1988), S. 181-214

Boldorf, Marcel: Sozialfürsorge in der SBZ/DDR 1945-1953. Ursachen, Ausmaß und Bewältigung der Nachkriegsarmut. Stuttgart 1998

Bolz, Klaus: Die Instrumentalisierungsmöglichkeiten des innerdeutschen Handels. In: Wirtschaftsdienst 66 (1986) 9, S. 446-450

Bopp, Helmut: Der Wirtschaftsverkehr mit der DDR. Alliierte Rechtsgrundlagen, Warenverkehr, Dienstleistungen, Kapitalverkehr. Baden-Baden 1983

Borchardt, Knut: Die Bundesrepublik in dem säkularen Trend der wirtschaftlichen Entwicklung. In: Conze, Werner / Lepsius, M. Rainer (Hrsg.): Sozialgeschichte der Bundesrepublik Deutschland. Stuttgart 1985, S. 20-45

Bremer Ausschuß für Wirtschaftsforschung: Am Abend der Demontage. Sechs Jahre Reparationspolitik. Bremen 1951

Brückner, Siegfried/Andrä, Wolfgang: Zur Expansivität und Aggressivität des Imperialismus der BRD - dargestellt an den Außenhandelsbeziehungen der BRD zur DDR - und der Kampf um die Durchsetzung der Prinzipien der friedlichen Koexistenz in diesen Beziehungen. Berlin (Ost) 1976

Bruns, Wilhelm: Klammer oder Hebel? Die Wirtschaftsbeziehungen mit der DDR. In: Die Neue Gesellschaft 1977, S. 675-677

Bruns, Wilhelm: Deutsch-deutsche Beziehungen. Prämissen, Probleme, Perspektiven. Opladen 1982

Buchheim, Christoph: Die Bundesrepublik und die Überwindung der Dollar-Lücke. In: Herbst, Ludolf/Bührer, Werner/Sowade, Hanno (Hrsg.): Vom Marshallplan zur EWG. Die Eingliederung der Bundesrepublik Deutschland in die westliche Welt. München 1990, S. 81-98

Buchheim, Christoph: Die Wiedereingliederung Westdeutschlands in die Weltwirtschaft 1945-1958. München 1990

Buchheim, Christoph: Wirtschaftliche Hintergründe des Arbeiteraufstandes vom 17. Juni 1953 in der DDR. In: VfZ 38 (1990) 4, S. 415-433

Buchheim, Christoph: Kriegsschäden, Demontagen und Reparationen. Deutschland nach dem Zweiten Weltkrieg. In: Materialien der Enquete-Kommission „Aufarbeitung von Geschichte und Folgen der SED-Diktatur in Deutschland". Bd. II/2: Machtstrukturen und Entscheidungsmechanismen im SED-Staat und die Frage der Verantwortung. Baden-Baden 1995, S. 1030-1069.

Buchheim, Christoph: Die Wirtschaftsordnung als Barriere des gesamtwirtschaftlichen Wachstums in der DDR. In: VSWG 82 (1995) 2, S. 194-210

Buchheim, Christoph: Kriegsfolgen und Wirtschaftswachstum in der SBZ/DDR. In: GG 25 (1999), S. 515-529.

Buchheim, Hans: Deutschlandpolitik 1949-1972. Der diplomatisch-politische Prozeß. Stuttgart 1984

Bührer, Werner: Erzwungene oder freiwillige Liberalisierung? Die USA, die OEEC und die westdeutsche Außenhandelspolitik. In: Herbst, Ludolf/Bührer, Werner/Sowade, Hanno (Hrsg.): Vom Marshallplan zur EWG. Die Eingliederung der Bundesrepublik Deutschland in die westliche Welt. München 1990, S. 139-162

Bührer, Werner: Der BDI und die Aussenpolitik der Bundesrepublik Deutschland in den fünfziger Jahren. In: VfZ 40 (1992), S. 241-261

Bührer, Werner: Auf dem Weg zum Korporatismus? Der Bundesverband der Deutschen Industrie in zeitgeschichtlicher Perspektive. In: Bührer, Werner/Grande, Edgar (Hrsg.): Unternehmerverbände und Staat in Deutschland. Baden-Baden 2000, S. 43-52

Bundesministerium für innerdeutsche Beziehungen (Hrsg.): Die Sperrmaßnahmen der DDR vom Mai 1952. Die Sperrmaßnahmen der Sowjetzonenregierung an der Zonengrenze und um Westberlin. Faksimilierter Nachdruck des Weißbuchs von 1953. Lübeck 1987

Burmester, Siegfried: Kooperation, kalter Krieg und Konkurrenz im Handel zwischen den beiden deutschen Staaten und den Wechselbeziehungen zur Politik der DDR-Führung. In: Ansichten zur Geschichte der DDR, IV. Bonn, Berlin 1996, S. 165-242

Cornelsen, Doris/Lambrecht, Horst/Melzer, Manfred/Schwartau, Cord: Die Bedeutung des innerdeutschen Handels für die Wirtschaft der DDR. Berlin 1983

Cramer, Dettmar: Innerdeutsche Beziehungen besser als ihr Ruf? In: DA 10 (1977) 6, S. 561-565

Creuzberger, Stefan: Die sowjetische Besatzungsmacht und das politische System der SBZ. Weimar, Köln, Wien 1996

Creuzberger, Stefan: Abschirmungspolitik gegenüber dem westlichen Deutschland im Jahre 1952. In: Wettig, Gerhard (Hrsg.): Die sowjetische Deutschlandpolitik in der Ära Adenauer. Bonn 1997, S. 12-36

Czempiel, Ernst-Otto: Internationale Politik. Ein Konfliktmodell. Paderborn 1981

Dahlmann, Heinz: Die Entwicklung des deutschen Interzonenhandels nach dem zweiten Weltkrieg. Köln 1954

Dean, Robert W.: West German Trade with the East: The Politicial Dimension. New York, Washington, London 1974

Derix, Hans-Heribert: Ordnungsprinzipien der Handels- und Kooperationsabkommen zwischen Ost und West: Eine vergleichende Analyse der intersystemaren Handelspolitik seit 1921 vornehmlich vor dem Hintergrund der deutschen Ostpolitik. In: Schüller, Alfred/Wagner, Ulrich (Hrsg.): Außenwirtschaftspolitik und Stabilisierung von Wirtschaftssystemen. Stuttgart, New York 1980, S. 29-50

Deuerlein, Ernst: Die amerikanischen Vorformulierungen und Vorentscheidungen für die Konferenz von Potsdam. In: DA 3 (1970) 4, S. 337-356

Deutsch, Karl W.: Political Community at the International Level. Problems of Definition and Measurement. Hamden 1970

Deutsches Institut für Wirtschaftsforschung (Hrsg.): Handbuch DDR-Wirtschaft. 4. erw. u. akt. Aufl., Hamburg 1984

Die innere Verflechtung der deutschen Wirtschaft. Verhandlungen und Berichte des Unterausschusses für allgemeine Wirtschaftsstruktur. I. Unterausschuss, 2. Arbeitsgruppe. 2 Bde., Berlin 1930

Dickhaus, Monika: Die Bundesbank im westeuropäischen Wiederaufbau. Die internationale Wirtschaftspolitik der Bundesrepublik Deutschland 1948 bis 1958. München 1996

Dieckheuer, Gustav: Internationale Wirtschaftsbeziehungen. 4. unwes. veränd. Aufl., München, Wien 1998

Dietsch, Ulrich: Außenwirtschaftliche Aktivitäten der DDR. Maßnahmen gegenüber westlichen Industriestaaten. Hamburg 1976

Dietz, Raimund: Der Westhandel der DDR. Zwei Datensätze - zwei Perspektiven. In: DA 18 (1985) 3, S. 294 - 304

Doering-Manteuffel, Anselm: Die innerdeutsche Grenze im nationalpolitischen Diskurs der Adenauer-Zeit. In: Weisbrod, Bernd (Hrsg.): Grenzland. Beiträge zur Geschichte der deutsch-deutschen Grenze. Hannover 1993, S. 127-140

Ehlermann, Claus-Dieter: Die Entwicklung des innerdeutschen Handels aus der Sicht der Europäischen Gemeinschaft. In: Die DDR vor den Aufgaben der Integration und Koexistenz. DA, Sonderheft 6 (1973) 10, S. 89-96

Ehmcke, Ulrich: Ein Beitrag zur Untersuchung des Hamburger Hafenhinterlandes. Diss. Masch.schr. Hamburg 1953

Eibl, Franz: Politik der Bewegung. Gerhard Schröder als Außenminister 1961-1966. München 2001

End, Heinrich: Zweimal deutsche Außenpolitik. Internationale Dimensionen des innerdeutschen Konfliktes. Köln 1973

Engelmann, Roger: Innerdeutsche Beziehungen im Kalten Krieg – Die Deutschlandpolitik der FDP und ihre Kontakte zur LDPD und SED 1956-1966. In: Hübsch, Reinhard/Frölich, Jürgen (Hrsg.): Deutsch-deutscher Liberalismus im Kalten Krieg. Zur Deutschlandpolitik der Liberalen 1945-1970. Potsdam 1997, S. 54-81

Engels, Silvia: Deutsche Wirtschaft - Gestalter der Ostpolitik? Die Bedeutung der Wirtschaftsbeziehungen für die Regierungspolitik: Die Bundesrepublik Deutschland und Polen, Ungarn sowie die Tschechoslowakei 1985-1992. Köln 1998

Ernst, Heiner: Der Osthandel – eine politische Waffe? Stuttgart 1964

Eucken, Walter: Grundsätze der Wirtschaftspolitik. 6. durchg. Aufl., Tübingen 1990

Fäßler, Peter E.: „Diversanten" oder „Aktivisten"? Westarbeiter in der DDR. In: VfZ 49 (2001) 4, S. 613-642

Fäßler, Peter E.: Der „Brückenschlag". Der Bau der Autobahnbrücke Saale/Hirschberg als Paradigma deutsch-deutschen Interessenausgleiches. In: ZfG 49 (2001) 11, S. 981-999

Fäßler, Peter E.: Westarbeiter im Dienste der Staatssicherheit? Eine Fallstudie zu Sinn und Unsinn der MfS-Überwachungspraxis. In: DA 37 (2004) 6, S. 22-29

Fäßler, Peter E.: Probelauf für eine „Politik der Bewegung". Die Auseinandersetzung um den Firmennamen „Deutsche Lufthansa" (1954-1963). In: ZfG 53 (2005) 3, S. 236-261

Falk, Waltraud: Die Schaffung der ökonomischen Grundlagen des Sozialismus in der DDR. In: ZfG 10 (1979), S. 915-925

Falk, Waltraud: Probleme und Erfahrungen aus der Geschichte der ökonomischen Beziehungen zwischen der DDR und der BRD. In: Beiträge zur Geschichte der Deutschen Arbeiterbewegung 6 (1979), S. 60-68

Federau, Fritz: Der Interzonenhandel Deutschlands von 1946 bis Mitte 1953. In: Vierteljahreshefte zur Wirtschaftsforschung (1953) 4, S. 385-410

Feldmann, Horst: Eine institutionalistische Revolution? Zur dogmenhistorischen Bedeutung der modernen Institutionenökonomik. Berlin 1995

Fiereder, Helmut: Demontagen in Deutschland nach 1945 unter besonderer Berücksichtigung der Montanindustrie. In: ZfU 34 (1989) 4, S: 209-239

Fisch, Jörg: Reparationen nach dem Zweiten Weltkrieg. München 1992

Fischer, Erika J./Fischer, Heinz-D.: John McCloy und die Frühgeschichte der Bundesrepublik Deutschland. Presseberichte und Dokumente über den Amerikanischen Hochkommissar für Deutschland 1949-1952. Köln 1985

Fischer, Peter: Entwicklung der amtlichen Statistik in der sowjetischen Besatzungszone Deutschlands und der DDR 1945 bis 1990. In: Jahrbuch für Nationalökonomie und Statistik 213 (1994), S. 597-617.

Foerland, Tor Egil: Cold Economic Warfare: The Dreation and Prime of CoCom 1948-1954. Oslo 1991

Förster, Wolfgang: Interzonenhandel. In: Staatslexikon. Recht – Wirtschaft – Gesellschaft. 6. Aufl., Freiburg 1959, S. 440-444

Foitzik, Jan: Berichte des Hohen Kommissars der UdSSR in Deutschland aus den Jahren 1953/54. Dokumente aus dem Archiv der Russischen Föderation. In: Materialien der Enquete-Kommission „Aufarbeitung von Geschichte und Folgen der SED-Diktatur in Deutschland". Bd. II/2: Machtstrukturen und Entscheidungsmechanismen im SED-Staat und die Frage der Veratwortung. Baden-Baden 1995, S. 1350-1541

Foitzik, Jan: Sowjetische Militäradministration in Deutschland (SMAD) 1945-1949. Struktur und Funktion. Berlin 1999

Folkers, Karl-Heinz: Probleme des Interzonenhandels, dargestellt nach den Erfahrungen der westdeutschen Fischwirtschaft. Diss. rer.oec., Hamburg 1954

Freund, Erich: Die Entwicklung des Handels der Deutschen Demokratischen Republik mit Westdeutschland und Westberlin, seine Hauptprobleme und Westdeutschlands „Ausnahmerecht" – ein Ausdruck des Grundwiderspruchs in Deutschland. Mschr. Berlin 1963

Freund, Erich: Der Handel zwischen beiden deutschen Staaten und der DDR mit Westberlin. In: Deutsche Außenpolitik 9 (1964), S. 816-829

Franke, Eva Susanne: Netzwerke, Innovationen und Wirtschaftssystem. Eine Untersuchung am Beispiel des Druckmaschinenbaus im geteilten Deutschland (1945-1990). Stuttgart 2000

Galli, Gernot: Der Streit um Warenzeichen. Ein besonderer Aspekt der deutschen Frage. Unveröff. Mag.arb., Dresden 2001

Gielisch, Dagmar: Die ehemalige DDR und das Projekt „Europäischer Binnenmarkt". Versuch einer Bestandsaufnahme und Analyse ihrer Wirtschaftsbeziehungen zur Europäischen Gemeinschaft. Diss. phil., Münster 1992

Gleitze, Bruno: Die Außenhandelsverflechtungen des mitteldeutschen Raumes. In: Vierteljahreshefte zur Wirtschaftsforschung (1952) 4, S. 345-357

Gleitze, Bruno: Ostdeutsche Wirtschaft. Industrielle Standorte und volkswirtschaftliche Kapazitäten des ungeteilten Deutschland. Berlin 1956

Gray, William Glenn: Germany's Cold War. The Global Campaign to Isolate East Germany, 1949-1969. Chapel Hill, London 2003

Groß, Karl-Heinz: Entstehung und Bedeutung des innerdeutschen Handels. In: DA 11 (1978) 11, S. 480-490

Groß, Karl-Heinz: Die innerdeutschen Wirtschaftsbeziehungen. In: Die Wirtschaft der DDR am Ende der Fünfjahrplanperiode. Berlin 1985, S. 27-48

Groß, Karl-Heinz: Der innerdeutsche Handel aus internationaler Sicht. In: DA 19 (1986) 10, S. 1075-1084

Grünig, Ferdinand: Die Wirtschaftstätigkeit nach dem Zusammenbruch im Vergleich zur Vorkriegstätigkeit. In: Die deutsche Wirtschaft zwei Jahre nach dem Zusammenbruch. Tatsachen und Probleme. Berlin 1947, S. 49-71

Grünig, Ferdinand: Die innerdeutschen Wirtschaftsverflechtungen. In: DIW (Hrsg.) Wirtschaftsprobleme der Besatzungszonen. Berlin 1948, S. 65-95

Guldin, Harald: Die Bundesrepublik Deutschland auf dem Weg zur souveränen Gleichberechtigung: Die politisch-ökonomische Westintegration Westdeutschlands als Verhandlungsgegenstand zwischen der Alliierten Hohen Kommission und der Bundesregierung in den Jahren 1949-1952. Fallstudie zu einem spezifisch strukturierten Entscheidungssystem in den Sachbereichen Außen-, Außenwirtschafts- und Sicherheitspolitik. Frankfurt a. M. u. a. 1987

Gumpel, Werner: Der innerdeutsche Handel in seinen politischen und ökonomischen Auswirkungen. In: Boettcher, Erik (Hrsg.): Wirtschaftsbeziehungen mit dem Osten. Stuttgart, Berlin, Köln, Mainz 1971, S. 78-94

Gutmann, Gernot: Probleme des Vergleichs alternativer Wirtschaftssysteme – dargestellt am Beispiel Bundesrepublik Deutschland/DDR. In: Zieger, Gottfried (Hrsg.): Recht, Wirtschaft, Politik im geteilten Deutschland. Köln, Berlin, Bonn, München 1983, S. 271-295

Hackenberg, Gerd R.: Wirtschaftlicher Wiederaufbau in Sachsen 1945-1949/50. Köln, Weimar, Wien 2000

Haendcke-Hoppe, Maria: Die DDR-Außenhandelsstatistik und ihr Informationswert. Berlin 1978

Haendcke-Hoppe, Maria: „30 Jahre Berliner Abkommen zum innerdeutschen Handel" (Tagungsbericht). In: DA 15 (1982) 1, S. 76-79

Haendcke-Hoppe, Maria: Die Außenwirtschaftsbeziehungen der DDR und der innerdeutsche Handel. In: Weidenfeld, Werner/Zimmermann, Hartmut (Hrsg.): Deutschland-Handbuch. Eine doppelte Bilanz. Bonn 1989, S. 639-652

Haendcke-Hoppe, Maria: Die Wirtschaftsbeziehungen zwischen beiden deutschen Staaten. Legende und Wirklichkeit. In: Haendcke-Hoppe, Maria/Lieser-Triebnigg, Erika (Hrsg.): 40 Jahre innerdeutsche Beziehungen. Berlin 1990, S. 119-140

Haendcke-Hoppe-Arndt, Maria: Interzonenhandel/Innerdeutscher Handel. In: Deutscher Bundestag (Hrsg.): Enquete-Kommission "Aufarbeitung von Geschichte und Folgen der SED-Diktatur in Deutschland". Bd. V/2. Deutschlandpolitik. Baden-Baden 1995, S. 1543-1571

Haftendorn, Helga: Adenauer und die Europäische Sicherheit. In: Blumenwitz, Dieter et al. (Hrsg.): Konrad Adenauer und seine Zeit. Bd. 2. Stuttgart 1976, S. 92-110

Haftendorn, Helga: Die Alliierten Vorbehaltsrechte und die Außenpolitik der Bundesrepublik Deutschland. Eine Einführung. In: Haftendorn, Helga/Riecke, Henning (Hrsg.): „...die volle Macht eines souveränen Staates..." Die alliierten Vorbehaltsrechte als Rahmenbedingung westdeutscher Außenpolitik 1949-1990. Baden-Baden 1996, S. 9-26

Haftendorn, Helga: Das institutionelle Instrumentarium der Alliierten Vorbehaltsrechte. Politikkoordinierung zwischen den Drei Mächten und der Bundesrepublik Deutschland. In: Haftendorn, Helga/Riecke, Henning (Hrsg.): „... die volle Macht eines souveränen Staates ..." Die Alliierten Vorbehaltsrechte als Rahmenbedingung westdeutscher Außenpolitik 1949-1990. Baden-Baden 1996, S. 37-80

Hagel, Jürgen: Auswirkungen der Teilung Deutschlands auf die deutschen Seehäfen. Eine statistisch-verkehrsgeographische Untersuchung. Marburg 1957

Hahn, Karl-Eckart: Wiedervereinigungspolitik im Widerstreit. Einwirkungen und Einwirkungsversuche westdeutscher Entscheidungsträger auf die Deutschlandpolitik Adenauers von 1949 bis zur Genfer Viermächtekonferenz 1959. Hamburg 1993

Halder, Winfrid: Modell für Deutschland? Wirtschaftspolitik in Sachsen 1945-1948. Paderborn, München, Zürich, Wien 2001

Hamel, Hannelore (Hrsg.): BRD – DDR. Die Wirtschaftssysteme. Soziale Marktwirtschaft und sozialistische Planwirtschaft im Systemvergleich. München 1977

Hanrieder, Wolfram F.: West German Foreign Policy 1949-1963. International Presence and Domestic Response. Stanford 1969

Hardach, Karl: Wirtschaftsgeschichte Deutschlands im 20. Jahrhundert. Göttingen 1976

Harmssen, Gustav W.: Reparationen - Sozialprodukt - Lebensstandard. Versuch einer Wirtschaftsbilanz. 4 Hefte, Bremen 1948-1951

Harrison, Hope M.: Die Berlin-Krise und die Beziehungen zwischen der UdSSR und der DDR. In: Wettig, Gerhard (Hrsg.): Die sowjetische Deutschlandpolitik in der Ära Adenauer. Bonn 1997, S. 105-122

Hefele: Peter: Die Verlagerung von Industrie- und Dienstleistungsunternehmen aus der SBZ/DDR nach Westdeutschland. Unter besonderer Berücksichtigung Bayerns (1945-1961). Stuttgart 1998

Heidemeyer, Helge: Flucht und Zuwanderung aus der SBZ/DDR 1945/49-1961. Düsseldorf 1994

Heimann, Christian: Systembedingte Ursachen des Niedergangs der DDR-Wirtschaft. Das Beispiel der Textil- und Bekleidungsindustrie 1945-1989. Frankfurt a. M. 1997

Herbst, Ludolf: Option für den Westen. Vom Marshallplan bis zum deutschfranzösischen Vertrag. München 1989

Herbst, Ludolf: Stil und Handlungsspielräume westdeutscher Integrationspolitik. In: Herbst, Ludolf/Bührer, Werner/Sowade, Hanno (Hrsg.): Vom Marshallplan zur EWG. Die Eingliederung der Bundesrepublik Deutschland in die westliche Welt. München 1990, S. 3-18

Herter, Karl-Heinz: Probleme des Interzonenhandels, vorwiegend aus der Perspektive des westdeutschen Handelspartners gesehen. Diss. jur., Karlsruhe 1957

Heyl, Ferdinand von: Der innerdeutsche Handel mit Eisen und Stahl 1945-1972. Deutschdeutsche Beziehungen im Kalten Krieg. Köln, Weimar, Wien 1997

Hildebrand, Klaus: Von Erhard zur Großen Koalition 1963-1966. Stuttgart 1984

Hirt, Hans/Müller, Bernd: Der innerdeutsche Wirtschafts- und Zahlungsverkehr. 2. überarb. u. erg. Aufl., Stuttgart 1984

Hoff, Henning: Großbritannien und die DDR 1955-1973. Diplomatie auf Umwegen. München 2003

Hoffmann, Emil: Die Zerstörung der deutschen Wirtschaftseinheit. Interzonenhandel und Wiedervereinigung. Hamburg 1964

Hofmann, Otto/Scharschmidt, Gerhard: DDR-Außenhandel gestern und heute. Berlin 1975

Holbik, Karel/Myers, Henry: Postwar Trade in Divided Germany. The Internal and International Issues. Baltimore 1964

Homann, Fritz: Die Zukunft des innerdeutschen Handels. In: DA 19 (1986) 10, S. 1085-1094

Homann, Fritz: Innerdeutscher Handel und EG-Binnenmarkt. In: DA 22 (1989) 3, S. 301-308

Horstmeier, Carel: Die Maus, die brüllte. Methoden der Anerkennungspolitik der DDR. In: Hallische Beiträge zur Zeitgeschichte (2001) 9, S. 57-79

Ilse, Frank: Der innerdeutsche Handel. Hamburg 1984

Imhoff, Ludwig P.: GATT. Allgemeines Zoll- und Handelsabkommen. München 1952

Jacobsen, Hanns-Dieter: Sonderfall Innerdeutsche Beziehungen. In: Rode Reinhard/Jacobsen, Hanns-Dieter (Hrsg.): Wirtschaftskrieg oder Entspannung? Eine politische Bilanz der Ost-West-Beziehungen. Bonn 1984, S. 136-143

Jahn, Oswald: Handbuch des Interzonenhandelsverkehrs. München, Berlin 1956

Jerchow, Friedrich: Deutschland in der Weltwirtschaft 1944-1947. Alliierte Deutschland- und Reparationspolitik und die Anfänge der westdeutschen Außenwirtschaft. Düsseldorf 1978

Kaiser, Monika: Wechsel von sowjetischer Besatzungspolitik zu sowjetischer Kontrolle? Sowjetische Einflußnahme und ostdeutsche Handlungsspielräume im Übergangsjahr von der SBZ zur DDR. In: Lemke, Michael (Hrsg.): Sowjetisierung und Eigenständigkeit in der SBZ/DDR (1945-1953). Köln, Weimar, Wien 1999, S. 187-231

Karlsch, Rainer: Zwischen Partnerschaft und Konkurrenz. Das Spannungsfeld in den Beziehungen zwischen den VEB Filmfabrik Wolfen und der Agfa AG Leverkusen. In: ZfU 36 (1991), S. 245-281

Karlsch, Rainer: Allein bezahlt? Die Reparationsleistungen der SBZ/DDR 1945-1953. Berlin 1993.

Karlsch, Rainer: Umfang und Struktur der Reparationsentnahmen aus der SBZ/DDR 1945-1953. Stand und Probleme der Forschung. In: Buchheim, Christoph (Hrsg.): Wirtschaftliche Folgelasten des Krieges in der SBZ/DDR. Baden-Baden 1995, S. 45-78

Karlsch, Rainer: Ungleiche Partner – Vertragliche und finanzielle Probleme der Uranlieferungen der DDR. In: Karlsch, Rainer/Schröter Harm G. (Hrsg.): „Strahlende Vergangenheit". Studien zur Geschichte des Uranbergbaus der Wismut. St. Katharinen 1996, S. 263-300

Karlsch, Rainer: Die Reparationsleistungen der SBZ/DDR im Spiegel deutscher und russischer Quellen. In: Eckart, Karl / Roesler, Jörg (Hrsg.): Die Wirtschaft im geteilten und im vereinten Deutschland. Berlin 1999, S. 9-30

Karlsch, Rainer: „Wie Phoenix aus der Asche"? Rekonstruktion und Strukturwandel in der chemischen Industrie in beiden deutschen Staaten bis Mitte der sechziger Jahre. In: Baar, Lothar / Petzina, Dietmar (Hrsg.): Deutsch-deutsche Wirtschaft 1945 bis 1949. Strukturveränderungen, Innovationen und regionaler Wandel. Ein Vergleich. St. Katharinen 1999, S. 262-303

Karlsch, Rainer/Laufer, Jochen: Die sowjetischen Demontagen in der SBZ. Entwicklung der Forschung und neue Fragen. In: Dies. (Hrsg.): Sowjetische Demontagen in Deutschland 1944-1949. Berlin 2002, S. 19-30

Katzer, Nikolaus: „Eine Übung im Kalten Krieg." Die Berliner Außenministerkonferenz von 1954. Köln 1994

Kaulbach, Herbert: Bilanz des innerdeutschen Handels. In: DA 2 (1969) 6, S. 653-658

Kilian, Werner: Die Hallsteindoktrin, der diplomatische Krieg zwischen der BRD und der DDR 1955 - 1973; aus den Akten der beiden deutschen Außenministerien. Berlin 2001

Kim, Tae-Heon: Außenwirtschaft der DDR und Handelsbeziehungen zwischen der BRD und der DDR. Ihre Konsequenzen für die Deutsche Wirtschafts- und Währungsunion und die Zeit danach. Frankfurt a. M. 2000

Kleindienst, Willi: Abwicklung und Praxis der Handelsbeziehungen zur DDR. In: Boettcher, Erik (Hrsg.): Wirtschaftsbeziehungen mit dem Osten. Stuttgart 1971, S. 61-77

Kleßmann, Christoph: Die doppelte Staatsgründung. Deutsche Geschichte 1945-1955. 5. Aufl., Bonn 1991

Kleßmann, Christoph: Zwei Staaten – eine Nation. Deutsche Geschichte 1955-1970. 2. überarb. u. erw. Aufl., Bonn 1997

Klinkmüller, Erich: Die gegenwärtigen Außenhandelsverflechtungen der sowjetischen Besatzungszone. Berlin 1959

Klump, Rainer: Über die Bedeutung des historischen Systemvergleichs für die Wirtschaftswissenschaften: Betrachtungen auf Makro-, Meso- und Mikroebene. In: Baar, Lothar/Petzina, Dietmar (Hrsg.): Deutsch-deutsche Wirtschaft 1945 bis 1949. Strukturveränderungen, Innovationen und regionaler Wandel. Ein Vergleich. St. Katharinen 1999, S. 25-45

Knetschke, Claus: Der Interzonenhandel. In: SBZ-Archiv 10 (1959), S. 41-44

Köhler, Heinz: Economic Integration in the Soviet Bloc. With an East German Case Study. New York 1965

Koerfer, Daniel: Kampf ums Kanzleramt. Erhard und Adenauer. Neuaufl., Berlin 1998

Körner, Klaus: Wiedervereinigungspolitik. In: Schwarz, Hans-Peter (Hrsg.): Handbuch der deutschen Außenpolitik. München, Zürich 1975, S. 587-616

Körner, Klaus: Die innerdeutschen Beziehungen. In: Schwarz, Hans-Peter (Hrsg.): Handbuch der deutschen Außenpolitik. München, Zürich 1975, S. 616-646

Kommunalverband Ruhrgebiet (Hrsg.): Wahlen im Ruhrgebiet. Essen 1986

Kosthorst, Daniel: Brentano und die deutsche Einheit. Die Deutschland- und Ostpolitik des Außenministers im Kabinett Adenauer 1955-1961. Düsseldorf 1993

Krautwig, Carl: Interzonenhandel. In: Schröder, Gerhard et al. (Hrsg.): Ludwig Erhard. Beiträge zu seiner politischen Biographie. Frankfurt a. M., Berlin 1972, S. 132-140

Kreile, Michael: Osthandel und Ostpolitik. Baden-Baden 1978

Kroegel, Dirk: Einen Anfang finden! Kurt Georg Kiesinger in der Außen- und Deutschlandpolitik der Großen Koalition. München 1997

Kroker, Evelyn: Zur Entwicklung des Steinkohlebergbaus an der Ruhr zwischen 1945 und 1980. In: Hohensee, Jens/Salewski, Michael (Hrsg.): Energie – Politik – Geschichte. Stuttgart 1993, S. 75-88

Kruse Michael: Politik und deutsch-deutsche Wirtschaftsbeziehungen. Berlin 2005

Kühn, Rüdiger: Reparationsverluste und Sowjetisierung des Eisenbahnwesens in der SBZ 1945 – 1949. Bochum 1997

Küsters, Hanns Jürgen: Die Gründung der Europäischen Wirtschaftsgemeinschaft. Baden-Baden 1982

Küsters, Hanns Jürgen: Der Integrationsfrieden. Viermächteverhandlungen über die Friedensregelung mit Deutschland 1945-1990. München 2000

Kuhnle, Gerhard Wilhelm: Die Bedeutung und Vorteile der deutsch-deutschen Wirtschaftsbeziehungen für die DDR. Eine Analyse unter besonderer Berücksichtigung paraökonomischer Aspekte. Frankfurt a. M. 1993

Kupper, Siegfried: Der innerdeutsche Handel. Rechtliche Grundlagen, politische und wirtschaftliche Bedeutung. Köln 1972

Kupper, Siegfried: Politische Aspekte des innerdeutschen Handels. In: Ehlermann, Claus-Dieter/Kupper, Siegfried/Lambrecht, Horst/Ollig, Gerhard (Hrsg.): Handelspartner DDR - Innerdeutsche Wirtschaftsbeziehungen., Baden-Baden 1975, S. 11-76

Kupper, Siegfried: Handel ohne Politik? Wirtschaftliche und politische Aspekte des innerdeutschen Handels. In: DA 10 (1977) 4, S. 376-382

Kupper, Siegfried: Innerdeutsche Wirtschaftsbeziehungen auf bewährter Grundlage. 30 Jahre Berliner Abkommen. DDR-Report 12 (1981), S. 766-769

Kupper, Siegfried/Lambrecht, Horst: Die Vorteile der DDR aus dem innerdeutschen Handel (Rezension). In: DA 10 (1977) 11, S. 1204-1208

Kwizinskij, Julij A.: Vor dem Sturm. Erinnerungen eines Diplomaten. Berlin 1993

Lambrecht, Horst: Die Entwicklung des Interzonenhandels von seinen Anfängen bis zur Gegenwart. Berlin 1965

Lambrecht, Horst: Chancen für West-Berlin durch Ost-West-Kooperation. In: DA 5 (1972) 12, S. 1270-1280

Lambrecht, Horst: Innerdeutscher Handel - Entwicklung, Warenstruktur, wirtschaftliche Bedeutung. In: Ehlermann, Claus-Dieter/Kupper, Siegfried/Lambrecht, Horst/Ollig, Gerhard (Hrsg.): Handelspartner DDR - Innerdeutsche Wirtschaftsbeziehungen. Baden-Baden 1975, S. 77-144

Lambrecht, Horst: Zum Westhandel der DDR. In: DIW-Wochenbericht 42 (1975) 39, S. 319-324

Lambrecht, Horst: Der Handel der Deutschen Demokratischen Republik mit der Bundesrepublik Deutschland und den übrigen OECD-Ländern. Eine vergleichende Betrachtung des Westhandels der DDR in den Jahren 1965 bis 1975. Berlin 1977

Lambrecht, Horst: Die Entwicklung der Wirtschaftsbeziehungen zur Bundesrepublik Deutschland. In: Jacobsen, Hans-Adolf / Leptin, Gerd / Scheuner, Ulrich / Schulz, Eberhard (Hrsg.): Drei Jahrzehnte Außenpolitik der DDR. Bestimmungsfaktoren, Instrumente, Aktionsfelder. 2. Aufl., München, Wien 1980, S. 453-473

Lambrecht, Horst: Der innerdeutsche Handel – ein Güteraustausch im Spannungsfeld zwischen Politik und Wirtschaft. In: APuZ 40 (1982), S. 3-17

Lambrecht, Horst/Wessels, Horst: Produktions- und Beschäftigungseffekte im innerdeutschen Handel. Berlin 1978

Larres, Klaus: Großbritannien und der 17.6.1953. Die deutsche Frage und das Scheitern von Churchills Entspannungspolitik nach Stalins Tod. In: Kleßmann, Christoph/Stöver, Bernd (Hrsg.): 1953 – Krisenjahr des Kalten Krieges in Europa. Köln Weimar, Wien 1999, S. 155-179

Laufer, Jochen: Von den Demontagen zur Währungsreform – Besatzungspolitik und Sowjetisierung Ostdeutschlands 1945-1948. In: Lemke, Michael (Hrsg.): Sowjetisierung und Eigenständigkeit in der DDR (1945-1953). Köln, Weimar, Wien 1999, S. 163-186.

Laufer, Jochen: Politik und Bilanz der sowjetischen Demontagen in der SBZ/DDR 1945-1950. In: Karlsch, Rainer / Laufer, Jochen (Hrsg.): Sowjetische Demontagen in Deutschland 1944-1949. Berlin 2002, S. 31-77

Lemke, Michael: Die deutschlandpolitischen Handlungsspielräume der SED innerhalb der sowjetischen Deutschlandpolitik der Jahre 1945-1955. In: Schmidt, Gustav (Hrsg.): Ost-West-Beziehungen- Konfrontation und Détente 1945-1989. Bochum 1993, Bd. 2, S. 304-332

Lemke, Michael: Die Berlin-Krise von 1958-1963. Interessen und Handlungsspielräume der SED im Ost-West-Konflikt. Berlin 1995

Lemke, Michael: Einheit oder Sozialismus? Die Deutschlandpolitik der SED 1949 – 1961. Köln, Weimar, Wien 2001

Lemke, Michael: Prinzipien und Grundlagen der Außenbeziehungen der DDR in der Konstituierungsphase des DDR-Außenministeriums 1949-1951. In: Lemke, Michael (Hrsg.): Sowjetisierung und Eigenständigkeit in der SBZ/DDR (1945-1953). Köln, Weimar, Wien 1999, S. 233-274

Lemke, Michael: Die Außenbeziehungen der DDR (1949-1966). Prinzipien, Grundlagen, Zäsuren und Handlungsspielräume. In: Pfeil, Ulrich (Hrsg.): Die DDR und der Westen. Transnationale Beziehungen 1949-1989. Berlin 2001, S. 63-80

Lindenberger, Thomas: Die Diktatur der Grenzen. Zur Einleitung. In: Lindenberger, Thomas (Hrsg.): Herrschaft und Eigen-Sinn in der Diktatur. Studien zur Gesellschaftsgeschichte der DDR . Köln, Weimar, Wien 1999, S. 13-44

Lippe, Peter von der: Die gesamtwirtschaftlichen Leistungen der DDR-Wirtschaft in den offiziellen Darstellungen. Die amtliche Statistik der DDR als Instrument der Agitation und Propaganda der SED. In: Materialien der Enquete-Kommission „Aufarbeitung von Geschichte und Folgen der SED-Diktatur in Deutschland." Bd. II/3. Hrsgg. v. Deutschen Bundestag. Baden Baden 1995, S. 1973-2193

Löffler, Bernhard: Soziale Marktwirtschaft und administrative Praxis. Das Bundeswirtschaftsministerium unter Ludwig Erhard. Stuttgart 2002

Lohse, Eckhart: Östliche Lockungen und westliche Zwänge. Paris und die deutsche Teilung 1949 bis 1955. München 1995

Mai, Gunther: Osthandel und Westintegration 1947-1957. Europa, die USA und die Entstehung einer hegemonialen Partnerschaft. In: Herbst, Ludolf/Bührer, Werner/Sowade, Hanno (Hrsg.): Vom Marshallplan zur EWG. Die Eingliederung der Bundesrepublik Deutschland in die westliche Welt. München 1990, S. 203-226

Mai, Gunther: Das „Trojanische Pferd". Innerdeutsche Handelsbeziehungen zwischen Blockbildung und inter-systemarer Symbiose (1945-1989). In: Schmidt, Gustav (Hrsg.): Ost-West-Beziehungen- Konfrontation und Détente 1945-1989. Bochum 1993, Bd. 2, S. 433-448

Mai, Gunther: Der Alliierte Kontrollrat in Deutschland 1945-1948. Alliierte Einheit – deutsche Teilung? München, Wien 1995

Maier, Harry/Maier, Siegrid: Vom innerdeutschen Handel zur deutsch-deutschen Wirtschafts- und Währungsgemeinschaft. Köln 1990

Mann, Siegfried: Macht und Ohnmacht der Verbände. Das Beispiel des Bundesverbandes der Deutschen Industrie e.V. (BDI) aus empirisch-analytischer Sicht. Baden-Baden 1994

Marcowitz, Rainer: Staatsräson und Legitimität. Die Außenpolitik von Bundesrepublik Deutschland und DDR 1949-1989. In: Clemens, Gabriele (Hrsg.): Nation und Europa. Studien zum internationalen Staatensystem im 19. und 20. Jahrhundert. Stuttgart 2001, S. 153-169

Matschke, Werner: Die industrielle Entwicklung in der Sowjetischen Besatzungszone Deutschlands (SBZ) von 1945 bis 1948. Berlin 1988

Meuschel, Sigrid: Überlegungen zu einer Herrschafts- und Gesellschaftsgeschichte der DDR. In: GG 19 (1993) 1, S. 5-24

Meyer, Christian: Exportförderungspolitik in Österreich. Von der Privilegienwirtschaft zum objektiven Fördersystem. Wien, Köln, Weimar 1991

Michel, Jeffrey H.: Economic Exchanges Specific to the Two German States. In: Catell, David T. (Hrsg.): Studies in Comparative Communism, Vol. XX. Guildford 1987, S. 73-83

Möller, Alex: Wirtschaftspolitische Aspekte des Interzonenhandels. In: DA 1 (1968) 4, S. 373-375

Möschner, Günter: Die Politik der SED zur Gestaltung und Nutzung des Außenhandels als einer Kommandohöhe der politischen und wirtschaftlichen Macht der Arbeiterklasse (1949 bis 1955). Diss. phil., Berlin 1974

Möschner, Günter: Die Politik der SED für den Aufbau und die Entwicklung des sozialistischen Außenhandels der DDR (1949-1955). In: JfWG, Berlin 1979, S. 27-48

Mohr, Antje: Hessen und der Länderrat des amerikanischen Besatzungsgebietes. Möglichkeiten und Grenzen länderübergreifender Kooperation in den Jahren 1945 bis 1949. Frankfurt a. M. 1999

Morawitz, Rudolf: Der innerdeutsche Handel und die EWG nach dem Grundvertrag. In: EA 4 (1973) 10, S. 353-362

Murawo, Bernhard: Die Außenhandelsrecht in den Wirtschaftsordnungen des geteilten Deutschland. Ein Systemvergleich. Diss. jur. Berlin (West) 1969

Mühlfriedel, Wolfgang/Wiesner, Klaus: Die Geschichte der Industrie der DDR. Berlin 1989

Nakath Detlef: Die Gestaltung der Außenhandelstätigkeit der DDR zur Abwehr des imperialistischen Wirtschaftskrieges der BRD gegen die DDR in den Jahren 1955 bis 1961. Diss. phil. Berlin 1981

Nakath, Detlef: Zur Geschichte der Handelsbeziehungen zwischen der DDR und der BRD in der Endphase der Übergangsperiode 1958 bis 1961. Die Rolle des Handels bei der Zuspitzung des imperialistischen Wirtschaftskrieges gegen die DDR. In: Jahrbuch für Geschichte 31 (1984), S. 299-331

Nakath, Detlef: Zur Geschichte der Handelsbeziehungen zwischen der DDR und der BRD in den Jahren 1961-1975. Diss. B. (unveröff.) Berlin 1988

Nakath, Detlef: Bref historique des relations commerciales RFA-RDA de 1949 à 1975. In: Connaissance de la RDA 1 (1989), S. 55-72

Nakath, Detlef: Zur Geschichte der Handelsbeziehungen zwischen der DDR und der BRD (1961 bis 1968). In: Wissenschaftliche Zeitschrift der Humboldt-Universität zu Berlin, R. Ges. Wiss. 38 (1989) 10, S. 1050-1058

Nakath, Detlef: Zur Geschichte der deutsch-deutschen Handelsbeziehungen. Die besondere Bedeutung der Krisenjahre 1960/61 für die Entwicklung des innerdeutschen Handels. Berlin 1993

Nakath, Detlef: Zur politischen Bedeutung des Innerdeutschen Handels in der Nachkriegszeit (1948/49-1960). In: Buchheim, Christoph (Hrsg.): Wirtschaftliche Folgelasten des Krieges in der SBZ/DDR. Baden-Baden 1995, S. 221-246

Nakath, Detlef/Prokop Siegfried: Der imperialistische Wirtschaftskrieg gegen die DDR 1947 bis Ende der sechziger Jahre. In: ZfG 29 (1981) 4, S. 326-338

Naumann, Gerhard: Beschluß des Politbüros des ZK der SED vom 12. Juli 1960. In: Beiträge zur Geschichte der Arbeiterbewegung 32 (1990) 4, S. 523-518

Nautz, Jürgen: Die österreichische Handelspolitik der Nachkriegszeit 1918-1923. Die Handelsvertragsbeziehungen zu den Nachbarstaaten. Wien, Köln, Graz 1994

Nawrocki, Joachim: Innerdeutscher Handel und falsche Optik. In: DA 1 (1968), S.590-593

Nawrocki, Joachim: Neue Vereinbarungen im innerdeutschen Handel. DA 2 (1969), S. 81-83

Nawrocki, Joachim: Die Beziehungen zwischen den beiden Staaten Deutschlands. Entwicklungen, Möglichkeiten und Grenzen. 2. erg. Aufl., Berlin 1988

Neebe, Reinhard: Optionen westdeutscher Außenwirtschaftspolitik. 1949-1953. In: Herbst, Ludolf/Bührer, Werner/Sowade, Hanno (Hrsg.): Vom Marshallplan zur EWG. Die Eingliederung der Bundesrepublik Deutschland in die westliche Welt. München 1990, S. 163-225

Nehring, Sieghart: Zu den Wirtschaftsbeziehungen zwischen der Bundesrepublik Deutschland und der DDR. In: Die Weltwirtschaft (1974) 2, S: 61-88

Nehring, Sighart: Die Wirkungen von Handelspräferenzen im Warenaustausch zwischen der Bundesrepublik und der DDR. Ein empirischer Befund zur Theorie der impliziten Transfers. Tübingen 1978

Nitz, Jürgen: Wirtschaftsbeziehungen DDR-BRD. Bestimmungsfaktoren, Tendenzen, Probleme und Perspektiven. In: APuZ (1989) 10, S. 3-14

Noh, Meung-Hoan: Westintegration versus Osthandel. Politik und Wirtschaft in den Ost-West-Beziehungen der Bundesrepublik Deutschland 1949-1958. Frankfurt a. M. u. a. 1995

Nonn, Christoph: Die Ruhrbergbaukrise. Entindustrialisierung und Politik 1958-1969. Göttingen 2001

North, Douglass C.: Theorie des institutionellen Wandels. Eine neue Sicht der Wirtschaftsgeschichte. Tübingen 1988

o.A.: Der Außenhandel der sowjetischen Besatzungszone Deutschlands 1945 bis zur Gegenwart. In: EA vom 20. Juni 1949, S. 2235-2240 o.A.: Die Zonen als Wirtschaftsgebiete – volkswirtschaftliche Desintegration. In: DIW (Hrsg.): Wirtschaftsprobleme der Besatzungszonen. Berlin 1948, S. 1-4

Ohrem, Ingrid: Die Passierscheinverhandlungen 1963-1966. Prüfstein für die Möglichkeiten und Grenzen innerdeutscher Kontakte. Unveröff. Magisterarbeit, Bonn 1997

Ollig, Gerhard: Rechtliche Grundlagen des innerdeutschen Handels. In: Ehlermann, Claus-Dieter/Kupper, Siegfried/Lambrecht, Horst (Hrsg.): Handelspartner DDR – Innerdeutsche Wirtschaftsbeziehungen. Baden-Baden 1975, S. 145-201

Oppelland, Torsten: Gerhard Schröder 1910-1989. Politik zwischen Staat, Partei und Konfession. Düsseldorf 2002

Osterheld, Horst: „Ich gehe nicht leichten Herzens ..." Adenauers letzte Kanzlerjahre – ein dokumentarischer Bericht. Mainz 1987

Osterheld, Horst: Aussenpolitik unter Bundeskanzler Ludwig Erhard 1963-1966. Ein dokumentarischer Bericht aus dem Kanzleramt. Düsseldorf 1992

Ostermann, Christian M.: „Die beste Chance für ein Rollback?" Amerikanische Politik und der 17. Juni 1953. In: Kleßmann, Christoph/Stöver, Bernd (Hrsg.): 1953 – Krisenjahr des Kalten Krieges in Europa. Köln, Weimar, Wien 1999, S. 115-139

Ostermann, Christian M.: Die USA und die DDR (1949-1989). In: Pfeil, Ulrich (Hrsg.): Die DDR und der Westen. Transnationale Beziehungen 1949-1989. Berlin 2001, S. 165-184

Pakulski, Jan: Bureaucracy and the Soviet System. In: Studies in ComparativeCommunism 1 (1986), S. 3-24

Pankow, Max: Die gegenwärtige Bedeutung von Dumpingeinfuhren und außenwirtschaftlichen Marktstörungen für die Wirtschaft der Bundesrepublik Deutschland. Diss. rer. oec., Frankfurt a. M. 1970

Paul-Calm, Hanna: Ostpolitik und Wirtschaftsinteressen in der Ära Adenauer (1955-1963). Frankfurt a. M. 1981

Pentzlin, Heinz: Interzonenhandel – Osthandel – EWG. In: Boettcher, Erik (Hrsg.); Wirtschaftsbeziehungen mit dem Osten. Stuttgart, Berlin, Köln, Mainz 1971, S. 15-42

Peterke, Joachim: Der Londoner Zeiss-Prozess. Vorgeschichte und Dilemma eines deutsch-deutschen Rechtsstreites in Großbritannien (1955-1971). Stuttgart 2002

Petzina, Dietmar: Wirtschaftliche Ungleichgewichte in Deutschland. In: Landeszentrale für politische Bildung Baden-Württemberg (Hrsg.): Nord-Süd in Deutschland. Stuttgart 1987

Petzina, Dietmar: Deutsch-deutsche Wirtschaftsbeziehungen nach dem Zweiten Weltkrieg – eine Bilanz. In: Jeismann, Karl-Ernst (Hrsg.): Einheit - Freiheit - Selbstbestimmung. Die Deutsche Frage im historisch-politischen Bewußtsein. Frankfurt, New York 1988, S. 179-201

Petzina, Dietmar: Wirtschaftliche Rekonstruktion nach 1945 – Kontinuität oder Neubeginn? In: Petzina, Dietmar/Ruprecht, Ronald (Hrsg.): Wendepunkt 1945? Kontinuität und Neubeginn in Deutschland und Japan nach dem 2. Weltkrieg. Bochum 1991, S. 62-74

Petzina, Dietmar: Deutschland und die wirtschaftlichen Folgen des Ost-West-Konfliktes nach dem Zweiten Weltkrieg. In: Eckart, Karl / Roesler, Jörg (Hrsg.): Die Wirtschaft im geteilten und vereinten Deutschland, Berlin 1999, S. 153-168.

Pfeil, Ulrich: Die „anderen" deutsch-französischen Beziehungen. Die DDR und Frankreich 1949-1990. Köln 2004

Pirker, Theo/Lepsius, M. Rainer/Weinert, Rainer/Hertle, Hans-Hermann: Der Plan als Befehl und Fiktion. Wirtschaftsführung in der DDR. Opladen 1995

Pisar, Samuel: Coexistence and Commerce. New York 1970

Plötz, Peter/Bolz, Klaus: Westhandel der DDR. Eine vergleichende Betrachtung des Handels mit der Bundesrepublik und den übrigen OECD-Ländern. Hamburg 1987

Plumpe, Werner: Die Reparationsleistungen Westdeutschlands nach dem Zweiten Weltkrieg. In: Eckart, Karl/Roesler, Jörg (Hrsg.): Die Wirtschaft im geteilten und im vereinten Deutschland. Berlin 1999, S. 31-46

Pollack, Detlef: Die offene Gesellschaft und ihre Freunde. In: GG 26 (2000), S. 184-196

Pritzel, Konstantin: Der Interzonenhandel im Spannungsfeld der Deutschlandpolitik. In: Deutsche Fragen 9 (1963) 10, S. 185-187

Pritzel, Konstantin: Die wirtschaftliche Integration der Sowjetischen Besatzungszone Deutschlands in den Ostblock und ihre politischen Aspekte. 2. durchg. u. erw. Aufl. Bonn, Berlin 1965

Pritzel, Konstantin: Der Interzonenhandel - Entwicklung, wirtschaftliche Bedeutung, politische Aspekte. In: APuZ 48 (1967), S. 4-23

Pritzel, Konstantin: Die Wirtschaftsintegration Mitteldeutschlands. Köln 1969

Prokop, Siegfried: Entwicklungslinien und Probleme der Geschichte der DDR in der Endphase der Übergangsperiode und beim beginnenden Aufbau des entwickelten Sozialismus (1957-1963). Diss. B, Berlin 1978

Prokop, Siegfried: Unternehmen „Chinese Wall". Die DDR im Zwielicht der Mauer. 2. Aufl., Frankfurt a. M. 1993

Prowe, Diethelm: Weltstadt in Krisen. Berlin 1949 – 1958. Berlin, New York, 1973

Rauh, Siegfried: Regelungen des innerdeutschen Wirtschaftsverkehrs. Zusammenstellung amtlicher Texte. 3. überarb. u. erw. Aufl., 1987

Rehlinger, Ludwig A.: Freikauf. Die Geschäfte der DDR mit politisch Verfolgten 1963-1989. Ungek. Ausg., Berlin, Frankfurt a. M. 1993

Röpke, Wilhelm: Außenhandel im Dienste der Politik. In: Ordo – Jahrbuch für die Ordnung von Wirtschaft und Gesellschaft. 8 (1956), S. 45-65

Rösch, Franz: Außenwirtschaft der DDR und innerdeutsche Wirtschaftsbeziehungen – Sonderstellung der innerdeutschen Wirtschaftsbeziehungen. In: Gutmann, Gernot/Zieger, Gottfried (Hrsg.): Außenwirtschaft der DDR und innerdeutsche Wirtschaftsbeziehungen. Rechtliche und ökonomische Probleme. Berlin 1986, S. 89-98

Rösch, Franz/Homann, Fritz: Thirty Years of the Berlin Agreement – Thirty Years of Inner-German Trade: Economic and Political Dimensions. In: Zeitschrift für die gesamten Staatswissenschaften 137 (1981), S. 525-555

Roesler, Jörg: Die Herausbildung der sozialistischen Planwirtschaft in der DDR. Aufgaben, Methoden und Ergebnisse der Wirtschaftsplanung in der zentralgeleiteten volkseigenen Industrie während der Übergangsperiode vom Kapitalismus zum Sozialismus. Berlin (Ost) 1978

Roesler, Jörg: Zum Einfluß von Kaltem Krieg und Entspannung auf die Entwicklung des Handels zwischen beiden deutschen Staaten Mitte der vierziger bis Anfang der siebziger Jahre. In: Timmermann, Heiner (Hrsg.): Deutschland und Europa nach dem 2. Weltkrieg. Saarbrücken 1990, S. 571-593

Roesler, Jörg: Handelsgeschäfte im Kalten Krieg. Die wirtschaftliche Motivationen für den deutsch-deutschen Handel zwischen 1949 und 1961. In: Buchheim, Christoph (Hrsg.): Wirtschaftliche Folgelasten des Krieges in der SBZ/DDR. Baden-Baden 1995, S.193-220

Roesler, Jörg: Die Ökonomie als Bremser bzw. Beschleuniger von Einheitsbestrebungen und Spaltungstendenzen in Deutschland von 1945-1989. In: Timmermann, H. (Hrsg.): Die DDR - Erinnerungen an einen untergegangenen Staat. Berlin 1999, S. 137-158.

Rudolph, Helga/Enderlein, Fritz: Die rechtliche Regelung der intersystemaren Wirtschaftsbeziehungen der DDR. Ein Grundriß. Karlsruhe 1982

Rudolph, Karsten: German Foreign Trade Policy Towards the East in the Light of Recent Research. In: Contemporary European History 8 (1999) 1, S. 159-171

Rudolph, Karsten: Wirtschaftsdiplomatie im Kalten Krieg. Die Ostpolitik der westdeutschen Großindustrie 1945-1991. Frankfurt a. M., New York 2004

Rüss, Gisela: Anatomie einer politischen Verwaltung. Das Bundesministerium für gesamtdeutsche Fragen - Innerdeutsche Beziehungen 1949-1970. München 1973

Rupieper, Hermann-Josef: Der besetzte Verbündete. Die amerikanische Deutschlandpolitik 1949-1955. Opladen 1991

Scharpf, Peter: Europäische Wirtschaftsgemeinschaft und Deutsche Demokratische Republik. Tübingen 1973

Scharpf, Peter: Die Bedeutung des innerdeutschen Handels für die Beziehungen der EWG zur DDR. In: DA 7 (1974) 3, S. 260-266

Scherstjanoi, Elke: Das SKK-Statut. Zur Geschichte der Sowjetischen Kontrollkommission in Deutschland 1949 bis 1953. Eine Dokumentation. München 1998

Schlarp, Karl-Heinz: Das Dilemma des westdeutschen Osthandels und die Entstehung des Ost-Ausschuss der Deutschen Wirtschaft. In: VfZ 41 (1993), S. 223-276

Schlarp, Karl-Heinz: Zwischen Konfrontation und Kooperation. Die Anfangsjahre der deutsch-sowjetischen Wirtschaftsbeziehungen in der Ära Adenauer. Münster 2000

Schlemper, Annemarie: Die Bedeutung des innerdeutschen Handels. Eine empirische Analyse unter besonderer Berücksichtigung sektoraler und betriebsgrößenspezifischer Aspekte. Göttingen 1978

Schmidt, Gustav (Hrsg.): Ost-West-Beziehungen: Konfrontation und Détente 1945-1989. Bd. 2. Bochum 1993

Schmidt, Klaus-Peter: Die Europäische Gemeinschaft aus der Sicht der DDR (1957-1989). Hamburg 1991

Schmidt, Paul-Günther: Die Entwicklung der innerdeutschen Wirtschafts- und Finanzbeziehungen im Spannungsfeld politischer und ökonomischer Interessen. Mainz 1986

Schmidt, Wolfgang: Kalter Krieg, Koexistenz und kleine Schritte. Willy Brandt und die Deutschlandpolitik 1948-1963. Wiesbaden 2001

Schmitt, Matthias: Osthandel auf neuen Wegen. Hamburg 1968

Schneider, Beate: Konflikt, Krise und Kommunikation. Eine quantitative Analyse innerdeutscher Politik. München 1976

Schneider, Gernot: Die DDR eine lebensfähige und erstrebenswerte Alternative zur Bundesrepublik Deutschland? In: DDR heute, Nr. 25, März/April 1989

Schöllgen, Gregor: Die Außenpolitik der Bundesrepublik Deutschland. Von den Anfängen bis zur Gegenwart. München 1999

Schröder, Gerhard: Grundprobleme der Außenpolitik in der Bundesrepublik Deutschland. In: Europa-Archiv 17 (1962), S. 581-594

Schröter, Harm G.: Handlungspfadverengung bis zur „Selbstzerstörung"? Oder: Warum die chemische Industrie der DDR im Vergleich zur Bundesrepublik zwischen 1945 und 1990 so hoffnungslos veraltete. In: Baar, Lothar/Petzina, Dietmar (Hrsg.): Deutschdeutsche Wirtschaft 1945 bis 1949. Strukturveränderungen, Innovationen und regionaler Wandel. Ein Vergleich. St. Katharinen 1999, S. 304-325

Schubert, Ernst: Von der Interzonengrenze zur Zonengrenze. Die Erfahrung der entstehenden Teilung Deutschlands im Raum Duderstadt 1945-1949. In: Weisbrod, Bernd (Hrsg.), Grenzland. Beiträge zur Geschichte der deutsch-deutschen Grenze, Hannover 1993, S. 70-87

Schüller, Alfred/Wagner, Ulrich (Hrsg.): Außenwirtschaftspolitik und Stabilisierung von Wirtschaftssystemen. Stuttgart, New York 1980

Schütte, Richard: Berlin (West) im innerdeutschen Handel. Berlin 1985

Schulz, Hans-Dieter: Die Entwicklung und Bedeutung des Interzonenhandels. Eine Zwischenbilanz zum 30. Juni 1963. In: EA 1 (1963) 13, S. 481-490

Schulz, Hans-Dieter: Handel auf Vorschuß. Warenaustausch und Politik im Verhältnis zwischen den beiden deutschen Staaten. In: EA 26 (1971) 23, S. 815-826

Schulz, Hans-Dieter: Handel im Wandel. Perspektiven und Probleme im innerdeutschen Warenverkehr. In: DA 5 (1972) 12, S. 1233-1237

Schwarz, Hans-Peter: Die deutschlandpolitischen Vorstellungen Konrad Adenauers 1955-1958. In: Ders. (Hrsg.): Entspannung und Wiedervereinigung. Deutschlandpolitische Vorstellungen Konrad Adenauers 1955-1958. Stuttgart, Zürich 1979, S. 7-40

Schwarz, Hans-Peter (Hrsg.): Entspannung und Wiedervereinigung. Deutschlandpolitische Vorstellungen Konrad Adenauers 1955-1958. Stuttgart, Zürich 1979

Schwarz, Hans-Peter: Die Politik der Westbindung oder die Staatsräson der Bundesrepublik. In: Zeitschrift für Politik, 2. Jg. N.F. (1975), S. 307-337

Schwarz, Hans-Peter: Adenauer. Der Staatsmann 1952-1967. Stuttgart 1991

Schwarz, Hans-Peter: Die Ära Adenauer. Gründerjahre der Republik 1949-1957. Wiesbaden 1981

Schwarzer, Oskar: Sozialistische Zentralplanwirtschaft in der SBZ/DDR. Ergebnisse eines ordnungspolitischen Experiments (1945-1989). Stuttgart 1999

Segbers, Klaus: Der sowjetische Systemwandel. Frankfurt a. M. 1989

Segert, Klaus: Der innerdeutsche Handel - Bestimmungsgründe, Erscheinungsformen, Perspektiven. In: Kim, Youn-Soo (Hrsg.): Homogenität und Heterogenität in der Politik geteilter Staaten. Deutschland und Korea. Kiel 1994, S. 113-135

Seiffert, Wolfgang: Das staatliche Außenhandelsmonopol. Entstehungsgeschichte und Ausgestaltung bis zur Reformperiode der 60er Jahre. In: Haendcke-Hoppe, Maria (Hrsg.): Außenwirtschaftssysteme und Außenwirtschaftsreform sozialistischer Länder. Ein intrasystemarer Vergleich. Berlin 1988, S. 11-18

Seume, Franz: Organisationsformen der Industrie in der sowjetischen Besatzungszone. In: DIW (Hrsg.): Wirtschaftsprobleme der Besatzungszonen. Berlin 1948, S. 203-280

Seydoux, Francois: Beiderseits des Rheins. Erinnerungen eines französischen Diplomaten. Frankfurt a. M. 1975

Sieben, Richard: Interzonenhandel. 2. Aufl., Frankfurt a. M. 1965

Sieben, Richard: Neue Einblicke in die Struktur des innerdeutschen Handels. In: DA 5 (1972) 4, S. 391-400

Smith, Glen Alden: Soviet Foreign Trade. New York 1973

Spaulding, Robert Mark: Osthandel and Ostpolitik. German Foreign Trade Policies in Eastern Europe from Bismarck to Adenauer. Oxford, Providence 1997

Specht, Dieter/Haak, René: Der deutsche Werkzeugmaschinenbau vom Ende des Zweiten Weltkrieges bis zum Beginn der sechziger Jahre. Ausgewählte Ergebnisse einer betriebs- und branchenspezifischen Untersuchung. In: Baar, Lothar/Petzina, Dietmar (Hrsg.): Deutsch-deutsche Wirtschaft 1945 bis 1949. Strukturveränderungen, Innovationen und regionaler Wandel. Ein Vergleich. St. Katharinen 1999, S. 326-348

Sönksen, Hansgeorg: Berlinhilfegesetz, Interzonenhandel. Kommentar zu den neuen Umsatzsteuervorschriften des Berlinhilfegesetzes und zu den Verwaltungserlassen betreffend den innerdeutschen Waren- und Dienstleistungsverkehr. Berlin 1968

Staritz, Dieter: Geschichte der DDR 1949-1990. Erw. Neuausg., Frankfurt a. M. 1996

Steiner, André: Politische Vorstellungen und ökonomische Probleme im Vorfeld der Errichtung der Berliner Mauer. Briefe Walter Ulbrichts an Nikita Chruschtschow. In: Mehringer, Hartmut (Hrsg.): Von der SBZ zur DDR. München 1995, S. 233-268.

Steiner, André: Exogene Impulse für den Strukturwandel in der DDR. In: Baar, Lothar/Petzina, Dietmar (Hrsg.): Deutsch-deutsche Wirtschaft 1945 bis 1949. Strukturveränderungen, Innovationen und regionaler Wandel. Ein Vergleich. St. Katharinen 1999, S. 46-72

Steiner, André: Vom Überholen eingeholt. Zur Wirtschaftskrise 1960/61 in der DDR. In: Ciesla, Burghard/Lemke, Michael/Lindenberger, Thomas (Hrsg.): Sterben für Berlin? Die Berliner Krisen 1948 : 1958. Berlin 2000, S. 245-262.

Steiner, André: Von Plan zu Plan. Eine Wirtschaftsgeschichte der DDR. München 2004

Steininger, Rudolf: Der Mauerbau. Die Westmächte und Adenauer in der Berlinkrise 1958-1963. München 2001

Stent, Angela: Wandel durch Handel? Die politisch-wirtschaftlichen Beziehungen zwischen der Bundesrepublik Deutschland und der Sowjetunion. Köln 1983

Stöcher, Josef: Wie komme ich mit der DDR ins Geschäft. München 1986

Streit, Manfred E.: Theorie der Wirtschaftspolitik. 4. Aufl., Düsseldorf 1991

Structural Adaption in Eastern and Western Germany. In: UN Economic Bulletin for Europe, Vol 8/No. 3, Geneva 1956.

Süddeutsche Bank (Hrsg.): Interzonenhandel. O.O. 1955

Teller, Hans: Der kalte Krieg gegen die DDR. Von seinen Anfängen bis 1961. Berlin 1979

Thalheim, Karl C.: Wachstumsprobleme in den osteuropäischen Volkswirtschaften. 2 Bde. Berlin 1968

Thalheim, Karl C./Haendcke-Hoppe, Maria: Struktur und Entwicklungsperspektive der außenwirtschaftlichen Verflechtungen der DDR. In: DA 6 (1973) 10, S. 1039-1952

Töben, Thomas: Die Besteuerung des deutsch-deutschen Wirtschaftsverkehrs. Baden-Baden 1985

Tomuschat, Christian: Die Alliierten Vorbehaltsrechte im Spannungsverhältnis zwischen friedenspolitischer Sanktion und nationaler Selbstbestimmung. In: Haftendorn, Helga/Riecke, Henning (Hrsg.): „...die volle Macht eines souveränen Staates..." Die alliierten Vorbehaltsrechte als Rahmenbedingung westdeutscher Außenpolitik1949-1990. Baden-Baden 1996, S. 27-36

Treue, Wolfgang: Die Demontagepolitik der Westmächte nach dem Zweiten Weltkrieg. Göttingen 1967

Tudyka, Kurt P.: Gesellschaftliche Interessen und auswärtige Beziehungen. Materialien zur Außenwirtschaftspolitik der Ära Adenauer. Bd. I: Organisation von Interessen und auswärtigen Beziehungen. Strukturen und Arbeitsweisen von Verbänden, Parlament und Administration. Nijmegen 1978

Tudyka, Kurt P.: Gesellschaftliche Interessen und auswärtige Beziehungen. Materialien zur Außenwirtschaftspolitik der Ära Adenauer. Bd. II: Vermittlung von Interessen und auswärtigen Beziehungen. Prozesse der Willensbildung. Nijmegen 1978

Vogt, Helmut: Wächter der Bonner Republik. Die Alliierten Hohen Kommissare 1949 – 1955. Paderborn 2004

Volze, Armin: Zu den Besonderheiten der innerdeutschen Wirtschaftsbeziehungen im Ost-Westverhältnis. In: Deutsche Studien 1982, S. 2-14

Volze, Armin: Innerdeutsche Transfers. In: Enquete-Kommission „Aufarbeitung von Geschichte und Folgen der SED-Diktatur in Deutschland". Bd. V/3. Deutschlandpolitik, innerdeutsche Beziehungen und internationales Rahmenbedingungen. Baden-Baden 1995, S. 2761-2797

Volze, Armin: Die gespaltene Valutamark. Anmerkungen zur Währungspolitik und Außenhandelsstatistik der DDR. In: DA 32 (1999) 2, S. 232-241

Wagenführ, Rolf: Die deutsche Industrie im Krieg 1939-1945. 2. unv. Aufl., Berlin 1963

Weimer, Wolfram: Deutsche Wirtschaftsgeschichte. Von der Währungsreform bis zum Euro. Hamburg 1998

Wendler, Jürgen: Zur Deutschlandpolitik der Sozialistischen Einheitspartei Deutschlands (SED) in den Jahren 1952-1958. In: Schmidt, Gustav (Hrsg.): Ost-West-Beziehungen. Konfrontation und Détente, Bd. 2., S. 349-365

Wenig, Fritz Harald: Rechtsprobleme des innerdeutschen Handels. Eine Untersuchung über die Wirtschaftsprobleme der Bundesrepublik Deutschland und der Deutschen Demokratischen Republik aus verwaltungs-, staats- und völkerrechtlicher Sicht. Frankfurt a. M. 1975

Wettig, Gerhard: Die UdSSR und die Krise um Berlin. Ultimatum 1958 – Mauerbau 1961 – Modus vivendi 1971. In: DA 34 (2001) 4, S: 592-613

Wilke, Manfred/Voigt, Tobias: „Neuer Kurs" und 17. Juni – Die zweite Staatsgründung der DDR 1953. In: Hegedüs, András/Wilke, Manfred (Hrsg.): Satelliten nach Stalins Tod. Der „Neue Kurs" – 17. Juni in der DDR – Ungarische Revolution 1956. Berlin 2000, S. 24-136

Winkel, Harald: Die Wirtschaft im geteilten Deutschland 1945 bis 1970. Wiesbaden 1974

Winkler, Heinrich August: Der lange Weg nach Westen. Bd. II: Deutsche Geschichte vom „Dritten Reich" bis zur Wiedervereinigung. München 2000

Wörmann, Claudia: Der Osthandel der Bundesrepublik Deutschland. Politische Rahmenbedingungen und ökonomische Bedeutung. Frankfurt a. M., New York 1983

Wolf, Markus: Spionagechef im geheimen Krieg. Erinnerungen. München 1997

Woratz, Gerhard: Der Interzonenhandel mit dem sowjetisch besetzten Gebiet. Bonn 1957

Wüstenhagen, Jana: RGW und EWG: Die DDR zwischen Ost- und Westintegration. In: Pfeil, Ulrich (Hrsg.): Die DDR und der Westen. Transnationale Beziehungen 1949-1989. Berlin 2001, S. 135-150

Zank, Wolfgang; Wirtschaft und Arbeit in Ostdeutschland. Probleme des Wiederaufbaus in der Sowjetischen Besatzungszone Deutschlands. München 1987

Ziebura, Gilbert: Weltwirtschaft und Weltpolitik 1922/24-1931. Zwischen Rekonstruktion und Zusammenbruch. Frankfurt a. M. 1984

Zieger, Gottfried: Vergleich des Außenhandelsrechts der DDR mit dem Außenwirtschaftsrecht der Bundesrepublik Deutschland. In: Gutmann, Gernot/Zieger, Gottfried (Hrsg.): Außenwirtschaft der DDR und innerdeutsche Probleme. Berlin 1986, S. 25-44

Zschaler, Frank: Die vergessene Währungsreform. Vorgeschichte, Durchführung und Ergebnisse der Geldumstellung in der SBZ 1948. In: VfZ 45 (1997), S. 191-223

Zürn, Michael: Geschäft und Sicherheit. Das CoCom-Regime und Theorien über Kooperation in den internationalen Wirtschaftsbeziehungen. Tübingen 1989

Zürn, Michael: Interessen und Institutionen in der internationalen Politik. Grundlegung und Anwendung des situationsstrukturellen Ansatzes. Opladen 1992

Zwahr, Hartmut: Die erste deutsche Nachkriegsmesse 1946. Wiedererweckung oder Neubelebung? In: Ders./Topfstedt, Thomas/Bentele, Günther (Hrsg.): Leipzigs Messen 1497-1997. Gestaltwandel – Umbrüche – Neubeginn. Teilband 2: 1914-1997. Köln, Weimar, Wien 1999, S. 583-627

Zwass, Adam: Zur Problematik der Währungsbeziehungen zwischen Ost und West. Wien, New York 1974

Zweifel, Peter; Heller, Robert H.: Internationaler Handel. Theorie und Empirie. 2. vollst. überarb. Aufl., Würzburg, Wien 1992

Wirtschafts- und Sozialhistorische Studien

Herausgegeben von Stuart Jenks, Michael North und Rolf Walter
– Eine Auswahl –

3: Michael North (Hg.):
Kommunikationsrevolutionen. Die neuen Medien des 16. und 19. Jahrhunderts.
2. Aufl. 2001. XIX, 201 S. 32 Abb. u. Tab. Br. € 35,50/SFr 63,–
ISBN 3-412-04201-3

4: Rolf Walter:
Wirtschaftsgeschichte. Vom Merkantilismus bis zur Gegenwart. 4. überarb. u. aktualis. Aufl. 2003. XVI, 357 S. 27 s/w-Abb. Zahlr. Grafiken u. Karten. Br. € 24,90/SFr 42,–
ISBN 3-412-11803-6

5: Michael North (Hg.):
Economic History and the Arts. 1996. V, 132 S. 10 Abb. Br. € 24,50/SFr 44,50
ISBN 3-412-11895-8

6: Albert Fischer: **Die Landesbank der Rheinprovinz.** Aufstieg und Fall zwischen Wirtschaft und Politik.
1997. 639 S. Br.
€ 65,–/SFr 114,–
ISBN 3-412-00297-6

7: Olaf Mörke, Michael North (Hg.): **Die Entstehung des modernen Europa 1600–1900.**
1998. XIII, 177 S. Br.
€ 29,90/SFr 52,50
ISBN 3-412-06097-6

8: Martin Krieger:
Kaufleute, Seeräuber und Diplomaten. Der dänische Handel auf dem Indischen Ozean (1620–1868).
1998. 278 S. 9 s/w-Abb. Br.
€ 36,50/SFr 65,50
ISBN 3-412-10797-2

9: Claudia Schnurmann:
Atlantische Welten. Engländer und Niederländer im amerikanisch-atlantischen Raum 1648–1713.
1999. VIII, 440 S. Br.
€ 45,–/SFr 80,–
ISBN 3-412-09898-1

11: Reiner Flik:
Von Ford lernen? Automobilbau und Motorisierung in Deutschland bis 1933.
2001. VIII, 319 S. Br.
€ 34,50/SFr 62,–
ISBN 3-412-14800-8

12: Joachim Schwerin:
Wachstumsdynamik in Transformationsökonomien. Strukturähnlichkeiten seit der industriellen Revolution und ihre Bedeutung für Theorie und Politik.
2001. XI, 320 S. Br.
€ 35,50/SFr 63,–
ISBN 3-412-08501-4

13: Andrea Penz:
Inseln der Seligen. Fremdenverkehr in Österreich und Irland von 1900 bis 1938.
2005. 374 S.13 s/w-Abb. Zahlr. Tab. u. Grafiken. Br.
€ 34,90/SFr 60,40
ISBN 3-412-25105-4

14: Peter E. Fäßler:
Durch den »Eisernen Vorhang«. Die deutschdeutschen Wirtschaftsbeziehungen 1949–1969.
2006. VII, 335 S. Br.
Ca. € 32,90/SFr 57,10
ISBN 3-412-28405-X

15: Armin Müller:
Institutionelle Brüche und personelle Brücken. Werkleiter in Volkseigenen Betrieben der DDR in der Ära Ulbricht.
2006. Ca. 376 S. Ca. 21 s/w-Abb. auf 16 Taf. Br. Ca. € 44,90/ SFr 77,00 ISBN 3-412-31005-0

U<small>RSULAPLATZ</small> 1, D-50668 K<small>ÖLN</small>, T<small>ELEFON</small> (0 2 2 1) 91 39 00, F<small>AX</small> 91 39 011